THE ECONOMICS OF MONEY, BANKING AND FINANCIAL MARKETS

（Business School Edition, 5th Edition）

货币金融学

（美国商学院版·原书第5版）

[美] **弗雷德里克·S. 米什金**（Frederic S. Mishkin） 著
哥伦比亚大学

蒋先玲 等译

机械工业出版社
CHINA MACHINE PRESS

图书在版编目（CIP）数据

货币金融学（美国商学院版·原书第5版）/（美）弗雷德里克·S. 米什金（Frederic S. Mishkin）著；蒋先玲等译 . —北京：机械工业出版社，2020.6（2025.8 重印）
（华章教材经典译丛）
书名原文：The Economics of Money, Banking and Financial Markets（Business School Edition）

ISBN 978-7-111-65608-1

I. 货… Ⅱ.①弗… ②蒋… Ⅲ. 货币和银行经济学 - 教材 Ⅳ. F820

中国版本图书馆 CIP 数据核字（2020）第 081624 号

北京市版权局著作权合同登记 图字：01-2020-1529 号。

Frederic S. Mishkin. The Economics of Money, Banking and Financial Markets, Business School Edition, 5th Edition.

ISBN 978-0-13-473420-0

本书是美国众多知名商学院最为推崇的教科书，同时也是货币金融学领域的一本经典著作，自引入中国以来，一直畅销不衰。本版较上一版做了较大的改动，增加了很多新的内容、案例和专栏。本书共 6 篇、25 章，通过建立一个统一的分析框架，用基本经济学理论帮助读者理解金融市场、金融机构管理、中央银行和货币政策以及国际金融等问题。

本书适合金融专业以及相关经济专业的本科生和研究生作为教材使用，也适合作为专业人士的参考用书。

出版发行：机械工业出版社（北京市西城区百万庄大街 22 号 邮政编码：100037）
责任编辑：施琳琳　　　　　　　　　　　责任校对：李秋荣
印　　刷：北京建宏印刷有限公司　　　　版　　次：2025 年 8 月第 1 版第 11 次印刷
开　　本：185mm×260mm　1/16　　　　印　　张：35.75
书　　号：ISBN 978-7-111-65608-1　　　定　　价：119.00 元

客服电话：（010）88361066　68326294

弗雷德里克·S. 米什金

弗雷德里克·S. 米什金（Frederic S. Mishkin），美国哥伦比亚大学商学院银行和金融研究所的阿尔弗雷德·勒纳（Alfred Lerner）讲席教授。他还是美国国家经济研究局的助理研究员、美国货币政策论坛的联席董事、斯夸姆湖金融改革工作组成员、东部经济学会的前任主席。1976 年，米什金从麻省理工学院获得经济学博士学位后，先后执教于芝加哥大学、西北大学、普林斯顿大学和哥伦比亚大学，兼任中国人民大学的名誉教授。

1994～1997 年，米什金担任美国纽约联邦储备银行研究部执行副主席和主任，同时是联邦公开市场委员会的助理经济学家。2006 年 9 月～2008 年 8 月，米什金担任联邦储备理事会理事。

米什金教授的主要研究领域为货币政策以及货币政策对金融市场和整体经济的影响。他先后出版了 20 多部著作，其中包括《宏观经济学：政策与实践》（Pearson，2015）、《金融市场与金融机构》（Pearson，2018）、《货币政策战略》（MIT Press，2007）、《下一轮伟大的全球化：金融体系和落后国家的发展》（Princeton University Press，2006）、《通货膨胀目标制：国际经验和教训》（Princeton University Press，1999）、《货币、利率和通货膨胀》（Edward Elgar，1993）、《理性预期在宏观经济计量学中的运用：对货币无效性和有效市场模型的检验》（University of Chicago Press，1983）。另外，他还在《美国经济评论》《政治经济学》《计量经济学》《经济学季刊》《金融》《货币经济学》等学术刊物上发表了 200 余篇学术论文。

米什金教授曾就职于《美国经济评论》编委会，并担任《商务与经济统计》《应用计量学》《经济展望》《国际货币与金融》《货币、信贷和银行》杂志的副主编，他还曾是纽约联邦储备银行《经济政策评论》的编辑。他目前担任 6 本学术刊物的副主编，这些刊物包括《国际金融》《印度金融》《金融发展评论》《博尔萨经济评论》《PSU 研究评论》《新兴市场、金融与贸易》。同时，他是美国联邦储备理事会、世界银行、国际货币基金组织以及世界上很多国家中央银行的顾问。他还是韩国金融监督院国际咨询委员会成员、韩国银行货币经济研究所的顾问。米什金教授是联邦存款保险公司银行研究中心的高级研究员，还是纽约联邦储备银行经济顾问委员会委员和学术顾问。

译者简介 | About the Translator

蒋先玲

对外经济贸易大学教授、博士生导师，现任对外经济贸易大学教务处处长、校学术委员，主要研究方向为货币政策及开放条件下的金融理论与政策。2012 年获北京市师德先进个人，2013 年入选北京市高等教育教学名师，2015 年获鸿儒金融教育基金会首届"金融学杰出教师奖"，2018 年获国家"万人计划"教学名师称号。主要讲授货币银行学、货币金融学、国际金融  等课程 20 余年，具有丰富的教学实践经验。曾主持多项国家社会科学基金重点项目、国家部委项目等，发表论文 20 余篇，出版译著近 10 部。

从事货币金融学的教学工作从来没有像现在这样令人兴奋。全球金融危机及其影响使人们注意到了银行、金融市场和货币政策对一国经济健康发展的重要性。我在 2006 ~ 2008 年担任美联储理事期间对这点深有体会。在本书中，为了给货币金融学的学习过程增添活力，我在其中加入了近几年一系列引人注目的经济事件。

第 5 版新增内容

虽然经历了一次重大修订，但本书仍旧保留了前 4 版作为美国最畅销货币金融学教科书的基本特点。与过去的版本一样，第 5 版利用基本的经济学原理，以严谨、清晰的方式阐释了金融市场、金融机构和货币政策。根据使用本书的经济学教授和学生的反馈，以及最新的全球金融事件，我会对每一版教材的相应内容进行更新。在过去的几个版本中，本书的数字资源（可以在 MyLab Economics [⊖] 上找到）得到了扩展。

新内容

鉴于货币金融学领域有了新的发展，我添加了以下新的章节、专栏和应用，以保持教材的时效性。

- 第 1 章的货币金融学与职业发展，向学生展示了对于货币、银行和金融市场的学习如何有助于他们的职业发展，即使他们最终没有在华尔街或银行工作。
- 第 4 章关于日本、美国和欧洲的负利率的环球视野专栏表明，尽管利率通常为正，但最近我们在一些国家发现了负利率。
- 第 5 章关于低通货膨胀率和长期经济停滞如何解释欧洲、日本和美国的低利率的新应用，显示了供需模型在解释当前利率变动中的作用。
- 第 12 章的《多德－弗兰克法案》描述了有关年度压力测试和美联储贷款限制的重要条款。
- 在《多德－弗兰克法案》（见第 12 章）呈现了当前美国国会关于金融监管的讨论之后，

⊖ 读者可登录 http://www.pearson.com 进行查阅，该网站并非全部免费。

该章继续讨论金融监管未来的可能走向。

- 第 18 章描述了中央银行存款负利率这种新的非常规货币政策工具及其可能的效力。
- 第 18 章描述了欧洲中央银行准备金利息这一重要的政策工具。
- 第 20 章修订了购买力平价理论以及它不能在短期内解释汇率的原因，相比第 4 版提供了更清晰的说明。
- 第 20 章关于汉堡经济学、巨无霸和购买力平价的新应用，提供了一种有趣的方式，向学生展示了购买力平价在实践中的作用。
- 第 20 章关于英国脱欧的新应用讨论了英国退出欧盟这一备受争议的行为，以及这一行为对英镑价值产生巨大影响的原因。
- 第 21 章修订了国际收支部分，更清晰地介绍了学生在媒体中听到的有关国际收支的关键概念。
- 第 21 章修订的关于我们是否应该担心美国经常账户出现巨额赤字的环球视野专栏，可以帮助学生理解媒体和国会对该账户的说法。

此外，利用 2017 年的数据，本书更新了一些图表。MyLab Economics 提供了大约 80 个迷你讲座视频（mini-lecture video）。本版对每一章的章后问题进行了更新，有的甚至是全面更新。学生可以在 MyLab Economics 上完成这些问题，在那里他们可以得到即时的反馈和指导。

解决教与学的挑战

对于学生来说，理解任何一本经济学教科书中的模型、关键术语和公式都是很重要的。然而，学生可能会陷于细节，而忽视了对整体的理解。本书的内容、结构和特点是根据市场反馈与多年的教学经验而设计的，目的是培养学生将这些要素（模型、术语和公式）应用于分析现实事件的能力。学生也要学会将他们所学的知识运用于生活决策，例如汽车贷款利率或抵押贷款利率会怎么变动，什么事件可能会影响失业率，这会对找工作的难易程度产生什么影响，等等。

教学特点

以下是我对本书教学特点的概述，它既能解决教学问题，也能促进学生学习。

- 本书通过利用基本的经济学原理，构建一个统一的分析框架，进而促进学生对金融市场结构、外汇市场、金融机构管理以及货币政策在经济中的作用进行深入思考。
- 本书对经济模型采用了一种细致的、循序渐进的建模方式来讲解（这也是经济学经典教科书中常用的方法），因此更便于学生学习。
- 配有详细说明的图表和迷你讲座视频有助于学生清楚地理解绘制的变量之间的相互关系与分析的主要原则。MyLab Economics 提供了一种尤其适合于当今学生的新的学习方式。学生不仅能够阅读教科书上的内容，而且通过简单点击图标即可观看由作者展示的 80 多个迷你讲座视频（包括书中的每一个图）。对于分析型图表，这些迷你讲座一步步构建图解，并进行必要的解释以使学生充分理解图表背后的理论。迷你讲座对学生而言是一种非常宝贵的学习工具，因为当学生看到和听到经济学分析时，他们通常会学得更好。

- "环球视野"专栏全面整合国际视角，展示了一些引发国际关注的有趣资料。
- "走进美联储"专栏使学生对联邦储备体系的运作及结构有了一种直观感受。
- "应用"总数超过 50 个，展现了书中的理论分析如何用于解释实际情况。
- "参考资料"专栏强调了一些有关每章主题的戏剧性历史事件、有趣的思想以及引人入胜的事实情况。
- 超过 600 道思考题以及应用题有助于学生运用经济概念学习相关内容。

MyLab Economics

- 将本书与 MyLab Economics 结合能使教师接触到每个学生。MyLab 是一个教学平台，使教师能接触到每个学生。通过将值得信赖的作者与数字化工具、灵活的平台相结合，MyLab 可以创造个性化的学习体验，提高每个学生的成绩。
- 提供值得信赖的学习内容。为了让教师得到符合自己高标准的教材，我们与备受尊敬的作者合作，开发出可信赖的学习内容和课程特定资源，可以让每名学生参与其中。
- 为每个学生提供帮助。每个学生的学习进度不同，无论何时何地，个性化学习确定了每个学生需要练习的精确区域，可以成功地为所有学生提供所需的帮助。
- 按照自己的方式教授课程。你教授的课程独一无二，因此，无论你是想布置作业、教授多个部分，还是想设置前提条件，MyLab 都能让你灵活地轻松创建适合你的需求的课程。
- 提高学生成绩。20 多年来，教师之所以选择 MyLab 向 5 000 多万名学生讲授课程，原因在于当使用 MyLab 进行教学时，学生的成绩会有所提高。

轻松灵活的作业创建功能

MyLab Economics 具备轻松灵活的作业创建功能，它允许教师分配各种定制的作业，以满足他们特定的教学需求。

登录 http://www.pearson.com/mylab/economics 可以获取更多有关任意规模课程的数字互动、学习管理系统（LMS）一体化选择、课程管理选择的信息。

培养职业技能

本书统一的分析框架、循序渐进的建模方式能够培养学习者的批判性思考能力，这种能力可以使他们在未来的职业生涯中大获成功。如果未来你想在金融部门工作，那么学习货币金融学无疑是很有用的。即使你的工作兴趣在别处，理解利率的涨跌机制也能帮助你决定借钱的恰当时机。了解银行和其他金融机构的管理机制可以帮助你在融资过程中获得更大的收益。不论是对你自己还是对你的公司而言，明白金融市场如何运作能帮助你做出更佳的投资决策。

职业技能特点

如下面所述，本书也具有其他特点，有助于直接培养你的职业技能。

- 本书包含了"金融新闻解读"专栏，鼓励大家阅读财经报纸。金融新闻解读专栏向学生介绍了媒体发布的相关新闻及数据，培养学生解读这些数据的能力。能够批判性地思考财经媒体报道的内容是一项很重要的技能，可以使学生在未来的工作中更有效率。
- 本书大部分图表中的数据都是实时数据，关于这些图表，学生可以利用圣路易斯联邦储备银行（St. Louis Federal Reserve）FRED 数据库，在 MyLab Economics 上查看最新数据。在之后的职业生涯中，学生能够知道在哪里可以访问这些数据。
- MyLab Economics 中涉及实时数据分析的问题，要求学生从圣路易斯联邦储备银行 FRED 网站上下载最新的数据，然后运用这些数据回答有关宏观经济当前的问题。在 MyLab Economics 中，这些易于分配和自动分级的实时数据在分析问题时可以直接与 FRED 网站关联，每次学生上线时都能看到 FRED 上传的最新数据。因此，对于希望在宏观经济学课程中运用最新数据分析问题的教师而言，实时数据系统成为他们必不可少的解决方案，这能帮助学生培养一项雇主非常重视的技能——数据操作。

灵活性与模块化

在之前几个版本的使用过程中，本书的灵活性与模块化——章节内容的挑选及叙述顺序的安排，一直为采用者、评论人以及相关受访人员所津津乐道。由于每位教师的教授方法都不尽相同，所以在货币金融学课程的学习中，灵活性与模块化显得尤为重要。为了满足教师的多元需求，本书的灵活性主要体现如下。

- 核心章节提供了一些贯穿整本教材的基本分析方法，根据教师的偏好，其他章节可以选择使用。例如，第 2 章介绍了金融体系以及诸如交易成本、逆向选择和道德风险的基本概念。所以在讲授完第 2 章之后，教师可以通过选择第 8 章对金融体系进行更深入的讲解，当然也可以选择其他讲授顺序而跳过第 8 章的内容。
- 如果教师希望学生对货币政策的基本原理有更深入的理解，可以选择在讲授第四篇之前，先向学生讲解第六篇中较简单的货币内容。
- 对于第 25 章中有关货币政策传导机制的内容可以选择在课程中的许多不同时点进行讲授。例如，教师可以在货币政策的讨论结束之后结合第四篇的内容进行讲解，也可以在介绍完总需求的概念之后结合第 23 章的内容进行讲授。当然，货币政策的传导机制也可以作为一个专题在课程结束的时候进行讲授。
- 通过标记出每章中有关国际内容的小节，以及将汇率市场与国际货币体系内容单独成章，本书的国际方法既实现了全面综合又实现了灵活可变。尽管许多教师都会讲授所有的国际内容，但是也有教师选择跳过。不想过多强调国际专题的教师可以选择轻松跳过第 20 章的外汇市场以及第 21 章的国际因素和货币政策。由于每章中的国际小节都是独立的，所以跳过这些小节并不会影响教材整体的连续性。

为了说明本书如何能够用于不同侧重点的课程，我们提供了一些适用于一个课程安排的大纲。教学手册[⊖]中包含了更多有关如何在课程中灵活使用本书的信息。

- 一般货币银行学课程：第 1～5 章、第 9～11 章、第 16 章、第 18 章、第 23～24 章，以及从剩余的 13 章中选择 7 章。
- 强调国际专题的一般货币银行学课程：第 1～5 章、第 9～11 章、第 16 章、第 18～21 章、第 23～24 章，以及从剩余的 10 章中选择 4 章。
- 金融市场与金融机构课程：第 1～12 章，以及从剩余的 13 章中选择 7 章。

美国商学院版：更基于金融导向的方法

本人很高兴能够继续提供两个版本的《货币金融学》。这两个版本都包括了所有学者想要覆盖的核心章节，但是《货币金融学》（美国商学院版）提供了一种更加基于金融学[⊜]的方法，很多商学院更偏向于使用该方法进行教学，而且一些经济领域的教师在讲授货币金融学课程时也更偏向于该方法。特别是对于那些不太强调货币理论的教师，《货币金融学》（美国商学院版）将会更加满足他们的需求。美国商学院版包含关于非银行金融、金融衍生产品和金融业利益冲突的章节，但省略了关于 IS 曲线、货币政策、总需求曲线以及货币政策预期的作用的章节。

对于渴望全面讨论货币理论和货币政策的教师来说，我的《货币金融学》（第 12 版），包含了所有关于货币理论的章节。但不得不说，教师通常很难把所有有关金融与机构知识的章节进行全面讲解。因此，《货币金融学》（第 12 版）省略了关于非银行金融、金融衍生产品和金融业利益冲突的章节。

附录和其他资源

《货币金融学》（美国商学院版·原书第 5 版）提供的其他资源包括：①《货币金融学》（第 12 版）省略的 3 个章节；②关于新兴市场经济体金融危机和 IS-LM 模型的章节；③超过 20 个附录涵盖了教师可能希望在课程中包含的附加主题和更多的技术资料。读者可以在 www.pearson.com/mylab/economics 上浏览这些内容。

教师可以在课堂上使用这些章节和附录作为补充材料，也可以将它们推荐给那些想要扩展自己的货币和银行领域知识的学生。请访问 www.pearson.com/mylab/economics 获取更多信息。

教学资源[⊜]

本教材包含以下教学资源。

- 教师资源手册：这份由我准备的在线资源可以满足传统的教学所需，比如课程大纲范例、章节大纲以及教材中思考题与其他问题的答案。
- 由得克萨斯大学阿灵顿分校的凯西·凯利（Kathy Kelly）和西密歇根大学的詹姆斯·黄

⊖⊜ 本教材提及的教学手册和教学资源未得到国外出版社授权，但用书教师可申请获取，联系邮箱：xiaonan.guo@pearson.com。

⊜ 而非经济学。——译者注

（James Hueng）编撰的题库：包含超过 2 500 道大多有图表的选择题以及短文测试题；问题设置符合美国国际商学院促进协会（AACSB）要求的学习标准（书面以及口头交流、伦理理解、逻辑推理、分析性思考、信息技术、人际关系以及团队合作、多元文化工作环境、批判性思维以及知识的应用）。

- Testgen：这项在线资源能够协助教师高效地编写考试题，包含在线题库中的选择题以及论述题，并且可以进行编辑。
- 由德保罗大学（DePaul University）的保罗·库比克（Paul Kubik）提供的 PowerPiont 演示文稿：提供了教材中涉及的所有图表以及所有课程材料的详尽教案；希望使用板书上课的教师可以将 PowerPonit 幻灯片作为自己的课堂笔记，希望使用视觉辅助的教师可以使用幻灯片来上课。

致谢

在这项浩大的工程中，总有一些需要感谢的人，我要特别感谢本书的策划编辑 Christina Masturzo，还要感谢 Carolyn Philips、Kathy Smith 的贡献，同时我还得到了哥伦比亚大学学生的帮助。

另外，我也参考了审稿人特别是 Jin Eaton 以及 Aaron Jackson 具有思想性的意见，他们的意见让本书更加完善。特别地，我要感谢在这版教材的写作过程中进行审校的教授（具体人名省略）。

最后，我想感谢我的妻子 Sally，我的儿子 Matthew，我的女儿 Laura，我的 3 个干女儿 Glenda、Alba、Norma，我的 7 个孙子和孙女 Roby、Sofia、Sammy、Sarita、Adrian、Olivia 和 Ellis，他们为我的工作提供了一个温暖、愉悦的环境；我还要感谢已过世的父亲 Sidney，他在很久之前就将我带上了写作本书的道路。

Contents | 目录

PART

1

第一篇

导　论

危机与应对：全球金融危机及其后果

2007 年 8 月，金融市场开始出现问题，在接下来的两年里，世界经济经历了自 20 世纪 30 年代大萧条以来最严重的金融危机。房价暴跌、股市瘫痪、失业率剧增，无论是家庭还是企业都无法获得贷款。不仅作为美国中央银行的美联储做出反应大幅调低利率并向信用市场提供大量流动性，联邦政府也采取措施，向被严重削弱的金融机构提供了 7 000 亿美元的救助并提出了总额超过 1 万亿美元的财政刺激计划。然而，即使采取了一系列旨在稳定金融体系和刺激经济的激进措施，但在危机发生 7 年之后，美国的失业率仍然在 6% 以上，很多人倾家荡产。世界上其他国家政府的金融体系也出现了问题。

全球金融危机及其严重后果证明了银行及金融体系对维持经济健康运行的重要性，同时也将货币在经济中扮演的主要角色演绎得淋漓尽致。本书第一篇为货币、银行和金融市场的学习提供了一个导论。第 1 章对本书的脉络做了概括并指出了学习货币、银行和金融市场的重要性。第 2 章提供了金融体系的概览，接下来第 3 章解释了什么是货币及货币的计量。

第 1 章

为什么要研究货币、银行和金融市场

学习目标

1. 认识金融市场在经济中的重要性。
2. 描述金融中介和金融创新如何影响银行业与经济。
3. 识别货币政策与经济周期，以及其他经济变量之间的基本联系。
4. 解释汇率在全球经济中的重要性。
5. 解释对货币、银行和金融市场的研究如何能促进你的职业发展。
6. 描述本书是如何教授货币、银行和金融市场的。

| 预览 |

　　如果你从晚间新闻中得知，美联储将要把联邦基金利率提高 0.5 个百分点，而你又正在准备贷款购买一辆豪华的新型跑车，那么你知道这个消息对汽车贷款利率将会产生什么样的影响吗？它意味着你未来购买不动产的偿付能力是变强还是变弱呢？它是否会影响到你未来求职的难易程度呢？

　　通过考察金融市场（诸如债券市场、股票市场与外汇市场等）和金融机构（诸如银行、保险公司、共同基金以及其他金融机构等）的运行过程，探求货币在经济循环中所发挥的作用，本书为上述问题以及一些其他问题提供了答案。金融市场和金融机构不仅可以影响人们的日常生活，而且关系到经济运行中数以万亿计的资金流动，它会依次影响企业利润、商品和服务的产出，甚至会影响到美国以外其他国家的福利水平。金融市场、金融机构以及货币领域的情况引起了政治家的极大关注，甚至能够对选举产生重大影响。对于货币、银行和金融市场的研究可以帮助你理解很多激动人心的问题。本章通过概略描述这些问题的内容和探求研究这些问题的价值，提供了一幅通览全书的路线图。

1.1　研究金融市场的原因

本书的第二篇将重点介绍金融市场。在金融市场中，资金从拥有闲置资金的人那里转移到资金短缺者手中。诸如债券市场和股票市场等金融市场通过实现从没有生产用途者向有生产用途者的资金转移，极大地提高了经济效率。事实上，在实现高速经济增长方面，健全的金融市场是一个关键要素，而世界上许多国家处于极度贫困状态的原因之一就是这些国家的金融市场效率低下。金融市场中的活动对于个人财富、企业和消费者行为以及经济周期都产生了直接的影响。

1.1.1　债务市场和利率

证券（security），又称金融工具，是对发行者未来收益或者**资产**（asset，财务求偿权或者具有所有权的财产）的一种求偿权。**债券**（bond）是承诺在约定期限内定期偿付的债务证券。⊖债务市场，通常被称为债券市场，能够帮助公司和政府筹集到运营资金，并且能够决定利率，因此它对经济运行具有十分重要的意义。**利率**（interest rate）是借款的成本或者用于偿付资金租费的价格（通常用 100 美元年租费占 100 美元的百分率来表示）。在经济运行过程中，存在着多种利率——抵押贷款利率、汽车贷款利率以及各种债券利率等。

在很多方面，利率发挥着十分重要的作用。对于个人来说，由于高利率提高了个人的融资成本，所以可能会影响到个人的购房或买车计划。反之，高利率可以通过增加利息收入促使个人提高存款比重，从而刺激个人储蓄活动。从宏观层面上来说，由于利率不仅会影响到消费者消费或者储蓄的意愿，而且会影响到企业的投资决策，所以它能够对整体经济的健康运行产生深远的影响。例如，高利率可能会使公司推迟新厂房的建设计划，这原本是可以提供更多就业机会的。

因为利率的波动对于个人、金融机构、企业乃至整体经济都会产生重要的影响，所以对于过去 40 年利率大幅变动的研究具有十分重要的意义。举例来说，1981 年 3 个月期美国国债利率超过 16%，达到历史高点。而在 1992 年下半年至 1993 年，其利率回落到 3%。到 20 世纪 90 年代中后期，上涨到 5% 以上。在 2004 年下降至 1% 以下，2007 年回升至 5%，而在 2009～2015 年，几乎下降至 0，到 2017 年又开始回升至 1% 以上。

由于不同期限的利率具有一致的变动趋势，所以经济学家通常将不同期限的利率集合在一起，统称为"利率"。然而，如图 1-1 所示，不同期限债券的利率之间差异很大。例如，3 个月期美国国债利率的波动幅度大于其他债券的波动幅度，且其平均值要低。Baa 级（质量中等）公司债券利率的平均值要高于其他债券的平均值，它与其他债券的利差变化频繁，在 20 世纪 70 年代开始加大，进入 20 世纪 90 年代有所减小，在 21 世纪初短暂提高后，这一利差幅度再度减小，之后于 2007 年夏季快速提升。直到 2009 年年底它再度下降，到 2017 年之前维持在一个较低的水平。

在本书的第 2 章中，我们将研究债券市场在经济运行中的作用，而在第 4～6 章中，我们将考察利率的含义、利率的一般性运行机制以及不同债券利率之间存在差异的原因。

⊖　本书使用的债券定义是学者普遍采用的广义定义，包括短期债务工具和长期债务工具。然而，某些金融从业者认为，债券特指公司债券和美国国债等长期债务工具。

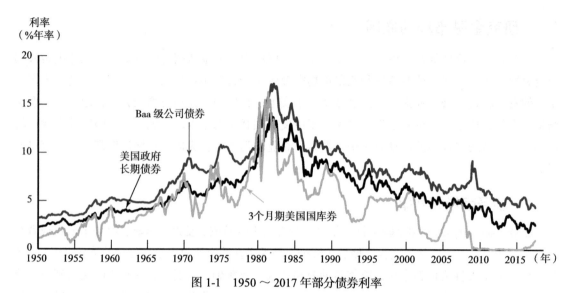

图 1-1 1950 ～ 2017 年部分债券利率

注：尽管不同的利率具有一致的变动趋势，但是它们有很大的区别，并且它们之间的利差经常变动。

资料来源：Federal Reserve Bank of St. Louis, FRED database: https://fred.stlouisfed.org/series/TB3MS; https://fred.stlouisfed.org/series/GS10; https://fred.stlouisfed.org/series/BAA.

1.1.2 股票市场

普通股（common stock，通常简称为**股票**（stock）），代表其持有人对公司具有一定份额的所有权，也是一种对公司收益和资产具有求偿权的证券。公开发行股票是公司解决运营资金的重要渠道。作为公司收益求偿权交易的股票市场，大多数国家都存在，它是最普遍的一种金融市场，正因为如此，人们将其简称为"市场"。股票市场中股票价格的大幅波动一直是晚间新闻里的主要话题。人们经常会投机热门股票，并扬扬自得地吹嘘他们最近的一次"大赚"，然而在损失惨重时又会表现得万分沮丧。也许一个简单的事实可以很好地解释股票市场饱受关注的原因：这是一个可以让人们一夜暴富或者顷刻间血本无归的地方。

正如图 1-2 所示，股票价格的波动十分剧烈。在 20 世纪 80 年代的持续上涨之后，股票市场出现了历史上最大的单日跌幅，即 1987 年 10 月 19 日的"黑色星期一"，当日道琼斯工业平均指数（DJIA）下跌了 22%。从那时开始直到 2000 年，美国股票市场经历了历史上罕见的上升（经常被称为"大牛市"），道琼斯指数冲过了 11 000 点的高峰。伴随着 2000 年高科技泡沫的破裂，股票市场开始迅速下滑，至 2002 年下半年，跌幅超过 30%。继而股票市场再次回暖，至 2007 年达到 14 000 点的水平，却仅仅在 2009 年就回落到低于当初市值的 50%——7 000 点的水平。接着另一个牛市到来了，到 2017 年，道琼斯工业平均指数达到新的 22 000 点的高点。股票价格的剧烈波动影响着人们的财富规模，从而影响了他们的消费意向。

股票市场在公司投资决策中也是一个重要的因素，因为股票价格会影响公司通过发行新股筹集投资资金的规模。如果一家公司的股票价格较高，那么意味着它可以筹集到较大数额的资金，用于购置生产设施和技术装备。

在本书的第 2 章中，我们将考察股票市场在金融体系中发挥的作用。在第 7 章中我们将再次讨论股票价格的运行机制及其对市场中各种信息的反馈机制。

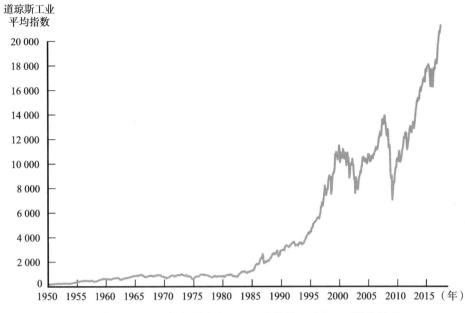

图 1-2 1950 ～ 2017 年道琼斯工业平均指数显示的股票价格情况

注：股票价格的波动十分剧烈。

资料来源：Federal Reserve Bank of St. Louis, FRED database: https://fred.stlouisfed.org/series/DJIA.

1.2 研究银行和其他金融机构的原因

本书第三篇主要研究金融机构和银行业务。银行和其他金融机构是金融市场的主要参与主体，没有它们，金融市场无法实现从储蓄资金到生产性投资活动转换的目的。因此，金融机构在经济活动中发挥着十分重要的作用。

1.2.1 金融体系的结构

金融体系是一个复杂的系统，它由各种各样的私人金融机构组成，具体包括：银行、保险公司、共同基金、财务公司以及投资银行等，所有这些金融机构必须接受政府部门的严格监管。例如，如果某个自然人计划向 IBM 或者通用汽车公司提供一笔贷款，他不会与公司总裁直接会面商谈贷款事宜，而是通过**金融中介机构**（financial intermediaries）间接地向公司提供贷款。这些机构吸纳存款资金，之后向需要资金的人提供贷款。

在运行良好的金融市场中，金融中介机构为何居于至关重要的地位？它们按照什么标准来选择贷款客户？在发放贷款时，它们为何要签署复杂的法律文件？它们为何是经济体系中受到最严格监管的部门？

在本书的第 8 章中，我们通过建立一个适用于美国和世界其他国家金融体系结构的严密分析框架，对上述问题进行了解答。

1.2.2 银行与其他金融机构

银行（banks）是吸纳存款和发放贷款的金融机构。"银行"一词包括商业银行、储蓄贷款协会、互助储蓄银行以及信贷协会等金融机构。银行是普通人接触最多的金融中介机构，计划借款购房或买车的人一般是从当地的银行获得贷款。大多数美国人将他们的大部分金融财产以支票账户、存款账户或者其他类型存款工具的方式保存在银行里。由于银行是经济体系中最大的金融中介机构，所以值得仔细研究。然而，银行并不是唯一重要的金融机构。事实上，诸如保险公司、财务公司、养老基金、共同基金以及投资银行等其他类型的金融机构近年来的发展十分迅速，部分取代了银行的地位，因此我们也需要对其进行考察。

在本书的第 9 章中，我们将讨论银行和其他金融机构通过资产负债管理实现盈利的运行机制。第 10 章在第 8 章的基础上，对于现行金融监管体系的形成原因和监管过程中可能出现的问题等展开了进一步的经济分析。第 11 章从银行产业的视角出发，具体考察银行产业中竞争环境的变迁机制，以及某些金融机构在同业竞争中取胜的原因。

1.2.3　金融创新

在第 11 章中，我们将考察**金融创新**（financial innovation），即新兴金融产品和服务的发展情况。我们将会了解金融创新的形成原因和运行机制，重点关注信息技术的巨大进步如何引发金融服务的电子化，即**电子金融**（e-finance）。研究金融创新的原因还在于，金融创新向我们展示了部分金融机构在通过创造性思维活动产生更多利润的同时，还可能导致金融灾难。通过考察历史上金融机构实施创新活动的运行机制和形成原因，我们可以更好地把握它们在未来的创造力。这些知识为我们理解金融体系长期的变迁机制提供了有益的启示，并且不断地更新我们对银行和其他金融机构的了解。

1.2.4　金融危机

金融体系的发展有时会处于停滞状态，并且可能会出现**金融危机**（financial crisis），即金融市场的巨幅下跌，表现为资产价格的急剧下跌以及大量金融机构和非金融类企业的破产倒闭。数百年来，金融危机一直是资本主义经济的标志之一，一般在最严重的经济衰退之后出现。从 2007 年 8 月开始，美国经济经受了自大萧条以来最为严重的金融危机。居民次级抵押贷款违约率的上升使金融机构遭受了惨重的损失，不仅导致大量银行倒闭，而且迫使美国最大规模投资银行中的贝尔斯登和雷曼兄弟破产。这场危机导致了自大萧条以来最严重的经济衰退，现在它被称为"大衰退"。

本书第 12 章将就金融危机发生的原因及其对经济运行产生破坏性影响的原因进行讨论。

1.3　研究货币和货币政策的原因

货币（money，也指**货币供给**（money supply）），是指在购买商品和服务或债务清偿时被普遍接受的任何物体（anything）。货币与那些影响人们日常生活的经济指标的变化密切相关，并且对于整体经济的健康运行具有重要的影响。本书的最后两篇将对货币在经济运行过程中的作用进行考察。

1.3.1　货币与经济周期

1981 ～ 1982 年，美国经济中商品和服务的总产量（称为**总产出**（aggregate output））出现下滑，**失业率**（unemployment rate，在可雇用劳动力中失业者所占的百分比）上升至 10% 以上。1982 年之后，美国经济开始迅速扩张，到 1989 年，失业率已经下降到 5%。1990 年，持续 8 年的经济扩张过程结束，失业率升至 7% 以上。到 1991 年，美国经济开始走出谷底，继而出现了美国历史上持续时间最长的经济复苏过程，同期的失业率降至 4% 左右。从 2001 年 3 月开始，美国出现了轻微的经济衰退，失业率上升到 6%。而从 2001 年 11 月起，美国经济开始回暖，失业率最终降至 4.4% 的低点。自 2007 年 12 月以来，美国经济进入急剧下滑态势，失业率升至 10% 以上，直到 2009 年 6 月经济才开始缓慢复苏。到 2017 年，失业率降至 4.5% 以下。

为什么美国经济会经历如此明显的波动？事实表明，在形成**经济周期**（business cycle，导致经济中总产出的上下波动）的过程中，货币发挥了十分重要的作用。经济周期对所有人产生了直接和重要的影响。例如，当产出增长时，人们可以比较容易地找到一份好工作，而当产出下降时，人们则很难找到一份合适的工作。图 1-3 显示了 1950 ～ 2017 年货币供应量增长率的变动情况，其中的阴影部分代表经济**衰退**（recession），即总产出的下降阶段。在此，我们发现，几乎在每一次经济衰退发生之前，货币供应量增长率都会下降，这表明货币供应量的变化可能是促使经济周期出现波动的原因之一，然而，货币供应量增长率的下降并不总是伴随着经济衰退。

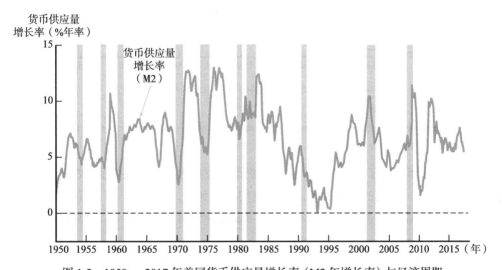

图 1-3　1950 ～ 2017 年美国货币供应量增长率（M2 年增长率）与经济周期

注：几乎在每一次经济衰退发生之前，货币供应量增长率都会下降。然而，并非货币供应量增长率的每一次下降都会伴随着一次经济衰退。阴影部分代表经济衰退。

资料来源：Federal Reserve Bank of St. Louis, FRED Database: https://fred.stlouisfed.org/series/M2SL.

在本书第六篇的第 22 ～ 25 章里，我们将考察货币、货币政策影响总产出的运行机制，即对**货币理论**（monetary theory）进行研究，这一理论考察的是货币供应量与货币政策的变化和总体经济活动及通货膨胀之间的关系。

1.3.2　货币与通货膨胀

30 年前，你只要花费 1 美元或者 2 美元就可以看一场你在上周花费了 10 美元才看到的电影。实际上，当时你花 10 美元也许可以吃一顿晚餐、看一场电影，还能买一大袋奶油爆米花。图 1-4 显示了 1950 ～ 2017 年美国经济中平均物价水平的变动情况，它表明现在大多数产品的价格都比过去的高一些。经济中商品和服务的平均价格被称为**物价总水平**（aggregate price level），或者简称为物价水平（附录 1A 里给出了更为精确的定义）。1960 ～ 2017 年，物价水平的上涨幅度超过了 6 倍。**通货膨胀**（inflation）是指物价总水平的持续上涨，它影响着个人、企业和政府的经济活动。一般来说，通货膨胀是一个亟待解决的重要问题，常常是政治家和决策者面对的首要问题。为了解决通货膨胀问题，我们首先要了解它的形成原因。

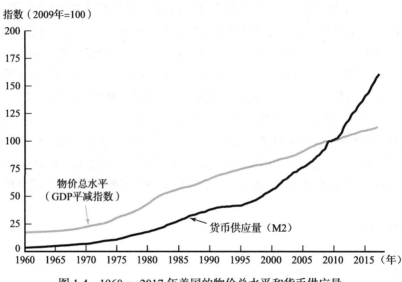

图 1-4　1960 ～ 2017 年美国的物价总水平和货币供应量

注：1960 ～ 2017 年，美国物价水平的上涨幅度超过了 6 倍。

资料来源：Federal Reserve Bank of St. Louis, FRED database: https://fred.stlouisfed.org/series/M2SL; https://fred.stlouisfed.org/series/GDPDEF.

究竟是何种原因导致了通货膨胀？从描绘货币供应量和价格水平变动情况的图 1-4 中，我们可以发现解答这一问题的一条线索。正如我们所看到的，一般来说，物价水平和货币供应量会一起上涨。数据表明持续增长的货币供给可能是导致物价持续上升（通常被称为"通货膨胀"）的重要原因之一。

在图 1-5 中，我们发现了持续增长的货币供给与通货膨胀之间密切联系的进一步证据。图 1-5 描绘了在 2006 ～ 2016 年的 10 年中，若干国家的平均**通货膨胀率**（inflation rate，即物价水平的变动比率，通常用每年变动的百分比来衡量）和同期货币供给的变动情况。从中我们可以发现，通货膨胀率和货币供应量增长率之间存在着正相关关系：通货膨胀率最高的国家，其货币供应量增长率也是最高的。例如，俄罗斯和土耳其在此期间经历了较严重的通货膨胀，而它们的货币供应量增长率也较高。与之形成鲜明对照的是，日本和欧元区同期的通货膨胀率较低，它们的货币供应量增长率也不高。根据这些证据，诺贝尔经济学奖得主米尔顿·弗里德曼发表了其著名的论断："通货膨胀无论在何时何地都是一种货币现象。"⊖在本书的第 22 章和第 24 章中，我们将考察在通货膨胀形成过程中货币和货币政策所发挥的作用。

1.3.3　货币与利率

除了其他因素之外，货币在利率的决定中也发挥着十分重要的作用，而后者受到企业和消费者的密切关注。图 1-6 显示了 1950 ～ 2017 年美国政府长期国债的利率和货币供应量增长率

⊖　Milton Friedman, *Dollars and Deficits* (Upper Saddle River, NJ: Prentice Hall, 1968), p. 39.

的变动情况。20 世纪六七十年代,当货币供应量增长率上升时,长期国债的利率也随之上升。然而,20 世纪 80 年代以来,货币供应量的增长率和利率之间的关系却不那么清晰了。在本书的第 5 章考察利率行为时,我们将对货币和利率的关系进行分析。

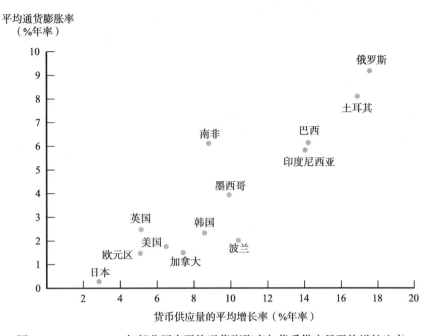

图 1-5　2006 ~ 2016 年部分国家平均通货膨胀率与货币供应量平均增长比率

注:我们可以从中发现,10 年中平均通货膨胀率和货币供应量平均增长率之间存在着正相关关系:通货膨胀率最高的国家,其货币供应量增长率也是最高的。

资料来源:Federal Reserve Bank of St.Louis, FRED database: https://fred.stlouisfed.org/.

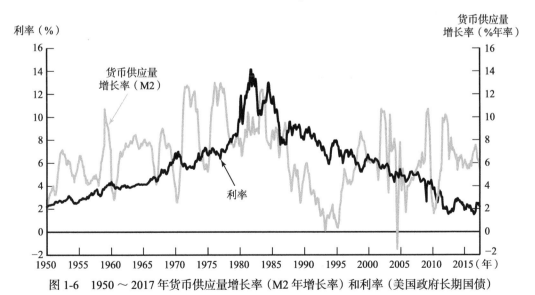

图 1-6　1950 ~ 2017 年货币供应量增长率(M2 增长率)和利率(美国政府长期国债)

注:20 世纪六七十年代,当货币供应量增长率上升时,长期国债的利率也随之上升。然而,20 世纪 80 年代以来,货币供应量增长率和利率之间的关系却不那么清晰了。

资料来源:Federal Reserve Bank of St. Louis, FRED database: https://fred.stlouisfed.org/series/M2SL; http://fred.stlouisfed.org/series/GS10; https://fred.stlouisfed.org/series/M2SL.

1.3.4 货币政策的执行

由于货币影响了许多对经济福利产生重要影响的经济变量，所以全世界的政治家和决策者都十分关注**货币政策**（monetary policy）的执行问题，即对于货币和利率的管理。**中央银行**（central bank）负责一个国家货币政策的执行。美国的中央银行是联邦储备体系（Federal Reserve System，简称美联储（the Fed）），在本书第四篇的第 16 ~ 19 章中，我们将就诸如联邦储备体系这样的中央银行如何影响经济中的货币数量和利率等问题展开研究，继而考察美国和其他国家货币政策的实际执行状况。

1.3.5 财政政策与货币政策

财政政策（fiscal policy）是与政府支出和税收问题相关的决策行为。**预算赤字**（budget deficit）是指在特定的时间范围内（通常为一年）政府支出超过税收收入的差额，而当税收收入超过政府支出时，就会出现**预算盈余**（budget surplus）。政府必须通过借款来弥补预算赤字，而预算盈余可以缓解政府的债务负担。正如图 1-7 显示的那样，1983 年预算赤字占美国经济总量的比重达到高峰，占国内产出（用**国内生产总值**（gross domestic product，GDP）来衡量，附录 1A 给出了总产出的计算方法）的 6%。从那时开始，预算赤字占 GDP 的比重先是降到 3% 以下，20 世纪 90 年代初再次上升到 5%，其后持续下降，并且在 1999 ~ 2001 年形成了预算盈余。在 2001 年的"9·11"事件、2003 年 3 月爆发的伊拉克战争以及 2007 ~ 2009 年的金融危机之后，政府的预算重新回到赤字状态，预算赤字占 GDP 的比重一度超过 10%，然后大幅下降。如何处理预算赤字和预算盈余问题一直是立法部门讨论的重要议题，近年来更成为总统和国会之间争论的焦点。

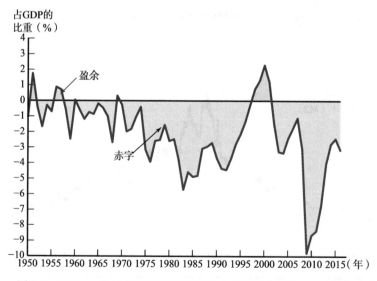

图 1-7　1950 ~ 2016 年美国政府预算盈余或预算赤字占 GDP 的比重

注：在过去的这些年里，预算赤字占美国经济总量的比重一直在大幅波动。1983 年，预算赤字占 GDP 的比重先是升高到 6%，随后开始下降，并逐渐在 1999 ~ 2001 年形成了预算盈余。随后预算赤字不断攀升，占 GDP 的比重在 2009 年一度上升到 10% 以上的高点，然后开始大幅下降。

资料来源：Federal Reserve Bank of St.Louis, FRED database: https://fred.stlouisfed.org/series/M2SL; https://fred.stlouisfed.org/series/FYFSGDA188SI.

你也许从报纸或者电视中看到过这样的观点：预算盈余是一件好事，而预算赤字是不受欢迎的。在第 22 章中，我们将会解释预算赤字何以导致较高的货币供应量增长率、较高的通货膨胀率和较高的利率。

1.4 研究国际金融问题的原因

近年来，金融市场的全球化进程发展迅速，世界范围内的各个金融市场的一体化程度不断提高。美国公司经常从国外金融市场中吸纳资金，而外国公司也同样时常从美国的金融市场中获得融资支持。诸如摩根大通、花旗集团、瑞银集团和德意志银行等银行以及其他类型金融机构的国际化程度不断提高，它们在全世界的许多国家开展业务活动。在本书的第五篇中，我们将考察外汇市场和国际金融体系。

1.4.1 外汇市场

为了实现国家之间的资金转移，人们需要将资金转出国的货币（比如美元）兑换成资金输入国的货币（比如欧元）。**外汇市场**（foreign exchange market）就是完成货币兑换活动的场所，因而是实现国家间资金转移的工具。外汇市场的重要性还体现在，它是确定汇率（即一个国家货币对于另一个国家货币的价格）的场所。

图 1-8 显示了 1973～2017 年美元汇率的变动情况（以一揽子主要货币来衡量的美元价值）。外汇市场中的汇率波动十分剧烈：美元价值至 1976 年略有提高，而在 1978～1980 年再次达到低点。1980～1985 年年初，美元剧烈升值，继而又一次贬值，至 1995 年降至另一个低点。随后，截至 2002 年，美元一直升值。2002～2011 年，美元大幅贬值，只在 2008 年和 2009 年有一段短暂的回升。2011～2017 年，美元再次升值，但仍低于 2002 年的水平。

图 1-8　1973～2017 年美元汇率变动情况

注：在这些年间，美元的价值波动十分剧烈。

资料来源：Federal Reserve Bank of St. Louis, FRED database: https://fred.stlouisfed.org/series/TWEXMMTH.

对于美国公众和企业而言，美元汇率的波动意味着什么呢？由于汇率的变化能够影响进口的成本，因此对美国的消费者产生了直接的影响。在 2001 年 1 欧元约兑换 85 美分时，购买价值 100 欧元的欧洲商品（如法国葡萄酒）需要支付 85 美元。随后，美元开始贬值，接近 1 欧元兑换 1.5 美元的高点水平，这时购买同样价值 100 欧元的欧洲商品就需要支付 150 美元。因此，美元的疲软会导致国外商品更加昂贵、海外度假价格上升，使那些喜欢进口商品的人的负担加重。当美元价值下滑时，美国人就会削减他们对国外商品的需求，增加对美国国内产品的消费（比如选择在美国国内度假或者购买美国产的葡萄酒）。

相反，美元升值意味着其他国家的人购买美国出口商品的成本提高了，所以他们将减少对美国出口商品的需求。例如，1980～1985 年和 1995～2002 年，由于美元价值不断提高，美国的钢材出口量迅速下降。美元升值会导致国外商品的价格更为低廉，从而使美国本土消费者受益。然而，它也会削减对美国商品的国内外需求，从而使美国的企业受到损害，减少了部分就业机会。1985～1995 年和 2002～2011 年，美元的价值不断下降，形成了相反的结果：美元贬值使得国外商品更加昂贵，同时使美国的企业更具有竞争力。外汇市场的价格波动对美国经济产生了深远的影响。

在本书的第 20 章中，我们将考察在外汇市场中汇率是如何被决定的，即买入美元、卖出国外货币的行为是如何影响美元汇率的。

1.4.2　国际金融体系

国家之间资本流动数量的巨幅增长强化了国际金融体系对于国内经济运行的影响力。在第 21 章中，我们将就下列问题进行讨论。

- 一国确定的货币汇率是如何影响该国货币政策的执行的？
- 限制资本跨境流动的资本管制措施对于国内金融体系和整体经济绩效会产生什么影响？
- 在国际金融体系中，诸如国际货币基金组织之类的国际金融组织发挥了什么样的作用？

1.5　货币、银行和金融市场与你的职业发展

在上这门课之前，你或许已经自问过一个很现实的问题："对货币、银行和金融市场的学习与研究，会如何促进我的职业发展？"对于一些人来说，答案是直接明了的。金融机构是一个国家最大的雇主，因此，学习货币、银行和金融市场能帮助你在金融部门获得一份好的工作。

即使你的兴趣在其他方面，学习货币、银行和金融市场仍然能够促进你的职业发展，这是因为当你作为一个雇员或者公司老板时，你在这门课程中学到的批判性思维能够帮助你改善工作表现。比如说，理解货币政策能够帮助你预测利率涨跌，进而帮助你决定借钱的恰当时机；了解银行和其他金融机构的管理机制，可以帮助你在融资的过程中获得更大的收益；明白金融市场如何运作能让你做出更佳的投资决策，不论是对你自己还是对你的公司而言。

1.6　研究货币、银行和金融市场的方法

本书强调使用"经济学的思考方式"，通过构建一个一般性分析框架，对货币、银行和金融市场进行研究。这个分析框架使用了一些经济学的基本概念，帮助你思考资产价格的决定、金融市场的结构、银行管理以及货币在经济运行过程中发挥的作用等问题。它包含了下列基本概念：

- 资产需求分析的简化方法；
- 均衡的概念；
- 用于解释金融市场行为的基本供求分析方法；

- 对利润的追求；
- 基于交易成本和信息不对称理论的市场结构分析方法；
- 总供给 – 总需求分析方法。

本书使用的一般性分析框架可以保证你的知识不会过时，也能够使本书的内容更加生动有趣。它可以使你了解到真实的世界，而不用去死记硬背那些在期末考试后就会迅速忘记的无聊知识。这个分析框架为你提供了一个有力的工具，来理解金融市场以及诸如利率、汇率、通货膨胀和总产出等经济变量的变动趋势。

为了帮助你了解并学会使用这个一般性分析框架，本书构建了一些简单的模型，对其中假定为常值的变量进行了详尽的说明，并且详细、清晰地列出了模型推导过程中的每一个步骤，进而利用这些模型来解释各种现象，通常每次只考察一个变量的变动情况，其他变量保持不变。

为了加强模型的有效性，本书使用了案例研究、应用专栏和特殊兴趣专栏等方式，提供了支持或者反对我们所讨论的理论的各种证据。大量使用真实事例和实证数据可以使你排除这样的误解：所有的经济学家都在使用抽象的假设，构建的理论与现实的经济行为毫不相干。

为了使所学的理论知识在课堂之外的真实世界中得到更加有效的应用，我们必须将理论与出现在主要金融出版物及网站上的金融新闻结合起来。本书通过特别的方式来鼓励和帮助你阅读金融新闻。本书有一系列题为"金融新闻解读"的特别专栏，这些专栏提供了详细的信息和定义，以供你分析经常在媒体上讨论的经济数据。此外，本书设置了大量的章后习题和应用题，要求你使用学到的分析工具来解释其他相关的实际问题。

网络资源的使用

对金融研究而言，国际互联网已经成为一个非常重要的、便捷的信息来源。重视网络资源的原因包含以下几个方面：首先，你可以用登录圣路易斯联邦储备银行 FRED 数据库，浏览最新文本形式的资料和数据，可以利用的数据都被标记为 MyEconlab Real-Time Data。其次，几乎在每章的结尾部分，有几个实时数据分析题，这要求你登录圣路易斯联邦储备银行 FRED 数据库下载最新的数据，然后利用这些数据解答一些有趣的问题。最后，在部分章的结尾，我们会安排额外的网络练习。这些练习可以促使你访问那些与本章内容相关的网站，学习更多关于宏观经济的问题。在每章的结尾部分，我们还给出了网络参考文献，列举了那些与本章讨论的问题相关的网站地址。通过访问这些网站，可以进一步发掘你感兴趣的主题。需要注意的是：由于网站地址经常变化，我们尽量选取稳定的网站地址，但我们发现即使是政府的网站地址也会改变。www.pearson.com/mylab/economics 会及时更新相关的网站地址。

1.7　结语

货币、银行和金融市场是一个激动人心的研究领域，它直接影响着我们的日常生活：利率影响着人们的储蓄收益以及偿还汽车或住房贷款的数额，货币政策可能会影响到未来人们的就业前景和物价水平。对于货币、银行和金融市场的学习与研究，可以帮助你了解那些在政治领域中被激烈争辩的货币政策的含义，帮助你更加清晰地理解媒体报道中涉及的各种经济现象。由此获得的知识可以使你获益终身。

本章小结

1. 金融市场中的行为能够直接影响个人的财富状况、企业运营以及整体经济的效率。三种金融市场值得特别关注：债券市场（形成利率的场所）、股票市场（它对于个人的财富状况和企业的投资决策具有重要影响）以及外汇市场（汇率的波动对于美国经济具有重大影响）。

2. 银行和其他金融机构在非生产性资金拥有者和生产性资金拥有者之间建立起一条融通资金的渠道，在提高经济运行效率方面发挥了至关重要的作用。当金融系统失灵时会造成金融危机和金融公司的倒闭，从而对经济造成严重的打击。

3. 货币和货币政策能够对通货膨胀、经济周期和利率产生重要影响。由于这些经济变量对于整体经济的健康、平稳运行具有重要意义，所以我们必须对货币政策的制定和执行有所了解。同时，由于政府的财政政策是货币政策执行的重要影响因素之一，所以我们必须对其进行研究。

4. 对货币、银行和金融市场的学习与研究能够促进我们的职业发展：在金融部门获得高薪工作，为自己的公司决定借款的恰当时机，从金融机构中获得更高的回报，制定更好的投资决策。

5. 本书强调使用经济学的思维方式研究问题，为了使用一些基本的经济理论对货币、银行和金融市场进行研究，我们发展出一个一般性分析框架。同时，本书强调理论分析和实证数据之间的相互印证。

关键术语

总收入	电子金融	通货膨胀	总产出
联邦储备体系	通货膨胀率	物价总水平	金融危机
利率	资产	金融创新	货币政策
银行	金融中介	货币理论	债券
金融市场	货币（货币供给）	预算赤字	财政政策
经济衰退	预算盈余	外汇市场	证券
经济周期	外汇汇率	股票	中央银行
国内生产总值	失业率	普通股	

思考题[⊖]

1. 在 3 个月期国库券、政府长期债券和 Baa 级公司债的利率之间存在着哪种基本关系？

2. 股票市场下跌对企业的投资活动有什么样的影响？

3. 解释债券和普通股的主要区别。

4. 解释表现良好的金融市场与经济增长之间的联系。请列举一个金融市场可能影响经济增长和贫困的渠道。

5. 2007 年开始的经济衰退发生的原因是什么？

6. 你能想出人们一般不向他人借钱买房或买车的原因吗？你的答案如何解释银行存在的原因？

7. 除了银行，在经济中发挥重要作用的其他金融中介有哪些？

⊖ 本书的思考题都可以在 MyLab Economics 中找到，网址为 www.pearson.com/mylab/economics。

8. 你能确定美国或欧洲最近一次金融危机的日期吗？有理由认为这些危机可能是相关的吗？为什么？

9. 在过去的几年中，美国的通货膨胀率是上升了还是下降了？利率的情况如何？

10. 如果历史能够重演，当你发现货币供应量增长率下降的时候，你认为下列因素将发生怎样的变化？

　　a. 实际产出；

　　b. 通货膨胀率；

　　c. 利率。

11. 在利率下降的时候，企业和消费者如何调整自己的经济活动？

12. 提高利率会让每个人都受到损失吗？

13. 为什么金融机构的管理者如此关心联邦储备体系的行动？

14. 当前美国预算赤字的规模与自 1950 年以来这段时间的预算赤字或盈余的规模相比，有什么区别？

15. 如果英镑贬值，会对英国的消费者产生什么影响？

16. 如果英镑升值，会对美国的企业产生什么影响？

17. 如果外汇汇率变动，会对金融机构的盈利能力产生什么影响？

18. 请看图 1-8，你将选择哪一年去亚利桑那州的科罗拉多大峡谷旅游，而不是选择去参观伦敦塔？

19. 当相对其他国家的货币而言美元处于升值状态的时候，你会选择购买美国产的还是外国产的牛仔裤？美国生产牛仔裤的厂商在美元升值还是贬值时更加高兴？从事牛仔裤进口业务的美国公司会怎样呢？

20. 美国政府的很多债务被外国投资者以短期国库券和债券形式持有，如果美元汇率变动，会对外国投资者持有债务的价值产生什么影响？

应用题⊖

21. 下表列出了 2017 年 5 月美元对英镑（GBP）的外汇汇率。哪一天将会是最好的时机去用 200 美元兑换英镑？哪一天是最坏的时机？兑换英镑的差额是多少？

（续）

日期	每英镑兑美元	日期	每英镑兑美元
5-01	1.291 7	5-16	1.291 2
5-02	1.292 1	5-17	1.294 4
5-03	1.291 6	5-18	1.300 9
5-04	1.291 0	5-19	1.301 8

日期	每英镑兑美元	日期	每英镑兑美元
5-05	1.295 0	5-22	1.300 6
5-08	1.294 2	5-23	1.298 4
5-09	1.293 9	5-24	1.293 5
5-10	1.293 9	5-25	1.295 4
5-11	1.288 5	5-26	1.279 5
5-12	1.288 0	5-30	1.285 8
5-15	1.291 7	5-31	1.290 5

数据分析题⊖

1. 登录圣路易斯联邦储备银行 FRED 数据库，找到这些数据：3 个月短期国库券利率（TB3MS）、3 个月期非金融商业票据利率（CPN3M）、30 年期国债利率（GS30）、30 年期常规贷款利率（MORTGAGE30US）和经济衰退指标（USREC）。

　　a. 一般来讲，这些利率在经济衰退期和经济

⊖ 本书的应用题都可以在 MyLab Economics 中找到，网址为 www.pearson.com/mylab/economics。

⊖ 本书数据分析题的实时数据已在 MyLab Economics 中更新，可供练习或教学使用。

扩张期都是如何变动的？

b. 一般来讲，3 个月期利率与 30 年期利率相比有什么不同？国库券利率与商业票据利率、抵押贷款利率相比有什么不同？

c. 从最近几个月的数据中，找出最近 3 个月期的平均利率，并与从 2000 年 1 月开始计算的 3 个月期平均利率做对比，有什么差别？

d. 从最近几个月的数据中，找出最近 30 年期的平均利率，并与从 2000 年 1 月开始计算的 30 年期平均利率做对比，有什么差别？

2. 登录圣路易斯联邦储备银行 FRED 数据库，找到这些数据：M1 货币供应量（M1SL）和 10 年期国债利率（GS10）的数据。使用 "Add Data Series" 功能，将这两项数据添加到一个图表里面。通过将 M1 货币供应量调整为 "相比年前的百分比变化率"，我们可以把 M1 货币供给的相关数据变成 M1 货币增长率。

a. 大体上来讲，从 2000 年开始的经济衰退期和经济扩张期，M1 货币供应量增长率和 10 年期国债利率是如何变动的？

b. 一般来说，从 2000 年开始，M1 货币供应量增长率和 10 年期国债利率之间是否有着明显、稳定的关系？

c. 通过把 M1 货币供应量增长率和 10 年期国债利率在最近几个月的数据与 2000 年 1 月的数据做对比，可以发现有什么区别和联系？

网络练习

1. 通过这个练习，我们将训练从互联网上收集数据，并且使用 Excel 绘制图表的技能。登录 http://www.forecasts.org/data/index.htm，单击页面顶部的 "Stock Index Data"，然后选择美国股票指数——月度选项，最后选择道琼斯工业平均指数选项。

a. 将数据输入 Excel 电子表格中。

b. 使用 a 中的数据尝试绘图，利用绘图正确标出坐标轴的名称。

2. 假设在网络练习 1 中，你收集了道琼斯工业平均指数的数据，并且绘制了相应的图表，同一个网站中还发布了道琼斯工业平均指数的预测值。登录 http://www.forecasts.org/data/index.htm，单击网页顶部的 "FFC Home" 选项，然后单击最左端预测项下的道琼斯工业平均指数。

a. 道琼斯工业平均指数 6 个月后的预测值是多少？

b. 接下来 6 个月道琼斯工业平均指数增长的百分比是多少？

网络参考

http://www.federalreserve.gov/releases/ 部分利率和汇率等的每日、每周、每月、每季度和每年显示的数据与历史数据。

http://stockcharts.com/charts/historical/ 不同期限的各种股票指数的历史图表。

http://www.federalreserve.gov 联邦储备体系公布的宏观信息、货币政策、银行体系、有关研究和经济数据。

http://www.bls.gov/data/inflation_calculator.htm 显示自 1913 年以来美元购买力如何变化的计算器。

http://www.nationalpriorities.org/budget-basics/federalbudget-101/ 这个网站讨论了联邦政府的预算基础，包括联邦预算流程、资金的来源和去向、借款和联邦债务，以及联邦预算术语。

http://www.usdebtclock.org/ 国债钟（national debt clock）。这个网站实时显示了美国国债的精确数量。

附录 1A　对于总产出、总收入、物价水平和通货膨胀率的定义

由于本书频繁地使用这些术语，所以我们需要明确总产出、总收入、物价水平和通货膨胀率的定义。

1A.1　总产出和总收入

衡量总产出的最常用指标是**国内生产总值**（gross domestic product，GDP），它是指一个国家在一年内生产的全部最终产品和服务的市场价值总和。这一衡量指标排除了你认为应该包含在其中的两个项目。无论是伦勃朗（Rembrandt）的油画还是 20 年前建成的房产，购买这些在本期之前生产的产品所产生的市场价值都被排除在本期 GDP 核算之外。同样，购买股票和债券形成的市场价值也是如此。将这些项目排除在本期 GDP 核算范围之外的原因在于，这些项目并不是本年度生产的产品和服务。诸如生产棒棒糖过程中消耗的白糖或者生产钢材过程中消耗的能源等，这些在生产最终产品和服务的过程中消耗的中间产品也不能计入 GDP。因为最终产品的价值中已经包含了这些中间产品的部分，所以在核算 GDP 的过程中计入中间产品的价值会导致重复计算。

总收入（aggregate income）是指一年中一个经济体在生产产品和服务的过程中各种生产要素（factors of production，包括土地、劳动力和资本）所获得的收入总和。人们通常认为它与总产出相等。因为购买最终产品和服务所支付的款项必然最终以收入的形式回流到生产要素的所有者手中，所以收入的数额必然等于购买最终产品和服务所支付的数额。举例来说，如果一个经济体的总产出是 10 万亿美元，那么该经济体的收入总额（总收入）也将是 10 万亿美元。

1A.2　实际值和名义值的比较

当我们使用当期价格计算最终产品和服务的价值总和时，得出的 GDP 测量结果是名义 GDP。"名义"一词的含义是指使用当期价格进行价值核算。如果价格上涨一倍而产品和服务的实际产量不变，那么名义 GDP 将增长一倍，即便人们不会达到两倍的产品和服务形成的福利水平。因此，名义变量可能会导致对经济福利测算结果的误解。

衡量经济产出更为可靠的方法是根据任意一个基年（目前的基年是 2009 年）的价格来表示价值。使用不变价格计算的 GDP 为实际 GDP，"实际"一词的含义是指使用不变价格进行价值核算。这样看来，使用实际变量衡量产品和服务的数量，并不会随着价格的变化而改变，因为只有在实际的产量发生变化时才会发生变化。

举一个简单的例子就可以清楚地显示名义变量和实际变量之间的区别，如果你在 2019 年的名义收入是 30 000 美元，2009 年的名义收入是 15 000 美元，而在 2009～2019 年所有产品和服务的价格上涨了一倍，那么你获得的经济福利增加了吗？结论是否定的：虽然你的收入增长了一倍，但是由于价格水平也上涨了一倍，所以你在 2019 年的 30 000 美元只能购买与 2009 年的 15 000 美元同样数量的产品。实际收入测算的结果表明，通过能够购买的产品数量来衡量，你的收入和过去是一样的。以 2009 年的价格为基准，2019 年 30 000 美元的名义收入换算为实际收入只相当于 15 000 美元。由于你在这两个年份的实际收入是一样的，所以你在 2009 年和 2019 年所获得的经济福利水平也相同。

由于实际变量使用实际的产品和服务来衡量数量，所以它比名义变量更受人关注。在本书中，在讨论总产出和总收入问题时，我们通常采用的都是实际变量（诸如实际 GDP）。

1A.3　物价总水平

在本章中，我们认为物价总水平是确定整

体经济平均物价水平的测量工具。在经济数据中，我们通常会遇到三种物价总水平的测量方法。第一种是 GDP 平减指数（GDP deflator），它等于名义 GDP 除以实际 GDP。因此，如果 2019 年的名义 GDP 是 10 万亿美元，而以 2009 年价格为基期计算的 2019 年实际 GDP 为 9 万亿美元，那么

$$GDP \text{ 平减指数} = 10/9 = 1.11$$

这一 GDP 平减指数等式表明，自 2009 年以来，物价水平平均上涨了 11%。我们通常使用物价指数的形式来表示物价水平的测量结果，物价指数将基年的物价水平定为 100（在本例中，2009 年是基年），因此 2019 年的 GDP 平减指数就是 111。

另一个物价总水平（美联储官员经常加以关注）的常用衡量方法是个人消费支出（personal consumption expenditures，PCE）平减指数，它与 GDP 平减指数类似，是名义个人消费支出除以实际个人消费支出。

在媒体报道中最为常见的物价总水平衡量方法是消费者物价指数（consumer price index，CPI）。消费者物价指数通过一个普通城市居民所购买的"一揽子"商品和服务的价格来测定。如果在一年中，购买这一揽子商品和服务的支出由 500 美元上升到 600 美元，那么消费者物价指数就上涨了 20%。消费者物价指数通常也由基年为 100 的物价指数形式来表示。

使用消费者物价指数、个人消费支出平减指数和 GDP 平减指数来衡量物价水平，能够将名义指标转换或者压缩为实际指标。用名义指标除以物价指数，我们就能够得到实际指标。在上面的例子中，2019 年的 GDP 平减指数是 1.11（用指数形式表示则为 111），那么 2019 年

的实际 GDP 为

$$10/1.11 = 9 \text{（万亿美元）（以 2009 年价格为基准）}$$

这与上面提到的 2019 年实际 GDP 的数值相同。

1A.4 增长率和通货膨胀率

媒体经常谈到经济增长率的话题，特别是实际 GDP 的增长率。增长率定义为某一变量变化的百分比

$$x \text{ 的增长率} = \frac{x_t - x_{t-1}}{x_{t-1}} \times 100\%$$

其中，t 代表现在，$t-1$ 代表前一年。

举例来说，如果实际 GDP 从 2019 年的 9 万亿美元增长到 2020 年的 9.5 万亿美元，那么 2020 年 GDP 的增长率就是 5.6%

$$GDP \text{ 增长率} = \frac{9.5 - 9}{9} \times 100\% = 5.6\%$$

通货膨胀率定义为物价总水平的增长率。因而，如果 GDP 平减指数从 2019 年的 111 增长到 2020 年的 113，那么使用 GDP 平减指数表示的通货膨胀率就是 1.8%

$$\text{通货膨胀率} = \frac{113 - 111}{111} \times 100\% = 1.8\%$$

如果核算不到一年的增长率问题，通常以年度为基准进行计算，即假定这一增长率固定不变，而将其转化为一年期的增长率。对于按照季度报道的 GDP，上一季度 GDP 增长率的 4 倍就是其年增长率的大致数值。举例来说，如果从 2019 年第一季度到第二季度，GDP 增长了 0.5%，那么 2019 年第二季度的 GDP 年增长率应该为 2%（=4×0.5%）（更加精确的计算结果是 2.02%，因为应该使用复合增长率来核算季度增长率的精确数值）。

第 2 章

金融体系概览

学习目标

1. 比较直接融资与间接融资。
2. 确定金融市场的结构和组成部分。
3. 列举并描述不同类型的金融市场工具的特征。
4. 从国际角度认识金融市场。
5. 总结并分析交易成本、风险分担以及信息成本在金融中介中存在合理性的作用。
6. 列举并描述不同类型的金融中介。
7. 识别金融监管的原因并列举金融监管的类型。

| 预览 |

发明家伊内兹设计了一个成本低廉的机器人，它能打扫房间（甚至能擦窗户）、清洗汽车、修剪草坪等，但是她没有资金来生产这个奇妙的发明。沃尔特持有大量存款，这是他和他的夫人多年来的积蓄。如果他们相互合作，由沃尔特向伊内兹提供资金，让伊内兹的机器人能够投入生产，那么整体经济的福利水平将会提高：我们将拥有更加整洁的房间、更加闪亮的汽车和更加美丽的草坪。

在促使伊内兹和沃尔特之类的人相互合作方面，金融市场（债券和股票市场）及金融中介机构（诸如银行、保险公司和养老基金等）发挥着基础性的重要作用，实现了资金从富余者（沃尔特）向短缺者（伊内兹）的转移活动。更为现实的例子是，当苹果公司发明了一种性能更好的 iPad 时，它可能会需要资金生产这个新产品并将其投入市场。同样，当地方政府计划修建道路或者学校的时候，所需要的资金可能会超过地方税收。因此，功能健全的金融市场和金融中介机构在保证整体经济健康运行方面发挥着至关重要的作用。

为了研究金融市场和金融中介机构在整体经济中发挥的作用，我们需要了解它们的基本结构和运行方式。在本章中，我们将会介绍主要的金融中介机构、金融市场中交易的主要金融工具以及金融市场的监管机制。

本章为令人着迷的金融市场和金融机构提供了一个概要的全景介绍，而在本书的第 8～12章中，我们将再次详尽地阐述金融体系的监管、结构和演化过程。

2.1 金融市场的功能

金融市场的基本经济功能是向居民、企业和政府提供资金融通服务，即将资金从收大于支进而拥有盈余的经济主体那里转移到收小于支进而出现短缺的经济主体手中。图 2-1 形象地描绘了金融市场的资金融通功能。

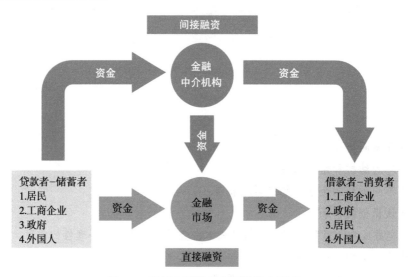

图 2-1 通过金融体系实现的资金流动

图 2-1 的左侧是拥有存款并借出资金的一方，即贷款者 – 储蓄者，而右侧是借入资金满足其支出需求的一方，即借款者 – 消费者。居民是主要的贷款者 – 储蓄者，而工商企业、政府（特别是州和地方政府）、外国人和外国政府有时也会持有盈余资金，并且希望将资金放贷出去。工商企业和政府（特别是联邦政府）是最主要的借款者 – 消费者，居民和外国人也会为了购买汽车、家具以及住宅来借款融资。图 2-1 中的箭头显示了资金沿着两条路径从贷款者 – 储蓄者流向借款者 – 消费者的过程。

在直接融资（direct finance，位于图 2-1 底部的那条路径）模式下，借款者通过向金融市场里的贷款者出售证券（又称金融工具），直接从后者手中获取资金，这些证券代表了对借款者未来收益或者资产的求偿权。对其购入者而言，证券是资产；对其出售（发行）者而言，证券是**负债**（liabilities，借据或者债务）。例如，如果福特公司需要借入资金建设一家电动汽车的新工厂，它可以通过向储蓄者出售债券或者股票来借入资金。其中，债券是承诺在特定期限内向其持有人定期偿付本息的一种债务证券，而股票是使其持有人对于公司收益和资产的特定份额拥有所有权的证券。

这种从储蓄者向消费者的资金转移活动为什么对于经济运行如此重要呢？原因在于存款者并不总是那些拥有获利的投资机会的人（即企业家）。我们首先从个人角度来考察这个问题，假设你今年存了 1 000 美元，由于没有金融市场，你可能无法进行借贷。如果你没有使用自己的存款获得收益的投资机会，那么你就会持有这 1 000 美元而无法获得任何利息收入。木匠卡尔能够将你的 1 000 美元用于生产：他可以用这笔钱购买新工具，以便缩短建房的时间，这样他每年就可以多赚 200 美元。如果你能够和卡尔取得联系，你就可以按照每年 100 美元的租金（利息）把自己的 1 000 美元借给他，而你们两个人的经济福利都能够提高。这样，你可以使用你的 1 000 美元每年赚取 100 美元的收益，而不是一无所获。此外，卡尔也可以每年赚取 100 美元的收益（从他每年多赚取的 200 美元中减去使用这笔资金的 100 美元租金）。

如果没有金融市场，你和木匠卡尔可能永远无法取得联系。你们双方只能维持现状，两个人的经济福利都不会提高。如果没有金融市场，很难将资金从那些没有投资机会的人那里转移到有这样机会的人手中。因此，金融市场对于提高经济效率发挥着至关重要的作用。

即使有人借款不是为了提高企业的生产能力，金融市场的存在也是十分有益的。比如你新婚宴尔、工作如意并且计划买房，虽然你的薪金优厚，但是你刚刚开始工作，没有很多积蓄。也许过一段时间之后，你能够拥有足够的存款来购买你梦寐以求的房子，但是到那时你可能已经太老了，无法从中得到充分的享受。如果没有金融市场，你将维持现状，无法购买这套房子，并且继续住在狭小的公寓里。

如果存在金融市场，那些拥有存款的人就可以向你提供融资让你购买住房，那样你就会在年轻可以充分享受的时候拥有这套住房，即使你需要为此支付利息，你也会十分高兴。在此后的一段时间内，你将偿还这笔贷款。如果这笔贷款发生了，你和提供贷款者的经济福利都会提高。贷款者能够因此获得利息收入，反之，如果没有金融市场，你们将一无所获。

现在，我们清楚地了解到金融市场为什么对经济运行具有非常重要的作用。金融市场能够将资金从缺乏生产性投资机会的人那里转移到拥有此类机会的人手中。因此，金融市场的重要意义在于它能够有效地配置**资本**（capital，是以实体或者虚拟形式存在的财富，用于创造更多的财富），从而提高整体经济的产出水平和效率。实际上，我们将在第 12 章中详细探讨金融危机爆发期间金融市场出现的崩溃状况，正如近年来全球金融危机出现时的状况。这将会造成经济困难，甚至会导致政局动荡。

通过帮助消费者更好地安排购买时机，功能健全的金融市场能够直接提高他们的经济福利。金融市场向年轻人提供融资，使他们可以购买那些自己需要（并且最终能够负担得起）的商品，而不必等到存够全额货款的那一天。因此，有效运行的金融市场可以改善社会中每个人的经济福利。

2.2 金融市场的结构

我们已经了解了金融市场的基本功能，现在让我们观察它的结构。下面对于金融市场的几种不同的分类方法，具体阐明了金融市场的基本特点。

2.2.1 债务市场和股权市场

公司或者个人可以通过两条途径从金融市场募集资金，最常见的方法是发行诸如债券或者抵押票据等抵押债务工具。它是一种契约协议，由借款者向债券持有人定期支付固定的金额（本金和利息），直到到期日支付最后一笔金额为止。债务工具的**期限**（maturity）就是债务工具从发行到最终到期所经历的时间。**短期**（short-term）债务工具的期限一般在 1 年以下，**长期**（long-term）债务工具的期限在 10 年或者 10 年以上，而期限介于 1 ~ 10 年的，被称为**中期**（intermediate-term）债务工具。

第二种资金募集方式是发行**股权**（equities），比如普通股。它代表公司一定份额的所有权，是一种对公司净收益（扣除费用与税收后的收入）和资产具有求偿权的证券。如果一家公司发行了 100 万股普通股股票，而你持有 1 股股票，那么你就拥有这家公司净收益和资产的百万分之一的求偿权。股权持有者通常定期获得一定金额的偿付（**股利**，dividends），而且因为股权没有到期日，所以通常被当作长期证券。此外，持有股票意味着你拥有该公司的一定份额，有权对公司的重大事项和董事长的选举进行投票表决。

与债务工具相比，公司股权的主要缺点是其持有人持有的是剩余求偿权（residual claimant），即公司必须在完成对所有债权人的偿付之后，才能对其股权持有者进行偿付。持有股权的优点在于股权持有者能够从公司利润或者资产价值的增长中直接获益，而债权人则不能。因为股权持有人拥有的是公司所有权，而债权人拥有的是获得固定金额偿付的权利。在本书第 8 章对金融结构的分析中，我们还将更加详细地比较债务工具和股权工具的利与弊。

自 1990 年以来，随着股票价格的变化，美国股票的总市值在 3 万亿 ~ 40 万亿美元波动。虽然普通人对于股票市场的了解超过了其他金融市场，但债务市场的规模通常还是远远大于股票市场：2016 年年底债务工具的总市值达到 44 万亿美元，而同期的股权总市值为 39 万亿美元。

2.2.2 一级市场和二级市场

一级市场（primary market）是筹集资金的公司或者政府机构将新发行的债券或者股票等出售给最初购买者的金融市场。**二级市场**（secondary market）是已经发行的证券进行转售交易的金融市场。

公众不太熟悉一级市场的原因在于，向最初购买者销售证券的过程通常不是公开进行的。在一级市场中有一种协助证券首次销售的重要金融机构，即**投资银行**（investment bank）。投资银行协助证券首次销售的方法是**证券承销**（underwriting）：它为公司证券提供了一个承诺的价格，继而将其向公众发售。

虽然进行已发行的大公司债券和美国政府证券交易的债券市场是交易规模更大的二级市场，但是公众最为熟知的二级市场还是已发行股票交易的纽约股票交易所和纳斯达克市场（National Association of Securities Dealers Automated Quotation System，NASDAQ）。其他的二级市场还包括外汇市场、期货市场和期权市场等。证券经纪人和交易商在二级市场的有效运行过程中发挥着至关重要的作用。**经纪人**（broker）是投资者的代理人，负责实现证券买卖双方的匹配；**交易商**（dealer）则是通过按照报价买卖证券的活动，将证券的买卖双方联系起来。

当个人在二级市场上购买证券的时候，证券的卖方以证券来换取货币，但是发行证券的公司并没有因此获得新的资金。公司只有在证券首次发行的一级市场中才能获得新的资金。无论如何，二级市场具有两种重要的功能：第一，它使金融工具的变现活动更加迅速和便捷，也就是说，它使金融工具获得了更高的流动性（liquid）。金融工具的流动性越高，越受公众欢迎，从而使发行证券的公司在一级市场中的销售活动也更加容易。第二，二级市场能够决定发行证券的公司在一级市场中的证券销售价格。在一级市场中，投资者支付给发行公司的证券购入价格，不会高于他们在二级市场中购买同一证券的价格。二级市场中的证券价格越高，公司在一级市场中发行新证券的价格也会越高，从而能够获得更大的融资数额。因此，二级市场的状况与发行证券的公司之间具有十分密切的联系。正因为如此，与本书类似的介绍金融市场的书籍都会更加关注二级市场而非一级市场中的市场行为。

2.2.3　交易所和场外交易市场

二级市场具有两种组织形式：一种是**交易所**（exchanges），即证券的买卖双方（或者其代理人抑或经纪人）在一个集中的地点实施交易活动。进行股票交易活动的纽约证券交易所和进行商品（期货，小麦、玉米、白银以及其他原材料的商品期货）交易活动的芝加哥期货交易所（Chicago Board of Trade，CBT）都属于此类有组织的交易所。

二级市场的另一种组织形式是**场外交易市场**（over-the-counter（OTC）market），在此市场中，居于分散地点并且持有证券存货的交易商，随时与那些同他们联系并且愿意接受其报价的客户"在柜台上"进行证券买卖活动。由于实施场外交易的交易商通过计算机联系，熟悉彼此的报价，所以场外交易市场的竞争十分激烈，与有组织的交易所没有显著的区别。

虽然大多数大型公司的股票都是在有组织的交易所中上市交易的，但是也有很多普通股股票在场外交易市场中流通。与股票市场形成对照的是，交易规模超过纽约证券交易所的美国政府债券交易市场是一个场外交易市场。该市场是由 40 个左右的交易商构成的（场外）交易市场，随时买卖美国政府的各种债券。其他场外交易市场包括可转让定期存单（negotiable certificates of deposit）和联邦基金等金融工具进行交易的市场以及外汇市场。

2.2.4　货币市场和资本市场

根据在市场上所交易证券的不同期限，可以对金融市场进行另一种划分。**货币市场**（money market）是短期债务工具（其原始期限通常短于 1 年）进行交易的金融市场，而**资本市场**（capital market）是长期债务工具（其原始期限通常在 1 年或者 1 年以上）和股权工具进行交易的金融市场。通常，货币市场的证券交易活动比资本市场更加活跃，因此，前者的流动性更高。此外，在本书的第 4 章中我们发现，短期证券的价格波动幅度小于长期证券，所以短期证券是更为安全的投资工具。由此，公司和银行通常主动将临时性的富余资金投资于货币市场，以赚取息票利息。诸如股票或者长期债券之类的资本市场证券，通常由保险公司或者养老基金等金融中介机构持有，此类金融机构未来可用的资金数量具有较低的不确定性。

2.3　金融市场工具

为了全面了解金融市场在实现贷款者－储蓄者和借款者－消费者之间的资金融通过程中所发挥的重要作用，我们需要考察在金融市场中交易的各种证券（工具）。首先，我们关注的是在货币市场中交易的工具，进而考察在资本市场中交易的工具。

2.3.1　货币市场工具

由于货币市场中金融工具的期限较短，所以这些工具的价格波动幅度最小，是最安全的风险投资工具。在过去 30 年中，货币市场发生了巨大的变化，一些金融工具交易数量的增长幅度远远大于其他金融工具。

表 2-1 中列出了主要货币市场工具的种类，及其在 1990 年、2000 年、2010 年和 2016 年年末的未偿付余额（amount outstanding）。"金融新闻解读"专栏讨论了媒体最经常报道的货币市场工具的利率。

表 2-1　主要货币市场工具

工具类型	未偿付余额（10亿美元，年末）			
	1990	2000	2010	2016
美国国库券	527	647	1 767	1 816
可转让银行定期存单（大额）	547	1 053	1 923	1 727
商业票据	558	1 602	1 058	885
联邦基金和证券回购协议	372	1 197	3 598	3 778

资料来源：Federal Reserve Flow of Funds Accounts; http://www.federalreserve.gov.

金融新闻解读　　　　货币市场利率

新闻媒体讨论最多的四种货币市场利率是：

（1）**优惠利率**（prime rate）：它是公司向银行贷款的基准利率，是标识公司从银行借款的成本指标。

（2）**联邦基金利率**（federal funds rate）：它是联邦基金市场中隔夜贷款的利率，是标识银行之间借款成本和货币政策立场的敏感指标。

（3）**国库券利率**（treasury bill rate）：它是美国国库券的利率，是标识基本利率活动的指标。

（4）**伦敦银行同业拆借利率**（Libor rate）：它是英国银行业协会给出的伦敦市场中美元存款的银行间平均利率。

一些报纸及网站，比如 http://www.bankrate.com，每天都会报道这些利率的数值。

---

1. 美国国库券

这些由美国政府发行的短期债务工具为联邦政府提供融资服务，其期限通常为 1 个月、3 个月和 6 个月。它们在到期日支付确定的金额却不支付利息；实际上，它们是通过折价发行来支付利息的，即按照低于到期日支付金额的价格发行。例如，2019 年 5 月，你以 9 000 美元的价格购买的一笔 6 个月期美国国库券，将会在 2019 年 11 月以 10 000 美元的价格被赎回。

在所有的货币市场工具中，美国国库券的交易最为活跃，因此其流动性最强。同时，美国国库券还是最安全的货币市场工具，因为它的违约（default）风险很低，即债务工具的发行方（在此是联邦政府）不能支付利息或是在债务工具到期时无法偿付本金。由于联邦政府能够增加税收或者增发**通货**（currency，纸币或者硬币）来偿还债务，所以联邦政府始终能够履行其偿债义务。银行是国库券的主要持有人，而居民、公司和其他金融中介机构持有少量的国库券。

2. 可转让银行定期存单

定期存单（certificate of deposit，CD）是由银行向存款人发行的一种债务工具，它每年支付固定金额的利息，并在到期日以初始购置价格还本。可转让定期存单是可以在二级市场上出售的定期存单，2016 年年末偿付余额约为 1.7 万亿美元。可转让定期存单是商业银行从公司、货币市场共同基金、慈善机构和政府机构中获取资金的极其重要的渠道。

3. 商业票据

商业票据是由大型银行和诸如微软、通用汽车等著名企业发行的短期债务工具，当前的未偿付余额约为 10 万亿美元。

4. 回购协议

回购协议（repurchase agreement，repos）是一种有效的短期贷款（其期限通常短于 2 周）。回购协议是将国库券作为抵押品，如果借款者不能够偿付贷款，贷款者可以将国库券收归己有。回购协议的操作程序是：诸如微软等大公司的银行账户上存在闲置资金，如 100 万美元，该公司愿意将此闲置资金贷出 1 周。这个协议相当于微软公司使用闲置的 100 万美元从银行购买国库券，而该银行同意在 1 周后按照略高于微软公司买入价的特定价格回购其卖出的国库券。这种协议的作用在于：微软公司把 100 万美元贷给银行，同时持有银行价值 100 万美元的国库券，直到银行回购该笔国库券、清偿贷款为止。目前，回购协议已经成为银行资金的重要来源（超过 1 000 亿美元），而大公司是这个市场中的主要贷款者。

5. 联邦基金

这种金融工具通常是在美国联邦储备体系中拥有存款的银行之间的隔夜贷款。"联邦基金"一词有时会让人们产生误解，因为这种贷款既不是由联邦政府发放的，也不是由联邦储备体系发放的，而是银行之间相互拆放的。银行从联邦基金市场借款的原因之一，是该银行在联邦储备体系账户中的存款余额不能满足监管者的要求。该银行可以从其他银行借款以补充不足的存款余额，通过联邦储备体系的电子支付系统将借入款项转移到借款银行账户中。这个市场对于银行的借贷需求非常敏感，这种贷款的利率被称为**联邦基金利率**（federal funds rate），它是银行系统中信贷市场松紧情况和货币政策立场的晴雨表。联邦基金利率较高，说明银行系统中的资金紧张；联邦基金利率较低，说明银行的借贷需求较弱。

2.3.2　资本市场工具

资本市场工具是期限长于 1 年的债务工具和股权工具，其价格波动幅度要远远大于货币市场工具，因而是具有一定风险的投资工具。表 2-2 中列出了主要资本市场工具的种类，及其在 1990 年、2000 年、2010 年和 2016 年年末的未偿付余额。"金融新闻解读"专栏中讨论了新闻媒体报道最多的资本市场利率。

表 2-2　主要资本市场工具

工具类型	未偿付余额（10 亿美元，年末）			
	1990	2000	2010	2016
公司股票（市值）	3 530	17 628	23 567	38 685
住房抵押贷款	2 676	5 205	10 446	10 283
公司债券	1 703	4 991	10 337	12 008

（续）

工具类型	未偿付余额（10亿美元，年末）			
	1990	2000	2010	2016
美国政府证券（长期证券的市场价值）	2 340	3 171	7 405	12 064
美国政府机构证券	1 446	4 345	7 598	8 531
州和地方政府债券	957	1 139	2 961	3 030
银行商业贷款	818	1 497	2 001	3 360
消费贷款	811	1 728	2 647	3 765
商业和农业抵押贷款	838	1 276	2 450	2 850

资料来源：Federal Reserve Flow of Funds Accounts; http://www.federalreserve. gov.

金融新闻解读　　　　　**资本市场利率**

新闻媒体讨论最多的 5 种资本市场利率如下所述。

（1）30 年期抵押贷款利率：它是 30 年期固定利息住房抵押贷款的利率，其贷款金额小于 424 100 美元（在高成本地区为 636 250 美元），并且需要获得联邦住宅管理局（FHA）的担保。

（2）大额抵押贷款利率：它是向重要客户发放的 30 年期固定利息住房抵押贷款的利率，其贷款金额大于 424 100 美元（在高成本地区为 636 150 美元）。

（3）5 年可调息抵押贷款利率（ARM）：它是向重要客户发放的住房抵押贷款第一个 5 年的利率，在 5 年后进行调整。

（4）新车贷款利率：它是 4 年期固定利息新车贷款利率。

（5）10 年期国债利率：它是期限为 10 年的美国国债利率。

一些报纸及网站，比如 http://www.bankrate.com 和 http://www.finance.yahoo.com，每天都会报道这些利率的数值。

---

1. 股票

股票是对公司净收益和资产的权益求偿权。2016 年年末的股票市值达到 39 万亿美元，超过了资本市场中其他种类证券的价值。然而，任何一年新发行股票的金额通常都很小，所占比例不到上市流通股票总市值的 1%。大约一半的股票由个人持有，其余由养老基金、共同基金和保险公司等持有。

2. 抵押贷款和抵押贷款支持证券

抵押贷款是向购买房屋、土地或者其他不动产的居民或者企业提供的贷款，将这些不动产或者土地本身作为发放贷款的抵押品。抵押贷款市场是美国规模第三大的债务市场，住房抵押贷款（用于购买住宅）的未偿付余额超过了商业和农业抵押贷款未偿付余额总和的 4 倍，抵押贷款储蓄贷款协会、互助储蓄银行、商业银行以及保险公司等金融机构都提供抵押贷款。然而，近年来**抵押贷款支持证券**（mortgage-backed securities，MBS）提供了越来越多的抵押贷款资金，由个人抵押贷款形成的资金池支持的类似于债券的债务工具，这些贷款本金和利息用于支付证券的持有者。正如我们将要在第 12 章中看到的，抵押贷款支持证券以及更复杂的变种（CDO）臭名昭著，这是因为它们在最近的全球金融危机中有着不可推卸的责任。联邦政府通过三个政府代理机构在抵押贷款市场上发挥着积极的作用（联邦国民抵押贷款协会（FNMA，房利美）、政府国民抵押协会（GNMA），以及联邦住房抵押贷款有限公司（FHLMC，房地美）），通过出售债券并且用其所得来购买抵押贷款。

3. 公司债券

公司债券是信用评级结果优异的公司发行的长期债券。典型的公司债券每年两次向其持有人支付利息，并在债券到期日偿付本金。某些被称为可转换债券的公司债，是指债券持有人可以在债券到期日前的任一时点将其转换为规定数量的股票。这一特点使得可转换债券比一般债券更加受到潜在投资者的欢迎，并且可以减少公司的利息支出，因为如果股票价格大幅上涨，债券（转换为股票）的价值也会随之提高。由于任何一家公司发行的可转换债券和非可转换债券的未偿付余额都较小，所以与诸如美国政府债券等其他证券相比，其流动性有较大的差距。

虽然公司债券市场的规模比股票市场小很多，公司债券的未偿付余额不到股票市值的 1/3，但是每年新发行的债券数量显著高于新发行的股票数量。因此，对于公司的融资决策而言，债券市场变动情况的重要性远远高于股票市场中的变动情况。公司债券的主要买方是人寿保险公司，养老基金和居民也是其主要持有者。

4. 美国政府证券

它是由美国财政部发行的、为联邦政府赤字提供融资的长期债务工具。因为它是美国市场中交易量最大（日均交易量超过 5 000 亿美元）的债务工具，所以它是资本市场中流动性最强的证券，其主要持有者包括联邦储备体系、银行、居民和外国人。

5. 美国政府机构证券

这种长期债券的发行者包括政府国民抵押贷款协会、联邦农业信贷银行（Federal Farm Credit Bank）以及田纳西流域管理局（Tennessee Valley Authority）等各种政府机构，为抵押贷款、农业贷款以及发电设备等项目提供融资。这类证券多数得到联邦政府的担保，发挥着与美国政府债券类似的作用，持有者也基本相同。

6. 州和地方政府债券

州和地方政府债券又称**市政债券**（municipal bond），它是州和地方政府发行的长期债务工具，为建设学校、修建公路以及其他大型项目的支出提供融资。这种债券的一个重要特征是购买这种债券的利息收入免征联邦所得税，在发行州通常也免征州税。由于商业银行的所得税税率较高，它们是这种债券的最大购买者，所以持有其未偿付余额的一半以上。持有量居于次席的是所得税税率较高的富人，再次是保险公司。

7. 消费贷款和银行商业贷款

这些向消费者和企业提供的贷款主要是由银行发放的，而财务公司也是重要的贷款提供者。

2.4　金融市场的国际化

不断发展的金融市场国际化进程已经成为一个重要的发展趋势。20 世纪 80 年代以前，美国国内金融市场的规模要远远大于美国之外金融市场的规模，但是近年来美国金融市场的主导地位正在减弱（详见环球视野专栏"美国资本市场的边界正在消失吗"）。日本等国储蓄数量的大幅增长，以及外国金融市场自由化进程的发展促进了其市场活动的迅速扩张，上述都是促使外国金融市场实现高速增长的重要原因。美国公司和银行更加倾向于利用国际资本市场筹集资金，美国的投资者也在积极寻求境外的各种投资机会。同样，外国的公司和银行也从美国资本市场中获得融资，外国投资者已经成为美国金融市场中的重要组成部分。对于国际债券市场和全球股票市场的概览，可以帮助我们了解金融市场全球化的进行情况。

环球视野　　　　美国资本市场的边界正在消失吗

随着全球市场中其他国家竞争力的增强，在过去的数十年中，美国已经丧失了诸如汽车、家用电器等制造行业的国际主导地位。近期的证据表明，在金融市场中也存在类似的发展趋势。就像丰田和本田公司夺取了福特与通用汽车公司的市场份额那样，在新发行证券的销售量中，美国股票和债券市场所占的比重近年来也开始出现下滑。伦敦证券交易所和香港证券交易所在全球股票首次公开发行（IPO）市场中所占的份额都超过了纽约证券交易所占的份额，而在2000年以前后者还在首次公开发行市场中居于主导地位。另外，美国证券交易所的股票数量正在下降，与此同时，海外的股票数量迅速增长：现在美国以外的股票数量是美国本土的10倍。同样，在过去的两年中，美国在全球范围内新发行公司债券市场中所占的比例都要低于欧洲市场的比例。

在欧洲或者亚洲金融市场中，那些通过发行新证券来筹集资本的公司能够获得更多市场份额的原因何在？促成这一发展趋势的主要因素包括：国外金融市场能够更快地吸收技术创新成果，2001年"9·11"事件之后美国移民控制的强化，认为在美国的交易所上市将会使国外发行者面临更高诉讼风险的观点，等等。

然而，大多数人认为烦琐的金融管制是造成这一问题的主要原因，这里具体是指2002年的《萨班斯－奥克斯利法案》（Sarbanes-Oxley Act）。在一系列涉及美国公司和提供审计服务的会计公司的会计丑闻曝光后，美国国会通过了这一法案。《萨班斯－奥克斯利法案》致力于强化审计过程的规范性，以及提高公司财务报告中所披露信息的质量。公司执行新的规则和程序的成本很高，对于小公司来说更是如此，如果选择在美国之外的金融市场发行证券，那么就基本可以免除这些成本。因此，很多人主张修正《萨班斯－奥克斯利法案》，以消除上述不良影响，吸引更多的证券发行者回归到美国的金融市场。然而，还没有结论性的证据支持这种把《萨班斯－奥克斯利法案》当作导致美国金融市场出现相对衰落的主要原因的观点，进而需要这一法案进行改革。

对于美国金融市场出现相对衰落及其形成因素的讨论似乎将会持续下去。本书的第8章提供了《萨班斯－奥克斯利法案》及其对美国金融体系产生影响的更多细节。

2.4.1　国际债券市场、欧洲债券和欧洲货币

国际债券市场中的传统金融工具是**外国债券**（foreign bond）。外国债券是在境外发行的、以发行国货币计价的债券。例如，如果德国保时捷汽车制造商在美国发行了以美元计价的债券，

那么这种债券就被归类为外国债券。在过去的几个世纪中，外国债券一直是国际资本市场中的重要金融工具。实际上，19 世纪美国建设的大部分铁路都是通过在英国发售外国债券来融资的。

在国际债券市场中，近期的一个创新是**欧洲债券**（Eurobond），它是一种以发行国以外的货币计价的债券。例如，在伦敦发行的以美元计价的债券就是欧洲债券。目前，在国际债券市场上新发行的债券中，欧洲债券所占比例超过 80%，其市场增速非常快，因此，欧洲债券市场现在比美国公司债券市场更大。

欧洲债券的一个变体是**欧洲货币**（Eurocurrencies），即存放在货币发行国境外银行中的外汇存款。最主要的欧洲货币是**欧洲美元**（Eurodollars），即存放在美国境外的外国银行或者美国银行境外分支机构里的美元存款。由于这些短期存款能够获得利息，因此它们类似于短期欧洲债券。美国银行可以从其他银行或者其自己的境外分支机构借入欧洲美元，所以这已经成为美国银行一个重要的资金来源。

值得注意的是，欧元这种新货币会使人们对欧洲债券、欧洲货币和欧洲美元这几个术语产生某些混淆。以欧元计价的债券，只有当它在使用欧元国家的境外发行时，才能成为欧洲债券。实际上，大多数欧洲债券不是以欧元计价的，而是使用美元计价。同样，欧洲美元与欧元毫不相干，而是存放在美国境外银行中的美元。

2.4.2　世界股票市场

迄今为止，美国的股票市场依然是世界上规模最大的股票市场，然而其他国家和地区的股票已经成长为世界股票市场中的重要组成部分，因此，美国不会总是占据第一的位置。随着对世界股票市场投资兴趣的不断增长，促进了专门投资这些股票市场交易活动的美国共同基金的发展。正如下面的"金融新闻解读"专栏表明的，现在美国的投资者不仅关注道琼斯工业平均指数，而且还会关注诸如日经 300 平均价格（东京，Nikkei 300 Average）和英国富时 100 指数（伦敦，Financial Times Stock Exchange（FTSE）100-Share Index）等世界股票市场的股票指数。

金融新闻解读　　　　　　**世界股票市场指数**

一些新闻报纸和网站，比如 finance.yahoo.com，每天都会公布世界股票市场中的各种指数。

最重要的世界股票市场指数如下所述。

- 道琼斯工业平均指数（DJIA）：由道琼斯公司发布，美国最大的 30 家公开交易的公司的指数。
- 标准普尔 500 指数（S & P 500）：由标准普尔公司发布，在美国交易的 500 家最大的公司的指数。
- 纳斯达克综合指数（NASDAQ Composite）：在纳斯达克股票市场交易的全部股票的指数，大多数美国的科技股也在此交易。
- 英国富时 100 指数（FTSE）：在伦敦股票市场上市的 100 家资本化程度最高的英国公司的指数。

- 德国法兰克福指数（DAX）：在法兰克福股票交易所交易的 30 家最大的德国公司的指数。
- 法国 CAC40 指数（CAC40）：在泛欧巴黎交易的 40 家最大的法国公司的指数。
- 恒生指数（Hang Seng）：在中国香港股票市场上交易的最大的公司的指数。
- 海峡时报（*Strait Times*）：在新加坡交易所交易的 30 家最大的公司的指数。

　　金融市场的国际化对美国产生了深远的影响。外国投资者特别是日本投资者，不仅向美国的企业提供融资，而且帮助联邦政府筹集资金。如果没有这些外国资金，过去 20 年美国经济的增长速度会远远低于实际增长速度。金融市场的国际化是促进世界经济一体化的重要途径，使得国家间商品和技术的流动更加频繁。在后面的章节里，我们将会发现许多能够说明在美国的经济运行过程中国际因素发挥重要作用的例证。

2.5　金融中介机构的功能：间接融资

　　正如图 2-1 所示，资金可以沿上方的路线从贷款者流向借款者，这一过程被称为间接融资的原因在于，在这种融资方式的贷款者 – 储蓄者和借款者 – 消费者之间存在着金融中介机构，它能够帮助实现资金在两者之间的转移过程。金融中介机构通过向贷款者 – 储蓄者借入资金，再使用这些资金向借款者 – 消费者发放贷款的方式来实现上述的资金转移过程。举例来说，银行以吸收储蓄存款的形式通过向公众发行负债（对于公众来说是资产）来募集资金，然后银行通过向通用汽车公司发放贷款或者在金融市场中购买美国国债的方式将上述资金转化为资产。最终的结果是，在金融中介机构（银行）的帮助下，资金从公众（贷款者 – 储蓄者）那里转移到通用汽车公司或者美国财政部（借款者 – 消费者）手中。

　　利用金融中介机构实现的间接融资过程被称为**金融中介化**（financial intermediation）。它是实现从贷款者向借款者资金转移的主要渠道。实际上，虽然新闻媒体更加关注证券市场，特别是股票市场，但是对于公司而言，金融中介机构是比其他证券市场更加重要的融资来源。美国和其他工业化国家的情况都是如此（参见"环球视野"专栏）。在金融市场上，金融中介机构和间接融资居于如此重要地位的原因何在？为了解答这个问题，我们必须了解交易成本、风险分担以及信息成本等因素在金融市场中所发挥的作用。

环球视野　　金融中介机构与证券市场重要性的对比：国际比较

　　虽然各国之间企业融资的模式各不相同，但是都体现出一个关键事实：一项对于诸如美国、加拿大、英国、日本、意大利、德国和法国等主要发达国家的研究表明，当企业出于经营活动的需要筹集资金时，通常是从金融中介机构获得间接融资，而不是从证券市场中实现直接融资⊖。即使是在美国和加拿大这样具有世界上最发达证券市场的国家，对于企

⊖　See, for example, Colin Mayer, "Financial Systems, Corporate Finance, and Economic Development," in *Asymmetric Information, Corporate Finance, and Investment*, ed. R. Glenn Hubbard (Chicago: University of Chicago Press, 1990), pp. 307–332.

业融资需求来说，金融中介机构提供贷款的规模要远远超过证券市场。日本和德国是最少利用证券市场实现融资的国家。在这两个国家里，通过金融中介机构实现的融资规模是通过证券市场实现融资规模的 10 倍以上。然而，随着近年来日本放松了对证券市场的管制，企业通过金融中介机构实现融资的比例有所下降，而通过证券市场实现融资所占的比例有所提高。

虽然在所有的国家中，金融中介机构都明显占据着主导地位，重要性远远超过证券市场，但是在证券市场结构上，各国债券市场和股票市场的重要性也各不相同。在美国，债券市场对公司融资具有更为重要的作用：一般来说，公司新发行债券筹集资金的总量是其通过新发行股票筹资总量的 10 倍。相反，在法国和意大利等国家中，利用股权市场筹集资本的规模超过了债券市场的筹资规模。

2.5.1　交易成本

交易成本（transaction cost）是指在金融交易过程中消耗的时间和金钱，它是计划借出其富余资金的人所面临的主要问题。正如我们前面看到的，木匠卡尔需要 1 000 美元购买新工具，而且你了解这确实是一个很好的投资机会。你现在拥有现金，也希望把钱借给他。然而，为了保护你的投资安全，你需要聘请律师来起草一份贷款合同，明确规定卡尔向你支付利息的时间和金额，以及偿还 1 000 美元本金的时间。为了获得这样一份合同，你需要支付 500 美元。在对这笔贷款进行成本核算之后，你发现从这笔交易中无法获得收益（你要支付 500 美元的成本来获得 100 美元的潜在收益），不得不遗憾地通知卡尔去找别人借款。

这个例子表明，诸如你这样的小额储蓄者或者诸如卡尔这样的潜在借款者可能会被排除在金融市场之外，从而难以从中获利。谁能够帮助你们摆脱这种困境呢？金融中介机构能够做到这一点。

由于金融中介机构具备降低交易成本的专业技术，具有庞大的规模，能够实现**规模经济**（economies of scale），即随着交易规模的扩张，摊抵在每一美元之上的成本也随之降低，所以它们可以大幅度地降低交易成本。举例来说，银行知道如何聘请优秀的律师起草一份严谨的贷款合同，这份合同可以在其后的贷款交易活动中反复使用，从而降低每一笔交易的法律成本。银行不会只花费 500 美元设计一份贷款合同（这样的合同可能并不完善），它们会支付 5 000 美元聘请一流的律师来设计一份严谨、完整的贷款合同，以满足 2 000 笔贷款的需要，因此每笔贷款的成本降到了 2.5 美元。在每笔贷款的成本只有 2.5 美元的条件下，由金融中介机构向卡尔发放 1 000 美元贷款就能够获利了。

由于金融中介机构可以大幅度地削减交易成本，你就可以（通过它们）间接地将资金提供给诸如卡尔这样拥有生产型投资机会的人。此外，金融机构低廉的交易成本使它们能够为其客户提供**流动性服务**（liquidity service），即促使客户交易活动更加便捷地进行。举例来说，客户在银行开立的支票账户能够让客户更加便捷地开展支付活动。此外，开立支票账户和储蓄账户的存款者可以获得息票利息，同时，可以随时将其用于购买商品和服务的支付活动。

2.5.2　风险分担

金融机构交易成本低廉的另一个优势在于，它们有助于降低投资者面临的**风险**（risk）水平，即投资者从资产中获得收益水平的不确定性。金融中介机构可以通过**风险分担**（risk sharing）过程来实现这一功能。通过创造和出售具有客户能够接受的风险水平的资产，金融中介机构筹集到了资金，它们使用这些资金去购买风险水平更高的资产。低廉的交易成本使得金融中介机构能够以很低的成本分散风险，从而获取利润，这一利润来源于它们从高风险资产上获得的回报和支付已出售资产的成本之间的差额。因为从某种意义来说，投资者的风险资产变得更加安全，所以风险分担过程有时也被称为**资产转换**（asset transformation）。

通过帮助居民实现多样化来降低其资产面临的风险水平，金融中介机构也可以实现风险分担功能。**多样化**（diversification）是指投资于一组资产，即**资产组合**（portfolio），其中各种资产的收益率不会总是发生同样的变化。因此，资产组合的总体风险水平要低于投资于单个资产面临的风险水平（多样化就是谚语"不把所有的鸡蛋放在一个篮子里"的另一种说法）。低廉的交易成本使得金融中介机构能够做到这一点，通过将一系列的资产汇集成一种新的资产，再将其向个人出售来实现。

2.5.3　信息不对称：逆向选择和道德风险

在金融市场中存在的交易成本，一方面说明了金融中介机构和间接融资在金融市场中占据的重要地位；另一方面金融市场中的交易者往往对交易对手缺乏了解，以致无法做出准确的判断。这种不对等的情况被称为**信息不对称**（asymmetric information）。举例来说，与贷款者相比，获得贷款资金的借款者对于投资项目的潜在风险和收益更为了解。这种信息的缺失将会导致金融系统中的两个方面出现问题：交易发生之前和交易发生之后。

逆向选择（adverse selection）是在交易发生之前由于信息不对称而产生的。如果潜在的借款者本身不希望投资活动得到理想的结果（即希望得到逆向结果），拥有不良的信用品质，同时他们在非常积极地寻求贷款，并且很可能获得贷款资金的话，就会出现金融市场中的逆向选择现象。尽管金融市场中存在着信誉良好的借款人，由于逆向选择使信贷资金面临极大的损失风险，贷款的发放者可能决定不发放任何一笔贷款。

为了帮助你理解逆向选择的运行机制，我们假定你可能借钱给路易斯姨妈或者希拉姨妈。路易斯姨妈是保守型投资者，只有在确信自己能够偿还投资的前提下才会借钱。相反，希拉姨妈沉溺于赌博，对于那种投资 1 000 美元就能成为百万富翁的快速致富项目很感兴趣。不幸的是，正如绝大多数快速致富项目那样，这项投资很可能血本无归，那么希拉姨妈就会失去这 1 000 美元。

哪一位姨妈最可能向你借钱呢？当然是希拉姨妈。因为如果这项投资成功了，她将获得丰厚的回报。但是你并不愿意把钱借给她，原因在于她的投资很可能失败，从而无法偿还借款。

如果你非常了解这两位姨妈，也就是说你们之间的信息是对称的，那么就不会出什么问题了。因为你知道借钱给希拉姨妈的损失风险很大，所以不会这样做。然而，如果你对于这两位姨妈的了解有限，那么你更可能把钱借给希拉姨妈而不是路易斯姨妈，因为希拉姨妈会不断地找你借钱。由于存在出现逆向选择的可能，你可能不会把钱借给任何一位姨妈，尽管路易斯姨妈的信誉良好，需要借钱去实现一个值得投资的项目。

道德风险（moral hazard）是在交易发生之后由于信息不对称而产生的问题。金融市场中的道德风险是指从贷款者的角度来看，借款者具有从事不利于贷款者（不道德）活动的风险（危险），这些活动可能使得贷款无法得到偿还。由于道德风险降低了偿还贷款的可能性，所以贷款者也许决定不发放贷款。

举个例子来说明道德风险，如果把 1 000 美元借给你的另一位亲戚迈尔文叔叔。他使用这笔钱购买一台计算机，以便开设一家打印学生论文的打印社。然而，在你把钱借给迈尔文叔叔之后，他很可能私自把这笔钱挪作他用，跑去赌马。如果他用你借给他的钱买一笔 20 对 1 多头赌注，并且获胜，那么他就能偿还你的 1 000 美元，而且用剩下的 19 000 美元过上奢华的生活。然而，如果他输了，并且这种可能性很大，他就不能够偿还你的借款了，而他丧失的只是作为一个可靠和正直的叔叔的声誉。因而，迈尔文叔叔有动力挪用资金去赌马，因为他赌赢了能够获得的收益（19 000 美元）要远远大于他赌输了所失去的声誉。如果你了解迈尔文叔叔的想法，那么你就会阻止他这样做，从而防止道德风险的发生。然而，由于信息不对称的存在，你很难一直掌握迈尔文叔叔的想法，他很可能挪用资金去赌马，而你借出的资金也很可能不会得到偿还。因此，虽然你清楚地知道迈尔文叔叔计划用借来的资金开办一家打印社，从而能够偿还借款，但是道德风险也有可能使你不把这 1 000 美元借给他。

对于金融市场的健康运行而言，逆向选择和道德风险会成为严重的障碍，而金融中介机构能够减少此类问题的发生。

通过经济活动中的金融中介机构，小额储蓄者能够通过把他们的资金借给值得信赖的金融中介机构（比如诚实约翰银行（Honest John Bank））这样的方式将其资金融入金融市场。诸如诚实约翰银行之类的金融中介机构可以通过发放贷款或者购入股票、债券等证券的方式，将筹集到的资金贷放出去。成功的金融中介机构从投资活动中获得的收益水平高于小额储蓄者，这是因为它们具有比个人更高的信用风险识别能力，能够有效区分信用良好和信用拙劣的借款者，从而可以降低逆向选择造成的损失。此外，金融中介机构能够获得丰厚收益的原因还在于，它们具备借款者监督方面的专业技术，从而可以降低道德风险造成的损失。因而，金融中介机构在向贷款者－储蓄者偿付利息或者提供优质服务之后，依然能够实现盈利。

正如我们看到的那样，因为金融中介机构能够提供流动性服务、发挥风险分担的作用以及解决信息不对称的问题，从而使得小额储蓄者和借款者能够从现存的金融市场中获利，所以它们在经济生活中发挥了重要的作用。通过大多数美国人把储蓄存放在金融中介机构，并从这些机构处获得贷款这一事实，可以证明金融中介机构已经成功地发挥了它们的功能。因为在金融中介机构的协助下，金融市场实现了资金从贷款者－储蓄者向那些拥有生产性投资机会的人的转移，所以金融中介机构在提高经济效率方面发挥着重要作用。如果缺少功能完备的各种金融中介机构，经济体系就很难完全发挥其潜在实力。在本书的第三篇中，我们将进一步探讨金融中介机构在经济运行过程中所发挥的作用。

2.5.4 范围经济和利益冲突

金融中介机构在经济体中扮演着如此重要角色的另一个原因是，通过向消费者提供多样化的金融服务，比如向他们提供贷款以及帮他们出售债券，金融中介机构也可以达到**范围经济**（economics of scope）；也就是说，通过把一份信息资源应用到许多不同的业务上，金融中介机构可以降低每笔业务的信息成本。举例来说，当某家银行向一家企业贷款时会评估这家企业的信用风险水平，与此同时，也就帮助这家银行解决了判断该企业债券发行难易程度的问题。

尽管范围经济对金融机构具有非常大的益处，但是它们也带来了潜在成本，即**利益冲突**（conflicts of interest）。利益冲突是道德风险的一种，当某个人或机构的贷款有多种选择时，利益冲突就会发生，尤其是当一个金融机构提供多种金融业务时，因为这些业务的竞争也许会使一个人或者一家公司隐藏信息或者传播有误导性的信息。这就意味着利益冲突会导致金融市场上的信息质量大幅下降，从而增加了信息不对称问题，并且它阻止了金融市场把资金投向最具生产性投资机会的企业。结果是，金融市场和实体经济效率下降。

2.6　金融中介机构的类型

我们已经了解到金融中介机构在经济运行过程中发挥如此重要作用的原因。现在，我们将要考察主要的金融机构以及它们发挥中介功能的运行机制。金融中介机构可以分为以下三类：存款机构（银行）、契约型储蓄机构以及投资中介机构。表2-3描述了这三类金融中介机构主要的负债（资金来源）和资产（资金运用）等方面的情况。表2-4介绍了美国金融中介机构的相对规模，列出了它们在1990年、2000年、2010年和2016年年末的资产总额。

表2-3　金融中介机构主要的资产和负债

金融中介机构的类型	主要负债（资金来源）	主要资产（资金运用）
存款机构（银行）		
商业银行	存款	商业贷款、消费贷款、抵押贷款、美国政府证券和市政债券
储蓄贷款协会	存款	抵押贷款
互助储蓄银行	存款	抵押贷款
信用社	存款	消费贷款
契约型储蓄机构		
人寿保险公司	保单中的保费	公司债券和抵押贷款
火灾和意外伤害保险公司	保单中的保费	市政债券、公司债券和股票、美国政府证券
养老基金和政府退休基金	雇主和雇员的缴款	公司债券和股票
投资中介机构		
财务公司	商业票据、股票、债券	消费贷款和商业贷款
共同基金	股份	股票、债券
货币市场共同基金	股份	货币市场工具
对冲基金	合伙参与投资的资金	股票、债券、贷款、外汇和其他资产

表2-4　主要金融中介机构及其资产总额

金融中介机构的类型	资产价值（10亿美元，年末）			
	1990	2000	2010	2016
存款机构（银行）				
商业银行、储蓄贷款协会和互助储蓄银行	4 744	7 687	12 821	16 834
信用社	217	441	876	1 238
契约型储蓄机构				
人寿保险公司	1 367	3 136	5 168	6 764
火灾和意外伤害保险公司	533	866	1 361	1 908
私立养老基金	1 619	4 423	6 614	9 099
州和地方政府退休基金	820	2 290	4 779	6 103

（续）

金融中介机构的类型	资产价值（10亿美元，年末）			
	1990	2000	2010	2016
投资中介机构				
财务公司	612	1 140	1 589	1 385
共同基金	608	4 435	7 873	13 616
货币市场共同基金	493	1 812	2 755	2 728

资料来源：Federal Reserve Flow of Funds Accounts; https://www.federalreserve.gov/releases/z1/current/data.htm, Tables L110, L114, L115, L116, L118, L120, L121, L122, L127.

2.6.1　存款机构

存款机构（为简便起见，本书通篇指的就是"银行"）是从个人和机构手中吸收存款并且发放贷款的金融中介机构。由于此类金融中介机构与货币创造活动有关，是货币供给的重要组成部分，所以货币银行学的研究对于此类金融中介机构特别重视。这些机构包括商业银行以及被称为**储蓄机构**（thrift institutions（thrift））的储蓄贷款协会、互助储蓄银行和信用社。

1. 商业银行

这些金融中介机构主要通过发行可开立支票的存款（可以据此签发支票的存款）、储蓄存款（不能据此开立支票的活期存款）以及定期存款（具有固定期限的存款）等金融工具来筹集资金，然后利用这些资金发放商业贷款、消费贷款以及抵押贷款，购买美国政府证券和市政债券等。美国商业银行的数量约为 5 000 家，作为一个群体，它们是规模最大的金融中介机构，资产投资组合的多样化程度最高。

2. 储蓄贷款协会和互助储蓄银行

美国此类金融中介机构的数量约为 1 000 家，它们主要通过储蓄存款（通常称为股份）、定期存款和可开立支票存款来募集资金。过去，此类金融中介机构的业务活动受到严格的限制，大部分资金用于为居民购买住宅提供抵押贷款。近年来，这种限制已经放宽，它们和商业银行之间的区别日益模糊。两者之间的相似程度越来越高，相互竞争也更加激烈。

3. 信用社

美国此类金融中介机构的数量约为 6 000 家，它们通常是规模很小并且具有合作性质的贷款机构，由诸如工会成员、特定公司职员等的特定群体组织而成。它们通过被称为股份的存款来筹集资金，主要用于发放消费贷款。

2.6.2　契约型储蓄机构

诸如保险公司和养老基金之类的契约型储蓄机构，是指根据契约规定按期获得资金的金融中介机构。由于能够相当精确地预测在未来年度中需要向受益人支付的金额，所以它们不必像存款机构那样担心出现资金迅速流失的情况。因此，资产的流动性对契约型储蓄机构来说不像对存款机构那样重要，它们的资金主要投资于公司债券、股票和抵押贷款等长期证券。

1. 人寿保险公司

人寿保险公司向人们提供保险以解决由死亡产生的财务损失风险，并且出售年金产品（受益人退休后可以按年获得的收入）。它们的资金来源于投保人为了维持保单有效而支付的保费，主要将资金用于购买公司债券和抵押贷款。人寿保险公司也进行股票投资，但是在数量上存在一定的限制。目前，人寿保险公司的资产总额达到 7 万亿美元，是规模最大的契约型储蓄机构。

2. 火灾和意外伤害保险公司

这些保险公司向保单持有者提供保险，从而解决由于失窃、火灾以及意外事故形成的风险。它们和人寿保险公司十分相似，都是将出售保单来获取的保费作为主要资金来源。然而，如果发生重大灾难，它们很可能就会损失大量资金。因此，与人寿保险公司相比，它们购置资产的流动性更高。在其持有的资产中，市政债券所占比例最高，此外还有公司债券、股票和美国政府证券等。

3. 养老基金和政府退休基金

私立养老基金以及州和地方政府退休基金是以年金的形式向参加养老金计划的雇员提供的退休收入。它们的资金主要来源于雇主和雇员缴纳的款项，雇员缴纳的资金可能来自工资中自动扣除的部分，也可以按照个人意愿（超额）缴纳。养老基金持有的资产主要是公司债券和股票。联邦政府积极支持建立养老基金，通过立法方式强制其成立，同时通过税收优惠的方式促进其发展。

2.6.3 投资中介机构

此类金融中介机构包括财务公司、共同基金、货币市场共同基金、对冲基金以及投资银行。

1. 财务公司

财务公司通过出售商业票据（一种短期债务工具），以及发行股票和债券来筹集资金。它们将资金借给那些需要购买家具、汽车和改善住房条件等的消费者以及小型企业。有一些财务公司是由母公司建立的，以便帮助出售母公司的商品。举例来说，福特汽车信贷公司（Ford Motor Credit Company）就是向购买福特公司汽车的消费者提供贷款的财务公司。

2. 共同基金

这类金融中介机构是通过向个人出售基金份额来筹集资金，并且将其资金投资于多样化的股票和债券。共同基金将基金份额持有者的资金汇集起来，形成较大的资金规模，就可以批量购买股票或者债券，具有降低交易成本的优势。另外，共同基金能够使其份额持有者的投资组合相对于其他投资而言更具多样性。共同基金份额持有者还可以随时出售（赎回）其份额，但出售价格由共同基金投资的证券价值来决定。由于证券价格波动剧烈，共同基金的价值也会随之变化，所以购买共同基金也存在一定风险。

3. 货币市场共同基金

这种金融中介机构类似于共同基金，但是它们提供存款类账户服务，所以在某种程度上又类似于存款类金融中介机构。与大多数共同基金一样，货币市场共同基金通过出售份额来筹集资金，但是主要投资于那些安全性和流动性都很高的货币市场工具，其份额持有者将会获得这些资产形成的息票利息。

货币市场共同基金的一个重要特征是，其份额持有者可以根据所持股份价值的多少开立支票。实际上，货币市场共同基金类似于附带利息的支票存款账户。从 1971 年问世以来，货币市场共同基金的发展十分迅速，截至 2016 年，其资产总额达到约 2.7 万亿美元。

4. 对冲基金

对冲基金是一种特殊的共同基金，一般为有限合伙组织形式，最低投资额为 10 万美元，一般是在 100 万美元或者更多。这些限制意味着对冲基金比其他共同基金面临的管制更加宽松。对冲基金投资于多种类型的资产，包括股票、债券、外汇以及其他另类资产。

5. 投资银行

尽管具有"投资银行"的名称，但它既不是银行，也不属于通常意义的金融中介机构，也就是说，它既不吸收存款也不发放贷款。实际上，投资银行是一种协助公司发行证券的特殊形式的金融中介机构。首先，投资银行向公司提供发行何种证券（股票还是债券）方面的建议，然后，投资银行通过按照事先约定的价格购入这些证券，转而在市场中进行销售的方式，帮助公司销售（承销）这些证券。通过并购方式帮助客户公司收购其他公司，投资银行还可以成为交易商，并以此获得巨额佣金。

2.7　金融体系的监管

在美国经济生活中，对于金融体系的监管非常严格。政府对金融市场实施监管的原因主要包含两个方面：帮助投资者获得更多的信息，确保金融体系稳健运行。我们将考察既有的金融监管体系是如何实现这两个主要目标的。为了帮助学习，表 2-5 列出了美国金融体系中的主要监管机构。

表 2-5　美国金融体系中的主要监管机构

监管机构	监管对象	监管内容
证券交易委员会（SEC）	有组织的交易所和金融市场	信息披露的要求、限制内幕交易
商品期货交易委员会（CFTC）	期货交易所	期货市场交易过程的监管
货币监理署（OCC）	持有联邦执照的商业银行和储蓄机构	向那些在联邦注册的商业银行颁发执照、检查账簿，对其持有的资产进行管制
全美信用社管理局（NCUA）	持有联邦执照的信用社	向那些在联邦注册的信用社颁发执照、检查账簿，对其持有的资产进行管制
州银行和保险委员会	持有州执照的存款机构和保险公司	向那些在州注册的银行和保险公司颁发执照，对其持有的资产和分支机构的设立进行管制
联邦存款保险公司（FDIC）	商业银行、互助储蓄银行、储蓄贷款协会	向银行的每一位存款额到 25 万美元的储户提供保险、检查参保账簿，对其持有的资产进行管制
联邦储备体系	全部存款机构	检查美联储成员商业银行和系统性重要银行的账簿

2.7.1　帮助投资者获取更多的信息

金融市场中的信息不对称意味着投资者会受到逆向选择和道德风险的影响，从而阻碍金融市场的有效运行。高风险公司和十足的骗子最希望将证券出售给那些不谨慎的投资者，由此产生的逆向选择问题可能会将投资者排除在金融市场之外。另外，如果投资者购买了证券，即将资金借给了发行证券的公司，然而借款公司存在挪用资金进行高风险投资或者进行欺诈的动机，由此出现的道德风险也会将投资者排除在金融市场之外。政府监管可以减少金融市场中的逆向选择和道德风险，通过向投资者披露更多的信息来提高金融市场效率。

由于 1929 年股票市场大崩盘以及随后暴露出来大量欺诈行为，为了适应对金融市场实施监管的政治需求，美国出台了《1933 年证券法》，并且在 1934 年建立了美国证券交易委员会（the Securities and Exchange Commission，SEC）。SEC 要求，在发行证券时，公司必须向公众披露其销售、资产和收益等方面的信息，并且对公司最大股东（即内部人）的交易行为提出了限制。通过这些信息披露规范，以及限制那些可能操纵证券价格的内幕交易行为，SEC 使投资者能够获得更为充分的信息，防止他们遭受在 1933 年以前的金融市场中出现的恶性事件的损害。实际上，近年来 SEC 一直在大力查处内幕交易活动。

2.7.2 保障金融中介机构的稳定运行

信息不对称会导致金融中介机构大量倒闭，即出现**金融恐慌**（financial panic）现象。由于金融中介机构的资金提供者可能无法了解这些机构是否可靠，如果他们开始对金融中介机构的整体状况产生怀疑，无论这些金融中介机构是否可靠，他们都会从中抽回资金。可能出现的结果就是，公众将会蒙受金融恐慌造成的巨大损失，整体经济运行也会受到严重损害。为了保障公众和整体经济免受金融恐慌的影响，政府采取了下述 6 种监管措施。

1. 准入限制

对于金融中介机构的设立，州银行、保险委员会和货币监理署（它是联邦政府的代理机构）都建立了严格的监管制度。如果个人或者机构计划建立诸如银行或者保险公司之类的金融中介机构，就必须从州政府或者联邦政府那里获得执照。只有那些诚实正直、信誉卓著并且拥有大量资本金的公民才能够获得执照。

2. 信息披露

金融中介机构具有十分严格的信息报告制度。它们的会计簿记方法必须符合某些严格的要求，对其账簿进行定期审查，并且必须向公众披露特定方面的信息。

3. 对于资产和业务活动的限制

对于金融中介机构的业务活动以及能够保有的资产种类，都存在严格的限制。在你把资金存放到银行或者类似的机构之前，你希望了解自己的资金是安全的，而银行或者其他金融中介机构能够履行对你承诺的义务。实现这一目标的一种方法就是限制金融中介机构的业务活动，禁止它们参与某些高风险的投资活动。1933 年美国通过了银行和证券分业经营的法案（1999年废止），使得银行无法参与那些与证券业相关的高风险投资活动。限制金融中介机构从事高风险投资活动的另一种方法是限制它们持有某些高风险的资产，或者将高风险资产的数额控制在一个审慎的水平上。举例来说，因为股票价格的波动幅度十分巨大，所以商业银行和其他存款机构不能持有普通股股票。保险公司能够持有普通股股票，但是其数额不能超过资产总额的特定比例。

4. 存款保险

政府为人们的存款提供了保险服务，如果保有他们存款的金融中介机构倒闭，人们也可以避免遭受巨额的财务损失。提供这类保险服务的最重要的机构是美国联邦存款保险公司（FDIC），它为每一位商业银行或者互助储蓄银行的储户提供存款保险服务，每个账户的保险金额上限为 25 万美元。商业银行和互助储蓄银行都要向联邦存款保险基金缴纳保费，在金融中介机构发生倒闭的时候，用于偿付储户的存款资金。1930 ～ 1933 年，美国的银行大量倒闭，众多储户存放在这些银行里的资金荡然无存，1934 年美国联邦存款保险公司随之建立。对于信用社来说，全美信用社联盟共享保险基金（National Credit Union Share Insurance Fund）发挥着相同的作用。

5. 对于竞争的限制

政治家声称，是金融中介机构之间的盲目竞争加剧了其倒闭风险，进而损害公众利益。虽然由竞争造成这种影响的证据十分微弱，但是州政府和联邦政府对于新设分支机构活动进行了众多的限制。过去，不允许银行在其他州开设分支机构，而且在部分州里，银行在州内其他地区开设分支机构也会受到限制。

6. 利率管制

通过对存款利息设置限制也能够实现对竞争活动的管制。在 1933 年之后的数十年中，不允许银行向支票账户支付利息。此外，直到 1986 年，根据《Q 条例》（Regulation Q）的规定，联邦储备体系有权设置银行储蓄存款的利率上限。制定这些规则的原因在于，大多数人相信在大萧条时无序的利率竞争对银行倒闭产生了推进作用。随后并没有证据支持这种观点，因此《Q 条例》被废止了（不过企业持有的支票账户的利息依然受到严格限制）。

在后面的章节中，我们将更仔细地研究政府对金融市场的监管行为，探究其是否有助于金融市场的运行。

2.7.3 国外的金融监管

毫不奇怪的是，由于日本、加拿大和西欧各国与美国的金融体系十分相似，所以这些国家的金融监管体系也与美国十分类似。它们通过设置要求发行证券的公司详尽公布其资产负债状况、收益状况和股票销售情况等相关规定，并且严格禁止内幕交易，改善了信息披露情况，进而通过执照管理、定期账簿审查以及提供存款保险（虽然存款保险的覆盖范围小于美国，且不太受欢迎）等措施，保证了金融中介机构的稳定运行。

在金融监管方面，美国和其他国家的主要区别体现在银行监管方面。以前，美国是唯一的严格限制银行新建分支机构的工业化国家，这种管制措施限制了美国银行的规模，将银行的经营活动限制在特定的地区范围之内（1994 年立法废除了这一管制措施）。美国银行能够持有的资产种类也受到最为严格的限制。国外的银行通常可以持有企业股票，在日本和德国，银行持有大量的企业股票。

本章小结

1. 金融市场的基本功能就是为资金从拥有富余资金的储蓄者那里转移到资金短缺的消费者手中提供融通渠道。金融市场可以通过借款者发行证券直接从贷款者那里获得融资，也可以通过金融中介机构进行间接融资。这种资金的融通活动可以提高经济生活中每个人的经济福利水平。由于金融市场能够将资金从不具备生产性投资机会的人那里转移到具备这种投资机会的人手中，因此有利于经济效率的提高。此外，这种融资服务可以帮助消费者在最需要进行消费活动的时候购买相应的商品，从而使消费者直接获得好处。

2. 金融市场可以分为债务市场和股权市场、一级市场和二级市场、交易所市场和场外市场以及货币市场和资本市场等。

3. 主要的货币市场工具（期限短于 1 年的债务

工具），包括美国国库券、可转让银行定期存单、商业票据、回购协议、联邦基金等。主要的资本市场工具（期限长于1年的债务工具和股权工具），包括股票、抵押贷款、公司债券、美国政府证券、美国政府机构证券、州政府和地方政府债券、消费贷款和银行商业贷款等。

4. 近年来，不断加深的国际化进程成为金融市场的重要发展趋势。欧洲债券是指以发行国以外的货币计价的债券，在当今的国际债券市场中占据着主导地位，超过了美国的公司债券，成为新的资金来源。欧洲美元是指存放在外国银行中的美元，是美国银行的重要资金来源之一。

5. 金融中介机构是通过发行负债工具来筹集资金，并且通过运用这些资金购买证券或者发放贷款来形成资产的金融机构。金融中介机构在金融体系中扮演了重要的角色，它们可以降低交易成本，分担风险，解决逆向选择

和道德风险带来的问题。金融中介机构能够让小额储蓄者和借款者从金融市场中受益，从而提高经济运行的效率。然而，帮助金融机构获得成功的范围经济可能会导致利益冲突，这会降低金融体系的运行效率。

6. 主要的金融中介机构可以分为三种类型：① 银行——商业银行、储蓄贷款协会、互助储蓄银行以及信用社等；② 契约型储蓄机构——人寿保险公司、火灾和意外事故保险公司以及养老基金等；③ 投资中介机构——财务公司、共同基金、货币市场共同基金、对冲基金和投资银行等。

7. 政府对金融市场和金融中介机构实施监管的原因包含两个方面：帮助投资者获得更多的信息，确保金融体系稳定运行。监管措施主要包括向公众披露信息的要求，对金融中介机构设立者的限制，对金融中介机构持有资产种类的限制，提供存款保险服务，限制竞争和利率管制等。

关键术语

逆向选择	欧洲债券	货币市场	资产转换
欧洲货币	道德风险	信息不对称	欧洲美元
抵押支持证券	经纪人	交易所	抵押贷款
资本	联邦基金利率	场外市场	资本市场
金融中介	投资组合	利益冲突	金融恐慌
一级市场	通货	外国债券	风险
交易商	中期	风险分担	违约
投资银行	二级市场	多样化	负债
短期	股利	流动性	储蓄机构
规模经济	流动性服务	交易成本	范围经济
长期	承销	股权	期限

思考题

1. 如果今天我购买一辆价值5 000美元的汽车，由于这辆汽车能够让我获得一份类似于旅行推销员的工作，由此在明年将给我带来10 000美元的额外收入。如果其他人不愿意向我提供贷款，我是否应该以90%的利率向放高利贷的拉里筹借这笔钱呢？借入这笔高

利贷会提高还是降低我的经济福利水平呢？你能提供证明高利贷合法化的案例吗？

2. 有些经济学家认为，造成发展中国家经济增长缓慢的原因之一是这些国家缺少成熟的金融市场。你同意这种观点吗？

3. 请给出至少三个例子，说明金融市场允许消费者在更好的时机购买金融产品。

4. 如果你担心某家公司明年可能倒闭，那么你希望持有这家公司发行的债券还是股权？原因何在？

5. 假设丰田公司在东京出售以日元计价的债券。这种债务工具是欧洲债券吗？如果该债券在纽约出售，你的答案又是什么呢？

6. 描述下列每一个货币市场工具的发行方：

    a. 国库券；

    b. 存单；

    c. 商业票据；

    d. 回购协议；

    e. 联邦基金。

7. 抵押贷款和抵押贷款支持证券有什么不同？

8. 19 世纪，美国从英国借入大笔资金来修筑铁路系统，这笔交易是否改善了这两个国家的福利水平？

9. 很多欧洲银行拥有大量的抵押贷款支持证券，这些证券从美国房地产市场衍生而来，在 2006 年之后暴跌。如何用这个例子来论述金融市场全球化的利弊？

10. 风险分担是怎样使金融中介和私人投资者获益的？

11. 如何使用逆向选择来解释你更愿意向家庭成员而不是向陌生人发放贷款？

12. 导致 2007 ~ 2009 年金融危机的一个因素是次级抵押贷款的广泛发行。用这个如何来解释逆向选择问题？

13. 相比于其他借款人，为什么具有欺诈性质的贷款人对道德风险的担忧更少？

14. 如果你是一个雇主，你会担心雇员出现哪些道德风险？

15. 如果贷款者和借款者之间没有信息不对称问题，那么还会有道德风险吗？

16. "在一个不存在信息和交易成本的世界中，金融中介机构将不会存在。"这一论断是正确的、错误的还是不确定？请说明你的理由。

17. 你情愿把资金存放到银行存款账户中，赚取 5% 的利息收入，让银行按照 10% 的利率把这笔资金贷放给你的邻居，你为什么不直接把这笔资金贷放给你的邻居呢？

18. 利益冲突是如何使得信息不对称问题更严重的？

19. 由同一家公司提供的几种类型的金融服务是怎样既有利又有弊的？

20. 如果你要贷款来购买一辆新车，你会选择哪种金融中介：信用社、养老基金还是投资银行？

21. 为什么养老基金会关心大公司的财务稳定性以及房地产市场的健康状况？

22. 2008 年，随着金融危机开始在美国蔓延，联邦存款保险公司对银行中每个客户的存款账户保险限额从 10 万美元提高到 25 万美元。这种措施是如何稳定金融体系的？

23. 在工业化国家中，金融监管是相似的，但并不完全相同。讨论为什么在工业化国家中实行同样的金融监管是可取或者不可取的？

应用题

24. 假设你刚继承了 10 000 美元并且正在考虑投资使你的收益最大化，下面有几个选择。

    选择 1：把钱放在收益为 2% 的利息支票账户中。一旦银行倒闭，由联邦存款保险公司提供保险。

    选择 2：把钱投资于承诺收益率为 5% 的公司债券，但是公司有 10% 的可能会倒闭。

    选择 3：把钱借给你朋友的室友迈克，利率约定为 8%，即使你相信存在 7% 的可能迈克会离开这个小镇并且拒不还钱。

选择 4：以现金形式持有并且是零利率。

a. 如果你是风险中立者（既不偏好风险也不逃避风险），你会从 4 个选择中选择哪一个来最大化你的预期收益？（提示：用一个事件发生的概率乘以该事件发生的结果最后将其加总来计算预期收益。）

b. 假设选择 3 和选择 4 是你唯一可能的选择。如果你支付给你朋友 100 美元能得知关于迈克的额外信息，即能确定地知道迈克是否会离开小镇拒不还债，你会支付这 100 美元吗？关于风险的更优信息的价值，应该怎么理解？

数据分析题

1. 登录圣路易斯联邦储备银行 FRED 数据库，找到由美国联邦储备理事会（FDHBFRBN）、私人投资者（FDHBPIN）以及国际和外国投资者（FDHBFIN）持有的联邦债券的数据。用这一系列数据，计算出最近一个季度债券的持有总量以及 3 个部分各自的百分比。对 2000 年第一个季度重复照做并且比较结果。

2. 登录圣路易斯联邦储备银行 FRED 数据库，找到所有商业银行（TLAACBM027SBOG）和货币市场基金（MMMFFAQ027S）的总资产的数据。通过将频率调整设置为"季度"，使得商业银行的资产以季度系列形式呈现。计算自 2000 年 1 月到最近一个季度，每一个系列的资产增长的百分比。这两种金融中介中的哪一种增长更大呢？

网络练习

1. 美国联邦储备委员会发布的美国资金流动报告是金融中介机构相关信息的最佳来源之一。请访问网址 http://www.federalreserve.gov/releases/Z1/，找到最新的版本。如果你的计算机里没有 Acrobat Reader 软件，你需要安装。该网站提供了免费安装程序的链接。打开表格，并回答下列问题：

a. 在商业银行的资产中，贷款所占的比例是多少？抵押贷款所占的比例是多少？

b. 在储蓄贷款协会的资产中，抵押贷款所占的比例是多少？

c. 在信用社的资产中，抵押贷款和消费贷款所占的比例是多少？

2. 全世界最著名的金融市场是纽约证券交易所，请访问其网址 http://www.nyse.com。

a. 纽约证券交易所的职责是什么？

b. 要想在纽约证券交易所上市交易，公司必须向纽约证券交易所缴纳费用。拥有 500 万股未偿付普通股股票的公司需要缴纳多少费用？

网络参考

http://stockcharts.com/charts/historical 这个网页包含着诸如道琼斯工业平均指数、标准普尔 500 指数、纳斯达克综合指数、30 年期国债以及黄金价格等多种股票指数的历史图表。

http://www.nyse.com 纽约证券交易所的网址，可以查看上市公司、报价、公司历史数据、指数实时数据以及更多的信息。

http://www.nasdaq.com 纳斯达克场外交易市场的详细市场信息和证券信息。

http://finance.yahoo.com 世界上主要股票指数，附带图表、新闻和组成成分等。

http://www.sec.gov 美国证券交易委员会网站主页，包含证券交易委员会的大量资源、法律法规、投资者信息以及诉讼案件。

第 **3** 章

什么是货币

学习目标

1. 描述货币的定义。
2. 列出并总结货币的职能。
3. 辨别不同类型的支付体系。
4. 比较 M1 和 M2 的异同。

| 预览 |

　　如果你生活在独立战争之前的美国，那么你持有的货币可能主要是西班牙的多布隆（doubloon，一种银币，又称为八块）。在南北战争之前，美国货币的主要形式是金币、银币和纸币，其中由私立银行发行的纸币又称为银行券。现在，你不仅可以使用政府发行的硬币和纸币，而且可以根据银行账户使用借记卡或者开具支票。虽然不同时代货币的形式各具差异，但是在人们的经济生活中货币一直发挥着重要作用。

　　为了理解货币对经济运行产生的重要作用，我们必须正确了解什么是货币。本章通过研究货币的职能，考察货币促使经济效率提高的原因和运行机制，探寻货币形式的演变历史并考察货币的现行计量方式，得出了货币的精确定义。

3.1　货币的含义

　　在日常用语中，货币可能意味着很多东西。但是对于经济学家而言，货币具有十分明确的含义。为了防止出现概念混淆，我们必须明确经济学家所使用的"货币"一词的含义与日常用语存在哪些区别。

　　经济学家把货币（money）（也称为货币供给）定义为任何一种被普遍接受的、

可以用于支付购买商品和服务或者偿付债务的物品。由纸币和硬币组成的**通货**（currency），显然符合这一定义，因此它们是货币的一种类型。人们日常交谈中提到的货币，实际上是指通货——纸币和硬币。例如，有人靠近你说："要钱（货币）还是要命？"你肯定会立即掏出身上所有的通货交给他，而不是问："你说的货币到底是什么？"

对于经济学家而言，如果仅把货币定义限定为通货，就显得过于狭隘了。因为支票同样能够用于购买商品和服务的支付活动，所以支票存款账户通常也被当作货币。因此，货币需要一个更为宽泛的定义，诸如储蓄存款等一些其他形式，如果能够将它们很容易地迅速转换成通货或者支票账户存款，那么它们事实上也就具备了货币的功能。正如你所看到的那样，即使对于经济学家而言，目前仍不存在一个简单、精确的货币或者货币供给的定义。

我们经常把货币等同于财富（wealth），这使得事情变得更加复杂。当人们说"乔很富有，他有很多钱"的时候，这可能意味着乔不仅拥有大量的通货和很多的支票账户余额，还可能拥有股票、债券、4辆车、3处住宅以及1条游艇等。因此，使用"通货"作为货币的定义就显得过于狭隘，而人们日常的用法又显得过于宽泛。经济学家明确了货币和财富之间的区别，货币是指能够用于支付活动的通货、活期存款以及其他物品等，而财富是指能够储藏价值的各种财产的总和，它不仅包括货币，还包括诸如债券、普通股股票、艺术品、土地、家具、汽车以及住宅等其他形式的资产。

人们也经常使用"货币"一词来表述经济学家通常所说的收入。就像有人说："希拉是一位理想的伴侣，她有一份好工作，能赚很多钱。"**收入**（income）是指一段时期内的收益数额（流量）。而货币则是一个存量概念，是指在一个特定时点的特定金额。如果有人告诉你其收入是1 000美元，但是你不知道这是指一年、一个月还是一天获得的收入，因此你就无法判断他的收入高低。但是如果有人告诉你，她的口袋里现在有1 000美元，那样你就很清楚地知道这些钱到底有多少了。

请注意，本书中讨论的货币是指任何一种被普遍接受的、能够用于支付购买商品和服务或者偿付债务的物品。它与收入和财富存在区别。

3.2 货币的职能

无论货币的载体是贝壳、石块、黄金还是纸张，在任何经济体中，货币都具有3种主要职能：交易媒介、记账单位和价值储藏。在这3种职能中，交易媒介是能够将货币与诸如股票、债券和住宅等其他形式的资产加以区分的职能。

3.2.1 交易媒介

在经济运行过程中的几乎全部市场交易活动中，以通货或者支票形式体现的货币就是一种**交易媒介**（medium of exchange），它可以用于购买商品和服务的支付活动。货币作为交易媒介，能够大大节约商品和服务的交易时间，从而提高经济效率。为了了解其中的原因，让我们考察一下没有货币的物物交换经济。在这种经济条件下，一种商品和服务与其他商品和服务直接进行交换。

我们以经济学教授艾伦为例，她只能把一件事情做得很好，就是出色地讲授经济学课程。在物物交换经济的条件下，如果艾伦需要食品，那么她就必须要找到一位既能生产她喜欢的食品又希望学习经济学的农夫。正如你预想的那样，这将是非常困难和费时的事情。艾伦花费在寻找这位希望学习经济学的农夫上的时间可能比她授课的时间还要长，她甚至有可能被迫放弃教学而亲自去务农。即便如此，她还是有可能会饿死。

用于商品和服务交易的时间就是交易成本。在物物交换条件下，交易成本很高，因为人们必须满足"需求的双重匹配"才能够完成交易，即他们必须找到那些能够提供其所需要商品和服务的交易者，而对方也同样需要他们所提供的商品和服务。

如果将货币引入经济学教授艾伦的（物物交换）世界中，让我们来看看会出现什么样的变化。艾伦可以为任何愿意付钱听课的人讲授经济学，然后她可以去找任何一位农夫（或者他在超市的代理），用她刚刚赚到的货币来购买需要的食品。这样就可以避免需求的双重匹配问题，而艾伦也能够节约大量时间，用来从事她最擅长的教学工作。

这个例子表明，通过大幅削减商品和服务交易过程中耗费的时间，让人们专心从事于他们最擅长的工作，货币就能够促进经济效率的提高。因此，货币是经济运行过程中至关重要的因素。由于货币能够降低交易成本，促进专业化和劳动分工，所以它是实现经济顺利运行的润滑剂。

人们对货币的需求十分强烈，除了原始社会之外，几乎所有的社会都发明了货币。能够发挥货币职能的商品必须满足以下几个条件：① 易于标准化，能够很容易地确定其价值；② 被普遍接受；③ 易于分割，能够很容易地"找零"；④ 便于携带；⑤ 不会很快腐坏变质。在人类历史上，从美国土著居民使用的贝壳串珠，到美国早期殖民者使用的烟草和威士忌，再到第二次世界大战期间战俘营中使用的香烟[⊖]，等等，满足上述标准的物品具有很多奇特的形式。多年来发展起来的各种形式的货币，同工具和语言的发展一样，都是人类创造性的证明。

3.2.2　记账单位

货币的第二种职能是**记账单位**（unit of account），也就是说能够使用货币来衡量经济运行过程中的价值。正如使用磅[⊜]来衡量重量或者使用英里[⊜]来衡量距离那样，我们使用货币来衡量商品和服务的价值。为了理解货币记账单位职能的重要性，让我们再来考察一下不具备货币记账单位职能的物物交换经济。如果经济中只有 3 种商品，比如桃子、经济学课程和电影，那么我们只需要知道 3 种价格就能够了解这些商品之间是如何进行交换的——用经济学课程表示的桃子价格（即购买一个桃子所需支付经济学课程的数量）、用电影表示的桃子价格，以及用电影表示的经济学课程的价格；如果在经济中有 10 种商品，那么我们就需要知道 45 种价格来实现这些商品之间的交换；如果有 100 种商品，就需要知道 4 950 种价格；如果有 1 000 种商品，就需要知道 499 500 种价格。[⊛]

想象一下，在物物交换的经济条件下，如果要去货架上陈列着 1 000 种商品的超市进行采购，那将是一件多么困难的事情。假设 1 磅鸡肉等同于 4 磅黄油，而 1 磅鱼肉等同于 8 磅番

⊖　关于第二次世界大战期间战俘营中的货币发展，有一篇非常有趣的论文，见 R. A. Radford 的" The Economic Organization of a P.O.W. Camp"，*Economica* 12 (November 1945): 189-201。

⊜　1 磅 =0.453 6 千克。——译者注

⊜　1 英里 =1 609 米。——译者注

⊛　在经济中有 N 种商品的时候，计算我们需要知道的价格种类公式为：$N(N-1)/2$。例如，如果有 10 种商品，我们需要知道的价格种类为：$10 \times (10-1)/2=90/2=45$。

茄，那么我们就很难判断鸡肉和鱼肉哪一个更为便宜。要想进行价格之间的比较，每种商品的价格标签上就应该标注 999 种不同的价格，而读取这些价格所耗费的时间形成了高昂的交易成本。

为了解决这个问题，需要在经济运行过程中引入货币，使用货币对所有的商品进行标价，这样我们就能够使用货币（比如美元）来表示经济学课程、桃子以及电影的价格。如果经济中只有 3 种商品，那么与物物交换经济相比，使用货币计价并没有什么优势。然而，如果有 10 种商品，（使用货币计价）就只需要查看 10 种价格；如果有 100 种商品，（使用货币计价）就只需要查看 100 种价格；依此类推，在一个拥有 1 000 种商品的超市中，我们只需要查看 1 000 种价格，而不是 499 500 种价格。

我们可以看到，经济中货币的记账单位职能可以大幅度减少必须查看价格的数量，从而大大降低了交易成本。随着经济日趋复杂，货币的记账单位职能带来的好处也越发明显。

3.2.3　价值储藏

货币还具有**价值储藏**（store of value）的职能，即实现购买力的长期储存。价值储藏就是从获得收入到支出收入的过程中对其购买力的保存。货币的这种功能非常有用，因为大多数人不希望在获得收入的时候立即消费，而是更愿意在有时间或者有需要的时候再消费。

货币并不是唯一的价值储藏手段，无论是货币、股票、债券、土地、住宅、艺术品还是珠宝，任何一种资产都具有价值储藏功能。因为这些资产的利息收入通常高于货币，或者能够升值，或者能够提供诸如居住等各项服务功能，所以作为价值储藏手段，大多数资产都比货币更具优越性。既然作为储藏手段，这些资产比货币更加适宜，那么为什么还有人愿意持有货币呢？

这个问题的答案与流动性这个重要的经济概念有关。**流动性**（liquidity）是指一种资产转换为交易媒介的难易程度和速度。人们非常需要流动性。由于货币本身就是交易媒介，无须转换成其他物品就可以直接用于购买活动，所以货币是流动性最高的资产。其他资产转换为货币则会产生交易成本。例如，你在出售房子的时候，必须支付佣金费用（通常是销售价格的 4% ～ 6%），如果你急需现金偿付到期的账单，那么你可能会为了迅速卖掉房子而被迫接受一个较低的价格。由于货币是流动性最高的资产，所以即使它不是最具吸引力的价值储藏方式，人们还是愿意持有货币。

货币作为价值储藏方式的效果取决于物价水平。例如，如果所有价格都上涨一倍，那么货币的价值就下降一半；反之，如果所有价格都下降一半，那么货币的价值就上涨一倍。在通货膨胀期间，由于物价快速上涨、货币迅速贬值，人们就会以货币以外的形式来储藏财富。在月度通货膨胀率大于 50% 的极端通货膨胀状态，也称为**恶性通货膨胀**（hyperinflation）下，情况尤其如此。

在第一次世界大战之后，德国出现了恶性通货膨胀，月度通货膨胀率一度超过了 1 000%。在 1923 年恶性通货膨胀结束的时候，物价水平已经上升到两年前的 300 亿倍。即使购买日常用品，需要的货币数量也大得惊人。例如，在恶性通货膨胀末期，购买一片面包据说需要一手推车的现金。货币贬值的速度如此之快，以至于在发薪水的日子，工人被迫多次放下手中的工作，以便在货币变得一文不值之前将工资花掉。由于没有人愿意持有货币，所以通过货币进行的交易日趋减少，物物交换逐渐盛行。随着交易成本的飞速提高，可以预见经济的产出水平将会快速下滑。

3.3　支付体系的演变

支付体系（payment system）是指经济运行过程中实施交易的方式，通过考察支付体系的演变过程，我们可以更好地理解货币职能和货币形式的发展历史。几百年来，支付体系一直处于不断的演变过程之中，货币形式也随之不断发生变化。在一段时期内，诸如黄金等贵金属是主要的支付手段和货币形式。此后，诸如支票和通货等纸质资产作为货币出现在支付体系之中。支付体系的发展趋势是影响未来货币定义的一个重要因素。

3.3.1　商品货币

只有了解了支付体系的演变机制，才能够预见支付体系的发展前景。任何一种能够发挥货币功能的商品，必须被大众广泛接受，所有人都愿意将其用于购买商品和服务的支付活动。所有人都明确地认为具有某种价值的物品就可以作为货币的候选，因此把诸如黄金或者白银等贵金属当作货币就成为人们的自然选择。由贵金属或者其他具有价值的物品构成的货币被称为**商品货币**（commodity money），除了最原始的社会，从远古时期直到数百年前，商品货币在各种社会中都发挥着交易媒介的职能。单纯以贵金属为基础的支付体系存在的主要问题在于，这种形式的货币过于沉重，异地运输十分困难。如果你只用硬币购买商品，想想它们在你口袋上磨出的破洞吧！实际上，如果要进行类似购置房产的大额交易，你必须要租一辆货车来运送货币了。

3.3.2　不兑现纸币

支付体系的下一个发展成果是纸币（paper currency，能够作为交易媒介的纸张）。起初，发行者承诺纸币可以兑换为硬币或者是规定数量的贵金属。然而，随后纸币逐渐演变成**不兑现纸币**（fiat money），即政府宣布以纸币作为法偿货币（法律规定能够偿付债务的货币），纸币不能兑换为硬币或者贵金属。纸币的优势在于，它比硬币和贵金属轻得多，但是只有在人们能够信任纸币发行当局、纸币印制技术发展到极难伪造的程度之后，纸币才能够作为交易媒介。由于纸币已经演变成为一种法律协议，所以国家能够根据自己的意愿对其进行调整。实际上，在2002年许多欧洲国家废止各自的货币改用欧元的时候，就是这样做的。

纸币和硬币的主要缺点是容易被盗，且在批量交易时，由于数量过大可能会产生高昂的运输成本。为了解决这个问题，伴随着现代银行业的发展，出现了支付体系的下一个发展成果——支票。

3.3.3　支票

支票是你发出的一项指令，要求你的银行在支票持有者将支票存入其账户的时候，将资金从你的账户转移到他（支票持有者）的账户。支票可以使人们无须携带大量通货就能够从事交易活动。支票的发明是提高支付体系效率的一项重要创新。通常来说，支付活动是有来有往的，可以相互抵消。如果没有支票，支付活动就会导致通货的大量转移；如果有了支票，相互抵消的支付活动就可以通过支票的冲销来进行结算，而无须进行相应的通货转移。因此，使用支票可以降低支付体系的交易成本，从而促进经济效率的提高。支票的另一个优点是，能够在账户余额范围内签发任意金额的支票，从而使大额交易的支付更为便捷。同时，使用支票能够大大降低失窃损失，也能够为购买活动提供便捷的收据（以便记账）。

然而，以支票为基础的支付体系存在两个问题。首先，支票的异地转移需要消耗一定的时间，当你使用支票向身处异地、急于收款的人进行偿付时，这个问题就会变得十分突出。此外，如果你拥有一个支票账户，你知道自己把支票存入银行之后，需要经历若干个工作日，你才能够获准使用所存支票中的资金。如果你现在急需现金，支票支付的这个特点可能会让你感到十分沮丧。其次，纸质支票的处理成本很高，据估计，目前美国每年处理已签发支票的费用超过了 100 亿美元。

3.3.4 电子支付

伴随着计算机的发展和互联网的普及，电子支付的成本逐步降低。以前你通过寄送支票的方式支付账单，现在你可以直接登录银行开设的网站，敲击几下键盘就可以通过电子支付的方式完成资金划转。你不仅可以节省购买邮票的费用，而且账单的支付活动（几乎）可以成为一种轻松愉快的经历。通过从你的银行账户中自动扣除那些反复发生的账单，现在银行提供的电子支付系统甚至不需要你登录就能够完成账单支付。据估计，与使用支票相比，每笔交易使用电子支付节省的成本可能会超过 1 美元。因此，在美国电子支付手段十分普遍。

3.3.5 电子货币

通过**电子货币**（electronic money 或 e-money，即仅以电子形式存在的货币）的形式，电子支付技术的发展不仅可以取代支票，而且可能取代现金。电子货币的第一种形式是借记卡（debit card）。这种借记卡和信用卡的外形相似，消费者可以用它来购买商品和服务，直接把持卡人银行账户上的资金通过电子支付的方式转移到商户的账户之中。借记卡可以在大多数接受信用卡的地方使用，并且使用借记卡的支付速度比使用现金还要快捷。举例来说，在大多数超级市场中，你只需要在收银台的读卡器上刷一下借记卡，按一个键，你的购物金额就会从银行账户中自动扣除。大多数银行以及诸如维萨（Visa）和万事达（MasterCard）等公司都能发行借记卡，你的 ATM 卡通常具有和借记卡相同的功能。

电子货币的一种高级形式是储值卡（stored-value card）。最简单形式的储值卡是消费者先期付款购买的存有一定现值金额的卡片，比如预付费电话卡。比较复杂的储值卡是**智能卡**（smart card）。它具有一个电子芯片，能在需要的时候把持卡人银行账户中的资金以数字现金的形式存入卡中。在日本和韩国等亚洲国家，手机也具备智能卡的特点，从而把"付费电话"的概念扩展到一个新的水平。智能卡可以在自动提款机、具有智能卡读卡器的个人计算机或者装有专门设备的电话机上使用。

电子货币的第三种形式通常是指**电子现金**（e-cash），它可以通过互联网购买商品和服务。通过在银行开立一个能够与互联网连接的账户，消费者就能获得电子现金服务，然后消费者可以把这些电子现金转移到自己的个人计算机之中。当消费者需要使用电子现金购买商品时，首先登录网上商城，在需要购买的商品项下单击"购买"键，电子现金就会从消费者的个人计算机上自动转移到商户的计算机中。在商品送达之前，商户将资金从消费者的银行账户转移到自己的银行账户。由于电子货币十分便捷，你可以想象我们将会很快过渡到一个无现金的社会，所有的支付活动都要通过电子方式实现。然而，正如参考资料专栏"我们在向一个无现金社会转变吗"所说的那样，目前还没有出现这样的情况。

参考资料 　　　　　　**我们在向一个无现金社会转变吗**

　　几十年以来，一直有人预测会出现一个无现金社会，但是这个预测至今依然没有成为现实。例如，早在 1975 年，《商业周刊》(*Business Weekly*) 就预言电子支付手段"将会很快使货币自身的定义发生变革"，然而在几年后它改变了这一观点。尽管电子货币得到了广泛使用，但人们仍然使用大量现金。向无现金社会发展的进程如此缓慢的原因何在？

　　尽管与以纸质货币为基础的支付体系相比，电子货币更为高效便捷，但是有几个因素阻碍了纸质支付体系的消亡。首先，要建立以电子货币为主导的支付体系，要购置计算机、读卡器等设备，并且建立必要的通信网络，这是一笔巨大的支出。其次，电子支付方式会产生安全性和保密性的问题。我们经常从新闻报道中看到，未经授权的黑客侵入某个计算机数据库，改变了其中储存的信息。这种情况并不少见，不法之徒可以侵入电子支付体系中的银行账户，把他人账户上的资金转移到自己的账户上，来窃取他人的资金。我们很难阻止这种欺诈行为发生，为了解决这个安全问题，一个全新的计算机科学的分支领域已经应运而生。使用电子支付系统的另一个问题是，电子交易活动会保留消费者的购买习惯等大量个人信息。人们担心政府、雇主和商家能够得到这些数据，从而侵犯他们的隐私。

　　对于上述讨论的结论是，尽管在未来人们能够更加普遍地使用电子货币，但是就像马克·吐温说的那样："关于现金消亡的报道夸大其词了。"

应用 3-1 　　　　　　**比特币会成为未来的货币吗**

　　比特币是由程序员中本聪在 2009 年创造的一种新型电子货币。比特币以分散的模式被创造，不受中央银行等特定机构的控制。用户通过使用他们计算机硬件的计算能力为比特币交易进行核实和确认，从而获得新的比特币，这一过程被称为"挖矿"。一些技术狂热者认为比特币是未来的货币。但比特币是否具有我们之前提到的交易媒介、记账单位和价值储藏这三种货币基本职能呢？

　　比特币的确具有良好的交易媒介功能，以下两个特点使它对于交易活动极具吸引力。首先，使用比特币进行交易产生的费用远低于信用卡和借记卡。其次，使用比特币可以进行匿名交易，而这对于想要保护自己隐私的人来说也是极具吸引力的。

　　当然，在记账单位和价值储藏两个功能上，比特币就表现不佳了。比特币价格极其不稳定，其波动超过黄金价格波动的 7 倍，超过股票指数波动（如标准普尔 500）的 8 倍。2011 年，比特币的价格在 30 ~ 32 美元波动。2013 年 4 月 10 日，比特币的价格一度上涨至 255 美元，达到顶峰，但在同月 17 日又跌到了 55 美元。2013 年 11 月 30 日，比特币的价格涨到了最高点 1 125 美元，2015 年 6 月又跌至 200 美元，到 2017 年却又飙升至 2 500 美元以上。

　　比特币价值的高波动性意味着它的风险太大，不适合执行价值储藏的职能。由于这种波动，比特币没能成为记账单位：几乎没有人使用比特币来给商品计价。

尽管炒得热火朝天，但是比特币不具备货币三种基本职能中的两种，这导致它作为货币使用的范围极其有限，而且政府也担心比特币可能会被用于毒品交易和洗钱。美国国土安全部于 2013 年 5 月在取缔名为"丝路"的毒品交易网站时就查处了日本 Mt.Gox 交易所的比特币资产。一些国家（比如中国）已经宣布比特币作为货币使用是不受法律保护的。比特币盗窃活动十分猖獗，作为最大的比特币交易所之一的 Mt.Gox 交易所，于 2014 年 2 月遭受了一起价值 5 亿美元的比特币盗窃案，这直接导致其申请破产。

我们对货币功能的了解强烈地表明比特币不会成为未来的货币，但是它所涉及的一些降低使用者交易成本的技术可能会广泛应用于未来的货币。

3.4 货币的计量

货币就是任何一种用于购买商品和服务的支付活动得到普遍接受的物品。货币的这个定义告诉我们，货币是按照人们的行为（选择）来定义的。一种资产之所以能够成为货币，是因为人们相信使用它进行支付活动时能够获得他人的普遍接受。正如我们所见，数百年以来，诸如黄金、纸币以及支票账户等多种资产都曾经被当作货币使用。因此，这种行为主义的定义无法告诉我们在经济运行过程中何种资产能够被当作货币。为了进行货币计量，我们需要一个精确的定义，规定货币定义所包含的具体资产种类。

联邦储备体系的货币总量

在美国，作为中央银行当局的联邦储备体系（美联储）负责制定货币政策。它对如何进行货币计量开展了大量的研究。近年来货币计量问题变得尤为重要，原因在于大量金融创新工具形成的新型资产难以进入货币计量范围。自 1980 年以来，美联储多次改变货币计量的方法，最终确定了下述货币供给的计量标准，这就是**货币总量**（monetary aggregate，见表 3-1 和金融新闻解读专栏）。

表 3-1　货币总量的计量

	2017 年 7 月 3 日的价值（10 亿美元）
M1= 通货	1 481.5
＋旅行支票	2.0
＋活期存款	1 501.5
＋其他可开具支票的存款	574.8
M1 总计	3 559.8
M2=M1	
＋小额定期存款	357.7
＋储蓄存款和货币市场存款账户	8 923.9
＋货币市场共同基金份额（非机构）	673.7
M2 总计	13 515.1

资料来源：Federal Reserve Statistical Release, H.6, Money Stock Measures: https://www.federalreserve gov/releases/H6/current.

金融新闻解读　　　　　　　　　　**货币总量**

　　每周四美联储都会在其 H.6 公告中公布 M1 和 M2 的数据，这些数字经常被媒体所引用。查看公告请登录：http://www.federalreserve.gov/releases/h6/current/h6.htm。

　　最狭义的货币计量标准是美联储公布的 M1，它包括最具有流动性的资产：通货、支票账户存款和旅行支票。表 3-1 列出了 M1 的组成成分。M1 中的通货仅仅是指非银行的居民持有的纸币和硬币，不包含自动提款机或者银行金库里储存的现金。令人惊讶的是，在美国每个人持有的平均流通现金数额超过 4 500 美元（参见参考资料专栏"美元在哪里"）。M1 中的旅行支票仅仅是指由非银行机构发行的旅行支票。活期存款包括不付息的商业往来账户以及银行发行的旅行支票。其他可开具支票的存款包括其他所有可开具支票的存款，特别是居民持有的付息支票账户，这些资产显然都属于货币，因为它们可以直接作为交易媒介使用。

参考资料　　　　　　　　　**美元在哪里**

　　当前，美国人均持有的现金数额超过 4 500 美元，这是一个令人惊讶的巨大数额。美元现金体积较大，容易失窃，而且持有现金就无法获得息票利息，所以大多数人持有如此巨额美元现金的现象令人不可思议。在你接触的人群中，有谁会在口袋里存放 4 500 美元的现金呢？令我们感到疑惑的是：这些美元现金在哪里？是谁在持有它们？

　　罪犯是大量持有现金的团体之一。如果某人从事非法活动，由于使用支票进行交易容易被追踪，并且可能成为一种潜在的有力罪证，所以他不会选择这种交易方式。这就是匪徒和毒贩的大部分交易都是用现金的原因。有些企业也喜欢持有大量现金，如果它们使用现金交易，这种交易活动就难以追踪，因此它们就可以逃避收入申报和相关税赋。

　　外国人也是习惯持有美元的团体之一。在某些国家中，由于存在较高的通货膨胀水平，使得这些国家的居民转而持有美元来规避本国的通货膨胀风险。例如，由于对卢布缺乏信任，某些俄罗斯人持有大量美元。超过一半的美元现金是在美国境外持有的。

　　20 世纪 70 年代中期以前，只有商业银行有权开立支票账户，并且无法向支票账户支付利息。随着金融创新（将在第 11 章中进行详细的探讨）的出现，金融制度也发生了重大的变化，诸如储蓄贷款协会、互助储蓄银行以及信用社等其他类型的银行也能够开立支票账户。此外，银行机构还能够提供可开具支票的存款账户服务，同时可以向这些账户余额支付存款利息。这些账户包括 NOW 账户（negotiated order of withdrawal，可转移支付命令）、ATS 账户（automatic transfer from savings，自动转账服务），等等。

　　货币总量 M2 是指 M1 再加上流动性比 M1 类资产稍弱的特定资产，这些资产的变现成本很低，包括那些拥有可以据其开具支票特点的资产（诸如货币市场存款账户和货币市场共同基金份额等）及其他类型的资产（诸如储蓄存款和小额定期存款等）。小额定期存款是指存款金额在 10 万美元以下的，只有在特定日期提取存款才免收罚息的定期存款。储蓄存款是指在任何时间都能够增加或者减少存款余额的非交易型存款。货币市场存款账户同货币市场共同基金类似，两者的区别在于前者的发行方是银行。货币市场共同基金份额是非机构型账户，居民可以据此开具支票。

因为经济学家和政策制定者无法准确地判定哪一种货币总量指标是货币计量的正确方法，故而符合逻辑的想法是它们是否保持着严格的平行运动。如果两者能够保持平行一致的运动，那么在经济未来走势预测和货币政策实施的过程中，使用两者之中的任何一个指标都不会存在太大的差别，即使我们无法为特定政策的实施提供合适的货币定义，也不会出现不良影响。然而，如果两者不能够保持平行一致的运动，在使用这两种货币总量计量方法表示货币供应量的时候，就会出现很大的差别，由此产生的混乱情况使得政策制定者很难做出正确的决策。

图 3-1 描绘了 1960 ～ 2017 年 M1 和 M2 增长率的变化情况。这两种货币总量总是保持着相同的运动趋势，20 世纪 90 年代之前，两者的升降时间基本一致，而 20 世纪 70 年代两者的平均增长率都要高于 20 世纪 60 年代。

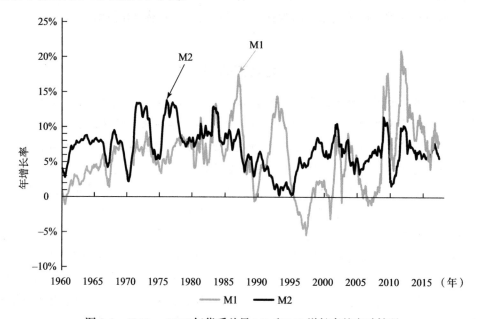

图 3-1　1960 ～ 2017 年货币总量 M1 和 M2 增长率的变动情况

注：M1 和 M2 增减的时段大体是一致的，但也有一些时期，比如 1992~1994 年和 2004~2007 年，M1 和 M2 朝着相反的方向发展，这导致了一些关于货币政策选取的建议相互冲突。

资料来源：Federal Reserve Bank of St. Louis, FRED Database: https://fred.stlouisfed.org/sries/M1SL.

然而，这两种货币总量的变动情况有时也存在显著的差别。1992 ～ 1994 年，与 M1 的高增长率相比，M2 的增长率要低得多。我们同样可以发现 2004 ～ 2007 年 M2 的增长率略有增加，而 M1 的增长率急剧下降变为负值。2009 年和 2011 年，M1 增长率从前一年的接近于 0 暴涨至超过 15%，但 M2 的增长没有如此剧烈。因此，近年来使用不同货币总量计量方法对于货币政策效果进行的判断也各不相同。

通过图 3-1 的数据，你可以发现，具有一个简单、精确的货币计量标准十分重要。政策制定者和经济学家选择何种货币总量计量方法作为真实货币数量的计量工具，能够产生具有重大差异的经济后果。

本章小结

1. 对于经济学家来说，货币的含义不同于收入或者财富。货币是指任何一种在购买商品和服务的支付活动或者债务偿付过程中被普遍接受的物品。

2. 货币具有三种重要职能：交易媒介、记账单位和价值储藏。作为交易媒介，使用货币可以免除物物交换经济中存在的需求双重匹配问题，从而降低了交易成本，促进了专业化和劳动分工的发展；作为记账单位，使用货币能够减少经济运行过程中所需要的价格数量，也能够降低交易成本；货币还可以作为价值储藏工具，但是如果出现由于通货膨胀导致的货币贬值的现象，货币是很难实现这种功能的。

3. 支付体系随着时间而不断演变。直至数百年之前，除了少数最原始的社会外，各种社会的支付体系都建立在贵金属基础之上。使用纸币能够降低货币的运输成本。接下来的一个重大货币发展是支票，它进一步降低了交易成本。现在我们正在向电子支付系统发展，在这种支付体系中，纸质货币将不复存在，而所有的交易活动都将通过计算机来实现。尽管这种支付体系的潜在效率很高，但是向无（纸质）支票社会发展的步伐以及新型电子货币的发展都受到各种阻碍的制约。

4. 联邦储备体系定义了两种不同的货币供应量计量方法：M1 和 M2。这两个指标之间存在差别，而且变动趋势也不尽相同，因此政策制定者不能将两者混淆使用。获得准确和正确的货币计量方法十分重要，对于货币政策的实施具有重要影响。

关键术语

商品货币	收入	支付体系	通货
流动性	智能卡	电子现金	M1
储值卡	电子货币	M2	记账单位
不兑现纸币	交易媒介	财富	恶性通货膨胀
货币总量			

思考题

1. 为什么说仅仅计算通货的数量对于测算货币总量来说是不充分的？

2. 在监狱里，服刑者有时将香烟用作支付形式。为什么即便是有的服刑者不吸烟，香烟也可以使得供需并不匹配的双方进行交易？

3. 在一个经济体中，有三个人分别制造了三种商品，如下表所示。

商品	生产者
苹果	苹果园主
香蕉	香蕉种植者
巧克力	巧克力制造商

如果苹果园主只喜欢香蕉，香蕉种植者只喜欢巧克力，而巧克力制造商只喜欢苹果，那么在物物交换经济条件下，他们三者之间会发生交易活动吗？如果将货币引入这个经济体中，这三者会因此获利吗？

4. 穴居的原始人为什么不需要货币？

5. 在大多数情况下将货币的三种职能相互孤立是很困难的。货币每时每刻都在执行着它的三种职能，但有时我们只强调其中的一种职能。区分以下各情形分别强调货币的哪种职能。

a. 布鲁克每天在其办公室里工作以换取工资，因为她知道她可以用这些钱来购买商品和服务。

b. 蒂姆想计算橘子和苹果的相对价值，他查阅了这些商品的单价。

c. 玛丽亚最近怀孕了，她预期自己的消费将会增加并决定增加其储蓄账户余额。

6. 1994 年之前，巴西处于高水平通货膨胀时期，许多交易都是使用美元实现的，而不是本国货币雷亚尔，原因何在？

7. 20 世纪 50 年代的美元是否比 20 世纪 70 年代的美元更适合作为价值储藏工具？原因何在？你更愿意在其中哪一个时期持有货币？

8. 为什么有些经济学家将恶性通货膨胀期间的货币比作"烫手的山芋"，人们都急于脱手而不愿意持有货币？

9. 为什么 19 世纪的美国人有时更加乐于接受支票而非黄金作为支付工具，尽管他们知道支票有时会遭到拒付？

10. 在古希腊，为什么黄金比葡萄酒更适于作为货币？

11. 假如你使用诸如 PayPal 这样的在线支付系统网购商品或服务，会对 M1 货币供应量和 M2 货币供应量中的哪个（或者全部）产生影响？为什么？

12. 将下列资产按流动性由高至低排列：

a. 支票账户存款；

b. 住宅；

c. 通货；

d. 汽车；

e. 储蓄存款；

f. 普通股股票。

13. 在联邦储备体系使用的货币总量计量工具 M1 或者 M2 中，哪一个由流动性更强的资产组成？哪一个资产规模更大？

14. 一家企业张贴出"不接受个人支票"的标语是很常见的，基于这种观察评论支票账户相对于货币的流动性。

15. 下列资产分别包含在哪一种货币总量计量指标（M1 或者 M2）中？

a. 通货；

b. 货币市场共同基金；

c. 小额定期存款；

d. 可开具支票的存款。

16. 如果你想用支票账户里的闲置余额获取一些收益，并决定签发支票来购买货币市场共同基金份额，请评价你的行为（其他条件保持不变）对 M1 和 M2 有什么影响？

17. 2009 年 4 月，M1 的增长率下降到 6.1%，而 M2 的增长率上升到 10.3%。2013 年 9 月，M1 货币供应量比上年同比增长 6.5%，而 M2 货币供应量的增长率约为 8.3%。美联储的货币政策制定者应当怎样描述 M1 和 M2 增长率的变化？

18. 如果一位研究者发现，作为预测通货膨胀和经济周期的指标，过去 20 年美国的债务总额比 M1 或者 M2 更为有效。这一发现是否意味着我们应该使用经济体中的债务总额作为货币的定义？

应用题

19. 下表给出了不同形式货币虚构的数值，单位是"100 万美元"。

a. 用下表计算出每年 M1 和 M2 货币供应量，并计算出其与前一年相比的增长率。

b. 请解释为何 M1 和 M2 的增长率如此不同。

年份	2018	2019	2020	2021
A. 通货	900	920	925	931
B. 货币市场共同基金	680	681	679	688
C. 储蓄账户余额	5 500	5 780	5 968	6 105
D. 货币市场账户余额	1 214	1 245	1 274	1 329
E. 活期和支票存款账户	1 000	972	980	993
F. 小额定期存款	830	861	1 123	1 566
G. 旅行支票	4	4	3	2
H. 3 个月期国库券	1 986	2 374	2 436	2 502

数据分析题

1. 登录圣路易斯联邦储备银行 FRED 数据库，查找通货（CURRSL）、旅行支票（TVCKSSL）、活期存款（DEMDEPSL）和其他支票存款（OCDSL）的相关数据。用最近一个月的数据计算 M1 货币供应量，并计算 M1 及其 4 个构成要素与一年前相比的百分比变化。4 个要素中哪一个的增长率最高？哪一个的增长率最低？使用从 2000 年 1 月到最近一个月的数据重复上述计算过程，并对比你的结果。

2. 登录圣路易斯联邦储备银行 FRED 数据库，查找小面额定期存款（STDSL）、储蓄存款和货币市场存款账户（SAVINGSL）及零售货币市场基金（RMFSL）的相关数据。计算最近一月与一年前相比 M2（不包括 M1）的 3 个组成要素的百分比变化。哪一个要素增长率最高？哪一个最低？使用从 2000 年 1 月到最近一个月的数据重复上述计算过程，并对比你的结果。用上一题的答案判断 M2（不包含 M1 在内）和 M1 哪一个增长得更快。

网络练习

登录 http://www.federalreserve.gov/releases/h6/Current/。

a. 在过去的 12 个月中，M1 和 M2 的增长率如何变化？

b. 根据你对于经济形势的了解，这一时期的经济是处于扩张阶段还是处于收缩阶段？

网络参考

http://www.federalreserve.gov/paymentsystems/default.htm　该网页公布了联邦储备体系关于支付体系的政策内容。

http://www.federalreserve.gov/releases/h6/Current/　这是联邦储备体系公布当前 M1 和 M2 水平的网站。

PART

2

第二篇

金融市场

危机与反应：2008 年 10 月的信贷市场混乱与股票市场震荡

随着 2007 年夏季金融危机的爆发，金融机构资产负债表上的住房抵押贷款支持证券价值严重缩水，次贷危机迅速升级，众议院担心愤怒的选民会反对救助华尔街，因而在 2008 年 9 月 29 日（星期一）否决了布什政府提出的 7 000 亿美元救助计划，虽然救助方案在 4 天后最终通过，但次贷危机还是进入了更为猛烈的阶段。

投资者对安全资产的诡捧使得 3 个月期国库券的利率几乎下跌为 0，上一次发生这种情况还是在 20 世纪 30 年代的大萧条期间。作为衡量风险的指标，信贷利差达到峰值，国库券利率与欧洲美元利率之间的 TED 利差从次贷危机之前大约 40 个基点（0.40 个百分点）飙升至 10 月中旬的 450 个基点，创下了历史峰值。股票市场继急速下跌后进一步跌落，2008 年 10 月 6 日开始的一周，成为美国历史上股市下跌幅度最大的一周。

金融危机充分证明了金融市场的波动性。这种波动性沉重地打击了金融消费者，获取贷款的难度加大，房地产价值下跌，养老金账户价值萎缩，工作岗位岌岌可危。应该采取何种反应政策来应对金融市场的震荡呢？我们将从考察金融市场（特别是利率动态）内部机理入手来分析这个问题。第 4 章介绍了利率的含义以及利率与债券价格、回报率之间的联系，第 5 章分析了利率总体水平的决定机制。第 6 章将分析延伸到债券市场，旨在解释信用利差的变动以及长短期利率之间的关系。第 7 章介绍了预期在股票市场中的作用，分析了股票价格变动的原因。

第 **4** 章

理解利率

学习目标

1. 计算四种类型的信用市场工具未来现金流的现值和到期收益率。
2. 区分到期收益率、当期收益率、回报率、资本利得率。
3. 理解实际利率和名义利率的区别。

| 预览 |

利率是经济运行过程中最受关注的变量之一。由于利率直接影响到每个人的日常生活并且对经济的健康运行产生重大影响，所以新闻媒体每天都在报道利率的变动情况。利率影响着诸如消费还是储蓄、是否购买住宅、是购买债券还是增加存款等个人经济决策，也影响着诸如将资金投资购买新设备或者存款而不是消费等工商企业和居民家庭的经济决策。

在对货币、银行和金融市场进行研究之前，我们必须正确理解"利率"一词的含义。本章我们将了解到期收益率的概念，它是衡量利率最精确的计量指标。经济学家使用利率时指的就是到期收益率。我们将讨论到期收益率的计算方法。由于债券收益（即其收益率）不一定等于债券利率，所以我们发现债券利率不一定能够准确衡量债券投资的质量。最后，我们将要考察基于通货膨胀率进行调整的实际利率和未经调整的名义利率之间的区别。

虽然学习定义可能会比较枯燥，但是仔细阅读和理解本章中的概念十分重要。不仅是由于这些概念将会贯穿本书的其余章节，而且准确掌握这些概念能够帮助你更好地理解利率在日常生活和整体经济运行过程中所发挥的作用。

4.1 利率的计量

不同的债务工具是在不同的时间点上按照不同的现金流量［通常称为**现金流**（cash flows）］对其持有人进行偿付。因此，在对利率的计量方法进行考察之前，我们需要明确如何对不同种类债务工具的价值进行比较。为实现这一目的，我们需要使用现值的概念。

4.1.1 现值

现值［present value，或者称**折现值**（present discounted value）］的概念来源于一个常识：1 年后获得的 1 美元的价值要低于现在获得的 1 美元的价值。因为如果现在你将这 1 美元存入储蓄账户以获取利息，那么 1 年后你得到的金额将超过 1 美元，所以这个常识是正确无误的。本章我们将解释经济学家使用的更加严谨的现值定义。

首先，让我们考察一下通常被称为**普通贷款**（simple loan）的最为简单的债务工具。在这种贷款交易中，贷款者向借款者提供了一定金额的资金（即本金），借款者在到期日必须向贷款者偿还这笔本金，同时还要支付额外的利息。例如，你向简发放一笔 1 年期的普通贷款，金额为100 美元，你要求她在 1 年后偿还 100 美元的本金，同时支付额外的利息，如 10 美元。在这种普通贷款的案例中，计算利率的一种简单合理的方法是用利息除以本金。这种计算方法就是所谓的**单利率**（simple interest rate，i），即

$$i = \frac{10}{100} = 0.10 = 10\%$$

如果你发放了这笔 100 美元的贷款，到年末你将得到 110 美元，这一过程可以重写为

$$100 \times (1 + 0.10) = 110 （美元）$$

如果你将这 110 美元再次放贷出去，那么在第 2 年年末你将得到

$$110 \times (1 + 0.10) = 121 （美元）$$

或者等于

$$100 \times (1 + 0.10) \times (1 + 0.10) = 100 \times (1 + 0.10)^2 = 121 （美元）$$

如果继续这样发放贷款，在第 3 年年末你将得到

$$121 \times (1 + 0.10) = 100 \times (1 + 0.10)^3 = 133 （美元）$$

概括来说，我们可以发现在第 n 年年末，这 100 美元将变成

$$100 \times (1 + i)^n$$

从下面的时间轴上，我们可以看到今天发放 100 美元贷款之后，每年年末可以获得的金额。

从时间轴上，我们立即可以发现今天拥有 100 美元和 1 年后拥有 110 美元是相同的（当然，你要确定简能够偿还贷款），而今天拥有 100 美元和 2 年后拥有 121 美元、3 年后拥有 133 美元，以及 n 年后拥有 $100 \times (1 + 0.10)^n$ 美元也是相同的。这个时间轴表明我们可以使用将来的收益倒算出其现在的价值。例如，3 年后的 133 美元 = $100 \times (1 + 0.10)^3$，相当于今天的 100 美元，

即

$$100 = \frac{133}{(1+0.10)^3}$$

上面这个计算未来收益现期价值的过程，被称为对未来的贴现（discounting of future）。我们对这个过程进行一般化处理，用 PV 来表示今天的（现期）价值，即前面的 100 美元；用 CF 来表示未来的现金流（偿付金额），即前面的 133 美元；用 i 来表示前面的 0.10（10% 的利率），就可以得到下面的式（4-1）

$$PV = \frac{CF}{(1+i)^n} \qquad (4\text{-}1)$$

式（4-1）直观地告诉我们，如果有人承诺 10 年后支付给你 1 美元，那么这 1 美元的价值远远低于现在 1 美元的价值，因为你可以将今天拥有的 1 美元用于投资获取利息，10 年后你获得的收益将远远多于 1 美元。

现值的概念十分有用，因为根据这个概念，你可以通过将所有未来收益的现值相加，计算出给定单利率为 i 的信用（债务）市场工具的现期价值（价格）。据此，我们能够对在不同时点进行偿付的各种金融工具的价值进行比较。

💡 应用 4-1 　　　　　　　　　**简单现值**

如果利率为 15%，两年后支付的 250 美元的现值是多少？

解答

使用式（4-1），我们得到的现值为 189.04 美元

$$PV = \frac{CF}{(1+i)^n}$$

式中　CF——两年后的现金流 = 250 美元；

　　　i——年利率 = 0.15；

　　　n——年数 = 2。

因此

$$PV = \frac{250}{(1+0.15)^2} = \frac{250\,美元}{1.322\,5} = 189.04\,（美元）$$

今天　　　　　　　　　　　第 1 年　　　　　　　　　　　第 2 年

250 美元

189.04 美元

💡 应用 4-2 　　　　　　　　　**如何累计奖金的价值**

如果你刚刚赢得了纽约州政府彩票 2 000 万美元的奖金，该奖金承诺在未来 20 年中每年支

付给你 100 万美元。你当然非常兴奋,但是你果真能赢得 2 000 万美元吗?

解答

从现值角度来看,答案是否定的。2 000 万美元折算成现值,会远远低于 2 000 万这一数值。假设利率和前面的例子一样为 10%,第 1 次支付的 100 万美元的现值就是 100 万美元,然而第 2 次支付的 100 万美元的现值为 100 万美元 / (1 + 0.10) = 909 091 美元,远远低于 100 万美元。第 3 年支付的 100 万美元的现值为 100 万美元 / (1 + 0.10)^2 = 826 446 美元,依此类推。将按年支付的奖金现值加总,共 940 万美元。你依然会十分兴奋(谁不是这样呢),但是由于你掌握了现值的概念,你会意识到自己成为虚假广告的受害者。因为从现值角度来看,你并没有真正赢得 2 000 万美元,你实际获得的奖金还不到这个数额的一半。

4.1.2　4 种信用市场工具

根据偿付时间安排的差异,信用市场工具可以划分为 4 种不同的基本类型。

1. 普通贷款

我们前面已经讨论过这种类型的贷款,它是由贷款者向借款者提供一笔资金,借款者必须在到期日向贷款者偿付本金以及一定数额的利息。很多货币市场工具都属于这一类型,例如向工商企业提供的商业贷款等。

2. 固定支付贷款

固定支付贷款 [fixed payment loan,也称为**分期偿还贷款** (fully amortized loan)] 是由贷款者向借款者提供一笔资金,在双方事先约定的若干时期内,借款者必须向贷款者每个时期(如一个月)等额偿付包含部分本金和数年利息的金额。例如,如果你按照固定支付贷款借入 1 000 美元,贷款者可能要求你在未来的 25 年内每年偿还 126 美元。分期贷款(如汽车贷款)和抵押贷款通常都属于固定支付贷款的类型。

3. 息票债券

息票债券 (coupon bond) 是在到期日之前每年向债券持有者偿付固定金额的利息 (息票利息),在到期日偿还约定最终金额 [**债券面值** (face value 或者 par value)] 的债券(之所以称为息票债券,原因在于过去息票债券的持有者经常需要从债券上剪下所附息票,交给债券发行者以获得利息偿付。现在,大多数息票债券已经不需要呈递息票来进行付息了)。例如,面值为 1 000 美元的息票债券,其发行者可能在未来 10 年内每年向你支付 100 美元的利息,而在到期日按照债券面值向你偿付 1 000 美元(息票债券的面值一般以 1 000 美元为计值单位)。

息票债券可以通过以下 4 条信息来理解:第一,债券的面值;第二,公司或者政府机构发行;第三,债券的到期日;第四,债券的息票率,即用面值的百分比表示的每年支付的票息金额。在我们的例子中,息票债券每年支付 100 美元票息,面值为 1 000 美元。息票率即 100/1 000=0.10 或者 10%。资本市场工具比如美元国债、票据以及公司债券是息票债券。

4. 贴现发行债券

贴现发行债券 [discount bond,又称为**零息债券** (zero-coupon bond)] 是以低于票面金额的价格(以一个折扣)折价发行,在到期日按照票面金额进行偿付的债券。与息票债券不同的是,贴现发行债券并不支付利息,而只是在到期日偿还票面金额。例如,我们可以以 900 美元的价格购买票面金额为 1 000 美元的 1 年期贴现发行债券,在 1 年后,债券持有者可以按照 1 000 美元的票面价值获得偿付。贴现发行债券包括美国国库券、美元储蓄债券以及长期零息债券等。

这 4 种信用市场工具的偿付时间安排存在差异:普通贷款和贴现发行债券只是在到期日才进行偿付,而固定支付贷款和息票债券在到期日之前就进行定期偿付。如何判断何种工具能够给你带来更高的收益呢?由于这些信用市场工具的支付时间安排不同,它们的价值似乎也各不相同。为了解决这个问题,我们需要使用前面解释过的现值的概念,它为衡量这些不同信用市场工具的利率提供了一种方法。

4.1.3 到期收益率

在计算利率的几种常用方法中,最重要的莫过于**到期收益率**(yield to maturity),它是使从债务工具获得的现金流(利息)折现为与债务工具现值相等的数值。^[注]由于到期收益率的计算过程中包含重要的经济学意义,所以经济学家认为它是衡量利率最精确的指标。

为了更加准确地理解到期收益率,我们将具体考察这 4 种信用市场工具到期收益率的计算过程。在下面所有的例证中,理解到期收益率计算过程的关键在于,将从债务工具获得的现金流收益(利息)折现为与债务工具现值相等的数值。

1. 普通贷款

根据现值的概念,我们能够很容易地计算出普通贷款的到期收益率。以我们前面讨论过的 1 年期普通贷款为例,其现值为 100 美元,1 年后的偿付金额为 110 美元(偿付 100 美元的本金和 10 美元的利息)。我们可以使用这些信息,通过将这种债务工具未来收益折现为同债务工具现值相等的数值,计算出到期收益率 i。

💡 **应用 4-3**   **普通贷款的到期收益率计算**

如果皮特从他姐姐那里借入 100 美元,第 2 年他姐姐要他偿还 110 美元,这笔贷款的到期收益率是多少?

解答

这笔贷款的到期收益率为 10%。

$$PV = \frac{CF}{(1+i)^n}$$

式中 PV——借入金额 =100 美元;

        CF——1 年后现金流 =110 美元;

          n——年数 =1。

因此

$$100 = \frac{110}{(1+i)}$$

$$(1+i) \times 100 = 110 \text{（美元）}$$

$$1 + i = \frac{110}{100}$$

$$i = 1.10 - 1 = 0.10 = 10\%$$

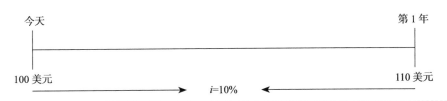

我们已经对于这种到期收益率的计算方法比较熟悉，因为它就是 10 美元的利息除以 100 美元的贷款金额，也就是说，它等于贷款的单利率。**对于普通贷款而言，非常重要的一点就在于其单利率等于到期收益率**。因此，这里的 i 既可以表示到期收益率，又可以表示单利率。

2. 固定支付贷款

这种贷款在约定期限内的每一时期都要进行等额偿付。例如，一项固定利率抵押贷款的借款者在到期日之前的每个月都要向银行进行等额偿付，直至到期日完全偿清为止。在计算固定支付贷款到期收益率的时候，我们采用与计算普通贷款到期收益率相同的方法，使贷款各期偿付金额的现值与贷款的现期价值相等。由于固定支付贷款包含多次支付活动，所以应该使其现值等于所有未来各期偿付金额的现值之和［运用式（4-1）］。

在前面的例子中，贷款的金额为 1 000 美元，在未来 25 年中每年偿付 126 美元。未来偿付金额的现值计算方法如下：第 1 年年末，偿付金额 126 美元的现值为 126 / (1+i) 美元；第 2 年年末，偿付金额 126 美元的现值为 126 / (1+i)^2 美元；依此类推，第 25 年年末，偿付金额 126 美元的现值为 126 / (1+i)^{25} 美元，然后使这笔贷款的现值 1 000 美元与所有未来各期偿付金额的现值之和相等。我们得到

$$1\,000 = \frac{126}{1+i} + \frac{126}{(1+i)^2} + \frac{126}{(1+i)^3} + \cdots + \frac{126}{(1+i)^{25}}$$

更一般的计算公式是，对于任何固定支付贷款来说

$$LV = \frac{FP}{1+i} + \frac{FP}{(1+i)^2} + \frac{FP}{(1+i)^3} + \cdots + \frac{FP}{(1+i)^n} \tag{4-2}$$

式中　LV——贷款金额；

　　　FP——每年固定偿付金额；

　　　n——到期前年数。

对于固定支付贷款来说，贷款金额、每年固定偿付金额和到期前年数都是已知数值，只有到期收益率未知。因此，我们能够利用这个公式计算出到期收益率 i。由于这个计算过程比较困难，所以许多金融计算器都具有相应的计算程序，在已知贷款金额 LV、每年固定偿付金额 FP 和到期前年数 n 的条件下，可以帮助你计算出相应的到期收益率 i。例如，一笔 25 年期的 1 000 美元固定支付贷款，每年偿付 85.81 美元，根据式（4-2）就能够计算出到期收益率为 7%。房产经纪人通常随身携带这种金融计算器，从而可以立刻告诉未来的购房者：如果他们计

划使用抵押贷款购买房产，每年（或者每月）需要偿付的确切金额是多少。

💡 应用 4-4　　固定支付贷款的到期收益率和年支付金额的计算

如果你决定借入 100 000 美元购置房产，银行抵押贷款的年利率为 7%，当贷款期限为 20 年时，你每年需要向银行偿付多少金额才能够到期清偿贷款？

解答

每年向银行支付 9 439.29 美元。

$$LV = \frac{FP}{1+i} + \frac{FP}{(1+i)^2} + \frac{FP}{(1+i)^3} + \cdots + \frac{FP}{(1+i)^n}$$

式中　LV——贷款金额 = 100 000 美元；

　　　i——年利率 = 0.07；

　　　n——年数 = 20。

因此

$$100\ 000 = \frac{FP}{1+0.07} + \frac{FP}{(1+0.07)^2} + \frac{FP}{(1+0.07)^3} + \cdots + \frac{FP}{(1+0.07)^{20}}$$

利用金融计算器可以得出每年固定偿付金额：

n——年数 = 20；PV——贷款金额（LV）= 100 000 美元；FV—— 20 年后的贷款金额 = 0；i——年利率 = 0.07。

按 PMT 键，就得到每年固定偿付金额（FP）= 9 439.29 美元。

----

3. 息票债券

息票债券到期收益率的计算方法与固定支付贷款相同：使息票债券的现值与未来各期偿付金额的现值之和相等。由于同样涉及多次支付活动，所以息票债券的现值要等于未来所有息票的现值再加上最后偿还的债券面值的现值。

面值为 1 000 美元、期限为 10 年、每年支付息票利息为 100 美元（息票率为 10%）的息票债券现值计算方法如下：第 1 年年末，偿付 100 美元息票利息的现值为 100/（1+i）美元；第 2 年年末，偿付 100 美元息票利息的现值为 100/（1+i）^{2} 美元；依此类推，第 10 年年末，偿付 100 美元息票利息的现值为 100/（1+i）^{10} 美元，再加上最终偿付 1 000 美元面值的现值为 1 000/（1+i）^{10} 美元。使这笔债券的现值（债券的现期价格，用 P 表示）等于所有未来各期偿付金额的现值之和，我们得到

$$P = \frac{100}{1+i} + \frac{100}{(1+i)^2} + \frac{100}{(1+i)^3} + \cdots + \frac{100}{(1+i)^{10}} + \frac{1\ 000}{(1+i)^{10}}$$

更一般的计算公式是，对于任何息票债券来说$^{\ominus}$

$\ominus$　大部分息票债券是每半年支付一次利息，而不是我们在此假定的每年支付一次，这一区别对于计算结果的影响很小，可以忽略不计。

$$P = \frac{C}{1+i} + \frac{C}{(1+i)^2} + \frac{C}{(1+i)^3} + \cdots + \frac{C}{(1+i)^n} + \frac{F}{(1+i)^n}$$ （4-3）

式中　P——息票债券的现期价格；

C——每年支付的息票利息；

F——息票债券的面值；

n——到期前年数。

在式（4-3）中，息票利息、息票债券的面值、到期前年数以及息票债券的现期价格都是已知数值，只有到期收益率是未知数值。因此，我们可以利用这个公式计算出到期收益率 i。同固定支付贷款一样，这个计算过程比较困难，所以商用软件和金融计算器都安装有求解到期收益率 i 的程序。

应用 4-5　　　息票债券的到期收益率和债券的计算

求解面值为 1 000 美元、息票利率为 10%、到期收益率为 12.25% 以及期限为 8 年的息票债券的现期价格。

解答

息票债券的现期价格为 889.20 美元。使用金融计算器来计算：

n——到期前年数 =8；FV——债券的面值（F）=1 000；i——年利率 =12.25%；PMT——每年支付的息票利息（C）=100。

按 PV 键，就得到息票债券的现期价格为 =889.20 美元。

另外，你可以通过已知的息票债券的现期价格得到到期收益率。输入息票债券的现期价格（PV）889.20，按 i 键得到到期收益率数值为 12.25%。

表 4-1 中列出了几种息票债券价格条件下的到期收益率计算结果，从中我们可以发现 3 个有趣的事实。

表 4-1　10% 息票利率的 10 年期息票债券的到期收益率（面值为 1 000 美元）

息票债券的现期价格（美元）	到期收益率（%）	息票债券的现期价格（美元）	到期收益率（%）
1 200	7.13	900	11.75
1 100	8.48	800	13.81
1 000	10.00		

（1）如果债券的现期价格和面值相等，那么到期收益率就等于息票利率。

（2）债券的现期价格与到期收益率之间存在负相关关系，也就是说，当到期收益率上升的时候，债券的现期价格将会下降；当到期收益率下降的时候，债券的现期价格将会上升。

（3）当债券的现期价格低于其面值的时候，到期收益率要高于其息票利率；当债券的现期价格高于面值的时候，到期收益率要低于其息票利率。

这三个事实对于任何息票债券都成立。如果你仔细考察到期收益率计算的推演过程，就不会对此感到奇怪了。如果你以 10% 的利率将 1 000 美元存入银行，你可以每年都提取 100 美元的利息，并且在第 10 年年末依然持有 1 000 美元。这同购买表 4-1 中面值 1 000 美元、息票利率为 10% 的息票债券是一样的，购买这种债券每年将会获得 100 美元的息票收益，并且在第 10 年年末得到 1 000 美元。如果息票的现期购买价格等于其面值，那么其到期收益率为 10%，与其息票利率相等。这个推论结果适用于任何息票债券，即如果按照面值购买息票债券，那么到期收益率一定等于息票利率。

债券的现期价格和到期收益率之间存在负相关关系，这是非常直观的事实。当到期收益率 i 上升的时候，债券的现期价格公式［式（4-3）］中的所有分母将变大，因为 i 的上升降低了债券所有未来预期现金流的现值。因此用到期收益率表示的利率上升，意味着债券的现期价格一定会下跌。利率上升而债券的现期价格下降的另一个原因在于，较高的利率意味着未来息票利息和最终偿付本金的折现值将会变小。

第三个事实是，根据前两个事实可以直接得知，当债券的现期价格低于面值的时候，其到期收益率要高于息票利率。当到期收益率等于息票利率的时候，债券的现期价格等于其面值；当到期收益率高于息票利率的时候，债券的现期价格必然会下跌，并且低于其面值。

我们还要研究息票债券的一个特例，其到期收益率的计算十分简单。这种债券被称为**永续债券**（consol 或者 perpetuity）。这是一种一直以固定息票利息 C 偿付的无到期日、无须偿付本金的永久性债券。在拿破仑战争期间，英国财政部首次发行了这种永续债券，并且一直延续至今。然而，在美国资本市场中，这种债券非常少见。简化式（4-3），我们可以得到永续债券的价格 P_C 为[⊖]

$$P_C = \frac{C}{i_C} \tag{4-4}$$

式中　P_C——永续债券的价格；

　　　C——年息票利息；

　　　i_C——永续债券的到期收益率。

永续债券的一个优点在于，你可以直观地发现，在 i_C 上升的时候，债券的价格就会下跌。例如，如果永续债券每年总是支付 100 美元的利息，利率为 10%，那么债券的价格就是 1 000 美元（=100/0.10）。如果利率上升为 20%，债券的价格就会下跌为 500 美元（=100/0.20）。我

⊖ 永续债券的计算公式为

$$P = \frac{C}{1+i} + \frac{C}{(1+i)^2} + \frac{C}{(1+i)^3} + \cdots$$

这个公式可以写为

$$P = C(x + x^2 + x^3 + \cdots)$$

其中 $x = 1/(1+i)$，当 $x < 1$ 时，无穷项求和公式为

$$1 + x + x^2 + x^3 + \cdots = \frac{1}{1-x}$$

因此

$$P = C\left(\frac{1}{1-x} - 1\right) = C\left[\frac{1}{1-1/(1+i)} - 1\right]$$

经过代数运算，公式成为

$$P = C\left(\frac{1+i}{i} - \frac{i}{i}\right) = \frac{C}{i}$$

们可以将上述公式重新写为

$$i_C = \frac{C}{P_C} \qquad (4\text{-}5)$$

应用 4-6 　　　　永续债券的到期收益率

如果一只永续债券的价格为 2 000 美元，永久支付的年息票利息为 100 美元，其到期收益率是多少？

解答

到期收益率为 5%。

$$i_C = \frac{C}{P_C}$$

式中　C——年息票利息 = 100 美元；
　　　P_C——永续债券的价格 = 2 000 美元。

因此

$$i_C = \frac{100}{2\,000}$$

$$i_C = 0.05 = 5\%$$

式（4-5）能够用于计算永续债券的到期收益率，也是息票债券到期收益率的一种有效的近似计算方法。当息票债券的期限很长（比如 20 年或者更长）时，这种息票债券就和永久支付息票利息的永续债券十分相似。这是因为 20 年以后现金流的折现值非常小，这样长期息票债券的现期价值就十分接近具有相同息票利率的永续债券的现期价值。因而，式（4-5）中的 i_C 十分接近于任何长期债券的到期收益率。据此，年息票利息除以证券价格得到的 i_C 被称为**当期收益率**（current yield），通常作为长期债券利率的近似值。

4. 贴现发行债券

贴现发行债券到期收益率的计算方法与普通贷款相似。我们以 1 年期美国国库券为例，这种债券 1 年后到期按照面值向持有者偿付 1 000 美元，但现值等于 900 美元。

应用 4-7 　　　　贴现债券的到期收益率

一只 1 年期面值为 1 000 美元的国库券今天的价格为 900 美元，它的到期收益率是多少？

解答

到期收益率为 11.1%。用现值公式

$$PV = \frac{CF}{(1+i)^n}$$

现值即当前的价格 900 美元，1 年后的现金流为 1 000 美元，期限为 1 年，我们可以写作

$$900 = \frac{1\,000}{1+i}$$

求 i，我们得到

$$(1+i) \times 900 = 1\,000 （美元）$$
$$900 + 900 \times i = 1\,000 （美元）$$
$$900 \times i = 1\,000 - 900$$
$$i = \frac{1\,000 - 900}{900} = 0.111 = 11.1\%$$

正如我们从先前的例子中看到的那样，1 年期贴现发行债券的收益率等于 1 年中债券价格上升的部分 1 000 美元 −900 美元，除以其初始价格 900 美元。更为一般的形式是，对于任何一种 1 年期贴现发行债券，其到期收益率均可以表示为

$$i = \frac{F-P}{P} \qquad\qquad (4\text{-}6)$$

式中　F——贴现发行债券的面值；

　　　P——贴现发行债券的现期价格。

换句话说，到期收益率等于这一年债券价格的增加（$F-P$）除以债券最初的价格 P。在正常情况下，投资者可以从持有债券中取得正的收益，所以债券以低于面值的价格被折价卖出。因此，$F-P$ 应该是正值，到期收益率也是正值。然而，情况并非总是如此，在日本和其他地区发生的特别事件表明了这点（参见环球视野专栏）。

环球视野　　负利率？先是日本，接着是美国，之后是欧洲

我们通常认为到期收益率总是正的。负的到期收益率意味着你愿意为今天的债券支付比未来收益更高的价格（正如我们的贴现债券到期收益率公式所示）。因此，负的到期收益率似乎是不可能的，因为通过持有未来价值与债券相同的现金，你会做得更好。

20 世纪 90 年代末的日本、2008 年全球金融危机期间的美国以及近年来的欧洲，都发生了负利率事件，这表明上述推理并不完全正确。1998 年 11 月，日本 6 个月期国债的到期收益率为负，为 −0.004%。2008 年 9 月，美国 3 个月期国债的到期收益率在很短的时间内跌至略低于 0 的水平。2009 年 7 月，瑞典为银行存放在中央银行的存款支付了负利率，随后，2012 年 7 月的丹麦、2014 年 6 月的欧元区、2014 年 12 月的瑞士和 2016 年 1 月的日本都发生了类似的情况。过去利率很少为负，近年来怎么会出现这种情况呢？

正如我们将在第 5 章中看到的，投资机会的缺乏和非常低的通货膨胀可以将利率推至低水平，但是这两个因素不能解释到期收益率为负的情况。答案是，尽管存在负利率，但大型投资者和银行发现，将国债或资金存放在中央银行会更方便，因为它们是以电子方式存储的。出于这个原因，投资者和银行愿意接受负利率，尽管从纯货币的角度看，投资者持有现金会更好。

式（4-6）的一个重要特点是，它表明了贴现发行债券的到期收益率与该债券的现期价格之间存在负相关关系，这与息票债券的结论是相同的。在我们的例子中，式（4-6）表明，如果债券的现期价格上升，从 900 美元涨至 950 美元，这意味着债券的现期价格与其到期时偿付的面值之间的价格差距将有所减小，从而使到期收益率从 11.1% 降至 5.3%。类似地，到期收益率的下降意味着贴现发行债券的现期价格的上升。

4.1.4 结论

现值的概念告诉我们，由于人们可以利用现在持有的 1 美元获得利息收入，所以在未来持有 1 美元的价值要低于现在持有 1 美元的价值。具体来说，n 年后获得的 1 美元只相当于现在的 $1/(1+i)^n$ 美元。债务工具获得的未来支付现金流的现值等于未来每次支付金额的现值之和。债务工具的到期收益率是使未来支付金额的现值等于债券的现期价格的利率。由于到期收益率的计算方法建立在可靠的经济学原理之上，所以经济学家将到期收益率视为最精确的利率衡量指标。

我们对不同种类债券到期收益率的计算结果揭示了一个重要的事实：**债券的现期价格和利率是负相关的：当利率上升的时候，债券的现期价格将会下跌；反之亦然。**

4.2 利率和回报率的区别

许多人认为债券的利率包含持有债券获得回报的全部内容。如果投资者欧文认为，当他持有利率为 10% 的长期债券的时候，他的经济处境较好。那么当市场利率上升至 20% 的时候，他将会恍然大悟：正如我们随后将会发现的那样，如果欧文此时出售债券，他将血本无归。**债券回报**（return），或者在术语上更精确的是**回报率**（rate of return），是精确衡量人们在特定时期持有某种债券或者任何其他种类证券获得回报的指标。在本书中，我们将会不断地使用回报率这一概念，理解这一概念将会使我们更加容易地掌握本书随后的内容。

对于任何证券而言，回报率是指持有者获得的利息收入再加上证券价格的变化金额，它表示为证券购入价格的一定比率。为了使回报率的定义更加清晰，我们来考察一个例子：面值为 1 000 美元的息票债券，其息票利率为 10%，而购入价格为 1 000 美元，在持有 1 年后，以 1 200 美元的价格出售，其收益率应该是多少？债券持有人息票利息收入为 100 美元，证券价格变化为 1 200 美元 −1 000 美元 =200 美元，将这两项相加并且表示为购入价格 1 000 美元的百分数，我们将会得到这种证券持有期为 1 年的回报率

$$\frac{100+200}{1\,000} = \frac{300}{1\,000} = 0.30 = 30\%$$

对于这个计算结果——回报率 30%，你也许会感到十分惊讶，而根据表 4-1 所示，其初始到期收益率仅为 10%。**这一差异说明了债券的回报率和到期收益率不一定相等。**现在我们发现，尽管对于许多证券而言，回报率和利率密切相关，但利率和回报率之间的区别还是十分显著的。

从 t 到 $t+1$ 时刻之间，持有债券获得回报率的更一般形式是

$$R = \frac{C+P_{t+1}-P_t}{P_t} \tag{4-7}$$

式中　　R——从 t 到 $t+1$ 时刻之间持有债券所获得的回报率；

　　　　C——息票利息；

　　　　P_t——t 时刻的债券价格；

　　　　P_{t+1}——$t+1$ 时刻的债券价格。

把式（4-7）分为两个部分，回报率公式可以更简便地写为

$$R = \frac{C}{P_t} + \frac{P_{t+1} - P_t}{P_t}$$

第一部分是当期收益率 i_C（息票利息除以购入价格）

$$\frac{C}{P_t} = i_C$$

第二部分是**资本利得率**（rate of capital gain），即债券的现期价格相对于其初始购入价格的变化

$$\frac{P_{t+1} - P_t}{P_t} = g$$

式中　　g——资本利得率。

式（4-7）可以重新写为

$$R = i_C + g \qquad\qquad (4\text{-}8)$$

式（4-8）表明，债券回报率是当期收益率 i_C 和资本利得率 g 之和。这个重写的公式使我们认识到：即使当期收益率是精确衡量债券到期收益率的指标，回报率和利率之间仍然存在很大的差别。当债券价格出现大幅波动，导致资本利得出现剧烈变化的时候，回报率和利率之间就会存在很大的差别。

为了对此进行深入讨论，让我们考察在利率上升的条件下不同期限债券的回报率变化。表 4-2 提供了当利率从 10% 上升至 20% 的条件下，按照面值购入的、息票利率为 10% 的不同期限债券 1 年期回报率的结算结果。从该表中，我们可以得出所有债券普遍适用的几个重要结论：

- 只有在距离到期日的期限与债券持有时间相等时，债券的回报率才会等于其初始到期收益率（表 4-2 中的最后一种债券）。
- 如果距离到期日的期限长于持有债券的期限，那么利率的上升必将伴随着债券价格的下跌，从而导致债券出现资本损失（资本利得为负）。
- 距离债券到期日的期限越长，债券价格和利率的波动幅度越大。
- 当利率上升的时候，距离债券到期日的期限越长，债券的回报率就会越低。
- 尽管债券具有很高的初始利率，但是在利率上升的条件下，债券的回报率也有可能为负。

表 4-2　在利率从 10% 上升至 20% 的条件下，10% 息票利率的不同期限债券的年回报率情况

（1）购入债券时距离到期日的年数	（2）初始当期收益率（%）	（3）初始价格（美元）	（4）下一年的价格（美元）[①]	（5）资本利得率（%）	（6）回报率（2+5）（%）
30	10	1 000	503	−49.7	−39.7
20	10	1 000	516	−48.4	−38.4

（续）

（1）购入债券时 距离到期日的年数	（2）初始当期收益率 （%）	（3）初始价格 （美元）	（4）下一年的价格 （美元）[①]	（5）资本利得率 （%）	（6）回报率（2+5） （%）
10	10	1 000	597	−40.3	−30.3
5	10	1 000	741	−25.9	−15.9
2	10	1 000	917	−8.3	+1.7
1	10	1 000	1 000	0.0	+10.0

① 使用金融计算器按照式（4-3）计算得出。

利率上升可能意味着购买债券是一项糟糕的投资活动，这一点也许经常让学生在开始时感到困惑。理解这一问题的关键在于意识到欧文已经购买了这一债券，所以利率的上升就意味着欧文所持债券价格的下跌，即欧文遭受了资本损失。如果资本损失足够大，那么这项债券投资就是一项失败的投资活动。例如，在表 4-2 中我们发现，当利率从 10% 上升到 20% 的时候，距离到期日还有 30 年的债券的资本损失为 49.7%，远远超过 10% 的当期收益率，从而导致 39.7% 的负回报率（损失）。如果欧文不卖出这些债券，他的资本损失通常被称为"账面损失"。无论如何，它仍然是一种损失，因为如果欧文原来没有购买这种债券而是将资金存在银行里，那么他现在就可以按照较低的价格购入比以前更多的债券。

4.2.1 期限与债券回报的波动率：利率风险

债券期限越长，其价格变动幅度受到利率的影响就会越大。这个发现有助于我们理解债券市场行为中一个重要的事实：**长期债券的价格和回报率波动幅度比短期债券要大**。对于距离到期日还有 20 年以上的债券而言，其价格和回报率在 1 年内出现 −20% 和 +20% 的变化是十分正常的。

现在我们发现，利率变化将会增加长期债券的投资风险。实际上，由于利率变化导致的资产收益变动风险十分重要，以至于产生了一个专业术语——利率风险（interest-rate risk）。[⊖]正如我们将在随后章节中发现的那样，对于金融机构的管理者和投资者而言，利率风险的管理活动是一项主要工作。

虽然相比于短期债券，持有长期债务工具会面临相当大的利率风险，但是实际上，那些距离到期日期限和持有期限相同的债券是没有利率风险的。[⊖]我们从表 4-2 最后一种息票债券的例子中可以看到这一点。由于在购买债券时，其回报率就已经确定并且等于其到期收益率，所以这种息票债券的回报率是确定的。要理解那些距离到期日期限和持有期限相同的债券不存在利率风险，关键是要认识到（在这个事例中）债券持有期期末的价格已经被确定为其面值。因

⊖ 我们使用久期（duration）这一概念来衡量利率风险，本章网络附录阐释了久期的定义和计算方法，具体请参见以下网址：www.pearson.com/mylab/economics，还可登录 www.hzbook.com 进行查阅。

⊖ 只有对在持有期结束之前没有现金利息支付的贴现发行债券和零息债券而言，距离到期日期限和持有期限相同不会产生利率风险这一论断才是正确的。对于那些在持有期限内能够获得现金利息支付的息票债券而言，获得的现金利息支付款项可以用于再投资活动。由于不能确定再投资活动的利率，所以对于那些距离到期日期限和持有期限相同的债券而言，其回报率也包含着一定的不确定性。然而，由于使用持有息票债券获得的息票利息进行再投资的风险相当小，所以那些距离到期日期限和持有期限相同的息票债券面临的利率风险基本上可以忽略不计。

此，该债券持有期期末的价格就不会受到利率变化的影响，其回报率就等于在购入债券时已经确定的到期收益率。[⊖]

4.2.2 总结

债券回报率为我们提供了评判持有期内各种债券投资优劣的标准，只是在债券持有期限等于其距离到期日期限的特殊条件下，债券回报率才等于其到期收益率。如果债券距离到期日的期限比持有债券期限长，那么债券就会面临利率风险：利率的变化可能产生资本利得或资本损失，从而造成债券的回报率与购买债券时已经确定的到期收益率之间出现很大差距。由于长期债券的资本利得和资本损失数额可能十分庞大，所以利率风险的影响对其尤为重要。这就是对于为了实现确定收益率的投资活动而言，为什么持有短期债券比持有长期债券更为安全。

4.3 实际利率和名义利率的区别

迄今为止，在有关利率的讨论中，我们都没有考虑通货膨胀因素对借款成本的影响。这种没有考虑通货膨胀问题的利率，更准确地说，应该称为**名义利率**（nominal interest rate），它与**实际利率**（real interest rate）之间存在显著差别。实际利率是根据物价水平（通货膨胀）预期变动进行相应调整的利率，它能够更为准确地反映真实的借款成本。由于我们根据物价水平的预期变动情况进行利率调整，所以这种利率确切地是指事前实际利率。这种事前实际利率对于经济决策十分重要，在经济学家提到"实际"利率的时候，通常指的都是这种利率。我们把根据物价水平"实际"变化进行调整的利率称为事后实际利率，它表示的是贷款者事后的实际收益情况。

欧文·费雪（Irving Fisher）是 20 世纪最杰出的经济学家之一，我们使用以他的名字命名的费雪方程（Fisher equation），更为精确地定义实际利率。费雪方程表明，名义利率 i 等于实际

⊖ 我们假定债券的持有期限比较短，并且都等于短期债券距离到期日的期限，因此不会出现利率风险。然而，如果投资者持有债券的期限长于债券距离到期日的期限，那么投资者就会面临再投资风险的利率风险。由于投资者使用其凭借短期债券投资获得的收入进行再投资，而再投资活动所包含的未来利率是不确定的，所以就产生了这种再投资风险。

为了更好地理解再投资风险，我们假设投资者欧文进行债券投资活动的期限为 2 年，他首先购买的是面值为 1 000 美元的 1 年期债券，然后在第 1 年年末再投资购买另一种债券。如果初始利率为 10%，那么在第 1 年年末，欧文就获得了 1 100 美元。假如此时利率上升为 20%，即如表 4-2 所示，欧文会发现，如果再次购买 1 100 美元的这种 1 年期债券，那么在第 2 年年末他可以获得 1 100 × （1 + 0.20）=1 320 美元。因此，欧文在这两年中的回报率为（1 320−1 000）/1 000 = 0.32 = 32%，即年回报率为 14.9%。在这种情况下，欧文购买 1 年期债券所获得的回报就要高于他最初购买 10% 利率的 2 年期债券所获取的回报。因此，在欧文持有债券的期限超过其购买债券距离到期日期限的条件下，他能够从利率上涨中获取回报。相反，如果利率下降至 5%，那么在第 2 年年末欧文只能够获得 1 100 × （1+0.05）=1 155 美元，这样欧文在这两年中的回报率为（1 155−1 000）/ 1 000 = 0.155 = 15.5%，即年回报率仅为 7.2%。因此，在持有债券的期限超过债券距离到期日期限的条件下，欧文将会因为利率下降而蒙受损失。

我们发现，当持有债券的期限超过债券距离到期日的期限时，由于再投资的未来利率存在不确定性，所以这种投资的回报率是不确定的。简言之，就是存在再投资风险。我们还可以发现，当持有债券的期限超过债券距离到期日的期限时，投资者可以从利率的上升中获利，也可以由于利率下跌而蒙受损失。

利率 r 与预期通货膨胀率 π^e 之和[⊖]

$$i = r + \pi^e \qquad\qquad (4\text{-}9)$$

重新排列各项，我们发现实际利率就等于名义利率减去预期通货膨胀率

$$r = i - \pi^e \qquad\qquad (4\text{-}10)$$

为了理解这个定义的含义，让我们首先考察下面的情况：假设你发放了一笔利率为 5%（$i=5\%$）的 1 年期普通贷款，你预期在这一年中物价水平会上升 3%（$\pi^e = 3\%$）。发放这笔贷款的结果是，你预期在年底将会多得 2% 的**实际物品**（real terms，即你能够购买的实际商品和服务）。在此情况下，根据实际的商品和服务来计算，你预期得到的利率为 2%

$$r = 5\% - 3\% = 2\%$$

即如式（4-10）所定义的那样。[⊖]

 应用 4-8　　　　　　　　　**实际利率的计算**

如果在 1 年内，名义利率为 8%，预期通货膨胀率为 10%，那么实际利率是多少？

解答

实际利率是 −2%。虽然在年末可以多得到 8% 的美元，但是你需要为购买商品多支付 10% 的金额，结果是，你在年末可以购买的商品减少了 2%，即从实际物品角度出发，你的经济福利减少了 2%。

$$r = i - \pi^e$$

式中　i——名义利率 $=0.08$；

　　　π^e——预期通货膨胀率 $=0.10$。

⊖ 费雪方程更为精确的形式为

$$i = r + \pi^e + (r \times \pi^e)$$

由于

$$1 + i = (1 + r)(1 + \pi^e) = 1 + r + \pi^e + (r \times \pi^e)$$

等式两边都减去 1，就得到第一个等式。由于 r 和 π^e 的取值都很小，因此 $r \times \pi^e$ 的值就更小，在本书中将其忽略不计。

⊖ 在美国，由于大部分的利息收入需要缴纳联邦所得税，按照实际物品衡量的、持有某种债务工具获得的实际收益率与以费雪方程定义的实际利率并不相等，而是等于税后实际利率，即等于扣除所得税后的名义利率再减去预期通货膨胀率。对于负担着 30% 税率的人而言，因为要将 30% 的利息收入上缴给美国国税局（Internal Revenue Service），所以从 10% 收益率的债券投资中获得的税后利率为 7%。因而，如果预期通货膨胀率为 5%，该债券的税后实际利率仅为 2%（=7%−5%）。更具一般意义的税后实际利率的公式为

$$i(1 - \tau) - \pi^e$$

式中　τ——所得税税率。

　　　在美国，由于许多企业和家庭在计算所得税率时可以从收入中扣除贷款的利息支出，所以这个计算税后实际利率的公式也是一个更好地衡量借款的有效成本指标。如果你的税率为 30%，并且获得了一项 10% 利率的抵押贷款，这样你就可以从应纳税额中扣除这 10% 的贷款利息，从而少缴纳这笔扣除金额 30% 的税款。你的税后名义借款成本为 7%（10% 减去 10% 利息中的 30%），当预期通货膨胀率为 5% 时，按照实际物品衡量的借款有效成本为 2%（=7%−5%）。

　　　正如此例（和公式）所示，税后实际利率总是低于费雪方程定义的实际利率。关于税后实际利率的深入讨论，参见 Frederic S. Mishkin，"The Real Interest Rate: An Empirical Investigation"，*Carnegie-Rochester Conference Series on Public Policy* 15 (1981): 151-200。

因此

$$r = 0.08 - 0.10 = -0.02 = -2\%$$

在此情况下，作为借款者，你显然会缺乏发放贷款的意愿。因为根据实际的商品和服务来看，你实际获得的是2%的负利率。相反，如果你是贷款者，由于从商品和服务角度衡量，你在年底偿付的金额比初始借入数额还要低2%——从借入资金一方借取的实际物品反而比借入时增加了2%，你将从中获益匪浅。因此，在实际利率较低的情况下，借入资金的意愿增大而贷出资金的意愿减小。

名义收益率和实际收益率之间也存在类似的区别。名义收益率没有考虑到通货膨胀的影响，通常是指我们简称的"收益率"。在从名义收益率中剔除通货膨胀的影响之后，我们就得到了实际收益率，即通过持有证券产生的、能够额外购入的商品和服务。

由于实际利率能够反映借款的实际成本，能够更好地显示借款和贷款意愿，所以名义利率和实际利率之间的区别就显得十分重要。实际利率能够更好地反映信用市场的变动情况对人们产生的影响。图4-1是1953～2017年3个月期美国国库券的名义利率和实际利率的估计值，从中我们可以发现名义利率和实际利率的变动趋势通常并不一致（世界上其他国家的名义利率和实际利率也是如此）。特别是在20世纪70年代的美国，其名义利率很高，而实际利率却非常低，甚至经常出现负的实际利率。如果使用名义利率作为考察标准，你可能会认为这一时期的信用市场处于严重紧缩的状态，借款成本很高。但是，以实际利率作为衡量标准的估计结果证明你做出了错误的判断。从实际物品的角度考察，这一时期的借款成本十分低廉。

图4-1　1953～2017年的名义利率和实际利率估计值（3个月期美国国库券）

注：名义利率和实际利率的变动经常不一致。20世纪70年代，美国的名义利率很高，而实际利率很低——通常相反。

资料来源：名义利率来自联邦储备银行FRED数据库 https://fred.stlouisfed.org/series/TB3MS 和 https://fred.stlouisfed.org/series/CPIAUCSL。实际利率是使用下面这本书中概述的程序构建的：Frederic S. Mishkin, "The Real Interest Rate: An Empirical Investigation", *Carnegie-Rochester Conference Series on Public Policy* 15 (1981): 151-200。这个程序根据过去的利率、通货膨胀率和时间趋势估计预期通货膨胀率，然后用名义利率减去预期通货膨胀率。

本章小结

1. 到期收益率是反映利率的最精确指标，它是使债务工具未来偿付金额的现值等于其现期购入价格的利率。运用这一原理，我们发现债券价格和利率之间存在负相关关系：当利率上升的时候，债券价格必然会下跌，反之亦然。

2. 通过债券的收益率，我们可以判断出在特定时期持有某种债券能够给你带来的收益情况，它与通过到期收益率表示的利率之间可能会出现很大的差别。在利率出现变化的条件下，长期债券的价格会出现大幅度波动，进而产生利率风险。由于这样会产生大额的资本利得和资本损失，所以通常认为长期债券并不是获得确定收益率的安全资产选择。

3. 实际利率定义为名义利率与预期通货膨胀率之差，在衡量借款和贷款的意愿以及信用市场资金松紧程度方面，它是比名义利率更为精确的指标。

关键术语

现金流	面值	资本利得率	永续年金
固定支付贷款（分期偿还贷款）	实际利率	息票债券	名义利率
利率风险	实际商品和服务	票面利率	普通贷款
回报率	当期收益率	现值	到期收益率
贴现债券（零息债券）			

思考题

1. 对你而言，在当期利率是10%或者20%的时候，1美元在明天的价值会更高吗？

2. 解释一下，在今天收到5 000美元或1年后收到5 500美元中做决定时，你需要考虑哪些信息。

3. 为了支付大学学费，你借入一笔1 000美元的政府贷款，这笔贷款需要你在未来25年中每年偿付126美元，然而你不需要现在就开始偿还贷款，你可以从现在开始的两年后，即你大学毕业的时候再进行偿付。通常，每年偿付126美元的25年期1 000美元固定支付贷款的到期收益率是12%，但是上述政府贷款的到期收益率一定会低于12%的原因何在？

4. 当到期收益率上升或下降时，债券持有者会感觉好过吗？为什么？

5. 假设今天你买了息票债券并打算一年后出售。

收益率公式中的哪一部分将未来变化纳入了债券价格？（参照式（4-7）与式（4-8）。）

6. 如果抵押贷款利率从5%上升至10%，但是住房价格的预期增长率从2%上升至9%，那么人们是否还愿意购买住房呢？

7. 什么时候当期收益率与到期收益率无限接近？

8. 为什么政府选择发行一直支付收益的永续债券，而不是期限债券，比如固定偿付贷款、贴现债券或息票债券？

9. 在什么情况下，贴现债券有一个负的名义收益率？对于息票债券和永续债券可能存在一个负的名义收益率吗？

10. 判断对错：贴现债券的回报率与其资本利得率是相等的。

11. 如果利率出现下跌情况，你愿意持有长期债券还是短期债券？原因何在？哪一种债券的利率风险更大？

12. 虽然 20 世纪 80 年代中期的利率水平比 20 世纪 70 年代末要低，但是许多经济学家认为 20 世纪 80 年代中期的实际利率比 20 世纪 70 年代末要高很多。这种观点有道理吗？你赞同这些经济学家的观点吗？

13. 退休人员经常将大部分财富投资于存款和其他附息投资品种，并不时抱怨利率太低。他们的抱怨有道理吗？

应用题

14. 如果利率为 10%，那么第 1 年支付给你 1 100 美元、第 2 年支付给你 1 210 美元、第 3 年支付给你 1 331 美元的证券现值是多少？

15. 计算 5 年期面值为 1 000 美元、到期收益率为 6% 的贴现债券的现值。

16. 一家彩票公司声称其特等奖奖金为 1 000 万美元，在 5 年的期限内，每年支付 200 万美元。第一次奖金立即支付，请问特等奖真正的价值是多少？假定利率为 6%。

17. 假设一家商业银行想买国库券，债券 1 年后支付 5 000 美元，目前售价为 5 012 美元。那么债券的到期收益率是多少？这是一种典型的情况吗？为什么？

18. 100 万美元的普通贷款，在 5 年后需要偿付 200 万美元，其到期收益率是多少？

19. 有两种 1 000 美元的债券：一种是售价 800 美元、当期收益率为 15% 的 20 年期债券；另一种是售价 800 美元、当期收益率为 5% 的 1 年期债券。哪一种债券的到期收益率更高？

20. 某一债券的年息率为 4%，面值为 1 000 美元。完成如下表格，你观察到期限、到期收益率、现值有什么关系吗？

期限	到期收益率	现值
2	2%	
2	4%	

（续）

期限	到期收益率	现值
3	4%	
5	2%	
5	6%	

21. 某一息票债券面值为 1 000 美元，息票率为 10%。债券现售 1 044.89 美元，2 年后到期，求债券的到期收益率。

22. 每年支付 50 美元、到期收益率为 2% 的永续债券价格是多少？如果到期收益率为原来的 2 倍，债券的价格会有何变化？

23. 某一特定地区不动产税为每年住宅价格的 4%。如果你刚购买了价值为 250 000 美元的房屋，假定房屋的价值永远都为 250 000 美元，不动产税率一直不变，以 6% 的利率来贴现，那么所有未来不动产税的现值是多少？

24. 面值为 1 000 美元的债券息票率为 10%，当前价格为 960 美元，预计明年其价格为 980 美元。计算当前收益率、预期资本利得率以及预期收益率。

25. 假设你想贷款，当地银行想要收取每年 3% 的实际利率。假设债券期限内的年预期通货膨胀率为 1%，确定银行收取的名义利率。如果在贷款期限内实际通货膨胀率为 0.5%，会发生什么？

数据分析题

1. 登录圣路易斯联邦储备银行 FRED 数据库，查找以下数据：4 年期汽车贷款的利率（TERMCBAUTO48NS）。假定你有 20 000 美元，并打算按照数据库中最近的利率以 4 年期贷款的形式购买一辆新汽车，那么你每年需要支付多少钱？对于这笔 20 000 美元的贷款，你总共支付了多少？

2. 美国财政部发行了一些债券，如财政部通货膨胀指数债券（TIIS），即债券根据通货膨胀指数进行调整。因此，债券的收益率可以被粗略地认为是实际收益率。浏览圣路易斯联邦储备银行数据库，找到以下财政部通货膨胀指数债券和它们对应的国债，接着回答如下问题：

- 5 年期美国国债和 5 年期财政部通货膨胀指数债券；
- 7 年期美国国债和 7 年期财政部通货膨胀指数债券；

- 20 年期美国国债和 20 年期财政部通货膨胀指数债券；
- 30 年期美国国债和 30 年期财政部通货膨胀指数债券。

a. 在 2008 ～ 2009 年的经济大萧条期间，5 年、7 年、10 年甚至 20 年的财政部通货膨胀指数债券的收益率在一段时期内是负值，这是为什么呢？

b. 利用最近的可用数据，计算以上列出的每对债券的收益率差。这些收益率差代表着什么？

c. 根据 b 的答案，这些成对债券的收益率差有什么重大变化吗？请解释这些变化。

网络练习

我们在本章讨论长期债券的时候，只讨论了一种类型的债券，即息票债券。实际上，投资者还可以购买长期的贴现发行债券。这种债券按照低于面值的价格发行，全部收益来自价格的提高。使用 http://www.treasurydirect.gov/indiv/tools/tools_savingsbondcalc.htm 中的金融计算器，你可以很容易地计算出贴现发行债券的现期价格。

为了计算储蓄债券的价格，首先阅读页面中的说明，然后单击"开始"。填写相关信息（不要填写"债券序号"一栏），然后单击"计算"。

网络参考

http://www.bloomberg.com/markets/ 在"利率和债券"一栏中，你能够获得关于主要利率、美国国债、政府债券以及市政债券的信息。

http://www.teachmefinance.com 主要金融概念的综述：货币的时间价值、年金以及永续债券等。

第 5 章

利率行为

学习目标

1. 确定影响资产需求的因素。
2. 画出债券市场的需求与供给曲线，确定均衡利率。
3. 列出并解释影响债券市场均衡利率的因素。
4. 使用流动性偏好理论解释债券市场和货币市场之间的联系。
5. 列出并解释影响货币市场均衡利率的因素。
6. 确定并说明利率变动对于货币增长率的影响。

| 预览 |

20 世纪 50 年代初期，3 个月期国库券的年化名义利率约为 1%；1981 年，这一利率上涨超过了 15%；2003 年回落到 1% 以下，之后又于 2007 年上升至 5%，随后在 2008 年下跌接近至零利率水平，并且在此后多年间一直维持着这一水平。利率出现这种大幅度波动的原因何在呢？我们研究货币、银行和金融市场的一个主要原因就在于为这个问题提供部分解释。

本章我们考察了名义利率（通常简称为"利率"）总体水平的决定机制以及利率行为的影响因素。在第 4 章中，我们发现利率和债券价格之间存在负相关关系，因此，如果能够解释债券价格变化的原因，我们也就能够解释利率波动的原因。我们将会利用债券市场和货币市场的供求分析来研究利率的变动机制。

在推导诸如货币或者债券等资产的需求曲线时，我们必须首先明确什么是影响资产需求活动的因素，对此，我们将会使用资产组合理论来解决这一问题。资产组合理论是一种概括我们在决定资产购买数额时所需考虑因素的经济理论。根据这一理论，我们能够推导出债券或者货币的需求曲线。在推导出资产需求曲线之后，我们将会引入市场均衡的概念，即供给数量和需求数量相等时的市场状态。然后，我们将使用这个模型来解释均衡利率的变动情况。

由于不同种类债券的利率具有类似的变动特征，所以本章我们假设在经济整体运行过程中只存在一种证券和一种利率。在第 6 章中，我们将会进一步分析不同种类证券利率存在差别的原因。

5.1 资产需求的决定因素

在对债券市场和货币市场进行供求分析之前，我们首先需要了解影响资产需求量的决定因素。资产是可以作为价值储藏手段的财产，包括货币、债券、股票、艺术品、土地、住宅、农用设备以及机械装备等。在面对是否购买某项资产或者在不同种类资产中如何选择之类的问题时，我们必须考虑下列因素：

（1）**财富**（wealth），即个人拥有的全部资源，包含所有种类的资产。

（2）**预期收益**（expected return），即与其他资产相比，某种资产在下一期的预期收益。

（3）**风险**（risk），即与其他资产相比，某种资产收益的不确定性。

（4）**流动性**（liquidity），即与其他资产相比，某种资产变现的速度和难易程度。

5.1.1 财富

当发现自己的财富增加的时候，我们便拥有更多的资源来购买资产，这样我们对资产的需求量也会出现相应水平的增长。因此，财富的变化对于资产需求量的影响可以概括为：**在其他因素保持不变的条件下，财富的增长会导致资产需求量的上升。**

5.1.2 预期收益

在第 4 章中，我们发现资产（比如债券）收益是衡量持有资产所获收益水平的指标。在进行购买资产的决策过程中，资产的预期收益必然会影响我们的决策行为。例如，如果埃克森美孚发行的公司债券在一半期限内的收益率为 15%，而在另一半期限内的收益率为 5%，那么其预期收益率就是 10%（= 0.5 × 15% + 0.5 × 5%，可以将其视为平均收益率）。$^{\ominus}$ 在其他条件不变的情况下，如果相对其他替代性资产而言，埃克森美孚公司债券的预期收益率上升，那么投资者将会更愿意持有这种债券，其需求量也会随之提高。这一结果具有两种实现方式：① 在诸如 Facebook 公司股票等其他替代性资产收益率不变的条件下，埃克森美孚公司债券的预期收益率上升；② 在埃克森美孚公司债券预期收益率保持不变的条件下，诸如 Facebook 公司股票等其他替代性资产的收益率出现下降。总而言之，**在其他因素保持不变的条件下，相对于其他替代性资产，某种资产的预期收益率上升将会导致该项资产需求量的提高。**

5.1.3 风险

资产收益的不确定性或者风险水平也会对资产的需求量产生影响。让我们来考察两种资

⊖ 如果你有兴趣了解更多关于如何计算预期收益以及衡量风险的收益标准差的信息，请访问 www.pearson.com/mylab/economics，该网站包含了本章网络附录，即资产定价模型，或者登录 www.hzbook.com 查阅。该附录介绍了多样化如何降低投资组合的总体风险，并讨论了系统风险和基本资产定价模型，如资本资产定价模型和套利定价理论。

产：夜航航空公司（Flight-by-Night Airline）的股票和地行巴士公司（Feet-on-the-Ground Bus Company）的股票。如果夜航航空公司的股票在一半期限内的收益率为15%，而在另一半期限内的收益率为5%，那么其预期收益率就是10%。当地行巴士公司股票的收益率固定为10%的时候，由于夜航航空公司的股票收益率具有不确定性，而地行巴士公司的股票收益率固定不变，所以前者包含的风险水平要高于后者。

尽管两只股票具有相同的预期收益率，但是风险厌恶型（risk-averse）投资者将会选择地行巴士公司的股票（确定性事件），而不会选择夜航航空公司的股票（更具风险的资产）。与之形成对比的是，那些偏好风险的投资者被称为风险偏好者（risk preferrer）或者风险爱好者（risk lover）。大多数人都属于风险厌恶者，特别是在财务决策过程中更是如此：在相同条件下，他们更倾向于持有那些风险水平较低的资产。因此，**在其他因素保持不变的条件下，相对于其他替代性资产，某种资产的风险水平上升将会导致其需求量的下降。**

5.1.4 流动性

影响资产需求的另一个因素是资产以较低成本变现的速度，即流动性。如果某种资产的交易市场具有一定的深度和广度，即市场中存在众多的买方和卖方，那么这项资产就具有流动性。由于很难迅速找到一位购买者，所以住宅属于流动性较差的资产。如果必须通过出售住宅来支付账单，那么其售价可能会非常低。同时，出售住宅的交易成本（包括经纪人的佣金、律师费等）也是十分高昂的。相反，由于美国国库券拥有一个组织良好、购买者众多的市场，其可以通过较低的成本出售变现，所以它是一种流动性很高的资产。在其他因素保持不变的条件下，相对于其他可替代性资产而言，某种资产的流动性越高，其需求量就会越大。

5.1.5 资产组合选择理论

资产组合选择理论（theory of portfolio choice）包含了前面讨论的各种影响资产需求的因素，它告诉我们人们会在其投资组合中持有某项资产的数量。该理论认为，在其他条件不变的情况下：

（1）资产需求量和财富之间存在正相关关系。

（2）相对于其他替代性资产而言，资产需求量和该资产的预期收益之间存在正相关关系。

（3）相对于其他替代性资产而言，资产需求量和该资产收益的风险之间存在负相关关系。

（4）相对于其他替代性资产而言，资产需求量和该资产的流动性之间存在正相关关系。

表 5-1 对于上述论断做了简要小结。

表 5-1　资产需求量对于财富、预期收益、风险和流动性等变动情况的反映

变量	变量的变动情况	需求量的变动情况
财富	↑	↑
与其他资产相比较，某项资产的预期收益	↑	↑
与其他资产相比较，某项资产的风险	↑	↓
与其他资产相比较，某项资产的流动性	↑	↑

注：这里仅仅显示的是各种变量上升时的情况。各种变量下降对于资产需求量的影响与表中最右边一栏中的情况正好相反。

5.2 债券市场的供给和需求

分析利率决定因素的第一种方法是，通过观察债券市场的供求状况了解债券价格的决定机制。得益于第 4 章中对利率计量过程的了解，我们知道每种债券都对应着一个特定的利率，特别是我们发现债券价格和利率之间存在负相关关系，它意味着在债券价格上升的时候，利率将会下跌，反之亦然。

分析过程的第一步是获得债券的**需求曲线**（demand curve）。该曲线显示了在其他经济变量保持不变的条件下（即已知其他经济变量的取值），债券的需求量和价格之间的关系。从先前的经济学课程的学习中，你已经知道其他经济变量保持不变的假设称为 " ceteris paribus"，即 "其他条件不变" 的拉丁文说法。

5.2.1 需求曲线

为了简述分析过程，让我们考察一个 1 年期贴现发行债券的需求情况。这种债券不用支付利息，只是在 1 年后按照面值向债券持有者偿付 1 000 美元。正如我们在第 4 章中所学到的，如果持有期为 1 年，那么这种债券的收益率就是确定的，并且等于用到期收益率进行衡量的利率。这就意味着，这种债券的预期收益率等于其利率 i，使用第 4 章中的式（4-6）来表示的结果为

$$i = R^e = \frac{F-P}{P}$$

式中　i——利率 = 到期收益率；

　　　R^e——预期收益率；

　　　F——贴现发行债券的面值；

　　　P——贴现发行债券的初始购入价格。

上式说明，每种债券价格都对应着不同的利率取值。如果债券的售价为 950 美元，那么其利率和预期收益率为

$$\frac{1\,000-950}{950} = 0.053 = 5.3\%$$

据此，5.3% 的利率和预期收益率对应着 950 美元的债券价格。假设债券的需求量为 1 000 亿美元，即图 5-1 中的 A 点。

在价格为 900 美元的条件下，其利率和预期收益率为

$$\frac{1\,000-900}{900} = 0.111 = 11.1\%$$

资产组合理论表明，在其他经

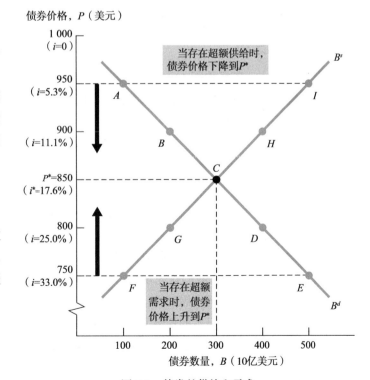

图 5-1　债券的供给和需求

注：债券市场在需求曲线 B^d 和供给曲线 B^s 的交点 C 处达到均衡状态，均衡价格为 P^*=850 美元，均衡利率为 i^*=17.6%。

济变量（如收入、其他资产的预期收益、风险和流动性等）保持不变的条件下，债券的预期收益率越高，债券的需求量也就越大。图 5-1 中的 B 点表明，当债券价格为 900 美元时，债券的需求量提高至 2 000 亿美元。同理，如果债券价格为 850 美元（其利率和预期收益率为 17.6%），那么债券的需求量（C 点）将会大于 B 点上的需求量。当债券价格降至更低的 800 美元（其利率和预期收益率为 25%）和 750 美元（其利率和预期收益率为 33.0%[⊖]）时，债券的需求量将会更大（D 点和 E 点）。连接上述各点的曲线 B^d 就是债券的需求曲线。它通常向下倾斜，表明债券的价格越低（在其他经济变量保持不变的条件下），其需求量就会越大。[⊜]

5.2.2 供给曲线

图 5-1 中的债券需求曲线包含一个重要的假设条件，即除了债券的价格和利率之外，其他所有经济变量都保持不变。我们使用相同的假设条件，即在其他所有经济变量保持不变的情况下，推导出反映债券供给量和价格关系的**供给曲线**（supply curve）。

根据前面的例子，当债券价格为 750 美元（其利率 =33.0%）的时候，F 点表明债券的供给量为 1 000 亿美元。如果债券价格为 800 美元，那么其利率将会降至 25%。由于按照这个较低的利率发行债券进行融资的成本较低，公司愿意通过发行债券的方式借入更多的资金，所以债券供给量将会上升到 2 000 亿美元的较高水平（G 点）。850 美元这个更高的债券价格对应着 17.6% 这个更低的利率，导致债券的供给量提高到 3 000 亿美元这个更高的水平（C 点），而 900 美元和 950 美元这些更高的价格将会导致利率的进一步降低和债券供给量的进一步提高（H 点和 I 点）。连接上述各点的曲线 B^s 就是债券的供给曲线，它通常向上倾斜，表明了随着债券价格的上升（在其他经济变量保持不变的情况下），其供给量也会相应上升。

5.2.3 市场均衡

在经济学中，**市场均衡**（market equilibrium）是指在给定价格条件下，人们愿意购买（需求）和出售（供给）的数量相等时的状态。在债券市场上，当债券的需求量和供给量相等的时候，就实现了市场均衡

$$B^d = B^s \qquad\qquad (5\text{-}1)$$

在图 5-1 中，市场均衡状态出现在 C 点，它是供给曲线和需求曲线的交点，在这一点上的债券价格为 850 美元（利率为 17.6%），债券数量为 3 000 亿美元。当债券的需求量和供给量相等时，其价格 $P^* = 850$ 美元被称为市场均衡价格或者市场出清价格。同样，这一价格对应的利率 $i^* = 17.6\%$ 被称为市场均衡利率或者市场出清利率。

由于市场总是朝着市场均衡的方向发展，所以市场均衡、均衡价格或者均衡利率这些概念十分有用。在图 5-1 中，我们首先观察了债券价格高于均衡价格时所出现的状况，可以发现市场具有向均衡价格靠近的发展趋势。例如，当价格处于 950 美元的高点时，在 I 点显示的债券供给量远远大于在 A 点显示的债券需求量，这种债券供给量大于需求量的情况被称为**超额供给**（excess supply）。由于人们希望出售的债券数量高于人们希望购买的债券数量，所以债券的价

⊖ 原书为 33.3%，疑有误，更正于此。——译者注

⊜ 虽然我们的分析表明需求曲线是向下倾斜的，但并不意味着它必然是一条直线。为简化起见，我们将需求曲线和供给曲线都描绘成直线。

格将会下降，这就是在图中债券价格为 950 美元的地方标有向下箭头的原因。只要债券价格高于均衡价格，债券市场就会一直存在超额供给情况，其价格也会不断下降。只有当债券价格达到均衡价格 850 美元时，这一过程才会终止，债券的超额供给才会消失。

现在，让我们来观察债券价格低于均衡价格时所出现的状况。例如，当债券价格处于 750 美元的低点时，E 点显示的债券需求量远远大于 F 点显示的债券供给量，这种债券需求量大于供给量的情况被称为**超额需求**（excess demand）。由于人们希望购买的债券数量高于人们希望出售的债券数量，所以债券的价格将会上升，这就是在图中债券价格为 750 美元的地方标有向上箭头的原因。只有当债券价格达到均衡价格 850 美元时，这一价格的上升过程才会终止，债券的超额需求才会消失。

由于均衡价格能够标识出市场出清状态的具体指标，所以它的概念十分重要。由于图 5-1 左边纵轴上的每一个价格都对应着一个特定的利率，所以该图也显示了利率具有向 17.6% 的均衡利率运动的趋势。当利率低于均衡利率的时候，比如利率为 5.3%，债券价格高于均衡价格，所以债券市场上会出现债券超额供给的情况，继而债券价格将会出现下跌，从而推动利率上涨以趋近其均衡水平。同样，当利率高于均衡利率的时候，比如利率为 33.0%，债券市场上将会出现债券超额需求的情况，继而债券价格将会上升，从而推动利率下降至 17.6% 的均衡水平。

5.2.4 供求分析

图 5-1 是传统意义上的供求分析图，其纵轴表示价格，横轴表示数量。同时，纵轴上也标注了每一个债券价格所对应的利率，因而我们能够从该图中观察到均衡利率。供求分析图为我们提供了一个研究利率决定因素的模型。无论是贴现发行债券还是息票债券，由于利率和债券价格之间总是存在着负相关关系，所以类似于图 5-1 的供求分析图适用于任何类型的债券。

这种分析过程具有一个十分重要的特点，即这里的供给和需求通常都是指资产存量（在某一时点上的数额）而非资产流量。由于基于流量概念进行上述分析十分困难（在通货膨胀的情况下，这种困难将更为突出），所以用于解释金融市场行为的**资产市场方法**（asset market approach）成为经济学家采用的主要研究方法，这种方法在研究资产定价的过程中侧重于资产存量而非资产流量。[⊖]

5.3 均衡利率的变动情况

现在，我们使用债券供求理论来分析利率变动的原因。为了避免混淆，我们必须明确需求量（供给量）变动和需求（供给）变动是两个完全不同的概念。其中，需求量（供给量）变动是指由债券价格变化（或者是相同的利率变化）所引起的需求数量的改变，其变化活动沿着需求（供给）曲线进行。例如，在图 5-1 中由 A 点到 B 点再到 C 点沿着需求曲线的运动就是需求量的变动。与之相对的是，需求（供给）变动是指在债券价格（或者利率）确定的条件下，由债券价

⊖ 资产市场方法不仅有助于我们理解利率行为，而且能让我们知道资产价格是如何确定的。本章的网络附录 2（可以在 www.pearson.com/mylab/economics 或 www.hzbook.com 上找到）描述了如何应用资产市场方法来理解商品市场的行为，特别是黄金市场。我们在这里对债券市场的分析有另一种解释，它使用了涉及可贷资金供求的不同术语和框架。本章的网络附录 3 讨论了这种可贷资金框架，该附录也可在 www.pearson.com/mylab/economics 或 www.hzbook.com 上找到。

格（或者利率）以外的因素所导致的需求数量的改变，当这些因素中的某个因素发生变化的时候，就会导致需求（供给）曲线发生移动，进而形成一个新的均衡利率。

接下来我们将要考察诸如预期通货膨胀率和财富等因素如何导致供给曲线与需求曲线发生移动（出现的是供给变动和需求变动），以及这些因素的变化对均衡利率取值产生的影响。

5.3.1　债券需求的变动

本章开篇时介绍的资产组合选择理论，为我们确定影响债券需求变动的因素提供了分析框架。这些因素包括下列 4 种参数所产生的变化：

（1）财富；

（2）债券相较于其他资产的预期收益；

（3）债券相较于其他资产的风险；

（4）债券相较于其他资产的流动性。

为了考察这 4 个因素（在所有其他因素保持不变的条件下）对于需求变动的影响机制，让我们来观察一些事例（为了帮助学习，表 5-2 概括了这些因素的变化对债券需求曲线产生的影响）。

表 5-2　导致债券需求变动的因素

变量	变量的变动情况	每个债券价格水平上需求量的变动情况	需求曲线的移动	变量	变量的变动情况	每个债券价格水平上需求量的变动情况	需求曲线的移动
财富	↑	↑	P，$B_1^d \rightarrow B_2^d$（右移），B	债券相较于其他资产的风险水平	↑	↓	P，$B_2^d \leftarrow B_1^d$（左移），B
预期利率	↑	↓	P，$B_2^d \leftarrow B_1^d$（左移），B	债券相较于其他资产的流动性	↑	↑	P，$B_1^d \rightarrow B_2^d$（右移），B
预期通货膨胀率	↑	↓	P，$B_2^d \leftarrow B_1^d$（左移），B				

注：这里仅仅显示的是各个变量上升时的情况。各个变量下降对需求变动产生的影响与表中其余各栏的情况正好相反。

1. 财富

如图 5-2 所示，在经济周期的扩张阶段中，经济迅速增长，财富不断增加，从而导致每个债券价格（或者利率）水平上的债券需求量上升。为了理解这一运行机制，请看初始债券需求曲线 B_1^d 上的 B 点。当财富增加的时候，相同价格水平上的债券需求量必然会上升，达到 B' 点。同样，对于 D 点，当财富增加的时候，相同价格水平上的债券需求量也必然会上升，达到 D' 点。所以，初始债券需求曲线 B_1^d 上的各点就如箭头所示，向右移到 B_2^d 的位置。

因此，我们得到的结论是：**在经济周期的扩张阶段中，随着财富的增加，债券需求量会随之提高，需求曲线向右移动。同理，在经济周期的紧缩阶段中，随着财富的减少，债券需求量会随之下降，需求曲线向左移动。**

影响财富的另一个因素是公众的储蓄倾向。就像我们之前已经发现的那样，如果居民的储蓄增加，财富增长，那么债券需求量会随之提高，债券需求曲线向右移动。相反，如果居民的储蓄减少，财富和债券需求量会随之下降，债券需求曲线向左移动。

2. 预期收益率

对于持有期为 1 年的 1 年期贴现发行债券而言，其预期收益率和利率是相等的。因此，其预期收益率只受当期利率的影响。

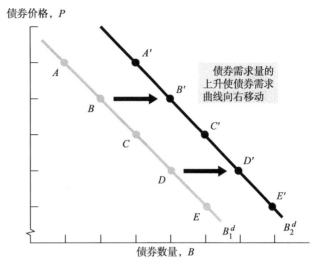

图 5-2　债券需求的变动示意图

注：如图所示，随着债券需求量的提高，需求曲线向右移动。

对于那些期限超过 1 年的债券而言，其预期收益率和利率之间存在差异。例如，我们从第 4 章的表 4-2 中可以发现，如果长期债券利率从 10% 上升至 20%，那么债券价格将会急剧下跌，从而形成极低的负收益率。因此，如果人们开始认为下一年的利率将会高于其原先的预期水平，那么现期长期债券的预期收益率将会下跌，而且每个利率水平上的债券需求数量也会出现下降。**预期未来利率越高，长期债券的预期收益率就会越低，从而导致债券需求减少，债券需求曲线将会向左发生移动。**

相反，预期未来利率降低将会导致长期债券价格高于原来的预期值，由此形成的更高的现期预期收益率将会提高每个债券价格和利率水平上的债券需求数量。**预期未来利率越低，长期债券的预期收益率就会越高，从而导致债券需求增加，债券需求曲线将会向右发生移动**（见图 5-2）。

其他种类资产预期收益率的变化也会对债券需求变动产生影响。如果人们对股票市场的看法忽然间变得更为乐观，即认为未来股票价格会上涨，那么股票投资的预期资本利得和预期收益率都会提高。此时，如果债券的预期收益率保持不变，那么相对于股票投资而言，现期债券投资的预期收益率就会下降，债券需求数量随之减少，债券的需求曲线将会向左发生移动。**其他资产预期收益率的上升将会导致债券需求的降低，债券需求曲线将会向左移动。**

预期通货膨胀率的变化通常会改变诸如汽车或者住宅等实体资产（又称实物资产）的预期收益率，而这些实体资产预期收益率的变化又会对债券需求产生影响。如果预期通货膨胀率提高，比如从 5% 提高到 10%，那么汽车和住宅等的未来价格及名义资本利得也将会提高，由此产生的实体资产现期预期收益率的提高，将会导致相对于这些实体资产的债券投资的现期预期收益率下降，进而导致债券需求减少。另外，我们可以把预期通货膨胀率的上升视为债券实际利率的下降，由此产生的债券预期收益率的相对下降就会导致债券需求的减少。**预期通货膨胀率的提高将会降低债券的预期收益率，导致债券需求减少，债券需求曲线向左发生移动。**

3. 风险

如果债券市场的价格波动幅度加大，那么债券投资的风险水平就会随之提高，因此债券投资的吸引力就会下降。**债券风险水平的提高将会导致债券需求的下降，债券需求曲线向左发生移动。**

相反，诸如股票市场等其他资产市场的价格波动幅度加大，将会提高债券投资的吸引力。**替代性资产风险水平的提高将会导致债券需求的提高，债券需求曲线向右发生移动**（见图 5-2）。

4. 流动性

如果债券市场中交易者的数量增加，那么债券销售会更加快速和便捷，因此债券流动性的提高将会导致每个利率水平下债券需求数量的增长。**债券流动性的提高将会导致债券需求上升，债券需求曲线向右发生移动**（见图 5-2）。**类似地，其他替代性资产流动性的提高将会导致债券需求降低，债券需求曲线向左发生移动**。例如，1975 年美国在废除了固定佣金规则之后，普通股票交易过程中的佣金费用大幅降低，相对于债券，股票的流动性得到了很大提高，从而导致债券需求减少，需求曲线向左发生移动。

5.3.2 债券供给的变动

影响债券供给变动的因素包括：

（1）投资机会的预期盈利能力；

（2）预期通货膨胀率；

（3）政府预算赤字。

现在，我们将要考察上述每个因素发生变化（而其他因素保持不变）时，供给变动的运行机制（为了帮助学习，表 5-3 概括了这些因素的变化对债券供给曲线产生的影响）。

1. 投资机会的预期盈利能力

公司对其厂房和设备投资盈利能力的预期值越高，其为投资这些项目而进行融资的愿望就越强烈。在经济周期的扩张阶段中，经济高速增长，投资机会的预期盈利能力也会相应提高，每个债券价格水平下的债券供给数量都会随之上升（例如，从 G 点到 G' 点，H 点到 H' 点，见图 5-3）。**因此，在经济周期的扩张阶段中，债券供给将会提高，债券供给曲线将会向右发生移动。同理，在经济周期的衰退阶段中，投资机会的预期盈利能力将会减小，债券供给将会下降，债券供给曲线将会向左发生移动。**

2. 预期通货膨胀率

正如我们在第 4 章中发现的那样，使用实际利率能够更加精确地衡量借款的真实成本，它等于（名义）利率减去预期通货膨胀率。在给定利率（债券价格）的条件下，如果预期通货膨胀率提高，借款的真实成本就会下降，因而在每个给定的债券价格水平下，债券供给数量就会提

表 5-3 导致债券供给变动的因素

变量	变量的变动情况	每个债券价格水平上供给数量的变动情况	供给曲线的移动
投资的盈利能力	↑	↑	$B_1^s \to B_2^s$，P，B
预期通货膨胀率	↑	↑	$B_1^s \to B_2^s$，P，B
政府财政赤字	↑	↑	$B_1^s \to B_2^s$，P，B

注：这里仅仅显示的是各个变量上升时的情况。各个变量下降对供给的变动产生的影响与表中其余各栏的情况正好相反。

高。**预期通货膨胀率的上升将会导致债券供给增长，债券供给曲线向右发生移动**（见图 5-3）。**预期通货膨胀率的降低将会导致债券供给下降，债券供给曲线向左发生移动。**

3. 政府预算赤字

政府可以通过多种方式影响债券供给。美国财政部通过发行债券弥补政府财政赤字，即政府支出和收入之间的差额。当政府财政赤字提高时，财政部将会发行更多债券，从而增加每个债券价格水平下的债券供给。**政府财政赤字越大，债券供给数量就越多，因而债券供给曲线向右发生移动**（见图 5-3）。**另外，政府财政盈余，例如 20 世纪 90 年代末期出现的财政盈余，则会导致债券供给减少，债券供给曲线向左发生移动。**

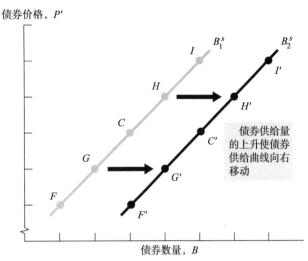

图 5-3　债券供给的变动示意图

注：如图所示，随着债券供给量的提高，供给曲线向右移动。

同样，州政府、地方政府以及其他政府机构也可以通过发行债券为其支出行为提供融资，对债券供给产生影响。我们在后面的章节中将会看到，那些关于债券交易的货币政策执行操作，包括债券购买和销售，反过来也会影响债券的供给。

现在，我们可以使用学到的关于供求曲线变动的知识对均衡利率的变动机制进行分析。实现这一目的的最好方法就是通过使用几个应用实例，理解货币政策影响利率变动的运行机制。在应用实例分析的过程中，请记住以下两点：

（1）当你考察一个变量变动所产生的影响时，请记住我们同时假设其他变量保持不变，也就是说，我们在此使用了"其他条件不变"的假设。

（2）利率和证券价格之间存在负相关关系。因此，当证券的均衡价格上升时，其均衡利率就会下降。相反，如果证券的均衡价格下降，那么其均衡利率就会提高。

应用 5-1　　预期通货膨胀率导致的利率变动：费雪效应

预期通货膨胀率的变化影响名义利率的运行机制，对此我们进行了大量的研究工作，我们已经分析了预期通货膨胀率变动对供给曲线和需求曲线变动产生的影响。图 5-4 显示了预期通货膨胀率的提高对于均衡利率的影响。

如果初始的预期通货膨胀率为 5%，初始的供给曲线 B_1^s 和需求曲线 B_1^d 相交于点 1，那么此时债券的均衡价格为 P_1。如果预期通货膨胀率上升至 10%，那么对于任意给定的债券价格或利率，相对于实际资产的债券预期收益率都会下降。因此，债券的需求出现下降，其需求曲线由 B_1^d 向左移动至 B_2^d。同样，预期通货膨胀率的上升也会导致供给曲线变动。在任一债券价格和利率水平上，实际借款成本由此下降，导致债券供给数量提高，其供给曲线由 B_1^s 向右移动至 B_2^s。

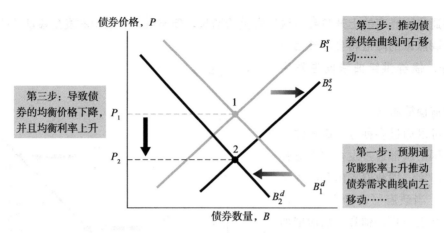

图 5-4　预期通货膨胀率变动产生的影响

注：当预期通货膨胀率上升的时候，供给曲线由 B_1^s 移动至 B_2^s，而需求曲线由 B_1^d 移动至 B_2^d。市场的均衡点由点 1 移动至点 2，从而导致债券的均衡价格由 P_1 下降至 P_2，并且均衡利率随之上升。

　　预期通货膨胀率的变化导致需求曲线和供给曲线产生了相应的变动，从而使市场均衡点由点 1 移动至点 2，即 B_2^d 和 B_2^s 的交点。由于债券价格和利率之间存在负相关关系，所以债券的均衡价格由 P_1 下降至 P_2，导致利率提高。值得注意的是，图 5-4 中点 1 和点 2 所示的债券均衡数量是相等的。然而，在预期通货膨胀率上升的条件下，根据需求曲线和供给曲线各自的移动幅度，债券的均衡数量既可能上升也可能下降。

　　从上述供求分析中，我们发现了一个重要的事实：**预期通货膨胀率上升时，利率也会随之提高**。经济学家欧文·费雪首次发现了预期通货膨胀率和利率之间的这种关系，因此人们使用他的名字，将其命名为**费雪效应**（Fisher effect）。图 5-5 显示了这一预测的精确程度。通常，3 个月期的国库券利率和预期通货膨胀率是一起变动的。因此，大多数经济学家都认为，如果我们希望将名义利率保持在一个较低的水平，那么通货膨胀率也必须维持较低水平。

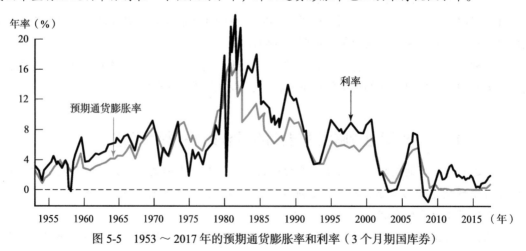

图 5-5　1953 ～ 2017 年的预期通货膨胀率和利率（3 个月期国库券）

注：正如费雪效应预测的那样，3 个月期的国库券利率和预期通货膨胀率通常是一起变动的。

资料来源：Federal Reserve Bank of St. Louis FRED database: https://fred.stlouisfed.org/series/TB3M; https://fred.stlouisfed.org/series/CPIAUCSL.S. 预期通货膨胀率的计算见米什金的文章："The Real Interest Rate: An Empirical Investigation," *Carnegie-Rochester Conference Series on Public Policy* 15 (1981): 151-200. 这些计算包括根据过去的利率、通货膨胀率和时间趋势来估计预期通货膨胀率。

应用 5-2   经济周期扩张导致的利率变动

图 5-6 分析了经济周期扩张对利率产生的影响。在经济周期的扩张阶段中，经济增长提高了商品和服务的产量，由此导致国民收入增加。在此过程中，由于企业需要为其拥有的大量营利性投资项目进行融资，所以它们的借款意愿将会十分强烈。因此，在每一个债券价格水平上，企业希望出售的债券数量（即债券的供给）将会提高。这意味着在经济周期的扩张阶段，供给曲线将由 B_1^s 向右移动至 B_2^s（见图 5-6）。

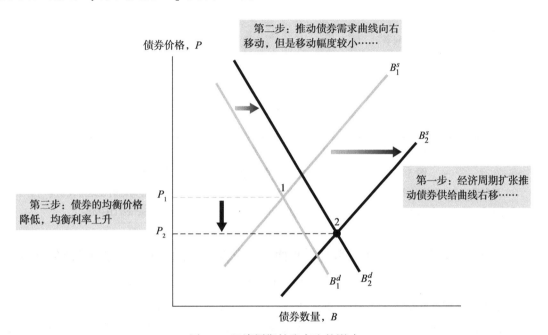

图 5-6 经济周期扩张产生的影响

注：在经济周期的扩张阶段中，财富和收入都会提高，需求曲线由 B_1^d 向右移动至 B_2^d。如图所示，如果供给曲线向右移动的幅度大于需求曲线的移动幅度，那么将会导致债券的均衡价格由 P_1 下降至 P_2，均衡利率随之上升。

同样，经济扩张也会影响债券需求。在经济扩张阶段中，财富总量通常趋于提高，根据资产组合选择理论，我们知道债券需求也会相应提高。正如图 5-6 所示，需求曲线将由 B_1^d 向右移动至 B_2^d。

由于已知债券的供给曲线和需求曲线都向右移动，所以我们可以知道由 B_2^d 和 B_2^s 交点确定的新均衡点也会向右移动。然而，由于供给曲线和需求曲线的移动幅度存在差异，所以新的均衡利率可能相应地上升或者下降。

对于经济周期扩张阶段的利率变动情况，上述供求分析仅仅提供了一个模糊的解释。图 5-6 中描绘的情况是，供给曲线的变动幅度大于需求曲线的变动幅度，从而导致债券的均衡价格下降至 P_2，而其均衡利率则随之提高。如此绘制图示的原因在于，我们观察到的实际经济数据表明了经济周期扩张和收入的提高将会导致利率的上升。图 5-7 显示了 1951 ～ 2017 年 3 个月期美国国库券利率的变动情况和经济周期的衰退阶段（阴影区）。我们可以发现，正如供求分析结论显示的那样，在经济周期的扩张阶段，利率将会上升，而在经济周期的衰退阶段中，利率将会下降。

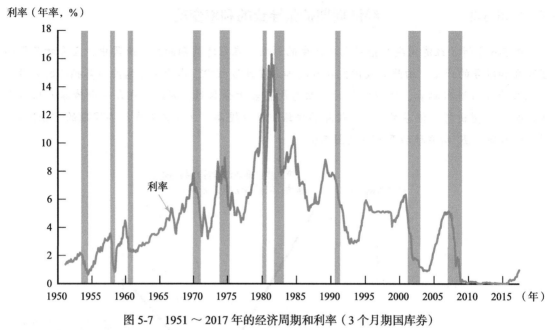

图 5-7　1951 ～ 2017 年的经济周期和利率（3 个月期国库券）

注：阴影区代表了经济的衰退阶段，在经济周期的扩张阶段利率将会上升，而在经济周期的衰退阶段利率将会下降。

资料来源：Federal Reserve Bank of St. Louis FRED database: https://fred.stlouisfed.org/series/TB3MS.

🔆 应用 5-3　对于欧洲、日本和美国低利率的解释：低通货膨胀和长期性经济停滞

在全球金融危机之后，欧洲、美国以及日本的利率都跌到了极低的水平。正如第 4 章中所讨论的那样，我们发现利率有时甚至变为负值。为什么这些国家的利率如此低呢？

答案是：所有这些国家的通货膨胀率都已降至非常低的水平，有时甚至为负。与此同时，社会缺乏有吸引力的投资机会。利用这些事实，采用与前面应用中类似的分析方法，我们可以解释为何利率变得如此之低。

通货紧缩会导致债券需求的提高。由于实际资产的预期收益率出现下降，所以债券的相对收益率将会提高，从而推动债券需求曲线向右方移动。同样，通货紧缩促使实际利率提高，因此在每个已知名义利率水平上，真实的借款成本上升，导致债券供给数量下降，债券供给曲线向左移动。这个结果与图 5-4 的情况完全相反，需求曲线向右移动，供给曲线向左移动，导致债券价格上升、利率下降。

所有这些国家的经济增长率都非常低并缺乏有利可图的投资机会。哈佛大学前校长、美国财政部前部长劳伦斯·萨默斯用"长期性经济停滞"一词描述了这种现象。长期停滞的结果是：企业削减了投资支出，导致债券供应减少，使得供给曲线向左平移。债券供给曲线的左移导致债券价格进一步上涨，利率下降（与图 5-6 相反）。

通常，由于低利率节约了借款成本，所以我们认为它是一件好事。然而，美国、欧洲和日本的例子正如一句谚语所描述的："你绝不要太富有或者太瘦弱"（也许你不会太富有，但是你确实可能因为太瘦弱而损害身体健康），因此那种认为利率越低越好的观点是错误的。在美国、欧洲和日本，低利率甚至是负利率是国家经济出现严重问题的一个标志，它同时伴随着物价降低和经济紧缩。

5.4 货币市场的供给和需求：流动性偏好理论

除了使用债券市场的供求分析来说明均衡利率的决定机制以外，约翰·梅纳德·凯恩斯创立了**流动性偏好理论模型**（liquidity preference framework），通过货币市场的供求分析来说明均衡利率的决定机制。虽然这两种理论貌似不同，但是货币市场的流动性偏好理论和债券市场的供求理论之间具有密切的联系。⊖

凯恩斯分析的起点是假设人们用于储藏财富的资产主要是货币和债券。因此，经济运行过程中的财富总量等于债券总量和货币总量之和，即等于债券供应量（B^s）加上货币供应量（M^s）。由于人们能够购买的资产数量不能超过其可用资源的数量，所以人们希望持有的债券数量（B^d）和货币数量（M^d），即其需求量也必然等于财富总量。因此，债券和货币的供给量必然等于债券和货币的需求量

$$B^s+M^s=B^d+M^d \tag{5-2}$$

将有关债券的各项放在方程的一边，而将有关货币的各项放在方程的另一边，上述公式可以改写为

$$B^s-B^d=M^d-M^s \tag{5-3}$$

通过式（5-3）可以发现如果货币市场处于均衡状态（$M^s = M^d$），那么等式的右边就等于 0，这样就有 $B^s = B^d$，意味着债券市场同样处于均衡状态。

因此，通过债券市场的供求相等和通过货币市场的供求相等来确定均衡利率是相同的。从这个角度分析，用于货币市场分析的流动性偏好理论和用于债券市场分析的供求理论是相同的。但是在实际中，这两种理论之间存在差别，因为流动性偏好理论假设只有货币和债券两种资产，它实际上忽略了汽车或者住宅等实体资产预期收益率的变化对利率产生的影响。但是在大多数情况下，这两种理论得出的结论是一致的。

我们之所以介绍两种决定利率的理论，是因为在分析预期通货膨胀率的变化对于利率的影响程度时，使用债券供求理论更为便捷，而在分析收入、价格水平以及货币供给的变化对于利率的影响程度时，使用流动性偏好理论更为简单。

由于凯恩斯的货币定义包含了通货（没有利息）和支票账户存款（在凯恩斯的时代通常是不支付利息或者利息很少），因此他假设持有货币的收益率为 0。在凯恩斯的理论中，债券是能够替代货币的唯一资产，其预期收益率为 i。⊜当利率上升的时候（其他条件保持不变），相对于债券的预期收益率，货币的预期收益率将会下降，正如资产组合选择理论预测的那样，这将会导致货币需求数量下降。

通过运用机会成本的概念，我们发现货币需求量和利率之间存在负相关关系。机会成本是指由于没有持有某项替代性资产（这里指的是债券）所放弃的利息收入（预期收益）。随着债券利率 i 的上升，持有货币的机会成本也会提高，所以持有货币的意愿降低，货币的需求数量减少。

⊖ 注意：这里的"货币市场"一词是指货币发挥交易媒介功能的市场。这个市场与第 2 章中作为金融市场分类之一的货币市场之间存在区别，后者是指短期债务工具的交易市场。

⊜ 实际上，凯恩斯没有假设预期收益率等于利率，而是认为两者之间是紧密相关的。在我们的分析中，这一区别没有产生实质性的影响。

图 5-8 显示的是，在诸如收入和价格水平等其他经济变量保持不变的条件下，一组利率对应的货币需求量。当利率为 25% 的时候，A 点显示了相应的货币需求量为 1 000 亿美元。如果利率水平降低至 20%，持有货币的机会成本随之降低，从而货币需求量提高至 2 000 亿美元，即从 A 点移动至 B 点。如果利率继续下降，那么货币需求量就会随之继续提高，即图中 C 点、D 点和 E 点所示。连接上述各点，就可以得到向下倾斜的货币需求曲线 M^d。

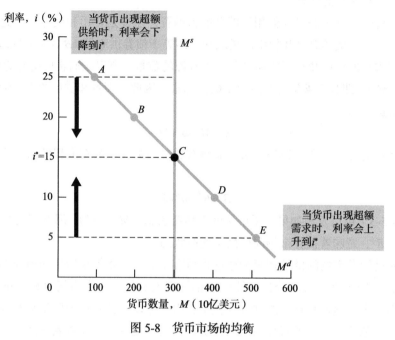

图 5-8　货币市场的均衡

注：货币市场的均衡利率出现在货币需求曲线和货币供给曲线的交点 C 的位置上。均衡利率是 i^*=15%。

在我们的分析中，我们假定中央银行将货币供应量控制在 3 000 亿美元的固定水平上，因此图 5-8 中的货币供给曲线 M^s 是取值为 3 000 亿美元的一条垂线。货币供给曲线和货币需求曲线的交点 C 就是货币供给数量和货币需求数量相等时的均衡状态，其中

$$M^d=M^s \tag{5-4}$$

由此形成的均衡利率为 i^*=15%。

通过观察利率高于均衡利率时的货币供求关系，我们可以再次发现市场有向均衡状态运动的发展趋势。当利率为 25% 的时候，A 点的货币需求数量为 1 000 亿美元，货币供给数量为 3 000 亿美元。货币的超额供给意味着人们实际持有的货币数量超过了其希望持有的数量，因此人们会通过购买债券来消除超量的货币余额，随之提高了债券的价格。随着债券价格的上升，利率会向 15% 的均衡利率水平接近。这一趋势由图中 25% 利率处的向下箭头来显示。

同样，如果利率为 5%，E 点的货币需求数量为 5 000 亿美元，而货币供应数量只有 3 000 亿美元，这样就出现了货币的超额需求，即人们希望持有的货币数量高于其现实持有的数量。为了获得更多的货币，人们只能出售另一项资产——债券，从而导致债券价格下降。当债券价格下降的时候，利率会向 15% 的均衡利率水平接近。只有在达到均衡利率的条件下，这种向均衡利率接近的运动才会停止，而利率在均衡值上才能稳定下来。

5.5 流动性偏好理论中的均衡利率变动

如果使用流动性偏好理论来解释利率变动的运行机制，那么我们首先必须了解引起货币需求变动和货币供给变动的原因。

5.5.1 货币需求的变动

在凯恩斯的流动性偏好理论中，有两个因素会导致货币需求的变动：收入和物价水平。

1. 收入效应

凯恩斯认为，货币需求受到收入因素影响包含两个方面的原因：第一，在经济扩张和收入增加的条件下，财富增长，人们愿意持有更多的货币作为价值储藏手段。第二，在经济扩张和收入增加的条件下，人们希望使用货币作为交易媒介实现更多的交易，故人们希望持有更多的货币。因此，**收入水平的提高将会导致每个利率水平下的货币需求量随之增长，需求曲线向右移动。**

2. 物价水平效应

凯恩斯认为，人们关注的是以实际物品形式体现的货币持有数量，即按照实际能够购买的商品和服务的数量来计算的货币数量。当物价水平上涨的时候，同样数量名义货币的价值就会下降，以致不足以购买与以前相同数量的商品和服务。为了将以实物形式体现的持有货币数量恢复到以前的水平，人们将会希望持有更多数量的名义货币。因此，**物价水平的上升将会导致每个利率水平下的货币需求量随之增长，需求曲线向右移动。**

5.5.2 货币供给的变动

我们假设货币供给完全由中央银行控制，在美国就是美联储（实际上，货币供应量的决定过程十分复杂，涉及银行、银行的储蓄者和借款者等多方面的因素，在后面的章节中，我们将学习到更为详尽的相关知识）。现在，我们需要了解的就是，**美联储控制的货币供应量的提高将会导致货币供给曲线向右移动。**

💡 应用 5-4 **收入、物价水平和货币供应量变动导致的均衡利率变化**

为了展现我们使用流动性偏好理论对利率变动进行分析的过程，我们将再次考察一些有助于说明货币政策影响利率变动的实际事例。在这些事例中，请记住我们使用了其他条件保持不变的假设：当考察一个变量变动所产生的影响时，其他所有变量都保持不变（为了帮助学习，表 5-4 简要总结了货币需求和货币供给的变动情况）。

表 5-4 导致货币供求变动的因素

变量	变量的变动情况	在每个利率水平上货币需求数量（M^d）和货币供给数量（M^s）的变动情况	利率的变动情况	
收入	↑	M^d ↑	↑	

（续）

变量	变量的变动情况	在每个利率水平上货币需求数量（M^d）和货币供给数量（M^s）的变动情况	利率的变动情况	
物价水平	↑	M^d ↑	↑	
货币供应量	↑	M^s ↑	↓	

注：这里仅仅显示的是各个变量上升时的情况。各个变量下降对需求变动产生的影响与表中其余各栏的情况正好相反。

5.5.3 收入的变动

在经济周期的扩张阶段中，收入水平逐步提高，我们可以发现货币需求将会随之提高。如图 5-9 所示，需求曲线由 M_1^d 向右移动至 M_2^d。新的均衡点位于货币需求曲线 M_2^d 和货币供给曲线 M^s 的交点，即点 2。正如我们所见，均衡利率水平由 i_1 上升至 i_2。根据流动性偏好理论可以得出下列结论：在经济周期的扩张阶段中，收入水平逐步提高（在其他变量保持不变的条件下），利率将会随之上升。与使用债券供求理论分析得出的经济周期扩张对利率产生影响的有关结论相比，这个结论更为明确。

5.5.4 物价水平的变动

当物价水平提高的时候，按照其实际能够购买的商品和服务计算的货币价值将会降低。为了使其按照实际物品计算的购买力恢复到以前的水平，人们希望持有更多数量的名义货币。物价水平的提高促使货币需求曲线从 M_1^d 向右移动至 M_2^d（见图 5-9）。均衡点从点 1 移动至点 2，而均衡利率水平由 i_1 上升至 i_2。这表明在货币供应量和其他变量保持不变的条件下，当物价水平提高的时候，利率会随之上升。

5.5.5 货币供应量的变动

联邦储备体系由于执行扩张型货币政策而形成的货币供应量提高，意味

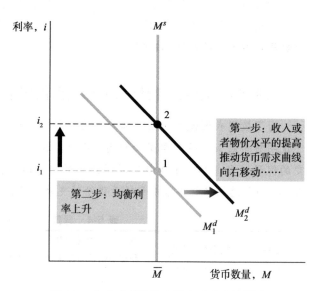

图 5-9　收入或者物价水平变动产生的影响

注：在经济周期的扩张阶段中，收入水平随之提高，或者物价水平提高，需求曲线将由 M_1^d 移动至 M_2^d。供给曲线保持在 $M^s = \overline{M}$ 的水平上。均衡利率水平由 i_1 上升至 i_2。

着货币供给曲线向右移动。正如图 5-10 所示，货币供给曲线由 M_1^s 移动至 M_2^s，均衡点从点 1 移动至点 2，即供给曲线 M_2^s 与需求曲线 M^d 的交点，而均衡利率水平由 i_1 下降至 i_2。当货币供应量提高的时候（在其他变量保持不变的条件下），利率将会下降。[○]

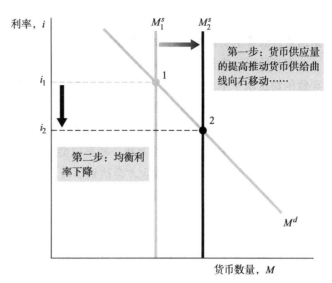

图 5-10　货币供应量变动产生的影响

注：随着货币供应量的提高，货币供给曲线将由 M_1^s 移动至 M_2^s，而均衡利率水平由 i_1 下降至 i_2。

5.6　货币和利率

从图 5-10 的流动性偏好理论分析中，似乎能够得到货币供应量增长导致利率下降的结论。由于政治家经常据此要求提高货币供应量的增长速度以降低利率，所以这个结论具有重要的政策意义。

然而，这个货币和利率之间存在负相关关系的结论是否正确呢？在图 5-10 的流动性偏好理论分析过程中是否遗漏了其他重要的影响因素呢？在此，我们将使用供求分析方法来解答这些问题，以加深对货币和利率之间关系的了解。

诺贝尔经济学奖得主米尔顿·弗里德曼对于货币供应量的上升会降低利率这一结论提出了重要的批判。他承认流动性偏好理论的正确性，并且将货币供应量的提高（在其他经济变量保持不变的条件下）会促使利率下降的这一结论称为流动性效应。然而，他认为流动性效应只反映了货币和利率关系的一部分事实：货币供应量的提高并不能保证"其他经济变量保持不变"，而会对经济运行过程产生其他的效应，从而导致利率上升。如果这些效应足够大，那么在货币供应量提高的时候，利率完全有可能随之上升。

由于已经讨论过收入、物价水平和预期通货膨胀率影响均衡利率的运行机制，所以我们具备了对这些效应进行分析的基础。

（1）收入效应。货币供应量的提高会对经济运行产生扩张性影响，从而增加国民收入和财富水平。流动性偏好理论和债券供求理论都认为利率会由此上升（见图 5-6 和图 5-9）。因此，**货币供应量提高的收入效应是指收入水平的提高将会导致利率上升**。

（2）物价效应。货币供应量的提高将会导致整体经济中物价总水平的上升，流动性偏好理论认为这将会提高利率。因此，**货币供应量提高的物价效应是指物价水平的提高将会导致利率上升**。

（3）预期通货膨胀效应。由于货币供应量的提高会导致通货膨胀率上升，所以通过对预期

[○]　使用债券供求理论可以得到相同的结论。正如我们将在第 17 章中发现的那样，购买债券是中央银行提高货币供应量的主要方式，由此将会相应削减面向公众的债券供给数量，导致了债券供给曲线向左移动，提高了债券的均衡价格，降低了其均衡利率。

通货膨胀率施加影响，它还能够对利率产生影响。具体来说，货币供应量的提高，使得人们对未来物价水平的预期相应上升，由此产生了更高的预期通货膨胀率。债券供求理论告诉我们，预期通货膨胀率的提高将会导致利率上升。因此，**货币供应量提高的预期通货膨胀效应是指预期通货膨胀率的提高将会导致利率上升。**

在开始时，物价效应和预期通货膨胀效应似乎是相同的。它们都表明由货币供应量的提高导致的物价水平上升，促使了利率上升。然而，两者之间存在细微的差别，这就是我们将其作为两种不同的效应进行讨论的原因。

如果今天暂时的货币供应量增长能够导致物价水平在下一年之前上涨到一个永久的较高水平，随着这一年中物价水平的上涨，利率也会因物价效应而上升。只有在这一年年末物价水平上涨到最高点的时候，物价效应才会达到顶峰。

物价水平的提高也会通过预期通货膨胀效应来推动利率的上升，因为人们在这一年中对于通货膨胀率的预期值将会相应提高。然而，如果下一年的物价水平停止增长，通货膨胀率和预期通货膨胀率都将回归为 0。由前期的预期通货膨胀率提高形成的任何利率增长都会发生反转。因此，我们可以看出预期通货膨胀效应和物价效应之间形成了对照，物价效应在下一年达到顶峰，而预期通货膨胀效应在下一年达到最小值（零效应）。这两种效应的基本区别在于，当物价停止上涨之后，物价效应依然存在，而预期通货膨胀效应却随之消失。

重点在于，只有在物价持续上涨的条件下，预期通货膨胀效应才能够存在。在后面讨论货币理论的章节中，我们将会发现暂时的货币供应量提高不会导致物价水平持续上涨，只有较高的货币供应量增长比率才能够导致物价水平持续上涨。因此，较高的货币供应量增长比率是预期通货膨胀效应存在的必要条件。

💡 应用 5-5　　提高货币供应量增长比率能够降低利率吗

现在，我们可以将前面讨论的各种效应综合起来，帮助判断我们的分析是否支持政治家所提倡的在利率水平过分高涨时应该提高货币供应量增长比率的观点。在全部效应中，只有流动性效应说明货币供应量增长比率的提高能够降低利率。相反，收入效应、物价效应和预期通货膨胀效应都表明，当货币供应量增长比率提高的时候利率也会上升。其中哪一个效应的影响最大？它们需要多长时间才能够产生效果？这些问题的解答对于判断货币供应量增长比率提高时利率上升还是下降具有至关重要的意义。

一般来说，由于货币供应量增长比率提高将会促使均衡利率立即出现下降，所以由此产生的流动性效应会即刻生效。由于货币供应量的提高在一段时间后才会导致收入和物价水平的相应增长，进而才会提高利率，所以由此产生的收入效应和物价效应在经历一段时间后才会生效。预期通货膨胀效应同样可以促使利率上升，它发挥效应所需要的时间可长可短，具体取决于人们在货币供应量增长比率提高时调整通货膨胀预期的速度。

图 5-11 概括了三种可能发生的情况：每种情况分别描述了从 T 时刻开始，随着时间的推移，当货币供应量增长比率提高之后利率的反应机制。图 5-11a 表明的是流动性效应大于其他效应的情况，因此利率从 T 时刻的 i_1 下降至最终的 i_2。流动性效应很快生效，促使利率下降。但是随着时间的推移，其他效应开始产生一些相反的影响，抑制利率的下降。由于流动性效应

产生的影响大于其他效应，所以利率不会恢复到其初始水平。

图 5-11b 表明的是流动性效应小于其他效应的情况，而且由于预期通货膨胀率向上调整的速度比较缓慢，所以预期通货膨胀效应产生效果的速度也会比较缓慢。在开始阶段中，流动性效应会促使利率下降，然后收入效应、物价效应和预期通货膨胀效应开始推动利率上升。由于这些效应占据了主导地位，所以利率最终超过其初始水平，达到 i_2。在短期内，货币供应量增长比率的提高会导致利率下降，但是利率最终将会升至高于其初始值的水平。

图 5-11c 表明的是预期通货膨胀效应占据主导地位的情况，其发挥作用的速度很快。由于当货币供应量增长比率提高时，人们将会很快调整自己的通货膨胀预期水平，所以预期通货膨胀效应一开始就立刻超过了流动性效应，利率随之迅速上升。经过一段时间之后，收入效应和物价效应开始产生影响，促使利率进一步提高，导致利率最终显著高于其初始水平。这一结果清楚地表明，货币供应量增长比率的提高不能促使利率下降，反之，应该是通过降低货币供应量增长比率来实现利率水平的下降。

对于政策制定者而言，一个非常重要的问题是：这三种情况中的哪一种更接近现实？如果想要降低利率，那么在流动性效应大于其他效应的条件下，就应该提高货币供应量的增长比率，如图 5-11a 所示。而在流动性效应小于其他效应，并且能够迅速调整预期通货膨胀率的条件下，应该降低货币供应量的增长比率，如图 5-11c 所示。如果在流动性效应小于其他效应，但预期通货膨胀率调整速度较慢的条

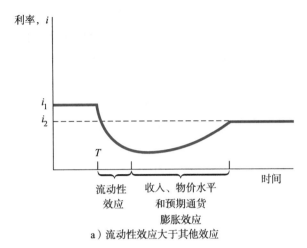

a）流动性效应大于其他效应

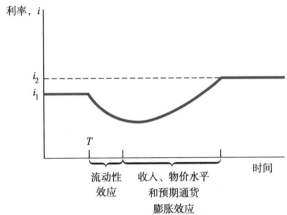

b）流动性效应小于其他效应，并且预期通货膨胀率调整速度较慢

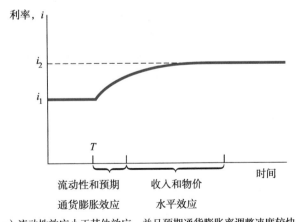

c）流动性效应小于其他效应，并且预期通货膨胀率调整速度较快

图 5-11 随着时间推移，提高货币供应量增长比率产生的影响

注：每个图形显示了从时间 T 开始，随着时间的推移，利率如何对货币供应量增长率的增加做出反应。

件下，那么提高还是降低货币供应量的增长比率将取决于你更加关注的是政策调整的长期效果还是短期效果，如图 5-11b 所示。

实际情况证实了其中的哪种情况呢？图 5-12 显示了 1950～2017 年利率和货币供应量之间的关系。当 20 世纪 60 年代中期货币供应量增长比率开始提高的时候，利率随之上升，表明在此期间的物价效应、收入效应和预期通货膨胀效应大于流动性效应。截至 20 世纪 70 年代，利率和货币供应量增长比率都已经达到第二次世界大战结束以来前所未有的峰值。从 20 世纪 80 年代初到 20 世纪 90 年代初，货币供应量增长比率的下降与利率下降有关。然而，自 1995 年通货膨胀率相对稳定以来，货币供应量增长比率与利率之间并没有显示出明确的关系。

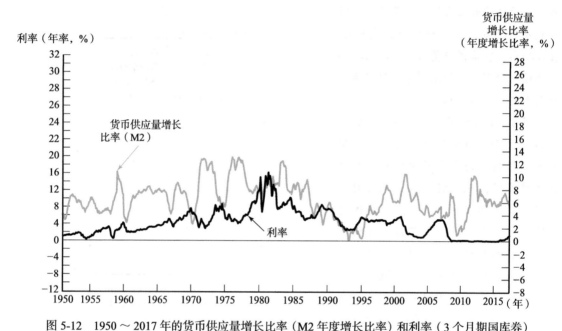

图 5-12　1950～2017 年的货币供应量增长比率（M2 年度增长比率）和利率（3 个月期国库券）

注：在 20 世纪 60 年代中期货币供应量增长比率开始提高的时候，利率随之上升，表明在此期间的物价效应、收入效应和预期通货膨胀效应大于流动性效应。截至 20 世纪 70 年代，利率和货币供应量增长比率都达到第二次世界大战结束以来前所未有的峰值。

资料来源：Federal Reserve Bank of St. Louis FRED database: https://fred.stlouisfed.org/series/M2SL; https://fred.stlouisfed.org/series/TB3MS.

图 5-11a 显示的情况比较可疑，因此严重削弱了通过提高货币供应量增长比率来降低利率的作用效果。回顾显示预期通货膨胀率和利率之间关系的图 5-5，你就容易认同这一观点了。20 世纪六七十年代提高了货币供应量的增长比率，同期的预期通货膨胀率也大幅度上升。从 20 世纪 80 年代初到 20 世纪 90 年代初，货币供应量增长比率放缓与预期通货膨胀率下降有关。我们可以据此认为，预期通货膨胀效应将会占据主导地位。从表面上看，这为提高货币供应量增长比率导致利率上升、降低货币供应量增长比率导致利率下降的问题提供了最合理的解释。但是，图 5-12 无法说明图 5-11b 和图 5-11c 哪一种情况更为准确。这主要取决于人们的预期通货膨胀调整速度。然而，一些近期的研究使用了更为复杂的模型，而不是简单地通过观察诸如图 5-12 之类的图表来得出结论，这些研究确实表明，临时提高货币供应量的增长比率可以在短期内降低利率，从而也就证实了图 5-11b 显示的情况。

本章小结

1. 资产需求理论表明，一项资产的需求量：① 和财富之间存在正相关关系；② 相对其他替代性资产，和本项资产的预期收益之间存在正相关关系；③ 相对其他替代性资产，和本项资产的风险之间存在负相关关系；④ 相对其他替代性资产，和本项资产的流动性之间存在正相关关系。

2. 债券供求理论可以为研究利率的决定机制提供理论解释。该理论认为，在由于收入（或者财富）、预期收益、风险或者流动性的变化导致的需求变化，或者是由于投资机会的吸引力、借款实际成本或者政府预算的变化导致的供给变化的条件下，利率就会随之发生变化。

3. 流动性偏好理论是解释利率决定机制的另一种理论，关注的是货币的供给和需求。该理论表明，在由于收入或者价格水平的变化导致的货币需求变化，或者是货币供应量变化的条件下，利率就会随之发生变化。

4. 在货币供应量提高的条件下，可能会出现以下4种情况：流动性效应、收入效应、物价效应以及预期通货膨胀效应。流动性效应表明货币供应量的提高会导致利率的下降，而其他效应的作用方向相反。实际情况似乎表明收入效应、物价效应和预期通货膨胀效应要大于流动性效应的作用结果，因此，增加货币供应量将会提高而非降低利率。

关键术语

资产市场方法	费雪效应	风险	需求曲线
流动性	供给曲线	超额需求	流动性偏好理论模型
资产组合选择理论	超额供给	市场均衡	财富
预期收益	机会成本		

思考题

1. 请解释在下列情况下，你是否会改变购买微软公司股票的意愿：
   a. 你拥有的财富减少；
   b. 你预计该股票将会升值；
   c. 债券市场中的流动性提高；
   d. 你预计黄金将会升值；
   e. 债券市场的价格波动幅度加大。

2. 请解释在下列情况下，你是否会改变购买住宅的意愿：
   a. 你刚刚获得了10万美元的遗产；
   b. 不动产佣金比率从售价的6%降低至5%；
   c. 你预计下一年微软公司的股票价格将会上涨1倍；
   d. 股票市场的价格波动幅度加大；
   e. 你预计住宅价格将会下降。

3. 请解释在下列情况下，你是否会改变购买黄金的意愿：
   a. 黄金再次成为交易媒介；
   b. 黄金市场的价格波动幅度加大；
   c. 你预计通货膨胀率将会提高，而黄金价格和价格总水平一同变动；
   d. 你预计利率将会提高。

4. 请解释在下列情况下，你是否会改变购买美国电话电报公司的长期债券的意愿：
   a. 随着这种债券交易量的上升，其流动性提高；
   b. 你预计股票市场将会进入熊市（预计股票价格将会下降）；
   c. 股票交易的佣金费用降低；

d. 你预计利率将会提高；

e. 债券交易的佣金费用降低。

5. 在股票市场处于繁荣阶段的时候，对于伦勃朗油画的需求将会产生何种变化？原因何在？

6. 拉斐尔注意到，在目前的利率水平上，债券供应过剩，因此他预计债券价格会上涨。他的说法对吗？

7. 假设玛丽亚更愿意购买预期收益率为7%、标准差为2%的债券，而詹妮弗更愿意购买预期收益率为4%、标准差为1%的债券。你认为玛丽亚比詹妮弗更厌恶风险，还是更不厌恶风险？

8. 如果政府对每日交易量施加限制，债券市场将会发生什么？资产的哪个特性会受到影响？

9. 如果人们对不动产未来价格的预期值忽然提高，那么对利率将会产生何种影响？

10. 由于现在遵守新的金融市场法规的成本太高，假设许多大公司决定不发行债券。你能描述这对利率的预期影响吗？

11. 在2008年开始显现的全球性经济危机的后期，美国政府预算赤字急剧增加，然而美国国债利率大幅下降并保持低利率水平很长一段时间。这是否合理？并解释原因。

12. 如果股票经纪人的佣金费用下降，那么利率将会受此影响吗？请解释你给出的答案的原因。

13. 在记者招待会上，美国总统宣布将采取一项新的反通货膨胀计划来控制不断高涨的通货膨胀率。如果公众信任总统，那么你预计利率将出现何种变化？

14. 假设法国人决定永久性地提高他们的储蓄率。请预测未来法国债券市场将会发生什么？法国的国内利率会更高还是更低？

15. 假设你负责公司的财务部门，必须在短期借款和长期借款中选择。查看新闻后，你发现政府将在不久后参与一个主要基础设施建设计划。请预测利率会怎么变化。你建议短期借款还是长期借款？

16. 财政政策制定者是否有理由担心潜在的通货膨胀状况？解释原因。

17. 在名义货币供应量不变的条件下，价格水平（没有包含在预期通货膨胀率之内）的提高会导致利率上升的原因何在？

18. 如果公众认为美联储的下任主席将会主张保持比现任主席在任期间更低的货币供应量增长比率，那么你预计利率将会出现何种变化？请讨论可能出现的各种情况。

19. 美国在2011年和2012年的M1增长率是15%，2013年的M1增长率是10%。在同一时期，3个月期国库券利率却接近0。考虑到货币的高增长率，请解释利率没有增长，却保持如此低水平的原因。对于收入、物价水平和预期通货膨胀效应，这说明了什么？

应用题

20. 假设你有一个财务顾问，你正在考虑将你的财富的一部分投资于下列三个投资组合中的一个：股票、债券或商品。财务顾问为你提供了以下表格，里面包含每项投资的潜在回报率以及相应的概率：

a. 你应该选择哪项投资去最大化你的预期收益：股票、债券或商品？

b. 如果你是风险厌恶者，并且必须从股票和债券之间选择其一，你会选哪个？为什么？

股票		债券		商品	
概率	收益率	概率	收益率	概率	收益率
0.25	12%	0.6	10%	0.20	20%
0.25	10%	0.4	7.50%	0.25	12%
0.25	8%			0.25	6%
0.25	6%			0.25	4%
				0.05	0%

21. 联邦储备体系减少货币供应量的一种重要方法是向公众出售债券。根据债券供求分析方法，说明这种行为将会对利率产生何种影响。这与你使用流动性偏好理论得到的分析

结论一致吗？

22. 使用流动性偏好理论和债券供求理论，说明利率顺周期运行（即利率在经济扩张时上升而在经济衰退时下降）的原因。

23. 使用债券供求理论和流动性偏好理论，解释在债券风险提高的条件下，利率会产生何种变化。使用这两种理论得出的分析结论一致吗？

24. 面值为 1 000 美元 1 年期贴现债券的需求曲线和供给曲线分别用下列等式表达：

    B^d：价格 =−0.6× 数量 +1 140

    B^s：价格 = 数量 +700

    a. 在此市场中，债券的预期均衡价格和数量是多少？

b. 按照 a 中的答案，在此市场中，预期利率是多少？

25. 面值为 1 000 美元 1 年期贴现债券的需求曲线和供给曲线分别用下列等式表达：

    B^d：价格 =−0.6× 数量 +1 140

    B^s：价格 = 数量 +700

    假设，作为货币政策行动的结果，美联储出售其持有的 80 只债券，并且假定债券需求和货币需求量保持不变。

    a. 美联储政策对债券供给的公式有什么影响？

    b. 计算美联储的行动对该市场均衡利率的影响。

数据分析题

1. 登录圣路易斯联邦储备银行 FRED 数据库，查找关于家庭和非营利组织的净资产数值（HNONWRQ027S）和 10 年期国债（GS10）的数据。对于净资产指标，调整单位设置为"相比年前百分比变化率"；对于 10 年期债券，调整频率设置为"季度"。

   a. 在最近几年的数据中，净资产的百分比变化是什么？所有其他条件相同，你认为 10 年期国债的价格和收益率将会发生什么变化？为什么？

   b. 在上一年的数据中，10 年期国债的收益率发生了什么变化？这个结果是否与 a 部分的结果一致？简要解释。

2. 登录圣路易斯联邦储备银行 FRED 数据库，查找关于 M1 货币供给（M1SL）和 10 年期国债利率（GS10）的数据。对于 M1 货币供给指标，调整单位设置为"相比年前百分比变化率"；对于 10 年期债券，调整频率设置为"季度"。将数据下载到电子表格中。

   a. 利用从 2000 年第一季度开始到最近的季度的数据，画出一幅散点图，货币增长率在水平轴，10 年期国债利率在纵轴。在散点图上，画出（有多种方法，请用一种特别的图表布局建立选项）一条基于数据的拟合线（回归线）。根据这条拟合线，是否可以看出数据与流动性效应是一致的？简要解释。

   b. 重复 a 步骤，但是这次比较当时的货币增长率与 4 个季度以后的利率。例如，制作一幅散点图比较 2000 年第一季度的货币增长率与 2001 年第一季度的利率，等等，只要是最近的成对的数据即可。与 a 步骤得到的结果对比，并将流动性效应与收入、物价水平、预期通货膨胀联系起来解释。

   c. 重复 a 步骤，但是这次比较当时的货币增长率与 2 年后的利率。例如，制作一幅散点图比较 2000 年第一季度的货币增长率与 2002 年第一季度的利率，等等，只要是最近的成对的数据即可。假设 2 年后流动性和其他效应完全融入债券市场，你的结果意味着货币增长率对利率有什么全面的影响？

   d. 基于你从 a 步骤到 c 步骤得出的答案，解释货币增长率和利率的实际数据与本章图 5-11 中的 3 种情况对比的差异。

网络练习

1. 物价上涨会降低美元的购买力。计算过去某个时点上，经过通货膨胀调整的商品价值变动情况是十分有趣的。登录 http://minneapolisfed.org/index.cfm，计算今天价值 22 000 美元的汽车在你出生的那一年的价格是多少。

2. 本章得出的一个结论是：通货膨胀将会侵蚀投资的收益。登录 http://www.moneychimp.com/articles/econ/inflation_calculator.htm，然后观察通货膨胀率如何改变你的实际收益水平。在出现下列情况的条件下，经过调整的投资价值和其（经过通货膨胀调整的）实际价值之间的差额将会发生何种变化？

a. 通货膨胀率提高；

b. 投资期限延长；

c. 预期通货膨胀率提高。

网络参考

http://www.federalreserve.gov/releases/H6/Current 联邦储备体系在每周四下午 4:30 公布的货币供应量数据。

第 6 章

利率的风险与期限结构

CHAPTER 6

学习目标

1. 辨别并解释影响利率风险结构的三个因素。
2. 列出并解释利率期限结构的三种理论。

| 预览 |

在第 5 章利率行为的供求分析中，我们讨论了单一利率的决定机制。在前面我们也看到市场中存在各种各样的债券，且其对应的利率存在较大的差异。本章我们将通过考察不同种类利率之间的关系，从而实现对利率的全面认识。理解不同种类债券的利率差异，有助于企业、银行、保险公司和个人投资者做出购买何种债券或者出售何种债券的投资决策。

我们首先将考察相同期限的债券具有不同利率的原因。尽管流动性和所得税等因素同风险一样在其决定过程中发挥了重要作用，但是这些利率之间的关系还是称为**利率的风险结构**（risk structure of interest rate）。债券的期限也会影响利率水平，不同期限债券的利率之间的关系称为**利率的期限结构**（term structure of interest rate）。本章我们将要研究不同种类利率出现波动的原因，并介绍几种阐释这种波动现象的理论。

6.1 利率的风险结构

图 6-1 描述了 1919 ～ 2017 年几种不同种类的长期债券的到期收益率的变动情况。从中我们可以发现，相同期限债券的利率行为具有两个重要的特点：尽管它们一般随着时间一起波动，但是在任何一年内，不同种类债券的利率之间存在差异，并且这些利率之间的利差（或者差额）随着时间推移也不断变化。举例来

说，20世纪30年代后期的市政债券利率高于美国政府债券（国债）利率，而之后的情况则恰恰相反。除此之外，在1930～1933年的经济大萧条期间，Baa级公司债券（风险高于Aaa级公司债券）与美国政府债券之间的利差巨大，虽然20世纪40～60年代有所降低，但之后又再次扩大，尤其在2007～2009年的全球性金融危机期间。造成这种现象的原因何在？

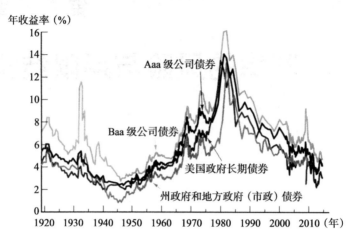

图6-1　1919～2017年各种长期债券的收益率

注：在任何一年内，不同种类债券的利率之间存在差异，并且这些利率之间的利差（或者差额）随着时间推移也不断变化。

资料来源：Board of Governors of the Federal Reserve System, *Banking and Monetary Statistics*, 1941-1970; Federal Reserve Bank of St. Louis FRED database: https://research.stlouisfed.org/fred2.

6.1.1　违约风险

违约（default）风险是影响债券利率的一个重要因素，它是指债券发行人不能或者不愿意按期支付利息或者在债券到期时不能如期偿还本金的情况。如果公司遭受重大损失，就像联合航空、达美航空、全美航空以及西北航空等美国主要航空公司在20世纪中期，美国航空公司在2011年遭受的巨大损失那样，它们就很可能推迟支付债券利息。因此，这些债券的违约风险非常高。相反，由于美国联邦政府总是可以通过增加税收或者增发货币来偿付债务，所以通常认为美国国债不具有违约风险。这类没有违约风险的债券称为**无违约风险债券**（default-free bonds，但是在2013年导致美国政府关门的国会预算案辩论中，共和党人威胁要使国债违约，这对债券市场产生了严重冲击）。具有相同期限的存在违约风险的债券与无违约风险债券之间的利差称为**风险溢价**（risk premium），它反映了人们愿意持有风险债券所要求的额外息票利息。我们在第5章中使用的债券市场供求分析方法可以用来解释为什么存在违约风险的债券通常拥有一个正的风险溢价，也可以解释为什么违约风险越高，风险溢价就越高。

为了考察违约风险对利率产生的影响，我们首先来看图6-2所描述的无违约风险债券（美国国债）和长期公司债券市场的供求曲线。为了使该图易于理解，我们假设开始时公司债券和美国国债具有相同的违约风险。在这种情况下，两种债券具有相同的特征（同样的风险和期限），因此它们的初始均衡价格和利率水平是相等的（ $P_1^c = P_1^T$，$i_1^c = i_1^T$ ），而公司债券的风险溢价（ $i_1^c - i_1^T$ ）为0。

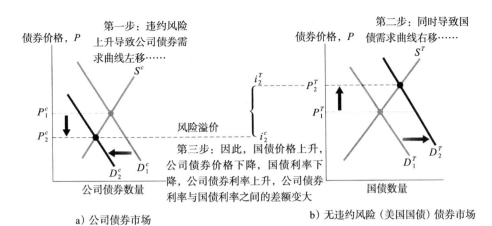

图 6-2 公司债券违约风险上升产生的影响

注：开始时，风险溢价为 0。公司债券违约风险的提高将会导致其需求曲线由 D_1^c 移动至 D_2^c，同时，国债的需求曲线将会从 D_1^T 移动至 D_2^T。公司债券的均衡价格从 P_1^c 下降至 P_2^c，而其均衡利率将会随之上升至 i_2^c。在国债市场中，国债的均衡价格从 P_1^T 上升至 P_2^T，而其均衡利率将会随之下降至 i_2^T。大括号表示了 i_2^c 和 i_2^T 之间的差额，即公司债券的风险溢价（值得注意的是，由于 P_2^c 低于 P_2^T，所以 i_2^c 将会大于 i_2^T）。

如果由于遭受巨额损失使得公司的违约概率提高，则公司债券的违约风险也会相应提高，而且公司债券的预期收益率会下降。除此之外，公司债券的收益将更加不确定。根据资产组合选择理论，当风险水平上升时，由于公司债券的预期收益率相对于无违约风险国债的预期收益率较低，所以持有公司债券的意愿降低（其他条件保持不变），公司债券需求下降。换种思路来考察这个问题，如果你是一个投资者，你会减少公司债券的持有（需求）额。如图 6-2a 所示，需求曲线将从 D_1^c 向左移动至 D_2^c。

与此同时，由于无违约风险国债的风险水平相对较低，其预期收益率相对于公司债券的预期收益率将会上升。无违约风险国债的持有意愿提高，需求上升。如图 6-2b 所示，国债的需求曲线将会由 D_1^T 向右移动至 D_2^T。

正如我们在图 6-2 中所看到的那样，由于债券价格和利率之间存在负相关关系，所以当公司债券的均衡价格从 P_1^c 下降至 P_2^c 时，其均衡利率上升至 i_2^c。同时，当国债的均衡价格从 P_1^T 上升至 P_2^T 时，其均衡利率随之下降至 i_2^T。公司债券和无违约风险国债之间的利差，即公司债券的风险溢价，也从 0 上升至 $i_2^c - i_1^c$。现在，我们可以得出结论：**具有违约风险的债券通常具有正的风险溢价，而违约风险的上升将会提高风险溢价水平。**

由于违约风险对于风险溢价水平的确定十分重要，所以债券的购买者需要了解公司对于其发行的债券是否会发生违约行为。属于投资咨询公司的**信用评级机构**（credit-rating agencies）提供了此类信息，它们根据违约概率的大小对公司债券和市政债券的质量进行级别评定。但是由于在 2007 ～ 2009 年全球性金融危机中所扮演的角色，最近这些年来，信用评级机构的存在渐具争议性（详见参考资料"信用评级机构与全球性金融危机的利益冲突"）。表 6-1 列出了三家最大的信用评级机构穆迪、标准普尔和惠誉提供的债券评级及其说明。其中，违约风险较低的债券被称为投资级债券，评级为 Baa（或者 BBB）或者更高。级别低于 Baa（或者 BBB）的债券具有较高的违约风险，被形象地称为投机级债券或者**垃圾债券**（junk bonds）。由于这些债券的利率通常高于投资级债券，所以它们又称为高收益债券。

表6-1 穆迪、标准普尔和惠誉的债券评级

穆迪	标准普尔	惠誉	定义
Aaa	AAA	AAA	最高质量级
Aa1	AA+	AA+	高质量级
Aa2	AA	AA	高质量级
Aa3	AA−	AA−	高质量级
A1	A+	A+	中上级
A2	A	A	中上级
A3	A−	A−	中上级
Baa1	BBB+	BBB+	中下级
Baa2	BBB	BBB	中下级
Baa3	BBB−	BBB−	中下级
Ba1	BB+	BB+	非投资级
Ba2	BB	BB	投机级
Ba3	BB−	BB−	投机级
B1	B−	B−	高投机级
B2	B	B	高投机级
B3	B−	B−	高投机级
Caa1	CCC+	CCC	高风险级
Caa2	CCC	——	差级
Caa3	CCC−	——	差级
Ca	——	——	严重投机级
C	——	——	或有违约级
——	——	D	违约级

参考资料　**信用评级机构与全球性金融危机的利益冲突**

　　债务评级在债券定价以及市场监管过程中扮演着重要的角色。一方面,信用评级机构为其客户如何以次级抵押贷款现金流为基础构造复杂的金融工具提供咨询;另一方面,它们又为这些金融工具进行信用评级,由此将产生潜在的严重利益冲突。尤其是,当评级机构从其咨询的客户产品中收取高额的咨询费时,就没有足够的动力为这些产品提供公正、准确的评级。

　　当房地产价格开始下跌时,次级抵押贷款便出现违约,这时可以很清楚地看出评级机构在评定它们所设计的次级产品风险时的失职。许多AAA级产品不得不一次又一次地降级直至垃圾级。而持有这些资产所带来的巨额损失也是许多金融机构陷入困境的原因之一。事实上,一些评论家已经把评级机构列为导致全球性金融危机的罪魁祸首之一。

　　下面,让我们回来继续观察图6-1,看看是否能够解释公司债券利率和美国国债利率之间的关系。由于公司债券通常存在一定的违约风险,而美国国债则没有,所以公司债券的利率通常高于美国国债的利率。由于Baa级公司债券存在比高等级Aaa级公司债券更高的违约风险,所以它们之间的风险溢价较高,而且Baa级债券的利率通常要高于Aaa级债券。我们可以使用同样的方法解释1930～1933年经济大萧条期间Baa级公司债券利率的风险溢价大幅上升以及

1970 年之后风险溢价上升的原因（见图 6-1）。在经济大萧条期间，我们可以发现企业的破产和违约比率非常高。正如我们预计的那样，这些因素导致弱小的公司所发行的债券的违约风险大幅提高，而 Baa 级公司债券的风险溢价水平达到前所未有的高度。自 1970 年以来，我们再次看到，企业的破产和违约比率达到较高水平，尽管其远低于经济大萧条时期的水平。再次不出所料，公司债券的违约风险和风险溢价一起上升，扩大了公司债券和国债之间的利差。

💡 应用 6-1　　全球性金融危机与 Baa 级公司债券和国债的利差

从 2007 年 8 月开始，次级住宅抵押市场的崩溃导致了金融机构的巨额损失（在第 12 章中，我们将就此进行更为深入的讨论）。作为次贷崩溃以及随之而来的全球性金融危机的后果之一，许多投资者开始怀疑具有较低评级（如 Baa 级）公司的财务健康状况，甚至怀疑评级本身的可靠性。Baa 级公司债券违约风险的显著增长，导致其在每个利率水平上的持有意愿都在下降，削减了其需求数量，推动 Baa 级公司债券的需求曲线向左移动。正如图 6-2a 所示，Baa 级公司债券的利率应该随之上升，实际上这种情况也确实发生了。Baa 级公司债券的利率从 2007 年 7 月末的 6.63% 上升了 280 个基点（即 2.8 个百分点），达到危机最为严重的 2008 年 10 月中旬的 9.43%。然而 Baa 级公司债券违约风险的显著增长，相对提高了无违约风险国债的吸引力，促使其需求曲线向右移动——被一些研究者称为 "安全投资转移" 的结果。正如我们在图 6-2 中预测分析的那样，国债利率从 2007 年 7 月末的 4.78% 下降了 80 个基点，达到 2008 年 10 月中旬的 3.98%。Baa 级公司债券和国债之间的利差从危机之前的 1.85% 上升了 360 个基点，达到危机之后的 5.45%。

6.1.2　流动性

债券的流动性是影响其利率的另外一个因素。正如我们在第 4 章中所了解的那样，具有流动性的资产是指在需要的时候能够以较低的成本迅速变现的资产。资产的流动性越高，其持有意愿也会越高（在其他因素保持不变的条件下）。由于美国国债的交易量巨大，它们很容易被快速出售，并且交易成本非常低廉，所以在所有种类的长期债券中美国国债的流动性最高。因为任何一种公司债券的交易量都远低于国债交易量，所以公司债券的流动性也就低得多，即由于很难迅速找到购买者，所以在紧急情况下出售公司债券的成本将会非常高。

相对于国债利率而言，公司债券较低的流动性会对其利率产生何种影响呢？我们可以使用图 6-2 中分析违约风险的供求分析方法，来解释那些与国债相比流动性较低的公司债券和国债之间的利差扩大的原因。

我们假设在初始时公司债券和国债的流动性以及其他特征是完全相同的。如图 6-2 所示，在初始时这两种债券的均衡价格和均衡利率是相等的：$P_1^c = P_1^T$ 和 $i_1^c = i_1^T$。由于公司债券的交易量较小，与国债相比，公司债券的流动性较低，所以（正如资产组合选择理论表明的那样）公司债券的需求将会下降，在图 6-2a 中公司债券的需求曲线将会从 D_1^c 向左移动至 D_2^c。与公司债券相比，国债的流动性将会提高，因此在图 6-2b 中国债的需求曲线将会由 D_1^T 向右移动至 D_2^T。图 6-2 的曲线变动情况表明，流动性较低的公司债券价格将会降低，其利率将会提高，而流动性较高的国债价格将会提高，其利率将会下降。

形成的结果是这两种债券之间的利差加大了。因此，公司债券和国债之间的利差（即风险溢价）不仅反映了公司债券的违约风险，而且反映了其流动性。这就是风险溢价可以更确切地称为"风险和流动性溢价"的原因，尽管人们仍然习惯性地称之为风险溢价。

6.1.3 所得税因素

回顾图 6-1，我们可以发现市政债券的利率行为中仍然存在一个问题。市政债券显然不是无违约风险债券，历史上州政府和地方政府发行的债券都曾出现过违约情况，特别是在经济大萧条时期，而更近的违约案例则如密歇根州的底特律，加利福尼亚州的圣伯纳丁诺、马默斯湖和斯多克顿，亚拉巴马州的杰斐逊，宾夕法尼亚州的哈里斯伯格，罗得岛的森特勒尔福尔斯以及爱达荷州的博伊西。此外，市政债券的流动性也要低于国债。

那么如图 6-1 所示，为什么过去 70 年来这些债券的利率低于美国国债利率呢？这个问题的答案在于投资市政债券获得的息票利息可以免缴联邦所得税，这对于市政债券需求的影响与提高其预期收益率相同。

我们可以设想这样的情况：你的收入很高，因此处于所得税率为 40% 的收入等级，即每增加 1 美元的收入，你就需要向政府缴纳 40 美分的税金。如果你拥有一张面值为 1 000 美元、售价为 1 000 美元和息票利息为 100 美元的美国国债，那么你的税后利息收入为 60 美元。虽然国债利率为 10%，但是其实际税后利率仅为 6.0%。

然而，如果你将自己的储蓄用于购买面值为 1 000 美元、售价为 1 000 美元、息票利息为 80 美元的市政债券，虽然这种债券的利率仅为 8%，但是由于这是一种免税债券，你无须为 80 美元的利息收入缴税，所以你的实际税后利率仍然为 8%。显而易见，虽然国债利率要高于市政债券利率，但是通过持有市政债券，你将获得更高的税后收益，所以你更愿意持有这种风险更高、流动性更低的债券（在第二次世界大战之前的情况并非如此，由于当时的所得税率很低，所以市政债券的免税特征并没有给其带来很大的优势）。

理解市政债券利率低于国债利率这一问题的另一种途径是使用图 6-3 中所描述的供求分析方法。我们假设初始时市政债券和国债具有相同的特征，如图 6-3 所示，它们具有相等的价格（$P_1^m = P_1^T$）和利率。当市政债券获得免税的优势之后，相对于国债而言，其税后预期收益率上升，吸引力提高，需求量上升，其需求曲线也从 D_1^m 向右移动至 D_2^m。这一变化的结果使市政债券的均衡价格从 P_1^m 上升至 P_2^m，其均衡利率也随之下降。相反，相对于市政债券而言，国债的吸引力下降，需求量减小，其需求曲线从 D_1^T 向左移动至 D_2^T。国债的均衡价格从 P_1^T 下降至 P_2^T，其利率也随之上升。由此产生的市政债券利率下降而国债利率提高的情况就能够解释市政债券利率低于国债利率的原因。⊖

⊖ 相较于公司债券，国债免缴州级和当地所得税。运用书中的分析，你可以了解国债的这个特点是促使公司债券利率比国债高的另一个原因。

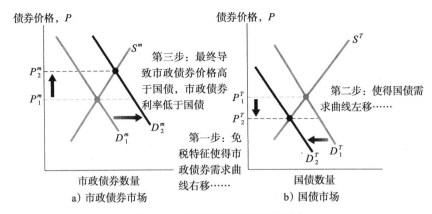

图 6-3　市政债券利率与国债利率

注：在市政债券具有免税特征的条件下，其需求曲线由 D_1^m 向右移动至 D_2^m，而国债的需求曲线将会从 D_1^T 向左移动至 D_2^T。市政债券的均衡价格从 P_1^m 上升至 P_2^m，其均衡利率将会随之降低，而国债的均衡价格从 P_1^T 下降至 P_2^T，其均衡利率将会随之上升。这就导致了市政债券利率低于国债利率情况的出现。

6.1.4　总结

利率的风险结构（期限相同的债券利率之间的关系）将会受到以下三种因素的影响：违约风险、流动性和债券利息的所得税政策。债券的违约风险提高，其风险溢价（债券和无违约风险国债之间的利差）就会随之上升。国债的流动性很高能够解释其利率低于流动性较低的债券利率的原因。如果一种债券具有税收优惠特征，就像免缴联邦所得税的市政债券那样，那么其利率就会保持在较低水平。

💡 **应用 6-2　　　奥巴马政府的加税政策对债券利率的影响**

2013 年，美国国会通过了奥巴马政府提出的将最高所得税等级的税率由 35% 增至 39% 的提案，取消了之前布什政府的减税政策。相比于国债利率，所得税税率的提高对市政债券市场中的利率将会产生何种影响呢？

我们的供求分析为这个问题提供了答案。对于富人而言，所得税税率的提高意味着，相对于国债而言，免税市政债券的税后预期收益率将会提高，因为国债息票利息将会面临更高的所得税税率。由于现在市政债券的持有意愿上升，其需求量增加，如图 6-3 所示，其需求曲线向右移动，导致其均衡价格上升，利率下降。相反，所得税税率的提高导致国债的持有意愿下降，其需求曲线向左移动，降低了其均衡价格，提高了利率。

我们的分析表明，针对富人的加税政策将会降低相对于国债而言的市政债券利率水平。

6.2　利率的期限结构

我们已经了解到风险、流动性和所得税因素（综合蕴含在利率的风险结构中）影响利率的运行机制。影响利率的另一个因素就是债券的期限。具有相同的风险、流动性和税收特征的债券，由于期限存在差异，导致其具有各不相同的利率。将那些具有相同的风险、流动性和税收特征而期限不同的债券收益率连成的曲线，被称为**收益率曲线**（yield curve），它描述了诸如政府债券等特定债券的期限结构。下面的金融新闻解读专栏中画出了国债的收益率曲线。收益率曲线可以分为三类：向上倾斜的、平坦的和向下倾斜的（最后一种通常被称为**反转的收益率曲线**（inverted yield curve））。如果收益率曲线是向上倾斜的（这是最为常见的情况），那么这种债券的长期收益率将会高于其短期收益率；如果收益率曲线是平坦的，那么这种债券的长期收益率将会等于其短期收益率；如果收益率曲线是反转的，那么这种债券的长期收益率将会低于其短期收益率。收益率曲线还可能具有更为复杂的形状，比如在初始时是向上倾斜的，而后变为向下倾斜的，或者与之相反。收益率曲线通常会向上倾斜的原因何在？为什么有时会出现其他形状呢？

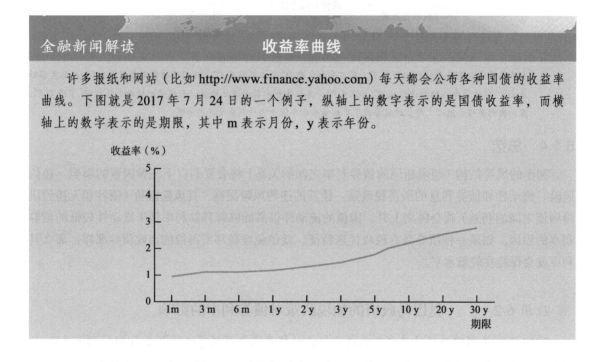

金融新闻解读　　　　　　收益率曲线

　　许多报纸和网站（比如 http://www.finance.yahoo.com）每天都会公布各种国债的收益率曲线。下图就是 2017 年 7 月 24 日的一个例子，纵轴上的数字表示的是国债收益率，而横轴上的数字表示的是期限，其中 m 表示月份，y 表示年份。

关于利率期限结构的有效理论不仅要解释不同时间的收益率曲线具有不同形状的原因，而且还要解释下列三个重要事实。

- 事实 1：正如我们在图 6-4 中所发现的，具有不同期限的债券利率随着时间的推进呈现出相同的变动特征。
- 事实 2：如果短期利率较低，那么收益率曲线通常向上倾斜；如果短期利率较高，那么收益率曲线更多是向下倾斜，即反转的收益率曲线。
- 事实 3：正如金融新闻解读中的例子所示，收益率曲线通常是向上倾斜的。

预期理论、市场分割理论和流动性溢价理论是用来解释上述利率期限结构特征，即反映在收益率曲线中具有不同期限的债券利率之间的关系的三种理论，其中每一种理论都将会在以下部分中详细讲述。预期理论可以有效解释上述三个事实中的前两个事实，但是无法为事实 3 提供解释。市场分割理论能够解释事实 3，却不能回答预期理论可以有效解释的前两个事实。由于每种理论都解释了其他理论无法解释的特定事实，所以理解利率期限结构问题更有效的方法就是将这两种理论的特征结合起来，从而得到能够解释上述三个事实的流动性溢价理论。

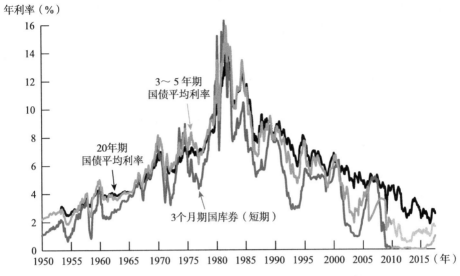

图 6-4　不同期限的美国国债利率随时间推移的变动情况

注：具有不同期限的债券利率随着时间的推进呈现出相同的变动特征。

资料来源：Federal Reserve Bank of St. Louis FRED database: https://fred.stlouisfed.org/series/TB3MS; https://fred.
　　stlouisfed.org/series/GS3; https://fred.stlouisfed.org/series/GS5; https://fred.stlouisfed.org/series/GS20.

如果流动性溢价理论能够为上述三个事实提供更为有效的解释，并因此广为接受，那么我们花时间讨论前两种理论的原因何在？解释这一问题有两个方面的原因：第一，前两种理论奠定了流动性溢价理论的基础。第二，在经济学家发现其预测结果和经验事实之间出现偏差的情况下，了解他们修正和改进理论模型的过程非常重要。

6.2.1　预期理论

利率期限结构的**预期理论**（expectation theory）表述了下列常识性命题：长期债券的利率等于长期债券到期期限内短期利率的预期平均值。举例来说，如果人们预期在未来的 5 年中短期利率的平均值为 10%，那么预期理论认为剩余期限为 5 年的长期债券利率也应该是 10%。如果在这 5 年后，预计短期利率将会进一步提高，在接下来的 20 年中短期利率的平均值为 11%，那么剩余期限为 20 年的长期债券利率也应该为 11%，高于剩余期限为 5 年的长期债券利率。预期理论认为不同期限的债券利率之间存在差异的原因在于未来短期利率预期值不同。

这个理论的关键假设在于，债券购买者对不同期限的债券没有任何偏好差异。因此，如果某种债券的预期收益率低于与其期限不同的其他债券的预期收益率，那么购买者将不会选择持有这种预期收益率较低的债券。具有这种特征的债券称为完全替代型债券。在实际情况下，这将意味着如果具有不同期限的债券属于完全替代型债券，那么这些债券的预期收益率必然相等。

为了理解由具有不同期限的债券必然是完全替代型债券这一假设得到预期理论的推导过程，让我们考察下面两种投资策略：

（1）购买 1 年期债券，在 1 年后债券到期时再次购买 1 年期债券。

（2）购买 2 年期债券，持有至债券到期日。

如果人们同时持有这两种债券，那么这两种投资策略就必须具有相同的预期收益率，2 年期债券的利率必须等于这两个 1 年期债券的平均利率。举例来说，现在 1 年期债券的利率为 9%，并且你预期下一年中 1 年期债券的利率将会上升至 11%。如果你采用第一种投资策略购买这两种 1 年期债券，那么这两年的平均年收益率为（9%+11%）/2=10%。只有在 2 年期债券年预期收益率也等于 10% 的条件下，你才愿意同时持有 1 年期债券和 2 年期债券。因此，2 年期债券的利率必将等于 10%，即两种 1 年期债券利率的平均值。

我们可以为这一问题提供一般性的分析框架。对于 1 美元的投资，具有两种投资持有方式。对于具有 2 个周期的投资而言，持有一份 2 期债券，或者持有两份 1 期债券。

- i_t =1 期债券的即期利率（t 时刻）；
- i_{t+1}^e =1 期债券在下一期（t+1 时刻）的预期利率；
- i_{2t} =2 期债券的即期利率（t 时刻）。

如果将 1 美元投资于 2 期债券，并且持有至债券到期日，则此投资策略的预期收益率为

$$(1 + i_{2t})(1+i_{2t}^e) - 1 = 1+2i_{2t} + (i_{2t})^2 - 1 = 2i_{2t} + (i_{2t})^2$$

在第 2 个周期到期时，这 1 美元投资的价值为（1+i_{2t}）（1+i_{2t}），从中减去 1 美元的初始投资成本，再除以 1 美元，就得到上述公式计算出的投资收益率结果。由于（i_{2t}）^{2} 的值非常小（如果 i_{2t} = 10%=0.10，那么（i_{2t}）^{2} = 0.01），所以我们可以将持有 2 期债券到期的预期收益率简化为 $2i_{2t}$。

在使用另一种投资策略的条件下，购买两份 1 期期限的债券，在两个周期中 1 美元投资的预期收益率为

$$(1 + i_t)(1 + i_{t+1}^e) - 1 = 1 + i_t + i_{t+1}^e + i_t(i_{t+1}^e) - 1 = i_t + i_{t+1}^e + i_t(i_{t+1}^e)$$

在第 1 个周期结束后，1 美元的投资变为（1+i_t），在第 2 个周期中，将其再次投资于 1 期债券，其收益为（1+i_t）（1+i_{t+1}^e）。从中减去 1 美元的投资成本，再除以 1 美元，我们就得到了将 1 期债券持有两个周期的预期收益率。由于 i_t（i_{t+1}^e）的值非常小（如果 i_t=i_{t+1}^e=0.10，那么 i_t（i_{t+1}^e）=0.01），我们将其简化为

$$i_t + i_{t+1}^e$$

只有在这两种债券的预期收益率相等的条件下，投资者才愿意同时持有这两种债券，即

$$2i_{2t} = i_t + i_{t+1}^e$$

使用 1 期债券的利率来表示 i_{2t}，我们得到

$$i_{2t} = \frac{i_t + i_{t+1}^e}{2} \tag{6-1}$$

式（6-1）表明，2 期债券的利率必须等于两个 1 期债券利率的平均值，用线段图表示如下。

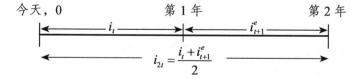

对于期限更长的债券，我们可以使用相同的步骤，计算出完整的利率期限结构。由此，我们就会发现 n 期债券的利率 i_{nt} 必然等于

$$i_{nt} = \frac{i_t + i_{t+1}^e + i_{t+2}^e + \ldots + i_{t+(n-1)}^e}{n} \tag{6-2}$$

式（6-2）表明，n 期债券的利率必须等于在其 n 个周期的期限内 n 个 1 期债券利率的平均值，这是预期理论更精确的表述。[⊖]

我们可以使用一个简单的计算例题来说明式（6-2）所表述的预期理论内容。如果在接下来的 5 年中，1 年期债券的预期利率分别为 5%、6%、7%、8% 和 9%。根据式（6-2），2 年期债券的利率应该为

$$\frac{5\% + 6\%}{2} = 5.5\%$$

5 年期债券的利率应该为

$$\frac{5\% + 6\% + 7\% + 8\% + 9\%}{5} = 7\%$$

使用同样的计算方法计算 1 年期、3 年期和 4 年期的债券利率，我们可以得到 1～5 年期的利率分别为 5.0%、5.5%、6.0%、6.5% 和 7%。从中我们可以发现，短期利率的预期值呈现上升趋势，形成向上倾斜的收益率曲线，利率随着期限的延长而提高。

预期理论是一个十分精妙的理论，它揭示了在不同时间内利率期限结构（由收益率曲线表示）发生变化的原因。正如上述计算例题所表示的那样，在收益率曲线向上倾斜的条件下，预期理论认为未来短期利率的预期值将会上升。只有在短期利率的预期值上升的条件下，现期的长期利率才会高于短期利率，未来短期利率的预期平均值也才会高于现期的短期利率，而计算例题中的答案也证实了这一点。在收益率曲线出现反转（向下倾斜）的条件下，未来短期利率的预期平均值将会低于现期的短期利率，即未来的短期利率预期值将会下降。只有在收益率曲线是平坦的条件下，预期理论才会认为未来短期利率的预期值将不会出现变化。

使用预期理论可以解释事实 1，即具有不同期限的利率随着时间的推移呈现出相同的变动特征。从历史上看，短期利率具有这样的特征：如果现在短期利率上升，那么未来的短期利率将会更高。因此，短期利率的上升将会提高人们对未来短期利率的预期值。由于长期利率等于未来短期利率的预期平均值，所以短期利率的上升同样会促使长期利率提高，形成短期利率和长期利率相同的变动特征。

使用预期理论还可以解释事实 2，即如果短期利率较低，那么收益率曲线通常向上倾斜；如果短期利率较高，那么收益率曲线则更多是反转的。当短期利率较低时，人们通常会预期短期利率在未来将会上涨至一个正常的水平，所以未来短期利率的预期平均值要高于现期的短期利率。因此，长期利率将比现期的短期利率高得多，收益率曲线将会向上倾斜。相反，当短期利率较高时，人们通常会预期短期利率在未来将会下降。由于未来短期利率的预期平均值要低于现期的短期利率，收益率曲线将向下倾斜，出现反转，所以长期利率会低于现期的短期利率。[⊖]

⊖ 这里分析的是贴现债券。息票债券的利率公式与此处使用的公式稍有不同，但运用的是相同的原理。

⊖ 预期理论解释了另一个关于短期和长期利率关系的重要事实。如图 6-4 所示，短期利率较长期更加不稳定。如果利率是均值回归（mean-reverting），即倾向于在达到较高水平后下降，或在达到较低水平后回升，则短期利率的平均值一定比短期利率自身稳定。由于预期理论认为长期利率将等于未来短期利率的平均值，它暗示了长期利率比短期利率更加不稳定。

由于预期理论对利率的期限结构行为提供了一个简洁的解释，所以它非常具有吸引力，然而令人遗憾的是，它存在一个严重的缺陷：无法解释事实 3，即收益率曲线通常是向上倾斜的。这种典型的向上倾斜的收益率曲线意味着人们一般预期未来的短期利率将会提高。在实际中，短期利率既可能上升，也可能下降。因此，根据预期理论，收益率曲线通常应该是平坦的，而不是向上倾斜的。

6.2.2 市场分割理论

顾名思义，利率期限结构的**市场分割理论**（segmented markets theory）是将不同期限债券的市场完全独立和相互分割。每种特定期限债券的利率取决于该债券自身的供求关系，不受其他期限债券的预期收益率影响。

市场分割理论的一个关键性假设是，不同期限的债券不能完全相互替代。因此，特定期限债券的预期收益率对其他期限债券的需求没有任何影响。这种利率期限结构理论的内容与假定不同期限的债券可以完全相互替代的预期理论是完全相反的。

不同期限的债券不能相互替代的原因在于，投资者只对特定期限的债券表示出强烈的偏好，而对其他期限的债券不感兴趣，因此他们只会关注自己偏好的那种期限的债券的预期收益率。由于在投资者的思维中存在一个特定的持有期限，如果某种债券的期限能够与这个符合投资者意愿的持有期限相匹配，那么投资者就可以在完全无风险的条件下获得特定的收益率[⊖]（在第 4 章中我们发现，如果债券的持有期等于债券期限，由于收益率等于到期收益率，所以收益率是固定的，不存在利率风险）。举例来说，意愿持有期较短的投资者偏好于短期债券，如果你正在为自己年幼的子女积攒大学学费，那么你的意愿持有期就会很长，此时你将希望持有长期债券。

市场分割理论认为，不同期限债券各自供求关系之间的差异能够解释不同形状的收益率曲线的形成原因。显而易见的是，风险厌恶型投资者的意愿持有期较短，他们通常会偏好于利率风险较小的短期债券，因此市场分割理论就可以解释事实 3，即收益率曲线通常是向上倾斜的。由于在通常情况下，与短期债券相比，长期债券的需求量较小，因而其价格较低而利率较高，所以收益率曲线通常是向上倾斜的。

虽然市场分割理论能够解释收益率曲线通常向上倾斜这一事实，但是这一理论也存在一个严重的缺陷：它无法解释事实 1 和事实 2。首先，由于市场分割理论认为不同期限债券的市场是完全分割的，所以某种特定期限债券利率的上升就无法影响其他期限债券的利率。因此，该理论无法解释不同期限的利率随着时间的推移会出现相同变动特征的原因（事实 1）。其次，由于该理论无法解释短期债券利率水平的变化对短期债券和长期债券的供求关系影响，所以它难以解释下述情况的形成原因：如果短期利率较低，那么收益率曲线通常向上倾斜；如果短期利率较高，那么收益率曲线更多是反转的（事实 2）。

⊖ 对于贴现债券，如果其期限与持有期限相匹配，那么说投资者可以获得特定收益率是完全成立的。但是对于持有期限较长的息票债券来说，由于息票收益可以在债券到期前进行再投资，所以即使持有期限与债券期限相匹配，息票债券仍然存在一定的风险，因而我们在这里的分析仅针对贴现债券而言。但是需要注意的是，当息票债券的持有期限与其期限相匹配时，由于息票收益再投资的风险非常小，所以上述分析的基本原则对于息票债券仍然适用。

由于这两种理论都解释了对方无法解释的经验事实，所以一个合乎逻辑的选择就是将两者结合起来，从而产生了流动性溢价理论。

6.2.3 流动性溢价理论与期限优先理论

利率期限结构的**流动性溢价理论**（liquidity premium theory）认为，长期债券的利率等于长期债券到期期限之内的短期利率预期平均值加上随该债券供求状况变动而改变的流动性溢价（也称期限溢价）。

流动性溢价理论的关键假设是，不同期限的债券之间可以相互替代，这意味着某种期限债券的预期收益率能够影响其他期限债券的预期收益率，然而该理论允许投资者对不同期限的各种债券存在偏好。换言之，该理论假设不同期限的债券之间是可以相互替代的，但不是完全相互替代。由于短期债券的利率风险相对较小，所以投资者通常偏好于短期债券。基于上述原因，投资者只有在能够获得正的流动性溢价的情况下才会选择持有长期债券。通过在描述长期利率和短期利率关系的公式中加入正的流动性溢价，我们实现了对预期理论的修正。因此，流动性溢价理论可以写为

$$i_{nt} = \frac{i_t + i_{t+1}^e + i_{t+2}^e + \ldots + i_{t+(n-1)}^e}{n} + l_{nt} \tag{6-3}$$

其中，l_{nt} 是指在 t 时刻的 n 期债券的流动性（期限）溢价，它总是取正值，并且随着债券期限 n 的延长而上升。

与流动性溢价理论密切相关的是**期限优先理论**（preferred habitat theory），它对预期理论假设的修改不像流动性溢价理论那样直接，但是得出了与之相似的结论。期限优先理论假设投资者偏好特定的债券期限，更愿意对特定期限（期限优先）的债券进行投资。由于投资者偏好特定期限的债券，所以只有在其他期限债券具有更高的预期收益率的条件下，投资者才会选择购买这些债券。由于风险厌恶型投资者通常偏好于短期债券而非长期债券，所以只有在长期债券具有更高预期收益率的条件下，投资者才会选择持有长期债券。根据这个推理过程，我们同样能够得到流动性溢价理论推出的式（6-3），期限溢价随着到期期限的延长而提高。

图 6-5 显示了预期理论、流动性溢价理论以及期限优先理论之间的关系，从中我们可以发现，由于流动性溢价总是取正值，并且通常会随着到期期限的延长而提高，所以根据流动性溢价理论推导出来的收益率曲线总

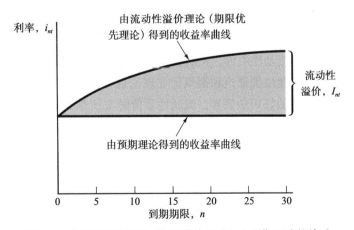

图 6-5 流动性溢价理论（期限优先理论）和预期理论的关系

注：由于流动性溢价总是取正值，并且通常会随着到期期限的延长而提高，所以根据流动性溢价理论（期限优先理论）推导出来的收益率曲线总是位于预期理论推导出来的收益率曲线之上，并且其形态也通常会更为陡峭。为了简化起见，我们假设根据预期理论得到的收益率曲线保持在不变的未来 1 年期利率水平。

是位于预期理论推导出来的收益率曲线之上，并且其形态也通常会更为陡峭（值得注意的是，为了简化起见，我们假设根据预期理论得到的收益率曲线是平坦的）。

借鉴预期理论假设中使用过的简单算术例题，我们可以进一步阐明式（6-3）中所描述的流动性溢价理论和期限优先理论的内容。我们假设在接下来的 5 年中，1 年期债券的预期利率分别为 5%、6%、7%、8% 和 9%，由于投资者偏好持有短期债券，我们假设 1 ～ 5 年期债券的流动性溢价分别为 0、0.25%、0.5%、0.75% 和 1.0%。根据式（6-3），2 年期债券的利率应该为

$$\frac{5\% + 6\%}{2} + 0.25\% = 5.75\%$$

5 年期债券的利率应该为

$$\frac{5\% + 6\% + 7\% + 8\% + 9\%}{5} + 1\% = 8\%$$

使用同样的方法计算 1 年期、3 年期和 4 年期的债券利率，我们可以得到 1 ～ 5 年期的利率分别为 5.0%、5.75%、6.5%、7.25% 和 8%。将这些结果与根据预期理论得到的结果进行比较，我们可以发现由于投资者偏好短期债券，所以根据流动性溢价理论和期限优先理论推导出来的收益率曲线向上倾斜的幅度更大。

现在让我们来考察流动性溢价理论和期限优先理论能否解释前面讨论的三个事实。它们可以解释事实 1，即具有不同期限的利率随着时间的推移会出现相同的变动特征：短期利率的上升意味着未来短期利率的平均值也会提高，而且式（6-3）中的第一项表明长期利率也将会随着短期利率的上升而提高。

流动性溢价理论和期限优先理论也解释了当短期利率较低时，收益率曲线通常向上倾斜；当短期利率较高时，收益率曲线更多则是反转的事实（事实 2）的原因。由于短期利率较低时，投资者通常预期短期利率在未来将会上涨至一个正常水平，所以未来短期利率的预期平均值要高于现期的短期利率。如果再加上一个正的流动性溢价，长期利率将比现期的短期利率高得多，因而收益率曲线向上倾斜。相反，当短期利率较高时，人们通常预期短期利率在未来会下降至一个正常水平。由于未来短期利率的预期平均值要远远低于现期的短期利率，所以尽管附加了正的流动性溢价，长期利率依然会低于现期的短期利率，收益率曲线向下倾斜。

流动性溢价理论和期限优先理论也可以解释事实 3，即收益率曲线通常是向上倾斜的。由于投资者偏好短期债券，流动性溢价随着债券到期期限的延长而提高，所以，即使未来的短期债券利率的预期平均值保持不变，其长期利率依然会高于短期利率，收益率曲线通常会向上倾斜。

在流动性溢价取正值的条件下，我们如何使用流动性溢价理论和期限优先理论来解释偶然出现的收益率曲线反转现象呢？如果出现这种情况，那么必然是因为未来的短期债券利率的预期平均值下降幅度巨大，远远低于现期的短期利率。即使在这一预期平均值中加入正的流动性溢价，所形成的长期利率依然低于现期的短期利率。

正如我们的讨论所表明的，流动性溢价理论和期限优先理论具有一个引人注目的性质，它们可以使人们仅仅通过观察收益率曲线的斜率就能够判断出市场对未来短期利率的预测结果。如图 6-6a 所示，陡峭上升的收益率曲线表明未来短期债券利率的预期值将会提高；如图 6-6b 所示，平稳上升的收益率曲线表明未来短期债券利率预期值的上升或者下降幅度都较小；如图

6-6c 所示，平坦的收益率曲线表明未来短期债券利率的预期值将会小幅降低；如图 6-6d 所示，反转的收益率曲线表明未来短期债券利率的预期值将会大幅下降。

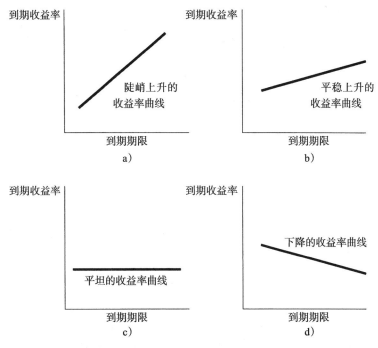

图 6-6　基于流动性溢价理论（期限优先理论）的收益率曲线和市场对于未来短期利率的市场预期

注：如图 6-6a 所示，陡峭上升的收益率曲线表明短期利率预计在未来上升。如图 6-6b 所示，平稳上升的收益率曲线表明未来短期债券利率预期值的上升或者下降幅度都较小。如图 6-6c 所示，平坦的收益率曲线表明未来短期债券利率的预期值将会小幅降低。如图 6-6d 所示，反转的收益率曲线表明未来短期债券利率的预期值将会大幅下降。

6.2.4　利率期限结构的实证研究

20 世纪 80 年代，研究利率期限结构的学者对收益率曲线能否解释未来短期利率的变动趋势提出了质疑。他们发现，长期利率和短期利率之间的利差并不总能帮助人们预测未来短期利率的情况，这种情况可能是由于长期债券的流动性（期限）溢价出现巨幅波动造成的。然而更多使用更为精确检验方法的近期研究成果得出了不同的结论。这些研究成果表明，在解释极短期（以及之后几个月的）利率变动和长期（以及之后几年的）利率变动的原因方面，期限结构相关理论的解释能力较强，而在解释中期（介于长期和短期之间的）利率变动的原因方面，这些理论的结论并不可靠。有关研究同时发现，可以使用收益率曲线来预测通货膨胀率和经济周期的未来情况（见参考资料专栏）。

> **参考资料**　　**使用收益率曲线预测通货膨胀率和经济周期**
>
> 　　由于收益率曲线包含了未来预期利率的信息，因而其有助于预测通货膨胀率和实际产出的波动。为了理解这一原因，请回顾第 5 章的内容，在经济繁荣时期，利率随之上升，

而在经济衰退时期，利率随之下降。平坦或者向下倾斜的收益率曲线意味着未来短期利率的预期值将会下降，因此经济往往处于衰退阶段。事实上，收益率曲线是准确预测经济周期状态的工具和手段。

在第 4 章中，我们已经知道名义利率是由实际利率和预期通货膨胀率构成的，这意味着收益率曲线包含未来名义利率和未来通货膨胀率变化趋势的相关信息。陡峭的收益率曲线表示未来的通货膨胀率将会提高，而平坦的收益率曲线表示未来的通货膨胀率将会下降。

由于收益率曲线具有预测经济周期和通货膨胀率的功能，所以许多经济预测人员将收益率曲线的斜率形态作为判断货币政策状态的有效工具之一，陡峭的收益率曲线意味着货币政策处于宽松状态，而平坦或者向下倾斜的收益率曲线意味着货币政策处于紧缩状态。

6.2.5　总结

由于流动性溢价理论和期限优先理论能够有效地解释利率期限结构的大部分经验事实，所以它们是关于利率期限结构问题接受范围最为广泛的理论。它通过断言长期利率等于流动性（期限）溢价与长期债券到期期限之内的短期利率的预期平均值之和，将预期理论和市场分割理论的特点结合起来。

流动性溢价理论和期限优先理论解释了以下事实：①具有不同期限的利率随着时间的推移呈现出相同的变动特征；②如果短期利率较低，那么收益率曲线通常是向上倾斜的；③收益率曲线通常向上倾斜，但是如果短期利率较高，那么收益率曲线则是向下倾斜的，即反转的收益率曲线。

流动性溢价理论和期限优先理论还可以帮助我们预测短期利率未来的发展趋势。陡峭上升的收益率曲线意味着短期利率的预期值将会提高；平缓上升的收益率曲线意味着短期利率的预期值将保持不变；平坦的收益率曲线意味着短期利率的预期值将缓慢下降；反转的收益率曲线意味着短期利率的预期值将会急剧下降。

应用 6-3　　　　1980 ～ 2017 年收益率曲线解读

图 6-7 列出了 1981 ～ 2017 年几条美国政府债券的收益率曲线。这些收益率曲线能够向我们提供哪些公众对于短期利率未来变动趋势预期的信息呢？

1981 年 1 月 15 日出现的陡然反转的收益率曲线表明，公众预期未来短期利率将会大幅下降。为了使具有正的流动性溢价的长期利率低于短期利率，短期利率的预期值必须大幅下降，才能使得其平均值远低于现期的短期利率。实际上，1 月 15 日之后，上述收益率曲线所预示的短期利率预期值将会急剧下降的判断，很快为事实所证明；截至 3 月，3 个月期国库券利率从 16% 下降至 13%。

1985 年 3 月 28 日和 2017 年 7 月 24 日出现的陡然上升的收益率曲线表明，未来短期利率预期将会提高。由于未来短期利率的预期平均值与流动性溢价之和高于现期的短期利率，所以在未来短期利率的预期值上升的条件下，长期利率要高于短期利率。1980 年 5 月 16 日和 1997 年 3 月 3 日出现的平缓上升的收益率曲线表明，未来短期利率预期将会保持不变。在此条件下，未来短期利率的预期平均值和现期的短期利率相等，长期债券具有正的流动性溢价，所以收益率曲线缓慢上升。2006 年 2 月 6 日出现的平坦的收益率曲线表明，未来短期利率预期将会缓慢下降。

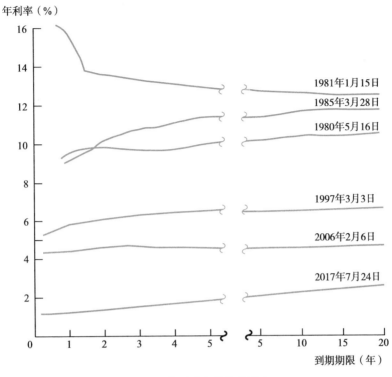

图 6-7 美国政府债券收益率

注：1981 ～ 2017 年不同日期的美国政府债券收益率。

资料来源：U.S. Department of the Treasury, https://www.treasury.gov/resource-center/data-chart-center/interest-rates/Pages/TextView.aspx?data=yield.

本章小结

1. 具有相同期限的债券利率之间存在差别的原因包含三个方面的影响因素：违约风险、流动性和所得税因素。债券的违约风险越高，相对于其他债券而言，该债券的利率就会越高；债券的流动性越高，利率就会越低；具有免税特征的债券利率要低于不具有这一特征的债券利率。由这些因素形成的具有相同期限债券利率之间的关系，通常称为利率的风险结构。

2. 利率期限结构的三种理论解释了具有不同期限债券利率的运行机制。预期理论认为，长期债券利率等于长期债券到期限之内的短期利率的预期平均值。相反，市场分割理论认为，每种期限债券的利率只是由该市场的供求情况决定的。这两种理论中的任意一种都无法单独为下列事实提供完整解释：具有不同期限的利率随着时间的推移呈现出相同的变动特征，以及收益率曲线通常是向上倾斜的。

3. 流动性溢价（期限优先）理论结合了其他两种理论的特点，能够为上述事实提供解答。它认为，长期债券的利率等于长期债券到期限之内的短期利率的预期平均值加上流动性溢价。通过这种理论，我们可以利用收益率曲线对短期利率的未来变动趋势进行预测。陡峭向上的收益率曲线意味着未来的短期利率预期值将会上升，平缓向上的收益率曲线意味着未来的短期利率预期值将保持不变，平坦的收益率曲线意味着未来的短期利率预期值将会缓慢下降，而反转的收益率曲线意味着未来的短期利率预期值将会大幅降低。

关键术语

信用评级机构	垃圾债券	市场分割理论	违约
流动性溢价理论	利率的期限结构	无违约风险债券	期限优先理论
收益率曲线	预期理论	风险溢价	反转的收益率曲线
利率的风险结构			

思考题

1. 如果垃圾债券真的是"垃圾"，为什么投资者还要购买它们？

2. 在穆迪公司信用评级为 Baa 级和 C 级的两种公司债券中，哪一种债券利率的风险溢价更高？原因何在？

3. 美国国库券利率低于大额可转让定期存单利率的原因何在？

4. 2008 年秋季，由于全球性金融危机的影响，世界上最大的保险公司 AIG 集团面临违约风险，随后美国政府通过大规模的资产注入和股份收购对 AIG 集团进行援助，这将如何影响 AIG 公司债务的收益率和风险溢价？

5. 公司债券的风险溢价通常是逆经济周期的，即风险溢价在经济扩张时下降，而在经济紧缩时上升。出现这种情况的原因何在？

6. 在 2007 年次贷危机之前，最重要的信用评级机构将抵押担保证券评为 Aaa 级和 AAA 级。请解释 2008 年几个月后同样的债券具有最低的评级。我们应当总是信任评级机构吗？

7. 美国政府债券中有一部分属于通货膨胀保值债券（TIPS），在债券到期期限内其价格根据通货膨胀率进行调整。通货膨胀保值债券的交易规模通常小于其他相同期限的美国政府债券。对于通货膨胀保值债券和其他美国政府债券的流动性溢价，我们可以得出怎样的结论？

8. 假如今天美国联邦政府宣布，如果将来某家公司破产，联邦政府将会保证偿付其债务，请预测该公司债券及美国政府证券利率的变化。

9. 假如今天美国联邦政府宣布，如果市政府违约，联邦政府将会保证偿付其债务，请预测地方政府债券的风险溢价变化。

10. 2008 年，3 个月期 AA 级金融商业票据与 3 个月期 AA 级非金融商业票据的收益率差，从接近于 0 的正常水平不断上升，并在当年 10 月达到峰值。请解释收益率差突然上升的原因。

11. 如果废除市政债券的免税政策，市政债券的利率将会如何变化？这项改变对于美国政府证券的利率水平又有什么影响？

12. 2008 年以前，抵押贷款人通常雇用当地市场上固定的一两家调查机构，对房产进行尽职调查以评定其价值。2008 年房地产市场崩盘之后，抵押贷款人必须通过第三方机构进行房产调查。请问 2008 年以前的情形如何说明了类似于信用评级机构在全球性金融危机中所扮演的角色的利益冲突？

13. "根据利率期限结构的预期理论，如果预期 1 年期债券利率在未来两年中将保持不变，那么相比于直接投资 2 年期债券，先投资 1 年期债券，到期后再投资对投资者而言更为有利。"这一论述是正确的、错误的还是不确定的？

14. 假定利率期限结构的预期理论和利率期限结构的市场分割理论成立，当债券投资者认为 30 年期债券与其意愿持有期限不匹配时，请预测收益率曲线如何变化。

15. 假设 1 年期、5 年期、10 年期美国政府债券的当期利率分别为 3%、6%、6%，投资者 A 选择持有 1 年期债券，投资者 B 对持有 5 年期和 10 年期债券无差异。请解释投资者 A 和 B 的投资行为。

16. 如果收益率曲线如下图所示，那么市场预期未来短期利率将会如何变动？收益率曲线又提供了哪些关于市场对于未来通货膨胀率预期的信息？

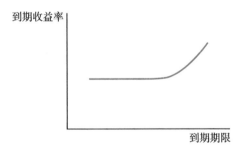

17. 如果收益率曲线如下图所示，那么市场预期未来短期利率将会如何变动？收益率曲线又提供了哪些关于市场对于未来通货膨胀率预期的信息？

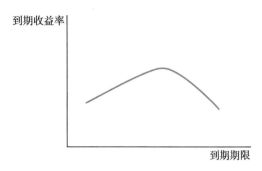

18. 如果平均收益率曲线是平坦的，那么该曲线在利率期限结构的流动性溢价理论中说明了什么？你将更愿意接受还是拒绝预期理论？

19. 如果收益率曲线突然变得陡峭，那么你将如何修正你对未来利率的预期？

20. 如果未来短期利率的预期值突然下降，那么收益率曲线的斜率将会如何变化？

21. 在 2009 年 3 月 19 日的政策会议后，美联储宣布将在接下来的 6 个月里购买价值高达 3 000 亿美元的美国政府长期债券，请问这项政策对收益率曲线将会产生何种影响？

应用题

22. 由于遭受严重的预算危机，2010 年和 2011 年希腊政府面临违约风险。请使用债券市场图形描述其对美国政府证券与相同期限的希腊债券之间风险溢价的影响。

23. 假定预期理论是关于利率期限结构的正确理论，请根据未来 5 年内 1 年期利率的变化趋势，计算期限结构为 1～5 年期的利率，并绘制出它们的收益率曲线。如果相比于长期债券，投资者更偏好于短期债券，请问你的收益率曲线将会如何变动？
   a. 5%，7%，7%，7%，7%；
   b. 5%，4%，4%，4%，4%。

24. 假定预期理论是关于利率期限结构的正确理论，请根据未来 5 年内 1 年期利率的变化趋势，计算期限结构为 1～5 年期的利率，并绘制出它们的收益率曲线。如果相比于长期债券，投资者更偏好于短期债券，请问你的收益率曲线将会如何变动？
   a. 5%，6%，7%，6%，5%；
   b. 5%，4%，3%，4%，5%。

25. 下表列出了 1 年期债券的当期和未来预期利率，也列出了多年期债券的当期利率，请使用表中数据计算每种期限的多年期债券的流动性溢价。

年份	1 年期债券利率	多年期债券利率	年份	1 年期债券利率	多年期债券利率
1	2%	2%	4	6%	6%
2	3%	3%	5	7%	8%
3	4%	5%			

数据分析题

1. 请登录圣路易斯联邦储备银行 FRED 数据库，下载穆迪评级级别为 Aaa（AAA）级和 Baa（BAA）级的公司债券收益数据。

   a. 计算下载数据中最近月份的两种债券的收益率差，并解释其代表的含义。

   b. 计算 2013 年同期两种债券的收益率差，并与 a 中的结果进行比较，回答风险溢价如何变动。

   c. 确定自 2000 年年初以来，收益率差最高和最低的月份，然后与最近月份的收益率差水平进行比较，并解释其差异。

2. 登录圣路易斯联邦储备银行 FRED 数据库，下载去年全年的 1 个月期（DGS1MO）、3 个月期（DGS3MO）、6 个月期（DGS6MO）、1 年期（DGS1）、2 年期（DGS2）、3 年期（DGS3）、5 年期（DGS5）、7 年期（DGS7）、10 年期（DGS10）、20 年期（DGS20）、30 年期（DGS30）的美国国债日收益数据。

   a. 绘制所有期限的美国国债最近日期与去年同期（或者相近日期）的收益率曲线，并比较两者之间的差异。请解释收益率曲线不断变化的斜率预示着怎样的经济状况潜在变化？

   b. 确定最近美国联邦公开市场委员会发布政策的日期，绘制政策发布日期前后的收益率曲线。请问政策的发布对收益率曲线有显著影响吗？如果有影响，请问应该如何解释？

网络练习

1. 由于风险溢价的变动，投资者收到的额外息票利息随着时间推移也不断变化。有时的风险溢价明显高于其他时期，举例来说，20 世纪 90 年代末，由于美国经济健康发展，企业破产较少，当时的违约风险溢价较小，但是后来随着经济衰退，风险溢价水平逐步提高。请登录 www.federalreserve.gov/releases /h15（历史数据）查找 AAA 级和 Baa 级债券在 2008 年 6 月 1 日、2013 年 6 月 1 日以及最近日期的利率表。请绘制两种债券在 3 个日期的利率变化曲线（见图 6-1）。请问风险溢价保持不变还是随着时间不断变动？

2. 如图 6-7 所示，许多收益率曲线在不同时间处于不同位置。请登录 www.bloomberg.com/ markets/rates/ index.html 查找美国国债收益率曲线。请问目前的收益率曲线是落在图 6-7 所示最近日期收益率曲线的上方还是下方？目前的收益率曲线与图 6-7 所示最近日期的收益率曲线相比是更陡峭还是更平坦？

网络参考

www.federalerserve.gov/Releases/h15/update/ 美联储会公布不同质量债券的收益率。

http://stockcharts.com/charts/YieldCurve. html 你可以通过这个网站查看自 1999 年以来任何时期的动态收益率曲线。

第 7 章

股票市场、理性预期理论和有效市场假说

学习目标

1. 计算普通股股票价格。
2. 了解新信息对股票价格的影响。
3. 比较适应性预期与理性预期。
4. 解释套利机会的存在为什么说明有效市场假说成立。
5. 阐述并解释有效市场假说对于金融市场的含义。
6. 总结行为金融使得有效市场假说不成立的原因。

| 预览 |

　　几乎每天的新闻报道都有来自股票市场的消息。近年来，我们见证了股票市场中出现的巨大波动。20世纪90年代是股票市场发展历史中的特别时期，在此期间，道琼斯工业平均指数和标准普尔500指数上涨超过了400%，而以高科技为主的纳斯达克指数更是上涨了1 000%。截至2000年年初，三大股票指数都达到历史最高水平。不幸的是，繁荣时期没有持续下去。从2000年年初开始，股票市场开始下跌，许多投资者亏得血本无归。截至2003年1月，纳斯达克指数累计下跌幅度超过50%，道琼斯工业平均指数和标准普尔500指数也累计下跌了30%。尽管随后反弹上涨约30%，但是在全球性金融危机的冲击下，股票市场再次崩溃，股票指数从2007年秋季的最高点下跌超过50%。从2009年开始，股票市场迅速复苏，截至2017年已经上涨超过一倍并达到历史新高。

　　由于许多人投资参与股票市场，并且股票价格影响着人们退休后的生活质量，所以股票市场无疑是被关注和监管最为严格的市场。本章首先考察这一重要市场的运行机制。

　　我们首先讨论的是几个基本的股票估值理论。这些理论对于我们理解那些时

刻推动股票价格涨落的因素至关重要。在了解股票估值方法后，我们将会考察股票市场预期如何影响市场行为，这样做也可以检验理性预期理论（theory of rational expectation）。通过使用理性预期理论解释金融市场，我们就得到有效市场假说（efficient market hypothesis），它对除股票市场之外的其他证券市场的运行机制也提供了一些一般性解释。

7.1 普通股股票价格的计算

发行普通股是公司筹集股权资本的主要途径。普通股股票的持有者享有公司的权益，份额等于其持有公司发行在外股份的比例。这种对公司权益的所有权赋予**股东**（shareholders，公司股票的持有者）一系列的权利，其中最重要的是投票权和对流入公司全部资金（即**现金流**（cash flow））的**剩余索取权**（residual claimant），后者意味着股东对公司资产在满足其他所有支付要求之后的剩余部分享有索取权。股东可以从公司的净收益中获得股利收入。股东获得的**股利**（dividend）是定期支付的，一般按季度进行。通常根据管理层的建议，由公司董事会确定股利的水平。此外，股东有权出售其持有的股票。

金融活动的一个基本原则是，任何投资的价值可以通过计算该项投资在其生命周期内产生的全部现金流的现值来衡量。例如，一栋商用建筑的售价反映的是，在其使用年限内预计获得的净现金流（租金减去费用）的现值。同理，我们通过计算普通股股票未来全部现金流的现值来衡量其价值。股东从股票交易中获得的全部现金流包括股利、销售价格或者两者之和。

我们从最简单的情况入手来推导股票的估值理论：你购买股票，持有一定时期并获得股利收益，然后出售该股票。我们把此种情况称为单期估值模型（one-period valuation model）。

7.1.1 单期估值模型

假设你拥有一笔额外资金可以进行 1 年期投资活动。1 年后，你需要出售这笔投资来支付学费。在观看了全美广播公司财经频道（CNBC）或者《晚间经济报道》等电视节目后，你决定购买英特尔公司的股票。与经纪人联系后，你得知英特尔公司现在的股价为 50 美元，股利为每年 0.16 美元。全美广播公司财经频道的分析专家预测 1 年后英特尔公司的股票价格将达到 60 美元，你会购买这只股票吗？

为了回答这个问题，你必须了解该只股票的现期价格是否准确反映了分析专家的预期。确定该股票的现值，需要使用第 4 章中的式（4-1）来计算预期现金流（未来获得的偿付金额）的现期折现值。在这个公式中，计算折现现金流的贴现因子是这项股权投资的要求收益率，而不是利率。现金流由一次的股利支付金额和最终的销售价格构成。在计算这些现金流的现值时，利用下述公式能够计算出股票的现期价格

$$P_0 = \frac{D_1}{1+k_e} + \frac{P_1}{1+k_e} \tag{7-1}$$

其中，P_0 代表股票的现期价格，下标 0 代表时间点 0，即现在；D_1 代表第 1 年年末获得的股利；k_e 代表该项股权投资的要求收益率；P_1 代表第 1 阶段末的股票价格，即股票的预期售价。

在经过仔细思考之后，你将满足于从该项投资中获得 12% 的要求收益率，为理解式（7-1）的运用过程，让我们计算英特尔公司股票的价格。如果你确定 k_e=12%，并且得知英特尔公司

每年支付的股利金额为 0.16 美元（D_1=0.16），预期 1 年后的股票价格为 60 美元（P_1=60 美元）。根据式（7-1），你将会得到

$$P_0 = \frac{0.16}{1+0.12} + \frac{60}{1+0.12} = 0.14 + 53.57 = 53.71 \text{（美元）}$$

通过分析，你将会发现该项股票投资产生全部现金流的折现值为 53.71 美元，由于现在该股票的售价为 50 美元，所以你会购买这只股票。然而，由于其他投资者对现金流可能有更高的风险估计，或者预期的现金流量少于你的估计，所以股票价格可能会低于 53.71 美元。

7.1.2 推广的股利估值模型

使用现值的概念，可以将单期股利估值模型推广到任意多个阶段：某种股票的现期价值等于所有未来现金流的现值。投资者能够获得的现金流仅为股利和在第 n 期期末出售股票的最终价格。推广的多期股票估值模型可写为

$$P_0 = \frac{D_1}{(1+k_e)^1} + \frac{D_2}{(1+k_e)^2} + \ldots + \frac{D_n}{(1+k_e)^n} + \frac{P_n}{(1+k_e)^n} \tag{7-2}$$

其中，P_n 是第 n 期期末出售股票的价格；D_i 是第 i 年年末支付的股利收益。

如果使用式（7-2）计算股票的价值，你很快会发现，必须要首先估计在未来某个时点上的股票价格，然后才能够计算它的现期价值。换句话说，你在估计 P_0 前必须首先估计 P_n。然而，如果 P_n 是在很遥远的未来才出现的，那么它对于 P_0 的影响就可以忽略不计。例如，如果距现在 75 年后股票的价格为 50 美元而贴现率为 12%，那么该股票的现期价值仅为 1 美分（$50/1.12^{75}$=0.01 美元）。这个推论意味着股票的现期价值可以简化为未来全部股利收益的现值。排除股票最终销售价格后，**推广的股利估值模型**（generalized dividend model）可以重新写为

$$P_0 = \sum_{t=1} \frac{D_t}{(1+k_e)^t} \tag{7-3}$$

考察式（7-3）的含义。推广的股利估值模型认为股票的价值仅仅取决于未来股利的现值，而与其他因素无关。然而，许多股票并不派发股利，那么它们的价值应该如何计算呢？股票的购买者预期公司将在未来某一时刻派发股利。在大多数情况下，公司都会在其生命周期的快速增长阶段结束后派发股利。

推广的股利估值模型要求计算的是无限多期限的未来股利现值，这个过程将是十分困难的，因此出现了很多简化的模型。其中一个例子是**戈登增长模型**（Gordon growth model），它假设股利增长率不变。

7.1.3 戈登增长模型

许多公司致力于每年按照不变的比率提高股利。式（7-4）是在股利增长率保持固定不变的条件下式（7-3）的改写形式

$$P_0 = \frac{D_0 \times (1+g)^1}{(1+k_e)^1} + \frac{D_0 \times (1+g)^2}{(1+k_e)^2} + \ldots + \frac{D_0 \times (1+g)^\infty}{(1+k_e)^\infty} \tag{7-4}$$

其中，D_0 是最近一次支付的股利；g 是固定不变的股利预期增长率；k_e 是该项股权投资的要求

收益率。

简化式（7-4），可以得到式（7-5）⊖

$$P_0 = \frac{D_0 \times (1+g)}{k_e - g} = \frac{D_1}{k_e - g} \tag{7-5}$$

这个公式在股票估值计算中十分有用，但是有以下两个假设条件：

（1）假设股利的增长率永远保持恒定不变。实际上，只要股利的预期增长率在长期中保持不变，就可以使用这个模型得到合理的估值结果，这是因为远期现金流贴现时产生的误差非常小。

（2）假设股利的增长率低于该项股权投资的要求收益率 k_e。迈伦·戈登（Myron Gordon）在其模型的推演过程中说明这是一个合理的假设条件。从理论上讲，如果股利的增长率高于该项股权投资的要求收益率，那么在长期内该公司的规模将会变得无比庞大，但这是不可能的。

7.2 股票市场的定价机制

如果你去参加一场汽车拍卖会。在拍卖开始之前，人们可以检查参与竞拍的汽车。你看中了一辆小型的马自达 Miata 汽车。你在停车区试驾时发现该车会发出一些奇怪的噪声，但你还是希望购买这辆汽车。你确认 5 000 美元是一个比较合理的价格，这样如果噪声变得更加严重的话，那么你还可以支付一定金额的修理费。拍卖会已经开始了，你进入会场等待这辆 Miata 汽车开始竞拍。

如果另一位买主也喜欢这辆 Miata 汽车。在试驾之后，他发现噪声只是由于刹车片磨损造成的，而他可以按照正常成本自行修理。因此，他确认这辆车价值为 7 000 美元。他也进入会场等待这辆 Miata 汽车进场竞拍。

谁能够买到这辆 Miata 汽车？以什么样的价格购买呢？假设只有你们两个人对这辆 Miata 汽车感兴趣。开始时你出价 4 000 美元，你的竞争者将价格抬高到 4 500 美元，然后你提出自己的最高报价 5 000 美元，而他将报价提高至 5 100 美元。现在，这个价格已经超过你愿意支付的价格范围，因此你放弃竞拍。具有更多信息的买主以 5 100 美元的价格购得了这辆汽车。

这个简单的例子说明了以下三个问题：第一，价格是由愿意出具最高价格的购买者来确定的。这个成交价格不一定等于资产能够达到的最高价格，但是一定会高于其他购买者愿意支付的价格。

⊖ 从式（7-4）推出式（7-5），首先在式（7-4）两边同乘以 $(1+k_e)/(1+g)$，然后从结果中提取式（7-4）。收益率为

$$\frac{P_0 \times (1+k_e)}{1+g} - P_0 = D_0 - \frac{D_0 \times (1+g)^\infty}{(1+k_e)^\infty}$$

假设 k_e 大于 g，则等式右边第二项将接近于 0，可忽略。因此，在等式左边分解 P_0 后，得到

$$P_0 \times \left[\frac{1+k_e}{1+g} - 1 \right] = D_0$$

其次，上式可写为

$$P_0 \times \frac{(1+k_e) - (1+g)}{1+g} = D_0$$

结合式（7-5）简化为

$$P_0 \times \frac{D_0 \times (1+g)}{k_e - g} = \frac{D_1}{k_e - g}$$

第二，价格是由该资产使用效率最高的购买者来确定的。这辆 Miata 汽车的购买者知道他能够以较低的成本轻易地解决噪声问题，所以他愿意支付的报价高于你的报价。这样的道理也适用于其他资产。例如，一件物品或者一栋建筑的购买者是能够实现这项资产最大生产效用的人。

第三，这个例子说明了信息在资产定价过程中发挥的重要作用。关于一项资产更为完全的信息可以通过减少风险来提高其价值。在你计划购买一项资产的时候，关于未来的现金流存在许多未知因素。掌握关于这种现金流最完全信息的人在计算股票价值时，所使用的折现率低于那些对未来现金流量没有把握的人。

现在我们把这种观点应用到股票估值过程中。如果你考虑购买某一股票，下一年预期派发 2 美元股利，市场分析专家认为该公司股利增长率为 3%。对于公司股利流的稳定性和预期增长比率的精确性，你都不能十分肯定。为了弥补这种不确定性（风险），你要求的收益率为 15%。

如果有另外一位投资者詹妮弗已经和该产业的内部人士进行了交流，她对于这项投资能够产生的预期现金流抱有更大的信心。由于詹妮弗预期的风险水平比你的低，所以她要求的收益率为 12%。另外，巴德刚刚和该公司的首席执行官交流过，他了解到了关于公司前景更多的信息，所以他要求的收益率为 10%。

每位投资者对股票的估值是多少呢？根据戈登增长模型，我们得到下列股票估价。

投资人	贴现率	股价（美元）
你	15%	16.67
詹妮弗	12%	22.22
巴德	10%	28.57

你愿意为该股票支付 16.67 美元，詹妮弗愿意支付更多的 22.22 美元，而巴德愿意支付 28.57 美元。风险预期值最低的投资者愿意为这只股票支付最高的价格。

如果市场上除了这三位投资者，没有其他投资者，那么市场价格将为 22.22 ～ 28.57 美元。如果你已经持有这只股票，那么你将把它出售给巴德。

由此，我们发现市场中的参与者相互竞价，从而形成了市场价格。当市场获得了关于该公司的新信息时，市场预期将会随之发生变化，价格也因此发生变化。新信息导致关于未来股利水平或者股利风险水平的预期发生了变化。市场的参与者会持续地接受这种新信息，进而不断修正其预期，这也就是市场价格持续变化的原因。

应用 7-1　　　　　货币政策与股票价格

由于股票市场分析专家清楚地知道货币政策是股票价格的一个重要决定因素，所以他们对美联储主席所说的每一句话都会进行仔细研究。然而，货币政策怎样影响股票价格呢？

式（7-5）的戈登增长模型对这种关系提供了解释。货币政策可以通过两条途径影响股票价格。第一，当美联储降低利率的时候，债券（股票的可替代性资产）的收益率随之下降，投资者将会愿意接受更低的股权投资要求收益率（k_e）。由此降低的 k_e 将会导致戈登增长模型（式（7-5））中的分母减小，这样可以得到更高的 P_0，股票价格上升。进一步而言，降低利率水平能够刺激经济增长，因此公司的股利增长率 g 通常会更高一些。股利增长率 g 的提高同样会导致式（7-5）中的分母减小，从而得到更高的 P_0，股票价格上升。

在第 25 章中，我们将会看到，货币政策对股票价格的冲击是货币政策对经济运行过程施加影响的重要途径之一。

💡 应用 7-2　　　　　　　全球性金融危机与股票市场

始于 2007 年 8 月的全球性金融危机造成了过去 50 年中最为糟糕的股票熊市之一。根据戈登增长模型进行的股票价格估值分析，有助于我们理解这次金融危机影响股票价格的运行机制。

全球性金融危机对整体经济运行产生了严重的负面影响，对美国公司的增长预期随之下调，因此降低了戈登模型中的股利增长率 g。式（7-5）中的分母由此增大，导致更低的 P_0，股票价格下降。

受次贷危机的影响，美国经济的不确定性水平和利差加大，这导致股权投资活动的要求收益率也随之提高。k_e 的提高将使式（7-5）中的分母增大，导致更低的 P_0，同时股票价格随之普遍降低。

在金融危机初期，经济增长预期的下降和信用利差的变化还比较温和，正如戈登模型的预期结论，股票市场的下降幅度也比较平缓。然而，在 2008 年 10 月金融危机进入急剧恶化阶段时，信用利差冲顶，经济发展陷于困境，正如戈登模型的预期结论，股票市场崩溃了。股票市值从 2007 年 10 月的最高点（道琼斯工业平均指数为 14 066 点）下跌 53% 至 2009 年 3 月的最低点（道琼斯工业平均指数为 6 547 点）。

7.3　理性预期理论

我们在前面部分中介绍的股票价格估值分析取决于人们的预期，特别是对未来现金流量的预测。事实上，很难想象在经济中有一个部门，预期对于其是无关紧要的。这就是探讨预期形成过程的重要性所在。我们下面所介绍的理性预期理论，是有关企业和消费者预期形成的使用最广泛的理论。

20 世纪五六十年代，经济学家通常认为预期仅仅是在过去经验事实的基础上形成的。例如，预期通货膨胀率通常被认为是过去通货膨胀率的平均值。通过这种方式形成的预期结果，称为**适应性预期**（adaptive expectation），它认为在过去数据变化的条件下，预期结果随着时间的推移也会发生缓慢的变化。[⊖]因此，如果过去的通货膨胀率稳定在 5% 的水平，那么未来通货膨胀率的预期值也将为 5%。如果过去的通货膨胀率上升至 10% 的稳定水平，那么未来通货膨胀率的预期值也向 10% 的水平上升，不过过程会比较缓慢：在第 1 年可能仅仅上升至 6%，在第 2 年上升至 7%，等等。

适应性预期已经被证明是错误的，因为人们使用多种关于某种变量的信息，而不仅仅只是历史数据这种单一信息，来形成该变量的预期结果。人们对于未来货币政策的预测以及现在和过去货币政策的影响都必然会影响对通货膨胀率的预期。此外，人们经常根据新的信息迅速地调整自己的预期。为了解决对于适应性预期的批评，约翰·穆斯（John Muth）提出了一种新的

⊖ 更加准确地说，通货膨胀率的适应性预期是过去通货膨胀率加权平均值

$$\pi_t^e = (1 - \lambda) \sum_{j=0}^{\infty} \lambda^j \pi_{t-j}$$

其中，π_t^e 为 t 时刻通货膨胀率的适应性预期；π_{t-j} 为 $t-j$ 时刻的通货膨胀率；λ 是 0 到 1 之间的常量。

预期理论，称为**理性预期**（rational expectation）理论，该理论认为：**预期结果将会等于使用全部可得信息获得的最优的预测结果（对于未来的最佳猜测结果）。**⊖

理性预期理论的确切含义是什么？为了更加清楚地解释这个问题，我们使用该理论来考察大部分人在其一生某个时点上都会遇到的情形（比如驾车上班）、预期的形成机制。假设乔在非交通高峰时段的路上平均驾车时间为 30 分钟（有时候会用 35 分钟，有时候只需要 25 分钟，但是平均驾车时间是 30 分钟），在交通高峰时段出行，他平均需要多花 10 分钟才能到达工作地点。如果他选择在交通高峰时段出发，那么对于他驾车时间最好的估计（**最优预测值**）就是 40 分钟。

如果乔在出行之前，唯一知道的有关影响其驾车时间的信息就是他要在交通高峰时段出行，那么根据理性预期理论，你预测乔预期自己的驾车时间是多少？由于使用全部信息获得的其驾车时间的最好估计是 40 分钟，所以乔自己的预测结果也是一样的。显然，由于驾车时间为 35 分钟的预期结果和最好估计（驾车时间的最优预测）不一致，所以它不是理性的。

如果第二天由于遇到比平常更多的红灯，在相同条件和相同预期的条件下，乔花费了 45 分钟才到达工作地点，而在第三天，由于驾车过程中一路绿灯，乔只花费了 35 分钟就到达了工作地点，那么这些变化是否意味着乔 40 分钟驾车时间的预期结果是非理性的呢？答案是否定的，驾车时间为 40 分钟的预期结果依然是理性预期值。在上述两种情形下，由于实际值与预期值都存在着 5 分钟的偏差，所以预期值本身并不是十分精确的。然而，理性的预期是在考虑所有已知信息条件下做出的最大可能性的估计，而不是完全精确的估计。也就是说，它只需要在平均意义上是正确的即可，而 40 分钟的预期结果满足了这一要求。无论乔的驾车情形如何，都会存在一些随机性因素，因此，最优的预测结果不会完全精确。

上述例子阐释了理性预期的一个重要特点：**理性预期结果与使用所有可得信息得到的最优预测结果相一致，但这一预测结果并非完全精确。**

如果在驾车时间的预测过程中有些信息无法获得或者忽略了某种信息，情况会怎么样呢？假设在乔上班通常行驶的路线上发生了一起交通事故，导致两个小时的交通堵塞，而乔无法确知这一信息，那么由于乔无法使用这一事故信息来调整其最优预期的结果，所以他对在交通高峰时间出行需要 40 分钟的预期结果依然是理性的。然而，如果电台或者电视的交通新闻报道了这起交通事故的消息，而乔不愿意去听或者得知后忽略了这一消息，那么他 40 分钟的预期结果就不再是理性的了。由于这一信息是可以获得的，所以乔的最优预测结果应该是 2 个小时 40 分钟。

因此，导致非理性预期的原因包含以下两个方面：

（1）人们可以获得全部信息，但不愿费力将自己的预期变成最好的估计。

（2）人们没有了解某些可用信息，导致他们对未来进行的最好猜测结果并不精确。

无论如何，一个十分重要的事实是：如果存在一个十分重要的额外因素，但是无法获得其相关信息，那么没有考虑这一因素的预期结果依然是理性的。

7.3.1 理性预期理论的规范形式

我们可以使用更为规范的形式来表述理性预期理论的内容。如果 X 代表被预测的变量（在

⊖ John Muth, "Rational Expectations and the Theory of Price Movements," *Econometrica* 29(1961): 315-335.

我们的例子中，就是乔驾车上班的时间），X^e代表对这个变量的预期值（乔对驾车上班时间的预期），而X^{of}代表使用全部可用信息对X做出的最优预测结果（乔对驾车上班时间的最优可能猜测结果），那么理性预期理论可以简单表示为

$$X^e = X^{of} \qquad\qquad (7\text{-}6)$$

也就是说，对于变量X的预期值等于使用全部可用信息得到的最优预测结果。

7.3.2　理性预期理论的理论基础

为什么人们希望他们的预期结果与使用全部可用信息得到最好的预测结果相一致？最简单的解释是，如果他们不这样做，就会付出很大的代价。乔具有足够强烈的动机，希望对驾车上班的时间做出尽可能准确的预测。如果他对驾车上班时间的预测结果较低，那么他会因为经常迟到而面临被解雇的风险；如果他对驾车上班时间的预测结果较高，那么他会因为经常过早地到达工作地点而毫无必要地放弃睡眠或者休闲的时间。因此，人们都希望获得准确的预测结果，他们拥有强烈的动机使他们的预期结果与使用全部可用信息得到的最好预测结果相一致。

这一理论同样也适用于企业。如果一个诸如通用电气的电气设备制造商了解到利率的变动会对电气设备的销售产生重要的影响，而通用电气对利率的预测结果并不准确，那么就会导致其生产电气设备的数量过高或者过低，从而降低了公司的利润水平。因此，通用电气公司就具有强烈的动机去获取全部可用信息以帮助进行利率预测，并且使用这些信息对未来利率的变动趋势做出最好的预测。

7.3.3　理性预期理论的经济含义

理性预期理论对预期的形成过程产生了两个常识性含义，它们对股票市场和宏观经济的分析都十分重要。

（1）**如果一个经济变量的运行方式发生了改变，那么该变量预期结果的形成方式也会发生改变。** 通过一个实际的例证，我们可以很容易地理解理性预期理论的这个原理。如果未来的利率水平正处于向"正常"水平回归的过程中，而现期的利率水平高于正常利率水平，那么对未来利率水平变动趋势的最优预测结果就是它将会下降至正常的利率水平。理性预期理论意味着在现期利率水平较高的条件下，预期未来的利率水平会降低。

假定利率变动的趋势发生了变化，如果利率水平较高，未来将会保持在这个高水平上不发生变化。在这种情况下，当现期利率处于较高水平时，对未来利率水平的最优预测结果，即理性预期结果，是它将保持在这一高水平上而不发生变化。对未来利率的预期结果不再表明它将出现下降的情况。因此，利率变量运行方式的变化导致了未来利率预期形成方式的变化。这一过程中的理性预期分析可以推广到任意变量的预期形成过程。因此，如果一个经济变量的运行方式发生了改变，那么该变量的预期结果形成方式也会发生改变。

（2）**预期结果的预测误差平均值为0，并且无法事先预知预测误差的情况。** 一项预期结果的预测误差为$X - X^e$，即变量实际值X和变量预期值X^e之间的差额。也就是说，如果乔在某一天的实际驾车时间为45分钟，而他对自己驾车时间的预期是40分钟，那么预测误差就是5分钟。

如果违背了理性预期原理，乔的平均预测误差将不再等于0，而是等于5分钟。由于乔很

快会发现他驾车上班平均来说总会迟到 5 分钟，通过将预测结果增加 5 分钟来加以改进，那么现在这项预测误差就是事前可以预知的了。理性预期理论认为乔确实会这样做，因为他希望自己的预期结果与最好的猜测结果一致。当乔将其预期值向上调整了 5 分钟之后，平均来说，预测误差就又会等于 0，但这个预测误差是无法事先预知的。理性预期理论认为预期结果的预测误差是无法预知的。

在金融市场上，使预期与最优预期结果相一致的动机尤其强烈。在这些市场上，往往能够进行更好预测的人会变得富裕。因此，理性预期理论在金融市场中的应用效果（被称为**有效市场假说**（efficient market hypothesis）或者**有效资本市场理论**（theory of efficient capital market））尤其显著。

7.4 有效市场假说：金融市场中的理性预期理论

在货币经济学家发展出理性预期理论的时候，金融经济学家也同时发展出了适用于金融市场的预期形成理论。他们利用该理论得出了与理性预期学者相同的分析结论：金融市场中的预期结果与使用全部可用信息得到的最优预测结果是一致的。[⊖]虽然金融经济学家（比如诺贝尔经济学奖获得者尤金·法玛），给他们的理论起了另外一个名字——有效市场假说，但实际上他们的理论只是理性预期理论在股票和其他证券定价中的应用结果。

有效市场假说是建立在金融市场中的证券价格能够完整地反映全部可用信息这一前提假设基础之上的。你可以回顾第 4 章，持有某种证券的收益率将会等于该证券的资本利得（证券价格的变动）与全部现金收入之和，再除以该证券初始时的购买价格

$$R = \frac{P_{t+1} - P_t + C}{P_t} \tag{7-7}$$

其中，R 是从时点 t 至时点 $t+1$（比如从 2015 年年末至 2016 年年末）持有某种证券的收益率；P_{t+1} 是该证券在持有期末时点 $t+1$ 的价格；P_t 是该证券在持有期初时点 t 的价格；C 是从时点 t 至时点 $t+1$ 发生的现金收入（息票利息或者股利收入）。

让我们考察持有期初时点 t 上的预期收益率。由于现期价格 P_t 和现金收入 C 的情况是已知的，所以在上述收益率定义中唯一的未知变量就是下一时期的证券价格 P_{t+1}。[⊖]如果用米表示对持有期末证券价格的预期结果，那么预期收益率 R^e 可以写为

$$R^e = \frac{P_{t+1}^e - P_t + C}{P_t}$$

有效市场假说认为，对未来价格的预期结果将会等于使用现在全部可用信息得到的最优预测结果。换言之，未来证券价格的市场预期是理性的，由此可得

$$P_{t+1}^e = P_{t+1}^{of}$$

这还意味着这种证券的预期收益率等于对收益率的最优预测结果

$$R^e = R^{of} \tag{7-8}$$

⊖ 由于金融经济学家了解穆斯的研究成果，所以有效市场假说和理性预期理论的发展过程存在一定的联系。

⊖ 存在 C 起初未知的情况，但是对分析没有实质性影响。我们将假设利用所有可用信息进行价格和 C 的最佳预测。

遗憾的是，由于 R^e 和 R^{of} 都是未知的，所以理性预期方程本身并不能解释金融市场行为的运行机制。然而，如果我们能够设计出某些方法对 R^e 进行测量，那么这些方程在解释金融市场中的证券价格变动机制方面就可以发挥重要作用。

第 5 章介绍的债券市场供求分析理论认为，某种证券的预期收益率（如果考察的是一年期的贴现债券，就是利率）具有向均衡收益率运动的趋势，其中均衡收益率是证券需求数量和供给数量相等时的均衡收益率。供求分析理论使我们能够根据下面的均衡条件来确定证券的预期收益率水平。

证券的预期收益率 R^e 等于均衡收益率 R^*，即证券的需求数量和供给数量相等时的收益率，也就是

$$R^e = R^* \qquad\qquad (7\text{-}9)$$

金融学术领域研究的是那些影响证券均衡收益率水平的因素（比如风险和流动性等）。从我们的目标出发，如果我们能够确定均衡收益率水平以及均衡条件下的预期收益率水平，这就足够了。

在均衡条件下通过使用 R^* 代替理性预期公式（式（7-8））中的 R^e，我们可以得到描述有效市场中定价行为的公式。据此，我们得到

$$R^{of} = R^* \qquad\qquad (7\text{-}10)$$

这个公式表明，**在使用全部可用信息得到证券收益率的最优预测结果等于证券均衡收益率的条件下，就能够得到金融市场中的现期价格**。金融经济学家使用一种更为简单的表述方式：在有效市场中，证券的价格完整地反映了全部可用的信息。

7.4.1 有效市场假说的理论基础

为了考察有效市场假说的成立依据，我们使用了**套利**（arbitrage）的概念，即市场参与者（套利者）消除**未利用的盈利机会**（unexploited profit opportunity）的过程。在此，未利用的盈利机会是由于证券的收益率高于该证券的特征所生成的收益率而产生的。套利具有两种类型：纯套利（pure arbitrage），即消除未利用的盈利机会的过程中不承担任何风险，以及我们在此讨论的套利类型，即在消除未利用的盈利机会的过程中，套利者将承担某些风险。为了理解套利活动形成有效市场假说的过程，让我们来看一个例子。假设埃克森美孚石油公司普通股股票每年的正常收益率为 10%，其现期价格 P_t 低于对明天价格的最优预测结果 P_{t+1}^{of}，其年收益率的最优预测结果 50% 远远高于 10% 的均衡收益率水平。现在我们可以预测到，平均而言，由于埃克森美孚石油公司普通股股票的收益率异常之高，因此存在着未利用的盈利机会。在上述条件已知的情况下，由于 $R^{of} > R^*$，平均而言，通过投资购买埃克森美孚石油公司的股票，你将会获得异乎寻常的高收益率，所以你将会增加购买数量，而这会导致相对于未来的预期价格 P_{t+1}^{of} 的证券现期价格 P_t 不断提高，从而降低 R^{of}。当现期价格上升到足够高的水平上时，R^{of} 将等于 R^*，同时满足有效市场的条件（式（7-10））。此时，套利者将会停止购买埃克森美孚石油公司的股票，而未利用的盈利机会也会随之消失。

类似地，如果某种证券收益率的最优预测结果是 −5%，而均衡收益率为 10%（$R^{of} < R^*$），平均而言，由于持有该证券所获得的收益率低于均衡收益率，所以这是一项糟糕的投资活动。在此情况下，你将会出售这种证券，导致相对未来预期价格的证券现期价格不断降低，直到 R^{of}

提高到 R^* 的水平同时满足有效市场的条件为止。我们可以将上述讨论内容概括为

$$R^{of} > R^* \rightarrow P_t \uparrow \rightarrow R^{of} \downarrow$$

$$R^{of} < R^* \rightarrow P_t \downarrow \rightarrow R^{of} \uparrow$$

$$直至 R^{of} = R^*$$

有效市场条件的另一种表述方式是：**在有效市场中，所有未利用的盈利机会都会被消除。**

在这个推理过程中一个非常重要的影响因素是：**在金融市场中并不是所有的投资者都了解证券的全部信息，或者对于证券价格具有理性预期，从而促使其价格向满足有效市场条件的方向运动。** 正是由于众多市场主体的参与才构成了金融市场。只要存在那些致力于发掘未利用的盈利机会的人（通常称为"精明的投资者"），他们为了获得收益就会去消除已经出现的盈利机会。由于该理论不要求市场中的每个人都掌握每只证券的全部信息，所以有效市场假说是有意义的。

7.4.2　股票价格的随机游走

给定某个变量的现期值，由于其未来值既可能上升也可能下降，所以其未来值是随机不可预测的，**随机游走**（random-walk）就描述了这样一种变量值的变动趋势。有效市场假说的一个重要含义就是股票价格近似服从一种随机游走状态；也就是说，**对于所有的可行目标而言，股票价格的未来变化都是不可预测的。** 由于对于公众来说最容易理解，所以有效市场假说的随机游走含义成为最多出现在媒体上的字眼之一。事实上，当人们提及股票价格的随机游走时，他们往往谈论的是有效市场假说。

考察一只股票价格随机游走的例子。如果人们预测乐足公司（HFC）的股票价格在未来一周将会上涨 1%，HFC 股票的预测资本利得率和股票收益率都将超过 50%。由于其远远高于HFC 股票的均衡收益率（$R^{of} > R^*$），根据有效市场假说，人们将立即购买 HFC 的股票并抬高其现期价格，直至预测的股票价格变化渐趋于零并满足 $R^{of} = R^*$。

类似地，如果人们预测 HFC 的股票将会下跌 1%，那么其预测收益率将为负值（$R^{of} > R^*$），人们将会马上卖出 HFC 的股票。HFC 的现期股票价格将会下跌直至预测的股票价格变化回归于 0，并达到有效市场条件。有效市场假说表明预测的股票价格变化幅度将会渐趋于 0，并得出股票价格一般服从随机游走。[⊖] 正如环球视野专栏"外汇汇率是否遵循随机游走理论"所表述的那样，有效市场假说认为外汇汇率同样服从随机游走理论。

环球视野　　　　　　**外汇汇率是否遵循随机游走理论**

尽管有效市场假说通常被应用于股票市场，但是它也可以用来说明外汇汇率和股票价格一样遵循随机游走理论。为了探究其中的原因，我们可以考虑当投资者预测某种货币在未来一周将会升值 1% 时会发生什么。通过购买这种货币，投资者可以赚到超过 50% 的年化收益率，这远远高于持有这种货币的均衡收益。因此，投资者会立即买入这种货币并不断抬高其价格，由于价格上升，预期收益将会下降。只有当预测的汇率变化趋近于零时，这个过程才会停止，此时最优预测收益将等于均衡收益。同理，如果投资者预测某种货币

⊖　请注意股票价格的随机游走行为只是源于有效市场假说的粗略估计。随机游走行为只适用于价格不变导致其具有均衡回报的股票。当股市可预测的变化为 0 时，$R^{of} = R^*$。

在未来一周将会贬值1%，那么他们会立即卖出这种货币直至预测的汇率变化趋于零。对于所有的可行目标而言，有效市场假说认为未来的汇率变化是不可预测的，换句话说，外汇汇率遵循随机游走。事实上，外汇汇率的随机游走正是在数据中发现的。

💡 应用 7-3　　　　　**股票市场投资的实用指南**

在现实世界中，有效市场假说的应用十分广泛。[⊖] 它最为突出的价值体现在它可以直接回答一个与大部分人密切相关的问题：在股票市场中如何致富（至少不会变穷）。在此介绍的股票市场投资的实用指南有助于我们加深对有效市场假说的用途和含义的理解。

7.4.3　投资顾问的研究报告具有多大价值

如果你正在阅读《华尔街日报》的"华尔街见闻"专栏，其中表明由于石油短缺情况不断加剧，所以投资顾问预计石油股票价格将会出现上涨，那么你是否应该从银行中提取自己辛苦积攒的全部储蓄用来投资石油股票呢？

有效市场假说认为，在购买证券的时候，我们不能期望获得超过正常水平的高收益率，即高于均衡收益水平的收益率。报纸和投资顾问公布的报告中的信息已经为广大市场参与者所获得，并且已经反映在市场价格之中。因此，基于这些信息的交易行为通常不会获得超过正常水平的高收益率。绝大多数实证经验表明，投资顾问提供的建议不能够保证我们获得超过市场正常水平的投资绩效。实际上，正如参考资料专栏所示，平均而言，旧金山投资顾问的投资绩效甚至没超过动物园里的大猩猩！

> **参考资料**　　　**你会雇用一只猩猩做你的投资顾问吗**
>
> 《旧金山纪事报》(San Francisco Chronicle) 发现了一种有趣的方法来评价投资顾问在选择股票时的绩效表现。他们让8位分析专家在年初时选出5只股票，然后把加利福尼亚瓦列霍海洋世界 (Marine World/ Africa USA in Vallejo，California) 中的一只叫乔琳的猩猩所选股票的绩效表现和这些分析专家所选股票的绩效表现进行比较。结果发现乔琳和这些投资顾问之间难分胜负。所以，选择一只猩猩与选择一个人做自己的投资顾问，可能没有任何区别！

当学生听到这一消息的时候，他们也许会感到非常疑惑。我们都知道或者听说过在股票市场中有人能够多年保持良好的投资绩效水平。我们就会问："如果不是确实了解市场何时出现超额收益率的预测方法，那么他们在长期内是如何实现优异的投资绩效呢？"下面是新闻报道中的一则消息，说明了这种奇闻轶事不可信的原因。

一个幻想迅速致富的人发明了一种高明的骗术。每周他都会写两封信。在信件 A 中，他预

[⊖]　有效市场假说的经验证据在本章网络附录中有所讨论，可以在 www.pearson.com/mylab/economics 或 www.hzbook.com 上找到。

测 A 队能够在某场足球比赛中获胜，而在信件 B 中，他会预测其对手 B 队能够在同一场足球比赛中获胜。然后，他将邮政地址名单分成两部分，将信件 A 寄给其中的一部分，而将信件 B 寄给另一部分。在下一周中，他只会对从上封信中获得正确预测结论的那一部分重复上面的过程。在进行了 10 场比赛之后，就会有获得每场比赛正确胜负预测结果的一群人。他随后向这些人发出最后一封信，声称他是足球比赛胜负结果的预测专家（正确预测了连续 10 周比赛的胜负情况），所以对那些赌球的人而言，能够通过他的预测结果获利。只有在向其支付大笔费用之后，他才会继续提供预测结果。当他的一位客户发现骗局本质的时候，这个骗子将得到法律制裁甚至被关进监狱！

从这个事例中我们得到了什么教训呢？即使预测者无法进行精确的市场预测结果，市场中依然会有一些持续成功的人。在过去一直具有优异投资表现的人也不能够保障在将来一定会做得同样出色。值得注意的是，市场中总有一些连续失败的投资者，由于没有人愿意透露自己糟糕的预测记录，所以你几乎不知道他们的存在。

7.4.4 你应该质疑那些小道消息吗

如果你的经纪人打电话告知你一个小道消息，由于乐足公司刚刚研制出一种能够有效治疗运动员脚伤的新产品，所以建议你购买其股票，因为这家公司的股票价格一定会上涨，那么你是否应该听从这一建议，购买乐足公司的股票呢？

有效市场假说认为，你应该对这条消息保持怀疑。如果股票市场是有效的，那么乐足公司的股票价格已经体现了这条消息所包含的价值，因此预期收益率将会等于均衡收益率。这条小道消息不会具有更高的价值，也不会帮助你赚取超过正常水平的高额收益。

然而，你可能会有疑问，如果这条小道消息能够反映新的信息，那么是否可以让你占据市场优势呢？如果其他市场参与者在你之前就获得了这条消息，答案将是否定的。一旦信息公之于众，那么由其产生的未利用的盈利机会就会随即消失。这时，股票的价格已经反映了这一信息的价值，而你只能够实现均衡的投资收益率。但是，如果你是最早得知这一消息的人，你可以由此获得超过正常水平的高额收益。只有你是少数幸运者之一，才能够通过购买乐足公司的股票消除这一未利用的盈利机会，从而获得超过正常水平的高额收益。

7.4.5 好消息总能够促使股票价格上涨吗

如果你一直跟踪股票市场的变化，就会发现一个令人迷惑的现象：当诸如非常优异的盈利报告之类的好消息公布的时候，股票价格并不总是随之上涨。有效市场假说能够解释这种现象。

由于股票价格的变化是难以预测的，当市场已经预期到所公布的信息内容时，股票价格就会保持不变。公告的内容没有包含任何促使股票价格变动的新信息。如果情况不是如此，公告就会导致股票价格发生变化，那么这意味着股票价格的变动是可以预测的。由于有效市场假说已经排除了这种情况发生的可能性，所以**只有公布未知的新信息才会导致股票价格发生变动**。如果人们事前预测到消息的内容，那么股票价格就不会产生任何反应。实证经验证实了这一论断：股票价格确实体现了公开可用信息的内容。

在某些情况下，当好消息公布的时候，个别股票的价格会下跌。虽然这种情况看似奇怪，但它与有效市场假说是完全一致的。如果公布的确实是一个好消息，而其代表的收益水平却低于预期增加的收益水平，乐足公司的收益水平提高了15%，但市场对其收益水平的预期是提高20%，那么这个新消息实际上是不利的消息，从而导致股票价格下跌。

7.4.6 有效市场假说为投资者提供的建议

有效市场假说对股票市场中的投资活动提供了何种建议呢？该理论认为，诸如小道消息和投资顾问公开发表的投资建议等这些全部公开可用的信息，是不能帮助投资者在市场中获得超过正常水平的收益的。实际上，该理论表明，如果不具有比其他市场参与者更为有益的信息，投资者就不能够击败市场，获得超过正常水平的收益。那么，投资者应该做些什么呢？

有效市场假说得到了一个结论：投资者（我们中的绝大多数都属于此类）不应该试图通过频繁地买卖证券来获得超过市场正常水平的收益。除了能够增加在每笔交易中抽取佣金的经纪人的收入之外，别无益处。[一]相反，投资者应该采取"买入并持有"的策略，即购买股票，并且在长期内持有这些股票。平均而言，投资者由此获得的收益水平相同，但因为可以减少支付给经纪人的佣金，所以投资者可以获取更多的净利润。

对于小型投资者，投资组合管理成本相对于投资规模而言较高，所以购买某种共同基金而不是购买单只股票是一种合理的策略选择。由于有效市场假说认为，任何一只共同基金都不能长久地获得超过市场正常水平的收益（战胜市场），所以投资者不应该购买那些管理费用和经纪人佣金费用较高的共同基金产品，而应该购买那些管理费用较低的免佣金类共同基金产品。

虽然一些异常现象[二]不支持有效市场假说，认为一些极为明智的投资者（我们中的绝大多数都不属于此类）的表现会超过"买入并持有"的策略，实证经验表明，我们前面提供的建议一般很难违反。

7.5 为什么有效市场假说并不意味着金融市场是有效的

许多金融经济学家在其对金融市场的分析过程中进一步推动了有效市场假说的发展。他们不仅认同金融市场预期是理性的，即金融市场预期等于使用所有可用信息得出的最优预测，而且为有效市场假说添加了新的内容，即认为金融市场中的价格真实反映了证券的基础（内在）价值。换言之，所有价格都是正确的并且反映了**市场基本面**（market fundamentals，它对证券的未来收入现金流有直接影响），所以金融市场是有效的。

这种关于市场有效性的强烈观点在金融学术领域具有一些重要含义。首先，它认为在一个有效的资本市场中，由于所有证券价格都是正确的，所以不同投资项目之间没有好坏之分。其次，它认为证券价格反映了关于证券内在价值的所有可用信息。最后，它认为无论是金融企业还是非金融企业的经理，都可以使用证券价格来准确评测他们的资本成本（投资项目的融资成本），因此，证券价格可以帮助经理做出一个项目是否值得投资的正确决策。这种对市场有效性

[一] 在出售证券实现任何利润的时候，投资者也必须向山姆大叔（Uncle Sam，即美国政府）缴纳资本利得税，这也是持续买卖不起作用的另一个原因。

[二] 在 www.pearson.com/mylab/economics 或 www.hzbook.com 上的本章网络附录中有讨论。

的强烈支持是许多金融学分析的基本原则。

然而，有效市场假说可能取名不当。它并不认同关于市场有效性的强烈观点，它只是认为市场价格不可预测，就像股票价格一样。事实上，正如应用 7-4 里面描述的那样，市场崩溃和**市场泡沫**（bubbles）的存在对有效金融市场的强烈观点提出了严重质疑。当市场处于泡沫中时，资产价格通常高于它们的基础价值。但是，市场崩溃和市场泡沫并未提供足够的证据来推翻有效市场假说的基本原则。

💡 应用 7-4　　股票市场崩盘对于有效市场假说和金融市场有效性意味着什么

1987 年 10 月 19 日，道琼斯工业平均指数的下跌幅度超过 20%，创造了美国历史上最大的单日跌幅，这一天因此被称为"黑色星期一"。高科技公司的股票价格从 2000 年 3 月的高位上崩盘，导致高科技股占比很高的纳斯达克指数从 2000 年 3 月的约 5 000 点跌至 2001 年和 2002 年的 1 500 点左右，下跌幅度超过 60%。这两次崩盘现象导致许多经济学家开始对有效市场假说的有效性产生了怀疑，他们不能相信在一个理性市场中的股票价格会出现如此巨大的波动情况。那么，这两次崩盘现象使我们在何种程度上对有效市场假说的有效性产生了怀疑呢？

有效市场假说并没有排除股票价格出现大幅波动的可能性。如果新信息能够导致对公司未来价值的最优预测结果出现严重的下降，那么股票价格就可能随之出现大幅波动。然而，经济学家很难从经济基本面的变动情况中找到解释"黑色星期一"和科技股大崩盘现象的原因。从这两次崩盘现象中得到的一个重要启示是，经济基本面之外的某些因素也有可能对股票价格产生影响。事实上，正如我们将在第 8 章和第 12 章中所看到的那样，我们有充足的理由相信存在某些阻碍金融市场正常发挥其功能的因素。因此，通过这些崩盘现象，许多经济学家开始质疑有效市场假说的高级版本，即资产价格真实反映了证券的基础（内在）价值。他们认为，市场心理因素和市场的制度结构在股票价格的决定过程中发挥了重要作用。然而，这些观点与理性预期理论和有效市场假说的基本原理（即市场参与者消除了未利用的盈利机会）并不矛盾。尽管股票价格并不总是市场基本面的单一反映，但是这不意味着理性预期理论是错误的。只要股票市场的崩盘现象是不可预知的，那么理性预期理论的基本原理就是正确的。

然而，其他一些经济学家认为，市场崩盘和泡沫的情况证实了市场中存在着未利用的盈利机会，有效市场假说从根本上就是错误的。关于有效市场假说的争论依然在持续。

7.6　行为金融

对于有效市场假说的种种质疑，特别是在 1987 年股票市场崩盘之后，致使诸如诺贝尔经济学奖获得者罗伯特·席勒等经济学家发展出一个新的研究领域——**行为金融**（behavioral finance）。它利用人类学、社会学尤其是心理学等其他社会科学的概念来解释证券价格的行为。[⊖]

⊖　该领域的研究可以参见 Hersh Shefrin, *Beyond Greed and Fear: Understanding of Behavioral Finance and the Psychology of Inveating* (Boston: Harvard Business School Press, 2000); Andrei Shleifer, Inefficient Markets (Oxford, UK: Oxford University Press, 2000); and Robert J. Shiller, " From Eifficient Market Theory to Behavioral Finance," Cowles Foundation Discussion Paper No. 1385 (October 2002).

正如我们所知道的，有效市场假说认为，那些精明的市场参与者可以消除未利用的盈利机会，但是这些精明的投资者能够在与普通投资者的竞争中占据优势地位，并由此提高金融市场的效率吗？具体来说，有效市场假说认为，精明的市场参与者在股票价格上涨到非理性水平时会出售股票，这会导致股票价格回落到能够反映市场基本面的水平上。要实现这种情况，那么精明的投资者必须能够进行**做空**（short sale）交易，也就是说，他们必须能够从经纪人那里借入股票，然后在市场上出售，其目的在于通过在股票价格下跌的时候再买回平仓（covering the short）来获得利润。然而，心理学家的研究成果表明，人们通常属于损失厌恶的类型：发生损失时的痛苦感要大于其赚钱的幸福感。如果股票价格快速上涨，并且远远超过其做空交易时的价格水平，那么做空交易造成的损失可能会超过投资者的初始投资数额（如果股票价格上升到一个不可思议的高度，那么损失就可能会无限大）。

因此，损失厌恶能够解释一个重要的现象：实际上人们很少进行做空交易。由于利用其他人的不幸获得盈利实在令人反感，所以交易制度通常对做空交易有所限制。人们很少开展做空交易这一事实可以解释有时股票价格过高的原因。也就是说，由于缺乏足够的做空交易活动，所以精明的投资者很难促使股票价格回归其基础价值。

心理学家还发现，人们对自己的判断具有过度自信的倾向。结果是，投资者往往认为自己比其他投资者更聪明。由于投资者愿意相信市场通常都是错的，所以他们根据自己的信念而非真实情况实施交易活动。这种理论能够解释市场中巨额成交量的原因，而这一点是有效市场假说所无法解释的。

过度自信和社会传染（狂热）能够解释股票市场出现泡沫的原因。当股票价格上升的时候，投资者将其获得的利润归结为自己的聪明才智，并且认为股票市场会继续上涨。这种狂热连同铺天盖地的媒体报道所创造的氛围，使得越来越多的投资者都对股票价格上升充满信心。这一结果形成了一种正反馈循环，导致股票价格的持续提高，从而创造了一种投机性泡沫。最终，当股票价格过度偏离其基础价值时，市场就会出现崩溃的现象。[⊖]

虽然行为金融是一个新兴的研究领域，但是它有希望来解释那些凭借有效市场假说无法圆满解释的证券市场中的行为特征。

本章小结

1. 股票的价值就是未来股利的现值。令人遗憾的是，我们永远无法精确地了解到未来的股利水平。这种不确定性将会在估值过程中出现巨大的误差。戈登增长模型是在股利按照固定不变的比率增长的假设条件下，计算股票价格的一种简化模型。由于未来的股利水平具有不确定性，所以上述假设条件通常是我们能够获得的最佳选择。

2. 市场中交易者之间的相互作用确定了每天的股票价格。对证券估价最高（要么认为未来的现金流具有较低的风险水平，要么对未来的现金流具有较高的预测值）的交易者愿意支付的价格也是最高的。在公布新消息之后，投资者将会对证券真实价值的估计值进行修正，并且根据市场价格和其价值估计结果的比较情况，决定买入或者卖出证券。由于预

⊖ See Robert J. Shiller, *Irrational Exuberance* (New York: Broadway Books, 2001).

期增长比率或者要求收益率的微小变化都会导致股票价格的巨幅波动，所以市场通常出现大幅波动是很正常的事情。

3. 有效市场假说认为，由于在有效的市场中消除了全部的未利用盈利机会，所以现期的证券价格完整地反映了全部可用信息的内容。消除未利用盈利机会是市场有效的必要条件，但是它并未要求所有市场参与者都掌握全部信息。有效市场假说意味着股票价格通常遵循随机游走。

4. 有效市场假说表明，小道消息和投资顾问公开的投资建议都不能帮助投资者获得超过市场正常水平的收益。对投资者最好的"处方"是采用"买入并持有"的策略，即购买股票，并且长期持有股票。在股票市场中，实证经验通常会支持有效市场假说的结论。

5. 市场崩盘和市场泡沫促使许多经济学家确信有效市场假说的强势版本，即资产价格反映了证券真实的基础（内在）价值，是错误的。但是，这些崩盘现象缺少足够的证据来证明有效市场假说也是错误的。即使基本面之外的某些因素能够影响市场的运行，这些崩盘现象也不能够确定地表明有效市场假说的基本原理无效，毕竟这些崩盘现象是无法预知的。

6. 行为金融这个新的研究领域利用人类学、社会学以及心理学等其他社会科学的概念来解释证券价格的行为。损失厌恶、过度自信和社会传染等现象有助于解释巨额成交量、股票价格高估现象以及发生投机性泡沫等问题的原因。

关键术语

适应性预期	市场泡沫	有效市场假说	套利
现金流	广义股利模型	行为金融	股利
戈登增长模型	市场基本面	理性预期	股东
最优预测值	剩余索取权	有效资本市场假说	随机游走
做空	未利用的盈利机会		

思考题

1. 在任何投资性资产估值过程中，可以应用何种融资基本原则？

2. 对股东而言，其获取现金流的两大主要来源是什么？这些现金流数额估计结果的可靠性有多高？比较股票投资的现金流估计过程和债券投资的现金流估计过程，你预计哪一种证券的波动幅度更大？

3. 一些经济学家认为，在股市失控和泡沫自行破灭引发巨大损失之前，中央银行就应该主动刺破股票市场中的泡沫。如何使用货币政策刺破泡沫？根据戈登增长模型解释这一目标的运行机制。

4. 如果影响未来利率变化方向的货币政策变得更

加透明，那么股票整体价格将受到何种影响？

5. 假设你被要求预测ABC公司的未来股价，你会收集所有可用的信息。在你宣布预测的当天，ABC公司的竞争者宣布合并并重塑产业结构的全新消息。你的预测仍会是最优的吗？

6. 如果乔早上醒来发现正在下雪，那么他就会对开车上班需要的时间产生误判。其他时候，他对开车上班需要时间的预测通常非常准确。如果乔居住的地方每10年才会下一场雪，那么乔的预期结果几乎总是准确的。乔的预期结果是理性的吗？原因何在？

7. 如果一名预测者每天花费数小时研究数据来预测利率，然而明天的利率将会等于今天的利率这类预测结果的精确性要高于他的预期结果，那么他的预期结果是理性的吗？

8. "如果股票价格没有体现出随机游走的运动趋势，那么市场上就会存在未利用的盈利机会。"这一论断是正确的、错误的还是不确定的？解释你的回答。

9. 如果货币供应量的增长导致股票市场中的价格上涨。这是否意味着在上周发现货币供应量出现快速增长时，你就应该购买该股票？原因何在？

10. 如果公众预计某家公司本季度每股股票会损失5美元，而实际上只损失了4美元，这依然是这家公司历史上最大的损失，那么当公司公告发生4美元损失的时候，根据有效市场假说，公司的股票价格会出现何种变化？

11. 如果你阅读《华尔街日报》，发现华尔街上精明的投资者预计股票价格将会下降，你是否应该听从这种意见，进而出售你的全部股票呢？

12. 如果你的经纪人所提供的最近5次买卖建议都是正确的，那么你应该继续听从他的建议吗？

13. 具备理性预期的人是否会期望下个月微软公司的股票将会上涨10%？

14. 假设在每年11月的最后一周股价都会平均上升3%。这会构成赞成或反对有效市场假说的证据吗？

15. "有效的市场是没有人能够凭借其具有比其他人更多的信息来获取利润的市场。"这一论断是正确的、错误的还是不确定的？解释你的回答。

16. 如果较高的货币供应量增长比率与较高的通货膨胀率密切相关，虽然公布的通货膨胀率非常高，但是低于市场的预期值，那么你认为长期债券价格将会如何变化？

17. "外汇汇率与股票价格相似，都具有随机游走的特征。"这一论断是正确的、错误的还是不确定的？解释你的回答。

18. 假设有效市场假说成立。马科斯最近被一家经纪公司雇用并声称他现在可以获得最佳市场信息。但是，他是新人且公司里没有人告诉他关于业务的很多信息。你能预测马科斯的客户比公司的其他客户更好或更差吗？

19. 假设你是月度通货膨胀率的预测员，并且你最近6次的预测偏离−1%。你的预测有可能为最优吗？

20. 20世纪90年代末，随着信息技术和互联网的高速发展，美国股票市场直线飙升并于2001年达到峰值。当年年末股票市场开始动摇，随后便发生崩盘。许多评论家认为之前几年属于"股票市场泡沫"。请问这段时期是如何在适用有效市场假说的同时演变成泡沫的？

21. 当市场基本面认为股票价格应该处于一个较低水平时，为什么有效市场假说不太可能成立？

应用题

22. 一种股票每年的股利为1美元，你预期一年后该股票的售价为20美元，如果你的要求收益率为15%，请计算该股票的价格。

23. 在经过一番仔细分析之后，你发现一家公司的股票股利在可预见的未来时期内平均年增长率为7%，该公司最近一期支付股利为3美元，如果你的要求收益率为18%，请计算该股票的当期价格。

24. 一种股票的当期价格为65.88美元，如果预期该股票在未来5年内每年支付股利1美元，且要求收益率为10%，请问5年后当你计划出售该股票时，其价格为多少？假设股利支付水平和要求收益率保持不变，如果预期5年后股票价格上涨1美元，请问当期股票价格是否也增长1美元？请解释原因。

25. 一家公司宣布按照3:1的比例进行拆股，并且决定立即实施。在股票拆分前，该公司的总市值为 50 亿美元，流通股股数为 1 亿股。如果该次拆股并未披露任何有关公司的新信息，请问股票拆分后，该公司的价值、流通股股数以及每股价格为多少？如果股票拆分后，该股票市场价格立即变为每股 17 美元，请问市场有效性如何？

数据分析题

1. 请登录圣路易斯联邦储备银行 FRED 数据库，查询道琼斯工业平均指数数据。如果道琼斯指数是一种不支付任何股利的股票，应用单期估值模型，使用最近一期数据的去年同期数据，计算股权投资的要求收益率。换言之，即假设最近一期道琼斯指数股票的价格数据为上一年数据，请计算购买道琼斯指数股票的要求收益率。相反，如果道琼斯指数股票将支付 100 美元股利，请问要求收益率将会如何变化？

2. 登录圣路易斯联邦储备银行 FRED 数据库，查询企业净股利支付数据（B056RC1A027NBEA），调整其单位并设置为"与去年相比的变化率"，下载表格格式数据。

   a. 计算从 1960 年以来的平均年股利增长率。

   b. 查询最近几天道琼斯工业平均指数的数据。如果你可以购买道琼斯指数股票，假设下一年年末其将支付股利 100 美元，请使用戈登增长模型和 a 中得到的答案，计算下一年股权投资的要求收益率。

网络练习

1. 登录 www.bloomberg.com/markets.stocks，里面的互动式图表允许你查找个股的累计收益和市场指数。在过去的 5 年内，3 个指数体现了最不稳定性——标准普尔 500 指数、道琼斯工业指数和纳斯达克综合指数。哪个指数会是过去 5 年里最好的投资选择？

2. 互联网是关于股票价格和股票价格变动情况的重要信息来源，雅虎财经是股票市场数据的一个重要来源。登录 http://finance.yahoo.com，并且单击"市场概述"（Market Summary）栏目中的"DOW"接收器，查看道琼斯工业平均指数的当期数据。单击图标来查看各种变量的情况。改变时间范围，观测在不同时间间隔条件下的股票趋势。前一天、前一周、三个月前以及前一年的股票价格变动情况如何？

3. 尤金·法玛和罗伯特·席勒获得了诺贝尔经济学奖。登录 http://nobelprize.org/nobel_prizes/economics/ 查询关于两位讲授的新闻报道。诺贝尔经济学奖因何授予他们？何时授予的？

网络参考

　　http://stocks.tradingcharts.com 可以从中获得股票报价、图表和股票历史数据等信息。

　　www.investorhome.com/emh.htm 可以从中获得关于有效市场假说的更多内容。

PART
3
第三篇

金融机构

危机与应对：7 000 亿美元的救市计划

2008 年 10 月 3 日，在经过一番激烈的全国性辩论之后，美国众议院通过了《紧急经济稳定法案》。这项令人震惊的高达 7 000 亿美元的救市方案旨在通过授权财政部可以从濒临破产的金融机构购买问题抵押资产或者向银行机构进行注资，寻求促进经济从全球性金融危机中恢复。为了进一步安抚市场恐惧情绪，该法案把联邦存款保险限制从 10 万美元提至 25 万美元。

因为大量选民对救助危机背后的华尔街高管的抱怨声不断，所以 9 月 29 日初始法案被议员投票否决。这项全国性辩论使得华尔街与整个主流社会对立：许多支持挣扎在破产边缘的房屋所有者的人，认为联邦对金融机构的救助提案是政府虚伪的表现。如何才能向金融系统注入资本，以期帮助那些担心失去工作或者已经突然失去工作、处境更糟糕的人？

金融机构在经济生活中所扮演的中心角色，即第三篇的焦点问题，正被人们所忽视。银行和其他金融机构通过把资金从储蓄者手中转移至生产投资部门，使经济得以正常运行。在资金回流之前，遍布社会各处的银行分支机构一般随便把资金贷给那些小企业主或者刚毕业准备买车的大学生。

全球性金融危机凸显了金融系统随着时间推移而发生的变化，包括从金融创新或者从类似危机中吸取的经验教训。第 8 章将分析美国和世界其他地区的金融结构。第 9 章将关注银行的业务与运行。第 10 章将把第 8 章得到的经济分析进行扩展，以期理解进行银行监管的原因，进而考察监管过程中的种种缺点与不足。第 11 章将考察美国银行系统的发展以及不断发展的银行国际化进程。为了理解金融危机发生的原因，第 12 章将推出一个框架结构，并且尤其关注 2007 ～ 2009 年的全球性经济过热危机。

第 8 章

金融结构的经济学分析

学习目标

1. 认识全球金融体系的 8 个基本特征。
2. 总结交易成本如何影响金融中介。
3. 描述非对称信息如何导致逆向选择和道德风险。
4. 了解逆向选择并总结减少逆向选择的方法。
5. 了解股权合同中道德风险产生的委托代理问题并总结减少问题的方法。
6. 总结降低债权合同中道德风险的方法。

| 预览 |

　　一个健康、有活力的经济需要这样一个金融体系，它能够把资金从储蓄者手中转移到拥有生产性投资机会的人手中。但是，金融体系如何能够确保把你辛辛苦苦积累的储蓄转移到生产性投资者的手中而不是乞丐的手中？

　　本章通过对金融结构如何提高经济效率的经济分析，来解答上述问题。本章的分析将集中于若干简单却有用的经济概念，这些概念有助于我们理解金融体系的特征，例如，金融合约为何如此订立，或者对于借款者的筹集活动而言，金融中介机构比证券市场更为重要的原因何在。同时，这一分析阐明了金融体系与总体经济运行绩效之间的重要联系，这也是本书第六篇的主题。

8.1　世界各国金融结构的基本特征

　　世界各国金融体系的结构和功能都十分复杂。这些金融体系存在着许多不同类型的机构：银行、保险公司、共同基金、股票和债券市场等，所有这些机构都受到政府监管。这些金融体系为储蓄者和生产投资者之间每年数万亿美元资金的转移架接桥梁。如果仔细地观察世界各国的金融结构，就会发现 8 个基本特征，其中的某些内容十分出人意料。为了理解金融体系的运行机制，我们需要解释这 8 个基本特征。

图 8-1 的柱状图显示了，1970 ～ 2000 年美国的工商企业运用外部资金（来自工商企业的外部）来为其经营活动提供融资的运行机制，以及美国和德国、日本和加拿大之间的相关数据比较。从这段时期中总结得到的结论在今天依然成立。银行贷款主要是由那些来自存款机构发放的贷款构成，非银行贷款主要是由那些来自其他金融中介机构发放的贷款构成，债券主要由公司债券和商业票据等可流通的债务证券构成，股票包括新发行的股权凭证（如股票市场上的股票）。

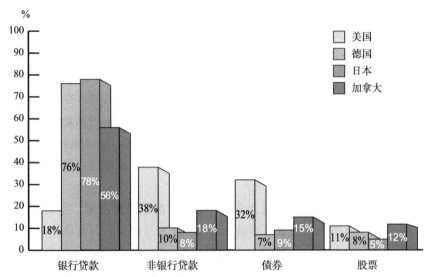

图 8-1 非金融机构的外部融资渠道：比较美国和德国、日本和加拿大

注：银行贷款主要由储蓄机构的贷款组成；非银行贷款是由其他金融中介的主要贷款组成；债券包括可交易债券，比如公司债券和商业票据；股票由新股本的新发行组成（股票市场份额）。

资料来源：Andreas Hackethal and Reinhard H. Schmidt, "Financing Patterns: Measurement Concepts and Empirical Results," Johann Wolfgang Goethe-Universitat Working Paper No. 125, January 2004. 图中的数据取自 1970 ～ 2000 年，表示各项占外部融资总流量的百分比，由于无法获取交易及其他信贷数据，所以并未包含在内。

现在，让我们来了解这 8 个基本特征。

（1）**对于工商企业而言，股票不是最重要的外部融资来源。** 由于新闻媒体对股票市场倾注了过多的关注，导致很多人产生这样的印象：股票是美国公司最为重要的融资来源。然而，正如我们在图 8-1 的柱状图中所发现的那样，在 1970 ～ 2000 年美国企业的外部融资额中，从股票市场筹集到的资金仅仅占据一个很小的份额：11%。⊖图 8-1 还表明，其他国家股票筹资的份

⊖ 外部股票筹资 11% 这个数字是基于流入公司的外部资金。但是这个数字具有误导性，因为当股票发行时，它会永久性地筹集资金；当债券发行时，它会临时性地筹集资金直到它到期还本。为了证明这一点，假设一家公司以卖出股票的方式和卖出 1 年期债券的方式分别筹集到 1 000 美元。在股票发行时，一家公司可以通过卖出股票的方式一直持有 1 000 美元。但是，为了通过债务持有 1 000 美元，公司需要每年发行新的 1 000 美元债券。如图 8-1 所示，如果我们回看过去 30 年间的公司资金流，公司仅一次通过发行股票筹集 1 000 美元，而 30 年间通过发行债券 30 次筹集 1 000 美元，每年发行一次。虽然债务看起来比股票重要 30 倍，但是我们的例子说明，这两种方法对公司的重要性相同。

额也同样很小。在美国和其他国家，为什么股票市场不如其他资金来源那么重要呢？

（2）**在企业为其经营活动进行融资过程中，发行可流通的债务工具和股权证券不是主要的融资方式**。正如图 8-1 所示，在美国，债券是比股票更加重要的一个融资来源（32%VS.11%）。然而，由股票和债券共同构成的可流通证券总额（43%）在企业通过外部融资获得的资金总额中所占比重小于 50%。在世界其他地方，发行可流通证券也不是最重要的筹资方式。事实上，正如我们从图 8-1 中发现的那样，在其他国家的外部融资供给中，发行可流通证券所占的份额比美国更低。企业没有更为广泛地采用可流通证券来为其经营活动提供融资的原因何在？

（3）**与直接融资（即工商企业直接从金融市场中的贷款者那里获得融资）相比，间接融资（即有金融中介机构参与其间的融资活动）的重要性要大得多**。直接融资是直接向居民出售股票和债券等可流通证券。在美国，发行股票和债券占据了企业外部融资来源的 43%，实际上过度夸大了直接融资在金融体系中的重要性。自 1970 年以来，在美国直接由居民购入的新发行的公司债券和商业票据的份额小于 5%，而由居民直接购入的股票份额小于 1/3。其余部分主要由保险公司、养老基金、共同基金等金融中介机构购入。这些数据表明：在美国企业的外部融资总量中，直接融资所占的份额小于 10%。由于在绝大多数国家的融资活动中，可流通证券的重要性比美国还要小，所以在世界其他国家中，与直接融资相比，间接融资的重要性更为显著。在金融市场上，金融中介机构和间接融资占据如此重要地位的原因何在呢？近年来，间接融资的重要性一直在下降，其原因又是什么呢？

（4）**金融中介机构，特别是银行成为企业外部融资的最重要来源**。正如我们在图 8-1 中所看到的那样，在全世界范围内，企业外部融资的首要来源是由银行以及诸如保险公司、养老基金和金融公司等非银行金融中介机构所提供的贷款（在美国，其所占比例为 56%，而在德国、日本和加拿大等国，这一比例都超过了 70%）。在其他工业化国家中，银行贷款也都是首要的企业外部融资来源（在德国和日本，这一比例超过了 70%，而在加拿大，这一比例也超过了 50%）。这些数据表明，在发达国家中，银行在企业的融资活动中发挥了最为重要的作用。在发展中国家，银行在企业融资活动中所发挥的作用比其在发达国家中的还要大。那么，银行在金融体系运行过程中发挥如此重要作用的原因何在呢？虽然银行的重要性得以延续，但是近年来其在企业外部融资中所占的比重持续下降。是什么因素导致了这种情况呢？

（5）**金融体系是受到最为严格监管的经济部门之一**。在美国以及所有的发达国家，金融体系均受到严格的监管。政府对金融市场实施监管主要是为了促进信息披露，从而保证金融体系的健全（稳定）。为什么世界各地的金融市场都会受到严格监管呢？

（6）**只有那些规模庞大、组织完善的公司才易于通过证券市场为其经营活动提供融资**。个人和组织不够完善的小企业很难通过发行可流通证券来获得资金。反之，它们只是从银行获得资金。为什么只有那些规模庞大、信誉卓著的公司才易于从证券市场上获得融资呢？

（7）对于家庭和企业而言，**抵押品**（collateral）是债务合约的一个普遍特征。抵押品是抵押给贷款者的一种财产，在借款者不能偿还债务的情况下，来保证债务的偿付。抵押债务（又被称为**担保债务**（secured debt），与那些诸如信用卡债务等无抵押的**无担保债务**（unsecured debt）相对应）是居民家庭债务的主要形式，在企业的借款活动中也得到广泛应用。在美国，大部分家庭的债务是抵押贷款：汽车贷款的抵押品是你的汽车，而住房抵押贷款的抵押品是你的住房。在商业抵押贷款和农场抵押贷款中，抵押品是财产，这种抵押贷款占据了非金融企业借款总额的 1/4；公司债券和其他种类的银行贷款也经常包含抵押安排。抵押能够成为债务合约的一个重要特征的原因何在呢？

（8）**典型的债务合约是极其复杂的法律文件，它对借款者的行为施加了严格的限制。**许多学生认为，债务合约只是写在一张纸上的简单借据。然而，实际情况远非如此。在所有国家中，债券或贷款合约通常都是列有众多条款（被称为**限制性条款**（restrictive covenants））的、篇幅很长的法律文件，它们限制并指定了借款者所能从事的特定活动。限制性条款不仅是企业债务合约的一个特征，而且在诸如个人汽车贷款和住房抵押贷款合约中都列有限制性条款，要求借款者为那些通过贷款购买的汽车和房屋提供充足的保险。债务合约如此复杂并且做出各种限制的原因何在呢？

我们在回顾第 2 章的内容时可以发现，金融市场的一个重要特征就是存在着巨大的交易成本和信息成本。通过分析这些成本如何影响金融市场，能够帮助我们理解上述 8 个基本特征，反过来这也将使我们能够获得对金融体系运行机制更为深入的理解。在下一节中，我们将探讨交易成本对金融体系结构的影响，然后探讨信息成本对金融结构的影响。

8.2　交易成本

交易成本是金融市场中的一个主要问题。举一个例子就能使人们清楚地认识到这一问题。

8.2.1　交易成本如何影响金融结构

假定你有 5 000 美元用于投资，并且计划在股票市场中开展投资活动。由于你只有 5 000 美元，所以只能购买少量股票。即便你使用在线交易的形式，由于你购买的数量太小，以致购买你选中股票的经纪费用将在你的购入股价中占据一个相当大的比重。如果你转而决定去购买债券，情况会更糟，因为你计划购买的某些债券的最小面额就高达 1 万美元，而你没有那么多钱去进行该项投资。你会失望地发现，你根本不可能利用金融市场来使你辛辛苦苦积攒起来的钱获得收益。然而能够聊以自慰的是，被高昂的交易成本置于如此困境的并非你一个人。这就是我们大部分人生活中的一个事实：仅有约一半的美国家庭曾持有某种证券。

由于存在交易成本，你还将面临另一个问题。由于可用资金太少，而大多数小额交易的交易成本都非常高昂，以致你只能开展有限种类的投资活动。这意味着，你不得不把所有鸡蛋都放在一个篮子里，由于无法实现风险分散化，迫使你面临更高的风险。

8.2.2　金融中介如何降低交易成本

在第 2 章中，我们曾经列举了一个事例，来说明由交易成本产生的问题，即高昂的法律成本阻止了你向木匠卡尔提供贷款的例子。这说明像你这样的小额储蓄者被排除在金融市场之外，你无法从中获得收益。幸运的是，作为金融结构重要组成部分的金融中介机构已经发展到能够降低交易成本，从而使小额储蓄者和借款者都能够从金融市场中获得收益。

1. 规模经济

交易成本高昂问题的解决办法之一是把众多投资者的资金汇集起来，从而使他们可以利用规模经济效应，即随着交易规模的扩大，降低每一美元投资的交易成本。通过把投资者的资金汇集起来，使每个投资个体的交易成本都降低了。因为在金融市场上当交易规模扩大时，执行某项交易的总成本仅有少量提高，所以会出现规模经济现象。举例来说，协商购买 10 000 股股票的成本比协商购买 50 股股票的成本高不了多少。

金融市场中的规模经济现象，有助于解释金融中介机构得以发展并且成为金融结构重要组成部分的原因。规模经济效应促进金融中介机构发展的最显著的例证就是共同基金。共同基金是向个人出售基金份额，将汇集的资金投资于股票或者债券交易活动的金融中介机构。由于能够购买大量的股票或者债券，共同基金具有交易成本较低的优势。在共同基金扣除其因管理账户活动而收取的管理费之后，这些成本节约的好处就落到了个体投资者手中。对个体投资者而言，共同基金的另一个优势在于其规模十分庞大，因而能够购买高度分散化的证券投资组合。对于个体投资者而言，更加分散化的投资降低了其风险程度，提高了他们的福利水平。

规模经济在降低金融机构完成工作所必需的资源成本方面也十分重要，比如降低金融机构借以实现交易活动的计算机技术成本。一旦大型共同基金斥巨资建立起通信系统，这一系统就能够以低廉的单笔交易成本实现大量的交易。

2. 专门技术

金融中介机构的优势还在于它们能够通过开发专门技术来降低交易成本。举例来说，它们在计算机方面的专门技术，使其能够向客户提供各种服务便利，比如用户可以通过拨打免费电话号码了解自己的投资状况，或者可以依据其账户签发支票。

较低的交易成本使得金融中介机构能够为其客户提供流动性服务，这种服务使得其客户能够更加便捷地从事交易活动。例如货币市场共同基金，它们不仅向基金份额持有者支付较高的利率，而且允许他们签发支票来支付账单。

8.3　信息不对称：逆向选择和道德风险

金融市场中存在着交易成本的事实，部分解释了金融中介机构和间接融资在金融市场中发挥重要作用（第 3 个特征）的原因。然而，为了更加全面地理解金融结构，我们还需要考察信息在金融市场中所发挥的作用。

信息不对称，即交易的一方对交易的另一方缺乏充分的了解，从而使其在交易过程中难以做出准确决策，它是金融市场上的一个重要现象。例如，相对于股东而言，公司经理对自己是否诚实或者公司的具体经营状况具有更加深入的了解。在第 2 章中我们已经介绍过，信息不对称的存在导致了逆向选择和道德风险问题。

逆向选择是交易之前发生的信息不对称问题。具有潜在的不良信用风险的人正是那些积极寻求贷款的人。因此，最有可能导致不良后果的人往往就是最希望从事这笔交易的人。例如，大冒险家或纯粹的骗子是最迫切希望获得贷款的，因为他们知道自己几乎不可能去偿还贷款。由于逆向选择提高了贷款成为不良贷款风险的可能性，所以即便市场上存在着风险较低的贷款机会，贷款者也很可能决定不发放任何贷款。

道德风险是在交易发生后出现的信息不对称问题。贷款者发放贷款后会面临这样的风险，借款者可能会从事那些从贷款者观点出发不能从事的活动，因为这些活动会提高贷款违约的可能性。例如，一旦借款者获得了一笔贷款，由于使用的是别人的钱，所以他们可能从事高风险的活动（其收益可能很高，但同时也面临很大的违约风险）。由于道德风险降低了偿还贷款的可能性，所以贷款者可能做出不发放贷款的选择。

对于信息不对称问题如何影响经济行为的分析被称为**代理理论**（agency theory）。我们将会应用这种理论来解释金融结构之所以采用当前这种形式的原因，并进而解释我们在本章开始提出的金融结构的基本特征。

8.4 次品车问题：逆向选择如何影响金融结构

诺贝尔经济学奖得主乔治·阿克洛夫（George Akerlof）在他的一篇著名论文中，阐明了逆向选择如何影响市场有效运行的具体方式。由于逆向选择问题与二手车市场中的次品车问题（lemon problem）⊖类似，所以被称作"次品车问题"。⊜二手车的潜在买主通常不能够准确评估车辆的质量，他们不能辨别出某辆二手车是性能良好的好车，还是会不断带给他们麻烦的次品车。因此，买主支付的价格反映的是市场上所有二手车的平均质量，这一价格介于次品车的低价与好车的高价之间。

相反，二手车的所有者更了解他自己的车是次品车还是好车。如果是次品车，车主自然很乐意按照买主愿意支付的价格卖掉，因为这个价格介于次品车价格和好车价格之间，高于次品车的价值。然而，如果是好车，车主知道如果按照买主愿意支付的价格成交，该车的价值被低估了，因而他可能不愿意售出。这种逆向选择的结果是，使得市场上很少会有良好的二手车出售。由于提供到市场上的二手车平均质量低下，几乎没有人愿意购买次品车，所以该市场的成交量会很小，二手车市场的运营绩效很糟糕。

8.4.1 股票市场和债券市场中的"次品车"

在证券市场即债务（债券）市场和股权（股票）市场中，同样会出现次品车问题。假设我们的投资者朋友欧文是一位证券（比如普通股票）的潜在购买者，他不能识别拥有较高预期收益和较低风险的优质公司与拥有较低预期收益和较高风险的劣质公司。在这种情况下，欧文只愿意按照反映发行证券公司平均质量的价格购买股票——该价格介于劣质公司的证券价值与优质公司的证券价值之间。如果一家优质公司的所有者或经理与欧文相比拥有更多的信息，了解它是一家优质公司，就会知道该证券的价格被低估了，因而他们就不愿意按照欧文的出价卖出证券。愿意向欧文出售证券的只有那些劣质公司（因为欧文的出价高于该证券的价值）。我们的朋友欧文并不是傻瓜，他不愿意持有劣质公司的股票，因而他会决定不在市场上购买证券。这个后果类似于二手车市场，由于很少有公司能够通过在证券市场上销售证券来筹资，所以证券市场就很难具有良好的绩效表现。

如果欧文不是购买股票而是购买公司的债务工具，则其分析（结论）也是类似的。只有在

⊖ "柠檬"一词在美国俚语中表示次品，因此 lemon problem 又称"次品车问题"。——译者注

⊜ George Akerlof, " The Market for ' Lemons ' : Quality, Uncertainty and the Market Mechanism, " *Quarterly Journal of Economics* 84 (1970): 488-500. 使用次品车问题来分析金融市场的两篇重要论文是：Stewart Myers and N. S. Majluf, " Corporate Financing and Investment Decisions When Firms Have Information That Investors Do Not Have, " *Journal of Financial Economics* 13 (1984): 187-221 和 Bruce Greenwald, Joseph E. Stiglitz, and Andrew Weiss, " Information Imperfections in the Capital Market and Macroeconomic Fluctuations, " *American Economic Review* 74 (1984): 194-199。

利率上升到足以补偿设法出售债券的优质公司和劣质公司的平均违约风险时，欧文才会购买债券。优质公司精明的所有者发现，他们将要支付的利率高于其应该支付的利率，所以他们不愿意在市场上借款。只有那些劣质公司才愿意借款。然而，像欧文这样的投资者又不愿意购买劣质公司发行的债券，所以他们可能不会购买任何债券。由于只有极少数的公司能够在这种市场上出售债券，所以它并不是一种良好的融资渠道。

上述分析揭开了第 2 个特征：为什么在世界上任何一个国家中，发行可流通证券都不是企业融资的主要来源。它也部分地揭开了第 1 个特征：为什么发行股票不是美国工商企业融资最重要的来源。次品车问题的存在，降低了诸如股票和债券等证券市场将资金从储蓄者向借款者转移的有效性。

8.4.2 逆向选择问题的解决办法

如果不存在信息不对称，那么就不会出现次品车问题。如果买主对二手车质量的了解和卖者一样充分，所有人都能辨别出好车和坏车，那么买家会愿意对好的二手车支付较高的价格。由于好的二手车的车主现在能够获得一个公允的价格，他们自然就愿意在市场上卖车。这样，市场上的交易量就会提高，从而能够实现其预定目标：提供渠道将好车卖到需要它们的人手中。

类似地，如果证券的购买者能够识别出优质公司和劣质公司之间的区别，他们将对优质公司的证券支付足额价值，优质公司也愿意在市场上出售它们的证券。这样，证券市场就会把资金转移到拥有最佳生产投资机会的优质公司手中。

1. 信息的私人生产和销售

解决金融市场中逆向选择问题的办法，是向资金供应方提供那些正在为投资寻求资金的个人或公司的详细情况，以消除信息不对称的影响。使储蓄－贷款者获得这种材料的途径之一就是设立私人公司，由它们负责收集和生产出能够区别优质公司和劣质公司的信息，然后卖给储蓄－贷款者。在美国，诸如标准普尔公司、穆迪公司和价值线（Value Line）之类的公司都在从事此类工作，它们将各种公司的资产负债表及其投资活动的信息收集起来，出版这些数据，并卖给订购者（个人、图书馆以及参与证券购买活动的金融中介机构）。

然而，由于存在**搭便车问题**（free-rider problem），私人生产和销售信息的体系并不能完全解决证券市场的逆向选择问题。当一些人不必支付费用却能够获取其他人付费得到的信息时，就产生了搭便车问题。搭便车问题的存在表明，由私人销售信息只能部分地解决次品车问题。为了具体考察其成因，假设你购买了分辨优质公司和劣质公司的信息，你相信这种购买是值得的，因为你可以通过购买那些价值被低估了的优质公司的证券来弥补购买信息的成本。然而，当我们精明的投资者欧文（搭便车者）看到你买了某种股票后，尽管他没有为信息支付任何费用，但也会跟着你购买。如果其他许多投资者也像欧文那样做，就会导致对价值低估的好证券的需求不断增长，很快就会将它们从低价位拉升至反映其真实价值的高价位。由于这些搭便车者的存在，你不再能够以低于其真实价值的价格购买证券。现在由于你已不能通过购买信息来获得利润，你认识到自己没有必要为首先得到这些信息而支付费用。如果其他投资者也抱有同样的观点，那么私人公司和个人就难以出售足够多的信息来偿付其收集和生产信息的工作。私人公司从销售信息中盈利的能力降低，导致市场上生产出来的信息越来越少，于是，逆向选择问题（次品车问题）还会干扰证券市场的有效运行。

2. 旨在增加信息供给的政府监管

搭便车问题的存在使得私人市场不能生产出足够的信息以消除导致逆向选择的所有信息不对称问题。政府的干预能够使金融市场从中受益吗？例如，由政府来生产信息，帮助投资者识别优质公司和劣质公司，并免费提供给公众。然而，这种解决办法要求政府发布关于公司的负面信息，从政治上说，这一方案是难以实现的。第二种解决办法（美国及世界上大多数国家政府都是这么做的）是政府对证券市场进行监管，鼓励公司披露真实信息，使投资者得以识别公司的优劣。在美国，证券交易委员会就属于此类政府机构，它要求在公开市场上销售证券的公司都要进行独立审计。会计师事务所将确保这些公司符合标准会计准则，并准确披露它们有关销售、资产和收益等方面的信息。其他国家也存在着类似的监管措施。然而，信息披露要求并不是经常能够发挥作用，从近年来安然公司破产案，以及其他诸如世通公司和帕玛拉特公司（Parmalat，一家意大利公司）等会计丑闻中，我们可见端倪（见参考资料专栏"安然公司破产案"）。

参考资料 ### 安然公司破产案

直至 2001 年，专业从事能源贸易的安然公司从表面上看起来仍然是一家非常成功的公司。2000 年 8 月，它占据了 1/4 的能源市场份额，市值达到 770 亿美元（距离其破产仅有 1 年多一点的时间），是当时美国的第七大公司。然而到 2001 年年底，安然公司却已经破产了。2001 年 10 月，安然公司宣布第三季度亏损 6.18 亿美元，并披露存在会计"失误"。此后，针对由其前任财务总监主导的安然公司与其合伙人之间开展的金融交易活动，美国证券交易委员会展开了正式的调查。调查很快发现，安然公司通过一系列复杂的交易活动，将大量的债务和金融合约排除在资产负债表之外，而这些交易让安然公司能够掩盖其财务困境。尽管通过证券交易从摩根大通公司和花旗集团获得了 15 亿美元的新增融资，但安然公司还是被迫在 2001 年 12 月宣布破产，成为迄今为止美国历史上的最大破产案。

安然公司破产案表明，虽然政府监管能够减少信息不对称问题，但无法完全将其消除。由于公司经理层具有掩饰公司问题的强烈动机，导致投资者很难了解公司的真实价值。

安然公司的破产不仅使金融市场对公司披露的有关会计信息的质量更为关注，而且使该公司的许多前雇员陷入困境，因为他们发现自己的养老金已经荡然无存。公众对安然公司管理层的欺诈行为极为愤怒，许多管理层人士被起诉，其中一部分已经定罪入狱。

在金融市场中表现为逆向选择的信息不对称问题，有助于解释为什么金融市场是受到最严格监管的经济部门之一（第 5 个特征）。为了增加投资者的可用信息，从而减少那些阻碍证券（股票和债券）市场有效运作的逆向选择问题，政府的监管活动是必要的。

尽管政府的监管减少了逆向选择问题，但是不能彻底消除它。即使公司向公众提供了其销售、资产和收益的信息，它们仍然拥有比投资者更多的信息。与公布的统计数字相比，它们了解更多关于公司质量的信息。另外，业绩不佳的公司通常有一种把自己装扮得看起来像是业绩优良公司的动力，因为这样可以提高它们的证券价格。因此，业绩不佳的公司会对其必须向公众公布的信息进行包装，这样就使得投资者更加难以辨别公司质量的优劣。

3. 金融中介机构

现在我们已经知道，由私人生产的信息以及旨在鼓励提供信息的政府监管只能减少，却不能完全消除金融市场中的逆向选择问题。那么，在信息不对称问题存在的条件下，金融结构要怎样才能够促使资金流向有生产投资机会的人呢？二手车市场的结构可以提供解答这一问题的若干线索。

二手车市场的一个重要特征是，大多数二手车并不是在个人之间直接进行交易。想买二手车的人可以通过订阅《消费者报告》（*Consumer Report*）之类的杂志来购买私人生产的信息，查询某种型号的汽车是否具备良好的维修记录。然而，阅读《消费者报告》并不能解决逆向选择的问题，因为即使某种型号的汽车具备良好的声誉，别人试图卖给你的那辆汽车实际上也可能是一个次品。未来的买主也可能把二手车带去找修理工进行一次全面检测，但是，如果买主并不认识可以信赖的修理工，或者修理工对汽车估价活动索取高额费用，那么情况又会如何呢？

由于存在这些障碍，使得个人很难获得关于二手车的充分信息，所以大多数二手车都不是直接在个人之间进行交易的，而是由一个中介机构——二手车交易商来销售，这些交易商从一些人手中买来二手车，再将它们转售给其他人。二手车交易商通过成为鉴别二手车优劣的专家，从而在市场上生产信息。一旦他们知道车的质量良好，在销售时就会提供某种形式的担保：这些担保有的是直接的，比如提供担保书等；有的是间接的，比如以交易商的诚实信誉为保。由于有交易商提供担保，人们更愿意购买二手车。通过生产关于汽车质量的信息，交易商就能够以高于其购入价的价格出售二手车，进而从中获得利润。如果交易商根据其自己生产的信息来购买和转售二手车，就可以防止其他人在其信息生产上产生搭便车的问题。

正如在汽车市场上的二手车交易商有助于解决逆向选择问题一样，金融中介机构在金融市场上也发挥了类似的作用。金融中介机构（比如银行）是生产公司信息的专家，从而能分辨出信用风险的高低，进而它们能够从存款者那里获得资金，再将资金贷放给优质公司。由于大部分银行贷款是发放给那些优质公司的，所以它们通过贷款获得的收益将会高于支付给存款者的利息。银行因此获得盈利，进而促使它们从事此类信息的生产活动。

银行之所以具有从信息生产中获利的能力，一个重要因素在于，它们主要是通过发放私人贷款而不是购买在公开市场上交易的证券（提供融资服务），从而避免了搭便车问题。由于私人贷款是不可交易的，所以其他投资者就无法发现银行在做什么，从而难以压低贷款的价格，将其降低到银行难以补偿其生产信息成本的水平。银行作为中介机构，持有大量不可交易的贷款，这是它们得以成功地在金融市场上减少信息不对称问题的关键。

我们对逆向选择的分析表明，总体而言，金融机构（尤其是拥有大量不可交易贷款的银行）在向公司转移资金方面，比证券市场发挥了更大的作用。我们的分析也解释了第 3 个特征和第 4 个特征：为什么间接融资比直接融资更重要，以及为什么银行是企业外部融资最重要的来源。

这一分析还解释了另一个重要的事实，即在某些发展中国家的金融体系中，与证券市场相比，银行发挥了更为重要的作用。我们已经知道，关于公司的信息质量越高，信息不对称问题的影响就越小，公司发行证券就会更加容易。与工业化国家的公司相比，投资者较难获取那些关于发展中国家私人公司的信息，因此其证券市场发挥的作用就更小一些，导致银行等金融中介机构能够发挥更为重要的作用。这一分析的推论是：随着获取企业信息难度的降低，银行的作用就会被削弱。在过去的 30 年中，美国的一个主要发展成果就是在信息技术领域取得了巨大进步。因此，我们的分析表明，银行等金融中介机构在美国的贷款作用将会逐步降低，这也与实际情况完全吻合（参见第 11 章）。

我们关于逆向选择的分析也解释了第 6 个特征，即为什么大公司更可能使用证券市场这一直接融资渠道获得资金，而不是使用银行和金融中介机构这一间接融资渠道筹资。公司知名度越高，市场上能够获得的与之活动相关的信息也就越多，对于投资者来说，评价公司的质量，从而判定其优劣也就越容易。对于信誉卓著的公司，由于投资者不必太担心会出现逆向选择问题，所以他们更愿意直接投资购买该公司的证券。我们对逆向选择的分析表明，在发行证券的公司之间存在着一个（投资者选择的）先后顺序（pecking order）。这样，我们就获得了一个针对第 6 个特征的解释：公司规模大，组织越完善，就越可能通过发行证券来筹集资金。

4. 抵押品和净值

只有当借款者不能偿还贷款而违约，导致贷款者蒙受损失时，逆向选择才会干扰金融市场的有效运行。抵押品，即在借款者违约的情况下承诺交付贷款者支配的财产，由于在出现违约的情况下能够减少贷款者遭受的损失，所以它降低了逆向选择产生的不良影响。如果借款者出现贷款违约，贷款者可以出售抵押品，并且利用出售收入来弥补贷款的损失。例如，如果你不能偿付住房抵押贷款，那么你的住房将转入贷款者名下，贷款者可以通过拍卖所得款项来偿付贷款。因此，贷款者更愿意发放那些具有抵押品担保的贷款，而抵押品能够降低贷款者承担的风险，可以使借款者优先从贷款者那里获得贷款，甚至有可能使借款者获得较低的贷款利率，所以借款者也愿意提供抵押品。因此，信贷市场中存在的逆向选择问题，解释了抵押品之所以成为债务合约的一个重要特征的原因（第 7 个特征）。

净值（net worth，也称**权益资本**（equity capital）），即公司资产（其具有所有权的财产和债权）与负债（其债务）之间的差额，它具有与抵押品类似的作用。如果公司的净值较高，即使它从事的投资活动出现亏损，导致在偿付贷款过程中发生违约，那么贷款者依然可以取得公司净值的所有权，将其出售，使用销售所得补偿一些贷款损失。此外，公司原有的净值越高，出现违约的可能性就越小，因为公司拥有可以用于偿还贷款的缓冲资产。因此，如果寻求贷款的公司拥有较高的净值，逆向选择结果的重要性就会下降，贷款者就更加愿意向其提供贷款。这个分析结论印证了我们经常听到的一句感叹："只有不需要钱的人才能借到钱！"

5. 总结

我们已经运用逆向选择的概念解释了前面介绍的金融结构具有的 8 个特征中的 7 个：前 4 个特征强调了在公司外部融资过程中，金融中介机构的重要性和证券市场的相对非重要性；第 5 个特征告诉我们，金融市场是受到监管最严格的经济部门之一；第 6 个特征指出，只有组织健全的大公司才能进入证券市场进行融资；第 7 个特征表明，抵押品是债务合约的一个重要特征。在下一节中，我们将会考察信息不对称的另一部分内容，即道德风险，它对在公司外部融资过程中金融中介机构的重要性和证券市场的相对非重要性、政府监管的普遍性以及抵押品在债务合约中的重要性等问题，从另一个角度提供了解释。此外，我们可以使用道德风险的概念解释最后一个特征（第 8 个特征）：为什么债务合约是复杂的法律文件，它何以对借款者的行为进行严格的限制。

8.5　道德风险如何影响债权合约和股权合约的选择

道德风险是金融交易完成之后发生的信息不对称问题，它是指证券的销售者具有一种隐瞒信息，并从事那些违背证券购买者意愿活动的激励。道德风险问题十分重要，它决定着公司能否更加容易地使用债权合约而非股权合约进行融资。

8.5.1　股权合约中的道德风险：委托－代理问题

诸如普通股之类的股权合约（equity contract），是分享公司盈利和资产的求索权。股权合约容易受到**委托－代理问题**（principal-agent problem）这种特定道德风险的影响。虽然经理只拥有其所在公司的一小部分股权，但其可以作为拥有大部分公司股权的股东（称为委托人）的代理人，成为公司的管理者。这种所有权和控制权的分离所包含的道德风险在于，由于经理追求公司利润最大化的动机没有股东那样强烈，所以掌握控制权的经理（代理人）可能会按照他们自己的利益而不是股东（委托人）的利益来行事。

为了更加深入地理解委托－代理问题，不妨假设这样一种情况：你的朋友史蒂夫邀请你作为其冰激凌店的无表决权（沉默）合伙人。成立这家店的初始投资需要10 000美元，而史蒂夫只有1 000美元。于是，你出资9 000美元购买了股权（股份），从而拥有了公司90%的所有权，而史蒂夫只拥有10%。如果史蒂夫努力工作，制作的冰激凌美味可口，保持店面清洁，向每一位顾客提供微笑服务，并且迅速地收拾餐桌，那么在扣除了所有的开支之后（包括史蒂夫的薪水），冰激凌店每年将盈利50 000美元。其中，史蒂夫将会得到10%（5 000美元），而你会得到90%（45 000美元）。

然而，如果史蒂夫不对其顾客提供快捷且亲切的服务，而是用50 000美元的收入购买艺术品来装饰其办公室，甚至在工作时间溜到海滩上玩乐，那么冰激凌店就不会有任何盈利。只有在史蒂夫工作努力，并且放弃非生产性投资（比如用来装饰办公室的艺术品）的条件下，他才能获得薪水之外的5 000美元收入（10%的利润份额）。史蒂夫可能认为，不值得为了这额外的5 000美元而付出努力去做一个好的经营者。如果真有这种想法，他就没有足够的动力去做一个好的经营者。结果将是这样的：他拥有一间漂亮的办公室，有一身晒得黝黑的健康皮肤，但是冰激凌店没有任何盈利。因为史蒂夫没有按照你的利益行事，所以冰激凌店没有盈利，而你将损失45 000美元（在他决定做一个好经理的情况下，你将会得到的90%的利润）。

如果史蒂夫是一个不诚实的人，由委托－代理问题所造成的道德风险问题将会产生更为严重的后果。由于冰激凌店进行的是现金交易，史蒂夫有动机把50 000美元揣在自己兜里而告诉你没有盈利。这样，他获得了50 000美元的收入，而你则一无所获。

近年来，在诸如安然公司和泰科电子公司（Tyco International）等公司丑闻中，经理被控为个人目的而挪用公司资金，这体现了由股权合约导致的委托－代理问题的严重性。除了追求个人利益，经理也可能采取旨在扩大其个人权利却无法提高公司盈利能力的公司战略（比如收购其他公司等）。

如果公司的所有者能完全掌握经理的行为，并且能够防止浪费性开支或者欺诈行为，委托－代理问题就不会出现。委托－代理问题是道德风险的一个具体例证，其形成原因是相对于股东而言，诸如史蒂夫等的经理对其经营活动拥有更多的信息，即存在信息不对称现象。如果史蒂夫独自拥有冰激凌店，就不会出现所有权与控制权分离的情况，那么委托－代理问题也不会产生。如果是这样，史蒂夫将努力工作，而且不会从事非生产性投资活动，这将使他盈利（并且额外收入）50 000 美元，足以促使他成为一名优秀的经理。

8.5.2　委托 – 代理问题的解决方法

1. 信息生产：监督

我们已经知道，委托 – 代理问题之所以发生，是因为经理比股东更加了解公司的经营活动和实际盈利状况。对于股东而言，降低这种道德风险的办法之一就是进行一种特殊类型的信息生产来监督公司的活动：经常对公司进行审计，核查经理层的行为。问题在于实施这种监管活动将会花费大量的时间和金钱，正如经济学家为之命名的那样，它是一种**高成本核实行为**（costly state verification）。这种高成本核实行为减少了股权合约的吸引力，部分地说明了股票在金融体系中不具有较高地位的原因。

与逆向选择一样，搭便车问题的存在将会减少那些用于缓解道德风险问题（委托 – 代理）的信息产量。在此情况下，搭便车问题削弱了监督的效果。如果你知道其他股东正在花钱监督你持股公司的活动，你就能免费搭这些股东的便车。于是，你可以省下用于监督的资金，去加勒比海岛度假。如果你能够这样做，那么其他股东也能够这样做。也许所有股东都会去海岛度假，从而没有人愿意花费资源对公司的活动进行监督。因此，普通股的道德风险问题十分严重，使得公司难以通过发行股票进行筹资（对于第 1 个特征提供了另外一种解释）。

2. 旨在增加信息的政府监管

与逆向选择问题一样，政府有动机去试图减少由信息不对称造成的道德风险问题，这为金融体系受到严格监管的原因（第 5 个特征）提供了另一个方面的解释。世界各国都制定了相关法律，要求公司遵循标准的会计准则，以便实行利润核算。各国政府还颁布法律，对那些从事隐瞒和骗取利润的欺诈行为施以严厉的刑事惩罚。然而，这些措施的实际效果十分有限。由于那些进行欺诈活动的经理具有强烈的动机来隐瞒真相，导致政府机构难以发现或证实这些欺诈行为，所以发现这些欺诈行为并不容易。

3. 金融中介机构

金融中介机构可以避免道德风险中的搭便车问题，这成为间接融资如此重要（第 3 个特征）的另一个原因。一种被称为**风险投资公司**（venture capital firm）的金融中介机构，有助于减少由委托 – 代理问题所产生的道德风险。风险投资公司将其合伙人的资金汇集起来，使用这些资金来帮助具有潜力的企业家进行创业。作为公司使用风险资本的交换，风险投资公司将会获得新企业的一部分股份。由于核实收入和利润对于抵御道德风险十分重要，所以风险投资公司通常会坚持委派其成员进入新企业的管理层，例如作为董事会成员等，以便能够严密地监督新企业的活动。在风险投资公司向企业注入启动资金之后，该企业的股份就变成私募股份，即公司股份不能向那些除了风险投资公司之外的其他任何人转让。⊖这样，其他投资者就不能够搭风险

⊖　私募股权公司通过私募股权投资可以解决搭便车问题，这与风险投资公司发挥作用的方式类似。风险投资公司通常对新企业进行投资，等到企业发展成熟之后，便会向公众出售其所持股份。与风险投资公司投资一家新企业并帮助其发展上市不同，私募股权公司通常选择对已经上市的公司进行投资并使其私有化，即购买公开市场上的所有流通股份并进行注销，然后采取类似风险投资公司的方法对公司实行控制。

投资公司核实活动的便车。这种安排的结果是，风险投资公司能够获得其核实活动的全部收益，从而有足够的动机来减少道德风险问题。在美国高科技行业的发展过程中，风险投资公司发挥了十分重要的作用，从而创造了就业机会，促进了经济增长并且提高了美国的国际竞争力。

4. 债权合约

道德风险是伴随着股权合约产生的，股权合约是在任何情况下（无论公司是盈利还是亏损）对公司收益的求索权。如果一项合约安排使得道德风险只能在某些特定条件下发生，对于经理层进行监管的需求就会降低，而这种合约就会比股权合约更加具有吸引力。债务合约恰好具有这些属性，因为它是一种规定借款者必须定期向贷款者支付固定金额的契约性合约。当公司具有较高利润时，贷款者按照合约规定获得偿付款项，而不需要知道公司的确切利润数额。如果经理层隐瞒利润，或者从事那些使其个人获益而并不增加企业利润的活动，只要这些活动不影响公司按时偿付债务的能力，贷款者就不必介意。只有当公司不能按期偿付债务，即出现违约情况的时候，才需要贷款者对公司的盈利状况进行核实。只有在这种情况下，债务合约的贷款者才需要像公司股东那样行事：他们需要明确知道公司的收入状况，从而保证自己得到公平的份额。

这种不需要经常监督公司活动，从而导致核实成本降低的优点，有助于解释在筹资活动中人们更多地使用债务合约而非股权合约的原因。因此，道德风险概念能够帮助我们解释第 1 个特征，即为什么发行股票不是企业最重要的外部融资来源。[⊖]

8.6　道德风险如何影响债务市场的金融结构

即使拥有前面提到的优势，债务合约还是容易受到道德风险的影响。由于债务合约要求借款者偿付固定的金额，超过此数额之外的收入才能够形成其利润，从而借款者就有一种从事风险水平高于贷款者意愿水平的投资项目的冲动。

举例来说，假定你对史蒂夫冰激凌店的利润核实问题比较担忧，所以决定不作为其股权合伙人，而是借给史蒂夫所需的 9 000 美元作为启动资金，并且签订一份利率为 10% 的债务合约。根据你的判断，由于你所在的社区对于冰激凌具有旺盛而稳定的需求，所以这是一项可靠的投资。然而，一旦你将资金借给了史蒂夫，他就可能将资金投入那些你不愿意投资的项目中。史蒂夫可能不去开冰激凌店，而是把你的 9 000 美元贷款投资到化学研究设备上。因为他认为，他有 1/10 的机会可以发明出一种味道同名牌没有差别，却不含脂肪和卡路里的减肥冰激凌。

显然，这是一项高风险投资，但是如果获得成功，史蒂夫将会成为百万富翁。因为如果史蒂夫成功了，那么他将获得丰厚的收益，所以他具有很强的动机通过使用你的资金来从事这项冒险的投资活动。如果他真的将你提供的贷款用于这项风险投资，你显然不会满意，原因在于如果他的这项投资活动失败了（这种可能性非常高），那么你所提供的资金即便不会分文无存，也会损失其中的绝大部分。如果他成功了，你也不能够分享其形成的收益，由于本金和利息都是固定的，所以你仍然只会得到贷款金额 10% 的回报。因此，尽管在社区内开设冰激凌店是一项能使每一个人都受益的优质投资项目，但是由于存在潜在的道德风险（史蒂夫可能使用你的

⊖　在美国，促使人们使用债务合约而非股权合约的另一个原因就是美国的税收法规，对于美国的公司而言，债务利息支出属于企业的免税性支出，而支付给股东的股利则需要支付相应的税赋。

资金进行风险较高的投资活动），所以你可能将不会向史蒂夫发放贷款。

8.6.1 解决债务合约中道德风险问题的方法

1. 净值和抵押品

如果借款者的净值（其资产和负债之间的差额）很高，或者他们交付给贷款者的抵押品具有较高的价值，那么道德风险问题，即违背贷款者意愿行事的诱惑将会大幅度降低，因为如果这样做的话，借款者自己也将蒙受巨大的损失。换句话说，如果借款者和贷款者成为利益共同体，由于借款者的净值和抵押品价值较高，所以他们一般不会拿贷款人的资金去冒险。让我们回到史蒂夫和他的冰激凌店的例子。假设开办冰激凌店或者进行研究设备投资的成本是 10 万美元而非 1 万美元。那么，除了你提供的 9 000 美元贷款之外，史蒂夫还需要自己投资 91 000美元（而非 1 000 美元）。现在，如果史蒂夫没有开发出不含卡路里和脂肪的冰激凌，他的损失金额将会非常高，为净值中的 91 000 美元（10 万美元资产减去你提供的 9 000 美元贷款）。因此，他在从事高风险项目投资的时候就会三思而行，从而更有可能投资于较为稳健的冰激凌店项目。因此在项目投资中，如果史蒂夫自己所投入的资金（净值）数额越多、比例越大，你就越有可能向他提供贷款。同样，如果你以自己的住房作为抵押品去获得住宅抵押贷款，那么你就不大可能去拉斯维加斯将你这个月的工资赌掉，因为这样你可能会无法偿付抵押贷款，从而失去自己的住房。

对于较高的净值和抵押品有助于解决道德风险的现象，有一种解释是，它使得债务合约形成了**激励相容**（incentive-compatible）。也就是说，它使得借款者和贷款者的动机统一起来了。借款者的资产净值越大，抵押品的价值越高，借款者按照贷款者的希望和意愿行事的动力就越大，债务合约中的道德风险就会越小，而个人和公司获得借款也就越容易。相反，借款者的资产净值越低，抵押品价值越小，道德风险就越大，获得借款也越发困难。

2. 限制性条款的监督和强制执行

史蒂夫及其冰激凌店的例子表明，如果你能够保证史蒂夫不会投资比开设冰激凌店风险更高的项目，那么就值得向他提供贷款。通过在债务合约中加入限制公司活动的条款（限制性条款），就能够保证史蒂夫将你的钱用于你所期望的用途中。通过监督史蒂夫的活动，核查他是否遵守了限制性条款的规定，一旦有所违背就强制其执行限制性条款所规定的内容，从而你就能够保证他不会牺牲你的利益进行冒险。限制性条款通过排除不符合贷款者意愿的行为或者鼓励那些符合其意愿的行为，能够直接降低道德风险。实现这一目标的限制性条款通常分为下述四种类型。

（1）限制不符合贷款者意愿的行为的条款。制定这些条款的目的在于限制借款者从事那些不符合贷款者意愿的高风险投资项目，从而减少道德风险。某些此类条款规定，贷款只能用于为特定的活动融资，比如购买特定的设备或者货物。某些其他的此类条款则限制了借款公司从事某些高风险的经营活动，比如收购其他企业等行为。

（2）鼓励符合贷款者意愿的行为的条款。限制性条款可以用于鼓励借款者从事那些符合贷款者意愿的经营活动，从而提高其偿还贷款的可能性。在此类限制性条款中，有一种是要求家庭中主要收入来源的提供者必须购买人寿保险，一旦该成员去世，即使用保险所得偿付抵押贷款。此类限制性条款在企业中运用时，在于鼓励借款公司维持较高的净值水平，因为鼓励借款公司保持较高的净值，就可以减少道德风险，从而降低贷款者遭受损失的可能性。这类限制性条款的典型情况是，规定借款公司必须维持与公司规模相对应的某种资产的最低持有量。

（3）**抵押品保值的条款**。由于抵押品是保护贷款者的一项重要措施，所以此类限制性条款将会鼓励借款者保持抵押品的良好状态，并且保证对其的所有权。一般遇到的限制性条款大都属于此类。例如，汽车贷款合约要求车主必须购买最低金额的碰撞险和偷盗险，从而防止该车在清偿贷款之前就被转卖。同样，住房抵押贷款的借款者也必须购买足额的住房保险，而且在出售该住宅之前就必须偿清抵押贷款。

（4）**提供信息的条款**。此类限制性条款也要求借款公司通过季度会计报表和收入报表的形式定期提供与其活动相关的信息，从而使贷款者更为方便地监督公司活动，降低道德风险。此类条款还赋予贷款者在任何时间实施审计和检查公司账目的权力。

现在我们明白了债务合约通常是复杂的法律文件，其对借款者的行为进行了诸多限制的原因（第 8 个特征）：债务合约需要复杂的限制性条款来降低道德风险。

3. 金融中介机构

尽管限制性条款有助于减少道德风险问题，但是无法完全杜绝其发生。我们几乎不可能制定出一份能够排除所有风险活动的合约。另外，借款者也许十分精明，他们总能够在限制性条款中找到一些漏洞，从而导致其无法生效。

限制性条款的另一个问题在于它们必须通过监管和强制执行来实现。如果借款者知道贷款者不会核查，或者不愿意支付诉诸法律的费用，那么他就会违约，从而使这些限制性条款失去意义。由于监督和强制执行限制性条款的成本高昂，并且与股票市场一样，债务证券（债券）市场也会出现搭便车问题。如果你知道其他债券持有人对于限制性条款实施了监管和强制执行活动，你就能够搭他们的便车。然而，其他债券持有人也可以这样做，因此最可能出现的结果是，无法投入足够的资源对限制性条款进行监督和强制执行。因此，道德风险依然是可流通债务工具面临的一个严重问题。

如前所述，金融中介机构特别是银行，只要主要发放私人贷款，就可能有效避免搭便车问题。私人贷款是无法进行交易的，所以没有人能够搭金融中介机构的便车来监督和强制执行限制性条款。因此，这些提供私人贷款的金融中介机构就能够从其监督和强制执行活动中受益，从而减少债务合约中潜在的道德风险。道德风险的概念可以为我们提供另一个角度的解释，说明了在从储蓄者向借入者的资金转移过程中，金融中介机构发挥了比可流通证券更大的作用，即第 3 个特征和第 4 个特征所述。

8.6.2 总结

金融市场中存在的信息不对称导致了逆向选择和道德风险问题，从而影响了市场的有效运行。解决这些问题的办法包括：由私人来生产和销售信息，旨在增加金融市场信息的政府监管、债务合约中抵押品和净值的重要作用，以及使用监督措施和限制性条款等。从我们的分析中可以得到一个关键结论：诸如股票和债券等可流通证券所存在的搭便车问题，意味着金融中介机构尤其是银行在企业融资活动中发挥了比证券市场更为重要的作用。对于逆向选择和道德风险问题的经济分析，有助于解释金融市场的基本特征，包括本章开篇所提到的 8 个金融结构的基本特征。

作为一个学习工具，表 8-1 不仅总结了各种信息不对称问题及其解决方法，还指出了这些解决方法和信息不对称问题如何解释本章开篇提到的关于金融结构的 8 个特征。

表 8-1 信息不对称问题及其解决方法

信息不对称问题	解决方法	解释的谜团编号
逆向选择	私人生产和销售信息	1，2
	旨在增加信息的政府监管	5
	金融中介机构	3，4，6
	抵押品和净值	7
股权合约中的道德风险 （委托 – 代理问题）	信息的生产：监督	1
	旨在增加信息的政府监管	5
	金融中介机构	3
	债务合约	1
债务合约中的道德风险	抵押品和净值	6，7
	限制性条款的监督与强制执行	8
	金融中介机构	3，4

注：特征列表
（1）股票不是最重要的外部融资来源
（2）可流通证券不是外部融资的首要来源
（3）间接融资比直接融资更为重要
（4）银行是最重要的外部融资来源
（5）金融体系受到严格的监管
（6）只有规模庞大和组织完善的公司才能够进入证券市场
（7）抵押品在债务合约中十分普遍
（8）债务合约中具有众多的限制性条款

应用 8-1　　　　　　　　　金融发展与经济增长

近期的相关研究发现，导致某些发展中国家和转轨国家（如俄罗斯）的经济增长处于较低水平的一个重要原因在于，这些国家的金融体系处于欠发达状态（即"金融抑制"（financial repression）状态）。⊖对于金融结构的经济分析有助于解释欠发达的金融体系会导致经济发展水平低下和经济增长缓慢的原因。

发展中国家和转轨国家的金融体系面临着诸多困难，从而导致其无法有效地运行。如前所述，有助于解决信贷市场中逆向选择和道德风险问题的两种重要方法是抵押品与限制性条款。由于许多发展中国家的产权体系（法治体系、对于政府征用行为的限制以及一些腐败现象）效率低下，导致它们难以有效地使用这两种方法。

正如参考资料专栏"抵押品的'苛政'"中所讨论的那样，发展中国家和转轨国家普遍存在的产权体系不完善阻碍了抵押品的使用。为了辨别贷款的好坏，贷款者需要了解更多关于借款者质量的信息，因此逆向选择问题更加严重。这种情况增加了资金从贷款者向具有生产性投资机会借款者的转移难度，从而减少了生产性投资数额，降低了经济增长的速度。

⊖ 参见 World Bank, *Finance for Growth*: *Policy Choices in a Volatile World* (World Bank and Oxford University Press, 2001) 和 Frederic S. Mishkin, *The Next Great Globalization*: *How Disadvantaged Nations Can Harness Their Financial Systems to Get Rich* (Princeton University Press, 2006)，它们提供了一个讨论经济增长和金融发展之间联系的文献综述以及其他参考文献清单。

　　同样，落后腐败的法律体系将会极大地提高贷款者强制执行其限制性条款的难度。因此，贷款者控制借款者道德风险的能力受到严重限制，故而贷款者不愿意发放贷款，其结果是再次导致生产性投资减少和经济增长率降低。一个有效的法律体系对于促进经济增长的重要意义在于，与为之提供贷款相比，律师能够在经济发展过程中发挥更加积极的作用。

　　通过对特定类型的贷款人为规定较低的利率、建立政策型金融机构来发放特定类型的贷款，以及指导现有金融机构向特定经济主体提供贷款等途径，某些发展中国家和转轨国家的政府经常利用其金融体系为自己或者在经济体系中受其偏爱的部门直接提供贷款。如前所述，私人机构具备解决逆向选择和道德风险问题的动力，从而将资金转移到那些具有最佳生产性投资机会的借款者手中。由于政府部门缺乏盈利动机，所以它们解决上述问题的动力就很微弱，从而导致政府的直接信贷计划无法将资金转移到那些能够促进经济高速增长的部门。其结果依然是投资效率低下，经济增长缓慢。

　　此外，许多发展中国家和转轨国家的银行是政府所有的。由于缺乏盈利动机，这些**国有银行**（state-owned banks）就会缺乏将其资金分配给那些具有最高生产效率项目中的动力。显然，这些国有银行的主要贷款客户通常是政府机构，而后者恰恰很难实现资金的有效使用。

　　我们已经知道，政府的监管活动能够增加金融市场中的可用信息数量，从而提高金融市场的运行效率。然而，许多发展中国家和转轨国家的监管体系落后，成为对金融市场获得充足信息的阻碍。举例来说，这些国家的会计准则通常不够完善，从而导致难以确认借款者资产负债表的质量。结果是，信息不对称问题更加严重，从而导致金融体系在将其资金转移到具有最高生产效率项目的过程中遇到了巨大的障碍。

　　由落后的法律体系、不完善的会计准则、政府监管的缺失、通过指导性信贷计划实现的政府干预以及银行的国家所有制等因素形成的制度环境有助于解释国家之间存在贫富差异的原因。

> **参考资料**　　　　　　　　　　**抵押品的"苛政"**
>
> 　　一个人在使用土地和资金等财产充当抵押品之前，必须首先拥有其合法的所有权。然而不幸的是，正如赫尔南多·德·索托在其《资本的秘密》一书中所述，对于生活在发展中国家的人来说，其获得财产合法所有权的资金和时间成本都十分高昂。举个例子，在菲律宾获得一项城镇土地的合法所有权需要通过 53 个公共或私立机构，经历 168 道审批手续，这一流程置于其全国任一地方所花费的时间为 13～25 年。在埃及获得一项沙漠土地的合法所有权需要通过 31 个公共或私立机构，经历 77 道手续，这一流程置于其全国任一地方所花费的时间为 5～14 年。在海地为了合法购买一块政府土地，一位普通居民需要花费 19 年的时间经历 176 道手续。这些法律障碍并不意味着人们放弃投资：即使没有合法的产权，他们仍然建造房屋和购买设备。根据赫尔南多的计算，由第三世界和转轨国家人民持有但不具合法产权的房地产总价值至少为 9.3 万亿美元。[⊖]
>
> 　　然而，由于没有合法产权，所有这些财产都不能作为抵押品满足大多数贷款者的要求，

⊖　Hernando De Soto, *The Mystery of Capital: Why Capitalism Triumphs in the West and Fails Everywhere Else* (New York: Basic Books, 2000), 35.

从而无法借到资金。即使人们拥有合法产权，由于大多数发展中国家的法律体系并不完善，所以抵押品也没有多大意义。典型的例子是，债权人必须首先花费数年的时间起诉违约的债务方，在胜诉的条件下，债权人需要再次起诉以获得抵押品的所有权。这个过程通常需要花费超过 5 年的时间。等到贷款者获得抵押品时候，这些抵押品很可能因为疏漏或者被盗已经没有多少价值。另外，在一些政治力量比较强大的社会部门中，政府经常会阻止贷款者取消借款者的抵押品赎回权，比如农业部门。

当金融体系不能有效地使用抵押品时，此时由于贷款者需要更多的关于借款者质量的信息，以辨别贷款项目的好坏，所以逆向选择问题会更加严重。这个时候很少有贷款发生，尤其是诸如住房抵押贷款的包含抵押品的交易。举例来说，秘鲁住房抵押贷款的价值与其经济规模的比例比美国低约 1/20。

由于取得产权的成本太高，所以发展中国家的人们几乎没有抵押品可以提供，他们也很难获得贷款。印度中央银行前行长拉古拉迈·拉詹和芝加哥大学的路易吉·津加莱斯将其认为是"抵押品的苛政"。[⊖]即使人们拥有一个好的商业创意并且愿意为之努力，但是由于他们无法为企业融资，所以他们也很难脱离贫困。

💡 应用 8-2　　中国是金融发展重要性的一个实例吗

在过去的 20 年中，中国经济的增长率一直处于世界领先地位。在其金融发展处于较低水平的条件下，中国经济是如何实现高速增长的呢？

如前所述，中国依然处于金融发展的初级阶段，其人均收入仍然低于 15 000 美元，约为美国人均收入的 1/4。中国的储蓄率极高，在过去 20 年中平均为 40% 左右，因此中国能够迅速汇集起资本存量，并且将大量的剩余劳动力从农业部门转移到那些需要使用资本的具有更高生产率的生产活动中。虽然可供使用的储蓄资金没有能够分配到具有最高生产效率的项目中，但是由于资本的急剧增长，加上从生产效率较低的农业部门中转移出来的劳动力所获得的收益，这些因素足以实现高速的经济增长。

然而，随着中国逐步发展，这种方式不太可能继续奏效。为了达到新的发展阶段，中国必须提高其资本配置效率，也就必然要进一步完善其金融体系。中国的领导层已经充分认识到了这一挑战，将会对国有银行实施改革。此外，中国政府还致力于提高金融合约强制执行效率的法律体系改革。新的银行破产法正在制定当中，因此贷款者将可以接管在贷款合同中违约的公司资产。中国政府是否能够建立起一流的金融体系，以使中国跻身发达国家行列，仍将拭目以待。

本章小结

1. 美国的金融结构中存在 8 个基本特征。前 4 个特征强调，对于企业融资而言，金融中介机构十分重要，而证券市场则是相对不重要的；第 5 个特征认为，金融市场是受到最严格监管的

⊖　Raghuram Rajan and Luigi Zingales, *Saving Capitalism from the Capitalists: Unleashing the Power of Financial Markets to Create Wealth and Spread Opportunity* (New York: Crown Business. 2003).

经济部门之一；第6个特征指出，只有组织完善的大公司才能进入证券市场；第7个特征说明，抵押品是债务合约的重要特征；第8个特征说明，债务合约是对借款者的行为施加了诸多严格限制的复杂法律文件。

2. 交易成本使许多小额储蓄者和借款者无法直接参与金融市场活动。金融中介机构能利用规模经济的优势，更好地开发专业技术来降低交易成本，从而使储蓄者和借款者都能从金融市场获益。

3. 信息不对称产生了两个问题：交易之前发生的逆向选择和交易之后发生的道德风险。逆向选择指的是，信用风险高的人往往就是那些最积极寻求贷款的人。道德风险指的是借款者往往会从事贷款者所不愿意其从事的活动。

4. 逆向选择影响了金融市场的有效运行。解决逆向选择问题的办法包括：由私人生产并销售信息，旨在增加信息的政府监管活动、设立金融中介机构以及抵押品与净值。当没有支付信息费用的人利用了他人付费获得的信息的时候，就出现了搭便车问题。这个问题可以解释在企业融资过程中，金融中介机构特别是银行发挥着比证券市场更加重要作用的原因。

5. 股权合约中的道德风险就是委托 – 代理问题，其产生的原因在于经理（代理人）追求利润最大化的动力要低于股东（委托人）。委托 – 代理问题解释了在金融市场中债务合约比股权合约更为普遍的原因。解决委托 – 代理问题的办法包括：监督、旨在增加信息的政府监管活动以及金融中介机构。

6. 解决债务合约中道德风险问题的办法包括：净值、监督和限制性条款的强制性执行以及金融中介机构。

关键术语

代理理论	净值（股权资本）	无担保债务	激励相容
国有银行	搭便车问题	担保债务	高成本核实行为
限制性条款	抵押品	委托 – 代理问题	风险投资公司

思考题

1. 对于下列国家，请确定其最重要的（最大的）和最不重要的（最小的）外部融资来源：美国、德国、日本和加拿大。请评价这些国家融资来源的异同。

2. 如何使用规模经济来解释金融中介机构存在的原因？

3. 请解释为何金融中介机构可以被认为是解决逆向选择问题的方法。

4. 为什么金融中介机构愿意参与信息收集活动而金融工具的投资者却不愿意这样做呢？

5. 假设你前往当地银行准备用自己的积蓄购买一张存单，另外正好有一个人进入银行准备申请汽车贷款，请解释为什么你不愿意以一个高于银行存单利率的利率（但是低于银行汽车贷款利率）向这个人提供贷款。

6. 假设你正在申请贷款，银行工作人员告诉你如果你得到贷款，银行将会保留房屋所有权直到你偿付贷款。银行试图解决的是什么信息不对称问题？

7. 假设你有两组国家的数据，一组有着有效的法律体系，另一组有着高成本、低效率的法律体系。你认为哪组国家的数据呈现更高的生活水平？

8. 你认为一国腐败程度和生活水平之间存在什么关系？请解释什么渠道的腐败可能影响生活水平。

9. 在将一生的全部储蓄都投入其所经营企业的朋友和没有这样做的人之间，你更愿意向谁提供贷款？为什么？

10. 政府可以采用何种方式减少信息不对称问题，以使金融体系平稳、有效运行？

11. 信息不对称问题是如何导致银行恐慌的？

12. 2001 年 12 月，阿根廷宣布不再兑付其主权（政府发行）债务。许多投资者持有的阿根廷债券大幅折价。几年后，阿根廷又宣布将会偿还其债务面值的 25%。请说明信息不对称对于政府债券市场的影响。你认为投资者现在愿意购买阿根廷政府发行的债券吗？

13. 搭便车问题如何恶化了金融市场中的逆向选择和道德风险问题？

14. 假设在一个给定的债券市场，缺乏可以帮助潜在购买者区分债券的信息。哪个债券发行人会有动力去公开他们公司的信息？为什么？

15. 标准的会计准则如何促使金融市场更加有效地运行？

16. 在潜在雇主对申请者进行面试时，哪些信息不对称问题是他尝试去解决的？这样能解决信息不对称问题吗？

17. 为什么信息不对称问题的存在为金融市场的政府监管活动提供了一个理论基础？

18. "支持贷款的抵押品越多，贷款者对于逆向选择的担心就越少。"这种表述是正确的、错误的还是不确定的？请解释原因。

19. 请解释美国公司的所有权和控制权分离如何导致管理不善。

20. 许多发展中国家的政策制定者都提出要仿照美国的存款保险制度实施自己的存款保险制度。请解释为什么这会对发展中国家的金融体系产生更多的问题。

21. 古斯塔沃是生活在一个法律和金融体系相对都不是很有效的国家的医生。当古斯塔沃申请住房抵押贷款时，他发现银行通常要求提供价值为贷款金额 300% 的抵押品。请解释在这样的一个金融体系中，为什么银行要求提供如此高价值的抵押品。请说明这样一个体系对经济增长的影响。

应用题

某一事件的期望值等于其概率加权平均，即每一可能结果乘以其发生概率的加总，请使用这一事实解答第 22 ～ 25 题。

22. 如果你准备在二手车市场上购买一辆二手车，并且决定前往二手车交易商处购买。你知道自己看中的这辆车的蓝皮书标价为 20 000 ～ 24 000 美元。如果你相信交易商对于这辆车的了解程度和你相当，那么你愿意出价多少来购买这辆车？为什么？假定你只关心这辆车的期望价值，并且这辆车的价值对称分布。

23. 参照第 22 题，如果现在你相信交易商比你了解关于这辆车的更多信息，那么你愿意出价多少？为什么？在竞争性市场中如何才能解决这种信息不对称问题？

24. 你希望雇用罗恩来帮你管理你的达拉斯公司，如下表所示，这家公司的利润部分依赖于罗恩的工作努力程度。如果罗恩比较懒惰，他将会整天上网，并认为这没有任何机会成本。然而，罗恩把努力工作看作价值 1 000 美元的人力成本。你应该向罗恩支付多少固定比例的利润？假定罗恩只关心自己低于任何人力成本的期望薪水。

	利润概率	
	利润 =10 000 美元	利润 =50 000 美元
懒惰	60%	40%
努力工作	20%	80%

25. 你拥有一座坐落在河边的价值 400 000 美元的房子。如果河流发生中等程度的洪水，你的房子将被完全损毁。中等程度的洪水大约为 50 年一遇。如果你修建了堤坝，河流只有发生严重洪水才能损毁你的房屋，这种严重洪水大概 200 年一遇。请问一种能提供全额保险的洪水险的年保费为多少？如果保险只能赔付房屋价值的 75%，那么在修建堤坝和不修建堤坝的情况下，你的期望成本各是多少？不同的政策是否产生保障安全的激励（比如修建堤坝）？

数据分析题

1. 请登录圣路易斯联邦储备银行 FRED 数据库，查询具有抵押品的担保贷款额占所有商业贷款额的比例（ESANQ），以及针对大中型企业的商业贷款，收紧其信贷标准的国内银行的净比（DRTSCILM），并下载表格数据。

   a. 计算最近 4 个季度以及之前 4 个季度的银行信贷标准和具有抵押品的担保债务比例的平均指标。这些指标与你的预期相符吗？

   b. 使用数据分析工具 Excel，计算自 1997 年第三季度起至最近一个季度，两列数据的相关系数。对于抵押贷款和银行商业信贷标准的关系，你能够得出什么结论？这个结果与减少信息不对称的努力相一致吗？

2. 请登录圣路易斯联邦储备银行 FRED 数据库，查询家庭净值（TNWBSHNO）以及收紧其住房抵押贷款信贷标准的银行比例（DRTSPM）。将净值指标的单位调整为“与去年同期相比的比例变化”，并下载表格数据。

   a. 计算最近 4 个季度以及之前 4 个季度的银行信贷标准和净值变化的平均指标。这些指标和你的预期相符吗？

   b. 使用数据分析工具 Excel，计算自 2011 年第二季度起至最近一个季度，两列数据的相关系数。对于家庭净值与银行住房抵押信贷标准的关系，你能够得出什么结论？这个结果与减少信息不对称的努力相一致吗？

网络练习

本章我们讨论了次品车问题及其对于市场运行效率的影响。乔治·阿克洛夫首先创立了这一理论。请登录 www.nobel.se/economics/laureates/2001/public.html，该网页报道了在 2001 年阿克洛夫、斯宾塞和斯蒂格利茨等人获得诺贝尔经济学奖的情况。请通读这篇报道中有关阿克洛夫的部分并以一页篇幅概括其研究思想。

网络参考

http://nobelprize.org/nobel_prizes/economic-sciences/laureates/2001/ 该网页完整地记录了诺贝尔奖得主针对次品车问题的讨论内容。

第 9 章

银行业与金融机构管理

学习目标

1. 总结银行资产负债表的特点。
2. 使用 T 型账户调整银行资产和负债。
3. 确定银行为了实现利润最大化而采取的资产和负债管理方式。
4. 列举银行应对信用风险的方法。
5. 应用缺口和久期分析方法确定利率风险。
6. 总结银行表外业务类型。

| 预览 |

由于银行业在为那些拥有生产性投资机会的借款者融通资金方面发挥了非常重要的作用，所以这些金融活动在保证金融系统和整个经济平稳、有效运行方面是十分重要的。在美国，银行（存款机构）每年提供了超过 10 万亿美元的贷款。它们向工商企业提供贷款，为我们上大学、购买新汽车或新住房提供资金帮助，并且向我们提供诸如支票账户、储蓄账户、借记卡和 ATM 自动取款机之类的服务。

在本章中，我们将考察银行是如何运作来实现利润最大化的：银行发放贷款的原因和方式如何，它们如何获得资金并且开展银行资产和负债（债务）管理活动，以及它们如何赚取收入。由于商业银行是最为重要的金融中介机构，所以我们将会重点讨论其业务活动，而由此产生的许多原则内容也适用于其他类型的金融中介机构。

9.1 银行的资产负债表

为了理解银行业务的运行机制，我们首先需要考察银行的**资产负债表**

（balance sheet），该表列出了银行的资产和负债情况。顾名思义，该表是一个平衡表，即它具有如下特点

$$总资产 = 总负债 + 资本$$

银行的资产负债表列出了银行的资金来源（负债和资本）和资金用途（资产）。银行通过借款和发行诸如存款等的其他负债来获得资金。然后，它们运用这些资金去购买证券和贷款等资产。银行从其证券和贷款那里收取的利率要高于其负债的利率及其他成本，从而赚取利润。表 9-1 中列出了 2017 年 6 月所有商业银行的资产负债表情况。

表 9-1　所有商业银行资产负债表（各项占总额的百分比，%，2017 年 6 月）

资产（资金用途）[①]		负债（资金来源）	
准备金和现金项目	14	支票存款	11
证券		非交易性存款	
美国政府和政府机构证券	15	储蓄存款	49
州和地方政府以及其他证券	6	小额定期存款	2
		大额定期存款	10
贷款		借款	17
工商企业贷款	13	银行资本	11
房地产贷款	26		
消费者贷款	8		
银行间同业拆借	1		
其他贷款	9		
其他资产（例如固定资产）	8		
合计	100	合计	100

①按照流动性递减排序。

资料来源：www.federalreserve.gov/releases/h8/current/.

9.1.1　负债

银行通过发行（销售）诸如存款等的负债来获得资金，它构成了银行所能够使用的资金来源。这些通过发行负债获得的资金通常用于购买能够盈利的资产。

1. 支票存款

这是一种允许其持有者向第三者签发支票的银行账户。支票存款包括所有可以签发支票的账户。表 9-1 表明，支票存款占据了银行负债的 11%。支票存款曾经是银行资金最重要的来源（1960 年曾占银行负债的 60%），但是随着那些诸如货币市场存款账户等更具吸引力的新型金融工具的出现，支票存款占银行负债总额的比重在不断萎缩。

支票存款是见票即付的，也就是说，一旦存款者来到银行要求提款，银行必须立即予以支付。同样，如果一个人得到一张由某银行账户开具的支票，那么此人将支票交付给该银行后，银行必须立即向其支付款项（或者将资金划入此人的账户）。

对于存款者而言，支票存款是其资产，因为这是其财富的一部分。由于存款者可以从其账户提款并且银行负有支付责任，所以支票存款就是银行的一项负债。由于存款者愿意放弃一定的息票利息，以换取用于即时购物支付的流动资产，所以支票存款通常是银行成本最低的资金来源。银行经营支票存款的成本，既包括支付的利息，也包括为这些账户提供服务所发生的费

用——处理、编制和发送月结单，提供有效的现金出纳服务（人员或其他），维持一座让人印象深刻的营业大厦和地点便利的分支机构，做广告并进行市场营销以促使客户到特定银行存款等。近年来，向存款（支票存款和非交易性存款）支付的利息约占银行营业费用总额的 5% 左右，而为账户提供相关服务的费用（雇员工薪、建筑物租金等）则已接近运营支出的 85%。

2. 非交易性存款

非交易性存款是银行资金的主要来源（在表 9-1 中占银行负债的 61%）。存款的所有者不能对非交易性存款签发支票，但是这些存款的利率通常要高于支票存款。非交易性存款包含两种基本类型：储蓄存款和定期存款（也称定期存单，或 CD）。

储蓄存款曾经一度是最常见的非交易性存款类型。这种账户中的资金可以随时存入或者提取，存款的存入、提取以及利息的支付或者被记载在月结单上，或者被记载在账户所有者持有的存折上。

定期存款具有固定的期限长度，从几个月至 5 年以上不等，如果要提前支取，那么存款者就要负担相当大的一笔罚金（放弃几个月的息票利息）。小额定期存款（10 万美元以下）的流动性要低于存折储蓄存款，但是利率较高，所以对银行来说，这是一个成本较高的资金来源。

大额定期存单的面额为 10 万美元或者更多，通常由公司或其他银行购买。这种大额存单是可转让的，在到期之前，它们可以像债券一样在二级市场上转售。由于这个原因，公司、货币市场共同基金和其他金融机构将大额定期存单作为国库券与其他短期债券的替代资产来持有。自 1961 年问世以来，大额可转让定期存款已经成为银行的一个重要资金来源（在表 9-1 中其占比达到 10%）。

3. 借款

银行可以向联邦储备体系、联邦住宅贷款银行（Federal Home Loan Banks）、其他银行以及公司借取资金。从联邦储备体系借款称为**贴现贷款**（discount loans，也称预支款（advances））。银行也在联邦基金市场上向其他美国银行和金融机构借入隔夜准备金。银行借入隔夜准备金的目的在于使其联邦储备体系的账户上保持足够的存款，以满足美联储的数额要求（联邦基金这个称谓可能会造成某些混淆，因为这些贷款不是由联邦政府或者联邦储备体系提供的，而是由银行之间相互提供）。其他借入资金的来源包括：银行母公司（银行控股公司）借给银行的贷款、同企业之间的贷款安排（比如回购协议），以及借入欧洲美元（存在外国银行或者美国银行国外分行的以美元计值的存款）。随着时间的推移，借款在银行资金来源中的重要性逐渐提高。1960 年，借款仅仅占银行负债总额的 2%，而现在其已经占了银行负债总额的 17%。

4. 银行资本

银行资本是资产负债表中负债方的最后一个项目，即银行的净值，它等于资产总额和负债总额之间的差额（在表 9-1 中，其占银行资产总额的 11%）。银行资本是通过出售新的股权（股票）或者由留存收益形成的。银行资本是对付银行资产价值下跌的缓冲器，银行资产价值下跌可能导致银行失去清偿力，当银行负债总值超过其资产总值后，银行会被迫进行清算。

9.1.2 资产

银行使用其通过发行负债所取得的资金购买营利性资产。因此，银行的资产从本质上说就是银行的资金运用。从这些资产上得到的息票利息，使银行获得利润。

1. 准备金

所有银行都必须将其获得资金的一部分以存款的形式存入联邦储备体系的账户。**准备金**（reserve）即等于此类存款加上银行实际持有的通货（称为**库存现金**（vault cash），因为它们隔夜存放在银行金库中）。尽管目前持有准备金所获得的利息很低，但是出于两个方面的考虑，银行还是持有准备金：首先，根据**法定准备金制度**（reserve requirements）的要求，银行必须将其每一美元支票存款中的一定比例（比如10%）作为准备金。这部分准备金称为**法定准备金**（required reserve），而这一比例（在本事例中是10%）称为**法定准备金率**（required reserve ratio）。银行持有的额外部分的准备金称为**超额准备金**（excess reserves）。银行持有超额准备金的原因在于它在全部银行资产中的流动性最高，一旦存款者直接提取资金，或者间接从其账户签发支票，银行可用其履行支付义务。

2. 应收现金项目

如果把另一家银行账户所签发的支票存入你的开户行，但是这张支票的资金尚未从那家银行收到（收账），那么这张支票便被归入应收现金项目。由于它是对另一家银行的资金求索权，所以这笔资金属于你开户行的资产，而且你的开户行将在几天内得到这笔资金。

3. 银行同业存款

许多小规模银行将其资金存放在大型银行中，以此换取包括支票托收、外汇交易以及帮助购买证券等多种服务。这是名为代理银行业务体系中的一项内容。

总的来说，准备金、应收现金以及银行同业存款通常都属于现金项目。在表9-1中，2017年6月它们占了银行总资产的14%。

4. 证券

银行持有的证券是一项重要的营利性资产。在表9-1中，证券（对商业银行来说，它们全部是债券，因为不允许商业银行持有股票）占银行总资产的21%，而其提供的收入约占商业银行总收入的10%。这些证券可分为三类：美国政府和政府机构证券、州和地方政府证券以及其他证券。因为联邦政府和政府机构证券交易便捷，变现的成本较低，所以其具有最高的流动性。由于其具有高度的流动性，短期的联邦政府证券被称为**二级准备金**（secondary reserves）。

由于州和地方政府比较愿意与那些持有其证券的银行开展业务，所以银行愿意持有州和地方政府证券。州和地方政府证券以及其他证券的可售性较差（流动性较低），违约风险高于联邦政府证券：这些证券的发行者有可能无力支付证券利息，或在证券到期时，可能无力归还本金。

5. 贷款

银行主要通过发放贷款来赚取利润。在表9-1中，银行总资产的57%为贷款，最近几年来，来自贷款业务的收入通常要占银行收入的一半以上。对于那些获得贷款的个人和公司而言，贷款是他们的负债；然而由于贷款给银行提供了收入，所以它是银行的资产。因为在贷款到期之前不能转化为现金，所以贷款的流动性通常低于其他资产。举例来说，如果银行发放一笔1年期的贷款，那么在这笔贷款到期之前的1年内，银行就不能收回这笔资金。与其他资产相比，贷款的违约率较高。由于贷款流动性较低而违约风险较高，所以银行在贷款上赚取的收入也最高。

由表9-1可见，向企业发放的商业贷款以及不动产贷款是商业银行贷款中占比最大的类别。

商业银行也会发放消费者贷款，并且进行彼此之间的同业拆放。银行同业拆放中的主要部分是发生在联邦基金市场上的隔夜借款。不同类型存款机构资产负债表的最主要区别，在于它们主营的贷款类型不同。举例来说，储蓄贷款协会和互助储蓄银行是专门从事住宅抵押贷款业务的，而信用社则主要发放消费者贷款。

6. 其他资产

这个项目主要是银行拥有的固定资本（银行大楼、计算机及其他设备等）。

9.2　银行的基本业务

在仔细地研究银行如何管理资产业务和负债业务来取得最大利润的过程之前，我们需要对银行的基本业务活动有所了解。

一般来说，银行首先出售具有一组特征（流动性、风险、规模和收益率的某种组合）的负债，然后运用所筹到的资金去购买具有不同特征的资产来获取利润。这一过程通常被称为**资产转换**（asset transformation）。举例来说，一个人的储蓄存款为银行提供了资金，则银行可以运用这笔资金向其他人发放抵押贷款。实际上，银行将储蓄存款（由存款者持有的资产）转换成抵押贷款（由银行持有的资产）。这种资产转换过程还可以表述为银行在"借短贷长"，原因在于银行通过发行短期存款获得资金，然后将其用于发放长期贷款。

资产转换以及提供一系列服务（支票清算、记账以及信用分析等）的过程同其他企业的生产过程十分相像。如果银行以低成本向客户提供所需的服务，并且从它的资产业务中获得大量收入，它就赚到了利润，否则，银行将出现亏损。

为了更具体地分析银行的业务活动，我们使用一种称为 **T 型账户**（T-account）的工具。T 型账户是一张简化的资产负债表，其形状像英文字母 T，它仅列出从某一初始平衡状态开始，资产负债表项目所发生的变化。我们假定简·布朗听说第一国民银行（First National Bank）能够为客户提供优质的服务，于是她就在这家银行开立了一个 100 美元的支票账户。现在，她在银行里拥有了 100 美元的支票存款，而在银行的资产负债表上则显示为 100 美元的负债。银行将她的这 100 美元存入金库，于是银行的资产就增加了 100 美元的库存现金。银行 T 型账户如下。

第一国民银行

资产		负债	
库存现金	+100 美元	支票存款	+100 美元

由于库存现金也是银行准备金的一部分，我们可以将 T 型账户重新改写如下。

资产		负债	
准备金	+100 美元	支票存款	+100 美元

注意：简·布朗新开的支票账户，使得**银行准备金增加的数额与支票账户存款增加的数额相等**。

如果简·布朗使用一张诸如第二国民银行（Second National Bank）的另一家银行签发

的 100 美元支票进行开户，我们将得到相同的结果。第一国民银行 T 型账户受到的初始影响如下。

资产		负债	
应收现金项目	+100 美元	支票存款	+100 美元

与之前一样，支票存款增加了 100 美元，但是现在第二国民银行欠第一国民银行 100 美元。由于第一国民银行现在要收回欠款，所以在其 T 型账户上，这笔 100 美元的资产被记录在其应收现金项下。它可直接找第二国民银行进行偿付，但是如果两个银行位于不同的州，这就是一个既花时间又费钱的过程。不过，第一国民银行可以将这张支票存入其在联邦储备体系的账户上，再由联邦储备体系去向第二国民银行收取这笔资金。结果是，联邦储备体系将 100 美元的准备金从第二国民银行的账户转至第一国民银行的账户，两家银行资产负债表的最终状况如下。

第一国民银行				第二国民银行			
资产		负债		资产		负债	
准备金	+100 美元	支票存款	+100 美元	准备金	−100 美元	支票存款	−100 美元

对由简·布朗的活动引起的过程可以做如下归纳：当某一家银行签发的支票存入另一家银行的时候，得到存款的银行就得到了与支票金额相等的准备金，而签发支票的银行的准备金则出现等额减少。因此，**当一家银行存款增加的时候，它的准备金将会等额增加；当其存款减少的时候，其准备金也会等额减少。**

你已经了解了银行的准备金是如何增加和减少的，现在我们就可以考察当银行存款发生变动的时候，它是如何重新安排它的资产负债表来赚取利润的。让我们回到第一国民银行刚刚新增了 100 美元支票存款的情况。正如你知道的那样，银行必须按照一定比例将其支票存款中的特定部分作为法定准备金。如果这一比例（法定准备金率）为 10%，第一国民银行的法定准备金就增加了 10 美元。我们可把它的 T 型账户改写如下。

第一国民银行			
资产		负债	
法定准备金	+10 美元	支票存款	+100 美元
超额准备金	+90 美元		

现在，我们来考察银行在支票存款增加之后的业务变动。由于银行必须进行记账、向出纳员支付工资以及支付支票清算费用等业务操作，所以处理这增加的 100 美元支票存款是需要耗费成本的。由于准备金的利息收入十分微薄，银行便出现了亏损。如果银行向存款（例如可转让支付命令账户）支付利息的话，银行的情况就会变得更糟糕。如果银行希望盈利，那么就必须将可以使用的 90 美元的超额准备金的全部或者一部分投入到营利性项目中。实现这一目标的方法之一就是进行证券投资，另一种方法是发放贷款，正如我们发现的那样，贷款占银行资产（资金运用）总值的 50% 左右。由于贷款者将会受到逆向选择和道德风险（正如第 8 章所讨论的那样）的影响，银行必然会采取多种措施降低这些问题的发生概率和严重程度。在同意发放贷款之前，银行的信贷工作人员通常采用被称为 "5C" 原则的工具对潜在的借款者进行评估，其中，"5C" 原则包括：道德品质、（还款）能力、抵押品、（区域经济体和全美经济体的）经营环境以及资本（资产净值），在本章随后的部分中，将会对这种银行用于减少贷款风险的方

法进行更为细致的讨论。

假设第一国民银行选择不去持有任何超额准备金而去发放贷款，T 型账户就转变成为如下形式。

资产		负债	
法定准备金	+10 美元	支票存款	+100 美元
贷款	+90 美元		

现在，通过持有诸如支票存款等短期负债，并且运用这些资金去购买诸如贷款等利率较高的长期资产，银行就能够实现盈利。如前所述，我们通常用银行在进行"借短贷长"的业务操作来描述这个资产转换过程。举例来说，如果贷款的年息为 10%，银行在一年后将从这笔贷款中得到 9 美元的收入。如果这 100 美元的支票账户是可转让支付命令账户，利率为 5%，并且每年要为其支付 3 美元的账户服务成本，那么这些存款的年均成本为 8 美元。于是，该银行由新增存款所获得的利润就是每年 1 美元，再加上从法定准备金上面获得的全部利息收入。

9.3 银行管理的基本原则

在对银行业务活动有所了解之后，让我们来考察银行如何管理其资产和负债来实现利润最大化。银行经理主要考虑以下四个方面的问题：第一，一旦出现**存款外流**（deposit outflows）的情况，即当存款因存款者提现或要求支付而下降的时候，保证银行拥有足够的现金来支付存款者（的提款需求）。为了保持手头拥有足够的现金，银行必须实施**流动性管理**（liquidity management），即要持有足够的流动性资产以便向储户履行偿付义务。第二，通过持有违约风险较低的资产和实现所持资产多样化（**资产管理**（asset management）），银行经理必须将风险降至一个可以接受的较低水平。第三，以低成本获取资金（**负债管理**（liability management））。第四，银行经理必须确定银行需要保持的资本金的数额，然后获得所需的资本金（**资本充足性管理**（capital adequacy management））。

为了充分了解银行和其他金融机构的管理活动，我们必须在下一节中所讨论的银行资产负债管理基本原则的基础上，更加详细地考察金融机构资产管理的运行机制。在接下来的两节中，我们将首先深入讨论银行对由借款者可能出现的违约行为所导致的**信用风险**（credit risk）如何进行管理，然后讨论银行对由利率变动而导致银行资产回报率以及银行收益水平降低的**利率风险**（interest-rate risk）如何进行管理。

9.3.1 流动性管理和准备金的作用

让我们来考察第一国民银行这家典型的银行，如何解决由储户从其支票账户或者储蓄账户提取现金或者开出支票而在另一家银行存款所造成的存款外流问题。在下面的例子中，我们假定银行拥有足够的超额准备金，并且所有存款的法定准备金率都是 10%（银行按规定必须保留其定期存款和支票存款的 10% 作为法定准备金）。假定第一国民银行初始的资产负债表如下。

资产		负债	
准备金	2 000 万美元	存款	10 000 万美元
贷款	8 000 万美元	银行资本	1 000 万美元
证券	1 000 万美元		

银行的法定准备金为 1 亿美元的 10%，即 1 000 万美元。由于已知这家银行具有 2 000 万美元的准备金，所以其超额准备金为 1 000 万美元。

如果发生了 1 000 万美元的存款外流，那么银行的资产负债表就变成了下述情况。

资产		负债	
准备金	1 000 万美元	存款	9 000 万美元
贷款	8 000 万美元	银行资本	1 000 万美元
证券	1 000 万美元		

银行减少了 1 000 万美元的存款和 1 000 万美元的准备金，但是由于现在银行必须持有的法定准备金仅仅是 9 000 万美元中的 10%（即 900 万美元），所以实际的准备金数额仍然比这个限额高出 100 万美元。简言之，**只要银行拥有足够的超额准备金，存款外流就不会迫使银行调整其资产负债表的其他部分。**

但当银行持有的超额准备金不足的时候，情况则大相径庭。假设第一国民银行在期初并不是持有 1 000 万美元的超额准备金，而是发放了 1 000 万美元的额外贷款，那么它就没有持有超额准备金，其资产负债表的初始情况如下。

资产		负债	
准备金	1 000 万美元	存款	10 000 万美元
贷款	9 000 万美元	银行资本	1 000 万美元
证券	1 000 万美元		

当有 1 000 万美金现金流出时，其资产负债表将如下。

资产		负债	
准备金	0 美元	存款	9 000 万美元
贷款	9 000 万美元	银行资本	1 000 万美元
证券	1 000 万美元		

在储户提取了 1 000 万美元的存款而准备金也出现等量减少之后，银行面临着一个问题：它必须保持 9 000 万美元的 10%（即 900 万美元）作为法定准备金，但是它已经没有任何准备金了。银行拥有 4 种选择来消除这个缺口。第一种选择是为了应付存款外流，在联邦基金市场上向其他银行借款，或者向公司借款来获得准备金。[⊖]如果第一国民银行向其他银行或者公司借款来弥补其准备金的缺口，其资产负债表就会变成如下。

资产		负债	
准备金	900 万美元	存款	9 000 万美元
贷款	9 000 万美元	其他银行或企业借款	900 万美元
证券	1 000 万美元	银行资本	1 000 万美元

这种行为的成本就是借款利息，比如联邦基金利率。

银行的第二种选择是出售一些证券来应付存款外流。举例来说，银行可能出售 900 万美元的证券，并且将所获得的收入存入联邦储备体系的账户，从而就有了下面的资产负债表。

⊖ 第一国民银行可以通过出售可转让定期存单的方式来从其他银行或者企业借款。在负债管理部分，我们将对这种获得资金的方法进行讨论。

资产		负债	
准备金	900 万美元	存款	9 000 万美元
贷款	9 000 万美元	银行资本	1 000 万美元
证券	100 万美元		

当银行出售证券的时候，需要支付一些经纪人手续费和其他交易费用。归类为二级准备金的美国政府证券具有非常高的流动性，所以出售这些证券的交易成本很低。然而，银行所持有的其他证券的流动性比较低，其交易成本有可能相当高。

银行的第三种选择是通过向联邦储备体系借款以获得准备金。在我们的例子中，第一国民银行可以保持其证券和贷款的持有数量不变，而向联邦储备体系借入 900 万美元的贴现贷款，其资产负债表如下。

资产		负债	
准备金	900 万美元	存款	9 000 万美元
贷款	9 000 万美元	美联储借款	900 万美元
证券	1 000 万美元	银行资本	1 000 万美元

与贴现贷款有关的成本是银行必须向联邦储备体系支付的利率（称为**贴现率**（discount rate））。

最后一种选择是，银行可以将其贷款减少 900 万美元，再将之存入联邦储备体系的账户，由此将银行的准备金增加 900 万美元来应对存款外流。这一交易使银行的资产负债表出现如下变化。

资产		负债	
准备金	900 万美元	存款	9 000 万美元
贷款	8 100 万美元	银行资本	1 000 万美元
证券	1 000 万美元		

由于这新增的 900 万美元准备金满足了法定准备金的要求，所以第一国民银行又回到了健康的运行状态。

然而，当出现存款外流的时候，通过削减贷款来获取准备金的代价是最高的。如果第一国民银行在较短的期间内有大量短期贷款需要展期，它就可以通过收回贷款（即当部分贷款到期时不予展期）来迅速地削减其未清偿贷款的总余额。对银行而言，不幸的是，由于银行的客户可能没有做任何应该接受这种不予展期待遇的事情，所以银行的这种做法将会招致这些客户的埋怨。实际上，这些客户将来可能会将其业务转移到其他银行，这一点对于银行来说是一件代价很高的事情。

银行削减贷款的第二种方法是将这些贷款转售给其他银行。这样做的代价也很高，由于其他银行不了解这些贷款的风险情况，所以可能不愿意按照全部价值购买这些贷款（这就是在第 8 章中介绍的逆向选择问题）。

上述讨论解释了即使贷款和证券的回报率较高，但是银行还要持有超额准备金的原因。当存款外流的时候，持有超额准备金可以让银行免于支付如下成本：①从其他银行或企业借款的成本；②出售证券的成本；③从联邦储备体系借款的成本；④收回贷款或者出售贷款所发生的成本。**超额准备金是对于存款外流所引致的各种成本的保险。存款外流引致的成本越高，银行愿意持有的超额准备金就越多。**

就像你我都愿意为了避免由汽车被盗等所带来的意外损失而向保险公司投保一样，银行也愿意为持有超额准备金而负担相应的成本（这是机会成本，即不持有诸如贷款和证券之类的营利性资产而放弃的收入），以防备由存款外流所导致的损失。由于超额准备金和保险一样是有成本的，所以银行也会采取其他措施来保护自己。举例来说，银行可以选择更多地持有流动性较高的证券（二级准备金）。

9.3.2　资产管理

在理解银行对流动性的需求之后，我们就可以考察银行实施资产管理操作的基本战略了。为了实现利润最大化目标，银行必须在寻找能够提供最高回报率的贷款和债券的同时降低风险，并且通过持有流动性资产来保持足够的流动性。银行试图通过四种基本方法来实现上述三个目标。

第一，银行试图找到愿意支付高利率同时又不大可能出现违约行为的借款者。银行积极寻求拓展其贷款业务，不仅通过广告来宣传自己的借款利率，而且通过直接与公司接触来推销其贷款。银行负责贷款的人员需要判断潜在借款者的信用风险情况，即其是否会按期支付利息并偿还本金（即通过信用审核来降低逆向选择问题的影响）。通常来说，银行在信贷政策上是持保守态度的，贷款违约率一般低于1%。然而，银行也不能过于保守，以至于错失那些能够获得高利率的、有吸引力的贷款机会，这一点十分重要。

第二，银行力图购买回报率较高而风险较低的证券。

第三，银行在资产管理过程中，必须通过资产多样化来降低风险水平。它们通过购买多种不同的资产（短期的和长期的、美国国债和市政债券等）以及对于不同客户发放多种贷款来实现这一目的。那些没有充分利用多样化优势的银行，经常在事后感到懊悔。举例来说，20世纪80年代，由于银行将贷款过度集中于能源公司、房地产开发企业或者农户，所以在能源、房地产和农产品价格的暴跌过程中，银行遭受了巨大的损失。实际上，由于采用"将太多的鸡蛋放在了一个篮子里"的策略，其中的多家银行最终破产倒闭。

第四，银行必须对其资产的流动性进行管理，以应对存款外流的发生并以较低成本来满足法定准备金要求。这意味着银行必须持有流动性较高的证券，即便其回报率要低于其他资产。举例来说，为了避免存款外流造成的损失，银行必须决定其持有的超额准备金的数量。此外，银行也愿意持有那些能够作为二级准备金的美国政府证券，在此情况下即使存款外流增加了银行的成本，也不会达到过高的水平。但是，银行过于保守也不是明智的选择。如果银行希望只通过持有超额准备金来规避由存款外流产生的全部成本，那么银行也会蒙受损失。这是因为准备金的利息收入很低，而维持银行负债需要消耗较高的成本。银行必须在流动性需求和通过持有诸如贷款等流动性较差的资产来增加收益这两方面意愿之间保持平衡。

9.3.3　负债管理

在20世纪60年代之前，负债管理是一件十分平稳的事情。在大多数情况下，银行将它们的负债看成是固定的，并将其时间主要用于实现最优的资产组合方面。银行强调资产管理主要包含两方面的原因。其一，银行资金的60%以上来自那些依法不能支付利息的支票（活期）存款。因此，银行之间无法采用多支付利息的方式来为争取更多的存款而展开积极竞争，对于一家银行来说，其存款的数量事实上是既定的。其二，由于银行间隔夜拆放市场还不完善，所以银行极少通过向其他银行借款来满足其准备金要求。

然而，从 20 世纪 60 年代开始，诸如纽约、芝加哥和旧金山等主要金融中心的大型银行（称为**货币中心银行**（money center banks））开始发展出相关技术，使资产负债表上的负债项目能够满足这些银行对准备金和流动性的需求。这促进了诸如联邦基金市场等隔夜拆放市场的发展，以及可转让定期存单（最早出现在 1961 年）等新型金融工具的产生，使得货币中心银行能够迅速获得资金。⊖

这些负债管理方面的新的灵活性，意味着银行可以在经营管理过程中采用新的方法。它们不再依赖支票存款作为其主要的资金来源，从而也不再将银行的资金来源（负债）作为既定的指标。相反，银行可以主动为其资产业务增长制定一个目标，并在需要资金的时候，（通过发行负债工具）实现资金的筹集操作。

举例来说，如果现在一家货币中心银行发现了一个非常具有吸引力的贷款机会，它就可以通过发行可转让定期存单来获取所需资金。或者，如果其出现准备金短缺的情况，这家银行可以在联邦基金市场上以较低的交易成本从其他银行那里借取资金。联邦基金市场还可以为银行的贷款项目提供融资。由于银行负债管理的重要性不断提高，所以现在大多数银行通过资产 – 负债管理（asset-liability management，ALM）委员会对其资产负债表的两端同时实施管理。

对负债进行管理，可以更好地解释过去 30 年中银行资产负债表结构中所发生的一些重要变化。近年来，可转让定期存单和银行借款等工具在银行资金来源方面的重要性大幅度提高（其占银行负债总额的比重从 1960 年的 2% 升至 2017 年中期的 27%），而支票存款的重要性则大幅度降低了（从 1960 年的 61% 降至 2014 年中期的 11%）。这些负债管理的新的灵活性以及对更高利润水平的追求，也激励银行提高了那些较高收益的贷款在资产总额中占据的份额（其占银行资产总额的比重从 1960 年的 46% 升至 2017 年中期的 57%）。

9.3.4　资本充足性管理

银行需要对其持有资本的规模进行选择，主要源自以下三个方面的原因：其一，银行资本可用来防范银行倒闭，即银行无法履行对存款者和其他债权人的支付义务而被迫停业；其二，资本规模影响了银行所有者（银行股票的持有者）的收益情况；其三，银行监管机构对银行资本的最低规模（银行法定资本金）做出了相应的规定。

1. 银行资本防范银行倒闭的运行机制

让我们来考察两家银行，资本规模较大的银行（其资本占资产总额的比率为 10%）和资本规模较小的银行（其资本占资产总额的比率为 4%），除此之外，这两家银行资产负债表的其他方面都是一致的。

<table>
<tr><td colspan="4" align="center">资本规模较大的银行</td><td colspan="4" align="center">资本规模较小的银行</td></tr>
<tr><td colspan="2" align="center">资产</td><td colspan="2" align="center">负债</td><td colspan="2" align="center">资产</td><td colspan="2" align="center">负债</td></tr>
<tr><td>准备金</td><td>1 000 万美元</td><td>存款</td><td>9 000 万美元</td><td>准备金</td><td>1 000 万美元</td><td>存款</td><td>9 600 万美元</td></tr>
<tr><td>贷款</td><td>9 000 万美元</td><td>银行资本</td><td>1 000 万美元</td><td>贷款</td><td>9 000 万美元</td><td>银行资本</td><td>400 万美元</td></tr>
</table>

⊖ 由于小银行的声望不如货币中心银行，并且具有较高的信用风险水平，所以它们难以利用可转让定期存单市场来筹集资金。因此，小银行实行负债管理的积极性不高。

假定这两家银行都卷入了房地产市场的热潮，随后都发现自己有 500 万美元的房地产贷款已经一文不值。在核销这些坏账（其价值为 0）的时候，资产总值减少了 500 万美元。结果是，作为资产总额与负债总额之间差额的银行资本也减少了 500 万美元。这两家银行的资产负债表现如下。

<table>
<tr><td colspan="2" align="center">资本规模较大的银行</td><td colspan="2" align="center">资本规模较小的银行</td></tr>
<tr><td align="center">资产</td><td align="center">负债</td><td align="center">资产</td><td align="center">负债</td></tr>
<tr><td>准备金　1 000 万美元</td><td>存款　　9 000 万美元</td><td>准备金　1 000 万美元</td><td>存款　　9 600 万美元</td></tr>
<tr><td>贷款　　8 500 万美元</td><td>银行资本　500 万美元</td><td>贷款　　8 500 万美元</td><td>银行资本　–100 万美元</td></tr>
</table>

因为最初拥有的 1 000 万美元的资本能够起到良好的缓冲作用，所以这家资本规模较大的银行可以承受这 500 万美元的资本损失。即使遭受这 500 万美元的损失之后，这家银行现在仍然具有 500 万美元的正净值（银行资本）。然而，资本规模较小的银行却会因此陷入困境。现在，其资产价值已经低于负债价值，净值为负的 100 万美元。由于其净值为负，所以这家银行已经经不抵债（破产）了：它已经没有足够的资产来偿付所有债权人了。在银行资不抵债的时候，政府的监管者就会关闭银行，拍卖其资产，并且解雇这家银行的经理。由于资本规模较小的银行的所有者会发现他们的投资已经荡然无存，所以他们情愿银行持有较多的资本金作为缓冲，以便能够像资本规模较大的银行那样吸收这一损失。因此，我们发现了银行保持充足资本金的一个重要原因在于：**银行持有银行资本可以减少其资不抵债的可能性。**

2. 银行资本规模影响股票持有者收益情况的运行机制

由于银行的所有者必须要了解银行的管理状况，所以他们需要能够准确衡量银行盈利能力的指标。衡量银行盈利性的基本指标是**资产回报率**（return on asset，ROA），即每一美元资产的税后净利润

$$ROA = （税后净利润 / 资产）$$

由于资产回报率反映了每一美元的资产平均所产生的利润水平，所以它提供了银行运营效率的信息。

然而，银行所有者（股东）最关心的还是其股权投资所获得的利润数量。通过另一个衡量银行盈利能力的基本指标，即**股权回报率**（return on equity，ROE）来显示这一信息，它是每一美元股权（银行）资本的税后净利润

$$ROE = （税后净利润 / 股权资本）$$

资产回报率（它衡量的是银行经营状况）和股权回报率（它衡量的是所有者的投资回报）之间存在着直接的联系。这一联系是以所谓的**股本乘数**（equity multiplier，EM）来体现的，它等于每一美元股权资本所对应的资产数额

$$EM = （资产 / 股权资本）$$

我们注意到

$$\frac{税后净利润}{股权资本} = \frac{税后净利润}{资产} \times \frac{资产}{股权资本}$$

由定义可知

$$ROE = ROA \times EM \qquad (10\text{-}1)$$

式（10-1）告诉我们，在银行资产给定的情况下，如果银行的资本（股权）规模较小，那

么股权回报率将会出现何种情况。正如我们所见，资本规模较大的银行最初拥有 1 亿美元资产和 1 000 万美元资本，其股本乘数为 10（=1 亿美元 /1 000 万美元）。相比之下，资本规模较小的银行只有 400 万美元的资本，其股本乘数较高，具体为 25（=1 亿美元 /400 万美元）。假设这两家银行经营水平相当，从而获得了同样的资产回报率 1%，那么资本规模较大的银行的股本收益率为 1%×10=10%，而资本规模较小的银行的股权回报率为 1%×25=25%。资本规模较小的银行的股东显然比资本规模较大的银行的股东高兴得多，因为他们的收益水平是后者的两倍多。现在我们就了解了银行的所有者不愿意持有过多资本的原因了。**在资产回报率给定的条件下，银行的资本越少，银行股东的回报率就越高。**

3. 股东的安全和回报率之间的替代关系

我们已经知道，银行资本既能带来收益又能带来成本。银行资本降低了银行破产的可能性，使得银行股东的投资更为安全，从而使他们由此受益。但是，保持银行资本金也是有代价的，这是因为在资产回报率既定的情况下，银行资本越多，股权回报率就越低。在确定最优银行资本规模的时候，经理在考虑银行资本所带来的高收益（安全性的提高）时，也要考虑高成本的因素（股权回报率的降低）。

在不确定性提高的情况下，银行贷款遭受严重损失的可能性随之提高，因此银行经理愿意保持较大的资本规模来保护股东利益。相反，如果他们有信心认为不会出现贷款损失，那么他们将会保持较小的银行资本规模以获得更高的股本乘数和股权回报率。

4. 银行资本的相关规定

银行监管机构也制定了相应的规定，要求银行必须持有（一定数量的）资本。由于前面已经讨论的原因，持有资本金将会产生较高的成本，所以一般来说银行经理愿意持有的资本规模要低于监管机构的要求。在这种情况下，只有通过法定资本金规定来决定银行资本的（最低）规模。我们将在第 10 章中详细讨论银行法定资本规定的具体问题，以及它在银行监管过程中发挥的重要作用。

💡 应用 9-1　　　　　　　　　　**银行资本管理的战略**

如果你是第一国民银行的经理，那么你就需要决定银行资本的适当规模。通过对资本规模较高的银行资产负债表情况的考察，即其资本与资产的比率为 10% 的银行（具有 1 000 万美元的资本和 1 亿美元的资产），你认为银行资本规模较大将会导致股权回报率过低。因此，你得出结论：这样的银行处于资本过剩的状态，从而需要通过提高股本乘数来提高股权回报率，那么你应该为此实施哪些调整措施呢？

为了降低相对于其资产的资本规模来提高股本乘数，存在以下三种实现方式供你选择：①你可以通过回购一部分银行股票来降低银行资本规模；②你可以通过向股东派发更高的股利，以降低计入资本账户的留存收益，从而降低银行资本规模；③你可以在保持资本规模不变的情况下，通过发行可转让定期存单等方式筹集新的资金来源，并且将这些资金贷放给企业或者用于购买更多证券来扩大银行资产的规模，以此来降低银行资本的相对规模。由于你认为采取这种增派股利的方式能够增强你在股东心目中的地位，所以你决定采用第二种方式，即向第一国民银行的股东增派股利。

现在假设第一国民银行的情况类似于前面提到的那种资本规模较低的银行,即其资本与资产的比率为 4% 的银行。由于缺乏足够的缓冲手段来防止银行倒闭,所以你会对这种相对于其资产的银行资本规模处于短缺的状态感到不安。为了提高相对其资产的资本规模,存在以下三种实现方式供你选择:①你可以通过发行股权(普通股股票)的方式来提高银行的资本规模;②你可以通过减少向股东派发的股利,从而增加计入资本账户的留存收益,来提高银行资本规模;③你可以在保持资本规模不变的情况下,通过降低贷款规模或者出售证券的方式降低银行的资产规模,并进一步使用所得收益来减少负债规模,以此来提高银行资本的相对规模。如果由于当前资本市场处于紧缩状态而难以通过发行新股来提高银行资本规模,或者银行的股东对削减股利表示反对,那么你必然会采用第三种方式,即收缩银行的业务规模。

上述对于第一国民银行资本管理战略的讨论形成了以下需要反复强调的结论:**银行资本数量的短缺通常会导致银行缩减其资产规模,从而造成信贷规模的收缩。** 历史上,许多银行经历了资本数量的短缺,从而被迫限制其资产业务和信贷规模的扩张。下面的应用阐明了这种情况对信贷市场产生的重要影响。

应用 9-2　全球性金融危机期间资本紧缩如何引发信贷紧缩

由 2007 年爆发的金融危机所引发的信贷增长急剧减缓的现象导致了那种难以获得贷款的"信贷紧缩"情况的出现。结果是,2008 年和 2009 年美国的经济发展绩效十分糟糕。那么,信贷紧缩的形成原因包含哪些因素呢?

通过对银行经理实施银行资本管理具体方式的分析,我们为 2008 年和 2009 年资本紧缩导致信贷紧缩的形成原因至少提供了部分解释。具体的情况就是银行资本紧缩(银行资本数量的短缺)降低了信贷增长的速度。

房地产市场中出现的泡沫和崩溃导致了那些持有住房抵押贷款支持证券的银行遭受了巨大的损失。这些损失降低了银行的资本规模,导致银行资本规模出现短缺,银行因此必须筹集新的资本或者通过削减信贷规模来限制资产规模的增长。这些银行确实筹集到了部分新增资本,但是在经济增长放缓的情况下,筹集新增资本是极端困难的。因此,银行也提高了其贷款标准,并且削减信贷规模。这两个方面的因素都导致了 2008 年和 2009 年出现的经济衰退。

9.4　信用风险管理

通过前面对资产管理基本原则的讨论可以发现,银行和其他金融机构必须发放那些能够获得全额偿付的优质贷款(银行机构由此承担的信贷风险极小),才能够实现其利润最大化的目标。逆向选择和道德风险等经济学概念(第 2 章和第 8 章所讨论的)提供了一个分析框架,有助于我们理解银行为减少信贷风险和发放优质贷款所必须遵守的原则。[⊖]

信贷市场上出现逆向选择问题的原因在于,具有较高信贷风险的人(最可能出现贷款违约行为的人)往往就是那些排队申请贷款的人。换言之,那些最有可能造成逆向结果的人,常常

⊖ 诸如保险公司、养老基金和金融公司等其他金融中介机构也会发放私人贷款,所以我们在此归纳的信用风险管理原则也同样适用于它们。

就是那些被选中而获得贷款的人。如果那些具有巨大风险的投资项目获得成功，这些借款者将会获得非常丰厚的收益，所以他们争取贷款的积极性是最高的。然而，由于他们无法偿还贷款的可能性也会随之提高，所以他们显然是最不合适的借款者。

贷款市场中存在道德风险的原因在于，借款者具有从事那些对贷款者不利活动的动机。在这种情况下，贷款者面临着更大的违约风险。一旦借款者获得了贷款，就很可能将其用于高风险的投资活动。如果这些投资活动获得成功的话，借款者就会得到高额收益。然而，其中包含的较高风险也降低了他们偿还贷款的可能性。

为了获得利润，金融机构必须克服这些提高贷款违约风险的逆向选择和道德风险问题所造成的影响。金融机构应用多种信用风险管理原则来尝试解决这些问题：甄别和监督、建立长期客户联系、贷款承诺、抵押品、补偿性余额要求和信贷配给等。

9.4.1　甄别和监督

贷款市场上出现信息不对称问题的原因在于，与借款者相比，贷款者所获得的关于投资机会和借款者活动的信息是比较少的。这种状况导致银行和其他金融中介机构进行两种信息生产活动：甄别和监督。实际上，美国规模最大的银行集团之一花旗银行前总裁沃尔特·瑞斯顿（Walter Wriston）被经常引用的一句话就是：银行业务就是生产信息。

1. 甄别

贷款市场上存在着逆向选择问题，这就要求贷款者对借款者的信用风险水平进行甄别，从而获得盈利。为了进行有效的甄别活动，贷款者必须收集那些潜在借款者的可靠信息。有效的甄别和信息收集工作共同构成了信用风险管理的一项重要原则。

当你申请消费者贷款（诸如汽车贷款或者房地产抵押贷款）的时候，你首先需要做的事情就是填写一份包含大量个人财务信息的表格。你需要填写你的工资收入、银行账户、其他资产（诸如汽车、保险单据和家具等）以及未清偿贷款；你的贷款记录、信用卡和应付账单；你工作的年限以及雇主情况等。你还将被问及一些个人问题，诸如年龄、婚姻状况以及子女人数等。通过计算你的"信用积分"（这是一种根据你回答问题的情况计算出来的统计指标，用来判断你在偿还贷款方面是否存在问题），贷款者可以运用这些信息来判断你的信用品质。对于你信用风险的判断并不具有完备的科学性，所以还需要贷款者自己判断。有权决定是否向你提供贷款的信贷员，可能会给你的雇主打电话或者同你所提供的某些证明人进行联系。信贷员有时甚至根据你的行为举止和外表来做出判断（这就是大多数人到银行去申请贷款时，总是衣着整洁和保守的原因）。

在金融机构发放商业贷款的时候，其甄别和收集信息的过程大致相同。贷款者需要收集有关企业盈亏情况（收入）以及资产负债情况的信息，还需要评估该企业的未来发展前景。因此，除了收集诸如销售数据等信息之外，信贷员还会询问企业的未来发展计划、贷款目的以及行业竞争情况等方面的信息。信贷员有时甚至访问企业，以便掌握第一手材料。总之，无论是个人贷款还是工商企业贷款，银行和其他金融机构都必然会扮演一个无所不问者的角色。

2. 贷款专业化

银行贷款拥有一个令人迷惑的特征，一些银行往往会专门从事向当地企业或者诸如能源等特定行业的贷款发放业务。从某种程度上来说，这种行为令人感到意外，因为这意味着银行没有实现其贷款组合的多样化，从而将会面临更高的风险水平。但是，从另一个角度来看，实现这样的专业化又是非常有道理的。由于存在逆向选择问题，所以银行必须甄别出那些信用风险较高的借款者。对于银行来说，与收集一家距离遥远企业的信息相比，收集当地企业的信息并且确定其信用质量要容易很多。同样，通过将其贷款集中于特定行业，银行可以获得对这些企业更加深入的了解，从而更加准确地判断出哪些企业具有按时偿还贷款的能力。

3. 限制性条款的监督和执行

一旦发放了贷款，借款者就有动力去从事那些可能会导致贷款难以偿还的高风险活动。为了降低这种道德风险，金融机构就必须在贷款合同中写明限制借款者从事高风险活动的条款（限制性条款）。通过对借款者所从事的活动进行监督，考察借款者是否在遵守限制性条款的规定，如果他们没有做到就可以强制其执行。由此，贷款者才能够保证借款者不去从事那些以贷款者利益为代价的高风险活动。银行和其他金融机构花费大量金钱进行审计并且收集信息，其原因就在于它们需要对贷款实行甄别和监督。

9.4.2　建立长期客户联系

银行和其他金融机构获取有关潜在借款者信息的另一条途径就是同客户建立长期的联系，这是信用风险管理的另一项重要原则。

如果一位潜在的借款者在一家银行长期保有支票账户或者储蓄账户，或者曾经向这家银行借过款，那么信贷员就能够观察到这位客户账户上的历史记录，进而加深其对借款者的了解。支票存款和储蓄账户的余额能够反映出潜在借款者的资金流动状况以及其在一年中何时具有强烈的现金需求。调查这位借款者过去签发的支票，可以了解其供应商的情况。如果借款者过去曾经向该银行借过款，银行就拥有其偿还贷款的记录。因此，长期客户联系可以减少收集信息的成本，从而降低甄别信用风险的难度。

贷款者从事监督活动的需要，也增加了建立长期客户联系的重要性。如果借款者过去在银行借过钱，银行就已经建立了对这一借款者的监控程序。因此，监督长期客户的成本要低于监督新客户的成本。

长期客户关系能够使客户和银行都从中受益。过去与这家银行有业务联系的企业将会发现，它能够以更低的利率获得贷款。这是因为银行能更加容易地确定该潜在借款者的信用状况，而且对该借款者的监督成本也比较小。

对于银行而言，建立长期客户联系还有另外一个好处。银行在其贷款合同中订立限制性条款的时候，它们不可能设想到所有的可能情况，从而不能够将借款者可能从事的全部高风险活动排除在外。然而，如果借款者想和银行保持长期联系，以便其在未来能够比较容易地以较低的利率取得借款，那么他会怎样做呢？即使在贷款合同中对某些高风险活动没有明确的限制性规定，这位借款者也会去规避这些将会惹恼银行的高风险活动。实际上，如果银行不喜欢借款者的某些行为，即使借款者没有违反任何限制性条款，银行还是有能力阻止借款者去从事这些活动的。银行可以通过在未来不再提供新的贷款来威胁借款者。因此，长期客户联系可以使银行能够防范那些意外道德风险。

9.4.3　贷款承诺

银行还可以通过向商业客户提供**贷款承诺**（loan commitment）来建立长期客户联系和实现

信息收集。贷款承诺是银行承诺（在未来的某一特定时期中）以某种与市场利率相关的利率向企业提供既定限额之内的贷款。大部分工商业贷款都是在贷款承诺安排下发放的。这种做法对企业的好处是在其需要贷款的时候拥有了信贷资金来源。对于银行的好处在于贷款承诺促进了长期客户联系的建立，便于其开展信息收集工作。此外，贷款承诺协议中的条款还要求企业持续提供其收入、资产负债状况、经营活动等方面的信息，因此，贷款承诺协议是降低银行甄别和信息收集成本的有力手段。

9.4.4　抵押品和补偿性余额

对于贷款而言，抵押品的有关规定是信用风险管理的重要工具。抵押品是借款者在违约的情况下，承诺提供给贷款者作为赔偿的财产。由于在出现贷款违约的情况下，抵押品可以减少贷款者承受的损失，所以它减轻了逆向选择的不良影响。由于在贷款违约的情况下，借款者遭受的损失更大，所以它也降低了道德风险的影响。当借款者的某项贷款出现违约时，贷款者可以出售相应的抵押品，并且用来弥补贷款损失。银行在发放商业贷款的时候所要求的一种特殊形式的抵押品被称为**补偿性余额**（compensating balance），即获得贷款的企业必须在其在这家银行开设的支票存款账户上保留某一个最低的资金限额。举例来说，一家获得 1 000 万美元贷款的企业可能必须在其银行支票账户上至少保留 100 万美元的补偿性余额。一旦企业出现违约，银行就可以使用这 100 万美元的补偿性余额来弥补部分贷款损失。

除了能够作为抵押品之外，补偿性余额还可以提高贷款偿还的可能性。这是因为它有助于银行对借款者进行监控，从而降低道德风险的影响。具体来讲，通过要求借款者使用该银行的支票账户，这家银行就可以观察企业的支付活动，由此可以得到大量有关借款者财务状况的信息。举例来说，借款者支票账户余额的持续减少可能说明它陷入了财务困境，或者是这一账户的变化情况说明了借款者正在从事高风险活动；供应商的变化可能意味着借款者正在从事新的经营活动。对于银行来说，借款者支付过程中的任何重要变化都向其提供了信号，促使其展开调查。因此，补偿性余额协议使得银行能够更容易地对借款者进行有效监控，它是信用风险管理的另一项重要工具。

9.4.5　信贷配给

金融机构应对逆向选择和道德风险的另一个途径是进行**信贷配给**（credit rationing），即贷款者拒绝向借款者提供贷款，即使借款者愿意按照规定利率甚至更高的利率来支付利息。信贷配给有两种形式。第一种形式是即使借款者愿意支付更高的利率，银行也拒绝发放任何贷款。第二种形式是银行愿意向借款者发放贷款，但是贷款数量低于借款者的要求。

开始时，你可能会对第一种形式的信贷配给感到疑惑。毕竟，即使潜在的借款者具有较高的信用风险，为什么贷款者不以更高的利率来向其提供贷款呢？答案是逆向选择阻止银行采取这种做法。那些拥有最高风险投资项目的个人和企业，往往就是那些愿意支付最高利率的借款者。如果借款者从事一项高风险投资并且取得成功，那么他将变得十分富有。但是，由于该项目的信贷风险很高，所以贷款者不愿意发放此类贷款；这类项目极有可能出现的结果是：借款者的投资失败，而贷款者无法回收贷款。对于贷款者而言，收取更高的利率只会导致逆向选择问题更加恶化，也就是说，它提高了贷款者向高风险借款者提供贷款的可能性。因而，银行宁愿不发放任何高利率的贷款而实行第一种形式的信贷配给，即拒绝发放贷款。

金融机构采用第二种形式的信贷配给以防范道德风险：它们向借款者提供贷款，但是发放的贷款规模小于借款者的要求。由于贷款的规模越大，借款者从道德风险中所获得的利益也越大，所以这种信贷配给是必要的。举例来说，如果银行向你发放 1 000 美元的贷款，由于你不愿意损害自己未来的信用评级，那么你就会从事那些能够确保偿还贷款的活动。然而，如果银行向你发放 1 000 万美元的贷款，你就很可能会乘飞机到里约热内卢去狂欢。贷款的规模越大，你从事那些使你难以归还贷款活动的动机就越大。由于大部分小额借款者都能够偿还贷款，所以银行就按照低于客户借款要求的数额来实行信贷配给。

9.5 利率风险管理

20 世纪 80 年代，利率的波动日益强烈。银行和其他金融机构越来越关注其所面临的利率风险敞口，即由利率变动引起的收益和回报率的风险。为了全面了解利率风险，让我们再次观察第一国民银行的资产负债表情况。

第一国民银行

资产		负债	
利率敏感型资产	2 000 万美元	利率敏感型负债	5 000 万美元
可变利率贷款和短期贷款		可变利率大额定期存单	
短期证券		货币市场存款账户	
固定利率资产	8 000 万美元	固定利率负债	5 000 万美元
准备金		支票存款	
长期贷款		储蓄存款	
长期证券		长期大额定期存单	
		股权资本	

其中，总额为 2 000 万美元的资产属于利率敏感型，其利率变动得比较频繁（每年至少变动一次）；8 000 万美元的资产属于固定利率，其利率长期（1 年以上）保持不变。在负债项目中，第一国民银行拥有 5 000 万美元的利率敏感型负债，并且拥有 5 000 万美元的固定利率负债。如果利率提高了 5 个百分点，即平均利率水平从 10% 提高到 15%，则该银行资产的收益增加了 100 万美元（=5%×2 000 万美元的利率敏感型资产），而其偿付负债的金额则增加了 250 万美元（=5%×5 000 万美元利率敏感型负债）。于是，第一国民银行的利润减少了 150 万美元（=100 万美元 -250 万美元）。相反，如果利率下降了 5 个百分点，通过同样的推理过程，我们可以知道第一国民银行的利润将会增加 150 万美元。这个例证说明了：**如果银行拥有的利率敏感型负债多于利率敏感型资产，那么利率的提高将会导致其利润下降，而利率的下降将会导致其利润增加。**

缺口与久期分析

缺口分析（gap analysis）可以用于直接测量银行利润对利率变化的敏感程度。缺口指的是利率敏感型资产与利率敏感型负债之间的差额。在我们的例子中，这一计算结果（被称为"缺口"）是 -3 000 万美元（=2 000 万美元 -5 000 万美元）。通过计算缺口与利率变动的乘积，我们可以立即得到利率变动对银行利润的具体影响。举例来说，当利率提高 5 个百分点时，利润变化就是 -3 000 万美元 ×5%，即 -150 万美元，这一结果与我们前面的计算结论是一致的。

我们将上述进行的分析称为基本缺口分析，可以通过两种方法对其进行完善。显然，固定利率资产和固定利率负债的期限不是完全相同的。改进基本缺口分析的第一种方法称为期限队列法，它衡量若干称为期限队列的期限子区间的缺口，从而以此计算出长期利率变动的影响。第二种方法称为标准化缺口分析，它考虑了利率敏感型资产和利率敏感型负债之间利率敏感度的差别。

衡量利率风险的另一种方法是**久期分析**（duration analysis），它衡量的是银行总资产和总负债的市场价值对利率变化的敏感程度。久期分析建立在麦考利提出的久期的概念基础之上，它衡量了证券的支付流的平均生命周期。⊖由于它能够近似地估计出证券的市场价值对利率变动的敏感程度，所以久期是一个非常有用的概念

$$证券市场价值变动的百分比 \approx - 利率变动的百分比 \times 久期$$

久期分析方法利用银行资产和银行负债的（加权）平均久期，来考察利率变动对银行净值的影响。回到第一国民银行的例子，假定其资产的平均久期为 3 年（即支付流的平均生命周期为 3 年），而其负债的平均久期为 2 年。此外，第一国民银行拥有 1 亿美元的资产规模和 9 000 万美元的负债规模，因此银行资本占其资产的比例为 10%。当利率提高 5 个百分点时，银行资产的市场价值下降了 15%（=-5%×3 年），即 1 亿美元的资产规模下降了 1 500 万美元。然而，银行负债的市场价值下降了 10%（-5%×2 年），即 9 000 万美元的负债规模下降了 900 万美元。最终结果是，该银行的净值（资产市场价值与负债市场价值之间的差额）减少了 600 万美元，或者说其原始资产总值下降了 6%。同样，如果利率下降 5 个百分点，第一国民银行的净值将出现其原始资产总值 6% 的增长。

我们的例子清楚地表明，久期分析和缺口分析都说明第一国民银行将会从利率提高中遭受损失，而从利率下降中获得收益。由于金融机构的经理能够以此分辨出这些机构受到利率风险的影响程度，所以久期分析和缺口分析都是重要的分析工具。

🔆应用 9-3　　　　　　　　利率风险管理战略

假设作为第一国民银行的经理，你已经对银行进行了缺口分析和久期分析。那么现在你就需要选择具体的战略来实行利率风险管理操作。

如果你坚信未来的利率水平将会降低，那么由于十分了解本银行的利率敏感型负债是多于利率敏感型资产的，而银行将会从利率的下降中获得收益，所以你就不会采取任何行动。然而，你也清楚第一国民银行有可能会受到利率风险的严重影响，因为利率上升的可能性还是存在的，而非必然要下降。那么，你将会采取何种方法消除利率风险的影响呢？一种选择是通过缩短银行资产的久期来提高其利率敏感程度，而另一种选择是延长银行负债的久期。通过对银行资产和负债的调整，利率变动对银行收入的影响就会大幅度降低。

⊖　麦考利久期 D 的代数定义为

$$D = \sum_{\tau=1}^{N} \tau \frac{CP_\tau}{(1+i^\tau)} \Big/ \sum_{\tau=1}^{N} \frac{CP_\tau}{(1+i^\tau)}$$

其中，τ 是发生现金支付的时间；CP_τ 是在时点 τ 上发生的现金支付（利息加本金）；i 是利率；N 是距离证券到期日的时间。关于使用麦考利久期对久期缺口分析的详细讨论见本章网络附录 1。

然而，问题在于在短期内，通过调整银行资产负债表来消除第一国民银行的利率风险需要支付高昂的成本。银行通常在特定业务上拥有专长，因此会将相应的资产和负债锁定在特定的久期上。幸运的是，近年来出现的金融工具，即金融远期合约、期货、期权和互换等金融衍生工具，能够帮助银行在降低利率风险敞口的同时，无须对其资产负债表情况进行重新安排。

9.6 表外业务活动

虽然银行的资产负债管理是其传统的关注重点，但是近年来随着竞争环境的日益激烈，银行已经开始通过积极地开展表外业务来获取利润。[⊖]**表外业务活动**（off-balance-sheet activities）包含金融工具的交易活动，以及从收费服务和贷款销售中获得收入的业务活动，这些业务活动能够影响银行的利润水平，但是不会在其资产负债表中得以体现。实际上，表外业务对银行的重要性日益提高，从 1980 年以来，银行从表外业务中所获得的收入占其资产的百分比已经增长了近一倍。

9.6.1 贷款销售

近年来，有一种类型的表外业务活动，其重要性在日益提高，它是通过贷款销售活动来赚取收益。**贷款销售**（loan sale）也被称为二级贷款参与，它是一项关于全部或者部分出售特定贷款现金流的合约，从而将这笔贷款从银行资产负债表的资产项目中抹去。银行通过以略高于贷款初始金额的价格销售贷款，从中获得收益。由于其利率较高，所以这种业务吸引了大量机构投资者购买这些贷款，尽管略高的价格意味着这些机构购买者获得的利润要稍微低于原始的贷款利率，通常为 0.15 个百分点。

9.6.2 费用收入的产生

银行表外业务的另一种类型是通过向其客户提供专业化收费服务来获得收益。这些服务项目包括代理客户进行外汇交易、抵押贷款支持证券的本息代收服务和随后的偿付服务，诸如银行承兑等对于债务证券的担保服务（在此情况下，如果证券的发行者无法偿付本息，那么银行承诺将会支付相应的利息和本金）以及信用额度支持服务等。其中，信用额度支持服务有许多种业务类型，而最重要的就是我们前面介绍过的贷款承诺，它是指在既定贷款金额和期限的限制下，银行承诺将会应客户要求即时向其提供贷款的收费服务项目。现在，银行的储户也可以通过行使"透支特权"来获得信用额度服务——他们可以签发超过自己存款余额的支票，这实际上就使其获得了贷款。银行提供的其他信用额度收费服务包括支持商业票据和其他证券发行的备用信用证，以及为承销欧洲票据（即中期欧洲债券）提供的信用额度（称为票据发行便利和循环承销便利）等。

证券担保和信用额度支持等表外业务加大了银行所面临的风险水平。虽然由银行提供担保的证券本身没有出现在银行资产负债表中，但是这项业务仍然会使银行面临违约风险：如果证券的发行者出现违约情况，那么银行就必须担负起偿付责任，向证券的持有者清偿本息。同

⊖ 金融机构的经理也需要随时掌握银行的经营状况。本章网络附录 2 讨论了如何衡量银行表现，可以在 www.pearson.com/mylab/economics 或 www.hzbook.com 上找到。

样，信贷额度支持服务也会使银行暴露在风险当中。这是因为即使是在银行缺乏足够的流动性或者借款者的信用风险非常高的情况下，银行依然必须提供贷款服务。

9.6.3　交易活动和风险管理技术

在前面我们已经提到，为了实现利率风险管理，银行从事金融期货、债务工具期权以及利率互换等交易活动。那些从事国际业务的银行还会在外汇市场上进行交易。由于其不会直接影响银行的资产负债表，所以在这些市场上的全部交易活动都属于表外业务。虽然银行在这些市场上从事的交易活动通常是为了降低风险或者是为其他业务活动提供便利，但是有时候银行也确实希望认清市场行为，并且从事投资活动。这种投资活动可能具有极高的风险水平，实际上已经导致一些银行倒闭，其中最严重的是 1995 年英国巴林银行的破产案。

由于交易活动容易给金融机构及其雇员提供实施巨额赌博的机会，所以虽然其具有较高的盈利性，但是依然相当危险。在交易活动管理过程中存在的一个重要问题就是第 8 章已经讨论过的委托 – 代理问题。由于具备了实施巨额赌博的能力，债券市场、外汇市场或者金融衍生品市场上的交易员（代理人）就具有承担超额风险的动力：如果他的交易策略实现了巨额盈利，那么他将获得丰厚的工资和分红；如果他造成了巨额损失，那么金融机构（委托人）将被迫进行补偿。正如 1995 年巴林银行破产案有力证明的那样，一个受制于委托 – 代理问题的交易员能够将一家财务情况十分稳健的金融机构迅速拖入破产境地（见环球视野专栏）。

环球视野　　巴林银行、大和银行、住友商社与法国兴业银行：交易员欺诈与委托代理问题

英国的巴林银行是一家具有 100 多年历史的老牌银行，它的破产是一个令人遗憾的道德悲剧，它展示了由一名进行欺诈的交易员所产生的委托 – 代理问题是如何使一家资产负债表情况良好的金融机构在一个月内处于危机之中，而在下一个月中出现资不抵债的情况。

1992 年 7 月，作为巴林银行新加坡分行首席交易员的尼克·里森（Nick Leeson）针对日经指数（Nikkei，日本版的道琼斯股票指数）进行投机性操作。截至 1992 年年底，里森已经损失了 300 万美元，通过将这些损失转移到一个秘密账户，他向其主管隐瞒了真实情况。他甚至欺骗其主管，使其认为自己将会赚取巨额利润。由于公司的内部控制出现问题，导致他能够在新加坡交易所继续开展交易活动，并且还掌管着这些交易活动的记录（任何一位从事诸如酒吧等现金业务的人都知道，如果由多人来掌管现金，那么出现欺诈的可能性就会大幅度降低。交易操作也是如此，绝对不能将前后台的管理混为一谈。然而，巴林银行的管理层却严重违背了这一原则）。

对于里森而言，情况并没有得到改善。到 1994 年年底的时候，他已经损失超过了 2.5 亿美元。而在 1995 年 1 ～ 2 月，他已经将整个银行作为赌注。1995 年 1 月 17 日，日本神户发生地震的当天，他损失了 7 500 万美元，而截至那个周末，他损失的金额已经超过了 1.5 亿美元。1995 年 2 月 23 日出现的股市下跌，导致他又损失了 2.5 亿美元，他继而离职并且逃离新加坡。3 天以后，他在法兰克福机场自首。在其疯狂投机行为中止的时候，里森造成的损失已经高达 13 亿美元，消耗了巴林银行的全部资本，并且导致这家银行破产。由于其

欺诈行为，里森随后在新加坡遭到起诉并获刑入狱。1999 年，里森出狱，并且对自己的行为表示道歉。

通过对于委托－代理问题进行的信息不对称分析，我们能够解释里森的行为以及巴林银行管理失误所造成的危害。放任里森同时掌管交易活动和后台记账，这阻碍了委托人（巴林银行）了解里森开展的交易活动，从而使信息不对称问题更加严重。这种失误增强了里森以银行利益为代价去从事冒险交易的道德风险动力，因为他的欺诈行为很难暴露。而且，在出现巨额损失的情况下，他具有更为强大的动力去从事风险水平更高的交易活动，因为如果投机成功，那么他就可以弥补损失，从而继续和公司维持良好关系；如果投机失败，那么这一结果对他的影响也是非常有限的，因为他无论如何都会失去这份工作。实际上，遭受的损失越大，他就必须通过更大的赌注才能获得收益，这就解释了其交易规模随着损失数量的增长而扩张的原因。如果巴林银行的经理能够认识到委托－代理问题的重要意义，那么他们就会提高警惕，从而发现里森的欺诈行为，也许现在巴林银行会依然存在。

然而遗憾的是，在交易员欺诈损失超过 10 亿美元的亿万俱乐部中，里森不再是唯一的成员。大和银行纽约分行的官员井口俊英（Toshihide Iguchi）在长达 11 年的时间中同时控制着债券交易活动以及后台记账业务，其间他给大和银行累计造成了 11 亿美元的损失。1995 年 7 月，井口俊英向其主管汇报了损失情况，但是银行的管理层没有就此向监管部门汇报。结果是，大和银行被美国银行监管部门处以 3.4 亿美元的罚款，并且被驱逐出美国市场。

滨中泰男（Yasuo Hamanaka）是这个俱乐部的另一个成员。1996 年 7 月，他打破了里森和井口俊英的纪录，给日本规模最大的贸易公司之一的住友商社造成了 26 亿美元的损失。2008 年 1 月，杰洛米·科维尔（Jerome Kerviel）给法国兴业银行造成的损失创造了交易员欺诈活动的历史纪录，其未获授权实施的交易使这家法国银行损失了 72 亿美元。2012 年，即使是非常成功的摩根大通也难逃厄运，绰号为"伦敦鲸"的交易员布鲁诺·伊克希尔由于欺诈交易给其带来超过 20 亿美元的损失。

这些故事的意义在于，从事交易活动的公司管理层必须通过密切监控其交易员的行为来降低委托－代理问题的影响，否则这个交易员欺诈损失的俱乐部还会继续壮大。

为了降低委托－代理问题的影响，金融机构的管理层必须设立内部控制制度，以防止发生类似巴林银行破产的事件。这种控制制度包括将主管交易活动和主管记账业务的人完全分离。此外，银行经理必须对交易员的交易规模和机构风险敞口水平设置限制。借助最新的计算机技术，银行经理必须要谨慎地审核风险评估程序。

其中之一就是风险价值（value at risk，VaR）方法。通过这种方法，金融机构能够开发出相应的统计模型，用以计算在给定时间范围内其投资组合可能承担的最大损失数额，即在险价值。举例来说，银行估计出其在一天内可能承担的最大损失数额为 100 万美元，其发生概率为 1%。这 100 万美元就是银行计算出来的风险价值的数额。还有一种被称为"压力测试"的方法。通过这种方法，银行经理利用计算机模型可以计算出在发生毁灭性事件的情况下银行可能受到的影响。这就是说，银行经理可以由此预见到在各种不利事件接连发生的情况下，银行可能会蒙受的损失。运用风险价值和压力测试等方法，金融机构能够对其风险敞口水平进行评估，进而采取措施降低这些风险的不良影响。

美国的银行监管部门对银行从事表外业务带来的风险水平上升予以高度关注。正如我们将在第 10 章中看到的那样，银行监管部门一直在督促银行加强自身的风险管理工作。此外，基于风险价值方法，国际清算银行正在制定针对银行交易活动的银行资本管理附加规范。

本章小结

1. 商业银行的资产负债表可以作为一份显示银行资金来源与运用情况的列表。银行负债是其资金来源，它包括支票存款、定期存款、从联邦储备体系获得的贴现贷款、从其他公司和银行的借入款以及银行资本。银行资产是其资金运用，它包括准备金、应收现金项目、同业存款、证券、贷款和其他资产（主要是固定资产）。

2. 银行通过资产转换过程获取利润，即借短（吸收短期存款）贷长（发放长期贷款）。当银行存款增加的时候，其准备金将会等额增加；当它们支付存款的时候，其准备金就会等额减少。

3. 尽管流动性较强资产的回报率较低，但银行还是愿意持有这种资产。具体地说，银行愿意持有超额准备金和二级准备金的原因在于，它们可以为存款外流造成的损失提供保险。银行通过寻求贷款和证券的最高回报率来管理资产，同时降低风险并且保持充足的流动性，以期实现利润最大化。虽然负债管理曾经是十分平稳的事情，但是现在的大银行（货币中心银行）都在通过发行大额可转让定期存单等负债工具或者向其他银行和企业借款等方式，积极寻找资金来源。银行实施

的资本管理，目的在于防止银行破产以及适应银行监管机构的资本要求。然而，银行不愿意持有过多的资本，因为这样做将会降低银行股东的回报率。

4. 逆向选择和道德风险概念可以解释在许多贷款业务中遵循的风险管理原则：甄别和监督、建立长期客户联系、贷款承诺、抵押品和补偿性余额以及信贷配给等。

5. 20 世纪 80 年代，随着利率波动幅度的增大，银行越来越关注其利率风险敞口水平。缺口分析和久期分析可以指出金融机构的利率敏感型负债多于其利率敏感型资产的情况（在这种情况下，利率提高将会减少银行利润，而利率下降将会使银行利润增加）。金融机构不仅可以通过调整其资产负债表，也可以利用金融衍生工具交易策略来实施利率风险管理。

6. 表外业务包括金融工具交易、收费服务和贷款销售等，所有这些业务都会影响银行的利润水平，但是无法在银行的资产负债表中显示。由于这些表外业务增加了银行的风险敞口程度，所以银行经理必须高度关注风险评估程序，并且通过强化内部控制防止雇员从事高风险的交易活动。

关键术语

资产管理	表外业务活动	股本乘数	久期分析
资产转换	法定准备金率	资产负债表	准备金
贷款承诺	超额准备金	信贷配给	二级准备金
法定准备金	负债管理	贴现贷款	资本充足性管理
资产回报率	贷款销售	缺口分析	信用风险

T 型账户	准备金要求	流动性管理	贴现率
补偿性余额	股权回报率	货币中心银行	利率风险
存款外流	库存现金		

思考题

1. 为什么银行有时愿意以比向联邦储备体系借款更高的利率从其他银行借取资金？

2. 按照流动性的高低，排列下述银行资产：

   a. 商业贷款；

   b. 证券；

   c. 准备金；

   d. 固定资产。

3. 假设你拥有银行的资产负债表情况如下。

资产		负债	
准备金	7 500 万美元	存款	50 000 万美元
贷款	52 500 万美元	银行资本	10 000 万美元

   如果有 5 000 万美元的存款流出，而存款的法定准备金率为 10%，你应当采取什么行动来防止银行倒闭？

4. 如果发生了 5 000 万美元的存款外流，银行愿意有哪一种初始资产负债表情况，是像问题 3 中所示的那样？还是像下面的资产负债表所示的那样？原因何在？

资产		负债	
准备金	10 000 万美元	存款	50 000 万美元
贷款	50 000 万美元	银行资本	10 000 万美元

5. 为什么隔夜贷款市场的发展使得银行希望持有较少的超额准备金？

6. 如果你的银行已经没有超额准备金，此时一位信誉良好的客户来到银行要求贷款，那么你是否应该简单地回绝这位客户，并且向他解释银行已没有超额准备金来发放贷款？请说明原因。如果你打算满足这位客户的需要，那么有哪些方法可供选择？

7. 如果一家银行发现它持有的资本太多，从而导致其股权回报率过低，该银行将采取什么行动来提高股权回报率？

8. 如果一家银行的资本规模比法定资本规模的要求少了 100 万美元，那么它可以采取哪三种方法来改变这种状况？

9. 相比于资产回报率，为什么股东更关心股权回报率？

10. 如果一家银行将其资本规模增加一倍，而其资产回报率保持不变，那么它的股权回报率将会如何？

11. 当一家银行决定扩大其资本规模时，其带来的收益和成本各是什么？

12. 为什么银行家必须具有无所不问的特质？

13. 银行几乎总是要求其发放贷款的企业在银行保持一个补偿性余额，原因何在？

14. 如果一家银行的经理告诉你，他们银行的经营状况良好，在面对存款外流时，他们不需要提前收回贷款、出售证券或者进行借款。那么你愿意购买该家银行的股票吗？请解释原因。

15. "多样化是规避风险的有效战略，因此银行专注于提供某一类型的贷款总是没有道理的"，这种观点是正确的、错误的还是不确定的？请解释原因。

16. 如果你是一位银行家，并且预期未来利率将会上升，那么你愿意发放短期贷款还是长期贷款？

17. "银行经理应该追求实现其资产的最高回报。"这种论述是正确的、错误的还是不确定的？请解释原因。

18. 2010 年 7 月后，使用借记卡的银行客户必须特别选择加入银行的透支保护计划。请解释这项规定对银行非利息收入的影响。

应用题

19. 使用第一国民银行和第二国民银行的 T 型账户描述下述情况：简·布朗对其在第一国民银行的账户签发一张 50 美元的支票，用来给她的朋友乔·格林付款，而后者又把这张支票存入她在第二国民银行的账户上。

20. 如果某人从第一国民银行提取了 1 000 美元现金，而另一个人又向该行存入 500 美元现金，那么第一国民银行的准备金发生了何种变化？试用 T 型账户说明你的解答。

21. 新月银行没有超额准备金但是符合准备金要求。法定存款准备金率为 9%，现在该银行的准备金为 2 700 万美元。假定存款流出造成 500 万美元准备金的短缺，如果新月银行从联邦基金市场借款（假设联邦基金利率为 0.25%），请计算其存款金额。

22. 超额准备金作为存款流出的保险。假设马尔科姆银行每年拥有 1 200 万美元的超额准备金和 8 800 万美元的法定存款准备金，假定该行每年贷款利率为 3.5%，总的准备金偿

付利率为 1%，那么这项保险政策的成本是多少？

23. 维克多银行的报告中权益乘数为 25，而巴托维银行的权益乘数为 14。哪家银行能够更好地应对大额贷款损失？

24. 假定你是一家银行的经理，该银行拥有 1 000 亿美元平均久期为 4 年的资产和 900 亿美元平均久期为 6 年的负债，对这家银行进行久期分析，并且说明当利率上升 2 个百分点后，该银行净值将发生什么变化。你能采取什么措施来减少银行的利率风险？

25. 假定你是一家银行的经理，该银行拥有 1 500 万美元固定利率资产、3 000 万美元利率敏感型资产、2 500 万美元固定利率负债以及 2 000 万美元利率敏感型负债。对这家银行进行缺口分析，并且说明如果利率上升 5 个百分点，该银行的利润会受到怎样的影响。你能采取什么措施来减少银行的利率风险？

数据分析题

1. 请登录圣路易斯联邦储备银行 FRED 数据库，查询所有商业银行的负债总额（TLBACBM 027SBOG）、存款总额（DPSACBM027SBOG）以及资产与负债之间的差额（RALACBM 027SBOG）的数据。

   a. 资产负债表如何解释资产与负债之间的差额？

   b. 利用最近几个月的可用数据，使用上面列出的三个指标计算银行借款总额。

2. 请登录圣路易斯联邦储备银行 FRED 数据库，查询所有商业银行资产总额（TLAACBM 027SBOG）、持有美国政府和政府机构证券总额（USGSEC）、持有其他证券总额（OTHSEC）、

商业和工业贷款总额（BUSLOANS）、房地产贷款总额（REALLN）、消费者贷款总额（CONSUMER）、银行同业贷款（IBLACBM 027SBOG）、其他贷款（OLL ACBM027SBOG）以及其他资产（OATACB M027SBOG）。使用所有指标最近数月的可用数据。

   a. 银行发放的贷款总额为多少？其占银行总资产的比重为多少？

   b. 银行持有的证券总额为多少？其占银行总资产的比重为多少？

   c. 银行的准备金和现金项目总额为多少？其占银行总资产的比重为多少？

网络练习

1. 根据联邦储备体系公报上提供的数据，表9-1显示了全部商业银行的资产负债表。将这张资产负债表与美国银行（Bank of America）的最新资产负债表进行比较。登录http://investor.bankofamerica.com/phoenix.zhtml?c=71595&p=irol-reportsannual#fbid=Fkk8V4xUVzl，并且单击年报一项来查看其资产负债表。美国银行具有的贷款组合与全部银行的平均水平相比是高还是低？最常见的是哪种贷款？

2. 由于对银行信息公布的要求日趋严格，所以就更加容易获得银行的最新信息。登录www2.fdic.gov/qbp/，这是由联邦存款保险公司建立的网站，你可以从中获得金融机构的汇总数据。打开最新的《银行情况季报》，滚动至页底并打开表1-A。

a. 在过去的几年中，银行资产的收益是上升了还是下降了？

b. 核心资本增加了吗？将其与正文中表9-1的资本比率进行比较，情况如何？

c. 现在向联邦存款保险公司提供数据的机构有多少？

网络参考

www.fdic.gov FDIC网页中提供了关于存款保险和银行数据的信息。

www.federalreserve.gov/boarddocs/SupManual/default.htm#trading 在联邦储备银行的交易和资产市场行为指南中，进一步讨论在交易活动中出现的风险管理问题。

第 10 章

金融监管的经济学分析

学习目标

1. 了解金融机构中政府安全网的原因和形式。
2. 总结不同金融监管的类型与它们如何相互作用减少信息不对称带来的问题。

| 预览 |

正如我们在前面各章中所发现的那样，在经济体中，金融体系是受到最严格管制的部门之一，而银行又是受到最严格管制的金融机构之一。在本章中，我们将对银行监管采取目前这种形式的原因进行经济学分析。

令人遗憾的是，近年来发生的全球金融危机表明，监管过程并非一直有效。在本章中，我们对金融监管问题进行经济学分析，以解释全球范围内的银行危机，并探讨为了防止未来再次出现这种灾难性后果，监管体系应该如何进行改革。

10.1 信息不对称与银行监管

从前面的相关章节中我们已经了解到，信息不对称（即金融合约不同当事人无法获取相同的信息）会导致逆向选择与道德风险问题，并对金融体系造成严重影响。信息不对称、逆向选择和道德困境等概念，非常利于我们理解政府实施金融监管的意图。

10.1.1 政府安全网

在第 8 章中，我们讲到银行等金融中介机构非常适合解决逆向选择和道德风险等问题，因为它们能够发放私人贷款，有助于避免"搭便车"的问题。然而，由于存款者缺乏对这些私人贷款质量的了解，金融中介机构解决搭便车问题的同时又带来了另一种信息不对称，并引起干扰金融体系合理运行的多种问题。

1. 银行恐慌与建立存款保险的必要性

首先，在 1934 年美国联邦存款保险公司（FDIC）成立之前，**银行破产**（bank failure），即银行无法履行其对储户和其他债权人的支付义务而被迫停止经营的现象，意味着存款人必须等到银行完成清算（将银行资产转换为现金）之后，才可能提取其存款资金；此时，他们收回的资金可能仅仅是其存款价值的一部分。由于无法获知银行经理是否在从事高风险的业务或者他就是个彻头彻尾的骗子，存款人在将资金存入银行的时候就会有所顾虑，从而削弱了银行的生存能力。其次，如果存款人缺乏关于银行资产质量的信息，那么它就可能导致**银行恐慌**（bank panic）的出现。由于大量银行同时倒闭会引起银行借贷的锐减，所以银行恐慌对经济运行有极其严重和恶劣的影响。

为了理解这一问题，我们可以考察下面的情况。在没有存款保险的情况下，某种逆向冲击对整体经济运行造成了不良影响，这种逆向冲击的结果是，有 5% 的银行在其贷款业务中遭受了巨额损失，从而处于资不抵债的状态（即净值为负而破产）。由于存在信息不对称问题，存款人无法辨别其存款银行是一家运营情况良好的银行，还是这 5% 资不抵债的银行之中的一家。因此，全部银行的存款人都会意识到，他们有可能无法全额收回其银行存款，所以就会从银行中提取资金。实际上，银行是遵循"顺序服务原则"（先来先服务）进行运营的，所以存款人会具有强烈的动力最先赶到银行提款，这是因为如果他们排在提款队伍的后面，一旦银行资金耗尽，他们就会一无所得。对于银行体系总体健全程度的不确定性，将会导致全部银行同时出现挤兑现象，而一家银行的倒闭将会加速其他银行的倒闭过程（即传染效应）。如果不及时采取措施来恢复公众的信心，银行恐慌就会变成现实。

实际上，银行恐慌在 19 世纪和 20 世纪初期的美国是常见的事情，平均每隔 20 年左右就会发生一次大规模的银行恐慌，分别是在 1819 年、1837 年、1857 年、1873 年、1884 年、1893 年、1907 年以及 1930～1933 年发生的。即使是在 20 世纪 20 年代的繁荣时期，银行破产仍然是一个严重的问题，当时每年银行倒闭的平均数量在 600 家左右。

为存款人建立的政府安全网，可以有效地抑制银行挤兑和银行恐慌。它通过提供存款人保护消除人们将资金存入银行系统的疑虑。存款保险制度是安全网的形式之一，如美国联邦存款保险公司。举例来说，在美国是由联邦存款保险公司向存款人提供担保，即如果银行破产，存款人在该银行 25 万美元以内的存款都可以得到足额偿付（1934 年，存款保障最高到 2 500 美元）。由于存款得到了充分的保障，存款人即使对银行运营的稳定程度有所担心，也不会到银行提取存款从而造成挤兑现象。因为不管发生什么事情，他们的存款价值都会保持不变。在联邦存款保险公司成立之前的 1930～1933 年，银行破产的年均数量超过 2 000 家，而从 1934 年联邦存款保险公司创建之后直至 1981 年，银行破产的年均数量都不超过 15 家。

联邦存款保险公司主要采用两种方法来处理破产的银行。第一种方法被称为偿付法（payoff method），联邦存款保险公司允许银行破产，并且在 25 万美元的保险额度内向存款者足额偿付其存款金额（其资金来源是购买联邦存款保险公司保险产品的银行所缴纳的保费）。银行结束清算操作后，联邦存款保险公司与其他银行债权人一样从资产清理取得的收入中获取其应得的份额。一般来说，采用偿付法的时候，存款金额超过 25 万美元的存款人可以收回其存款价值

90% 以上的资金，但是这个过程可能需要几年的时间才能够完成。

　　第二种方法被称为收购和接管法（purchase and assumption method）。联邦存款保险公司通过寻找愿意收购该银行并接管全部负债的合伙人来对银行进行重组，这样存款人或者债权人就不会遭受任何损失。联邦存款保险公司可以通过提供补贴贷款或者购买破产银行质量较差的贷款等方式向合伙人提供帮助。收购和接管法的实际结果是，联邦存款保险公司对所有存款提供担保，而不仅仅是保障那些低于 25 万美元限额的存款。采用收购和接管法的成本通常大大高于采用偿付法的成本，但尽管如此，在 1991 年新的银行法案出台之前，收购和接管法是联邦存款保险公司处理破产银行最为常用的方法。

　　近年来，政府存款保险制度日渐流行起来，拓展到全世界范围内的许多国家。这种趋势是否符合大家的期望呢？环球视野专栏"政府存款保险制度在世界范围内的普及：这是好事吗"对此进行了讨论。

环球视野　政府存款保险制度在世界范围内的普及：这是好事吗

　　在美国联邦存款保险制度建立的最初 30 年中，只有 6 个国家效仿这种做法，建立了自己的存款保险制度。不过，这种情况在 20 世纪 60 年代末期开始出现变化，而到了 20 世纪 90 年代，这种趋势进一步加快，建立存款保险制度的国家增至 70 个。由于人们对银行体系健康程度的担心日趋加剧，尤其是近年来银行危机的频繁爆发（本章结尾部分将会介绍这些情况），所以在全世界范围内政府存款保险制度已经普及开来。那么，在全世界范围内存款保险制度的普及是好事吗？它有助于提高金融体系的运行效果以及防范银行危机的出现吗？

　　在很多情况下，答案似乎是否定的。世界银行的研究发现，一般来说，显性政府存款保险制度的建立通常伴随着银行部门稳定性的降低和银行危机发生率的上升。此外，它似乎也可能会阻碍金融发展的进程。[⊖] 这种情况恰恰是在预料之中的，我们随后将在本章中发现，由于存款保险制度的存在，促使银行具有从事高风险业务活动的动力，所以我们需要建设强有力的制度环境来限制由此产生的道德风险的影响。问题在于，在某些新兴市场经济国家中建立这样的制度环境是非常困难的。这就可以让我们得出以下结论：在某些新兴市场经济国家，建立存款保险制度并不是提高银行体系稳定性和运营效率的恰当选择。

---

2. 政府安全网的其他形式

　　存款保险制度并非政府安全网的唯一形式。在其他国家，即使不存在显性的存款保险制度，政府也通常时刻准备着为那些面临挤兑的国内银行提供支持。进一步来说，除了银行，其他金融中介机构也能够对金融体系造成系统性威胁。当金融机构非常庞大且与其他金融机构或市场高度关联时，它们的破产会有拖垮整个金融体系的潜在可能。实际上，正如我们在第 9 章中所发现的那样，2008 年金融危机中贝尔斯登和雷曼兄弟这两家投资银行以及美国国际集团这

⊖　See World Bank，*Finance for Growth*：*Policy Choices in a Volatile World*（Oxford:World Bank and Oxford University Press，2001）.

家保险公司所出现的问题，就是上述论点的显著例证。

正如全球金融危机时美联储所做的那样（详见第18章的相关内容），政府支持的一种方式是由中央银行向陷入财务困境的金融机构提供贷款，就是通常所说的中央银行"最后贷款人"的作用。在其他情况下，正如2008年金融危机急剧恶化的阶段美国财政部和其他国家政府所做的那样，政府可以向那些陷入财务困境的金融机构直接注入资金（见第12章），也可以接管（实行国有化）这些陷入困境的金融机构，并且担保全部的债权人都能够得到全额偿付。

10.1.2 政府安全网的弊端

尽管政府安全网有助于保护存款人和其他债权人的利益，防止金融危机或削弱其危害，但是它得到的评价毁誉参半。

1. 道德风险与政府安全网

政府安全网最严重的问题在于道德风险，即交易的一方有意去从事那些损害其交易对手利益的活动。道德风险通常是存款保险制度中的一个重要问题，原因就在于存款保险制度的存在进一步加大了人们从事冒险活动的动力，进而导致保险理赔事件的发生。举例来说，那些已经购买了免赔额较低的汽车碰撞险的司机，其驾驶行为很可能会更加轻率，因为一旦发生事故，保险公司会支付大部分的损失和修理费。

道德风险是政府在设计安全网的时候所要考虑的主要问题。因为在存在政府安全网的情况下，由于存款人和债权人已经知道银行倒闭时他们也不会遭受损失，所以即使怀疑银行从事过高风险的交易活动，他们也不会提款以对这些金融机构施加以市场形式体现的约束。结果是，政府安全网下的金融机构会有更大的动力去从事那些风险水平更高的交易，即便其随后陷入困境，纳税人也会为其行为买单。金融机构就好像在进行这样的赌博："赢了我发财，输了纳税人买单。"

2. 逆向选择与政府安全网

存款保险制度等政府安全网的另一个问题源于逆向选择，即那些最有可能造成保险项目所保障的逆向结果（银行破产）的人正是那些最积极利用保险的人。举例来说，与驾驶技术优秀的司机相比，驾驶技术不佳的司机更加愿意投保免赔额较低的汽车保险。由于受政府安全网保护的存款人和债权人没有理由对金融机构的行为施加约束，所以那些爱好冒险的企业家发现金融行业是最具诱惑力的行业，因为他们明白这样他们就能够从事高风险的活动了。更糟糕的是，由于受到保护的存款人和债权人没有理由去监督银行的经营活动，所以在没有政府干预的情况下，骗子同样也会发现金融行业是一个最具吸引力的行业，因为在此他们可以轻而易举地逃脱对自己所犯欺诈和贪污行为的制裁。

3. "大而不倒"

由政府安全网和防止金融机构破产的意愿所产生的道德风险问题，使金融监管者陷入进退两难的困境。由于大型金融机构的倒闭可能会引发金融灾难，金融监管者自然不愿意这些大型金融机构倒闭，进而致使存款人和债权人遭受损失。1984年5月，作为美国十大银行之一的伊利诺伊大陆银行（Continental Illinois）陷入资不抵债的困境，当时联邦存款保险公司不仅为10万美元（当时最大限额）以下的存款人提供担保，还为存款10万美元以上的储户提供担保，甚至还担保该银行的债券持有人免遭损失。美国货币监理署（Comptroller of the Currency，COC，国民银行的监管部门）随即在向国会作证时申明，美国 11 家最大的银行将会获得与伊利诺伊大陆银行一样的待遇。

尽管货币监理署没有说"银行太大而不能倒闭"这句话（这是国会议员斯图尔特·麦金尼（Stewart McKinney）在听证会中使用的原话），然而这就是当前政府执行的政策内容，即政府向那些最大银行中没有投保的大额债权人提供还款保证，这导致了即便是在无法自动享有这种保障的情况下，存款人或者债权人也不会遭受任何损失。联邦存款保险公司运用收购和接管的方法，给那些资不抵债的银行注入大量的资本，然后寻找一个愿意收购该银行的合伙人接管银行及其存款。这种"大而不倒"政策的应用范围已经扩大至美国最大的 11 家银行之外的大型银行（值得注意的是，"大而不倒"这句话具有一定的误导性，因为在金融机构出现破产或者被其他金融机构收购的时候，其经理层通常会遭解雇，这些金融机构股东也会蒙受投资损失）。

"大而不倒"政策存在的一个问题是，它增强了大银行的道德风险动机。如果联邦存款保险公司愿意采用偿付法来关闭银行，向存款人偿付的限额为 25 万美元，这样存款高于 25 万美元的存款人在银行倒闭时会遭受损失。因此，这些存款人就会有动力通过密切关注银行业务活动或者在发现银行风险水平过高时就提取存款等方式监督银行的业务活动。为了防止发生此类存款损失，银行往往会从事低风险的业务活动。然而，一旦大额存款人知道大银行不会倒闭的时候，他们就没有动力来监督银行，并且在银行从事过度冒险的业务活动时也不会去提款。这是因为无论银行的经营状况如何，大储户都不会受到损失。这种"大而不倒"的政策后果是：大银行冒更大的风险，从而加大了其发生倒闭的可能性。

同样，这种"大而不倒"的政策也提高了那些在政府安全网保护之下的非银行金融机构的道德风险动机。在已经知道这些金融机构将会获得紧急资金救助的情况下，其债权人没有动力对这些机构实施监督，并且在其承担了过高风险的情况下抽回资金。结果是，大型的或相互关联的金融机构更加愿意从事高风险的业务活动，加大了金融危机爆发的可能性。

事实上，被人们认为"大而不倒"的金融机构（包括贝尔斯登、雷曼兄弟、AIG）在全球金融危机前期的确承担了过多的风险，并且之后它们的相继瓦解引发了自大萧条以来最严重的金融危机（见第 12 章）。

4. 金融并购与政府安全网

由于金融创新以及 1994 年《里格－尼尔州际银行业务与分支机构效率法案》（Riegle-Neal Interstate Banking and Branching Efficiency Act of 1994）和 1999 年《金融服务现代化法案》（Gramm-Leach-Bliley Financial Services Modernization Act in 1999）的颁布，金融并购业务活动迅猛发展，导致更大的、更为复杂的金融组织建立。由于政府安全网的存在，金融并购活动向金融监管部门提出了两个挑战。

第一，金融并购导致金融机构规模的扩大，使"大而不倒"的问题更加严重。这是因为现在有更多规模庞大的金融机构，它们的倒闭会导致金融体系出现系统性（全系统范围内的）风险。因此，更多的金融机构可以受惠于"大而不倒"政策，这些大机构从事过度冒险业务活动的道德风险动机加大了金融体系的脆弱性。

第二，银行与其他金融服务企业的并购，意味着政府安全网需要扩展至其他活动，比如证券承销、保险或者房地产业务等，像全球金融危机期间发生的那样。它增加了这些活动承载过高风险的可能性，同样弱化了金融体系的稳定性。由于近年来立法环境的变化，限制这些规模更大、更为复杂的金融组织的道德风险动机将成为银行监管者在全球金融危机之后所面临的一个关键问题。

10.2 金融监管类别

针对金融体系中的信息不对称与风险过高问题，共有八大基本监管措施：①对持有资产的限制；②银行资本金要求；③及时纠正行动；④银行监管：注册与审查；⑤风险管理评估；⑥信息披露要求；⑦消费者保护；⑧对于竞争的限制。

10.2.1 对持有资产的限制

我们已经知道，政府安全网所产生的道德风险问题会激励金融机构从事风险过高的业务活动。其持有资产的限制和资本金要求等规定，目的就是减少给纳税人带来负担沉重的道德风险问题。

即使在没有政府安全网的情况下，金融机构仍然有过度冒险的动机。高风险资产盈利可能给金融机构提供更高的收益率，但是如果无法得到偿付，那么金融机构就会破产，而存款人和债权人就要承担相应的损失。如果存款人和债权人能够通过获取银行从事风险活动的信息来轻而易举地监督银行，那么在金融机构从事过高风险业务的时候，他们就会立即抽走资金。为了防止出现这类存款流失，金融机构往往会减少高风险业务活动。令人遗憾的是，获取有关金融机构所从事业务活动的信息，并确定其承担的风险程度是一件相当困难的事情。因此，大多数存款人和许多债权人都无法对金融机构进行市场约束，以防止其从事高风险活动。于是，即使在联邦存款保险制度建立之前，加强政府监管，降低金融机构风险也是十分必要的。

由于银行最容易受到恐慌情绪的影响，所以监管部门必须严格限制其持有普通股股票等高风险资产。银行监管部门还可以促进银行资产多样化，通过限制银行发放某类贷款或者限制其向个人借款者发放贷款的规模等方式来降低风险。随着金融危机期间政府安全网范围的扩大，那些非银行金融机构在其持有风险资产的业务活动中似乎将会受到更为严格的监管约束。然而，可能会出现这样一种危险情况：由于监管约束过于繁杂，所以金融体系的运行效率会因此受到损害。

10.2.2 银行资本金要求

政府强制性的资本要求是实现金融机构道德风险最小化的另一种方法。如果强制要求金融机构持有较大规模的股权资本，那么一旦金融机构破产，它自己就会遭受更多的损失，所以它倾向于从事那些低风险的业务活动。此外，正如第9章中阐明的那样，在负向冲击出现的时候，资本可以作为一种缓冲来降低金融机构破产的可能性，由此直接增加金融机构的安全性和稳定性。

银行的资本要求具有两种形式。第一种形式是**杠杆比率**（leverage ratio），即资本与银行资产总额之间的比率。银行杠杆比率必须高于5%，才能被认定为资本充足；如果杠杆比率较低，尤其是低于3%的时候，监管当局就会对其加强管制。在20世纪80年代的大部分时间里，美国最低资本要求仅通过设定最低杠杆比率来规定。

　　在经历了对伊利诺伊大陆银行与储蓄贷款协会的紧急救助之后，美国和其他国家监管当局对银行持有的风险资产状况以及银行不断增长的**表外业务活动**（off-balance sheet activities）越发关注。这种表外业务活动是指那些无法反映在银行资产负债表中，却能够增加银行风险敞口水平的金融工具交易活动和一些收费业务活动。

　　为了对抗风险资产与表外资产交易活动带来的问题，工业化国家银行官员之间达成共识，建立了**巴塞尔银行监管委员会**（Basel Committee on Banking Supervision，它由位于瑞士巴塞尔的国际清算银行发起而得名），它所执行的《巴塞尔协议》（Basel Accord）就是对资本要求的第二种形式，即基于风险的资本要求。《巴塞尔协议》要求银行持有的资本至少占其风险加权资产的 8%，包括美国在内的 100 多个国家都采纳了这项规定。该协议将资产业务和表外业务分为四种类型，每一种类型具有不同的权重，以反映其承载的信用风险水平。第一类的风险权重为 0，主要是无违约风险项目，具体包括准备金和经济合作与发展组织（Organization of Economic Cooperation and Development，OECD）成员方（即工业化国家和地区）的政府证券等。第二类的风险权重为 20%，主要包括对 OECD 成员方银行的求偿权益。第三类的风险权重为 50%，主要包括市政债券和居民住房抵押贷款。第四类的风险权重为最高的 100%，主要包括向消费者和企业发放的贷款。对表外业务则以同样的方式进行分类，通过分配信用等价比例将这些业务并入表内，进而适当地确定其信用风险权重，且为银行交易账户所承载的风险设定了最低资本要求。

　　随着时间的推移，《巴塞尔协议》的局限性日益显露出来。这是因为以风险权重为指标的监管方法与银行实际面临的风险情况之间存在较大的差异。它导致**监管套利**（regulatory arbitrage）的产生，即银行那些具有较高风险的资产业务（诸如向信用评级较低的公司发放的贷款）账面资产计入风险资本要求类别较高的资产类别，后者与那些具有较低风险的资产业务（诸如向信用评级较高的公司发放的贷款）具有相同的风险资本要求，以此进行套利。因此，《巴塞尔协议》与其初衷背道而驰，反而增加了银行风险。为了克服这些局限性，巴塞尔银行监管委员会就新资本协议发表征求意见稿，通常称为《巴塞尔协议 II》。然而在全球金融危机之后，委员会发展了新的协定，被媒体称为《巴塞尔协议 III》。这些协议参见环球视野专栏"全球金融危机后的《巴塞尔协议》将走向何方"。

环球视野　　全球金融危机后的《巴塞尔协议》将走向何方

　　从 1999 年 6 月开始，巴塞尔银行监管委员会多次发表旨在修改 1988 年初始《巴塞尔协议》的征求意见稿。银行监管者将这些努力的结果归结为《巴塞尔协议 II》，它建立在以下三大支柱的基础之上。

　　（1）支柱 1 旨在建立起那些在国际上非常活跃的大型银行的资本要求与实际风险之间的紧密联系。在此，实际风险包含三种类型：市场风险、信用风险以及操作风险。它利用标准化的方法详细规定出具有不同风险权重的更多资产类别。同时，它允许成熟的银行开发内部使用的评级方法，使用自己的信用风险模型。

　　（2）支柱 2 集中于监管过程的强化，特别强调银行对风险管理质量的评价过程以及这些机构是否具有恰当的制度来确定其所需要的资本数额。

（3）支柱 3 强调加强市场约束，具体通过披露关于银行信用风险敞口情况的更加详细的信息、准备金和资本规模、控制银行的管理人员、内部评级系统的有效性等方式来实现。

尽管《巴塞尔协议 II》在限制国际上活跃的银行机构过度冒险方面取得了巨大进展，但它极大地破坏了协议的一致性。初始《巴塞尔协议》的篇幅只有 26 页，而《巴塞尔协议 II》最终草案的篇幅已经超过 500 页。最初的计划是在 2001 年年底之前完成最终的磋商过程，并且计划将在 2004 年年底之前将新规则付诸实施。然而，来自银行、贸易组织和各国监管机构的批评意见导致这一计划出现多次推延，所以 2004 年 6 月草案的最终文稿才被公布。从 2008 年年初开始，欧洲的银行着手执行《巴塞尔协议 II》的相关规定。由美国的商业银行提交的计划申明，它们计划从 2008 年开始遵守《巴塞尔协议 II》的相关规定，但是在 2009 年之前不会达到全方位执行的阶段。执行《巴塞尔协议 II》的覆盖范围仅仅涉及约 12 家规模最大的美国商业银行；允许其他美国商业银行按照其相关标准的简化版本执行该协议。

然而，全球金融危机的爆发揭露了《巴塞尔协议 II》的局限性。首先，《巴塞尔协议 II》没有要求银行储备充足的资本以抵挡金融危机期间的动荡。其次，标准化方法中的风险权重对信贷评级的依赖较强，然而这种权重设计在金融危机前期的表现并不可靠。再次，《巴塞尔协议 II》具有顺周期性，即它要求银行在经济较好时持有较少资产，经济较差时持有较多资产，导致信贷周期恶化。不同类别资产的违约率和预期损失在经济不景气时将会提高，而《巴塞尔协议 II》恰恰在资本最短缺的时候要求金融机构持有更多的资产。在金融危机之后，人们对该问题产生较深的担忧。受危机的影响，银行的资产平衡受到侵蚀，导致借贷减少并影响经济发展。《巴塞尔协议 II》加剧了信贷削减，因而对经济造成了更严重的伤害。最后，《巴塞尔协议 II》并没有给予流动性紧缺足够的重视，而流动性问题可能导致金融机构在金融危机中覆亡。

基于上述局限性，巴塞尔委员会在 2010 年跟进了新的章程——《巴塞尔协议 III》。《巴塞尔协议 III》不仅通过提高充足度来加强资本要求，同时注重资本的质量。通过提高经济上行时的资本要求与降低经济下行时的资本要求，新的章程削弱了其顺周期性。利用信贷评级和要求金融机构持有更多的稳定资金，使金融机构能够更好地应对流动性危机。事实上，实现上述目标的手段是非常具有争议的，因为在加强资本要求的同时可能会引起信贷减少，不利于世界经济从最近的衰退中恢复。《巴塞尔协议 III》将会逐步实行，并在 2019 年年底全面实施。然而《巴塞尔协议 III》能否按期落地实施，以及其能否有效控制风险仍有很大的不确定性。

10.2.3 及时纠正行动

如果金融机构的资本数量下降到一个比较低的水平，那么就会出现两个严重的问题：一是若金融机构的贷款或者其他资产蒙受损失，则由于其资本规模较小，难以有效发挥缓冲作用，所以金融机构出现倒闭的可能性就会随之提高；二是那些资本水平较低的金融机构的"赌注"很少，所以承担更高风险水平的可能性也越高，换言之，道德风险问题更加严重，加大了金融机构出现破产以及由纳税人承担其损失的可能性。为了防止这种情况的产生，1991 年《联邦存款保险公司促进法》（the Federal Deposit Insurance Corporation Improvement of 1991）设立了及时纠正行动条款，它要求联邦存款保险公司在银行陷入困境的时候尽早实施干预行动，同时加大干预力度。

根据银行资本的情况，可以将其分为 5 个组别。组别 1 是"资本富裕"的银行，它们的资本规模大幅度超过了最低资本规模限制的要求，并且拥有某些证券承销能力等特权。属于组别 2 的银行处于"资本充足"状态，它们的资本情况符合最低资本规模限制的要求，因此不会受到整治行动的制约，但是也不具备那些"资本富裕"银行所拥有的特权。属于组别 3 的银行处于"资本不足"的状态，其资本情况不能满足最低资本规模限制的要求。属于组别 4 和组别 5 的银行分别处于"资本严重不足"和"资本极度不足"的状态，它们被禁止向其存款客户支付高于平均利率的利息。此外，有关规定要求联邦存款保险公司对属于组别 4 和组别 5 的银行采取纠正行动，具体包括要求这些银行提交资本修复计划、限制这些银行的资产规模增长以及对这些银行开办新的分支机构或者拓展新业务等活动实施审批监管。如果银行资本不足情况达到组别 5 的水平，即其权益资本占资产的比重低于 2%，那么联邦存款保险公司就必须采取措施来关闭这些银行。

10.2.4 银行监管：注册与审查

对于金融机构的管理层及其经营活动的监管行动，称为**财务监管**（financial supervision）或者**审慎监管**（prudential supervision），这是降低金融行业中逆向选择和道德风险问题的一种重要方法。由于骗子和爱好冒险的企业家可以利用金融机构从事那些具有高度投机性的活动，所以有这种意愿的人对从事金融机构管理有更高的积极性。金融机构注册是防止这类逆向选择问题产生的一种方法；通过注册，对金融机构计划书进行审核，可以防止不符合要求的人来掌管这些金融机构。

商业银行可在货币监理署（适用于国民银行）或者各州银行监管机构（适用于州银行）注册成立。为了得到营业执照，计划组建银行的人必须要提交一份申请，说明他们经营银行的计划。在对计划书进行评估的时候，银行监管机构通过检查银行主动实施管理措施的质量、可能的收益以及银行初始资本规模等因素来判断计划成立的银行的健全程度。在 1980 年之前，注册机构特别关注的是考察指定的社区是否需要新的银行。如果新建立的银行会导致该社区内既有银行的利益受到损失，那么通常不会批准这家新建银行的注册申请。目前，在注册机构中的这种反竞争态度（通过其防止现有银行倒闭的意愿进行识别）已经不再那么强烈了。

银行一经批准成立，就需要按照有关规定定期提交报告（通常是每个季度一次），披露其资产和负债情况、收入和股利情况、所有权归属、外汇交易情况和其他方面的详细信息。同时，银行还要接受监管机构对其进行的至少每年一次的检查，以确定银行的财务状况。为了避免重复工作，三家联邦监管机构共同协作，通常会接受彼此的检查结果。这意味着，国民银行通常由货币监理署检查，作为联邦储备体系成员的州银行则由其检查，已经投保的非（联邦储备体系）成员的州银行由联邦存款保险公司负责检查。

通过定期对金融机构进行实地检查，监管机构可以核查金融机构是否符合资本要求以及满足持有资产的规定，这有助于抑制道德风险。银行监管部门对银行进行骆驼评级（CAMELS rating）。评估过程主要包含 6 个方面的内容：资本充足率、资产质量、管理、盈利、流动性以及对市场风险的敏感性等。具备了这些关于银行活动的信息，监管部门就可以执行相应的监管活动，如果银行的 CAMELS 评级结果不好，监管部门就可以采取停业和整顿的正式措施来改变银行的行为，甚至关闭银行。这些防止银行过度冒险以降低道德风险的行动，同样有助于进一步降低逆向选择带来的不良影响，这是因为它们能够从事高风险活动的机会越小，金融行业对偏好风险企业家的吸引力也就越低。

值得注意的是，监管部门用于解决逆向选择和道德风险问题的方法，在私人金融市场上也存在与之相对应的方法（见第 8 章和第 9 章）。注册制度与那些对潜在借款人进行甄别的措施类似，对于持有高风险资产的限制规定类似于防止借款公司从事高风险投资活动的限制性条款，银行资本要求类似于借款公司净值最低限额的限制性条款，定期银行检查则类似于贷款机构对借款者的监督活动。

银行检查通常由相关的银行检查人员负责实施，他们有时会进行突击检查（以避免任何问题都不会由于银行事前得知将要接受检查而被"扫到地毯下面"）。检查人员审查银行账簿，看其持有的资产是否符合相关规章制度。如果银行持有的证券或者贷款风险过高，检查人员可以强制银行将其剥离出去。如果检查人员认为某些贷款可能无法收回，可以强制银行宣布该贷款无价值（核销该项贷款，从而降低银行资本）。如果在检查结束之后，检查人员认为该银行存在资本充足性不足或者不诚实行为等方面的问题，就会宣布该银行为"问题银行"，并且对其实施更加频繁的检查。

10.2.5 风险管理评估

对于金融机构实施的传统定期实地检查，主要注重评估其资产负债表在某个时点上的质量，以及核查其是否符合资本要求以及持有资产的限制性规定。金融创新过程产生了新的市场和新的工具，它给金融机构及其雇员简单、便捷地进行巨额赌博提供了良好的机会，所以尽管传统的检查方式对降低金融机构风险十分重要，但是在当前的情况下，这些传统的检查方式已经难以胜任了。在这种新的金融环境中，在某一时点上财务健全的金融机构很容易由于交易亏损而迅速陷入资不抵债的境地，1995 年巴林银行的倒闭就是该问题的一个强有力的例证（见第 9 章）。因此，仅仅着眼于金融机构某一时点上状况的检查可能无法有效判定其在不久的将来从事过高风险交易的可能性。

金融机构环境的改变导致在全世界范围内对审慎监管过程的认识发生了重大转变。举例来说，银行监管人员现在更加强调评估银行风险控制管理过程的健全性。1993 年联邦储备体系为其检查人员制定的交易活动和金融衍生业务检查指导准则，将其重点放在风险管理领域，反映了监管理念的转变。1994 年上半年颁布的《交易业务指导手册》对风险管理这一重点问题进行了扩展和形式化，这为银行检查人员提供了评估风险管理体系的工具。1995 年下半年，联邦储备体系和货币监理署宣布，它们将对其所监管的银行进行风险管理程序评估。目前，银行检查人员就风险管理设定了 1～5 的 5 个级别，作为 CAMELS 体系中总体管理评级的一个组成部分。在进行风险管理评级的时候，主要考察以下 4 个因素：①由董事会和高级管理层实施的监督活动的质量；②对于全部具有重大风险的业务活动所采取的政策和限制措施是否足够；③风险测量和监控体系的质量；④为预防其雇员从事欺诈和未授权活动的内部控制措施是否足够。

近年来，美国银行监管机构处理利率风险的指导原则也体现了监管重点向管理程序的转移。这些指导原则要求银行董事会设定利率风险限额，任命银行官员负责管理此类风险和监控银行的风险敞口水平。该指导原则还要求银行高级管理层建立正式的风险管理政策和程序，确保董事会的利率风险限制有效执行，并且实施内部控制制度来监控利率风险和执行董事会指令。尤其特别重要的是**压力测试**（stress tests）的实施，即计算其在最坏情况下所遭受的损失，或者进行**风险价值**（VaR）计算。风险价值衡量在一定时间内（比如两周）以 1% 概率发生的、交易组合可能发生损失的规模。除了这些指导原则，检查人员在决定银行资本要求的时候，仍然需要考虑利率风险因素。

10.2.6　信息披露要求

第 8 章讨论的搭便车问题表明，个体存款人和其他银行债权人都没有足够的动力生产有关金融机构资产质量的私人信息。为了确保存款人和市场能够获取更多有效信息，监管部门就会要求金融机构遵从标准会计准则，并且披露一系列的信息，帮助市场评估其资产组合的质量和风险敞口的程度。向公众提供更多有关金融机构风险敞口状况及其资产组合质量的信息，有助于股东、债权人和存款人评估与监管金融机构，防止其从事风险过高的活动。

信息披露的要求是一项关键性的金融监管措施。通过将其纳入三大支柱之一的加强市场约束部分，《巴塞尔协议 II》体现了对信息披露的特殊重视，其具体内容是强制其更多地披露银行机构信贷风险敞口水平、准备金和资本数额等方面的信息。《1933 年证券法》和 1934 年美国证券交易委员会的建立，也在强制任何发行公开交易证券的公司（也包含金融机构）服从其信息披露的要求。此外，相应的监管机构还要求金融机构对其表外业务项目情况和资产组合估值方法进行附加的信息披露。

在限制金融机构承担过高风险的动机，以及提高市场中的信息质量以便投资者能够在知情的条件下实施交易，进而提高金融市场将资本配置到最具生产性潜力项目中的能力等方面，旨在增加信息披露的监管措施十分必要。由于上述美国证券交易委员会的信息披露要求，金融市场的效率得以提高。而美国证券交易委员会对于经纪公司、共同基金、交易所和信用评级机构等提出的旨在确保这些机构生产可靠的信息与保护投资者利益的类似信息披露要求也达到了同样的效果。2002 年《萨班斯－奥克斯利法案》进一步强化了信息披露的力度，它加强了对那些关于公司收益报告和资产负债表警醒的精确审计活动的激励设置，这是由公众公司会计监管委员会（Public Company Accounting Oversight Board，PCAOB）为监管审议行业而建立的，出台了相应的规则来限制金融服务行业中的利益冲突。

10.2.7　消费者保护

信息不对称的存在还表明消费者可能无法掌握充足的信息来有效地保护自己的利益。关于消费者保护的规定具有几种表现形式。1969 年《消费者保护法》（Consumer Protection Act of 1969，通常称为《信贷真实性法案》（the Truth in Lending Act））规定，所有贷款者（不仅仅只是银行）必须向消费者提供有关借款成本的信息，它包括标准化的利率（被称为年利率（annual percentage rate，APR））以及贷款的融资总费用等。1974 年《公平信用交易法案》（Fair Credit Billing Act of 1974）要求债权人尤其是信用卡发行者，提供其征收手续费的方法，并且要求及时处理账单投诉事件。

国会也通过立法减少信用市场中存在的歧视现象。1974 年《平等信用机会法案》（Equal

Credit Opportunity Act of 1974）与 1976 年的"补充法案"禁止贷款者在种族、性别、婚姻状况、年龄或者国籍等方面对借款者进行歧视。该法案是在联邦储备体系的《B 条例》(Regulation B）下发挥作用的。1977 年《社区再投资法案》(Community Reinvestment Act of 1977，CRA）则是要预防"红线"（red lining）情况的出现，即贷款者拒绝向特定区域发放贷款（在地图中以假定存在的红线画出）。《社区再投资法案》要求银行向其吸收存款的所有地区发放贷款，如果发现银行没有遵守这一规定，监管部门可以拒绝其合并、设立分支机构或者开办新业务的申请。

全球金融危机的发生表明必须加强对消费者的保护，这是因为许多借款者在不了解某些条款的情况下就接受了贷款协议，而这些条款已经远远超过了借款者能够偿付的能力范围（其中最有名的产品为忍者贷款（NINJA loans），它对"三无人员"（即无收入、无工作、无资产者）发行）。金融危机造成上百万人丧失了赎回权，而其中的许多人失去了他们的住宅。在第 12 章中，我们将看到国会如何通过建立一种新的消费者保护机构来防止这类信贷再次发生。

10.2.8　对于竞争的限制

日益增强的竞争形势也加大了金融机构从事过高风险活动的动力。激烈的竞争导致利润下降，刺激金融机构为了维持原有的利润水平而承担更大的风险。因此，许多国家的政府制定规章制度来保护金融机构免于（过度）竞争。过去，美国的这类规章制度主要有两种形式：一是对设立分支机构的限制，正如第 11 章讨论的那样，它减少了银行之间的竞争程度。但是这些限制性措施已经在 1994 年被废除。二是《格拉斯－斯蒂格尔法》(Glass-Steagall Act) 所规定的，禁止非银行机构通过从事银行业务活动与银行竞争，但是该法案也已经于 1999 年被废除。

虽然对竞争的限制维系了银行运营的健全程度，但是它也会产生十分不利的后果：由于银行之间不存在激烈竞争，所以可能会导致消费者成本增加，从而降低银行机构的效率。尽管信息不对称的存在可以解释反竞争监管措施的原因，但是它并不表明这种监管措施有益处。事实上，近年来，工业化国家政府限制竞争的意愿正在消退。

10.2.9　总结

信息不对称理论解释了那些可以有效抑制金融体系中道德风险和逆向选择的金融监管措施的具体内容。然而，理解了监管措施背后的理论内容并不意味着在操作层面的金融监督和管理操作是一件容易的事情。监管部门能够出色地履行其职责是相当困难的事情，其原因包含以下几个方面。首先，正如第 11 章对金融创新的讨论所发现的那样，金融机构在追求利润时，有足够的动力通过钻空子来规避现有监管规定。因此，金融管制的目标是不断变化的，监管部门与金融机构不断展开"猫捉老鼠"的游戏——由于金融机构总是绞尽脑汁想出办法规避管制措施，所以监管部门需要随之调整其监管行为。在一个不断变化的金融体系中，监管部门不断面对新的挑战，只有迅速对这些变化做出反应，才能有效阻止金融机构从事那些风险过高的业务活动。如果监管部门缺乏足够的资源或者专业技能，那么金融机构想方设法掩盖其行为和规避现有管制的问题就会变得更加严重。

还存在两个原因使得金融监管面临着相当大的困难。在监督和管理的游戏中，危险总是存在于细节中，微小的差别可能带来意想不到的后果，除非监管部门能够将监督和管理工作做得滴水不漏，否则它们可能无法阻止银行从事过度冒险的经营活动。此外，被监管的公司可能会收买政客向监管部门施加压力，从而放松对其进行的监管活动。

由于上述原因，我们不能保证银行监管部门可以成功地提高金融体系的健康运营程度。同样的问题也困扰着美国以外的其他国家的金融监管部门，就像环球视野专栏"国际银行业监管"中所表明的那样。事实上，正如我们发现的那样，金融监管并不总是有效，从而引发了美国和世界上其他国家出现的银行危机。[⊖]

环球视野　　　　　　　　　　**国际银行业监管**

由于信息不对称问题在世界各国的银行业中都普遍存在，所以其他国家的银行监管活动与美国具有许多相似之处。与美国一样，金融机构是由政府监管机构负责批准成立的，并且接受其监管。对于金融机构和发行证券的公司提出的信息披露要求与其他发达国家相同。存款保险制度同样也是其他发达国家监管体系的一个特征，不过其保险限额会低于美国，并且通常不会公示。我们还发现，在一些签订了类似《巴塞尔协议》之类协定的国家，对于资本要求正在逐步趋向标准化。

对于那些从事国际银行业务的银行实施的监管活动面临着特别的问题，因为这些银行能够轻易地实现业务的国家间转移。金融监管机构能够严密监测金融机构在国内的业务活动，但是通常缺乏足够的知识或者能力对那些发生在其他国家境内的业务活动实施严密的监管，无论这些业务活动是由国内银行的海外附属机构执行还是由在国内设立分支机构的外国银行执行。实际上，当金融机构在多个国家同时开展业务时，由其中哪一个国家的监管机构对于防止银行从事高风险活动担负主要责任，这件事很难辨别清楚。

国际银行业监管中所面临的困难可以由国际商业信贷银行（Bank of Credit and Commerce International，BCCI）的破产事件来说明。国际商业信贷银行的业务范围遍及包括美国和英国在内的 70 多个国家，却由难以担当这一职责的卢森堡实施监管。当大量欺诈行为被揭露后，英格兰银行关闭了国际商业信贷银行，然而已经为时过晚，储户和股东都遭受了巨大损失。不同国家监管机构的合作以及对监管要求实现标准化处理，是解决国际银行业监管问题的方法。《巴塞尔协议》之类的协定和 1992 年 7 月巴塞尔委员会公布的监管程序（要求母国政府负责监管银行在世界范围内的业务活动，并且强化其获取有关银行业务活动信息的权力），反映了国际银行业监管正朝着这一方向发展。此外，巴塞尔委员会规定，其他国家监管机构在发现外国银行缺乏有效监管之后，具有限制其业务活动的权力。这类协定是否能够解决未来国际银行业监管中的问题，这一点目前还没有答案。

由于在美国历史上通过了为数众多的金融体系监管法律，所以要全部记住它们是十分困难

[⊖] 美国在 20 世纪 80 年代经历了一场重大的银行业危机，对储蓄和贷款业的打击尤其严重。这场银行业危机的故事十分有趣，涉及许多丑闻，甚至包括参议员约翰·麦凯恩（John McCain），他是 2008 年美国总统候选人之一。本章的两个网络附录可以在 www.pearson.com/mylab/economics 或 www.hzbook.com 上找到，里面有对银行业危机的详细介绍。

的。为了帮助学习这部分内容，表 10-1 列出了自 20 世纪初以来的主要金融立法以及它们的主要条款。

表 10-1 美国的主要金融立法

1913 年《联邦储备法》

建立了联邦储备体系

1927 年《麦克法登法》

有效禁止银行跨州建立分支机构

在建立分支机构方面，将国民银行和州银行置于同一起点上

1933 年《银行法》(《格拉斯－斯蒂格尔法》) 和 1935 年《银行法》

建立联邦存款保险公司

实现商业银行和证券行业的分业经营

禁止向支票存款支付利率，并且限定支票存款业务是由商业银行办理

对于其他存款设置利率上限

《1933 年证券法》和《1934 年证券交易法》

规定向投资者提供关于公开销售证券的金融信息

禁止在证券销售活动中的错误表达和欺诈行为

建立证券交易委员会

1940 年《投资公司法》和 1940 年《投资顾问法》

规范包含共同基金在内的投资公司行为

规范投资顾问行为

《银行持股公司法》和《道格拉斯修正案》(1956 年)

确定银行持股公司（BHC）的地位

赋予联邦储备体系监管银行控股公司的职责

1980 年《存款机构放松管制和货币控制法》(DIDMCA)

放宽储蓄机构的业务范围

允许在全美范围内开设可转让支付命令账户和流动账户

分阶段取消存款利率上限

对于全部存款机构执行统一的准备金规定

取消贷款利率上限

将存款保险限额提高至每个账户 10 万美元

1982 年《存款机构法》(《甘恩－圣杰曼法》)

赋予联邦存款保险公司和联邦储蓄贷款协会保险公司在紧急情况下实施跨州兼并银行和储蓄机构的权力

准许存款机构开设货币市场存款账户（MMDA）

放宽存款机构经营商业贷款和消费贷款业务的范围

1987 年《银行公平竞争法》(CEBA)

向联邦储蓄贷款协会保险公司注入 108 亿美元资金

制定经济萧条地区的监管自律条款

1989 年《金融机构改革、复兴和强化法》(FIRREA)

提供资金解决储蓄贷款协会破产问题

撤销联邦储蓄贷款协会保险公司和联邦住宅贷款银行委员会

成立储蓄管理局来监管储蓄机构

成立清偿信托公司来处理资不抵债的储蓄机构

提高存款保险保费

重新限定储蓄贷款协会的业务范围

（续）

1991 年《联邦存款保险公司改进法》(FDICIA)

向联邦存款保险公司补充资本金

限制经纪存款和"大而不倒"政策的实施

设立促进整治活动的条款

指导联邦存款保险公司建立基于风险的保险费率制度

加强对银行的检查，强化资本要求和报告制度要求

实施《外国银行强化监管法》(FBSEA)，加强联邦储备委员会对外国银行监管的权力

1994 年《里格－尼尔州际银行业务与分支机构效率法案》

扭转州际银行业务的限制

准许银行跨州设立分支机构

1999 年《金融服务现代化法案》

废除《格拉斯－斯蒂格尔法》，取消银行和证券公司之间的分业经营规定

2002 年《萨班斯－奥克斯利法案》

建立公众公司会计监管委员会

禁止特定的利益冲突

要求由首席执行官和首席财务官提供财务报告的证明文件，以及审计委员会的独立性

2005 年《联邦存款保险改革法》

实现银行保险基金和存款协会保险基金的合并

将个人退休账户的存款保险限额提高至每个账户 25 万美元

2010 年《多德－弗兰克华尔街改革与消费者保护法案》

建立消费者金融保护局以规范贷款和其他金融产品

将大部分场外金融衍生产品移入交易所和清算中心

要求银行进行年度压力测试

限制联邦政府向个人企业贷款

赋予政府接管金融控股企业的权力

设立金融稳定监督委员会监管系统性重要金融机构

禁止限制银行拥有或投资私募股权基金和对冲基金

本章小结

1. 信息不对称、逆向选择和道德风险的内容能够帮助解释政府为何制定金融监管措施。

2. 共有八大基本金融监管措施：①对持有资产的限制；②银行资本金要求；③及时纠正行动；④银行监管：注册与审查；⑤风险管理评估；⑥信息披露要求；⑦消费者保护；⑧对于竞争的限制。

关键术语

银行破产	金融监管	压力测试	银行恐慌
杠杆比率	大而不倒	《巴塞尔协议》	监管套利
风险价值	巴塞尔银行监管委员会	表外业务活动	

思考题

1. 为什么说存款保险制度和其他类型的政府安全网对经济的健康运行很重要？

2. 如果意外伤害保险公司提供的火灾保险不受任何规定的限制，这将会导致什么样的道德风险和逆向选择问题？

3. 你认为消除或减少存款保险金额是一个好主意吗？为什么？

4. 对于那些持有更具风险性资产的银行来说，缴纳更高的存款保险保费对经济运行有什么益处？

5. "大而不倒"政策具有哪些利弊？

6. 假设你在银行有 300 000 美元存款，经过仔细思考后，联邦存款保险公司（FDIC）宣布这家银行破产。你会采用哪种方法查看联邦保险公司申请？如果你的存款是 200 000 美元呢？

7. 如果在一个制度薄弱、腐败流行、低效管理的金融部门的国家，你会推荐采用像美国的 FDIC 这样的存款保险制度吗？

8. 2008 年 10 月，正值金融危机顶峰，美联储要求美国九大银行向国家出售优先股权接受资本注资，尽管这其中部分银行既不需要资金也并不想参与。美联储此举意欲为何？

9. 表外业务活动给银行监管部门带来哪些问题，监管部门又是如何应对的？

10. 《巴塞尔协议》和《巴塞尔协议 II》的局限性是什么？《巴塞尔协议 III》是如何解决上述问题的？

11. 银行的注册制度是如何减少逆向选择问题的？这些方法总是有效吗？

12. 为什么银行监管重点逐渐由资本要求转向风险管理？

13. 假设在一些合并收购后只有一家银行，这家银行拥有美国 70% 的存款。你会认为这家银行"大而不倒"吗？这告诉你关于金融合并和政府安全网之间的什么关系呢？

14. 假设环球银行拥有 1 亿美元的如下资产（单位：100 万美元）。

法定准备金	10	公司债券	15
超额准备金	5	股票	25
抵押贷款	20	大宗商品	25

你认为银行将股票、公司债券和大宗商品作为资产进行持有有什么好处？为什么？

15. 为什么在金融市场上有更多的竞争会是一个坏主意？限制竞争会是一个好主意吗？为什么？

16. 消费者保护法如何对金融中介利润产生消极影响？你能思考出这个法案的积极影响吗？

应用题

17. 考虑一家破产银行。如果联邦存款保险公司（FDIC）采用收益法，那 35 万美元的存款价值是多少？用购买与假设方法呢？哪种方法对纳税人来说成本更高？

18. 一家银行的资产负债表如下（单位：万美元）。

资产		负债	
法定准备金	1 700	支票存款	20 500
超额准备金	300	银行资本	1 000
市政债券	6 500		
住宅抵押贷款	7 000		
商业贷款	5 000		

根据《巴塞尔协议》，计算银行加权平均资本。

第 19 ～ 21 题和 Oldhat Financial 的一系列交易相关。

19. Oldhat Financial 以 900 万美元资本开始第一天的运行，收到 1.3 亿美元的支票。银行发放了 2 500 万美元贷款，以及下列条款的 5 000 万美元按揭贷款：200 标准，30 年，固定名义年利率 5.25%，每年 25 万美元的按揭贷款。

假设准备金率为 8%：

a. 写出银行资产负债表。

b. 银行资本情况如何？

c. 计算公司第一天后的加权资产和加权资本比率。

20. 第二天早些时候，银行投资 5 000 万美元的超额储备到商业贷款。这一天晚些时候，按揭市场受不良消息冲击，按揭利率飙升至 13%，公司每一个按揭的当前现值为 124 798 美元。银行监管要求公司出售按揭补足

公允价值。公司的资产负债表如何？此事件如何影响资本情况？

21. 为了避免无法清算，监管者决定向银行提供 2 500 万美元的银行资本。然而，关于按揭的坏消息见诸当地报纸，造成挤兑，导致 3 000 万美元存款被取出。解释资本注入和银行挤兑对资产负债表的影响。资本注入是否足够使银行稳固？如果监管者认为银行需要 10% 的资本比率来抵御挤兑，还需要多少资本注入？

1. 到圣路易斯联邦储备银行 FRED 数据库找到下列每一类美国商业银行的数量：平均资产小于 1 亿美元，平均资产在 1 亿～3 亿美元，平均资产在 3 亿～10 亿美元，平均资产在 10 亿～15 亿美元，以及平均资产大于 15 亿美元。

计算 1990 年第一季度至今最小组别（小于 1 亿美元）和最大组别（大于 15 亿美元）银行数量占总银行数量的比重。大银行和小银行占比分别产生了什么变化？这说明了"大

而不倒"问题和道德困境问题的哪些方面？

2. 到圣路易斯联邦储备银行 FRED 数据库找到商业银行资产减去负债（或银行资本 RALACBM027SBOG）和总资产的数据（TLAACBM027SBOG）。下载 1990 年 1 月至今的月度数据，计算每月银行的杠杆比率（银行资本 / 总资产）。画一幅杠杆比率的折线图。在其他条件相等的情况下，有哪些关于杠杆和道德困境的结论？

货币监理署负责监管银行业务的许多方面。登录 www.occ.treas.gov/，单击"立法和规范"，然后单击"法律和法规"，选择 12CFR 部分的

第 1～199 章。第 1 章涉及什么内容？12CFR 部分有多少章？打开第 18 章，其主要问题是什么？请对其目的进行总结。

www.ny.frb.org/banking/supervisionre-gulate.html 查阅关于银行规章制度的信息。

www.federalreserve.gov/Regulations/default.html 联邦储备委员会在监管方面的出版物。

www.fdic.gov/regulations/laws/important/index.html 对于银行影响最大的一些法律和法规。

www.fdic.gov/bank/historical/bank/index/html 在任何年份银行破产的数据。

第11章

银行业：结构与竞争

学习目标

1. 学习银行系统的特征并了解它们实施的历史背景。
2. 解释金融创新如何导致影子银行体系的发展。
3. 了解商业银行体系关键的结构性转变。
4. 总结致使商业银行并购的因素。
5. 解释银行分业的原因。
6. 总结商业银行和储蓄机构的区别。
7. 了解美国银行在外国运营与外国银行在美国运营的原因。

| 预览 |

在全世界范围内，各个银行的运营过程（即它们获取、使用和管理资金以赚取利润的过程）都大致相同。在所有国家中，银行都是营利性的金融中介机构。然而，如果将银行业作为一个整体来考察其结构和运营过程，那么美国银行业则有它独有的特征。在大多数国家，通常会有四五家大银行控制整个银行业，而在美国却有5 000家商业银行、500家储蓄贷款协会、500家互助储蓄银行以及6 000家信用社。

银行的数量是不是越多越好呢？这种分散化特征是否意味着美国银行体系的竞争力更强，且因此在运营效率和健全性方面会优于其他国家的银行业呢？在美国的经济和政治体系中，哪些因素能够解释这种存在大量银行机构的现象？在本章中，通过考察银行业的历史趋势和整体结构，我们将会对上述问题做出解答。

本章将从考察银行体系的发展历史开始，分析金融创新如何增强了银行业的竞争程度，以及金融创新如何导致银行业的基本面发生了巨大变化。我们将详细探讨商业银行体系的有关问题，并且考察包括储蓄贷款协会、互助储蓄银行以及信用社在内的储蓄行业。由于商业银行是规模最大的存款机构，其存款余额占据银行体系存款总额的 2/3 以上，所以我们将对商业银行进行重点讨论。除了考察美国国内银行体系，我们还会考察推动国际银行业发展的具体因素及其对美国产生的影响。

11.1　银行体系的发展历史

北美银行（Bank of North American）于 1782 年在费城注册成立，标志着美国现代商业银行业的开始。由于该银行取得了成功，其他银行也纷纷成立，美国银行业开始迅猛发展（为了帮助学习这部分内容，图 11-1 提供了按照时间顺序罗列的第二次世界大战以前美国银行业发展历史中最重要事件发生的日期）。

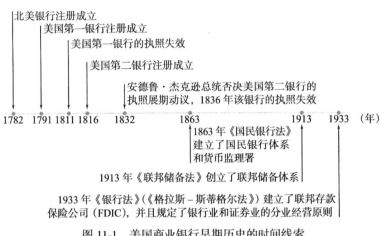

图 11-1　美国商业银行早期历史的时间线索

早期关于银行业的一个主要争论就是应该由联邦政府还是州政府来颁发银行执照。以亚历山大·汉密尔顿（Alexander Hamilton）为代表的联邦主义者积极主张对银行业实施中央集权控制，并且由联邦政府向银行颁发执照。他们的努力促成 1791 年美国第一银行（Bank of United States）成立，该银行同时兼备私人银行和中央银行的特征，**中央银行**（central bank）是指负责经济中整体货币和信贷供给量问题的政府机构。然而，农业利益集团和其他利益集团对这种中央集权管理抱有强烈的怀疑，它们主张由各州政府来颁发银行执照。进而，它们对大城市的资本利益集团也不信任，从而形成撤销美国第一银行的政治压力。1811 年，它们的努力获得了成功，美国第一银行的执照期满未能得到展期。由于州银行滥用权力，以及 1812 年战争期间迫切需要中央银行来帮助联邦政府筹集资金，美国国会于 1816 年批准成立美国第二银行。在美国第二次试图建立中央银行的过程中，中央银行集权管理的支持者和反对者之间再次出现激烈的斗争。随着安德鲁·杰克逊（Andrew Jackson）这位州权力的强烈支持者当选总统，美国第二银行的命运就已经注定了。1832 年大选之后，杰克逊总统否决了美国第二银行作为国民银行进行执照展期的议案，导致该银行的执照于 1836 年失效。

直至 1863 年，美国所有的商业银行都是由其所在州的银行委员会批准注册而成立的。那时候没有国家货币，银行主要通过发行银行券（banknotes，由银行投入流通的货币，可以兑换黄金）来筹集资金。由于许多州的银行监管活动非常松懈，银行经常由于欺诈和资本短缺而倒闭，而其发行的银行券也变得一文不值。

为了消除在各州注册的银行（称为**州银行**（state banks））的弊端，1863 年《国民银行法》（及其后续补充法案）创建了由在联邦注册的银行（称为**国民银行**（national banks））构成的新银行体系。该体系由美国财政部下属的一个部门，即货币监理署负责监管。这项法案的本意是通过向州银行发行的银行券征收寓禁税而对在联邦注册的银行发行的银行券实施免税的方法，促使州银行的资金来源枯竭。但是，州银行巧妙地通过吸收储蓄而获取资金，避免了灭亡的命运。结果，形成了美国现有的**双重银行体系**（dual banking system），即由联邦政府负责监管的银行体系和由各州政府负责监管的银行体系并行运转。

直到为增强银行体系的安全性设立的联邦储备体系（即美联储）在 1913 年建立，美国才真正形成了中央银行体制。所有国民银行都必须成为联邦储备体系的成员，接受其一系列新颁布的规章制度的限制。州银行可以选择（而并非必须）成为联邦储备体系的成员。由于成为联邦储备体系的成员就要遵守相应规章制度的制约，其成本颇高，所以大多数州银行都没有加入这一体系。

在 1930 ～ 1933 年的经济大萧条期间，大约 9 000 家银行破产，使商业银行大量存款者的储蓄顷刻间化为乌有。为了避免储蓄者此后因银行破产再度蒙受损失，1933 年《银行法》建立了联邦存款保险公司（FDIC），为银行存款提供联邦保险。联邦储备体系的成员银行都必须为其存款者购买联邦存款保险公司的保险，非联邦储备体系成员的银行也可以购买这种保险（几乎所有银行都这样做）。此外，联邦存款保险公司要求，购买其保险的银行需要受保险公司一系列规章制度的制约。

由于商业银行从事的投资银行业务活动导致许多银行倒闭，而这种情况饱受谴责，所以1933 年《银行法》（又称为《格拉斯－斯蒂格尔法》）明确禁止商业银行参与证券承销业务或者经营公司证券业务（但是允许其销售新发行的政府证券），并且限制银行购买那些由银行监管机构批准的债务证券。同时，该银行法还禁止投资银行从事商业银行的业务活动。事实上，《格拉斯－斯蒂格尔法》将商业银行和证券业分离开来。

根据《格拉斯－斯蒂格尔法》（1999 年被废除），商业银行必须出售它们的投资银行业务。举例来说，波士顿第一国民银行（the First National Bank of Boston）将其投资银行业务转移给第一波士顿公司（the First Boston Corporation），该公司目前是美国最大的投资银行之一——瑞士信贷第一波士顿（Credit Suisse First Boston）银行的重要组成部分。投资银行也终止了它们的存款业务。尽管摩根大通终止了其投资银行业务，改组为商业银行，但是摩根大通的一些高级官员组建了摩根士丹利，它现在是美国规模最大的投资银行之一。

多重监管机构

目前，美国商业银行的监管活动已经发展成为一种被多个监管机构重叠管理的混乱体系。货币监理署主要负责监管那些占商业银行体系资产总额一半以上的国民银行。联邦储备体系和州银行监管局共同监管作为联邦储备体系成员的州银行。联邦储备委员会还独自负责监管拥有一家或者多家银行的公司（称为**银行持股公司**（bank holding companies）），而且对国民银行也担负着第二监管责任。联邦存款保险公司和州银行监管当局共同监管着州银行，这些州银行在联邦存款保险公司投保，但不是联邦储备体系的成员。州银行监管局还单独对没有参加联邦存款保险公司保险的州银行负有监管责任（这些银行的存款占商业银行体系存款总额的比例低于0.2%）。

如果你对美国的银行监管体系感到迷惑，那么想象一下银行自己的困惑，它们不得不应付多重监管机构。为了整顿这种混乱的状况，美国财政部曾经多次提议设立一个新的独立机构，集中管理所有的存款机构。然而，这些议案都未获国会通过。美国未来能否建立一个统一的银行监管体系，现在仍然非常不确定。

11.2 金融创新和"影子银行体系"的发展

虽然银行机构依然是美国经济体系中最重要的金融机构，但是近年来通过存款业务筹集资金而以此发放贷款的传统银行业务已经出现下滑趋势。这些业务中的一部分已经由**影子银行体系**（shadow banking system）通过证券市场发放贷款的形式所取代。

要理解美国银行业随着时间实现的演变过程，我们必须首先了解金融创新的发展过程。金融创新改变了整个金融体系。与其他行业一样，金融业通过销售其产品来获取利润。如果一家肥皂公司预期市场需要一种能够软化织物的洗涤剂，就会研究开发这类产品，以满足市场需求。同样，为了实现利润最大化，金融机构研发新产品来满足它们自身需要和客户需求；换句话说，对于经济社会发展十分有益的金融创新，就是为了使人们变得更加（或者持续）富有而创造出来的。通过对金融创新过程的分析，我们可以得出下列简单的分析结论：**金融环境的变化会推动金融机构进行具有盈利性的创新**。

从 20 世纪 60 年代开始，金融市场上的个人和金融机构面临着经济环境的巨大变化：通货膨胀和利率急速上涨，而且情况变得更加难以预测，这改变了金融市场上的需求状况。计算机科技的迅猛发展也改变了供给状况。此外，金融监管制度也变得日渐烦冗。金融机构发现其许多原来的业务活动已经不再具有盈利能力，它们向公众提供的金融服务和金融产品不再有销路。许多金融中介机构发现它们已经难以依靠传统的金融工具来筹集资金，而如果没有这些资金的支持就意味着它们不久将无法生存。为了能够在新的经济环境中生存下去，金融机构就必须研究和开发新的产品与服务，以满足客户需求并获取利润，这个过程就是**金融工程**（financial engineering）。在这种情况下，需求是创新之母。

我们就金融创新产生原因的讨论表明有三种基本类型的金融创新：适应需求变化的金融创新、适应供给变化的金融创新以及规避管制的金融创新。在创立一项金融创新产品的过程中，这三种动机通常是相互作用的。我们已经了解了金融机构进行金融创新的原因，接下来我们考察金融机构为了获取利润，进行三种基本类型的金融创新的一些实际事例。

11.2.1 适应需求变化的金融创新：利率波动性

近年来，经济环境中最显著的变化就是利率波动性的日益增强，这改变了金融产品的需求状况。20 世纪 50 年代，3 个月期国库券利率波动的幅度在 1.0% ～ 3.5%；20 世纪 70 年代，其波动幅度在 4.0% ～ 11.5%；到了 20 世纪 80 年代，其波幅已经扩大至 5% ～ 15%。利率的大幅度波动产生了巨额资本损益，并且增加了投资回报的不确定性。与利率走势和回报率的不确定性相关的风险就是利率风险。正如我们在 20 世纪七八十年代看到的那样，利率波动越大，利率风险也越大。

我们可以预测到，随着利率风险的上升，就会加大对能够控制这种风险的金融产品和服务的需求。经济环境的改变由此促进了金融机构对于具有盈利性的金融创新的研究和开发，以满足这种新的需求，进而促进了那些能够降低利率风险的新型金融工具的诞生。20世纪70年代，两个金融创新的事例（即可变利率抵押贷款和金融衍生工具的诞生）证实了这种预测。

1. 可变利率抵押贷款

与其他投资者一样，金融机构发现如果利率较低，那么发放贷款的吸引力就会上升。它们不希望在按照10%的利率发放抵押贷款的两个月之后，发现可以从同样的抵押贷款上获得12%的息票利息。为了降低利率风险，1975年加利福尼亚州的储蓄贷款协会开始发放可变利率抵押贷款，即抵押贷款的利率随着某种市场利率（通常为国库券利率）的变化而变化。可变利率抵押贷款的初始利率可能为5%，6个月后，该利率可能按照某种利率（比如6个月期国库券利率）的波动而进行同等幅度的变动，抵押贷款的偿付金额也由此进行相应调整。由于可变利率抵押贷款给抵押贷款机构提供了一种可能，即在利率上升时，获得更高的息票利息，从而在整个利率提高的时期内，始终保持着较高的利润。

可变利率抵押贷款这种诱人的特点鼓励抵押贷款机构在初始时按照比传统固定利率抵押贷款更低的利率发放可变利率抵押贷款，因此受到居民的普遍欢迎。然而，由于可变利率抵押贷款的偿付金额可能会增加，所以许多家庭还是倾向于固定利率抵押贷款。因而，两种类型的抵押贷款都非常普遍。

2. 金融衍生工具

市场中具有降低利率风险的迫切需求，芝加哥期货交易所等商品期货交易所意识到，如果它们能够研发出一种可以帮助投资者和金融机构预防或者**对冲**（hedge）利率风险的产品，那么它们就可以通过销售这种新型工具来赚取利润。**期货合约**（futures contract），即卖方承诺在未来某个规定的日期按照事先约定的价格向买方提供某种标准化的商品，这种期货合约已经存在很长时间了。芝加哥期货交易所的工作人员意识到，如果他们创造出基于金融工具的期货合约，投资者就可以利用其来对冲风险。这就是**金融衍生工具**（financial derivatives）。之所以称为金融衍生工具，是因为它们的盈亏与之前发行的证券密切相关（即回报来自后者）。于是，1975年金融衍生工具诞生了。

11.2.2 适应供给变化的金融创新：信息技术

推动金融创新的供给状况中最重要的变化就是计算机和通信技术的迅猛发展。这种技术被称为信息技术，它具有两方面的影响：一方面，它降低处理金融交易过程的成本，使得金融机构能够从这种为公众创建新型金融产品和服务的过程中获取利润；另一方面，它降低投资者获取信息的难度，从而使公司更容易发行证券。信息技术的迅猛发展导致产生不少新型的金融产品和服务，我们将进一步地考察。

1. 银行信用卡和借记卡

在第二次世界大战之前，信用卡就已经出现了。许多私人商户（西尔斯百货、梅西百货）向客户提供信用卡，这样持卡人在这些商行内购买商品时就无须使用现金，从而使收费账户更加常规化。直到第二次世界大战之后，可以在全美范围使用的信用卡才开始出现。当时，大来俱乐部（Diners Club）研发了一种能够在全美范围（以及国外）的餐厅使用的信用卡。美国运通（American Express）和国际万国卡公司（Carte Blanche）发行了类似的信用卡，然而由于这些信用卡项目的运营成本过于高昂，所以只能向那些能够承担高额消费的个人和企业发行。

发行信用卡公司的收入来源为向信用卡持卡人提供的贷款，以及从接受信用卡支付的商户那里收取的费用（购买价的一定比例，比如 3%）。信用卡服务的成本来自贷款违约、信用卡遗失和处理信用卡交易过程中所发生的费用。

看到大来俱乐部、美国运通和国际万国卡公司的成功，许多商业银行决定要在信用卡业务中占据一定的市场份额。20 世纪 50 年代，多家商业银行力图进一步拓宽信用卡业务市场。然而，运行这些项目的单笔交易成本过于高昂，最终导致这些项目失败。

20 世纪 60 年代末期，计算机技术的发展降低了提供信用卡服务的交易成本，导致银行信用卡服务具备了盈利能力。银行再次努力进军信用卡业务，这次它们促成了两个银行信用卡项目：美国银行卡（最初由美国银行发起，不过现在属于一个独立的组织，即维萨卡）和万事达支付卡（就是现在的万事达卡，由银行间信用卡协会运作）。从表面上看，这两种卡非常成功：现在美国大约有 5 亿张、世界其他国家有超过 10 亿张卡在使用中。事实上，银行信用卡项目的盈利性的确很好，因此非金融机构比如发起 Discover 卡的西尔斯百货、通用电气以及美国电话电报公司也开展了信用卡业务。由于在用于购买支付时，信用卡的使用范围比支票更加广泛（尤其是在海外），而且持卡人能够很容易地获取贷款，所以消费者可以从中受益。

银行信用卡的成功促使这些机构进行另一项金融创新，即借记卡。借记卡通常看起来与信用卡十分相似，可以以同样的方式进行购买支付。但是两者不同的是，信用卡向购买人提供的贷款不必立即归还，而用借记卡支付时，金额则立即会从持卡人的账户中被扣除。使用借记卡更多是基于处理交易的低成本，这是因为借记卡的利润完全来自接受借记卡的商户所缴纳的费用。近年来，借记卡变得十分普遍。

2. 电子银行业务

现代计算机技术的发展使得客户可以通过电子银行设施而非人工服务来完成与银行之间的业务往来，从而降低银行的交易成本。一种重要的电子银行设施的形式就是**自动提款机**（automated teller machine，ATM）。在这种自动提款机上，客户可以提现、存款，把资金从一个账户转至另一个账户，以及查询账户余额。自动提款机的优势在于不必为它支付加班工资，它也从不休息，所以它每天都可以 24 小时工作。它不仅为银行降低了交易成本，而且还给客户提供了便利。此外，由于它们成本较低，ATM 可以被设置在银行及其**分支机构**（branches）以外的任何地方，进一步为客户提供便利。ATM 的低成本意味着它们可以被放置在任何地方，仅在美国就有 40 万台 ATM。而且，如果我们现在去欧洲旅行，还能从当地的 ATM 中提取外币，就如同从本地银行中提取现金一样方便。

随着通信成本的降低，银行还进行了另一项金融创新，即家庭银行（home banking）。现在，银行设立电子银行设施的成本较低，客户通过电话或者个人计算机，与银行的计算机相连，就能进行交易。目前，银行的客户都可以舒舒服服地坐在家里，完成大部分银行业务。客户能够享受到的好处是家庭银行的便利，而银行也发现与客户去柜台交易相比，家庭银行的交易成本要低得多。

随着个人计算机价格的下跌和在家庭中的普及，在家庭银行领域中又出现一项新的金融创新——一种新型的银行机构，即**虚拟银行**（virtual bank）。这种银行没有实际营业场所，而是存在于网络空间中。1995 年成立的安全第一网络银行（Security First Network Bank）是第一家虚拟银行，其总部设在亚特兰大，现由加拿大皇家银行（Royal Bank of Canada）所有。它利用互联网提供一系列的银行服务，诸如吸收支票和储蓄存款、销售定期存单、发行 ATM 银行卡、提供账单支付便利等。这样，虚拟银行将家庭银行向前推进了一步，使客户能够在家中一天 24 小时享受全方位的银行服务。1996 年，美国银行和富国银行（Wells Fargo）进入虚拟银行市场，更多的银行也相继效仿。目前，美国银行是美国最大的网络银行。

3. 垃圾债券

在计算机和先进的通信技术诞生之前，人们很难获取想要发行证券的企业的财务信息。由于甄别不同信贷风险的难度相当大，所以只有那些高信用等级、声望卓著的公司才能够发行债券。在 20 世纪 80 年代之前，只有信用等级等于或者高于 Baa 级的公司才有资格通过发行债券来筹集资金。一些企业先前发行长期公司债券，之后却遭遇经济疲软，经营状况出现滑坡，信用等级跌至 Baa 级以下，这种企业被称为**堕落天使**（fallen angels），它们所发行的债券被称为"垃圾债券"。

随着 20 世纪 70 年代通信科技的迅猛发展，投资者很容易获取企业的财务信息，因此他们甄别信贷质量的难度也大大降低。由于很容易甄别信贷质量，所以投资者更愿意购买知名度略低、信用等级也较低的公司所发行的长期债券。根据这种供给的变化，我们可以预期，一些聪明的先行者会提出一个新理念，即由还没有取得投资级别的企业而非堕落天使，向公众公开发行垃圾债券。这正是投资银行德崇证券（Drexel Burnham Lambert）的迈克尔·米尔肯（Michael Milken）在 1977 年的一项行动。垃圾债券成为公司债券市场的重要组成部分，到 20 世纪 80 年代末，其未偿付余额已经超过了 2 000 亿美元。尽管 1989 年，迈克尔·米尔肯由于违反证券法被提起公诉之后，垃圾债券市场活动出现滑坡，但是在 20 世纪 90 年代和 21 世纪初又再度升温，未偿付余额现已超过 1.5 万亿美元。

4. 商业票据市场

商业票据（commercial paper）是由大型银行和公司发行的短期债务证券。商业票据市场在 20 世纪七八十年代经历了巨大扩张，其未偿付余额从 1970 年的 330 亿美元增至 1990 年的 5 500 多亿美元，增长了 1 500%。商业票据成为最重要的货币市场工具之一。

信息技术的发展是商业票据市场迅猛发展的原因之一。众所周知，信息技术的发展可以降低投资者甄别信用质量的难度，使企业更容易发行债务证券。这不仅使企业更容易发行长期债券，并促进垃圾债券市场的发展，也意味着企业可以更加容易地通过发行诸如商业票据之类的短期债务证券来筹集资金；许多过去通常向银行进行短期借款的企业，现在却频繁地在商业票据市场上筹集资金。

货币市场共同基金的发展是商业票据市场迅速成长的另一个原因。由于货币市场共同基金需要持有诸如商业票据等高流动性的优质短期资产，这些基金资产的快速增长（规模达到 2.7 万亿美元）为商业票据拓宽了市场。投资于商业票据的养老基金和其他大型基金的发展同样推

⊖ 在第 8 章中对逆向选择问题的讨论，为"只有那些具有较高信用评级记录的、组织严密的公司才能够出售证券"的原因提供了更为详尽的分析。

动了这一市场的发展。

11.2.3　资产证券化与影子银行体系

在过去的 20 年中，**证券化**（securitization）是伴随着信息技术进步产生的最重要的金融创新之一。证券化是将规模较小且流动性较差的金融资产（比如居民贷款、汽车贷款、应收信用卡账款等，它们是银行赖以生存的根基）转换成可在资本市场流通的证券的过程。证券化也是影子银行体系的基础。

1. 影子银行体系的运行

在传统银行业，一个经济实体的资产转化即通过发行不同特质的负债（高流动性、低风险的存款）进行筹资并购买不同系列的资产（低流动性、高回报的贷款）。另外，证券化就是不同金融机构一起运作的资产转化过程。这些机构构成了影子银行体系。也就是说，资产转化通过证券化完成，而影子银行体系也并不是"行走于黑暗之中"，它们就如同传统银行一样存在。

例如，一个抵押贷款交易商（更常被称作"贷款发起人"）会安排一家金融机构为居民办理住房抵押贷款服务（即收集利息和本金）。这样的"服务商"会将这个抵押贷款卖给另一家金融机构，后者会将许多抵押贷款捆绑组合起来。这个"收集者"收取贷款组合的利息和本金，将组合传递给第三方。收集者会去找"分销者"（一般是投资银行），分销者将组合分割成标准化的数额，并将标准化后的证券卖出，一般是卖给影子银行的其他金融机构，比如货币市场共同基金或者养老金公司。证券化的过程可以按如下顺序：

$$形成贷款 \Rightarrow 服务 \Rightarrow 捆绑 \Rightarrow 分销$$

由于证券化过程起始于贷款，最终形成证券发行，所以证券化也被称为**发起 – 分销模型**（originate-to-distribute business model）。

在证券化的每一步中，贷款发起者、服务者、收集者、分销者都提取手续费，这四种机构构成了金融中介特殊的一部分。影子银行体系包含了资产证券化过程中的所有金融机构，因此若交易成本和收集信息的成本较低，这一过程将非常具有盈利性。所以，信息技术的进步对证券化和影子银行系统的发展至关重要。更低的获取信息的成本使卖出资本市场证券变得更加容易，而更低的交易成本使金融机构收取利息本金再卖给证券持有人的成本更加低廉。

2. 次级贷款市场

次级贷款（subprime mortgage）是 21 世纪初在资产证券化和影子银行体系下发展出的一项极为重要的金融创新。它是向信用记录不那么优秀的借款人提供的新的居民贷款。在 2000 年之前，只有信用记录良好的借款者才能获得住房抵押贷款。计算机技术的进步和新的统计手段（数据挖掘）使人们更容易地度量居民贷款借款人的信用风险。拥有信用记录的居民现在可以被分配到一个数字评分，即 FICO 分数（以开发出它的 Fair Isaac Corporation 命名），这一分数可以预测该居民的违约情况。由于现在获得次级贷款比较容易，所以可以将它们打包成抵押贷款证券，提供新的融资来源。我们将会在第 12 章中看到，次级贷款爆发是导致 2007 ～ 2009 年全球金融危机的重要因素。

11.2.4　规避现存管制的金融创新

到目前为止，我们所讨论的金融创新过程与经济中其他领域的创新过程十分类似：创新都是对需求和供给状况变动的反应结果。然而，由于金融业所受到的管制远比其他行业严重，因此政府管制极大地促进了这一行业的创新活动。政府管制之所以导致金融创新，是因为企业有极强的动力来规避限制它们盈利能力的规章制度。波士顿大学的经济学家爱德华·凯恩（Edward Kane）把这种规避管制的过程描述为"钻空子"（loophole mining）。对于金融创新的经济分析表明，当经济环境发生变化，比如规章制度约束性过大，使得规避这些规章制度能够赚取巨大利润时，就会出现钻空子和金融创新。

在美国，银行业是受到最严格监管的行业之一，因此发生钻空子的可能性非常高。20世纪60年代末至20世纪80年代，通货膨胀和利率的上涨加剧了约束性规章制度对这一行业的压力，促进了金融创新的产生。

两类规章制度严格限制了银行的盈利能力：法定准备金制度，即强制银行将其一定比例的存款作为准备金（库存现金和在联邦储备体系的存款），以及对存款利率的限制。由于下列原因，这些制度成为推动金融创新的主要动力。

（1）法定准备金制度。理解法定准备金制度导致金融创新的关键在于认识到法定准备金实际上是对存款征收的税金。由于在2008年之前美联储不为准备金支付利息，所以持有准备金的机会成本就是银行将这些准备金贷放出去可能赚取的利息。对于每一美元的存款，法定准备金给银行带来的成本就是银行将准备金贷放出去的利率 i 和存款中准备金比例 r 的乘积。银行所承担的成本 $i \times r$ 就像是对银行存款所征收的税金，税率为 $i \times r$。

尽可能地避税已经成为一种惯例，银行也是这样做的。就像纳税人寻找可以降低纳税额的空子一样，银行为了提高利润，也会钻空子，积极从事那些能够规避法定准备金制度对存款征税的金融创新活动。

（2）对于存款利息支付的限制。在1980年以前，大多数州的法律禁止对支票存款账户支付利息，联邦储备委员会根据《Q条例》对定期存款的利率设置上限。今天，银行仍然不能对企业支票存款账户支付利息。规避这种**存款利率上限**（deposit rate ceiling）的愿望也促进了金融创新。

假如市场利率上涨超过根据《Q条例》设定的定期存款利率的上限，存款人就会从银行提取资金，而将其投资于收益率更高的证券。银行体系存款的流失限制了银行可以放贷的资金规模（称为**金融脱媒**（disintermediation）），从而使银行利润受到制约。银行具有强烈的动机来规避存款利率上限，这样，它们能够获取更多的资金用于发放贷款，从而赚取更高的利润。

我们接下来考察规避利息支付限制和法定准备金税务效应如何引发了两项重要的金融创新。

1. 货币市场共同基金

货币市场共同基金发行的股份可以通过签发支票的形式，按照固定价格（通常为1美元）赎回。举例来说，如果你用5 000美元购买5 000股货币市场共同基金股份，该基金将这些资金投资于短期货币市场证券（国库券、可转让定期存单、商业票据），并且向你支付利息。除此之外，你能够就货币市场共同基金的股份签发上限为5 000美元的支票。尽管货币市场共同基金股份能够发挥支票账户存款的功能，可以赚取利息，但是从法律上讲，它们还不是存款，因此不受法定准备金制度的约束，也不受利息支付的限制。正是这个原因，它们支付的利率可以高于银行存款利率。

第一家货币市场共同基金是由华尔街两位特立独行的人布鲁斯·本特（Bruce Bent）和亨利·布朗（Henry Brown）于1970年创立的。然而，1970～1977年的低利率（仅仅略微高于《Q条例》规定的5.25%～5.5%）使其相对于银行存款的优势不再明显。然而，在1978年早期情况发生了巨大的变化，通货膨胀率急剧上升，市场利率攀升超过10%，远远高于《Q条例》规定的储蓄账户和定期存款的利率上限5.5%。1977年货币市场共同基金的资产还不到40亿美元，1978年其资产增至将近100亿美元，1979年超过400亿美元，而到了1982年，其资产已经高达2 300亿美元。目前，货币市场共同基金资产大约为2.7万亿美元。至少可以这样说，货币市场共同基金是一项成功的金融创新，这正是我们在20世纪70年代末80年代初当利率迅速上升超过《Q条例》规定的利率上限时能够预期到的情况。

在2008年次贷危机期间，由布鲁斯·本特创建的一家货币市场共同基金执行的一项极具讽刺意味的高风险投资活动，几乎断送了整个货币市场共同基金行业（参见参考资料专栏"布鲁斯·本特与2008年货币市场共同基金恐慌"）。

参考资料 **布鲁斯·本特与2008年货币市场共同基金恐慌**

布鲁斯·本特是货币市场共同基金的创始人之一，却在2008年秋季的次贷危机期间几乎断送了整个货币市场共同基金行业。2008年7月，本特先生通过一封信告诉其基金份额持有者，其基金的管理建立在"注重保护你的（投资者的）本金的坚定原则"之上。2007年9月，他还致信美国证券交易委员会，信中说："在1970年我首次创立货币市场共同基金的时候，就是依照安全性和流动性原则进行设计的。"他还补充道，这些原则已经"在投资组合经理追逐最高收益率和损害货币基金原则时被抛在了路边"。令人遗憾的是，本特没有遵循自己的这些忠告，他的基金（储备基金公司的主基金）购买了那些收益率高于平均水平的高风险资产。

在2008年9月15日雷曼兄弟破产的时候，人们发现储备基金公司的主基金，这家资产规模超过600亿美元的基金公司持有了价值7.85亿美元的雷曼债券，而现在已经一文不值。由此导致的损失意味着在2008年9月16日，本特基金再也无法按照1美元的面值赎回其基金份额，即出现了"跌破面值"的情况。本特基金份额的持有人开始从基金中抽逃资金，导致其损失了90%的资产总额。

对于其他货币市场共同基金可能会发生类似事件的恐惧，导致了一场典型的恐慌：基金份额的持有人开始以令人惊恐的速度提取资金。整个货币市场共同基金行业似乎就要崩溃了。为了防止这种情况的发生，2008年9月19日美联储和美国财政部展开救助行动。正如第18章所讨论的那样，美联储建立了一项设施，用来发放贷款购买货币市场共同基金的商业票据，从而使他们能够满足其投资者的赎回需求。美国财政部向全部货币市场共同基金的赎回权提供临时性担保，随后恐慌便消退了。

毫无疑问的是，在政府安全网已经延伸到货币市场共同基金行业的情况下，必然需要对这一行业施加更为严格的监管措施。因此，货币市场共同基金行业已经发生根本性的改变。

2. 流动账户

另一项能够让银行避免法定准备金"税"的金融创新是**流动账户**（sweep account）。在这种账户下，每当工作日结束时，企业支票账户上任何高于规定金额的余额都会被"清扫出"该账户，用于隔夜支付利息的证券投资。由于"清扫出"的资金不再属于支票存款，所以它们不受法定准备金制度的约束，不用"纳税"。流动账户还有一个优势就是银行实际上是向企业支票账户存款支付利息，而在现行的规章制度下，这本来是不被允许的。流动账户非常受欢迎，它降低了银行所需缴纳的法定准备金的数额，大多数银行机构感到准备金的压力不再像以前那样沉重，换句话说，银行自愿持有超过法定准备金要求的准备金。

流动账户这项金融创新相当有趣，规避高成本规章制度的意愿以及供给状况（信息技术）的变化共同促进了其诞生。如果没有低成本的计算机来处理流动账户所要求的额外交易，这项金融创新无法盈利，因此也就不会得到发展。技术因素通常与其他刺激因素比如规避规章制度的愿望相结合，促进金融创新。

11.2.5 金融创新和传统银行业务的衰落

作为传统金融中介的银行所扮演的角色就是吸收短期存款和发放长期贷款，这就是资产转换过程，即通常所说的"借短贷长"。这里我们考察金融创新如何加剧了银行业经营环境的竞争程度，导致该行业发生巨大变化，即传统银行业务的逐渐萎缩。

在美国，商业银行作为非金融企业借款人资金来源的重要性已经急剧下降。从图 11-2 中我们可以看出，在 1974 年，商业银行为这些供款人提供了接近 40% 的资金，而到了 2017 年，它们的市场份额下降到 20% 以下。

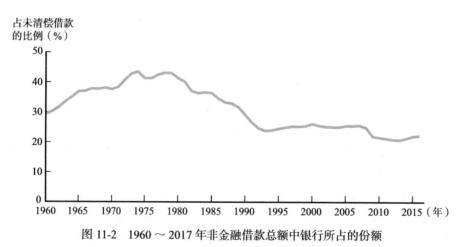

图 11-2　1960 ～ 2017 年非金融借款总额中银行所占的份额

注：在 1974 年，商业银行为这些供款人提供了接近 40% 的资金，而到了 2017 年，它们的市场份额下降到 20% 以下。

资料来源：Federal Reserve Bank of St. Louis, FRED database: (https://fred.stlouisfed.org/series/TODNS and https://www.federalreserve.gov/releases/z1/current/data.htm,Table L110.)

要理解传统银行业务规模和盈利能力的降低，我们需要考察前面所提到的金融创新如何损害银行在获取资金方面（资产负债表的负债方）的成本优势与资产负债表资产方的收入优势。成本优势和收入优势的同时削弱，导致传统银行业盈利能力的下降，从而促使银行竭力削减这些传统业务，积极从事新的更具盈利能力的业务。

1. 资金获取（负债）成本优势的下降

在 1980 年之前，银行一直受到存款利率上限的限制，即不能对支票存款支付利息。根据《Q 条例》的规定，对定期存款支付的最高利率只能略高于 5%。直到 20 世纪 60 年代，这些限制性规定都是有利于银行的，因为它们主要的资金来源是支票存款（超过 60%），支票存款的零利率意味着银行资金成本非常低。不幸的是，银行的这种低成本优势没有能够维持多久。

20 世纪 60 年代末始发的通货膨胀率的上升，推动利率升高，使得投资者对不同资产之间收益率的差异更加敏感。结果就产生了金融脱媒过程：由于支票存款和定期存款的低利率，于是人们将其资金从银行中提取出来，投资于收益率较高的资产。同时，规避存款利率上限和准备金要求的强烈愿望导致金融创新，产生货币市场共同基金。由于存款人在货币市场共同基金账户上，既可以得到类似支票账户的服务，又能获取高利率，从而使银行处于更加不利的境地。对于银行而言，作为低成本资金来源的支票存款的重要性急剧下降，其占银行负债的比例从 60% 以上降至今天的 11% 以下，这有力地证明了金融体系所发生的上述变化。

银行在筹资方面的难度不断增大，因此在它们的支持下，美国于 20 世纪 80 年代取消了《Q 条例》对定期存款利率上限的规定，并允许对支票存款支付利息。尽管这些规则的变化有助于增强银行在获取资金方面的竞争力，但同时也意味着它们获取资金的成本大幅上升，因此进一步削弱了先前它们相对于其他金融中介机构的低成本优势。

2. 资金运用（资产）收入优势的下降

美国银行资产负债表中负债方成本优势的削弱是银行竞争力降低的一个原因，然而，资产方的收入优势也遭受到我们前面讨论的垃圾债券、证券化和商业票据市场的发展等金融创新的冲击而下降，使其竞争力进一步受到削弱。银行资产收入优势的下降导致其市场份额的减少，促进了影子银行体系的发展，使出借资金者能利用金融创新绕过传统银行业进行金融活动。

我们已经看到，信息技术的发展使得公司能够更容易地直接向公众发行证券。这意味着银行的很多优秀客户不再依赖银行满足短期信贷需求，而是去商业票据市场上寻求成本更低的资金来源。垃圾债券市场的扩张也替代了银行的部分贷款业务。信息技术的发展使公司更容易绕开银行直接向公众销售债券。《财富》500 强公司早在 20 世纪 70 年代就开始采取这一行动，现在，由于有了垃圾债券市场，低质量的企业借款人对银行的依赖程度也大为降低。

我们已经看到，计算机技术的发展促进了影子银行体系和证券化的发展，这样，银行贷款和抵押贷款等流动性较低的金融资产就可以转换成可流通证券。计算机使得其他金融机构也能够发放贷款，因为它们能够用统计模型准确地评价信用风险，同时，计算机还可以大大降低交易成本，于是它们也可以将贷款捆绑在一起，作为证券销售出去。一旦计算机能够准确地评估违约风险，银行在发放贷款方面的优势就消失殆尽了。丧失了上述优势，即使银行本身也卷入证券化的进程，它们的部分贷款业务也会流失到其他金融机构手里。证券化对储蓄贷款协会等抵押贷款发放机构而言，是一个尤为严重的问题，因为大多数住宅抵押贷款现在都被证券化了。

3. 银行的反应

对于任何一个行业，盈利能力的下降通常会导致行业退出（通常是由大范围的破产引起的）

和市场份额的缩减。20 世纪 80 年代美国银行业出现的同样的情况，就是由银行并购和破产引起的。

为了生存和维持足够的盈利水平，很多美国银行面临两种选择。第一，它们可以涉足新的高风险贷款领域，从而维持传统的贷款业务活动。例如，美国银行增加发放商业不动产贷款的比例，这在传统上属于风险较高的贷款类型，因而会承担更高的风险。此外，银行还增加对企业接管和杠杆收购等高杠杆比率交易贷款的发放。银行传统业务活动盈利能力的降低导致了2007 ～ 2009 年的全球金融危机。

第二，扩展更具盈利能力的表外业务活动。美国商业银行在 20 世纪 80 年代早期就是如此操作的，表外业务等非利息收入业务的收入在银行总收入中的份额增加了 1 倍以上。非传统银行业务可能具有较高的风险水平，以致银行承担过多的风险。实际上，在次贷危机期间，这些非传统银行业务给银行的资产负债表造成了严重的损失。

银行传统业务活动的减少意味着银行业必须寻求新的业务，这样做能够使银行保持活力和健康，因而是有利的。事实上，直到 2007 年，银行的盈利能力一直保持在高水平，非传统的表外业务在银行利润回升方面发挥着重要作用。不过，银行业的这种新发展趋势也增加了银行的风险，传统银行业务的减少要求监管当局更加谨慎。这也给银行监管者提出了新的挑战，就像我们将在第 10 章中看到的一样，现在银行监管者必须更加关注银行的表外业务活动。

4. 其他工业化国家传统银行业的衰退

其他工业化国家与美国面对同样的压力，导致传统银行业务的萎缩。其他国家的银行在存款领域的垄断力同样遭受到巨大冲击。全世界范围内的金融创新以及放松管制为存款人和借款人提供了更多的选择。比如在日本，放松管制使得公众得以面对一系列新的金融工具，导致日本出现与美国类似的金融脱媒过程。在欧洲国家，金融创新逐步侵蚀了保护银行免于竞争的传统防线。

在其他国家，银行同样也面临着由于证券市场的扩张而带来的日益激烈的竞争。金融业管制的放松和经济基本面的力量使人们能更加容易地得到证券市场的信息，企业能够更容易地以低廉的成本通过发行证券而不是向银行借款来为其业务活动融资。此外，即使在那些证券市场并不发达的国家，银行也流失了部分贷款业务，因为它们的优质企业客户可以进入外汇市场和欧洲债券市场等离岸资本市场筹资。对于一些更小的经济体，比如澳大利亚，尽管还不具备很完善的公司债券市场和商业票据市场，但银行的贷款业务还是有一部分流失到了国际证券市场上。此外，推动美国证券化的力量同样也在其他国家发挥作用，削弱了这些国家传统银行业的盈利能力。并不是只有美国银行面临着更为复杂的竞争环境，因此，尽管美国较早出现了传统银行业衰落的过程，但同样的力量也促使其他国家传统银行业务的萎缩。

11.3 美国商业银行业的结构

美国大约有 6 000 家银行，比世界上任何其他国家都多。表 11-1 显示的情况表明，美国小银行数目极多。资产低于 1 亿美元的银行所占的比例为 25%。而在加拿大或者英国，典型的情况是，只有 5 家或者更少的银行在整个银行业占主导位置。与此相反，美国最大的 10 家商业银行（见表 11-2）总共持有的资产总额占整个银行业的 60%。

表 11-1　2017 年 3 月 31 日投保商业银行的规模分布情况

资产	银行数量	占银行总数的份额（%）	占所持资产的份额（%）
低于 1 亿美元	1 501	25.6	0.5
1 亿～ 10 亿美元	3 605	61.6	6.9
10 亿～ 100 亿美元	632	10.8	10.4
100 亿美元～ 2 500 亿美元	109	1.9	31.6
高于 2 500 亿美元	9	0.2	50.6
总计	5 856	100.0	100.0

资料来源：FDIC Quarterly Banking Profile，http://www.fdic.gov/bank/analytical/qbp/index.html.

表 11-2　2017 年美国规模最大的商业银行

银行	资产（10 亿美元）	占全部商业银行资产总额的份额（%）
1. 摩根大通集团	2 420	14.4
2. 美国银行	2 150	12.8
3. 花旗银行	1 770	10.5
4. 富国银行	1 750	10.4
5. 美国合众银行	416	2.5
6. 纽约梅隆银行	377	2.2
7. PNC 金融服务集团	362	2.2
8. 美国第一资本金融公司	314	1.9
9. 汇丰北美控股	292	1.7
10. 道明银行美国控股公司	253	1.5
总计	10 103	60.1

资料来源：From Bankrate.com—Compare morgage, refiance , insurance, CD rates: http://www.bankrate.com/banking/americas-top-10-biggest-banks/#slide=1.

美国大多数行业的公司数目都远少于商业银行。不同于商业银行业，其他行业一般由大公司主宰（美国计算机软件业由微软公司垄断，汽车业则由通用汽车、福特、戴姆勒 – 克莱斯勒、本田和丰田等公司垄断）。在商业银行业中，银行数目众多且缺乏几家能占主导地位的银行，是否意味着商业银行业的竞争程度高于其他行业呢？

11.3.1　对于设立分支机构的限制

美国商业银行数目众多，实际上反映了过去的规章制度对金融机构设立分支机构的限制。各州对银行可以开设的分支机构的类型和数目，都有各自的规定。例如，东西海岸各州一般都允许银行在本州范围内开设分支机构，而中部各州则对银行开设分支机构的规定比较严格。1927 年通过的旨在将国民银行和州银行置于同一起跑线的《麦克法登法》，有效地限制了银行跨州设立分支机构，强迫所有国民银行遵守其营业场所所在州有关开设分支机构的规定（1956 年的《道格拉斯修正案》弥补了《麦克法登法》中的一个漏洞）。

《麦克法登法》以及各州有关设立分支机构的规定，形成了强大的反竞争力量，限制大银行在附近开办分支机构，很多小银行因此得以生存下来。如果竞争能够给社会带来利益，那么法律法规为何还要限制在美国设立分支机构？最简单的解释是，美国公众历来就敌视大型银行。

对分支机构具有最严格限制的州就是19世纪反银行情绪最激烈的州（这些州的农业人口众多，由于无法偿清贷款，银行就会强制关闭农场，农民因此与银行就会周期性地发生冲突）。限制银行设立分支机构的规章制度，以及因此形成的数目繁多的小银行，是19世纪的政治产物。然而，在本章的后面我们将会看到，对银行设立分支机构的限制已经废除，我们将向全美范围内的银行体系迈进。

11.3.2 对于限制设立分支机构的回应

美国银行业的一个重要特点是，法律法规可以限制但并不能完全消除竞争。正如我们在本章前面看到的，限制性法律法规促进了银行为追求利润、绕开此类法规的金融创新的发展。限制分支机构的法律法规还推动了类似的经济力量，促进了两项金融创新：银行持股公司和自动提款机。

1. 银行持股公司

银行持股公司是拥有多家不同公司的企业。这种企业所有权形式使得银行在多方面具有重要优势。虽然不能开设分支机构，但是持股公司仍然可以对数家银行拥有控股权，因此这种企业可以避开限制设立分支机构的法律法规。此外，银行持股公司可以从事其他与银行业务相关的活动，比如投资咨询服务、数据处理和传递信息服务、租赁、信用卡服务以及为其他州提供贷款服务。

在过去的30年中，银行持股公司的发展十分迅猛。目前，银行持股公司几乎拥有所有的大银行，而且它们拥有90%以上的商业银行存款。

2. 自动提款机

自动提款机（ATM）是规避设立分支机构限制的另外一项金融创新。银行意识到，如果它们不拥有或者租借自动提款机，而只使用他人所有的自动提款机，且为每笔交易支付费用，那么该自动提款机就不能被视为银行的分支机构，因此不需要受到设立分支机构的法律法规的限制。大部分州的监管当局和法院恰恰也是这么想和这么做的。正是由于这些自动提款机能够让银行拓宽市场，所以在全美范围内就建立起了一系列的此类共享设施（比如Cirrus卡和纽约商品交易所）。此外，即使自动提款机由银行所有，各州通常也有一些特殊条款，允许较广泛地建立自动提款机，而不像对传统"砖头水泥"式分支机构的限制那么严格。

本章前面已经介绍过，规避监管并不是自动提款机发展的唯一原因。成本低廉的计算机和通信技术的发展，推动银行以较低的成本设立自动提款机，使其成为具有较好盈利性的金融创新。该例子进一步说明，技术因素通常结合规避设立分支机构等限制性法规的意愿，促进金融创新的发展。

11.4 银行并购与全美范围的银行业

从图11-3中我们可以发现，经过1934年至20世纪80年代中期相当稳定的阶段后，商业银行的数量急剧下降。为什么会出现这种突然间的下降情况呢？

在20世纪80年代和90年代早期，银行业经历了十分艰难的时期。1985～1992年，每年银行的破产增长率超过100%（本章后面有详细介绍）。银行破产仅仅是部分事实。1985～1992

年，银行总数的下降数值超过 3 000 家，是破产银行数量的两倍以上。1992 ～ 2007 年，银行业恢复健康，商业银行数量减少了 3 800 多家，其中不到 5% 是由于银行破产而实现的，并且大多数是小银行。因此，在 1985 ～ 1992 年银行数量减少的过程中，银行破产起到十分重要的作用（虽然不是最重要的），不过此后直到 2007 年，其在银行数量减少过程中发挥的作用可以忽略不计。然而，全球金融危机导致由于银行破产而出现的银行数量意外减少。

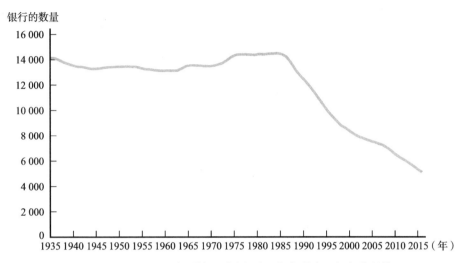

图 11-3　1934 ～ 2016 年（第三季度）美国投保的商业银行数量情况

注：经过 1934 年至 20 世纪 80 年代中期相当稳定的阶段后，商业银行的数量急剧下降。

资料来源：FDIC, http://www5.fdic.gov/hsob/HSOBRpt.asp.

如何解释这种银行数量下降的现象呢？答案就是银行并购，银行合并以建立更大的实体或者收购其他银行。这就产生了一个问题：为什么近年来会发生银行并购？

正如我们发现的那样，银行钻空子的行为降低了分支机构限制措施的有效性。于是许多州认识到，只有允许银行跨州拥有所有权才符合自身的利益。结果就出现了一些互惠性区域协定，也就是说，某一州的银行可以拥有该区域内其他州的银行。1975 年，缅因州颁布第一部州际银行法，允许该州以外的控股公司收购本州的银行。1982 年，马萨诸塞州和其他新英格兰地区各州签订一份区域协定，允许存在州际银行业。之后其他很多区域协定相继效仿出台，到 20 世纪 90 年代前期，几乎所有的州都允许一定形式的州际银行业务。

随着 20 世纪 80 年代早期州际银行业壁垒的破除，银行意识到它们能够从多样性的业务活动中受益，因为现在它们能够在很多州发放贷款，而非像以前那样仅仅局限于某一州内。这就给它们带来了好处，如果某一州的经济比较疲软，而其业务所在的另外某州的经济可能还十分强劲，这样就可以降低在同一时期不同州发生贷款违约的可能性。此外，允许银行持有其他州的银行意味着它们可以通过跨州收购或者合并其他州的银行来扩大规模，从而享受规模经济的好处。合并和收购可以解释银行并购的第一种模式，这在 1985 年以后银行数量减少中扮演了重要的角色。对州际之家银行分支机构管制的放松所导致的另一个结果是，一种新型银行即**跨区域银行**（superregional banks）的出现。跨区域银行是银行持股公司，尽管其总部不设在任何一个货币中心城市（纽约、芝加哥和旧金山），但其规模可以匹敌货币中心银行。位于北卡罗来纳州夏洛特市的美国银行和位于俄亥俄州哥伦布市的第一银行都是跨区域银行。

　　毫无疑问，网络的诞生和计算机技术的发展是推动银行并购的另一个因素。金融机构建立大量的信息技术平台需要巨额前期投资，因而增加了规模经济效应。为了好好利用规模经济，银行必须进一步扩大规模，从而推动并购。信息技术也加强了**范围经济**（economies of scope），即利用一种资源来提供很多不同的产品和服务的能力。例如，有关公司质量和信誉的详细信息不仅可以辅助贷款决策的制定，而且还能在确定其股票价格时发挥作用。同样，一旦你将某种金融产品推荐给某位投资者，你也知道如何将其他金融产品销售给别的投资者。工商业人士在说不同业务活动之间的"协同效应"时，就是在描述范围经济。信息技术使得这种协同效应更加容易出现。发生银行并购不仅使金融机构的规模变得更大，而且还增强了它们所能提供的产品和服务之间的联系。

　　这种并购产生两种结果：第一，不同类型的金融中介机构开始涉足彼此之间的领域，使得它们在很多方面越来越相似；第二，并购导致联邦储备体系所谓的复杂的大型银行组织的发展。这种发展推动了限制银行和其他金融服务业联系的《格拉斯－斯蒂格尔法》的废除。

11.4.1　1994年《里格－尼尔州际银行业务与分支机构效率法案》

　　1994年《里格－尼尔州际银行业务与分支机构效率法案》的颁布，进一步推动了银行的并购。这一法案将区域协定扩大至整个国家，并废除了《麦克法登法》和《道格拉斯修正案》对州际银行业务的禁令。该法案不仅准许银行持股公司收购任何州的银行（尽管这与一些州的法律相抵触），而且银行持股公司还能够将其所属的银行与在不同的州有分支机构的银行合并。各州有权选择是否接受跨州分支机构，但是实际上只有得克萨斯州行使过这一权力。

　　《里格－尼尔州际银行业务与分支机构效率法案》为最终建立美国真正的全国性银行体系奠定了基础。尽管之前通过银行控股公司进行州外收购，跨州银行业已经确定，但是在1994年之前，跨州银行分支机构实际上并不存在，因为几乎没有哪个州制定州际分支机构的法律法规。由于很多银行意识到，银行持股公司的结构无法充分利用规模经济效应，只有通过充分协调银行所有业务活动的分支机构网络才能实现，所以，允许银行通过分支机构来开展跨州银行业务十分重要。

　　美国全国性的银行正在崛起。1998年，随着美国银行与国民银行的合并，第一家在东西海岸都拥有分支机构的银行诞生。银行业的并购推动银行业务活动延伸到几乎所有的50个州。

11.4.2　未来美国银行业的结构将会是什么样

　　现在，美国真正的全国性银行体系已经成为现实，银行业因银行并购而获取的好处大大增加，从而推动合并和收购的深入进行，加快商业银行数目的缩减。伴随着银行业结构的巨大变化，自然就会产生一个问题：10年后，银行业的前景如何？

　　一种观点是，美国银行业将变得更加类似于其他国家的银行业（参见环球视野专栏"美国与国外银行结构的对比"），最终只存在数百家银行。更加极端的一个观点是，美国银行业将变得更像加拿大或者英国的银行业，只有几家大型的银行主宰着整个行业。然而，对这一问题的研究却得出截然不同的答案。美国银行业结构仍然会与众不同，但是其差异程度在降低。大多数专家预测，当美国的银行数目达到几千家而非几百家时，银行的并购浪潮就会停下来。银行并购不仅会导致银行数量减少，还会导致资产从小型银行转移到大型银行。

环球视野　　　　　　　　**美国与国外银行结构的对比**

　　美国商业银行业的结构与其他工业化国家存在很大的差异。美国是唯一一个刚刚建立起全国性银行体系的国家。在这种全国性银行体系下，银行的分支机构遍布全国。美国对分支机构限制的一个结果是，美国的银行数量远远超过其他工业化国家。美国有 6 000 家银行，而与此形成鲜明对比的是，任何其他工业化国家的银行数量都远低于 1 000 家。比如，日本的商业银行还不到 100 家，是美国银行数量一个很小的比例，而日本的经济总量和人口数量都是美国的一半。过去美国对分支机构限制的另一个结果是，银行的规模远小于其他国家。

11.4.3　银行并购和全国性银行是好事吗

　　主张设立全国性银行的人认为这将会产生更加有效的银行和更加健康的银行体系，降低银行破产的可能性。然而，反对银行并购的人却担心这会消灭被称为**社区银行**（community banks）的小银行，进而导致小企业更加难以获得贷款。此外，他们还担心少数几家银行会主宰整个行业，降低银行业的竞争性。

　　大多数经济学家对这些有关银行并购的批评持怀疑态度。正如我们看到的，研究表明，即使在完成银行并购之后，美国还会存在大量的银行。银行业依然能够保持高度的竞争性，甚至取消了银行不受州外银行竞争的保护。为了生存，银行可能不得不展开更加激烈的竞争。

　　社区银行似乎也不可能就此消失。在 1962 年纽约州解除分支机构法律时，很多人担心北部的社区银行会被纽约市的大银行挤出市场。然而，事实上不仅没有出现这种情况，而且一些大银行发现小银行在当地市场上甚至比它们更加有优势。同样，在长期没有对银行分支机构施加限制的加利福尼亚州，社区银行还在兴旺地发展。

　　经济学家认为银行并购和全国性银行带来了诸多重要的好处。消除银行区域性限制能够增加银行的竞争力，并将效率低下的银行淘汰出市场，提升银行部门的效率。大银行组织的发展同样意味着银行效率的提升，因为这样银行可以利用规模经济和范围经济的优势。银行贷款组合多样化增强可以降低未来银行业发生危机的可能性。20 世纪 80 年代和 90 年代初期，银行破产通常发生在经济疲软的州。例如，在 1986 年石油价格下跌之后，曾经盈利能力相当强的得克萨斯州的主要商业银行都陷入财务困境。同时，新英格兰地区的银行却安然无恙。但是到了 1990 ~ 1991 年，经济衰退波及新英格兰，该地区的一些银行也开始倒闭。在全国性银行体系下，一家银行能够在新英格兰地区和得克萨斯州发放贷款，倒闭的可能性就大大降低了。这是因为当某个地区的贷款出现损失时，另一个地区的贷款可能比较顺利。这样，全国性银行被视为向建立不易遭遇银行破产危机的银行体系迈进的重要一步。

　　人们对银行并购仍存在两个担忧，即银行并购可能减少对小企业的贷款，以及银行急于向新地区拓展业务，可能会增加风险，从而导致银行破产。这些问题依然在探讨中，但是大多数经济学家认为银行并购和全国性银行所带来的收益远超过成本。

11.5 银行业与其他金融服务业的分离

直到近期，美国银行业结构的另一个重要特征是，由 1933 年《格拉斯 – 斯蒂格尔法》形成的银行业与其他金融服务业（诸如证券业、保险业和房地产业）的分业经营模式。本章前面已经提到，《格拉斯 – 斯蒂格尔法》允许商业银行销售新发行的政府证券，但是禁止商业银行承销公司证券或者从事证券经纪业务。此外，银行不得涉足保险和房地产业务。同时，它还禁止投资银行和保险公司从事商业银行活动，从而保护商业银行免于竞争。

11.5.1 对《格拉斯 – 斯蒂格尔法》的突破

尽管《格拉斯 – 斯蒂格尔法》有许多禁止性规定，然而对利润和金融创新的追求促使银行与其他金融机构设法规避该法案，进入对方的传统领地。随着货币市场共同基金和现金管理账户的发展，经纪公司开始从事传统的银行业务，发行存款工具。1987 年，联邦储备体系利用《格拉斯 – 斯蒂格尔法》第 20 节的一个漏洞，允许银行持股公司承销以前被禁止的证券种类，银行开始涉足这一业务。这个漏洞允许被批准的商业银行的附属公司从事承销业务，但是其收入不得超过规定的额度，最初是附属公司总收入的 10%，后来上升到 25%。美国最高法院于 1988 年 7 月判定联邦储备体系的行为合法，之后美联储允许摩根（商业银行持股公司）承销公司债务证券（1989 年 1 月）和股票（1990 年 9 月）。这一特权在之后也拓展到其他银行持股公司。后来，监管当局允许银行从事房地产和保险业务。

11.5.2 1999 年《金融服务现代化法案》：废除《格拉斯 – 斯蒂格尔法》

由于对商业银行从事证券和保险业务的限制使得美国银行在与外国银行的竞争中处于不利的地位，20 世纪 90 年代，几乎在每一次国会会议上，都有废除《格拉斯 – 斯蒂格尔法》的提案。1998 年，美国第二大银行花旗集团与拥有美国第三大证券公司（所罗门美邦）的保险公司旅行者集团合并之后，要求废除《格拉斯 – 斯蒂格尔法》的呼声异常高涨。美国最终于 1999 年出台了废除《格拉斯 – 斯蒂格尔法》的法案，这就是《金融服务现代化法案》，该法案允许证券公司和保险公司收购银行，并且允许银行承销保险和证券，以及从事不动产业务。在该法案下，各州仍然保留对保险业务的监管权力，而证券交易委员会则继续监管证券业务。货币监理署有权监管从事证券承销业务的银行附属公司，而美联储继续监管银行持股公司。银行持股公司可以从事所有不动产和保险业务以及大额证券买卖交易。

11.5.3 新法案对金融并购的意义

正如我们知道的那样，1994 年《里格 – 尼尔州际银行业务与分支机构效率法案》推动银行并购活动，而 1999 年《金融服务现代化法案》促进金融并购的深入开展，这是因为并购不仅仅在银行机构之间进行，而且可以跨越整个金融服务领域。信息技术增强了范围经济效应，银行与其他金融服务公司的合并就会越来越普遍，而且百万并购案也会越来越多。正如花旗集团和旅行者集团的合并那样，银行机构不仅在规模上日益扩大，而且其经营范围也逐渐拓展，成为从事全方位金融服务业务的复杂组织。2007 ～ 2009 年的全球金融危机促使这种向更为大型化和复杂化银行组织发展的趋势进一步加速实现（参见参考资料专栏"全球金融危机与大型独立投资银行的消亡"）。

参考资料　　　　　　**全球金融危机与大型独立投资银行的消亡**

虽然在《格拉斯－斯蒂格尔法》废止之后出现的金融服务向那些复杂的大型银行机构集中的趋势似乎是不可避免的，但是没有人能够预见到这一过程的实现速度是如此之快，实际上在 2008 年就已经完成。在 2008 年 3～9 月的 6 个多月内，全部 5 家规模较大的独立投资银行都不再以原有的业务形式存在。当第五大投资银行贝尔斯登宣布其在次级抵押证券业务上遭受巨额损失的时候，美联储被迫在 2008 年 3 月对其实施紧急救助计划，将其强制出售给摩根大通的价格低于其 1 年多前价值的 10%。对贝尔斯登实施的紧急救治计划标志着政府安全网已经延伸到投资银行领域。投资银行接受政府救助的代价是它们将来必须按照商业银行的标准接受更多的监管约束。

作为第四大投资银行的雷曼兄弟紧随其后，在 2008 年 9 月 15 日宣布破产。仅仅在此前一天，作为第三大投资银行的美林证券在其持有的次级抵押证券蒙受重大损失之后，以低于其 1 年前价值 50% 的价格出售给美国银行。在同一周之内，作为第一大投资银行和第二大投资银行的高盛集团和摩根士丹利，虽然它们在次级抵押证券投资中的风险敞口程度较低，但是依然感到大难将至。它们认定自己将会受到更为严格的监管而决定改组为银行控股公司，从而能够获得投保的存款，这是更加稳定的资金来源。

这是一个时代的终结。现在，大型的独立投资银行企业已经成为历史。

11.5.4　世界范围内银行业与其他金融服务业的分离

没有多少国家在经济大萧条之后，像美国那样将银行业与其他金融服务业分离开来。事实上，过去这种分离是美国与其他国家金融监管最显著的差异。在世界范围内，银行业与证券业有三种基本模式。

第一种模式是全能银行，存在于德国、荷兰和瑞士。在这种模式下，银行业与证券业之间没有任何分隔。商业银行能够在一个法律实体内提供全面的银行、证券、不动产和保险服务。银行可以拥有商业公司相当规模的股份，实际上它们也是这样做的。

第二种模式就是英国式全能银行体系，英国以及与英国有着密切联系的国家，比如加拿大和澳大利亚等都采用了这种体系，现在的美国也是如此。英国式全能银行也可以从事证券承销活动，但与德国式全能银行体系存在以下三个方面的差异：不同业务由法律认定的不同附属公司开展；银行通常不持有商业公司股份；银行与保险公司的联系不甚普遍。

第三种模式的特点是银行与其他金融服务机构之间有所分离，日本就是如此。美国和日本银行业体系的主要区别是：日本银行可以持有大量的商业公司股票，而美国银行则不可以。此外，大多数美国银行采用银行持股公司的结构，而在日本银行持股公司却是非法的。虽然根据《日本证券法》第 65 节，银行业和证券业实行合法的分离，但是商业银行越来越多地被允许从事证券业务，与美国一样，日本的银行体系越来越像英国式的全能银行。

11.6　储蓄行业：监管和结构

毫不奇怪的是，在监管和结构方面，储蓄业（储蓄贷款协会、互助储蓄银行与信用社）与商业银行业十分相似。

11.6.1　储蓄贷款协会

与商业银行业的双重体系一样，储蓄贷款协会（S&L）既可以在联邦政府也可以在各州政府注册成立。大多数储蓄贷款协会，无论是在州政府还是在联邦政府注册成立的，都是联邦住宅贷款银行体系（Federal Home Loan Bank System，FHLBS）的成员。联邦住宅贷款银行体系成立于1932年，其运作模式类似于美联储，包括12家区域联邦住宅贷款银行，由储蓄监管局对其实施监管。

储蓄贷款协会保险基金向储蓄贷款协会提供联邦存款保险（每个账户的限额为25万美元），该基金属于联邦存款保险公司的一个分支机构。储蓄监管局通过设定最低资本金要求、定期提交报告以及对储蓄贷款协会进行检查来对在联邦存款保险公司投保的储蓄贷款协会进行监管。它还是在联邦政府注册成立的储蓄贷款协会的注册机构，负责批准这些机构的合并，以及制定设立分支机构的规章制度。

与联邦储备体系一样，联邦住宅贷款银行体系向其成员发放贷款（通过发行债券来筹集资金）。然而，与偿还期较短的美联储贴现贷款相反，联邦住宅贷款银行体系发放的贷款偿还期较长，而且这些贷款的利率通常低于储蓄贷款协会在公开市场上的借款利率。通过这种方法，联邦住宅贷款银行体系对储蓄贷款协会予以补贴（实际上是贴补了住宅业，因为储蓄贷款协会发放的大部分贷款属于住房抵押贷款）。

储蓄贷款协会在20世纪80年代经历了十分严重的困难。由于现在储蓄贷款协会从事的业务活动与商业银行十分相似，因此很多专家都认为把储蓄贷款协会单独注册和设置专门的监管局已经不合时宜。

11.6.2　互助储蓄银行

在350家左右的互助储蓄银行（类似于储蓄贷款协会，不过它们由存款人共同所有）中，大约有一半是在各州政府注册成立的。互助储蓄银行主要由其所在的州政府来监管，它们中的大多数都在联邦存款保险公司投保，每个账户的限额为25万美元。因此，这些银行同样要遵守联邦存款保险公司为州注册银行制定的规章制度。按照规定，没有在联邦存款保险公司投保的互助储蓄银行必须在州保险基金投保。

11.6.3　信用社

信用社是围绕一个具有某种联系的特定群体（某公司的工会会员或者雇员）组成的规模较小的合作贷款机构。它是唯一免税的存款机构，既可以在联邦政府也可以在州政府批准成立。一半以上的信用社是由联邦政府批准成立的。全国信用社管理局（National Credit Union Administration，NCUA）为在联邦政府注册的信用社颁发执照，并通过设立最低资本金要求、定期提交财务报告以及进行检查等途径来对其进行监管。全国信用社管理局的附属机构，即全国信用社股份保险基金（National Credit Union Share Insurance Fund，NCUSIF）为联邦注册和州注册的信用社提供联邦存款保险，每个账户的限额为25万美元。由于信用社的贷款主要是消费贷款，期限较短，所以它们没有遭遇到储蓄贷款协会以及互助储蓄银行在20世纪80年代遇到的财务困境。

信用社成员共同承担债务，典型的信用社的规模一般较小，它们中的大部分资产在 1 000 万美元以下。另外，由于信用社与某一行业或者公司密切关联，当该行业或者公司大量工人失业，因而导致难以偿还贷款时，信用社就会面临破产的风险。近年来，监管制度发生变化，放松了对特定联系的限制，允许信用社为分散的客户服务，从而促进了信用社规模的扩张，降低了未来信用社破产的概率。

11.7　国际银行业务

1960 年，只有 8 家美国商业银行在海外设立分支机构，它们的总资产还不到 40 亿美元。目前，大约 100 家美国银行在海外设有分支机构，资产总额超过 2.5 万亿美元。国际银行业务的高速增长可以归因于下面三个因素。

第一，自 1960 年以来，国际贸易和跨国公司迅猛发展。当美国公司在海外经营时，它们需要海外的银行服务，为其国际贸易融资。例如，为了经营在海外建立的工厂，它们可能需要一笔外币贷款。当它们在海外销售货物时，他们需要银行将其收到的外币销售收入兑换成美元。尽管这些公司可以利用外国银行的国际银行服务，但它们更愿意同那些已经建立长期联系或者更理解美国企业习俗和惯例的美国的银行打交道。随着国际贸易的增长，国际银行业务也随之发展起来。

第二，美国的银行积极从事全球性投资银行业务，承销外国证券，从而赚取丰厚的利润。它们还在海外销售保险，从投资银行业务和保险业务中获得可观的利润。

第三，美国的银行一直希望进入规模庞大的海外美元存款市场，即欧洲美元市场。为了了解美国海外银行业的结构，我们首先考察欧洲美元市场，即国际银行业务迅猛发展的一个重要源泉。

11.7.1　欧洲美元市场

当美国的账户存款被转移至美国之外的银行，但仍然保持美元的形式时，便产生了欧洲美元（环球视野专栏"欧洲美元市场的诞生过程"介绍了欧洲美元的产生经过）。举例来说，劳斯莱斯股份有限公司将一张 100 万美元的美国的银行账户开具的支票，存入其在伦敦的开户行中，并规定当该存款以美元的形式支付时，100 万美元的欧洲美元便诞生了。⊖ 90% 以上的欧洲美元存款是定期存款，其中半数以上是期限为 30 天或者 30 天以上的存单。未偿清的欧洲美元总额大约为 5 万亿美元，这使得欧洲美元市场成为世界经济中最重要的金融市场之一。

环球视野　　　　　　**欧洲美元市场的诞生过程**

作为资本家心目中最重要的金融市场之一的欧洲美元市场，是由苏联创建的。20 世纪 50 年代早期，"冷战"处于高峰时期，苏联在美国的银行中已经积累了相当数量的美元存

⊖　值得注意的是，伦敦的银行持有美国的银行 100 万美元存款，所以欧洲美元的创立没有导致美国银行的存款规模出现下降。

款。由于担心美国政府会冻结它在美国的资产，于是它决定把这些存款转移至欧洲，以避免被没收（这种担心并不是毫无根据的，美国曾于 1979 年和 1990 年先后冻结了伊朗和伊拉克的资产）。但是，苏联仍然想以美元的形式保持存款，用于国际交易。这个问题的解决办法是，把其存款转移至欧洲银行中，但是仍然以美元计价。于是欧洲美元诞生了。

劳斯莱斯等公司为何愿意在美国之外持有美元存款呢？首先，美元是国际贸易中使用最广泛的货币，因此，劳斯莱斯公司愿意持有美元存款来从事国际贸易活动。其次，欧洲美元是"离岸"存款，它们不必遵守所在国有关法定准备金要求或者不得将存款向国外转移（即资本管制）等政策。[⊖]

欧洲美元市场的主要中心在伦敦，这是具有数百年历史的主要的国际金融中心。欧洲美元还存在于欧洲之外能够为这些存款提供离岸待遇的地区，诸如新加坡、巴哈马群岛和开曼群岛。

欧洲美元市场最低的交易规模通常为 100 万美元，这些存款中将近 75% 由银行持有。显然，你我不可能和欧洲美元有直接联系。美国的银行意识到，通过在海外开设分支机构，直接吸收存款，比起充当中介机构和从外国银行借入存款，能赚取更高的利润。因此，欧洲美元市场成为美国海外银行业务发展的一个重要的推动力。

11.7.2 美国海外银行业务的结构

美国银行的大部分海外分支机构分布在拉丁美洲、远东、加勒比海地区和伦敦。由于伦敦是主要的国际金融中心和欧洲美元市场中心，所以伦敦分支机构持有的资产规模最大。美国在拉丁美洲和远东拥有数量众多的分支机构，原因就在于这些地区同美国有着重要的贸易往来。加勒比海地区（主要是巴哈马和开曼群岛）的重要性之所以日益提升，是因为它是一个避税天堂，税负较轻且限制性规定很少。实际上，设在巴哈马和开曼群岛的分支机构的功能主要是账簿中心，并不提供常规的银行业务，因此是"空壳公司"。

在海外经营的美国银行的另一种公司结构是**《埃奇法案》公司**（Edge Act corporation），这是主要从事国际银行业务的特殊的附属公司。美国银行（通过其持股公司）也能拥有对外国银行和提供金融服务的外国公司（比如财务公司）的控制权。美国联邦储备体系的《K 条例》负责规范美国银行业组织的国际业务活动。

1981 年年底，联邦储备体系批准在美国境内设立**国际银行业设施**（international banking facilities，IBF），它可以吸收外国人的定期存款，但不受准备金要求或者利息支付的约束。国际银行业设施还可以向外国人发放贷款，但不可以向本国居民贷款。各州免除州及地方税，鼓励建立国际银行业设施。实际上，国际银行业设施被视为美国银行的海外分支机构，不受本国法规和税收的限制。建立国际银行业设施的目的是鼓励美国和外国的银行更多地在美国境内而不是在海外开展业务。从这个角度来看，国际银行业设施相当成功，在最初的两年里，其资产已经接近 2 000 亿美元，目前，该数值已超过 1 万亿美元。

⊖ 虽然大部分离岸存款是使用美元计值的，但是也有使用其他货币计值的。这些离岸存款统称为欧洲货币，诸如存放在伦敦银行之中的以日元计值的存款被称为欧洲日元。

11.7.3　美国国内的外国银行

国际贸易的增长不仅刺激美国的银行在海外设立分支机构，也促使外国银行在美国开展业务。外国银行在美国境内取得巨大成功。目前，外国银行持有美国银行资产总额的 20% 以上，并在美国公司贷款市场上占有相似的份额。

外国银行通过其代表处、下属的美国银行或其分行，在美国从事银行业务。代表处可以在美国发放贷款和转移资金，但不能接受国内居民的存款。代表处的优势在于，不受针对提供全方位服务的银行机构所制定的限制措施的约束（比如向联邦存款保险公司的投保要求）。外国银行下属的美国银行与其他美国银行一样（它甚至有一个听上去很美国化的名字），都受相同的法律法规的约束，但为外国银行所有。外国银行的分支机构则带有外国银行的名称，通常可以提供全方位的服务。外国银行还可以组建《埃奇法案》公司和建立国际银行业设施。

在 1978 年以前，外国银行不受针对国内银行所制定的规章制度的约束。举例来说，它们可以跨州开设分支机构，不必遵循法定准备金要求。然而，在 1978 年通过的《国际银行法》，把外国银行和国内银行置于更加平等的地位。目前，外国银行只能在它们确定为总部所在地的州或者允许其他州银行进入的州开办新的提供全方位服务的分支机构。不过，任何州都允许设立提供有限服务的分支机构和代表处。

银行业的国际化，包括美国银行走出国门和外国银行进入美国，意味着全球金融市场一体化的进一步加深。结果就是银行监管的国际协调趋势的加强。1988 年的《巴塞尔协议》就是一个实例，它统一了工业化国家的最低资本金要求，这一点我们在第 10 章中已经有所讨论。金融市场一体化还促进了银行合并，日本兴业银行、第一劝业银行和富士银行于 2002 年实现合并创造了第一家万亿美元的银行。另一个趋势是外国银行在国际银行业中的重要性不断提升。根据表 11-3 的内容，在 2017 年的世界十大银行集团中有 8 家是外国银行。在第 21 章国际金融体系的讨论中，我们会进一步考察金融市场一体化对整体经济运行的意义。

表 11-3　2017 年的世界十大银行

银行	资产（万亿美元）	银行	资产（万亿美元）
1. 中国，中国工商银行	3.62	6. 美国，摩根大通银行	2.42
2. 中国，中国建设银行	2.94	7. 法国，巴黎银行	2.40
3. 中国，中国农业银行	2.82	8. 日本，三菱东京日联银行	2.32
4. 中国，中国银行	2.63	9. 美国，美国银行	2.15
5. 英国，汇丰银行	2.57	10. 法国，农业信贷银行	1.91

资料来源：From Bankrate.com—Compare morgage, refiance , insurance, CD rates: http://www.bankrate.com/finance/banking/largest-banks-in-the-world-1.aspx.

本章小结

1. 美国银行业的历史留给我们一个双重银行体系，即商业银行既可以在各州政府也可以在联邦政府注册成立。众多监管机构监管商业银行，包括货币监理署、联邦储备体系、联邦存款保险公司和州银行监管当局。

2. 经济环境的变化促使金融机构寻求金融创新。推动金融创新的主要动力是：需求状况的变化，尤其是利率风险的上升；供给状况的变化，尤其是信息技术的发展以及规避高成本监管的愿望。金融创新导致银行不仅在获取资金时丧失了成本优势，而且还丧失了资金收入优势。结果是银行传统业务活动的盈利能力锐减，传统银行业务萎缩。

3. 限制在州内设立分支机构的规定和限制跨州设立分支机构的《麦克法登法》，导致小型商业银行的大量存在。美国商业银行为数众多是过去该行业缺乏竞争的表现，并不是激烈竞争的结果。银行持股公司和自动取款机是对限制开办分支机构的反应，从而弱化了限制措施的反竞争效应。

4. 自20世纪80年代中期以来，银行并购实现了快速发展。银行并购的第一个阶段表现为银行破产和限制设立分支机构的规章制度的有效性降低。在第二个阶段中，信息技术得到发展，1994年《里格-尼尔州际银行业务与分支机构效率法案》为建立全国性银行体系奠定了基础。当银行并购浪潮停止时，美国的银行体系中很有可能会存在几千家银行。大多数经济学家认为银行并购和全国性银

业的效益会超过成本。

5. 《格拉斯-斯蒂格尔法》将商业银行和证券业分离开来。然而，1999年的法律废除了行业分离的规定，废止了《格拉斯-斯蒂格尔法》。

6. 储蓄机构（储蓄贷款协会、互助储蓄银行和信用社）的监管和结构与商业银行业十分相似。储蓄贷款协会主要由储蓄监管局监管，而其存款保险则由联邦存款保险公司提供。互助储蓄银行由各州负责监管，联邦存款保险由联邦存款保险公司提供。信用社由全国信用社管理局监管，存款保险由全国信用社股份保险基金提供。

7. 随着1960年以来世界贸易的迅猛增长，国际银行业飞速发展。美国银行通过在海外设立分支机构、拥有外国银行控股权、建立《埃奇法案》公司和经营位于美国境内的国际银行业设施来从事国际银行业务。外国银行在美国通过拥有其附属的美国银行、经营分支机构和代表处等途径来从事经营活动。

关键术语

《埃奇法案》公司	次级贷款	存款利率上限	对冲
发起-分销模型	范围经济	分支机构	国民银行
国际银行业设施	金融工程	金融脱媒	金融衍生工具
跨区域银行	流动账户	期货合约	社区银行
双重银行体系	虚拟银行	银行持股公司	影子银行体系
证券化	中央银行	州银行	自动提款机

思考题

1. 在1863年《国民银行法》颁布前，银行业的普遍状况是促进还是阻碍了美国各州之间的贸易？

2. 为何美国实行双重银行体系？

3. 鉴于2007～2009年的金融危机，你认为1933年《格拉斯-斯蒂格尔法》在商业银行

和证券业之间建立防火墙是不是一件好事？

4. 哪个监管机构主要负责监管下列商业银行种类？

a. 国民银行；

b. 银行持股公司；

c. 非联邦储备体系成员的州银行；

d. 联邦储备体系成员的州银行；

e. 联邦特许储蓄贷款协会；

f. 联邦特许信用社。

5. 利率风险是如何推动金融创新的？

6. 新技术的发展为什么使限制银行设立分支机构变得更加困难？

7. "银行业衰落的背后，计算机的发明是主要因素。" 这种说法是正确的、错误的还是不确定的？解释你的答案。

8. "如果没有 20 世纪六七十年代的通货膨胀上涨，那么今天的银行业或许会更加健康。" 这种说法是正确的、错误的还是不确定的？解释你的答案。

9. 流动账户和货币市场共同基金是如何帮助银行规避准备金要求的？

10. 如果未来采纳一些经济学家的建议，取消法定准备金制度，这对货币市场共同基金的规模会产生什么影响？

11. 为何美国银行业间 "钻空子" 的行为十分普遍？

12. 近年来，为什么银行会在获取资金方面丧失成本优势？

13. 近年来，为什么银行会丧失资产的收入优势？

14. "加拿大商业银行业的竞争性不如美国商业银行业，这是因为在加拿大只有很少的几家银行主宰着整个行业，而在美国有大约 6 000 家银行。" 这种说法是正确的、错误的还是不确定的？解释你的答案。

15. 为什么资产低于 2 500 万美元的银行在商业银行中所占的比例高于相同规模的储蓄贷款协会与互助储蓄银行在各自行业中的比例？

16. 与商业银行、储蓄贷款协会、互助储蓄银行不同，对信用社没有限制在其他州设立分支机构的规定，那么为什么信用社的规模通常比其他储蓄机构要小呢？

17. 银行持股公司为何会得到如此迅猛的发展？

18. 鉴于贷款发起人在本章中描述的抵押贷款证券化过程中的作用，你认为贷款发起人会担心一个家庭是否具有偿还每月贷款的能力吗？

19. 竞争因素是如何导致《格拉斯 – 斯蒂格尔法》的废除，将商业银行和证券业分离开来的？

20. 1999 年《金融服务现代化法案》对于银行并购有何种潜在影响？

21. 哪些因素可以解释国际银行业务的迅速发展？

22. 监管当局有哪些鼓励国际银行业务的措施？它们为什么要这样做？

23. 1981 年美联储批准设立的国际银行业设施是如何减少欧洲银行业的就业机会的？

24. 如果你在外国所属的银行开立支票账户，你会担心自己的存款不如存放在美国银行中安全吗？

25. 为什么世界 10 家银行中只有两家是美国的银行？

数据分析题

1. 登录圣路易斯联邦储备银行 FRED 数据库，查找美国 30 年常规按揭贷款利率和 1/5 年调整利率按揭贷款。

   a. 最新一周的按揭贷款利率反映了什么？

   b. 利用最近一周的数据，计算若某一确定的本金偿付为 2 000 美元，那么不同类型的按揭贷款每个月的利率偿付应为多少（单利计算）？

   c. 一年期内，两种不同按揭贷款的利息支付差别有多大？

2. 登录圣路易斯联邦储备银行 FRED 数据库，下载货币市场共同基金的资产水平。

   a. 资产何时进入货币市场共同基金？在 1970 年年底货币市场共同基金的总资产价值是

多少？

b. 计算每 10 年年初至年末资产的变动比率：1980 年第一季度至 1990 年第一季度；1990 年第一季度至 2000 年第一季度；2000 年第一季度至 2010 年第一季度。用 10 年变动比率除以 10 以算出平均年变化率。哪个 10 年有最大平均年增长率？

c. 计算最近季度增长率（最近季度的数据除以上一年相同季度的数据），并与 b 中最大年平均增长率进行比较。

网络练习

1. 登录 http://www2.fdic.gov/hsob/index.asp，选择"商业银行报告"，然后选择"中介机构、分支机构和代表处的数量"。查看银行分支机构的发展趋势，公众利用银行设施的机会更多还是更少了？ 1934 年有多少家银行？现在有多少家银行？图表是否表明合并的趋势还在持续？

2. 尽管有许多措施保护银行免于破产，但还是有一些银行倒闭了。登录 https://www5.fdic.gov/hsob/SelectRpt.asp?EntryTyp=30，单击"破产和救助交易"。在最近的一年中，美国有多少家银行破产？破产银行持有的资产总额是多少？ 1937 年有多少家银行破产？

网络参考

www.fdic.gov/bank/ 联邦存款保险公司收集的有关金融中介公司和银行业的各种数据。

www2.fdic.gov/hsob/index.asp 访问该网站可以收集到有关银行业的数据。

金融危机

学习目标

1. 学习金融危机的定义。

2. 了解金融危机三个阶段的特质。

3. 描述 2007 ~ 2009 年全球金融危机的原因和结果。

4. 总结 2007 ~ 2009 年全球金融危机对监管方面带来的影响和变化。

5. 了解当下金融监管的缺口以及对未来的影响。

| 预览 |

金融危机是以资产价格急剧下跌和企业倒闭为主要特征的金融市场动荡现象。从 2007 年 8 月开始，次级抵押贷款市场（适用于具有较差信用记录的借款者）中出现的违约现象震撼了整个金融市场，导致美国出现了自大萧条以来最严重的金融危机。美联储前任主席艾伦·格林斯潘在国会作证时将这场危机形容为"百年一遇的金融海啸"。华尔街的企业和商业银行蒙受了数以十亿美元计的亏损。居民和企业被迫为其借款支付更高的利息，并且很难获得信贷。在全世界范围内，股票市场纷纷崩溃，其中美国股市更是从顶点下跌了 50%，包括商业银行、投资银行和保险公司等在内的众多金融机构纷纷破产。从 2007 年 12 月至 2008 年秋天，这期间经济一直处于混乱的衰退状态。这次金融危机于 2009 年 6 月结束，是第二次世界大战以来最严重的经济衰退，现被称为"大萧条"。

这次危机为什么会发生呢？纵览美国以及其他众多国家金融历史，为什么金融危机会如此普遍地出现？对于本次金融危机而言，这些历史上出现过的金融危机在哪些方面对我们有所启示？为什么伴随金融危机而来的往往是经济活动的严重紧缩？在本章中，通过构建理解金融危机运行机制的理论框架，我们将会对这些问题进行解答。在第 8 章内容的基础上，我们运用代理理论（对金融市场和经济体系中信息不对称（逆向选择和道德风险）问题所产生影响的经济分析理论），考察金融危机发生的原因及其对经济体系产生灾难性影响的具体原因。随后，我们将运用上述分析框架来解释包括最近发生的全球金融危机在内的全世界范围内数次金融危机的发生过程。[⊖]

12.1 什么是金融危机

在第8章中我们已经知道，一个运转良好的金融系统能够解决信息不对称问题（道德风险和逆向选择），从而将资本配置到那些具有最高生产效率的部门。这些信息不对称问题，表现出对资本高效配置的阻碍，通常被经济学家称为**金融摩擦**（financial friction），即无法有效地将资金从储蓄者转移到那些具有生产性投资机会的居民和企业手中，导致经济活动减少。当完善的金融市场信息系统瓦解，并导致金融摩擦大幅增加同时金融市场无法正常运转时，**金融危机**（financial crisis）将爆发。同时，经济活动将会急剧紧缩。

12.2 历史上美国金融危机的发生机制

近期的金融危机成为新闻头条关注的焦点，然而，它只是美国历史上众多金融危机中的一次而已。这些经验帮助经济学家揭示其对于当前经济动荡的启示。

美国此前的金融危机一般具有两个或三个发展阶段。为了帮助读者理解危机是如何形成和发展的，图 12-1 提供了对发达经济体金融危机中所发生事件的阶段和顺序的图解。

12.2.1 第一阶段：金融危机的发端

金融危机源于两个原因：信贷泡沫及其毁灭，以及大型金融机构倒闭造成的不确定性的普遍增长。

1. 信贷泡沫及其毁灭

当经济体处于**金融创新**（financial innovation）的阶段，如创造出新的贷款种类或其他金融产品，或者是在一个国家推进**金融自由化**（financial liberalization）的阶段，即削减对金

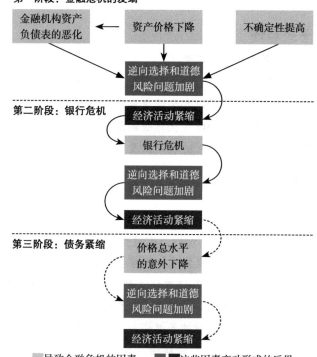

图 12-1 美国金融危机中的事件顺序

注：第一阶段和第二阶段中的实线箭头表示的是，一次典型金融危机过程中所发生各种事件的前后顺序，而虚线箭头表示的是，在危机发展到我们论及的第三阶段（即债务紧缩阶段）时，所发生各种事件的先后顺序。

⊖ 附加章节："新兴经济体的金融危机"，该章扩展分析了新兴市场经济体的金融危机，可在 www.pearson.com/mylab/economics 上查阅。新兴经济体是近期对世界其他国家的商品、服务和资本开放，并处于市场发展早期阶段的经济体。

融市场和金融机构的管制，往往会播下金融危机的种子。从长期来看，金融自由化有利于加快金融发展的进程，激励运行良好的金融体系有效率地配置资本。然而，金融自由化也存在着某些弊端：从短期看，它会导致金融机构经常出现无节制放贷的情况，通常称为**信贷激增**（credit boom）。不幸的是，这些金融机构的管理者可能没有具备妥善管理这些新型金融业务中所蕴含风险的专业技能。即使这些金融机构具备应有的专业管理技能，但是信贷激增很可能会超过这些机构和政府监管者监控与管理信贷风险的能力，从而导致高风险信贷行为的产生。

正如我们在第 10 章中讨论的那样，政府的安全体系（如存款保险）将会降低市场对银行活动的约束并增强银行从事道德风险行为的动机。因为在安全体系之下，存款人知道即使在银行倒闭的情况下自己也不会遭受损失，所以即使在具有过高风险的情况下，银行仍然会获得资金。在缺乏监管的情况下，过度承担风险的活动将难以控制。

最终，贷款损失大量增加，而相对于负债的贷款价值（资产负债表中的资产项目）出现下降，因此银行以及其他金融机构的净值（资本）将会降低。资本金的减少将会迫使银行收缩信贷，即所谓的**去杠杆化**（deleveraging）。进一步而言，资本金的减少将会提高银行和其他金融机构的风险水平，导致这些机构的存款者以及其他潜在资金供给者提取其资金。资金的减少意味着贷款的收缩和信用冻结，因而从信贷激增转变为信贷崩溃。

当金融机构停止进行信息收集和提供贷款时，金融摩擦增加，使金融体系解决逆向选择和道德风险等信息不对称问题的能力受到严重限制（正如图 12-1 中顶行第一个因素的箭头所示，"金融机构资产负债表的恶化"）。随着信贷数量的收缩，企业将会无法为其具有良好前景的投资机会提供资金支持，于是它们削减支出，导致经济紧缩。

2. 资产价格泡沫及其破灭

在投资者心理作用的驱动下，股票市场和房地产市场中的资产价格可能被提升到远高于其**基本经济价值**（fundamental economic values）的水平上（即艾伦·格林斯潘在担任美联储主席时所称的"非理性繁荣"）。结果就是产生了**资产价格泡沫**（asset-price bubble），就像 20 世纪 90 年代后期出现的高科技股票泡沫，以及我们在本章后面将要讨论的近期房地产价格泡沫。资产价格泡沫大多数时候受信贷激增影响，因为贷款被用来融资购买资产，所以提高了资产价格。

当泡沫破裂以及资产价格向其基本经济价值回归时，股票和房地产价格暴跌，公司的净值（其资产负债之差）下降，由此公司可用的抵押品价值下降。现在，因为公司面临的风险更小，从而可能产生的损失更小，它们也就更有可能进行风险投资。这正是一个道德风险问题。因此，金融机构提高了借贷标准（如图 12-1 中顶行第二个因素"资产价格下降"所示）。

资产价格泡沫的破裂还导致金融机构资产价值下降，从而导致金融机构净值下降，进而导致其资产负债表的恶化（正如图 12-1 中顶行从第二个因素到第一个因素的箭头所示），迫使其进行去杠杆化操作，进一步抑制经济活动。

3. 不确定性提高

像是在经济衰退开始后、股票市场崩溃后或者在大型金融机构破产后，大多数美国金融危机通常是在这种不确定性提高的情况下出现的。危机往往始于一些大型公司的破产：1857 年的俄亥俄人寿保险和信托公司（Ohio Life Insurance and Trust Company），1873 年的杰伊·库克公司（Jay Cooke and Company），1884 年的格兰特和沃德公司（Grant and Ward），1907 年的尼克尔鲍克尔信托公司（Knickerbocker Trust Company），1930 年的美国银行（Bank of the United States），2008 年的贝尔斯登、雷曼兄弟和美国国际集团（AIG）。在不确定性很高的情况下，信息交流更加困难，金融摩擦加剧，导致贷款和经济活动减少（正如图 12-1 中顶行最后一个因素的箭头所示）。

12.2.2 第二阶段：银行危机

由于资产负债表不断恶化，以及愈加糟糕的商业环境，许多金融机构处于净资产为负的破产状态。由于无法偿付存款人或其他借款者，一些银行无法继续经营。如果情况很严重，某些因素会导致大规模银行破产的银行恐慌。这种传染的源头来自信息不对称。在银行恐慌时，由于存款者担心他们存款的安全性（在没有足额存款保险的前提下），同时也并不知道银行的贷款组合质量，所以他们会选择在银行濒临破产之际提走其存款。对于银行系统健全的不确定性会导致出现银行资产大量挤兑——无论是好的还是坏的，促使银行快速变卖资产以获得所需资金。这样的**大甩卖**（fire sales）将导致银行资产下降过多以至于无法继续运营，从而导致传染性大规模银行破产和彻底的银行恐慌。

随着运营中的银行减少，关于借款人的信用信息消失了。金融市场中日益严重的逆向选择和道德风险问题加速了金融危机，导致了资产价格下跌和整个经济中缺乏生产性投资机会资金的企业倒闭。图 12-1 中第二阶段显示了这一过程。银行恐慌是发生在第二次世界大战、19 世纪和 20 世纪所有美国金融危机的共同特征，大致上每 20 年发生一次，分别发生在 1819 年、1837 年、1857 年、1873 年、1884 年、1893 年、1907 年以及 1930 ～ 1933 年（1933 年联邦存款保险公司建立，它保护存款者免受损失，阻止了美国的银行恐慌）。

最终，公共或者私人机构，会将一批没有清偿能力（净值为负）的企业关闭，将其卖掉或对其注入流动性。金融市场中的不确定性开始下降，股市开始恢复，而利率也开始下降。总体上的结果是逆向选择和道德风险问题减弱，金融危机消退。由于金融市场恢复正常，经济运行进入恢复时期，而危机的发展将会进入下一个可能出现的阶段。

12.2.3 第三阶段：债务紧缩

如果经济衰退导致物价价格水平出现急剧下降，那么恢复的过程将会被打断。在这种情况下，正如图 12-1 中第三阶段所描述的，就会发生**债务紧缩**（debt deflation）的情况，即出现物价总水平的意外大幅下降。由于债务负担加重，导致公司净值情况进一步恶化。

在经历温和通货膨胀的经济体（通常是最先进的国家）中，许多固定利率的债务合同年限较长（10 年或更多）。因为债务支付合同固定在名义价格，所以预期的价格水平下降引发借贷公司的负债实际价值的增加（增加的债务负担），但并没有提高借贷公司资产的实际价值。在现实中，借贷公司的净资产（负债资产之差）因而下降。

为了更好地理解这种净资产的下降是如何发生的，我们假设一家公司在 2019 年拥有 1 亿美元资产和 9 000 万美元长期负债，即拥有 1 000 万美元的净资产。假设价格水平在 2020 年降低 10%，债务的实际值应为 9 900 万美元，而资产实际值保持 1 亿美元不变。这就会导致真实净值（以 2019 年美元计算）由 1 000 万美元下降到 100 万美元（1 亿美元减去 9 900 万美元）。

在出现债务紧缩的情况下，借款人的实际净资产大幅下降，逆向选择和道德风险问题更加严重，从而导致贷款和经济活动在很长时期内持续低迷。表现为债务紧缩的、最为著名的金融危机就是大萧条，它是美国历史上最为严重的经济衰退。

应用 12-1　　　　　所有金融危机的源头：大萧条

在现有金融危机机制的基础上，我们将分析金融危机在大萧条中是如何发展并引起美国历史上最严重的经济衰退的。

12.2.4　股市崩盘

1928～1929 年，美国股市中的股票价格上涨了一倍。美联储官员认为这种股市暴涨的现象是过度投机造成的。为了遏制这种过度投资行为，他们试图通过紧缩的货币政策来提高利率，然而结果却超出其交易活动期望实现的水平，股票市场于 1929 年 10 月崩盘，1929 年年底时股价下跌 40%（见图 12-2）。

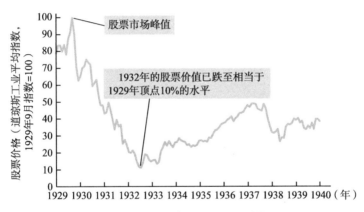

图 12-2　大萧条期间的股票价格

注：股票市场于 1929 年崩盘，1929 年年底时股价下跌 40%。1932 年年中的股票价格已经跌至相当于 1929 年顶点的 10% 的水平。

资料来源：Federal Reserve Bank of St.Louis FRED database: http://fred.stlouisfed.org/series/M1109AUSM293NNBR.

12.2.5　银行恐慌

截至 1930 年年中，超过一半的股价跌幅已经得到恢复。事实上，当时的信贷市场环境相当稳定，没有任何迹象表明一场极为严重的金融危机即将来临。然而，中西部的严重干旱导致农产品产量大幅减少，农民没有办法偿还银行贷款。这种农民贷款的违约造成了农业地区银行资产负债表的巨大损失。经济环境的脆弱性，特别是农业地区，引起了银行存款的大量取出，导致 1930 年 11 月至 12 月股价跳水时全方位的银行恐慌。在之后的两年多里，美国历史上最严重的银行恐慌接连迸发，而美联储只能徒劳应对。在银行恐慌时代结束的 1933 年 3 月，美国总统罗斯福宣布实施一个银行假期，即暂时关闭所有银行。他向全美发表讲话："我们唯一需要恐惧的就是恐惧本身。"损伤已经过去，然而超过 1/3 的美国商业银行在这场浩劫中破产。

12.2.6　股价持续下滑

股票价格继续下跌。1932 年年中的股票价格已经跌至相当于 1929 年顶点 10% 的水平（见

图 12-2），由于经济紧缩产生的不稳定的商业环境提高了不确定性的水平，导致信贷市场中的逆向选择和道德风险问题更加恶化。大量金融中介机构的减少进一步加剧逆向选择和道德风险问题。金融市场将资金向那些具有生产性投资机会的公司进行转移。正如我们分析所预计的那样，1929～1933 年商业贷款未偿付余额下降了一半，同时，投资支出崩溃，比 1929 年的水平减少了 90%。

金融摩擦加剧的一个表现是，贷款人开始向企业收取更高的利率，以保护自己免受信贷损失。由此产生了上涨的**信用利差**（credit spread），即给家庭和企业的利率与无风险利率的差值。无风险利率指一定会偿还的无风险资产的利率，如美国国债。图 12-3 展现了相近期限的美国国债利率与评级为 Baa（中等质量）的公司债券利率之差（注意，信用利差与第 6 章讨论的风险溢价密切相关）。

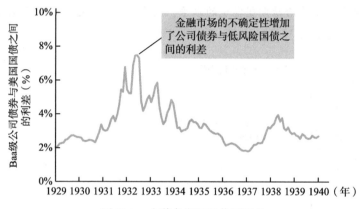

图 12-3　大萧条期间的信用利差

注：在大萧条期间，相近期限的美国国债利率与评级为 Baa（中等质量）的公司债券利率之差在扩大。

资料来源：Federal Reserve Bank of St. Louis FRED database: http://fred.stlouisfed.org/series/M1109AUSM293NNBR.

12.2.7　债务紧缩

伴随着衰退的经济活动产生的紧缩最终导致物价总水平下跌了 25%，这一现象使得美国经济无法像大多数经济衰退那样实现快速的复苏。物价总水平的急剧下跌导致了债务紧缩情况的产生，由于负债企业的债务负担由此进一步加重，所以企业的净值降低。企业净值的下降以及由此产生的信贷市场中更为严重的逆向选择和道德风险问题，延长了经济衰退的期限，失业人口达到劳动力总数的 25%。大萧条时期的金融危机是美国历史上出现过的最为严重的金融危机，这也就解释了为什么这次经济萧条也是美国所经历过的所有经济衰退中最为严重的一次。

12.2.8　国际视角

尽管大萧条发生在美国，但它不只是一个美国现象。在美国的银行恐慌也蔓延到世界其他地区后，美国经济的收缩也急剧减少了对外国商品的需求。世界范围内的经济衰退造成极大的麻烦，数以百万计的人失去工作，由此产生的不满情绪引起了法西斯主义的崛起和第二次世界大战。大萧条金融危机的后果是灾难性的。

12.3 2007 ~ 2009 年的全球金融危机

许多年来，大多数经济学家认为像大萧条那样的经济危机只有过去美国那样的发达国家才会经历。然而，2007 ~ 2009 年席卷全球的金融危机证明他们的想法是错误的。

12.3.1 2007 ~ 2009 金融危机的成因

我们通过考察以下三个核心因素来解释 2007 ~ 2009 年的金融危机：抵押贷款市场中的金融创新和代理问题，以及信息不对称在信用评级过程中的角色。

1. 抵押市场中的金融创新

正如第 11 章所述，从 21 世纪初期开始，信息技术的进步使次级抵押贷款证券化变得更加容易，导致了次级抵押贷款证券的爆炸式增长，然而金融创新并没有就此止步。金融工程学以及新型和复杂的金融工具产品的发展，导致了从基础资产的现金流中衍生的**结构化信贷产品**（structured credit products）的出现，这些产品能够适应投资者的多样化偏好，以此设计特定风险特征。特别是臭名昭著的担保债务凭证（CDO），将在参考资料专栏"担保债务凭证"中被阐述。

参考资料   **担保债务凭证**

担保债务凭证是这样形成的：一个被称为特殊目的载体（SPV）的法人实体购买许多资产如公司债券和贷款、实体债券、住房抵押贷款等证券的集合。SPV 之后将这些资产进行分割与包装，划分成不同的系列（tranche）。最高额定的档，即超高级系列（super senior tranche），是那些最先支付且承担最小风险的组别。超高级档 CDO 是将这些现金流向投资者支付的债券，而且因为它有最小的风险，所以它也有最低的利率。接下来是高级系列（senior tranche），比上一系列多一点风险，支付更高的利率。下一笔支付流，是夹层系列（mezzanine tranche）的 CDO，在前两者支付后支付，并且因此它承担更多风险且有更高的利率。CDO 最低档是股本部分（equity tranche），若标的资产违约现金流不足则该系列不支付现金流。这个系列具有高风险，且通常不被交易。

这的确听起来很复杂。同时，还存在 CDO^2 与 CDO^3，其中 CDO^2 靠 CDO 收益支付现金流，CDO^3 靠 CDO^2 支付现金流，这使风险变得更大了。尽管金融工程的发展使产品具有更大的潜在收益并满足更多种客户需要，但是它也有弊端。结构化产品如 CDO、CDO^2 和 CDO^3 等产品可能会演变得太复杂以至于我们难以对它们的现金流进行估值，以及决定究竟谁实际拥有这些资产。事实上，2007 年 10 月美联储的本·伯南克曾说："想知道这该死的产品究竟值多少钱。"换句话说，结构化产品不断增加的复杂性削弱了市场的信息，从而恶化了信息不对称问题，并增加了逆向选择和道德风险问题的严重性。

---

2. 抵押市场中的代理问题

发起抵押贷款的经纪人没有认真地去评估借款人是否能够偿还抵押贷款，因为他们计划以抵押贷款证券化的形式迅速向投资者出售（分配）贷款。第 8 章所讨论的各种代理问题都开始浮现。次级抵押贷款市场是基于一种被称为"发起－配售"的商业模式来运行的，其中抵押贷款经纪人作为投资者（委托人）的代理人，并没有将投资者的最佳利益放在心上。因为一旦经纪人赚取了他的佣金，他就没有理由继续关心借款者是否会按期偿付贷款。经纪人发起的抵押贷款数额越大，他赚取的佣金也就越多。

毫不奇怪，逆向选择成为一个主要问题。风险偏好型投资者可以由此获得贷款去购买房屋，如果住宅价值不断升值，那么这种投资的回报将会非常丰厚，但是如果房价下跌，他们只能选择"离开（放弃）"其住宅。委托－代理问题同样激励了抵押贷款的经纪人去鼓动居民借取他们本来无法负担得起的贷款，或者通过伪造借款者抵押贷款申请书中相关信息的欺诈方式使其获得抵押贷款。与其相关的问题是对抵押贷款发起者缺乏严格的监管，缺乏有关的规定要求他们向借款者披露相关的信息，以便借款者能够正确评估其是否具备负担抵押贷款的能力。

代理问题进一步深化。通过承销抵押贷款支持证券和诸如担保债务凭证等结构化信贷产品获得巨额佣金收入的商业银行和投资银行，同样缺乏动力来保证证券的最终持有人是否可以获得偿付。**金融衍生产品**（financial derivatives），即金融机构的收益与过去发行的证券相连的金融产品，也存在较大风险。**信用违约互换**（credit default swap），即一种向违约债券的持有人付款的衍生产品，也让如美国国际集团这样的保险公司花费几千亿美元签订风险合同。

3. 信息不对称与信用评级机构

信用评级机构从违约率的角度对债券的质量进行评级，它是导致金融市场信息不对称的另一个诱因。信用评级机构向客户建议如何构建复杂金融工具组合，比如担保债务凭证，但同时它们又会对这些同质化产品进行评级。因此，它们会十分矛盾，收取客户咨询如何分配资产的费用会使它们没有足够动力对它们推荐的产品进行准确的评级。结果就是评级大幅放水，导致销售的复杂金融产品的风险远超客户想象。

12.3.2 2007～2009金融危机的影响

消费者与企业在2007～2009年的金融危机中也承受了较大损失。危机的影响主要来自以下5个方面：房地产价格泡沫及其破灭、银行资产负债表恶化、影子银行体系的挤兑、全球金融市场与知名公司破产。

1. 房地产价格泡沫及其破灭

在2001年美国经济结束衰退过程之后，次级抵押贷款市场开始启动，到2007年已经形成了一个容量超过1万亿美元的市场。由于次级抵押贷款市场的发展导致了"信贷民主化"的产生，并且帮助美国的住房拥有率达到历史上的最高点，所以它受到经济学家和政治家的一致称赞。在2000～2001年美国经济结束衰退过程之后，房地产市场的资产价格开始启动，并且持续急速上涨（见图12-4），这同样有助于促进次级抵押市场的发展。不断上涨的房价意味着在其房屋价值出现升值的情况下，次级抵押贷款者可以获得更高数额的贷款来为其住宅提供再融资。因为次级抵押贷款者总是可以通过出售其住宅来偿还贷款，所以他们看起来不会出现违约现象，而次级抵押贷款所支持的这种证券具有较高的收益率，这也让投资者非常欣喜。反过来，次级抵押贷款市场的发展也进一步增加了对住宅的需求，从而造成房地产价格急剧上升。

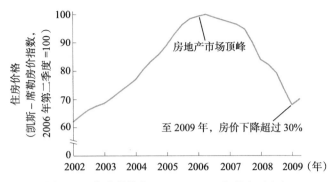

图 12-4　住房价格与 2007 ～ 2009 年的金融危机

注：住房价格在 2002 ～ 2006 年出现迅速上攀，推动了次级信贷市场的发展并导致资产价格泡沫的产生。然而自
　　2006 年起房价开始下滑，至 2009 年已下跌 30%，大量次级贷款违约。

资料来源：Case-Shiller U.S. National Composite House Price Index from Federal Reserve Bank of St. Louis FRED
　　　　database: https://fred.stlouisfed.org/series/SPCS20RSA.

进一步的房地产泡沫来源于低利率的房屋贷款，这是由许多不同的原因导致的。第一，大量别国资本涌入美国，如中国和印度；第二，议会鼓励房利美和房地美购买数以万亿的抵押贷款支持债券；[⊖]第三，美联储的货币政策很容易使利率下降。较低的房贷融资成本进一步刺激了住房需求，提高了房价（对于房价泡沫是否由美联储负责，我们将在走进美联储专栏中进行讨论）。

| 走进美联储 | **美联储该对房屋泡沫负责吗**

　　一些经济学家（最突出的是斯坦福大学的约翰·泰勒）认为在 2003 ～ 2006 年，美联储实行的低利率政策造成了房屋价格泡沫。[⊖]泰勒认为，低联邦基金利率导致了较低的贷款利率，从而刺激了房屋需求与次级贷款的发放，这两个因素导致房价上涨和泡沫。

　　在 2010 年 1 月的演讲中，美联储主席本·伯南克反驳这一论点。[⊜]他认为，货币政策不是住房价格泡沫的罪魁祸首。首先，2003 ～ 2006 年的联邦基金利率是否过低尚无定论。反而，真正该负责的是快速繁殖的新型信贷产品，降低了贷款偿付，从而扩大了房屋市场的信贷，并导致大量外国如中国和印度的资本流入。伯南克的演讲很具争议性，货币政策是否该对住房价格泡沫负责的争论尚未停止。

随着房地产价格的上涨，以及抵押贷款的发起者和贷款者的盈利能力提高，次级抵押贷款的放贷标准越来越低。具有较高风险的借款者都可以获得抵押贷款，而抵押贷款数额与房地产

⊖　关于政府在促进房价大幅上涨并导致房地产市场最终破产中的作用，详见 Thomas Sowell, The Housing Boom and
　　Bust, Revised Edition (New York, Basic Books, 2010)。

⊖　John Taylor, "Housing and Monetary Policy," in Federal Reserve Bank of Kansas City, Housing, Housing Finance and
　　Monetary Policy (Kansas City: Federal Reserve Bank of Kansas City, 2007), 463-476.

⊜　Ben S. Bernanke, "Monetary Policy and the Housing Bubble," speech given at the annual meeting of the American
　　Economic Association, Atlanta Georgia, January 3, 2010; http://www.federalreservegov/newsevents/speech/bernanke
　　20100103a.htm.

价值之间的比值，即贷款 – 价值比（LTV）也在升高。借款者通常能够获得的是一种复合抵押组合，其原始抵押贷款 – 价值比清偿顺序中前 80% 的份额被第二次抵押和第三次抵押的清偿过程占据，这使得其几乎不允许出现未按期偿付的情况。然而，如果资产价格的上涨过于脱离其基本面，那么它们的价格就必然会下降，从而导致房地产价格泡沫最终破裂。随着房地产价格由 2006 年的顶峰跌落（见图 12-4），金融系统中的弊端开始显现。房地产价格的下跌使得许多次级贷款的借款者发现其抵押贷款开始"缩水"，即住宅的价值跌到了其贷款数额之下。当出现这种情况的时候，挣扎中的投资者具有极大的动力来放弃房产而将钥匙送还给贷款者。住宅抵押贷款的违约冲击十分剧烈，最终导致超过 100 万笔住宅抵押贷款丧失了其赎回权。

2. 银行资产负债表恶化

当前，美国住宅价格的加速下跌，导致了抵押贷款违约情况的增加，结果是抵押贷款支持证券和担保债务凭证价值的崩溃，从而导致银行和其他金融机构经历了前所未有的巨额资产减值。随着其资产负债表的恶化，这些银行和其他金融机构开始执行去杠杆化操作、折价出售资产并且提高对居民和企业获取信贷资格的限制。因为再没有其他人可以收集信息和提供贷款，信贷市场中的逆向选择和道德风险问题开始增加，银行信贷的减少意味着金融市场中的金融摩擦增加。

3. 影子银行体系的挤兑

抵押贷款和其他金融资产的大幅减值促进了影子银行的发展。影子银行体系由对冲基金、投资银行和其他非存款金融公司构成，它们并不像银行那样受到严格监管。来自影子银行体系的资金流入银行体系，并支撑着低利率抵押贷款和汽车贷款的发行。

这些证券一般由一种利用抵押贷款证券作担保物的短期借款——**回购协议**（repurchase agreement，repo）构成。对于金融机构资产负债表的担忧使人们要求更高金额的担保物，即**估值折扣**（haircuts）。举例来说，如果一个借款人通过回购债务协议借 1 亿美元贷款，可能需要 1.05 亿美元的抵押贷款支持债券来抵押，折扣率为 5%。

不断增加的抵押贷款违约使抵押贷款证券价值下降，估值折扣不断增加。危机伊始，折扣率接近 0，但最后上升到接近 50%。[⊖]结果就是金融机构只能借一半抵押价值额度的贷款。因此，为了筹资，金融机构不得不将资产大甩卖。由于想要快速变卖资产需要降低价格，所以大甩卖导致了金融机构资产的进一步减值。这样的减值也降低了抵押物的价值，增加了折扣率，从而导致金融机构对于流动性的争夺更为猛烈。这样的挤兑结果与大萧条时类似，大规模去杠杆导致了严格的借款限制和经济活动的萧条。

股票市场资产价格的下降（见图 12-5，2007 年 10 月至 2009 年 3 月下降了 50%）和居民住房价格超过 30% 的下落（见图 12-4），伴随着影子银行体系挤兑导致的廉价出售，使得公司与房屋持有人的资产负债表表现弱势。这种金融摩擦的恶化显露于扩大信用利差，造成它们更高的信用成本和紧缩的借贷标准。这意味着消费支出与投资均降低，导致经济衰减。[⊖]

⊖ See Gary Gorton and Andrew Metrick, "Securitized Banking and the Run on Repo," *Journal of Financial Economics*, 104, pp.425-51.

⊖ 同时这一阶段也受到了供给冲击的影响，石油和其他商品价格的剧烈上升一直延续到 2008 年夏天，随后急转直下，我们将在第 23 章中从总需求和总供给的角度讨论供给冲击的影响。

图 12-5　股票价格与 2007 ～ 2009 年金融危机

注：2007 年 10 月～ 2009 年 3 月，股票价格下降了 50%。

资料来源：Federal Reserve Bank of St. Louis FRED database, https://fred.stlouisfed.org/ series/DJIA.

4. 全球金融市场

虽然金融危机发源于美国，但是给欧洲提供了一种警示，标志着人们对金融市场的全球化应该扩展到何种程度问题的关注。在惠誉（Fitch）和标准普尔（Standard & Poor's）宣布调低总值超过 100 亿美元的抵押贷款支持证券和担保债务凭证的评级之后，以资产为基础的商业票据市场出现停滞，而一家法国投资机构——法国巴黎银行（BNP Paribas）于 2007 年 8 月 7 日宣布暂时停止其部分货币市场基金的份额持有者行使其赎回权。影子银行体系的运行随时间的流逝变得越来越糟。尽管欧洲中央银行和美联储向金融系统注入了大量的流动性，但银行开始囤积现金，不愿相互借贷。信贷资源的枯竭导致在 100 余年之中英国首次出现了主要商业银行破产的情况——北岩银行于 2007 年 9 月宣布破产，这家银行的资金来源主要依赖于大规模短期借款活动而不是存款。许多其他的欧洲金融机构也破产了。希腊、爱尔兰、葡萄牙、西班牙面临的问题比较严重。对于欧债问题导致的市场危机，我们将在环球视野专栏"欧洲主权债务危机"中讨论。

环球视野　　　　　　**欧洲主权债务危机**

2007 ～ 2009 年的全球金融危机不只导致了全球范围内的经济萧条，同时导致了今天仍在威胁欧洲的主权债务危机。在 2007 年以前，所有使用欧元的国家利率都在非常低的水平，但在金融危机之后，部分国家经济活动受冲击较大，这些国家降低税收并采取紧急救援计划，导致了政府赤字。人们担心这些受冲击较大的国家无法偿付它们的主权债务。这导致了利率难以控制地攀升。

希腊是欧洲沦陷中倒下的第一块多米诺骨牌。在 2009 年 9 月经济疲软之下，希腊政府减少税收以刺激消费需求，其年预算赤字已达到 6%，负债 – GDP 比率已接近 100%。然而，新政府在 10 月上台后表示实际情况比这更糟：过去的政府虚报了赤字，实际至少是 6% 的两倍，比原来的数字多 10%。尽管采取了多重手段以快速减少政府支出并提高税收，但是希腊国债利率在 2012 年还是飞速攀升，最终几乎到达 40%，负债 – GDP 比率达到 160%。甚至欧洲其他国家对其进行了紧急援助，同时欧洲中央银行也向其提供了流动性资助。希腊被迫将其在私人手中的国债减值一半以上，同时国家也经受着大规模罢工和总理辞职的内乱。

国家主权债务危机随后由希腊蔓延到爱尔兰、葡萄牙、西班牙和意大利。这些国家的政府不得不采取措施提高它们的公共财政收入，同时利率成倍攀升。只有当欧洲中央银行主席马里奥在 2012 年 7 月演讲时说"要不惜一切代价拯救欧元"后，市场才逐渐冷静下来。然而，尽管这些国家的利率下降了，却迎来了严重的经济衰退，失业率成倍增长，西班牙的失业率甚至超过 25%。欧洲主权债务危机给欧元区带来了严重压力，一些采用欧元的国家开始怀疑欧元的存亡。

5. 知名公司破产

金融危机对企业资产负债表的影响迫使金融市场的主要参与者采取激烈的行动。2008 年 3 月，由于大量投资于次级抵押债券及其相关金融产品，作为美国第五大投资银行的贝尔斯登出现了资金挤兑风潮，并且被迫以低于一年前价值 10% 的价格出售给摩根大通。为了促成这笔交易，美联储被迫接管贝尔斯登超过 300 亿美元的问题资产。同年 7 月，由于其持有的次级抵押证券遭受了严重的损失，房利美和房地美这两家由政府发起、私人持有、所担保抵押资产和抵押支持的资产总价值超过 5 万亿美元的企业被迫向美国财政部与美联储寻求救助。2008 年 9 月初，它们被置于政府监管之下（由美国政府进行管理）。

更严重的情况随之到来。2008 年 9 月 15 日，星期一，由于在次级市场中遭受了巨大损失，雷曼兄弟这家资产规模超过 6 000 亿美元、拥有 25 000 名员工的美国第四大投资银行申请破产，这是美国历史上最大的破产案。此前一天，作为美国第三大投资银行的美林公司，同样由于持有次级债券遭受了巨大的损失，宣布以低于其一年前市值 60% 的价格出售给美国银行。而在 2008 年 9 月 16 日，星期二，作为资产规模超过 1 万亿美元的保险业巨头美国国际集团，在其信用评级被调低之后遭遇了巨大的流动性危机。美国国际集团签订了总值超过 4 000 亿美元的被称为信用违约互换的保险合同，由此必须对次级抵押债券市场中可能出现的损失进行赔付。随后，美联储向美国国际集团提供了 850 亿美元的贷款以保证其正常运行（加上此后从美联储和美国政府获得的贷款，美国国际集团的贷款总额达到 1 730 亿美元）。

12.3.3　2007 ～ 2009 金融危机的高峰

2008 年 9 月，出于对华尔街紧急拯救计划表示愤怒的选民不满情绪的考虑，美国众议院否决了由布什政府提出的 7 000 亿美元的一揽子紧急援助计划，随后，金融危机产生了更具破坏性的转变。大约在一周后，《紧急经济稳定法案》最终得以通过。然而，美国股市加速崩溃，2008 年 10 月 6 日开始的一周出现了美国历史上最大的单周股票市场跌幅。在接下来的三周内，信用利差达到顶峰，（美国）国库券与 Baa 级公司债券（刚处于投资级以上）的利差已经超过了 5.5 个百分点（550 个基点），达到历史最高水平，如图 12-6 所示。

受损的金融市场和不断飙升的利率导致消费支出和投资的急剧下降。实际国内生产总值大幅下降，2008 年第三季度年化 GDP 增长率仅为 −1.3%，之后两个季度为 −5.4% 和 −6.4%。失业率飙升，于 2009 年年底增至 10% 以上。2007 年 12 月开始的经济衰退成为第二次世界大战以来美国最严重的经济收缩，即"大萧条"以来最严重的经济危机。

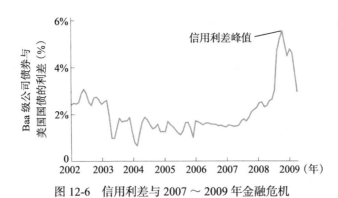

图 12-6　信用利差与 2007 ～ 2009 年金融危机

注：在金融危机期间，信用利差（即美国国库券与 Baa 级公司债券的利差）上涨 4%。救助计划与美国股市的崩溃导
致信用利差在 2008 年达到顶峰。

资料来源：Federal Reserve Bank of St. Louis FRED database: https://fred.stlouisfed.org/series/BAA10Y.

12.3.4　政府干预与经济复苏

尽管全球金融危机造成的经济衰退十分严重，但此次经济破坏远低于大萧条时的水平，因
为政府采取了大量措施刺激金融市场与经济。

正如我们将在第 18 章中看到的一样，美联储采取了非比寻常的手段来遏制危机，既包括
货币政策以促进经济，同时包括流动性供给政策以维持金融市场功能的有序运转。此外，美国
政府还提供了大量紧急援助，如向美国国际集团提供 1 500 万美元的贷款。政府还推出了**资产
救助计划**（Trouble Asset Relief Program，TARP）。该法案于 2008 年 10 月通过，授权财政部斥
资 7 000 亿美元从资产陷入困境的金融机构处购买次级抵押贷款或向这些机构注资。此外，该
法案还暂时将联邦存款保险的限额从 10 万美元提至 25 万美元，以限制从银行提款。此后不
久，联邦存款保险公司将为银行新发行的债务提供担保，此外财政部将保证一年内货币市场共
同基金股票平份发行。同样，欧洲各国政府进行了大规模的援助（超过 10 万亿美元），以支撑
其银行体系（见环球视野专栏"2007 ～ 2009 年金融危机中全球政府的紧急援助"）。

环球视野　　2007 ～ 2009 金融危机中全球政府的紧急援助

2008 年秋天，不断增加的银行破产导致了对金融机构的大规模救助：荷兰、比利时
和卢森堡为撑起富通银行（一家主要的欧洲银行）注入 160 亿美元；荷兰注入 130 亿美元
给银行保险业巨头 ING；德国提供 500 亿美元救援德国抵押不动产公司（Hypo Real Estate
Holding）；冰岛接手其崩溃的三大银行；爱尔兰政府像希腊一样对其商业银行的所有存款
以及银行间贷款提供担保；西班牙实施了类似美国的联合救助计划，购买 500 亿欧元（约
合 700 亿美元）银行资产，以鼓励它们放贷；英国财政部成立了一个 4 000 亿英镑（约合
6 990 亿美元）的类似美国的紧急救助计划。它对 2 500 亿英镑的银行负债进行担保，并
增加了 1 000 亿英镑用于将这些资产转换为政府债券，还允许英国政府购买 500 亿英镑的
英国银行股权。这种对银行进行担保和注资的救助计划在韩国将超过 1 000 亿美元、瑞典
2 000 亿美元、法国 4 000 亿美元、德国 5 000 亿美元。这些救援计划的规模和国际合作程
度都是前所未有的。

刺激经济的财政政策是美国政府应对危机的又一关键。2008年2月，国会通过了布什政府的《2008年经济刺激法案》（Economic Stimulus Act of 2008），这一法案通过寄送600美元支票给个人纳税人，提供7 800亿美元的一次性减税。不久后上任的奥巴马政府提出的《2009年美国复苏与再投资法案》（the American Recovery and Reinvestment Act of 2009）通过一项更大的7 870亿美元的财政刺激计划，在今天看来是非常有争议的，本书第六篇会有更广泛的讨论。

伴随着政府救助、美联储的非常措施和财政刺激，从2009年3月开始，股票市场的牛市一直持续（见图12-5），且信用利差开始回落（见图12-6）。随着金融市场的复苏，经济也开始恢复，但不幸的是复苏的步伐一直很缓慢。

12.4　金融监管的反应

由于2007～2009年金融危机给经济带来的代价、救市行动的规模，以及众多金融机构的国有化，金融监管的系统正在经历巨大的变化。

12.4.1　宏观审慎监管与微观审慎监管

在全球金融危机前，监管当局进行的是**微观审慎监管**（microprudential supervision），专注于单一金融机构的安全与稳健性。微观审慎监管分别关注每个金融机构并且评估其活动的风险及其是否符合披露要求。更重要的是，微观审慎监管检验一家金融机构是否满足要求的资本比率，如果不满足，监管机构立即采取改正措施要求机构提升资本比率或者关闭它，就像我们在第10章中讨论的一样。

关注微观审慎监管不足以预防金融危机。影子银行体系的例子表明了一家金融机构的问题如何损害其他健康的金融机构。当出问题的金融机构被迫贬值出售资产并且出售资产以满足目标资本比率或平仓要求时，将会导致资产价值的下降。资产价值的下降继而导致其他机构进行贬值出售，导致快速的去杠杆进程引发金融危机。在这种情况下，即使具有很高资本比率并且正常情况下健康的机构也会发现自己遇到了问题。

因此，全球金融危机清楚地表明**宏观审慎监管**（macroprudential supervision）的必要性，它专注于金融系统总体的安全与稳健性。与专注于单一机构的安全与稳健性不同，宏观审慎监管通过评估金融系统的总体承载能力以寻求缓和系统性的贬值出售和去杠杆化，从而避免它们。另外，由于许多资本充足的机构面临流动性短缺并且短期融资渠道被切断了，所以宏观审慎监管不仅关注总体的资本充足性，还关注金融机构是否有充足的流动性。

宏观审慎政策有几种模式。全球金融危机的前奏包括了所谓的**杠杆周期**（leverage cycle），发放信贷的增加导致了反馈回路，这造成更高的资产价格，促使金融机构的资本缓冲提升，而在资本要求不变的情况下支撑了更多的借贷，进一步提升了资产价格，以此循环。在泡沫破裂时，资本价值陡降，导致借贷的阻断。为了缩短这个杠杆周期，宏观审慎政策反周期地制定资本要求，即在繁荣时提高要求，在危机时降低要求。

另外，在杠杆周期的上升阶段，宏观审慎政策也许会包括强制金融机构缩紧信贷标准或者甚至直接限制信贷增长。在下跌中，宏观审慎监管也许会要求全体银行系统增加新增资本总量，这样银行就不会缩减借贷来降低资产等级并且提升资本比率。为了保证金融机构有足够的流动性，宏观审慎政策要求金融机构有足够低的净稳定资金比率，即机构短期资金与总资金的比率。此处讨论的宏观审慎政策类型被认为是《巴塞尔协议 Ⅲ》框架的一部分，但是并未被完全施行。

12.4.2 2010 年《多德 – 弗兰克华尔街改革与消费者保护法案》

全球金融危机引发了对制定新监管结构以减少危机的呼声，结果就是《多德 – 弗兰克华尔街改革与消费者保护法案》（the Dodd-Frank bill，以下简称《多德 – 弗兰克法案》）的诞生。该法案在讨论一年多后的 2010 年 7 月获得通过。它是大萧条后最复杂的金融改革法律条文。法案提出了 7 类不同的监管种类，接下来我们将对其进行介绍。

1. 消费者保护

《多德 – 弗兰克法案》创造了一个新的消费者金融保护局，隶属于美联储并由其出资，尽管它是一个完全独立的机构，但它拥有对所有资产规模超过 100 亿美元、发行住宅按揭产品的公司，或面对低收入人群发行金融产品的公司检查并实施监管的权力。此法案要求借出者检查借入者的收入、信用历史和工作情况，以保证他们可以偿还住房按揭贷款。法案允许各州对全国银行施加更严格的消费者保护法，并且给予州检察官施行该局颁布的特定规则的权力。它也将联邦存款保险水平永久性地提升到 25 万美元。

2. 年度压力测试

《多德 – 弗兰克法案》要求资产超过 100 亿美元的银行每年都要接受**压力测试**（stress tests），这是一项监管评估，即如果银行面临宏观经济情况不佳（如房价暴跌或经济严重衰退），它们是否有足够的银行资本。压力测试的结果会每年公布，如果一家银行的压力测试"失败"且发现资本不足，就必须限制其支付的股息金额并制订计划筹集新资本以消除这一不足。

在 2009 年上半年金融危机最严重时，19 家银行首先进行了压力测试。当 2009 年 5 月公布其结果时，受到市场参与者的欢迎，这使得这些银行能够从私人资本市场筹集大量资金。压力测试是帮助增加市场信息量的关键因素，信息量的增加有效地减弱了信息不对称、逆向选择和道德风险问题。由于压力测试的成功，《多德 – 弗兰克法案》将其纳入了每年的常规检查。

3. 清算授权

在新法案通过前，联邦存款保险公司有使破产银行倒闭的权力，但是并没有清算最大金融机构——那些持股公司的权力。实际上，美国财政部和美联储称它们无法救助雷曼兄弟的一个原因就是它们无法通过法律方式接管雷曼兄弟并使其破产。《多德 – 弗兰克法案》现在给美国政府提供了救助系统性金融公司的权力，也就是那些对整体金融系统健康有危害的公司，因为它们的倒闭会广泛地损害经济。法案同样给予监管者对资产规模超 500 亿美元的公司征税弥补亏损的权力。

4. 美联储贷款限制

正如我们所看到的，在金融危机期间，美联储向贝尔斯登和美国国际集团等企业提供了紧急贷款。由于担心美联储对个别企业的贷款援助将鼓励它们在未来承担过度的风险，所以《多德–弗兰克法案》指示美联储将紧急贷款限制在"基础广泛"的项目，而非单个公司。

5. 系统性风险监管

《多德–弗兰克法案》创造了金融稳定监督委员会，由财政部部长任主席，负责监管市场的资产价格泡沫以及系统性风险。另外，它会判断哪些是**系统重要性金融机构**（systemically important financial institutions，SIFI）并且得到官方认证。这些机构受到美联储的额外监督，包括更高的资本标准和更严格的流动性需求，并且被要求制定"存货愿望单"，即机构陷入金融危机时有序地获得流动性的计划。

6. 沃尔克法则

在新规章下，银行自营交易（即用自己的钱交易）的内容被限制，被允许拥有一小部分比例的对冲和私募基金。这些条款以保罗·沃尔克（Paul Volcker）——美联储联邦储备委员会前主席的名字命名，他声称银行在享有联邦存款保险的同时不应该被允许承担大量的交易风险。

7. 衍生产品

正如在第11章中所讨论过的，诸如信用违约互换的衍生产品在美国国际集团使用过度后需要被救助时最终成为导致金融体系崩溃的大规模杀伤性武器。为了防止此类现象再度发生，《多德-弗兰克法案》要求许多标准化的衍生产品在交易所交易，以使其交易更加透明，并要求通过清算所清算，以便在衍生产品交易中的一个交易对手破产时降低风险损失。定制的衍生产品越多，资本要求就越多。银行被禁止参与某些衍生产品交易活动，比如那些有危险的互换的交易。另外，法案对从事衍生产品交易的公司提出了资本和保证金需求，强制其就其活动披露更多信息。

12.5 "大而不倒"和未来的监管

《多德-弗兰克法案》给未来的监管留下了许多细节性问题，人们对于它是否充分处理了"大而不倒"的问题存在怀疑，而正如我们所看到的，这是全球金融危机的重要因素。在此我们讨论一些可能的方法来减少"大而不倒"的问题并且探索监管者未来可能侧重的几个方向。

12.5.1 关于"大而不倒"的问题，我们可以做什么

关于解决"大而不倒"的问题，有三种方法被广泛讨论。

1. 分散大型的系统重要性金融机构

一种消除"大而不倒"的问题的方法是保证没有金融机构过大以至于可以使金融系统崩溃。这样如果它们破产，监管者就不再需要救助它们，因而可以让它们按市场规律发展。一种缩小过大机构的方法是重新施加《格拉斯-斯蒂格尔法》废除前存在的限制，这样就可以促使大型的系统重要性金融机构将其不同的业务分散成小型的关联性的公司。或者，监管者可以要求所有金融机构不得持有超过某一限制的资产，促使系统重要性金融机构分散。

情理之中的是，这两种方法都遭到了最大金融机构的强烈反对。尽管分散系统重要性金融机构会消除"大而不倒"的问题，但如果有办法使得大型机构更好地管理风险或者以更低的成本提供金融服务，那么分散系统重要性金融机构则会降低金融系统的效率而不是提升效率。

2. 更高的资本要求

由于"大而不倒"的金融机构有承担额外风险的动机，所以另一种降低它们风险的方法是

施加更严格的资本要求。有了更多资本，这些机构不仅会有更多的缓冲以承受可能发生的风险，还会承担更大的潜在损失，因此会牵扯更多的利益，从而降低道德风险和承担额外风险的动机。另一种描述这种方法的方式是更高的资本要求降低了"大而不倒"机构的风险承担补助。另外，由于在繁荣时期系统重要性金融机构承担了更多的风险，所以资本要求在信贷增长迅猛时期应该提升，在信贷紧缩时期应该减少。此类方法会使资本要求更加逆周期并且会限制信贷波动周期性。

瑞士中央银行是这种方法的领导者：在发达国家中对最大型银行有着最高的资本要求，并且在信贷市场泡沫时期有所提升。关于大型金融机构资本要加倍的法案曾经被递交至美国国会，当时也正是这些机构对其坚决反对。

3. 将问题留给《多德－弗兰克法案》

另一个观点是《多德－弗兰克法案》已经通过阻止美联储救助金融机构，对系统重要性金融机构施加更严格的监管，以及应用沃尔克法则有效解决"大而不倒"的问题。《多德－弗兰克法案》的起草者确实号称法案会"如我们所知结束'大而不倒'的问题"。尽管《多德－弗兰克法案》的条款确实减少了部分系统重要性金融机构承担额外风险的动机，但关于法案是否可以完全消除"大而不倒"的问题依然存在疑问。

12.5.2 未来监管的其他问题

2017 年 2 月，新上任总统唐纳德·特朗普签署了一项行政命令，指示财政部部长审查《多德－弗兰克法案》中的财务条例。诸如特朗普政府等《多德－弗兰克法案》的批评者认为，该法案的许多规定限制了银行放贷，特别是对家庭放贷，这使得银行更难借贷。而该法案的支持者认为，它使金融体系更加健全，降低了发生金融危机的可能性。

对法案的审查完成后，金融监管方面可能会发生重大改变。在这里，我们将讨论监管在以下 5 个领域的未来走向。

1. 消费者保护

美国国会中的反对者认为，消费者金融保护局和其规定，如要求贷款人确保借款人有能力偿还贷款和提供抵押，导致银行过度保守地向消费者提供信贷。甚至有批评者希望法案被废除，因为他们认为这将促进更多的家庭贷款。

消费者保护的支持者则力争保留这些法规和消费者金融保护局，他们认为法规和保护局不仅可以保护消费者免受欺诈，而且还可以使金融体系更安全，因为欺诈行为促进了次贷热潮和全球金融危机。

2. 清算授权

美国国会提出废除有序清算授权。这项提议的支持者认为，有序清算授权使大型金融公司的联邦救助合法化，从而增加了"大而不倒"的问题。他们还进一步提议，应加强由法院确定的金融公司破产程序。

而清算授权的支持者认为，尽管有序清算授权存在问题，但它依然应该存在。因为破产（即使是强制的破产程序）是一个混乱的法律程序，废除有序清算授权将使得在危机中有序处理破产金融机构变得极其困难。并且，如果没有有序清算授权，大型金融机构的破产更有可能导致金融危机失控。

3. 沃尔克法则

沃尔克法则通过限制银行的自营交易以防止银行承担过度风险，但该法则也因以下几个原因而受到抨击：①监管机构发现很难将银行自营交易与银行为客户交易进行区分，因此沃尔克法则导致了非常复杂的监管，执行起来可能非常困难且成本高昂；②它限制银行从事能冲销贷款可能性损失的盈利活动；③沃尔克法则的批评者认为，限制交易将会降低许多金融市场的流动性。

4. 衍生产品交易

美国国会的提案试图取消《多德–弗兰克法案》关于衍生产品交易的规定。该提案的支持者认为，这些规定损害了美国金融机构进行交易的能力，导致衍生产品交易（尤其是信用违约互换）已经被转移到海外，这使美国金融公司更难获利，且降低了美国非金融公司抵御风险的能力。而该提案的反对者认为，这些规定使得衍生产品交易更加透明和安全，并由此减少了未来金融危机爆发的可能性。

5. 政府资助的企业

《多德–弗兰克法案》的一个主要缺陷是没有提到由政府资助的企业（government-sponsored enterprises，GSE），比如房利美和房地美。在全球金融危机中，这两家公司都陷入了严重的财务危机，必须被政府接管，并且获得了大量的贷款和政府担保后才恢复元气。为了防止这类问题再次发生，政府应该采取下面四种方式之一对这类企业（GSE）进行改革：

（1）通过收回政府股份使 GSE 完全私有化，从而解除对其债务的隐性背书。

（2）通过剥夺 GSE 的私营地位使其完全国有化，并成为政府机构。

（3）保留 GSE 的私营身份，但是对它们承担的风险施加更严格的管理，并提升资本要求。

（4）保留 GSE 的私营身份，但要求它们大幅缩减规模从而不会使纳税人暴露在大量损失之下或在倒闭时对金融体系施加系统性风险。

然而，GSE 的支持者反对这些改革，因为它们会限制 GSE 的活动，从而使家庭更难获得信贷。

本章小结

1. 当金融市场发生巨大的信息中断时，金融摩擦急剧增加，金融危机就会发生，由此导致金融市场无法为那些具有生产性投资机会的居民和企业提供融资服务，进而导致经济活动出现严重的紧缩。

2. 在诸如美国等发达国家中产生的金融危机可能具有两种形成方式：信贷激增与萧条，或者是在主要金融机构倒闭时形成的不确定性的普遍提高。结果是，逆向选择和道德风险问题急剧恶化，从而导致信贷活动的紧缩和

经济活动的衰退。企业经营环境和银行资产负债表情况的恶化诱发了危机进入第二阶段，即由多家银行类金融机构的同时倒闭所产生的银行危机。由此出现的银行数量的降低将会造成其信息资本的损失，从而导致信贷活动的进一步紧缩和经济活动的螺旋式衰落。在某些情况下，由此产生的经济活动的衰落将会带来物价水平的急剧下降，这将会提高企业的实际负债水平和其净值的降低，从而导致债务紧缩。公司净值的下降将会使逆向

选择和道德风险问题更加恶化，从而导致长期信贷活动、投资支出和总体经济活动等各个方面都处于紧缩状态。

3. 美国历史上最严重的金融危机导致了经济大萧条，包含了以下几个阶段：股票市场冲击、银行恐慌、更严重的信息不对称问题，最终导致债务紧缩。

4. 2007～2009 年的全球金融危机是由在次级住房抵押贷款等金融创新的监管方面出现失误，以及住房市场价格泡沫的破裂等因素引发的。金融危机在全球蔓延，伴随着银行和其他金融机构的资产负债表大幅恶化，影子银行系统运行，以及许多高利润公司倒闭。

5. 在金融危机的复苏中金融监管经历了很多变化。第一是从专注于个体结构安全与稳健性的微观审慎监管转换到专注于金融系统总体安全与稳健性的宏观审慎监管。第二是 2010 年的《多德－弗兰克法案》，也是大萧条后最全面的金融改革法案。法案制定了七大领域的条款：①消费者保护；②年度压力测试；③清算授权；④美联储贷款限制；⑤系统性风险监管；⑥沃尔克法则；⑦衍生产品交易。

6. 未来的监管需要面对以下三个问题：①"大而不倒"的问题，至少可以通过分散大型金融机构或施加更高的资本要求部分解决；②《多德－弗兰克法案》的众多条款；③对于降低政府资助的企业在未来需要政府救助的可能。

关键术语

大甩卖	杠杆周期	估值折扣	宏观审慎监管
回购协议	基本经济价值	结构化信贷产品	金融创新
金融摩擦	金融危机	金融衍生产品	金融自由化
去杠杆化	微观审慎监管	系统重要性金融机构	信贷激增
信用利差	信用违约互换	压力测试	债务紧缩
资产价格泡沫	资产救助计划		

思考题

1. 信息不对称问题是如何引发金融危机的？

2. 股票市场中资产价格泡沫的破裂是如何诱发金融危机的？

3. 物价总水平的意外下降是如何导致信贷活动紧缩的？

4. 用你自己的语言定义金融摩擦，并解释为何金融摩擦的增加是导致金融危机发生的关键原因。

5. 金融机构资产负债表情况的恶化以及多家金融机构的同时倒闭是如何导致经济活动出现衰退的？

6. 由一家主要金融机构破产所导致的不确定性的普遍提高是如何加剧逆向选择和道德风险问题的？

7. 信用利差是什么？信用利差为何在金融危机时会大幅加大？

8. 一些国家不主张在它们的银行体系中建立像美国联邦存款保险公司这样的存款保险制度，请解释其原因。

9. 用你自己的语言描述"证券化"。这一过程是不是 2007～2009 年金融危机的唯一原因？

10. 美联储是否应对 2005～2006 年的房价泡沫负责？请分别提出一个赞成和反对的观点。

11. 在金融危机的形成过程中，金融监督和管理的不足起到了什么样的作用？

12. 描述美国大萧条与 2007～2009 年金融危机的两点相似性与两点差异性。

13. 你认为如何避免 2007～2009 年金融危机演变成另一个大萧条？

14. 科技创新如何促进抵押贷款市场的发展？

15. "发起 - 配售"商业模式受到委托 - 代理问题影响的原因何在？

16. "存款保险总是能防止金融危机。"这一论述是正确的、错误的还是不确定的？

17. 房地产价格下降是如何引发始于 2007 年的金融危机的？

18. 影子银行体系在 2007～2009 年金融危机中扮演了什么样的角色？

19. 在金融危机期间抵押物的折扣大幅上涨原因何在？它是如何导致资产大甩卖的？

20. 全球金融危机是如何推动欧洲的主权债务危机的？

21. 为何宏观审慎政策实行反周期的资本要求是一个好主意？

22. 金融创新对于宏观审慎监管的效果有何影响？

23. 限制"大而不倒"的问题的三种方法是什么？它们的优缺点都有什么？

24. 为何将消费者保护条款加入《多德 - 弗兰克法案》？这些条款存在什么问题吗？

25. 简述美国政府设立清算授权的重要性。

数据分析题

1. 登录圣路易斯联邦储备银行 FRED 数据库，下载下列数据：房价（SPCS20RSA）、股价（NASDAQCOM）、一种新的衡量居民净财富的指标（TNWBSHNO）和个人消费支出（PCEC）。需确认将这 4 个指标的频率调成"季度"且日期相符。分别计算这 4 个指标每个季度的年化增长率。计算方法为：（本季度数据 - 上季度数据）/ 上季度数据。将结果变为百分数，并乘以 4 变为年化数据。

   a. 计算 4 个指标最近 4 个季度的平均增长率。根据你的结果解释房价、股价、居民净财富与个人消费之间的关系。

   b. 根据第 1 题的计算方法再计算 2005 年 4 个季度、2008 年第三季度至 2009 年第二季度的平均增长率。根据你的结果解释在危机前后房价、股价、居民净财富与个人消费之间的关系。

   c. 当下居民净财富的数据与危机前后的数据有何区别？你认为当下数据是否揭示了泡沫的存在？

2. 登录圣路易斯联邦储备银行 FRED 数据库，下载下列数据：非金融企业净值（TNWMVBSNNCB）、国内私人投资（GPDIC1）、一种衡量金融摩擦的指标——圣路易斯金融压力指数（STLFSI）。需确认将这 3 个指标的频率调成"季度"且日期相符。分别计算国内私人投资和非金融企业净值每个季度的年化增长率。计算方法为：（本季度数据 - 上季度数据）/ 上季度数据。将结果变为百分数，并乘以 4 变为年化数据。

   a. 计算国内私人投资和非金融企业净值最近 4 个季度的平均增长率。计算金融压力指数当下与一年前指数的差值。根据你的结果解释国内私人投资、非金融企业净值与金融压力之间的关系。

   b. 根据第 1 题的计算方法再计算 2005 年 4 个季度、2008 年第三季度至 2009 年第二季度的数据。根据你的结果解释在危机前后国内私人投资、非金融企业净值与个金融压力之间的关系。假设金融压力代表了信息不对称问题的严重程度，解释危机中的数据和金融危机典型动态的关联。

   c. 当下投资数据与危机前后的数据有何区别？你认为当下数据是否揭示了泡沫的存在？

网络练习

1. 本章对于有关逆向选择和道德风险的解释如何帮助我们加深对金融危机的理解这一问题进行了讨论。美国经历过的最为严重的金融危机就是 1929 ～ 1933 年的大萧条。登录 http://www.amatecon.com/greatdepression. html，这个网站提供了对导致大萧条形成因素的简要讨论。撰写一页篇幅的摘要，解释逆向选择和道德风险对大萧条产生的影响。

2. 金融危机调查委员会是在大萧条之后成立的一个独立小组，负责调查 2007 ～ 2009 年金融危机的原因。登录 https://fcic.law.stanford. edu，在其时间表上回顾 2008 年 9 月的活动总结。你认为那个月的哪个事件最为重要？为什么？

3. 在 2008 年全球范围金融危机中受到最严重冲击的国家是冰岛。登录 http://assets. opencrs. com/ rpts/RS22988_20081120.pdf，总结导致冰岛金融危机的原因。

网络参考

www.amatecon.com/gd/gdtimeline.html 大萧条的时间发展线索。

第 13 章

非银行金融机构

学习目标

1. 总结不同类型的保险产品以及保险公司减少信息不对称问题的方法。
2. 总结缴费确定型养老金和完全积累型养老金的区别，以及私人养老金计划和公共养老金计划的特点。
3. 列出并描述不同类型的财务公司。
4. 总结投资银行、证券经纪商和交易商、有组织的交易所的角色定位。
5. 描述金融中介中共同基金的角色和交易活动。
6. 总结对冲基金与共同基金的主要区别。
7. 描述私人股权和风险投资的定义与其优点。
8. 描述政府金融中介机构的两种类型。

| 预览 |

银行不是与你打交道的唯一的金融中介机构。你可能打算购买一份保险，向财务公司申请一笔分期付款贷款，或是购买股票，在这些交易中，你都要与非银行金融机构打交道。在我们的经济生活中，非银行金融机构对资金从贷款－储蓄者融通给借款－支出者的过程中起着非常重要的作用。此外，我们在第 11 章中介绍的金融创新增加了非银行金融机构的重要性，并促进了在最近的全球金融危机中扮演重要角色的影子银行体系的发展（见第 12 章）。本章我们将详细介绍非银行金融机构的运行、监管和最新的发展趋势。

13.1 保险业

每天我们都会面对各种可能发生的灾害事件，这些事件会给我们带来巨大的经济损失。配偶的死亡或者疾病可能导致家庭收入的丧失，一起车祸可能导致昂贵的汽车维修费用或是对伤者的赔偿。由意外事件导致的财产损失相对于我们的收入而言可能会十分巨大，所以我们会通过购买保险来抵御各种意外损失，一旦灾害事件发生，就可以从保险公司获得相应的赔偿。人寿保险公司卖出的保单，可以在投保人死亡、由疾病导致的劳动能力丧失或者退休的情况下提供收入。财产和意外伤害保险公司销售的保单，专门针对意外事故、火灾或者失窃而引发的损失进行赔偿。

13.1.1　人寿保险

美国第一家人寿保险公司（费城长老会牧师基金）成立于 1759 年，至今仍然存在。目前，美国大约有 800 家人寿保险公司，组织形式分为两种：股份制和合伙制。股份制公司由股东拥有，合伙制公司从技术角度讲由保单持有人拥有。尽管 80% 以上的人寿保险公司属于股份制，但几家最大的人寿保险公司是合伙制。

与商业银行和其他储蓄机构不同，人寿保险公司从未有过大范围的倒闭事件，因而联邦政府认为没有必要对其进行监管。由此，对人寿保险公司的监管便交到了保险公司经营所在地的州政府手中。州政府的监管直接针对公司的销售业务和损失准备金（提供充足的流动资产以弥补亏损），并对公司持有的风险资产（比如普通股）规模进行限制。监管当局通常是州保险监理官。

由于对总人口死亡率的预测准确度很高，人寿保险公司可以精确估计未来对保单持有人的赔付金额，所以，它们可以持有一些缺乏流动性的长期资产，比如公司债券、商业抵押贷款和一些公司股票。

人寿保单主要有两种形式：终身人寿保险（如终身寿险、两全寿险和可变期寿险）和短期人寿保险（如定期寿险）。终身寿险在整个投保期内保费不变。在保单初期，由于死亡率较低，保费收入超过死亡赔付金额。因此初期保单积累了一定的现金价值，但是由于晚期死亡率的升高，不变的保费收入低于死亡赔付金额，导致保单的现金价值减少。终身寿险的保单持有人就可以通过保单的现金价值借款或者要求退保以获取保单的现金价值。

相比之下，定期寿险在投保期内（如 1 年或者 5 年）每年的保费要与当年的死亡赔付金额相匹配。因此，定期寿险的保费会随着死亡率的上升而增加（或者保费不变而死亡赔付金额下降）。定期寿险保单没有现金价值，因而与终身寿险不同，它只提供保障功能，并无储蓄功能。

20 世纪 70 年代，终身寿险保单的回报降低，导致市场对其的需求增长缓慢。结果是，与其他金融中介机构相比，人寿保险业的规模有所缩小，其资产占整个金融中介行业资产的比重从 1970 年年末的 15.0% 下降到 1980 年年末的 11.5%（见表 13-1，该表显示了各类金融中介机构的资产占整个金融中介行业的比重）。

表 13-1　1970 ~ 2016 年各类金融中介机构资产的相对比重						（%）
	1970 年	1980 年	1990 年	2000 年	2010 年	2016 年
保险公司						
人寿保险公司	15.0	11.5	12.4	12.0	11.8	11.3
财产和意外伤害保险公司	3.8	4.5	4.8	3.3	3.1	3.2
养老基金						
私人养老基金	8.4	12.5	14.7	16.9	15.1	15.2
公共养老基金（州和地方政府）	4.6	4.9	7.4	8.8	10.9	10.2

（续）

	1970 年	1980 年	1990 年	2000 年	2010 年	2016 年
财务公司	4.9	5.1	5.6	4.3	3.6	2.3
共同基金						
股票和债券型共同基金	3.6	1.7	5.5	16.9	18.0	22.8
货币市场共同基金	0.0	1.9	4.5	6.8	6.2	4.6
储蓄机构（银行）						
商业银行、储蓄贷款协会与互助储蓄银行	57.9	56.3	43.1	29.3	29.2	28.2
信用社	1.4	1.6	2.0	1.7	2.0	2.1
总计	100.0	100.0	100.0	100.0	100.0	100.0

资料来源：Federal Reserve Flow of Funds Accounts; http://www.federalreserve. gov/releases/zl/Current/zl.pdf.

20 世纪 70 年代中期，人寿保险公司开始对其业务进行调整，逐渐成为养老基金的资产管理者。导致这项调整的一个重要因素是 1974 年的一项法案，该法案鼓励养老基金将其资产交由人寿保险公司管理。现在，人寿保险公司管理的资产超过半数来自养老基金，而不是人寿保险业务。保险公司也开始对退休人员出售投资产品，比如**养老年金**（annuities），是指投资者每年支付一定的保费，就可以在未来某个年龄开始（比如 65 岁）每年收到一笔收入，直到死亡。这项新业务使得人寿保险公司在整个金融中介行业的资产比重从 1980 年之后一直保持稳定。

13.1.2　财产和意外伤害保险

美国共有 2 500 家财产和意外伤害保险公司，State Farm 保险公司和 Allstate 保险公司是其中最大的两家。财产和意外伤害保险公司也分为两种组织形式：股份制和合伙制，它们由其经营所在州监管。

由于 20 世纪七八十年代的高利率，使得财产和意外伤害保险公司获得了很高的投资回报，并使其可以维持较低的保险费率水平。然而此后随着利率水平的降低，投资回报出现了下滑，加之涉及财产和意外伤害保险的诉讼案件增加以及赔付金额增加，共同导致这些公司出现了巨额损失。

为了恢复盈利能力，保险公司大幅提高了保险费率并拒绝向部分客户提供保险。它们还积极游说政府，要求限制赔付金额，尤其是对医疗事故的赔付。为了追求利润，这些保险公司还将营业范围扩展到其他领域，为市政债券和公司债券以及抵押担保证券的利息支付提供保险。市场由此担心保险公司为提高利润而承担了过多的风险。出于对财产和意外伤害保险业的健康发展考虑，特别是经历了本章所讲的美国国际集团濒临破产的境况后，保险业的监管者提出了新的规定，根据这些公司的业务和资产风险来调整其资本金要求。

财产和意外伤害保险公司的投资政策受到两个方面因素的影响。第一，由于需要缴纳联邦所得税，这些公司大量持有免税的市政债券。第二，相对于人口死亡率而言，财产损失的不确定性更大，因此，这些公司很难像人寿保险公司那样准确预测未来对保单持有人的赔付金额。1994 年洛杉矶大地震、2001 年 9 月 11 日世贸中心的毁灭、2005 年席卷新奥尔良的卡特里娜飓风、2012 年给美国东北部地区带来数十亿美元损失的桑迪飓风，以及 2017 年给得克萨斯、佛罗里达和波多黎各带来巨大破坏的哈维、厄玛和玛丽亚飓风等自然灾害与非自然事件给财产和意外伤害保险公司造成数十亿美元的损失。这类灾难无法准确性预测，因此，与人寿保险公司相比，财产和意外伤害保险公司必须持有更多的流动性资产。市政债券和美国国债占其资产的一半以上，而剩余的资产大部分为公司债券和股票。

财产和意外伤害保险公司几乎为各类事件提供保险，如火灾、失窃、过失、医疗事故、地震和交通事故。对于单家保险公司而言，如果某个投保标的的潜在损失过大，它可以联合其他保险公司共同为其保险，以分担风险。保险公司可以通过**再保险**（reinsurance）来降低其承受的风险。再保险将投保标的的风险以及保费收入的一部分分配给另外一家保险公司，这对小保险公司尤为重要。你可以将再保险视为对保险公司的保险。最著名的风险分担业务由伦敦劳合社提供，在这个协会中，不同保险公司分别承担保单的一部分。伦敦劳合社曾声称愿意为任何意外事故承保——只要支付一定的保费。

13.1.3 来自银行业的竞争威胁

直到不久以前，银行还被限制销售人寿保险产品。然而，这种状况很快就被改变了，现在大多数州都允许银行销售某种形式的寿险产品。近年来，银行监管当局，特别是货币监理署，鼓励银行涉足保险业，它们认为业务多元化可以改善银行的健全程度并降低破产风险。结果，银行在养老年金市场中的份额上升到了 25% 左右。目前，大部分银行除了开展传统业务外，还在销售保险产品。

保险公司和其代理人为应对这种竞争威胁，通过提起诉讼和游说政府来阻止银行进入保险业。但它们的努力多次被最高法院以支持银行的裁决驳回。特别值得一提的是，1996 年 3 月支持巴尼特银行的裁决规定，不允许银行销售保险产品的州立法律应被银行监管当局做出的允许银行销售保险产品的联邦裁决所取代。这项决定为银行深入开展保险业务亮了绿灯，随着 1999 年《金融服务现代化法案》的通过，银行可以进一步涉足保险领域，保险公司与银行之间的界限越来越模糊。

13.1.4 信用保险

保险公司并不甘心忍受银行对其行业领域的侵占。它们通过进入信用保险领域做出了回应，具体有两种途径。

1. 信用违约互换

事实上，保险公司能够提供信用保险的一种方式是，出售可交易的衍生产品——**信用违约互换**（credit default swap，CDS）。如果信用事件发生，例如破产或公司的信用评级被调低，产品的卖出者需要向信用违约互换的持有人进行支付（第 14 章将详细介绍信用衍生产品）。发行信用违约互换相当于对债务工具投保，因为，正如保险那样，当负面的信用事件发生时，它对信用违约互换的持有人进行支付。近年来，较大的保险公司都进入信用违约互换市场，有时它们对此很后悔（见参考资料专栏"美国国际集团的崩溃"）。

参考资料　　　　　　　　　　　**美国国际集团的崩溃**

通常被称作 AIG 的美国国际集团，是一家拥有上万亿美元资产的巨型保险公司，在

2008 年之前它还是世界上最大的 20 家公司之一。美国国际集团的一家小子公司——金融产品部门，大量涉足信用违约互换业务，承保了超过 4 000 亿美元的证券，其中有 570 亿美元是次级抵押贷款支持证券。2008 年 9 月 15 日，雷曼兄弟陷入困境并最终破产，由此揭露出次级抵押贷款证券的真实价值远远低于它们的账面价值，投资者开始意识到美国国际集团的损失早在上半年就足以使其破产。于是美国国际集团的借款者开始大量收回资金，并且美国国际集团难以融到足够的资金来维持经营。

9 月 16 日，美联储和美国财政部决定援救美国国际集团，因为它的破产被认为会对金融系统带来灾难性的影响。银行和共同基金是美国国际集团的主要债权人，而且美国国际集团的破产会导致它已出售的信用违约互换产品一文不值，因此会对购买它们的金融机构带来巨大的损失。美联储募集了 850 亿美元的信用贷款（随后美联储和政府对其贷款增加到 1 730 亿美元）向美国国际集团提供流动性。然而，援救行动却价格不菲：美联储和政府向美国国际集团收取很高的贷款利率，并且如果它生存下来，它们将占有美国国际集团 80% 的股份。美国国际集团的前首席执行官莫里斯·格林伯格，将政府的行动描述为对美国国际集团的"国有化"。

保险公司从未被认为会对整个金融系统带来风险，所以它们的监管都交由各州的保险业委员会负责。由于近来美国国际集团的问题严重威胁到金融系统的安全，所以这个观点将不再可信。保险业将不再同过去一样。

2. 单线保险

保险公司提供信用保险的另一种方式是直接提供保险，就像普通的保单一样。然而，保险监管者则不允许财产和意外伤害保险公司、人寿保险公司以及多元化保险公司去承销信用保险。**单线保险公司**（monoline insurance companies）专门从事信用保险，因此，它是唯一获准提供信用保险的保险公司。当债券发行者违约时，它对定期支付的债券本金和利息进行担保。这些保险公司，如 Ambac 金融集团和美国城市债券（MBIA）保险，对市政债券市场尤为重要，它们承保了大量的此类债券。当市政债券获得的信用评级较低时，如 A 级，向单线保险公司购买保单，它则呈现出单线保险公司的信用评级，如 AAA 级。这样可以降低市政当局的利息支出，也因此值得市政当局为该保单支付保费。当然，要做到这一点，单线保险公司需要有很高的评级。在全球金融危机期间，当单线保险公司遭遇信用评级下调时，不仅它们自己，市政债券市场也遭受了损失（见参考资料专栏"全球金融危机和单线保险公司"）。

| 参考资料 | **全球金融危机和单线保险公司** |

对于全球金融危机，一件始料未及的事情是它对单线保险公司的冲击以及市政债券市场的连锁反应。对于单线保险公司，不幸的是，它们不仅对市政债券进行担保，还为次级抵押贷款支持的债券提供担保。随着这些抵押贷款违约数量的增加，单线保险公司遭受了巨大损失，结果使其 AAA 的评级水平遭到了下调。这降低了它们的保险凭证价值，不仅是对次级抵押贷款证券，对市政债券也是如此。

　　随着金融危机的全面爆发，市场对单线保险公司的看法是，它们并不值钱，因此，仅仅因为市政当局的信用评级，市政债券便开始以较低的价格交易。结果是，州和地方政府发现它们的利息成本不断增加。由于经济疲软的影响，它们受到"更高的借款成本和更少的税收收入"的双重打击。因此，虚弱的州和地方财政，削减了对道路、学校和医院的支出。

应用 13-1　　　　　　　　　　　　　保险管理

　　和银行一样，保险也是向公众提供将一种资产转换为另一种资产的金融中介服务。保险公司将保费收入投资到债券、股票、抵押贷款和其他贷款等资产上，这些投资收益将用于支付保险赔偿。事实上，承保人将诸如债券、股票和贷款等资产转换为提供一系列服务（如赔付额调整、储蓄计划和保险代理合作）的保单。如果承保人在资产转换过程中能够以较低的成本为客户提供所需的服务，同时赚取较高的投资收益，那么它将创造利润，否则将遭受损失。

　　第 9 章介绍的逆向选择和道德风险的经济概念有助于我们理解银行管理信用风险的原则。这些原则中的很多都可以被应用到承保人的贷款业务中。这里，我们将利用逆向选择和道德风险的概念来解释专门针对保险业的一些管理措施。

　　当保险的存在鼓励投保人参与风险活动会增加保险赔付的可能性时，保单的道德风险就产生了。例如，投保盗窃险的人可能不会采取足够的防范措施，因为一旦发生失窃，保险公司会补偿其大部分损失。逆向选择的观点认为，最有可能获得大额保险赔付的人是最积极购买保险的人。例如，身患绝症的人希望购买金额最大的寿险和医疗保单，从而给保险公司带来潜在的巨大损失。逆向选择和道德风险都会导致保险公司大量的损失，因为这会大大增加赔付支出。因此降低逆向选择和道德风险问题，以减少赔付支出，成为保险公司十分重要的目标，而这个目标恰恰可以解释我们这里将要讨论的保险实务。

13.1.5　甄别

　　为减少逆向选择问题，保险提供者试图筛选出好的保险。有效的信息收集程序是保险管理的一条重要原则。

　　当你申请汽车保险时，保险代理人首先要询问的就是你的驾驶记录（如超速驾驶的罚单数目和事故次数）、要投保的车辆类型以及一些私人问题（如年龄、婚姻状况）。如果你申请人寿保险，也要经历类似的程序，但你将被问及更详细的个人问题，比如健康状况、吸烟习惯以及吸毒和酗酒情况。人寿保险公司甚至会安排包括提取血样和尿样的体检（通常由独立的公司执行）。如同银行计算信用得分来评估潜在借款人风险一样，保险公司利用你提供的个人信息来确定你的风险等级，即使用统计方法来估计你提出赔偿的可能性大小。基于这一信息，承保人可以决定是接受你的投保申请，还是由于你的风险太高，保险公司将无利可图而拒绝你的申请。

13.1.6　基于风险的保费

　　基于投保人的风险状况来确定保费，是一条由来已久的保险公司管理原则。逆向选择解释了为何这条原则对保险公司的盈利能力如此重要。

为理解为何保险公司需要按照风险来收取保费，我们来看一个乍看不太合理的基于风险保费的例子。哈里和萨莉都是大学生，他们都没有事故和超速驾驶的罚单记录，他们都申请了汽车保险。通常哈里的保费会高于萨莉。保险公司之所以这样做是因为年轻男性的事故率要高于年轻女性。如果保险公司不按照风险等级收取保费，而是根据男性和女性的平均风险收取一样的保费，那么萨莉被要求的保费过高而哈里被要求的保费过低，萨莉就会去其他保险公司投保以获得较低的费率，而哈里会购买这家保险公司的保险。由于哈里的保费不足以弥补他可能发生的事故损失，所以这家保险公司在哈里身上会赔钱。只有按风险等级收取保费，哈里才会交更多的保费，保险公司才会盈利。⊖

13.1.7 限制性条款

保单中的限制性条款是为降低道德风险的一种保险管理工具。这类条款可以防止投保人从事那些引发保险赔付的高风险活动。例如，人寿保险公司在其保单中规定，如果被保险人在保单生效的头两年内自杀，将取消死亡给付。限制性条款还可以对被保险人的行为做出规定。出租摩托车的公司可能被要求向其客户提供头盔，以减少与租赁有关的责任。保单中限制性条款的作用与第8章里债务合约中的限制性条款并无两样，都是通过排除不良行为来减少道德风险。

13.1.8 预防欺诈

由于被保险人有向保险公司撒谎以获取保险赔付的动机（即使索赔无效），所以保险公司也面临着道德风险。例如，没有遵守保险合同中限制性条款的人可能仍会提出索赔要求。更糟的是，有些人可能以根本没发生的事件要求索赔。于是，保险公司一条重要的管理原则就是进行调查以避免欺诈，确保真实有效的投保人才可以获得赔偿。

13.1.9 保险的中止

随时准备中止保险合同是另外一个保险管理工具。保险公司可以就被保险人从事增加保险赔付可能性的活动来威胁中止保险合同，从而减少道德风险。如果你的汽车保险公司明确表示，当你的超速驾驶罚单过多时，保险合同将被中止，那么你将不太可能超速驾驶。

13.1.10 免赔额

免赔额（deductible）是保险公司在支付赔付金时，从被保险人的损失中扣除的固定金额。例如，具有500美元免赔额的汽车保单意味着，如果你由于交通事故遭受了1 200美元的损失，那么你只能从保险公司获得700美元的赔付。免赔额有助于保险公司降低道德风险。在存在免赔额的情况下，即使你提出赔付要求，你也将与保险公司共同承担损失。因为如果遭遇交通事故，（不只是保险公司）你也会遭受损失，那么你会更加谨慎地驾驶。因此，免赔额使得投保人的行为与承保人的利益更加一致，从而降低了道德风险。由于免赔额减少了道德风险，保险公司可以将保费降低到足以补偿投保人的水平。免赔额的另一个作用是，通过迫使被保险人承担

⊖ 事实上，这里所举的例子类似第8章所描述的二手车问题（"柠檬问题"）。

小额损失，降低了保险公司的管理成本。

13.1.11 共同保险

投保人分担承保人一定比例的损失的安排被称为**共同保险**（coinsurance）。例如，一些医疗保险提供医疗费用的 80%，经过一定的扣减后，被保险人承担其余的 20%。共同保险和免赔额降低道德风险的原理是一样的。和承保人共同承担损失的投保人有较低的动机去从事可能引发高额赔付的活动，如不必要的诊疗。因此，共同保险是另一个有效的保险管理工具。

13.1.12 对保险金额的限制

另外一条保险管理的重要原则是对保险金额的限制，即使客户愿意支付更高的保费。保险金额越高，被保险人从增加赔付可能的活动中获得的收益就越多，道德风险也越大。例如，如果塞尔达购买的汽车保险金额高于其车辆的真实价值，她就不会采取足够的措施防止汽车被盗，如确定钥匙是否拔出或是安装警报装置。如果汽车被盗，她会不以为然，因为她可以用保险公司的赔付去购买一辆更好的汽车。相反，如果保险金额低于车辆的真实价值，一旦汽车被盗，她将遭受损失，因此她就会采取足够的措施来防止汽车被盗。保险公司必须时刻确保保险金额不要太高，否则道德风险会带来巨大的损失。

13.1.13 总结

有效的保险管理需要从以下几个方面做起：信息搜集与审查潜在的投保人、基于风险的保费、限制性条款、预防欺诈、中止保险合同、免赔额、共同保险和限制保险金额。所有这些原则都增加了投保人通过参与增加赔付额和赔付可能性活动的难度，从而减少逆向选择和道德风险问题。由于很难获利，风险状况很差的人（最可能从事风险活动的人）看不到保险的收益，因而不太愿意投保。

13.2 养老基金

养老基金在执行资产转换金融中介职能的同时，还为公众提供另外一种保障：退休时按期支付收入。雇主、工会和个人都可以设立养老金计划，其资金来源于计划参与者的缴费。我们可以从表 13-1 中看到，无论是公共养老金计划还是私人养老金计划，其重要性都大大增加，其资产占整个金融中介行业的比重从 1970 年年末的 13.0% 上涨到 2016 年年末的 25.4%。联邦所得税政策成为养老基金迅速成长的一个重要因素，因为雇主对雇员的养老金计划的缴费是免税的，而且税收政策不仅规定雇员的缴费是免税的，还允许自由职业者制定免税个人养老金计划和个人退休金账户（IRA）。

由于养老基金每年支付的退休金具有高度可预测性，所以，养老基金多投资于债券、股票和长期抵押贷款等长期债券。养老基金的管理主要围绕资产管理：养老基金的经理人试图持有高预期收益的资产，并通过多样化投资来降低风险。他们还利用第 9 章介绍的技术来管理信用和利率风险。养老基金的投资战略随着时间推移发生了根本的改变。在第二次世界大战之后，养老基金持有的大部分资产是政府债券，持有的股票份额不到 1%。然而，20 世纪五六十年代股票市场强劲的表现给养老基金带来了高额的回报，这促使它们将资产组合转向了股票，目前股票资产在养老基金中所占比重达到2/3。因此，现在养老基金成为股票市场上重要的力量：20世纪50年代初期，它们只持有公司股票的1%，目前这一比率达到15%。养老基金与共同基金现在一同成为股票市场上的主导力量。

尽管所有的养老金计划都一样，但它们的特征有所差异。首先是退休金支付方式上的差异：如果退休金取决于缴费计划及其收益，则该养老基金属于**缴费确定型计划**（defined-contribution plan）；如果未来的支付（退休金）是事先确定的，则该养老基金属于**待遇确定型计划**（defined-benefit-plan）。在待遇确定型计划中，根据基金的融资方式还可以进一步细分。如果计划的缴费及其收益足以支付到期的固定养老金，则该固定收益型计划为**完全积累型**（fully funded）。如果缴费及其收益不足以支付到期的固定养老金，则该计划**筹资不足**（underfunded）。例如，简·布朗每年向养老金计划缴纳100美元，利率是10%，10年后缴费及收益的价值是1 753美元。⊖如果规定的10年后退休金为1 753美元或者更低，则该计划为完全积累型，因为她的缴费和收益足以支付退休金。但是如果规定的退休金为2 000美元，则该计划筹资不足，因为她的缴费与收益不足以支付这个金额。

养老金计划的第二个特征是在享受退休金之前，个人必须参与养老金计划（即成为工会成员或某公司雇员）达到一定的年数。通常而言，公司要求雇员必须工作满5年，才可以享受养老金计划提供的福利。如果雇员在5年内被解雇或者辞职离开公司，则退休金的所有权利会被取消。

13.2.1 私人养老金计划

私人养老金计划由银行、人寿保险公司或者养老基金经理人管理。在雇主发起的养老金计划中，缴费通常由雇主和雇员共同分担。许多公司的养老金计划为非完全积累型，因为它们计划在退休金到期时，由公司的当期收益来履行养老金支付义务。只要公司有足够的收益，就不会遇到筹资不足的问题，但如果没有，它们就难以履行养老金支付义务。由于公司养老金计划的筹资不足、管理不当、欺诈行为和其他滥用私人养老基金的行为（卡车司机养老基金在这方面臭名昭著），美国国会于1974年通过了《雇员退休收入保障法案》(ERISA)。这一法案对信息的报告和披露设定了最低标准，设定了享受退休金所要求的参与计划的年数以及筹资不足程度的规则，对投资行为实施了限制，并将监管职责赋予了美国劳工部。

《雇员退休收入保障法案》还设立了养老收益担保公司（PBGC，也称为"Penny Benny"），其职责类似于联邦存款保险公司。当某筹资不足的养老基金破产，或者由于其他原因导致无法履行养老金支付义务时，养老收益担保公司就会确保一定限额（目前是每人每年60 136美元）的养老金支付。养老收益担保公司向投保的养老金计划收取保费，也可以向美国财政部借入限额为1亿美元的资金。不幸的是，近年来养老金计划筹资不足的问题有所加重。

⊖ 第1年缴纳的100美元在第10年年末将价值$100 \times (1+0.10)^{10} = 259.37$（美元）；第2年缴纳的100美元在第10年年末将价值$100 \times (1+0.10)^9 = 235.79$（美元），依此类推，第10年缴纳的100美元在第10年年末将价值$100 \times (1+0.10) = 110$（美元）。将以上价值相加我们就可以得到各年缴费在第10年年末的价值总和：$259.37 + 235.79 + 214.36 + 194.87 + 177.16 + 161.05 + 146.41 + 133.10 + 121.00 + 110.00 = 1 753.11$（美元）。

13.2.2 公共养老金计划

最重要的公共养老金计划是社会保障计划（老年和遗属保险基金），它几乎覆盖了私人部门的所有雇员。根据《联邦保险缴费法案》（Federal Insurance Contribution Act，FICA），工人从工资中扣缴和雇主从营业税中扣缴的养老金构成了其资金来源。社会保障包括退休收入、医疗费和为残疾人提供的援助。

当社会保障计划于 1935 年设立时，政府希望将其按私人养老基金运营。然而，与私人养老金计划不同，公共养老金计划支付的福利金来自当期缴费，而与参与者的过去缴费关系不大。这种"现收现付"制在一定程度上导致了巨大的资金缺口，据估计缺口已超过 1 万亿美元。

未来，相对于工作人口来说，退休人口的数量不断增加，因此社会保障体系的问题将更加严重。多年来，国会一直在努力解决社会保障体系的问题，但是随着 1946～1964 年婴儿潮时期出生的 7 700 万人口将在 2011 年后陆续退休，新退休人员的急剧膨胀迫切要求对社会保障制度进行重大变革（见参考资料专栏"社会保障体系是否应该私有化"）。

参考资料　　　　　**社会保障体系是否应该私有化**

近年来，公众对社会保障体系的信心降到新的低点。一些调查表明，年轻人宁愿相信 UFO 的存在，也不愿意信任政府对社会保障福利做出的承诺。如果不对社会保障体系进行深刻的变革，将很难履行其未来的义务。社会保障体系难以履行未来义务的问题已经不单是美国的问题，事实上，欧洲的一些国家和日本在这方面的问题更加严重，因为这些国家的人口老龄化速度更快。如何改革社会保障体系已成为近年来一个争论激烈的政治问题。

目前，以信托基金形式存在的社会保障体系资产，全部被投资于美国政府证券。由于股票和企业债券的收益率高于政府债券，所以许多拯救社会保障体系的建议都认为应当将部分信托基金投资于企业债券，从而使得该体系部分私有化。

私有化的建议主要有以下三种形式。

（1）政府将信托基金资产投资于企业债券。该方案利用了信托基金的规模经济效益，从而可以提高信托基金的整体收益，降低交易成本。批评者认为，政府拥有私人资产，会加剧政府对私人部门的干预。

（2）将信托基金转换为能够投资私人资产的个人账户。这个方案可以避免政府拥有私人资产，并能增加投资收益。然而，批评者认为，它可能使个人承担较高的风险，并且由于许多个人账户规模较小，导致交易成本很高。

（3）个人账户与信托基金并行。该方案的优点和缺点类似方案 2，可以提供更高的退休收入。然而，需要增加税收为这些账户筹资。

社会保障体系是否应该进行部分私有化改革仍是一个悬而未决的问题。但短期内，对社会保障体系的改革可能会增加税负，降低福利水平，或者两者皆有。例如，享受退休收入的起始年龄已经从 65 岁提高到 67 岁，未来还可能进一步提高到 70 岁。也有可能将需要缴纳社会保障税的工资上限进一步提高，从而增加注入社会保障体系的税收资金。

同私人企业雇主一样，州和地方政府以及联邦政府也为其雇员建立了养老金计划。这些计

划的运作同私人养老金计划几乎相同，资产构成也十分相似。在这些基金中，筹资不足的情况也十分普遍，一些市政债券的投资者担心这会导致州和地方政府未来偿债困难。

13.3 财务公司

财务公司通过发行商业票据、股票和债券或者向银行借款来融资，并用这些资金发放特别针对消费者和企业需要的贷款（金额通常较小）。财务公司履行金融中介职能的过程可以被称为"借大放小"，这与银行恰恰相反，银行是吸收小额存款和发放大额贷款。

财务公司的一个最主要特征是，虽然它的许多客户与银行的贷款客户相同，但与商业银行和储蓄机构相比，它几乎不受任何管制。各州规定这些机构向个人消费者放贷的最高金额和债务合约的条款，但对开设分支机构、资产构成和融资方式没有任何限制。宽松的监管使得财务公司可以比银行更好地发放贷款以满足客户的需求。

财务公司有以下三种类型：销售财务公司、消费者财务公司和工商企业财务公司。

（1）销售财务公司（sales finance company）由零售商或制造企业所有，向从该公司购买商品的客户发放贷款。例如，西尔斯 – 罗巴克承兑公司为在西尔斯商店购买商品和服务的消费者融资，通用汽车承兑公司为购买通用汽车的客户融资。销售财务公司在消费者信贷领域同银行展开直接竞争，由于其贷款可以在购买地点更为快捷、方便地获取，因此更受消费者青睐。

（2）消费者财务公司（consumer finance company）向消费者提供的贷款用于购买特定商品，如家具和家用电器、装修房屋或者清偿小额债务。消费者财务公司可以由独立的公司（如家居财务公司）或者银行（花旗集团拥有个人财务公司，在全国各地都有分支机构）拥有。通常而言，这些公司的贷款客户很难通过其他途径获取信贷，因而需要支付较高的利率。

（3）工商企业财务公司（business finance company）通过发放贷款或者以一定的折扣购买应收账款（该公司的债权），为工商企业提供特定形式的信贷，这种信用形式被称为承购应收账款（factoring）。例如，一家制衣公司拥有 10 万美元的未清偿账单（应收账款），债务人是购买其服装的零售商店。如果该制衣公司需要以现金购买 100 台机器设备，就可以按照诸如 9 万美元的价格将该笔应收账款卖给财务公司，而后财务公司便拥有了收取这 10 万美元的债权。除承购应收账款外，工商企业财务公司还专门从事设备租赁业务（如有轨电车、喷气式飞机和计算机），它先将设备买下，然后在规定的年限内租给工商企业使用。

13.4 证券市场运作

债券和股票交易证券市场的平稳运行需要一些金融机构参与，包括证券经纪人和交易商、投资银行和有组织的交易所。所有这些机构都没有被包括在第 2 章金融中介机构的列表中，因为它们并不行使发行负债和购买金融资产的中介职能。尽管如此，这些机构在引导资金由储蓄者融通给支出者的过程中相当重要，因此被称为"金融润滑剂"。

首先，我们需要回忆下第 2 章所讨论的一级市场和二级市场的差异。在一级市场，借款企业或政府将新发行的证券出售给买主。之后二级市场交易已经在一级市场中售出的证券（因此又被称作"二手市场"）。投资银行协助一级市场上证券的初次销售，证券经纪人和交易商则协助二级市场上的证券交易，其中一些交易是在有组织的证券交易所中完成的。

13.4.1　投资银行

如果企业希望借入资金（筹资），通常会雇用投资银行为其服务，帮助其出售证券（虽然投资银行的名称也是银行，但并非一般意义上的银行，也就是说，它不从事吸收存款和发放贷款的金融中介业务）。

投资银行协助证券销售的过程如下。首先，它们就企业应发行债券还是股票提出建议。如果认为企业应发行债券，它们就会拟定债券的期限和利率；如果认为应发行股票，它们就会为股票定价。如果该企业先前发行的证券仍然在市场上交易，即**新增发行**（seasoned issue），那么定价就相当容易。如果该企业是第一次发行股票，即**首次公开发行**（initial public offering, IPO），那么就比较难以确定股票的价格。此时，投资银行会运用所拥有的专业技术和知识来设计股票最合理的价格。

首次公开发行在美国经济中十分重要，因为它们是 20 世纪 90 年代末期风靡华尔街的互联网公司融资的主要来源。首次公开发行不仅帮助这些公司筹集资本以扩张其业务规模，还使得这些公司的原始股东变得更加富有。许多二三十岁的年轻人一夜暴富，因为他们在互联网公司中的股份由于公司股票的首次公开发行而急剧升值。然而，随着 2000 年互联网泡沫的破灭，这些人的股票价值跌到谷底，损失了大部分财富。

当企业决定发行何种金融工具后，就将其交给**承销商**（underwriter），即由投资银行来担保证券的某一发行价格，并将证券出售给公众。如果发行量较小，承销商通常只有一家投资银行（一般为最初向该公司提供发行建议的投资银行）；如果发行量很大，几家投资银行就会组建一个**辛迪加**（syndicate）来共同承销此次发行，从而限制了单个投资银行可能承受的风险。承销商可以通过向银行和保险公司等潜在买主直接联系的方式将债券出售给公众。

投资银行的业务和一级市场中的运作都受到证券交易委员会的严格监管，该委员会根据 1933 年和 1934 年的《证券交易法》成立，旨在确保潜在投资者能够获得足够的信息。向公众发行新证券的企业（一年发行量超过 150 万美元，期限长于 270 天）必须向证券交易委员会提交登记表，并向潜在投资者提供包括该证券相关信息的说明书。发行人向证券交易委员会提交登记表后，必须等待 20 天，才能出售证券。在 20 天的等待期内，如果证券交易委员会没有提出异议，那么企业就可以销售其证券了。

13.4.2　证券经纪人和交易商

证券经纪人和交易商在二级市场上从事交易。作为投资者买卖证券的代理人，经纪人的职责是匹配买卖双方，并从中赚取手续费。与经纪人不同，交易商随时准备按照给定的价格买卖证券，来连接买卖双方。因此，交易商持有证券存货，并以略高于买价的价格售出，从中获利，也就是说，通过买价和卖价之间的"价差"来获利。由于交易商持有的证券价格可能上升，也可能下跌，因此其承受的风险很高。近年来，一些专门从事债券交易的公司相继破产。相比之下，经纪人不持有参与交易的证券，所以几乎没有风险。

经纪公司（brokerage firm）从事所有三种证券市场业务，充当经纪人、交易商和投资银行的角色。证券交易委员会不仅监管这些公司的投资银行业务，而且限制经纪人与交易商不得谎报数据和利用内幕消息（只有公司管理层知晓的非公开信息）交易。

竞争的力量导致经纪公司在 20 世纪 70 年代进行重大变革：这些公司开始涉足传统商业银

行的业务。1977 年，美林证券开发了现金管理账户（CMA），可以提供包括信用卡、直接贷款、支票签发、将证券销售资金自动投资于包括货币市场共同基金与统一记账在内的一揽子金融服务。其他经纪公司纷纷效仿，现金管理公司得以迅速推广。结果是，银行与非银行金融机构之间的界限越来越模糊。另外一个重要发展是互联网在证券市场中的重要性日益增强。

13.4.3　有组织的交易所

第 2 章已经介绍过，二级市场既可以是借助交易商进行交易的场外市场，也可以是在一个中心场所进行交易的有组织的交易所。纽约股票交易所（NYSE）交易数千种证券，是世界上最大的有组织的交易所。在波士顿和洛杉矶等地还有一些小的地区性交易所，仅交易少量（少于 100 只）证券。

事实上，有组织的股票交易所是拍卖市场（买卖双方在一个中心场所内进行交易）和交易商市场（交易商按照给定价格买卖证券，从而维持市场）的混合体。在证券交易所中，交易者借助一种特殊的**证券交易经纪人**（specialist）进行证券交易。证券交易经纪人撮合相同报价的买卖指令，因而发挥了经纪人的作用。然而，如果买卖指令不能匹配，证券交易经纪人就以其个人证券存货进行买卖，这样就发挥了交易商的职能。通过承担双重职责，证券交易经纪人维持了其所负责证券的有序交易。

有组织的证券交易所同样由证券交易委员会予以监管。该委员会不仅有权监管从事交易的经纪人和交易商的行为，而且可以修改交易所制定的规则。例如，1975 年证券交易委员会不允许设定最低经纪人手续费率。结果导致经纪人手续费率大幅下滑，尤其对于买卖大量股票的机构投资者（共同基金和养老基金）而言。1975 年的《证券修正法》（Securities Amendments Act）支持了证券交易委员会的行为，视最低经纪人手续费率的设定为非法。

不仅如此，《证券修正法》还要求证券交易委员会建立全国性市场体系，即连接在全国性和地区性交易所上市的证券与通过纳斯达克全美证券交易商自动报价系统协会（NASDAQ）在场外市场交易的证券。计算机和先进的通信技术降低了市场连接的成本，促进了全国性市场体系的扩张。因此，立法和现代计算机技术正在引导证券业成为更具竞争性的行业。

资本市场的日益国际化成为证券交易的另一个趋势。国外公司越来越多地在美国股票交易所上市，市场正在向一天 24 小时证券交易国际化的方向发展。

13.5　共同基金

共同基金（mutual fund）是通过向小额投资者销售份额来聚集资金，并用于购买证券的金融中介机构。共同基金通过发行小额份额和购买大量证券，可以从经纪人手续费中获得批量购买的折扣，并能投资多样化的证券组合。借助共同基金，小额投资者可以享受以较低交易成本投资证券的好处，并可以通过持有多样化的证券组合来降低风险。许多共同基金由经纪公司管理，其他则由银行或者独立的投资分析师管理，比如富达投资集团（Fidelity）和先锋集团（Vanguard）。

自 1980 年以来，共同基金的市场份额迅速增长（见表 13-1），这主要归因于当时繁荣的股票市场。另一个重要原因是 20 世纪 70 年代出现的专门从事债务工具交易的共同基金。在 1970 年以前，共同基金几乎全部投资于股票。购买股票的基金可以进一步专业化，只投资外国股票或者特定行业的股票，比如能源或者高科技行业。购买债务工具的基金还可以进一步专门投资企业债券、美国政府债券或免税的市政债券，或者长期债券或短期债券。

共同基金主要由居民投资（约占 90%），其余则由其他金融机构和非金融机构投资。共同基金在居民储蓄中的重要性日益增强。1980 年，仅有 6% 的居民投资共同基金，近年来，这一比例增加到 50% 左右。

共同基金、养老基金和对冲基金，三者被合称为"机构投资者"，现今几乎控制了美国市场中交易股票的 25% 以上。增持股票还意味着机构投资者对公司董事会的影响力增强，甚至推动了公司管理层的更迭与政策的转型。特别是作为一种机构投资者的**主权财富基金**（sovereign wealth fund），这种国有投资基金投资海外资产的行为近来引起了很大的争议（见参考资料专栏"主权财富基金：它们是否危险"）。

参考资料　　**主权财富基金：它们是否危险**

在很长一段时间内，主权财富基金在行业内的表现都十分突出：第一家主权财富基金——科威特投资局，建立于 1953 年。当时政府积累了数额巨大的外汇收入，正如发生在石油资源丰富的国家那样，它们通常都意识到将这些收入投资到国外比保存在国内更好。最大的主权财富基金包括阿布扎比投资局、挪威政府退休基金、新加坡政府投资公司、科威特投资局、中国投资公司、新加坡淡马锡控股以及俄罗斯联邦稳定基金。

直到最近，这些基金之所以不再具有争议性是因为它们相对较小，而且主要投资于工业化国家的政府债券。然而，近年来，它们的规模在增加（它们现在持有 7 万亿美元的资产），而且还在寻求更高的回报，投资于范围更广的资产。规模和焦点的转变致使工业化国家对它们加以关注。

首先需要关注的是，随着这些基金规模的增加，它们在资本市场上会扮演更重要的角色。由于它们中的一些基金十分庞大（阿布扎比基金持有近 8 000 亿美元的资产），一家基金决定从某个资本市场退出，会使该市场变得不稳定。其次，主权财富基金也被提高到国家安全问题的高度，因为它们可能出于政治目的而投资。它们会全部买下具有重要战略意义的行业，或利用它们的影响来达到政治目的。这是一个特别值得关注的问题，因为有些国家的政府控制了其中许多最大的基金。此外需要关注的是，除了挪威的基金，绝大多数主权财富基金很少提供它们运营活动和资产投资的信息。

尽管主权财富基金会构成一些威胁，但这些问题可能会被夸大。排外情绪通常在政治问题上被利用得很好，国外购买国内的资产，通常以国家安全为由而被禁止，其目的是保护国内的公司免于被外人控制。然而，一些大型基金缺乏透明度是个严重的问题。这也是为什么像国际货币基金组织（IMF）和 OECD 这样的机构提议建立规则，以增加这些基金向市场披露的信息数量。

共同基金有两种组织形式。最常见的是**开放型基金**（open-end fund），其份额可以随时赎回，赎回价格和基金资产的市场价值紧密相关。共同基金的另一种组织形式是**封闭型基金**（closed-end fund），首次发行时销售固定数目的不可赎回份额，之后同普通股一样交易。这些份

额的市场价格随着基金资产的市场价值而波动，但与开放型基金不同，份额的价格可以高于或低于基金资产的市场价值，这取决于份额的流动性和管理质量等因素。与封闭型基金不可赎回的份额相比，开放型基金可赎回份额的高度流动性使其备受青睐。

最初，多数开放型基金的份额是由收取一定手续费的销售员（通常是经纪人）销售的。由于手续费在购买时支付，并立即从份额的赎回价值中扣除，所以这些基金被称为**付佣基金**（load fund）。目前大多数基金属于**非付佣基金**（no-load fund），它们被直接出售给公众，不收取手续费。无论哪种类型的基金，经理人都向份额持有者收取管理费。每年，这些费用大约为基金资产价值的 0.5%。

共同基金由证券交易委员会监管。1940 年的《投资公司法》赋予该委员会对投资公司具有全面的控制权。监管者要求这些基金定期向公众披露信息，并对其业务销售的方式予以限制。

货币市场共同基金

前面章节介绍的金融创新过程中产生的货币市场共同基金，是共同基金家族中重要的一员。这种共同基金投资于优质短期债务（货币市场）工具，比如国库券、商业票据以及银行存单。这些证券的市场价值会有所波动，但由于期限通常在 6 个月以内，市场价值变化较小，所以使得这些基金的份额得以按固定价值被赎回（这些证券市场价值的波动被归为基金的利息支出）。因为可以按不变价格赎回份额，所以份额持有者可以就商业银行的基金账户签发支票来赎回份额。这样，货币市场共同基金就相当于赚取短期债务证券利率的支票存款。

1977 年，货币市场共同基金的资产不到 40 亿美元，到 1980 年已经攀升到 500 亿美元以上，现在则超过了 3 万亿美元，占整个金融中介行业的比重已接近 5.1%（见表 13-1）。目前，货币市场共同基金的资产占所有共同基金的 1/5。

13.6　对冲基金

对冲基金（hedge fund）属于一种特殊类型的共同基金，据估计，其资产超过 3 万亿美元。著名的对冲基金包括都铎投资公司和乔治·索罗斯的量子基金集团。对冲基金的投资者都是有限合伙人，他们将资金交由负责管理的合伙人（主要合伙人）来开展投资活动。对冲基金在某些特征上与传统的共同基金有所差异。对冲基金规定了 10 万～2 000 万美元不等的最低投资要求，通常为 100 万美元。联邦法律要求对冲基金的投资者不得超过 99 人（有限合伙人），并且拥有不低于每年 20 万美元的稳定收入，或拥有 100 万美元以上的住宅之外的资产净值。这些限制条件的理由是，富人会更加谨慎地看管资金，因此对冲基金在很大程度上不受监管。5 000 家对冲基金中的很多家都设在海外以避免监管。

对冲基金与传统共同基金的差异还在于，它们通常要求投资者在较长的期限内（通常为几年）放弃资产的使用权。这个要求旨在为经理人制定长期战略创造宽松的环境。对冲基金通常会向投资者收取高昂的费用。一般来说，对冲基金就其资产收取 2% 的年费及 20% 的利润。

对冲基金的名称带有误导性，因为"对冲"通常表明规避风险的投资战略。尽管其名称是对冲基金，但这些基金能够并且承担了很大的风险。许多对冲基金追求"市场中性"战略，它们购入看上去便宜的某种证券，如债券，同时卖出数量相等的价值被高估的相似证券。如果利率整体上升或下跌，基金的风险就被对冲掉了，因为一种证券价值的下降与另一种证券价值的上升是相对应的。然而，基金需要推测两种证券之间的差价是否按照基金经理人预测的方向变化。如果基金赌输，就可能损失惨重，尤其是如果基金使用杠杆运作其头寸，即借入大量资金，以致其资本相对投资组合的规模相当小。

13.7　私募股权投资基金和风险投资基金

另外一种投资基金是**私募股权投资基金**（private equity fund），它进行长期投资，投资于非上市公司，并有着类似对冲基金的结构。私募股权投资基金的投资者属于有限合伙人（比如非常富有的个人、养老基金、金融机构和大学捐赠基金），他们将资金交由负责管理的合伙人（主要合伙人）进行投资。私募股权投资基金有两种类型。**风险投资基金**（venture capital funds）投资于新成立的公司，通常投资于科技产业。**并购基金**（capital buyout funds）在很多情况下投资于已建成的公司，通过**杠杆收购**（leveraged buyout，LBO）来购买上市公司，通过购买其所有股份使上市公司变为私有，同时通过增加公司杠杆（负债）来筹集资金。那些著名的风险投资基金和并购基金包括 KKR、贝恩资本和黑石集团。

相对于投资上市公司，私募股权投资基金有许多优势。首先，私募股权投资基金公司不需要受那些有争议并且耗费成本的监管，包括我们将要在第 15 章中介绍的《萨班斯–奥克斯利法案》。其次，相对于上市公司，私募股权投资基金公司的管理者没有立刻赚取利润的压力，因而可以将眼光投向长期的盈利能力。再次，相对于上市公司，私募股权投资基金给予其管理者更多的公司股份以更好地激励管理者最大化公司价值。最后，私募股权投资基金克服了我们在第 8 章中所介绍的搭便车问题。相比之下，上市公司股权分散，其所有者彼此间乐于搭便车，风险投资基金和并购基金获得几乎所有监管公司的好处，因此，它们有动力去确保公司运行的平稳。

对于风险投资基金和并购基金来说，一旦它们初创或购买的公司获得成功，基金便可以通过将公司卖给其他公司或通过首次公开上市后售出而获利。私募股权投资基金的主要合伙人也会获得丰厚的回报：像对冲基金一样，他们通常可以获得 2% 左右的管理费和 20% 的利润，这被称为**附带权益**（carried interest）。由于附带权益按较低的长期资本利得税（15%）征收，而非较高的所得税（40%），因而饱受争议。一些国会议员认为这是公然的有失公平，因而提议将附带权益的纳税比率调至和所得税一样高的水平。那些私募股权投资基金的业内人士反驳说，提高附带权益的税率将阻碍投资，从而阻碍经济增长。

风险投资基金和并购基金都已获得很高的利润。近年来，由于风险投资公司为许多成功的高科技企业融资，包括苹果公司、思科系统公司、基因泰克公司、微软公司和太阳微系统公司（被甲骨文公司收购），因而成为推动经济增长的一个十分重要的动力。

13.8　政府金融中介机构

政府涉足金融中介活动的方式有两种：一种是建立联邦信贷机构，直接从事金融中介业务；另一种是向私人贷款提供政府担保。

联邦信贷机构

政府为促进居民住宅市场的发展，建立了一些政府机构来直接或间接地为抵押市场提供资金。这些机构有三家：政府国民抵押协会、房利美和房地美。它们利用销售债券所得购买抵押贷款。除了政府国民抵押协会是联邦机构，属于美国政府的一部分外，其他两个机构都是政府资助的企业（GSE），功能类似于与政府有着密切联系的私人企业。另外一种 GSE 是联邦住房贷款银行，它们通过销售债券和将收益贷给金融机构以获取抵押贷款的方式间接为抵押市场提供资金。尽管美国政府不像对待国债那样，明确地为 GSE 债务提供担保，但实际上，联邦政府不可能允许这些机构的债务发生违约。

农业是政府金融中介发挥重要作用的另一个领域。农村信用体系（由合作银行、农村信用银行和各种农村信用协会组成）和联邦农业抵押贷款公司（"Farmer Mac"）发行证券，并用筹集的资金向农场主发放贷款。

不幸的是，政府对 GSE 债务的隐性担保导致了道德风险问题，事实上，由于政府为 GSE 债务提供担保，导致市场纪律对 GSE 在承担额外风险方面的限制十分脆弱。因此，这些机构就有动力去承担额外的风险，让纳税者为其承担责任，而这也正是它们所做的。例如，由于破产的农场不断增加，联邦政府于 1987 年对农村信用体系进行紧急援助。这些机构可以借入限额为 40 亿美元的资金，偿还期在 15 年以上，并且获得 10 亿美元的援助。然而，与最近发生的联邦政府向房利美和房地美提供 2 000 亿美元的紧急援助相比，所有这一切都相形见绌（见参考资料专栏"全球金融危机和给予房利美与房地美的紧急援助"）。

参考资料　**全球金融危机和给予房利美与房地美的紧急救助**

由于这些机构鼓励了过高风险的存在，房利美和房地美特殊的结构（由政府担保的私人公司）迟早会出现问题。就像许多经济学家一样，这本教科书的旧版，也准确预测出将要发生的事情：政府对这两家公司的紧急援助，会给美国纳税人带来巨大的潜在损失。

正如我们在第 10 章中所看到的，当政府为金融机构提供一张安全网时，需要政府适当地管理和监督，以确保这些机构不会承担过多的风险。作为 1992 年立法的结果，房利美和房地美被委托给联邦住屋企业督察局（OFHEO）管理和监督，但这个监管者缺乏权威，仅有有限的能力去管束它们。这个结果并不令人惊讶：GSE 有很强的激励机制去抵抗有效管理和监管，因为这将减少它们的利润。这恰恰就是它们正在做的：房利美和房地美是国会游说团体中的传奇，它们也没有就此道歉。1999 年，房利美当时的首席执行官富兰克林·雷恩斯说："我们管理政治风险的强度和管理信贷以及利率风险的强度一样。"在 1998～2008 年，房利美和房地美在游说方面合起来花费了 1.7 亿美元；2000～2008 年，它们及其雇员向竞选活动捐献了超过 1 400 万美元。

它们的游说获得了回报：它们的监管者——联邦住屋企业督察局，试图增加监管力度，但在克林顿和布什政府执政期间没有什么表现，引人注目的是，即使两家公司在 2003 年和 2004 年的会计丑闻（它们通过造假账来理顺收入）被曝光后，情况依然如此（只是在 2008 年 7 月，房利美和房地美陷入严重困境的消息泄露出去，才通过立法，以建立一个更加严格的监管，即联邦住房金融机构取代了联邦住屋企业督察局）。

较弱的监管以及较强的动力去承担风险，促使房利美和房地美疯狂地成长，到 2008 年，它们已购买或担保了超过 5 万亿美元的抵押贷款或抵押贷款支持证券。或许是会计丑闻促使它们承担更多的风险。1992 年的立法，给予房利美和房地美一项支持经济适用房的任务。还有什么比购买次级抵押贷款和次优级抵押贷款或抵押贷款支持证券（在第 12 章中介绍过）更好的方法去完成这项任务呢？会计丑闻使这个动力变得更强，因为它们削弱了对房利美和房地美的支持，使它们有更强的动力去迎合国会，并通过购买这些资产来支持经济适用房。当全球金融危机大规模袭来时，它们账面上有超过 1 万亿美元的次级抵押贷款和次优级抵押贷款。不仅如此，它们的资本充足率也很低。的确，它们的资本比率比其他金融机构（如商业银行）低很多。

到 2008 年，随着许多次级抵押贷款发生违约，房利美和房地美的账面上出现巨大的损失。它们的资本缓冲很少，意味着它们几乎没有储备来承担这些损失，并且投资者也开始撤出资金。由于房利美和房地美在抵押贷款市场上的主导地位，美国政府不能承受它们的破产，因为这会对提供抵押贷款带来灾难性的影响，并可能对住房市场带来进一步毁灭性的影响。随着破产的逼近，财政部介入其中，承诺如果需要，将用纳税者的钱向公司提供最多 2 000 亿美元的援助。这些援助并不是免费的。联邦政府将它们接管，对它们进行有效的管理，要求它们的首席执行官辞职，使其监管者（联邦住房金融部，the Federal Housing Finance Agency）监督公司的日常运营。此外，政府获得约 10 亿美元的高级优先股，如果公司恢复，还有权购买公司 80% 的普通股。紧急援助之后，两家公司的股票价格低于它们一年前股票价格的 2%。

目前还不清楚，政府对房利美和房地美的紧急援助会花费美国纳税者多少钱。这两家公司最终的命运尚不清楚。房利美和房地美的故事说明政府设立政府担保的私人公司是多么危险，这些机构都面临着典型的利益冲突问题，因为它们要为两个雇主服务：作为上市公司，它们要以股东利益最大化为目标，但作为政府机构，它们有义务为公众的利益服务。结果是，无论是公众还是股东，它们都没服务好。

本章小结

1. 由各州监管的保险公司，通过销售承诺事故发生时支付保险赔偿金的保单聚集资金。与人寿保险公司相比，财产和意外伤害保险公司未来支付的赔偿金具有更大的不确定性，因此持有的资产更具流动性。所有保险人都面临着逆向选择和道德风险的问题，这可以解释保险管理工具的使用，如信息收集和甄别潜在投保人、基于风险的保费、限制性条款、预防欺诈、中止保险、免赔额、共同保险和对保险金额的限制。

2. 养老金计划在人们向该计划缴费多年后，为其提供退休后的收入。在联邦所得税政策的

推动下，养老基金经历了飞速增长，目前在股票市场中扮演着重要的角色。许多养老金计划筹资不足，这意味着它们未来支付的退休金高于缴费及收益。筹资不足问题对于公共养老金计划（如社会保障体系）而言尤为尖锐。为了解决这个问题，国会颁布了《雇员退休收入保障法案》（ERISA），为私人养老金计划制定了信息报告的最低标准以及限制私人养老金计划允许的筹资不足的程度。该法令还创建了养老收益担保公司，为退休金提供保险。

3. 财务公司通过发行商业票据、股票和债券筹

集资金，并据以发放特别针对消费者和工商企业需要的贷款。与商业银行和储蓄机构相比，这些公司几乎不受监管，因此能够迅速地发放迎合消费者需要的贷款，发展十分迅速。

4. 投资银行协助一级市场上证券的首次销售；证券经纪人和交易商协助二级市场证券的交易，其中一些交易是在有组织的交易所中进行的。证券交易委员会监管证券市场上的金融机构，确保潜在投资者能够获取足够的信息。

5. 共同基金利用出售份额所筹集的资金购买证券。开放型基金发放能够随时被赎回的份额，赎回价格与公司的资产价值密切相关。封闭型基金发行同普通股一样交易。由于份额的流动性差，所以封闭型基金的吸引力逊于开放型基金。货币市场共同基金只持有短期优质证券，投资者可以通过签发支票，按照固定价值赎回其份额。这些基金的份额事实上相当于赚取市场利率的支票存款。所有的共同基金均由证券交易委员会监管。

6. 对冲基金是一种特殊的投资基金。对冲基金的投资者都是有限合伙人，他们将钱交由负责管理的合伙人（主要合伙人）来进行投资活动。他们有很高的最低投资额要求，并且要求投资者将他们的资金长期托付于对冲基金。

7. 私募股权投资基金对非上市公司进行长期投资，它主要有两种形式：一种是风险投资基金，主要投资于初创的企业；另一种是并购基金，投资于已建成的企业，一般是通过投资购买其产权进行公开交易的公司来实现。

8. 为向居民住宅市场和农业提供信贷支持，美国政府创建了一些政府机构，其中 GSE 尤其重要，GSE 的功能类似于与政府有着密切联系的私人企业。由于政府为 GSE 债务提供隐性担保，导致市场纪律对 GSE 在承担额外风险方面的限制十分脆弱。结果是，道德风险导致纳税人紧急援助，尤其是最近发生的联邦政府向房利美和房地美提供 2 000 亿美元的紧急援助。

关键术语

并购基金	承销商	筹资不足	待遇确定型计划
单线保险公司	对冲基金	非付佣基金	风险投资基金
封闭型基金	付佣基金	附带权益	杠杆收购
共同保险	缴费确定型计划	经纪公司	开放型基金
免赔额	首次公开发行	私募股权投资基金	完全积累型
新增发行	信用违约互换	养老年金	再保险
证券交易经纪人	政府资助企业	主权财富基金	

思考题

1. 为什么人们预期损失会比保费少但是仍选择购买保险？
2. 保险公司如何规避逆向选择和道德问题带来的损失？
3. 终身人寿保险和短期人寿保险的区别是什么？
4. 再保险的意义与目的是什么？
5. 为什么财产和意外伤害保险公司持有大量市政债券而人寿保险公司却没有？
6. 为什么美联储和政府要干预并保释美国投资集团？
7. "与私人养老金计划相比，政府养老金计划很少是不足额的。"这个观点是正确的、错误的还是不确定的？解释你的答案。

8. 为什么社会保障体系处于最终瓦解的危险中？

9. 社会保障体系私人化的三个主要提议是什么？说出它们的优缺点。

10. 什么是《雇员退休收入保障法案》？它为什么设立？

11. 如果你需要申请贷款，为什么首选地方银行而非财务公司？

12. 证券经纪人、交易商、投资银行、有组织的交易所和金融中介的区别在哪里？

13. 主权财富基金现阶段存在什么问题？它们稳定吗？

14. 为什么货币市场共同基金允许它的股东以一个固定价格赎回份额而其他共同基金不允许？

15. 共同基金的哪些特点及投资环境使得共同基金在过去 30 年快速发展？

16. 对厌恶风险的人而言，在投资银行上班是一份好工作吗？为什么？

17. 共同基金和对冲基金的区别是什么？

18. "对冲基金并没有风险，就如同它们的名字所显示的一样，是用来对冲风险的。"这句话是正确的、错误的还是不确定的？

19. 私募股权（PE）基金有哪四点优势？它是如何缓解"搭便车"问题的？

20. 政府资助的企业（GSE）如何给纳税人带来巨大损失？

应用题

21. 你的一位富裕的叔叔去世了，留给你价值 10 万美元的人寿保险。保险公司在 20 年间每年向你提供 8 225 美元，今天汇第一笔，或者到期整笔汇给你。你选择哪一种？

22. Kio Outfitters 估计损失的概率如下：

损失（美元）	概率（%）
30 000	0.25
15 000	0.75
10 000	1.50
5 000	2.50
1 000	5.00
250	15.00
0	75.00

Kio Outfitters 的损失大于 5 000 美元的概率将会是多少？若保险公司扣除 1 500 美元后赔付，Kio Outfitters 执行条款将支付多少金额？

23. 保罗的车在冰面上滑行破损，造成了价值 2 500 美元的车辆损失。他自己也轻微受伤，其治疗费为 1 300 美元。他的车辆保险扣除 500 美元后将会全额赔付，健康保险扣除 100 美元后将赔付 75%。最终这次事故保罗自家要花多少钱？

24. 一位员工每年在年底向他的养老金计划缴纳 200 美元，5 年后他的账户价值是多少？假设这个计划每年赚 15%。

25. 假设你在每年年初向保险金计划缴纳 20 000 美元，利率是 10%。

a. 8 年之后，总价值是多少？

b. 假设 8 年之后你应收到 250 000 美元。这个养老金是筹资充足还是筹资不足？

c. 假设养老金计划在缴纳时收取 2% 的管理费，这将如何影响你前两问的答案？

数据分析题

1. 登录圣路易斯联邦储备银行 FRED 数据库，下载居民与非营利组织（HNOMFAQ027S）、金融企业（FBMFTTQ027S）所持有的共同基份额。哪些是上述两类最近所持有最多的资产？在过去的 5 年间，这两组哪一组发展得最快？

2. 登录圣路易斯联邦储备银行 FRED 数据库，下载政府国民抵押协会（MDOTHFRAGNMA）、房利美（MDOTHFRAFNMA）以及房地美（MDOTHFRAFHLMC）持有的按揭贷款。

三家公司中哪家持有的贷款数额最多？哪家持有的最少？最近房地美和房利美持有的数额相比于 2010 年有什么变化？

网络练习

1. 首次公开发行是指将证券首次出售给公众。访问 http://www.ipohome.com，这个网站列出了首次公开发行市场的各种指标。

   a. 按照金额统计，本年度最大的首次公开发行是哪一次？

   b. 下次首次公开发行是哪只证券？

   c. 本年度共有几次首次公开发行？

2. 美联储存有财务公司的多种数据。访问 www.federalreserve.gov/releases，找到 G20 财务公司。单击"信息发布"，找到最新信息。

   a. 浏览汽车贷款的项目。在最近一段时间内，平均利率和期限为多少？财务公司提供的汽车贷款的平均金额是多少？

   b. 财务公司最常发放的贷款种类为消费者贷款、不动产贷款还是工商企业贷款？

   c. 近 5 年来，哪种类型的贷款增长最为迅速？

网络参考

www.iii.org　保险信息研究所公布了关于保险业的资料和统计数据。

www.federalreserve.gov/releases/Zl/　美国的资金流动账户报告了关于保险业现状的细节。向下滚动目录以找到保险公司的检索说明。

www.pbgc.gov/　养老金福利担保公司的网站有关于它提供的养老金和保险方面的信息。

www.ssa.gov/　社会保障局的网站有你可以从社会保障中获得的利益的信息。

www.federalreserve.gov/releases/g20/　美联储关于财务公司的信息。

www.ici.org/about_ici/annuals　美国投资协会出版的投资公司资料手册包含了共同基金的历史、监管、税务和股东等信息。

www.ipointialpublicofferings.com/　这个网站报告了首次公开发行的新闻和信息，并有首次公开发行、风险投资基金的先进搜索工具等内容。

www.sec.gov　证券交易委员会的网站包含了监管措施、概念发布、说明性发布等内容。

www.nyse.com　在纽约证券交易所的主页上，你将找到上市公司列表、会员信息、实时市场指数和当前股市行情。

第14章

金融衍生工具

CHAPTER 14

学习目标

1. 明确对冲、多头、空头的含义。
2. 明确远期合约的含义，并总结其优缺点。
3. 总结远期合约与金融期货的区别。
4. 确定期权合约的不同类型，并总结有关看涨期权、看跌期权的三个结论。
5. 明确互换的含义，并总结利率互换的优缺点。
6. 总结三个种类的信用衍生工具。

| 预览 |

　　20世纪70年代，金融机构开始面临更多变化，20世纪八九十年代风险继续加剧。利率波动幅度加大，使股票和债券市场经历了几个剧烈动荡的时期。于是，金融机构经理对降低机构所面临的风险更为关注。为了降低风险的需求，第11章所介绍的金融创新推出了很多新的金融工具，以帮助金融机构经理更好地控制风险。这些工具被称为**金融衍生工具**（financial derivatives），其收益与之前发行的证券紧密相关，目前已经成为极有效的风险管理工具。

　　本章我们将介绍几种金融机构经理用于管理风险的最重要的金融衍生工具：远期合约、金融期货、期权和互换。我们不仅要考察每种金融衍生工具市场的运作，还要分析金融机构如何运用它们管理风险。金融衍生工具还是金融机构的一个重要利润来源，特别是对于那些传统业务已经衰落的大银行来说（我们在第11章中已介绍过这个问题）。

14.1 避险

金融衍生工具可以帮助金融机构避险，因此可以有效地降低风险。其中，**避险**（hedge） 是指降低或消除风险的金融交易。当金融机构购入某资产时，就被称为持有**多头**（long position），如果这种资产的收益率不确定，金融机构就面临风险；相反，如果金融机构向另一方售出某资产，并约定在未来某日交割，就被称为持有**空头**（short position），这同样面临风险。金融衍生工具通过应用以下避险的基本原则降低风险：**风险的规避可以通过金融交易来实现，这一交易可以是通过持有额外的空头来抵消多头，或通过持有额外的多头来抵消空头。**换句话说，如果某金融机构买入一种证券（即持有多头），就可以签约在未来某日出售该证券（持有空头），从而实现避险的目的；相反，如果该金融机构卖出一种证券，并约定在未来某日交割（即持有空头），就可以通过签约在未来某日购入该证券（持有多头）来实现避险的目的。我们将通过远期合约和期货合约来了解这一避险原则的应用。

14.2 远期利率合约

远期合约（forward contract）是指交易双方达成的在未来某一时点（远期）进行某种金融交易的协议。这里我们介绍的是基于债务工具的远期合约，即**远期利率合约**（interest-rate forward contract）。在本章后面，我们还将介绍远期外汇合约。

远期利率合约涉及的是债务工具未来的销售，包括以下几个方面的内容：①对未来交割的实际债务工具的规定；②交割数量；③交割价格（利率）；④交割日。下面是关于远期利率合约的一个案例。第一国民银行与 Rock Solid 保险公司签订了一份合约，规定第一国民银行将在一年后卖给 Rock Solid 保险公司面值 500 万美元、票面利率为 6%、2038 年到期的国债，按照债券的利率作为当天利率（即 6%）的价格进行交割。由于 Rock Solid 保险公司将在未来购买这些债券，它持有多头，而卖出这些证券的第一国民银行持有空头。

💡 应用 14-1 　　　　　 利用远期利率合约避险

首先，第一国民银行为什么愿意同 Rock Solid 保险公司签订远期利率合约呢？

为便于理解，假定你是第一国民银行的经理，并购买了面值为 500 万美元、票面利率为 6%、2038 年到期的国债。这些债券目前的价格等于面值，因此到期收益率为 6%。由于这些债券属于长期债券，你面临着巨大的利率风险：如果未来利率上升，这些债券的价格将会下降，巨大的资本损失足以让你失去工作，那么你将如何规避风险呢？

在了解了避险的基本原则后，你意识到可以利用远期合约建立空头，抵消这些债券的多头。也就是说，你需要签订在未来某日按照票面价值销售这些债券的合约。于是，你同另一方（这里是 Rock Solid 保险公司）约定，1 年后，平价出售这些面值 500 万美元、票面利率为 6%、2038 年到期的国债，利用远期合约，你成功地规避了利率风险。由于锁定了这些债券的未来价格，由利率变动引起的价格风险就被消除了。

为什么 Rock Solid 保险公司愿意同第一国民银行签订远期合约呢？Rock Solid 保险公司希

[⊖] hedge 可译为"避险"或"对冲"，据语境选择，此处译为"避险"。——译者注

望将 1 年后收取的 500 万美元保费投资于 2038 年到期、票面利率为 6% 的国债，但担心 1 年间这些债券的利率会下跌。通过远期合约，它就可以将第一国民银行出售的国债利率锁定在 6% 的水平上。

远期合约的利弊分析

远期合约的优点在于可以灵活地满足交易双方的需求。这意味着，像第一国民银行这样的机构能够完全规避其资产组合中某种特定证券的利率风险。

然而，远期合约存在的两个问题严重制约了其作用的发挥。第一个问题是像第一国民银行这样的机构很难找到愿意同它签订远期合约的另一方（被称为交易对手）。虽然经纪人能够匹配第一国民银行与 Rock Solid 保险公司这两个机构，但愿意签订标的资产为票面利率 6%、2038 年到期的国债的机构很少。这意味着，第一国民银行这样的机构很可能无法找到交易对手同其签订某种具体类型的远期合约，并且即使第一国民银行找到交易对手，由于愿意同它签订远期合约的人很少，它也很难获得较高的价格。因此，远期利率合约存在的严重问题是，难以完成金融交易或者不得不以一个不利的价格来完成交易。用金融经济学家的术语来说，该市场缺乏流动性（注意，"流动性"这一术语用于市场比用于资产的范畴要更广些。资产的流动性是指易于变现，市场的流动性是指易于实现金融交易）。

远期合约的第二个问题在于违约风险。假设在 1 年内，利率上升导致票面利率 6%、2038 年到期的国债价格下跌。Rock Solid 保险公司能够以低于合约价格的价格购买到该债券，因此，很可能不愿意履行与第一国民银行签订的远期合约，或者 Rock Solid 保险公司在 1 年后可能已经破产而不复存在，远期合约也就无从履行。由于没有外部组织对该合约予以担保，第一国民银行只能诉诸法律，但这一过程成本很高。如果 Rock Solid 保险公司破产已成事实，那么第一国民银行必然遭受损失，因为债券价格已经下跌，它只能以远低于合约的价格卖出这些债券。

远期合约的违约风险意味着交易双方必须充分调查以了解交易对手，确认交易对手的财务状况和信誉水平良好，并能够履行合约。由于调查成本很高，加之前面章节所介绍的逆向选择和道德风险问题的存在，违约风险仍然是利用远期合约的一大障碍。由于违约风险和缺乏流动性，金融机构运用远期合约时受到了很大的限制。尽管存在远期利率合约市场，特别是国债和抵押担保证券的远期市场，但其规模远不及我们下面将要介绍的金融期货市场。

14.3 金融期货合约和金融期货市场

由于远期利率合约缺乏流动性和存在违约风险，所以需要找到另一种规避利率风险的方法。1975 年芝加哥期货交易所提供了这样一种方法。

金融期货合约（financial futures contract）与远期利率合约的相似之处在于，它们都规定金融工具必须在未来某一规定的交易日由交易一方交割给另一方。但是，金融期货合约在几个方面与远期利率合约明显不同，使其克服了远期市场缺乏流动性和违约风险的问题。

为了了解金融期货合约，我们来看期货合约市场上最常见的交易品种——在芝加哥期货交易所交易的国债期货合约。合约的价值为债券的票面价值 10 万美元。合约价格以点数表示，1 点相当于 1 000 美元，价格的最小变动单位为 1 点的 1/32，即 31.25 美元。合约规定，进行交割的债券的交割日距离到期日至少为 15 年（并且在 15 年内不得被赎回，也就是财政部不得行使其赎回权）。如果在期货合约清算时，用于交割的国债的票面利率不等于期货合约规定的 6%，那么债券交割的数量需要进行调整，以反映交割债券与 6% 的息票债券之间的价值差异。与远期合约的术语相同，购买期货合约，即承诺购买债券的交易一方持有多头；出售期货合约，即承诺出售（交割）债券的一方持有空头。

为了使我们更加准确地理解期货合约，让我们来看看买卖国债期货合约的情况。假设 2 月 1 日，你以 115 点的价格（即 11.5 万美元）售出 6 月到期的 10 万美元的期货合约。通过出售这份合约，你承诺在 6 月底以 11.5 万美元将面值为 10 万美元的长期国债交割给交易对手。买方以 115 点的价格购买这份期货合约，承诺在 6 月底支付 11.5 万美元，以获得面值为 10 万美元的债券。如果长期债券的利率上升，到 6 月底合约到期时，这些合约的价格就下跌到 110 点（即面值为 10 万美元的债券价格为 11 万美元），那么合约的买方将损失 5 000 美元，因为他以 11.5 万美元价格购买的债券的市场价格仅为 11 万美元。但你作为合约的卖方，将赚取 5 000 美元的收益，因为你以 11.5 万美元卖给买方的债券在市场上只需花 11 万美元就可以买到。

如果认识到下面的事实，就更容易描述买卖期货合约的交易双方面临的状况：**在合约到期日，合约的价格等于即将交割的标的资产的价格**。来看看为什么会这样，考虑一下在 6 月底合约到期时，面值为 10 万美元的国债价格为 110 点（即 11 万美元）。此时，如果期货合约的价格低于 110 点，比如 109 点，交易者可以立即将其以 11 万美元的价格售出，并获得 1 000 美元的利润。由于赚取这一利润没有任何风险，所以这意味着每个人都愿意购买该合约，其价格自然会上涨。只有当价格上升到 110 点时，购买压力才会随着盈利机会的消失而不复存在。相反，如果期货合约的价格高于 110 点，比如 111 点，那么每个人都愿意出售这份期货合约。卖方可以以 11.1 万美元的价格卖出期货合约，而只需支付 11 万美元购买用于交割给买方的国债，其中，1 000 美元的价差就是卖方的利润。由于获得这一利润同样没有风险，所以交易者会持续卖出这种期货合约，直到其价格降低到 110 点，即无利可图时。在期货市场上，无风险获利机会不断被消除的过程被称为**套利**（arbitrage），它保证在到期时，期货合约的价格与被交割的标的资产的价格相等。[⊖]

理解了期货合约到期时的价格等于被交割标的资产价格这一事实，就很容易发现当利率发生变化时，谁将获利、谁将亏损。如果利率上升，6 月底合约到期时国债价格为 110 点，那么 6 月到期的国债期货合约的价格也为 110 点。于是，如果你在 2 月以 115 点的价格购入这份期货合约，你就会损失 5 个点，即 5 000 美元（10 万美元的 5%）。但如果你在 2 月以 115 点的价格售出这份期货合约，那么价格下跌到 110 点意味着你获得了 5 个点的利润，即 5 000 美元。

💡 应用 14-2　　　　　　　　利用金融期货避险

第一国民银行也可以利用金融期货合约来规避其持有的面值为 500 万美元、票面利率为 6%、2038 年到期的国债的利率风险。让我们来看看它是如何操作的，假定在 2019 年 3 月，2038 年到期、票面利率为 6% 的国债，是在芝加哥期货交易所交易并在 1 年后即 2020 年 3 月

⊖ 事实上，期货合约通常在标的资产的时间和交割上设定一些条件，从而导致合约到期日的价格与标的资产价格略微不同。由于这个价差非常小，所以本章我们将其忽略。

到期的国债期货合约所要交割的长期债券。[⊖]同时假设，在未来一年里，这些债券将保持 6% 的利率水平不变，因此在 2038 年到期、票面利率为 6% 的国债与期货合约都是按照票面价值出售的（即 500 万美元债券的价格为 500 万美元，而 10 万美元期货合约的价格也为 10 万美元）。避险的基本原则表明，你需要持有空头来抵消已持有的多头，因此，你应当卖出期货合约。但卖出多少份期货合约呢？要计算用于避险的合约数目，可以用需要避险的资产价值除以每份合约的货币价值，即式（14-1）

$$NC = \frac{VA}{VC} \tag{14-1}$$

其中，NC 表示用于避险的合约数目；VA 表示资产价值；VC 表示每份合约的价值。

既然 2038 年到期、票面利率为 6% 的国债是在芝加哥期货交易所交易并在 1 年后到期的国债期货合约所要交割的长期债券，并且预期在 1 年内这些债券将保持 6% 的利率水平不变，因此 2038 年到期、票面利率为 6% 的国债与期货合约都是按照票面价值出售，那么，第一国民银行需要售出多少份金融期货合约来完全规避其持有的 2038 年到期、票面利率为 6%、价值为 500 万美元的国债的利率风险呢？[⊖]因为 VA = 500 万美元，VC = 10 万美元，所以

$$NC = \frac{500}{10} = 50$$

因此，需要出售 50 份期货合约来规避利率风险。

现在假定在 1 年的时间里，由于预期通货膨胀率的上升，利率上升到 8%。2020 年 3 月，第一国民银行所持有的 2038 年到期、票面利率为 6% 的国债价值下跌到 4 039 640 美元。于是这些债券的多头的损失为 960 360 美元。

2020 年 3 月的价值，对于 8% 的利率	4 039 640 美元
2019 年 3 月的价值，对于 6% 的利率	−5 000 000 美元
损失	−960 360 美元

然而，要求你在 2020 年 3 月交割 2038 年到期、票面利率为 6% 的国债 50 份期货合约的空头，其价值将下跌到 4 039 640 美元，这恰好是利率上升到 8% 后 500 万美元国债的价值。因此，你出售期货合约，买方必须在到期日支付你 500 万美元。因此，这些期货合约空头的收益同样是 960 360 美元。

按照 2019 年 3 月的约定，你在 2020 年 3 月的收入	5 000 000 美元
2020 年 3 月交割的债券的价值，对于 8% 的利率	−4 039 640 美元
收益	960 360 美元

因此，第一国民银行的净收益为 0，表明它成功地进行了避险。

刚刚描述的避险被称为**微观对冲**（micro hedge），因为金融机构规避了其所持有的某种特定

⊖ 在现实世界中，设计一个避险方案比本案例要复杂得多，因为很可能交割的债券不是 2038 年到期、票面利率为 6% 的国债。

⊖ 可以利用财务计算器来计算债券的价格：FV = 5 000 000，PMT = 300 000，I = 8%，N = 19，PV = 4 039 640。

资产的利率风险。金融机构的另一种避险类型为**宏观对冲**（macro hedge），规避的是金融机构所持有的整个资产组合的风险。例如，如果银行利率敏感型负债大于资产，第9章已介绍过，利率上升会导致银行价值的下跌。通过出售在利率上升时获利的利率期货合约，银行能够抵消利率上升时资产组合的全部损失，从而规避其利率风险。

14.3.1 金融期货市场的交易组织

在美国，金融期货合约是在有组织的交易所内交易的，比如芝加哥期货交易所、芝加哥商业交易所。美国的期货交易所和所有的金融期货交易都由商品期货交易委员会（Commodity Futures Trading Commission，CFTC）予以监管。该委员会成立于1974年，它接管了农业部对期货市场的监管职责。委员会监管期货交易和期货交易所，以确保市场价格不被操纵，并负责经纪人、交易者和交易所的注册与审计，以杜绝欺诈行为并确保交易所的财务健全性。除此之外，委员会还负责批准新的期货合约，确保其为公众利益服务。表14-1列举了2017年7月在美国交易最为广泛的期货合约品种及其交易规模和**未平仓合约数量**（open interest）。

近年来，其他金融市场的全球化进程，使得期货市场也感受到来自海外竞争的压力。

表 14-1 美国主要的金融期货合约

合约种类	合约金额	未平仓合约数量（2017年7月）
国债利率合约		
长期国债	100 000 美元	732 092
中期国债	100 000 美元	3 202 411
5 年期国债	100 000 美元	2 959 255
2 年期国债	200 000 美元	1 375 416
30 天联邦基金借款	5 000 000 美元	1 706 604
欧洲美元	4 000 000 美元	13 172 945
股票指数合约		
标准普尔 500 指数	250 美元 × 指数	89 687
E-Mini 标准普尔 500 指数	50 美元 × 指数	3 030 405
E-Mini 纳斯达克 100 指数	20 美元 × 指数	293 228
日经 225 股票平均指数	5 美元 × 指数	35 613
货币合约		
日元	12 500 000 日元	241 605
欧元	125 000 欧元	455 955
加元	100 000 加元	190 219
英镑	100 000 英镑	213 286
瑞士法郎	125 000 瑞士法郎	40 080
墨西哥比索	500 000 新比索	214 991

资料来源：Volume and Open Interest, http://www.cmegroup.com/daily_bulletin/monthly_volume/Web_OI_Report_CMEG. pdf. Used by permission of CME Group Inc.

14.3.2 金融期货市场的全球化

由于美国率先推出了金融期货交易，所以在20世纪80年代初期，美国主宰了金融期货合约的交易。例如，1985年，前十大期货合约全部在美国的交易所交易。随着金融期货市场的迅速发展以及由美国交易所创造的高额利润，国外交易所也感觉到这一盈利机会，并开始进入这一领域。到 20 世纪 90 年代，伦敦国际金融期货交易所交易的欧洲美元合约、东京股票交易所交易的日本国债合约和欧洲日元合约、法国国际交易所（现在是欧洲证券交易所）交易的法国国债合约以及大阪证券交易所交易的日经 225 合约成为世界范围内交易最为广泛的期货合约。

国外的竞争同样促进了那些原生于美国的，交易最为活跃的金融期货合约的发展。在国外市场上交易的这些合约本质上和美国本土的合约是相同的，其优势在于当美国期货交易所闭市时，它们仍然可以交易。全球电子交易系统的完善，进一步促进了金融期货合约一天 24 小时的循环交易。于是，在一个交易所闭市后，交易者可以继续在另一个交易所进行金融期货交易。于是，金融期货交易完全实现了国际化，美国与其他国家交易所的竞争也日趋激烈。

14.3.3　期货市场成功的原因分析

国债期货市场的巨大成功是显而易见的。到 2017 年 7 月，国债期货的未平仓合约数达到 732 092 万份，总价值超过 730 亿美元（=732 092 × 100 000 美元）。金融期货与远期合约及其市场组织的差异，可以解释为何国债等金融期货市场是如此成功。

期货合约在设计上克服了远期合约所存在的流动性问题。其主要特征如下所示：①与远期合约不同，期货合约的交割数量和交割日期都是标准化的，从而更容易使不同的交易者在期货市场上匹配，增强了市场的流动性。以国债期货合约为例，交割数量是面值为 10 万美元的国债，交割日分别为 3 月、6 月、9 月和 12 月的最后一个工作日。②买卖期货合约后，可在交割日之前的任何一天进行交易（买或卖）。相比之下，远期合约一旦达成，通常不能再进行交易。③期货合约和远期合约不同，到期日交割的不是某种特定类型的国债。任何到期期限在 15 年以上，并在 15 年之内不能被赎回的国债都可以进行交割。允许持续交易和交割多种而非一种国债，都增加了期货市场的流动性。

另外，期货合约允许交割多种债券是为了限制某些人囤积居奇和"挤压"空头方。一些人可以购入所有可交割的债券，囤积市场，使得持有空头的空头方无法从其他人那里买到交割日必须交割的债券。因而，囤积市场的人可以任意抬高证券价格，持有空头的投资者为履行期货合约规定的义务，只能买入。囤积市场的人获取暴利，空头方则损失惨重。显而易见，囤积市场的潜在可能会打击投机者从事空头交易的积极性，从而导致市场萎缩。通过允许多种证券交割，任何想要囤积市场的人都要购入大量的证券，难度大大增加。囤积者的存在是监管者和有组织的交易所在设计期货合约时要考虑到的一个重要因素。

期货市场与远期市场交易组织的差异，可以克服远期合约存在的违约风险问题。每一种类型的合约，都得有持有多头的买方和持有空头的卖方。但是，期货合约的双方并不直接签订合约，而是与期货交易所内部的清算所签约。这种机制使得期货合约的买方不必担心卖方的财务状况和信誉度，反之亦然。这与远期市场显然不同。只要清算所在财务方面是健全的，期货合约的买卖双方就无须担心违约风险的问题。

为保证清算所的财务状况良好，不致陷入财务危机进而危及期货合约的履行，买卖双方都必须存入一笔初始存款，被称为**保证金要求**（margin requirement）。每份国债合约需要在经纪公司保管的保证金账户中存入大约 2 000 美元。期货合约采取**逐日盯市**（market to market）的方法。这意味着，在每个交易日结束时，期货合约价值的变动都要反映在保证金账户中。假定周三上午你以 115 点的价格买入国债期货合约，当天的收盘价即结算价为 114 点。你这份合约损失 1 点，即 1 000 美元，卖给你期货合约的卖方的收益也为 1 点，即 1 000 美元。卖方 1 000 美元的收益被添加到其保证金账户中，此时其账户余额为 3 000 美元。你 1 000 美元的损失也会从你的保证金账户中扣减，此时你的账户余额只有 1 000 美元。如果保证金账户的余额减少到维持保证金（维持保证金可以等于初始保证金，但一般略低于初始保证金）水平之下，该交易者就会被要求增加资金。例如，如果维持保证金也为 2 000 美元，你必须在保证金账户中再存入 1 000 美元，使得账户余额恢复到 2 000 美元的水平。保证金制度和公允价值会计方法机制降低了交易者违约的可能性，从而保护期货交易所免于损失。

与远期市场相比，期货市场的最后一个优势是，大部分期货合约无须在到期日时交割标的资产，而远期合约则必须如此。为了避免到期日的交割，卖出期货合约的交易者可以做一笔反向交易，即买入期货合约。同时持有多头和空头，事实上意味着交易者和自己进行了交割。期货市场允许交易者抵消期货合约，使得期货交易者避免了实物交割，从而降低了交易成本，这在远期市场上是难以实现的。

💡 应用 14-3　　　　　　　　　　规避外汇风险

在第 1 章中我们介绍过，近年来汇率波动十分剧烈。巨大的汇率波动会给金融机构和其他企业带来巨额收益或损失，从而为其带来严重的外汇风险。幸运的是，对金融机构的管理者而言，本章所介绍的金融衍生工具（远期和金融期货合约）可以用于规避外汇风险。

为了理解金融机构的管理者如何管理外汇风险，假定 1 月，第一国民银行的客户豪华奢侈品公司刚刚在德国销售了价值 1 000 万美元的商品，1 000 万欧元的货款将在 2 个月后支付。豪华奢侈品公司担心如果欧元汇率从当时 1 美元的水平大幅下跌，1 000 万的欧元收入将不值 1 000 万美元，公司会遭受重大损失。所以豪华奢侈品公司的 CEO 萨姆给他的好友——第一国民银行的经理莫娜打电话，请她帮助公司规避外汇风险。让我们来看看第一国民银行的经理如何运用远期和金融期货合约来对外汇进行避险。

14.3.4　利用远期合约规避外汇风险

远期外汇市场发展十分迅速，商业银行和投资银行大量从事外汇交易，并经常利用这一市场来规避外汇风险。莫娜知道，她可以利用这一市场来帮助豪华奢侈品公司规避风险。这样的避险对她来说操作起来十分简单。2 个月后收入欧元货款意味着那时萨姆将持有欧元的多头，根据避险的基本原则，莫娜需要利用空头来抵消这一多头。于是，她只需签订一份远期合约，约定 2 个月后按每欧元兑 1 美元的现行汇率将 1 000 万欧元兑换成美元。[⊖]

2 个月后，当公司收到 1 000 万欧元货款时，远期合约确保它能按照 1∶1 的汇率兑换成美元，即收入 1 000 万美元。无论未来汇率如何变动，豪华奢侈品公司都可以保证在德国销售的

商品能够收取 1 000 万美元。莫娜打电话告诉萨姆其公司现在不会受到汇率变动的影响了，萨姆对她表示了感谢。

14.3.5 利用期货合约规避外汇风险

另一个办法是，莫娜可以利用货币期货市场来规避外汇风险。在这种情况下，她会利用芝加哥商业交易所交易的欧元合约，合约金额为 12.5 万欧元，价格为 1 欧元兑 1 美元。为了规避风险，莫娜必须同远期合约一样，卖出价值 1 000 万美元、3 月到期的欧元期货合约。莫娜要规避 3 月到期的 1 000 万欧元的外汇风险，需要卖出多少份芝加哥商业交易所的欧元合约？

利用式（14-1），VA 等于 1 000 万欧元，VC 等于 12.5 万欧元，即

$$NC = \frac{1\,000}{12.5} = 80$$

莫娜要出售 80 份芝加哥商业交易所的欧元合约，才能达到避险的目的。如果价格为 1 欧元兑 1 美元，出售合约可获得 80×12.5 万欧元，即 1 000 万欧元。利用期货合约避险同样使她锁定了豪华奢侈品公司的汇率，确保可以收到 1 000 万美元。

利用期货市场的一个优势在于，每份合约价值 12.5 万欧元，即 12.5 万美元，这远远小于远期合约的最低金额，后者往往在 100 万美元以上。然而，在本案例中，银行经理进行的是大额交易，因此远期和期货市场都可以使用。这时她的选择取决于哪个市场的交易成本更低。如果相比之下，第一国民银行在远期市场上比较活跃，那么这个市场的交易成本可能较低。但如果第一国民银行很少涉足远期外汇市场，那么利用期货市场避险可能是银行经理更好的选择。

14.4 期权

另一种规避利率风险和股票市场风险的工具是基于金融工具的期权。**期权**（option）是赋予买方在一定时间段内（到期期限），按照某一价格——被称为**执行价格**（exercise/strike price），购买或出售标的金融工具的选择权（或权利）的合约。如果期权的所有人行使其卖或买的权利，期权卖方（有时称为发票人）则必须相应地买入或卖出金融工具。期权合约的这个特点十分重要，需要予以强调：期权的所有人或买方不是必须执行期权，他可以不行使其权利，而任由期权到期终止，即期权的买方没有采取任何行动的义务，但享有执行合约的权利。相反，期权的卖方没有选择权，如果所有人执行期权，他必须购买或出售金融工具。

由于按照给定价格买入或卖出金融工具的权利是可以创造价值的，因此期权的买方愿意为此支付一定的费用，这笔费用被称为**期权费**（premium）。期权合约有两种：**美式期权**（American options）可以在期权到期日之前随时执行，**欧式期权**（European options）只能在到期日当天执行。

期权合约可基于很多金融工具。基于单个股票的期权被称为**股票期权**（stock option），这类期权存在了很长时间。基于金融期货的期权被称为**金融期货期权**（financial futures options），或者更一般地说，**期货期权**（futures options）产生于 1982 年，目前已经成为交易最为广泛的期权合约。

你可能会好奇为何期权合约更多的是基于金融期货，而非债券或存单等债务工具。本章前

面已经介绍过，由于套利的存在，期货合约与用于交割的债务工具在到期日的价格是相同的。因此，似乎投资者拥有基于债务工具的期权和基于期货合约的期权无甚差别。然而，金融期货合约的设计如此之好，以致期货市场比债务工具市场更具流动性，因此，投资者更愿意持有基于流动性更强的金融工具（即期货合约）的期权合约。这就解释了为什么交易最为广泛的期货期权的标的资产与表 14-1 中列举的许多期货合约是相同的。

期权市场的监管被分为两个部分：证券交易委员会监管股票期权，而商品期货交易委员会监管期货期权。监管的重点在于，确保期权卖方拥有足够的资本以履行其合约义务，监管交易者和交易所以防欺诈，确保市场不被操纵。

14.4.1 期权合约

看涨期权（call option）是赋予所有人在一定的时间内，按照执行价格买入某一金融工具的权利的合约；**看跌期权**（put option）是赋予所有人在一定时间内，按照执行价格卖出某一金融工具的权利的合约。

记住看涨期权和看跌期权的区别并不总是很容易。为使其简单易懂，只需记住买入金融工具的看涨期权等同于拥有在未来某个时点按照给定价格购买金融工具的选择权，而买入金融工具的看跌期权等同于拥有在未来某个时点按照给定价格出售金融工具的选择权。

14.4.2 期权和期货合约的损益

为了更深入地理解期权，我们来考察本章开始提到的 6 月到期的国债期货合约的期权。我们已经知道，如果你按照 115 点（即 11.5 万美元）的价格购买这种期货合约，就相当于承诺到 6 月底交割时，你将按照 11.5 万美元的价格购买面值为 10 万美元的长期国债。如果你按照 115 点（即 11.5 万美元）的价格出售这种期货合约，就相当于承诺到 6 月底交割时，你将按照 11.5 万美元的价格卖出面值为 10 万美元的长期国债。基于国债期货合约的期权合约具有以下特征：①到期日与标的期货合约相同；②属于美式期权，因此可在到期日之前随时交割；③同期货合约一样，期权费（价格）以点数形式表示，即 1 点相当于 1 000 美元。如果期权费为 2 000 美元，你购买了执行价格为 115 点、基于 6 月到期的国债期货的看涨期权，就相当于购买了按照 115 点的价格（每份合约 11.5 万美元），在 6 月底合约到期日之前的任何时刻买入 6 月到期的国债期货合约的权利。与此相同，如果期权费为 2 000 美元，你购买了执行价格为 115 点，基于 6 月到期的国债期货的看跌期权，就相当于拥有了按照 115 点的价格（每份合约 11.5 万美元），在 6 月底之前的任何时刻卖出 6 月到期的国债期货合约的权利。

期货期权略微复杂，为了探究其如何运作和规避风险，让我们先来考察基于 6 月到期的国债期货合约的看涨期权的损益。2 月，投资者埃尔文以 2 000 美元的期权费，购买了执行价格为 115 点、基于 10 万美元 6 月到期的国债期货的看涨期权（我们假定埃尔文即使行使该期权，也是在 6 月底的到期日而非之前）。在 6 月底到期时，假定期货合约的标的国债的价格为 110 点。我们已经知道，套利过程会推动期货合约到期时的价格等于当时标的债券的价格，即 6 月底到期时期货合约的价格同为 110 点。如果埃尔文行使该期权，按照 115 点的价格买入期货合约，由于买价为 115 点，而卖价却为 110 点的市场价格，因此，埃尔文将会亏损。由于埃尔文十分精明，当然不会执行期权，但他仍要支付 2 000 美元的期权费。在这种情况下，即标的金融工具的价格低于执行价格,看涨期权就被称为"价外期权"。在 110 点(低于执行价格)的价格水平上,埃尔文购买期权合约的损失为 2 000 美元的期权费。该损失被标注于图 14-1a 的 A 点上。

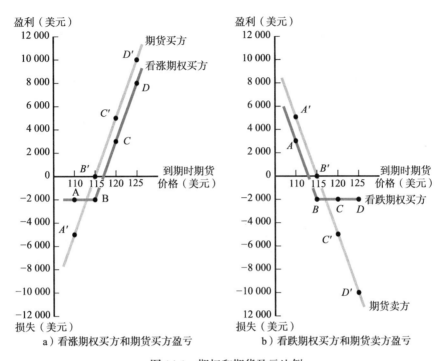

a)看涨期权买方和期货买方盈亏   b)看跌期权买方和期货卖方盈亏

图 14-1　期权和期货盈亏比例

注: 期货合约是 100 000 美元 6 月国债合约,与此相关的期权合约的执行价格为 115 美元。图 a 显示了看涨期权买方和期货买方盈亏,图 b 显示了看跌期权买方和期货卖方盈亏。

在到期日,如果期货合约的价格为 115 点,看涨期权就被称为"平价期权",是否执行期权、购买期货合约对于埃尔文而言没有区别。因为期权的执行价格和市场价格都为 115 点,没有产生收益或损失。由于埃尔文需要支付 2 000 美元的期权费,在 115 点的价格水平上,他的净损失仍为 2 000 美元,并被标注在图 14-1a 的 B 点上。

如果到期日期货合约的价格为 120 点,期权就被称为"价内期权",埃尔文执行期权可以获得收益:他可以按照 115 点的执行价格购买期货合约,并按照 120 点的市场价格将其销售出去,从而每份 10 万美元的国债合约可以获得 5 个点的收益(即利润为 5 000 美元)。由于埃尔文需要为期权合约支付 2 000 美元的期权费,因此他的净利润为 3 000 美元(=5 000-2 000)。120 点的价格水平上 3 000 美元的利润被标注在图 14-1a 的 C 点上。与此相似,如果期货合约的价格上升到 125 点,那么期权合约的净利润为 8 000 美元(执行期权 10 000 美元的收益减去 2 000 美元的期权费),被标注在图 14-1a 的 D 点上。连接这些点,就可以得到图 14-1a 所示的看涨期权折断的利润曲线。

假定埃尔文 2 月购买的不是期货期权合约,而是按 115 点的价格购买了 10 万美元 6 月到期的国债期货合约。如果在 6 月底到期日时,债券的价格下跌到 110 点,意味着期货合约的价格同样下跌 110 点,埃尔文遭受了 5 个点即 5 000 美元的损失。期货合约价格为 110 点,损失为 5 000 美元,被标注在图 14-1a 的 A' 点上。如果到期日的价格为 115 点,埃尔文购买期货合约的利润为 0，被标注在 B' 点上。在 120 点的价格水平上，埃尔文的利润为 5 个点，即 5 000 美元（C' 点）。125 点价格水平对应的利润为 10 个点，即 10 000 美元（D' 点）。连接上述点，就可以得到图 14-1a 中期货合约线性（直线）的利润曲线。

现在，我们可以看出期货合约与期权合约的主要差异了。从图 14-1a 中期货合约的利润曲线可以看出，期货合约具有线性利润函数：标的金融工具的价格每增加一个点，所对应的利润增长是相同的。相反，期权间断的利润曲线却是非线性的，意味着标的金融工具价格水平的升高所对应的利润增长幅度并不总是一样的。之所以是非线性的，是因为看涨期权确保了埃尔文的损失不超过 2 000 美元的期权费。相反，如果到期日的价格下跌到 110 点，埃尔文购买期货合约的损失就为 5 000 美元，如果价格继续下跌，埃尔文的损失就会增加。

期权类似保险的特征说明了为何期权的购买价格被视为保费。一旦标的金融工具的价格上升，并超过执行价格，埃尔文的利润增加就是线性的了。通过购买期权而非期货，埃尔文的确放弃了一些利益。我们从图 14-1a 中看到，当标的金融工具的价格超过执行价格后，埃尔文的利润总是低于期货合约，差幅恰好是他所支付的 2 000 美元的期权费。

如果埃尔文购买的不是看涨期权，而是以 2 000 美元的期权费购买了执行价格为 115 点的看跌期权（售出的选择权），或者如果埃尔文不是买入期货合约，而是卖出期货合约，根据相同的推理过程，可以得到图 14-1b 中的图形。在这种情况下，如果国债期货到期时的价格超过 115 点的执行价格，看跌期权就是"价外期权"，埃尔文就不会愿意执行期权，以低于市价的价格出售他拥有的国债期货合约就会遭受亏损。他选择不执行期权，这样只会损失 2 000 美元的期权费。一旦期货合约的价格水平下跌到 115 点的执行价格之下，埃尔文执行期权就会获利，因为他可以以 115 点的价格出售期货合约，同时以更低的价格买入。在这种情况下，即标的工具的价格低于执行价格，看跌期权就是"价内期权"，随着期货合约价格的下跌，利润呈线性增长趋势。在图 14-1b 中，看跌期权的利润函数是间断的，表明埃尔文的损失不会超过他所支付的期权费。出售期货合约的利润曲线与图 14-1a 中买入期货合约的利润曲线恰好相反，因此，也是线性的。

图 14-1b 证实了图 14-1a 的结论，即期权合约的利润是非线性的，而期货合约的利润是线性的。

期货和期权合约的另外两个差异必须被提及。第一，合约的初始投资不同。如我们在前面章节中看到的，在购买期货合约时，投资者必须在保证金账户中存入一笔固定的资金，即保证金。而在购买期权时，初始投资就是需要缴纳的期权费。第二，期货合约采取公允价值会计方法，因此每天都有现金的流入、流出，而期权合约只有在被执行时才会有资金的流动。

💡 应用 14-4　　　利用期货期权避险

我们在本章前面已看到第一国民银行如何通过售出 500 万美元的国债期货来规避其所持有的票面利率 6%、2038 年到期的 500 万美元国债的利率风险。利率上升，引起债券价格下跌，银行出售期货合约的利润恰好可以抵消其所持有的票面利率 6%、2038 年到期的国债损失。

如图 14-1b 所示，银行经理还可以通过购买基于上述国债期货合约的 500 万美元的看跌期权，来规避利率上升和由此导致的债券价格下跌的风险。只要执行价格与现行价格偏离不大，利率上升和由此引起的债券价格下跌给期货和看跌期权带来的利润，都足以抵消 500 万美元国债的损失。

利用期权而非期货的一个问题在于，第一国民银行需要为用于避险的期权合约支付期权费，从而降低了银行的利润。为什么银行仍然愿意选择期权而非期货来进行避险呢？原因在于，与期货合约不同，期权合约允许第一国民银行获取利率下跌和债券价格上升所带来的收益。如果利用期货合约避险，即使债券价格上升，第一国民银行也不会获得任何收益，这是因为债券资产的收益会被银行出售的期货合约的损失所抵消。然而，如图 14-1b 所示，如果利用看跌期权避险，情况就大不一样了。一旦债券价格超过执行价格，银行购买期权合约就不会遭受额外的损失。同时，银行所持有的国债价格会增加，从而为银行带来利润。这样，利用期权而非期货进行微观对冲，银行就能够从利率下跌中获利（虽然要从这一利润中扣除期权费）。

类似的推理过程表明，银行经理更愿意利用期权来对整个银行组合的利率风险进行避险，即进行宏观对冲。同样，利用期权而非期货的不利之处在于，第一国民银行仍然要为这些合约支付期权费。相反，利用期权允许银行从利率下跌中获利（这会增加银行资产相对于其负债的价值），原因在于这些收益不会被期权合约的巨大损失所抵消。

在宏观对冲的情况下，还有一个原因使得银行更偏好期权合约。期货合约的盈亏会引起银行的会计问题，因为这些利润和损失不能被组合未实现的价值变动所抵消。考虑利率下跌时的情况，如果第一国民银行卖出期货合约以进行宏观对冲，那么利率的下跌会引起国债期货合约价格的上升，从而出现损失。当然，银行组合中其他部分未实现的利润可以抵消这些损失，但银行不能在会计报表中抵消损失。因此，即使宏观对冲实现了其最初目的，即规避了银行组合的利率风险，当利率下跌时，银行仍会出现巨大的会计损失。事实上，即使正确利用期货规避了利率风险，如果引起巨大的会计损失，银行经理仍然会丢掉工作。因此，银行经理较少利用金融期货来进行宏观对冲就不足为奇了。

然而，金融期权则可以解救银行和其他金融机构的管理者。假定第一国民银行购买看跌期权，而非卖出国债期货合约来避险。现在，如果利率下跌，债券价格远远高于执行价格，银行购买期权合约就不会出现巨额亏损，因为银行可以决定不执行该期权。银行不会出现金融期货避险时的会计问题。由于利用期货期权进行宏观对冲具有会计优势，所以期权合约成为金融机构管理者重要的规避利率风险的工具。

14.4.3 影响期权费的因素

这里有一些关于期权费如何定价的有趣现象。第一个现象是，当合约的执行价格较高时，看涨期权的期权费较低，而看跌期权的期权费较高。例如，执行价格从 112 点到 115 点，3 月到期的看涨期权的期权费从 $1\frac{45}{64}$ 减少到 $\frac{16}{64}$，3 月到期的看跌期权的期权费从 $\frac{19}{64}$ 增加到 $1\frac{54}{64}$。

图 14-1 中期权合约的利润函数有助于解释这一现象。正如我们在图 14-1a 中所看到的，相对于期权的执行价格，标的金融工具（这里为国债期货合约）的价格越高，看涨期权的利润就越高。而执行价格越低，看涨期权合约的利润就越高，像埃尔文这样的投资者愿意为此支付的期权费也就越高。同理，如我们在图 14-1b 中看到的，相对于执行价格，标的金融工具的价格

越低，看跌期权的利润就越高，因此较高的执行价格增加了利润，期权费也就随之上涨。

第二个现象是，距离期权被行使的时间（到期期限）越长，看涨和看跌期权的期权费就越高。例如，如果执行价格为 112 点，3 月、4 月和 5 月到期的看涨期权的期权费分别增加到 $1\frac{45}{64}$、$1\frac{50}{64}$ 和 $2\frac{28}{64}$。与此类似，3 月、4 月和 5 月到期的看跌期权的期权费分别为 $\frac{19}{64}$、$1\frac{43}{64}$ 和 $2\frac{22}{64}$。期权合约非线性的利润函数可以解释期权费随着到期期限的延长而增加的现象。随着到期期限的延长，标的金融工具的价格在到期日之前变得很高或很低的概率随之加大。如果价格远远高于执行价格，看涨期权就会获取高额利润，但如果价格远远低于执行价格，看涨期权的损失则很小，因为看涨期权的所有人可以不执行该期权。对于看涨期权而言，到期期限越长，标的金融工具价格的可变性就越大，平均利润就越高。

类似的推理过程告诉我们，到期期限越长，看跌期权的价值就越高。因为标的金融工具价格的可变性随着到期期限的延长而增加。低价格出现的概率的上升，增加了看跌期权获取高额盈利的可能性。但是，高价格出现的概率的上升并不会产生巨大的损失，因为所有人同样可以决定不执行该期权。

我们还可以用另一种方法来推理，从而发现期权合约具有"如价格向有利方向变动，稳赚；如向不利方向变动，也不会赔很多"的特点。在到期日来临之前，价格的可变性越大，越会增加两类期权的价值。既然较长的到期期限可以在到期之前增加价格的可变性，那么较长的到期期限将增加期权合约的价值。

上述推理还可以解释期权费的另一个问题，即当标的金融工具价格极不稳定时，看涨期权和看跌期权的期权费都很高。在给定到期日的情况下，价格的波动性大意味着到期日之前价格变动的可能性大。期权的上述特点意味着到期日之前价格的波动性越大，期权收益增加的可能性也就越大，因此，投资者愿意支付的期权费就越高。

14.4.4 总结

我们分析了标的金融工具价格的变动如何影响期权利润，从而得到了有关期权费决定因素的几个结论。

（1）当其他条件不变时，执行价格越高，看涨期权的期权费就越低，看跌期权的期权费就越高。

（2）当其他条件不变时，期权的到期期限越长，看涨和看跌期权的期权费就越高。

（3）当其他条件不变时，标的金融工具价格的波动性越大，看涨和看跌期权的期权费就越高。

这些结论出现在很多常见模型当中，如布莱克－斯科尔斯模型，该模型分析了期权费的定价机制。你将在金融课程中学到这些模型。

14.5 互换

除了远期、期货和期权外，金融机构还使用另一种重要的金融衍生工具来管理风险。**互换**（swap）是要求签约双方相互交换彼此现金流（并非资产）的合约。互换有两种基本类型：**货币**

互换（currency swap）是指按不同货币计价的现金流交换，**利率互换**（interest-rate swap）是指按相同货币计价的不同利息支付的交换。

14.5.1 利率互换合约

利率互换是管理利率风险的重要工具，它于 1982 年首次出现在美国。像我们之前看到的一样，当时市场急需降低利率风险的金融工具。最普遍的一种利率互换（被称为普通型债券利率互换）规定了：①被交换现金流的利率；②利率的类型（浮动利率或固定利率）；③**名义本金**（notional principal）的数额，即用于计算所交换的利息的本金数额；④交换的时间期限。还有其他更复杂的互换类型，包括远期互换和互换期权，但这里只介绍普通型债券利率互换。图 14-2 表示的是中西储蓄银行和友好财务公司之间的利率互换。中西储蓄银行承诺在未来的 10 年中，向友好财务公司支付固定利率为 5%、名义本金为 100 万美元的利息流。友好财务公司则承诺，在相同期限内，向中西储蓄银行支付利率为 1 年期国库券利率加上 1%、名义本金为 100 万美元的利息流。因此，如图 14-2 所示，每年中西储蓄银行将向友好财务公司支付 100 万美元 × 5%，同时，友好财务公司向中西储蓄银行支付 100 万美元 ×（1 年期国库券利率 +1%）。

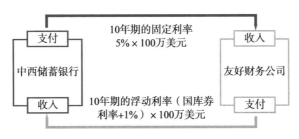

图 14-2　利率互换的支付

注：在这一互换中，名义本金为 100 万美元，期限为 10 年，中西储蓄银行向友好财务公司支付固定利率为 5% 的利息，后者则承诺向前者支付 1 年期国库券利率加上 1% 的利息。

应用 14-5　利用利率互换避险

你可能想知道为何双方都认为同意互换是有利可图的。答案是，通过互换可以帮助它们规避利率风险。

假定中西储蓄银行在抵押贷款市场上借短贷长，其利率敏感型资产比利率敏感型负债少 100 万美元。我们在第 9 章中介绍过，在这种情况下，如果利率上升，资金成本（负债）的增加将大于资产利息收入的增加，其中，许多资产属于固定利率。利率上升导致中西储蓄银行净利息收入的缩减和盈利能力的下降。我们在第 9 章中看到，为了规避利率风险，中西储蓄银行可以将 100 万美元的固定利率资产转换为 100 万美元的利率敏感型资产，这实际上使得利率敏感型资产等于利率敏感型负债，从而消除了缺口。这正是利率互换的结果。通过将 100 万美元固定利率收入转换为 100 万美元利率敏感型国库券收入，相当于将 100 万美元固定利率资产转换为 100 万美元利率敏感型资产。现在，当利率上升时，利率敏感型资产收入的增加与利率敏感型负债资金成本的增加恰好抵消，使得净利息收入和银行盈利能力保持不变。

友好财务公司利用长期债券发行所得的资金发放短期贷款，其状况与中西储蓄银行恰好相反：利率敏感型资产比利率敏感型负债多 100 万美元。因此，如果利率下跌，资产收入的下降大于负债资金成本的减少，从而导致利润缩减。利率互换将100万美元利率敏感型收入转换为100万美元固定利率收入，从而消除了利率风险。现在，友好财务公司发现，当利率下跌时，利率敏感型收入缩减的幅度能够与负债利率敏感型资金成本的下降相匹配，使得盈利能力保持不变。

14.5.2 利率互换的优点

为了消除利率风险，中西储蓄银行和友好财务公司可以不进行利率互换，而是通过将固定利率资产和利率敏感型资产相互调换来调整各自的资产负债表。然而，对于金融机构而言，由于各种原因导致这种做法成本十分高昂。第一个原因是，重新调整资产负债表会导致巨大的交易成本。第二个原因是，不同的金融机构在向特定客户发放特定期限的贷款方面，具有各自的优势。调整资产负债表以消除利率风险会导致这些信息优势的丧失，这恰恰是金融机构最不愿看到的。利率互换可以帮助金融机构解决这些问题，因为这些机构可以在不调整资产负债表的前提下，将固定利率资产转换为利率敏感型资产，从而避免大额交易成本，金融机构也可以继续在其信息优势领域发放贷款。

我们已经知道，金融机构能够利用期货合约、期货期权等其他金融衍生工具规避利率风险。与这些工具相比，互换的一大优势在于，它的期限可以相当长，有时甚至长达20年，而通常金融期货或期货期权的期限较短，一般在1年以内。如果金融机构需要在较长时间内规避利率风险，金融期货和期权市场就不是理想的选择，这时它们就可以选择互换市场。

14.5.3 利率互换的缺点

虽然利率互换的优点使得它在金融机构间十分流行，但其缺点也限制了它的使用。同远期市场一样，互换市场缺乏流动性。让我们再来看中西储蓄银行与友好财务公司之间的互换交易。同远期合约一样，中西储蓄银行可能很难同友好财务公司发生联系以进行互换。此外，即使中西储蓄银行能够找到友好财务公司这样的对手方，也可能难以在谈判中占据有利地位，因为没有其他机构愿意与其进行交易。

互换合约与远期合约一样，面临着违约风险。如果利率上升，友好财务公司收到的固定利息收入低于公开市场上的收入，因此它很可能拒绝履行互换合约。友好财务公司的违约行为会给中西储蓄银行带来损失。此外，友好财务公司的破产可能意味着互换合约无法得以执行。

14.5.4 利率互换中的金融中介机构

我们已经看到，金融机构的确意识到互换交易中违约行为所引起的潜在损失。同远期合约一样，互换交易双方必须充分了解对方的信息，确保合约的履行。缺少对方信息和互换市场流动性的不足，会限制该市场的有效性。然而，正如我们在第8章中看到的，金融中介机构可以解决阻碍市场发展的信息不对称和流动性问题。这同样适用于互换市场。投资银行，尤其是大商业银行等金融中介机构，能够以低廉的成本获取有关互换合约双方信誉度和可靠性的信息，还可以匹配互换双方的需求。于是，一些大商业银行和投资银行建立了以自己作为中介的互换市场。

14.6　信用衍生产品

近年来，一种新型的衍生工具进入市场并用于规避信用风险。像其他衍生工具一样，**信用衍生产品**（credit derivatives）为发行在外的那些需要承担信用风险的证券提供偿付。在过去 10 年中，信用衍生产品市场以惊人的速度发展，这些衍生产品的名义金额已达到数万亿美元。这些信用衍生产品有多种形式。

14.6.1　信用期权

信用期权（credit options）的原理类似本章前面介绍的期权：信用期权的购买者在支付一笔费用后，可以享有与标的证券相联系的价格或从利率的变动过程中获得收益的权利。假定你购买了 100 万美元的通用汽车公司的债券，但是担心 SUV 销量的降低会导致评级机构降低通用汽车公司的债券信用评级。我们在第 6 章中介绍过，评级的降低会导致通用汽车公司的债券价格下跌。为保护你不受损失，你可以支付 15 000 美元，购买一份看跌期权，以与现价相同的执行价格卖出 100 万美元的该债券。通过该策略，当通用汽车公司的债券价格下跌时，你不会遭受损失，因为你可以执行期权并按执行价格售出债券。此外，当通用汽车公司的债券价格上升时，你也可以获得价格上升所带来的收益。

第二种类型的信用期权与利率变化的收益相联系，比如债券息差（某一特定评级债券的平均利率与无风险债券（如美国国债）利率的差异）。假定你的公司评级为 Baa，计划 3 个月后发行 1 000 万美元的 1 年期债券，并期望息差为 1 个百分点（例如，该债券支付的利率将高于 1 年期国债利率 1 个百分点）。你担心市场可能会认为 Baa 级公司在未来数月的风险将变得更大，如果你担心的事情发生，那么 3 个月后当你发行债券时，你不得不支付更高的利率，比国债利率高出不止 1 个百分点，你发行债券的成本将会增加。为使你免于更高的成本，你可以支付 2 万美元，购买一份基于 1 000 万美元 Baa 级公司债券的信用期权，当息差超过 1 个百分点时，将会支付你（息差 −1%）× 1 000 万美元的差额。如果息差达到 2 个百分点，你将从购买的期权处获益 10 万美元（=（2%−1%）× 1 000 万美元），这些收益正好抵消了你将为 1 000 万美元债券所支付的超过息差 1 个百分点的利息支出。

14.6.2　信用互换

假定你在休斯敦管理石油钻探银行（ODB），该银行专门为这个地区的石油钻探公司提供贷款。另一家银行——马铃薯农民银行（PFB）专门为爱达荷州种植马铃薯的农民提供贷款。ODB 和 PFB 两家银行都出现了问题，因为它们的贷款资产没有充分多元化。由于石油市场的崩溃会导致贷给石油钻探公司的大多数贷款出现违约，所以为了使 ODB 银行免受其影响，你可以与 PFB 银行签订一份贷款支付互换合约：你用贷给石油钻探公司 1 亿美元的贷款交换 PFB 银行贷给种植马铃薯的农民 1 亿美元的贷款。在这个过程中，双方将贷款的支付风险进行了交换，这被称为**信用互换**（credit swaps）。这个互换的结果就是，ODB 和 PFB 银行增加了它们资产的多元化，并降低了其贷款资产的整体风险，因为现在各家银行的一些贷款支付由不同类型的贷款组成。

信用互换还有另一种形式，尽管其功能更类似保险，但由于神秘的原因，被称为**信用违约互换**（credit default swap）。希望规避信用风险的一方定期支付一笔固定费用，以换取信用事件（如某公司的破产或是信用评级公司调低了某公司的信用评级）引发的或有性支付。例如，你可以利用信用违约互换来对你持有的 100 万美元的通用汽车公司债券进行避险，你每年支付 1 000 美元的费用，如果通用汽车公司的信用评级被调低，你将获得 1 万美元的补偿。如果信用事件发生，通用汽车公司债券被调低评级，从而债券价格下跌，你将收到一笔支付来抵消此时卖出债券受到的损失。

14.6.3　信用关联票据

另外一种信用衍生产品是**信用关联票据**（credit-linked note），它将债券和信用期权联结在一起。像任何一种公司债券一样，信用关联票据也是定期支付息票（利息），到期支付债券的票面价值。然而，如果该票据的一个关键金融变量发生变化，票据发行者则有权利（选择）降低票据的支付。例如，通用汽车公司可以发行一种票面利率为 5% 的信用关联票据，并附有特别条款：如果 SUV 销售的全国指数下降 10%，则通用汽车公司有权利将票面利率下调 2 个百分点到 3%。这样的话，通用汽车公司降低了它的风险，因为当 SUV 销量下降时它会遭受损失，通过信用关联票据减少支付，抵消了由此带来的部分损失。

💡 应用 14-6　次贷危机的教训：金融衍生工具什么时候会成为全球的定时炸弹

尽管金融衍生工具在规避风险方面非常有用，但前面章节介绍的美国国际集团的破产说明了它们能够对金融系统制造真正的危险。的确，沃伦·巴菲特曾就金融衍生工具的危险做出过警告，将其描述成"大规模杀伤性金融武器"。尤其可怕的是，全球范围内的衍生工具的名义价值大约有 500 万亿美元。金融衍生工具何时会成为定时炸弹，并挫伤全球金融系统呢？我们可以通过学习最近的全球金融危机来找到一些答案。

关于金融衍生工具主要有两个方面的担忧。第一个是金融衍生工具允许金融机构增加它们的杠杆，也就是说，这些金融机构能够实际持有的标的资产的数量是其现金所能购买资产数量的许多倍。增加杠杆比率使它们能够进行更大数额的投机活动，一旦它们失败了，会使整个机构陷入困境。这就是美国国际集团发生的事情，当它陷入信用违约互换市场时，其懊悔不已。更重要的问题是，美国国际集团在信用互换市场中的投机行为已潜在地将整个金融系统拖入泥潭。金融危机的一个重要教训就是，使衍生产品市场中一个参与者持有数额巨大的头寸的行为是非常危险的。

第二个担心的是，银行持有名义金额巨大的金融衍生产品，尤其是利率互换和货币互换，这些产品的数额远远超过了银行的资本，这些衍生产品使银行面临着严重的破产风险。银行是金融衍生产品市场上重要的参与者，尤其是利率互换和货币互换市场，我们之前的分析指出，银行是自然的做市商，因为它们在交易双方间发挥中介的作用，没有它们的参与是难以完成互换交易的。然而，看看利率互换和货币互换市场上的名义金额，会发现银行给出的风险具有误导性。因为银行在互换市场上作为中介，它们通常只承受信用风险——它们交易对手方中的一方违约。而且，这些互换不像贷款，没有包括名义本金的支付，仅仅是基于本金很少的支付。例如，在一个利率 7%、本金 100 万美元的互换案例中，支付仅仅是 7 万美元。对互换合约的信用风险评估指出，它们大约只占合约本金价值的 1%，银行衍生产品的信用风险低于银行贷款总风险的 25%。银行衍生产品头寸的信用风险与它们面对的其他信用风险相比，并没有不妥。不仅如此，美国审计署（GAO）的一个分析师指出，银行衍生工具合约实际发生的信用损失非常小，大约占它们总信用风险的 0.2%。的确，在次贷危机期间，金融系统承受了很大的压力，但银行的衍生产品风险没有发生严重的问题。

结论是，最近的事件表明，金融衍生产品对金融系统造成严重的威胁，但是其中的一些威胁被夸大了。最大的威胁发生在金融机构间的交易活动，特别是它们的信用衍生产品交易，就像在信用违约互换市场上美国国际集团的活动所表明的那样。在第 10 章的介绍中，监管者已经将更多的注意力投向这种危险活动，并不断提出新的披露要求，指引衍生产品的交易方式。其中特别关注的是，要求金融机构披露其衍生工具合约敞口，这样监管者就可以确保大型机构在这些市场中没有发挥太大的作用，相对于它们的资本，也没有太大的衍生产品敞口，就像美国国际集团案例中的那样。另一个引起人们关注的是衍生产品，特别是信用衍生产品，需要一个更好的清算机制，这样一个机构的破产不至于使其他衍生产品净头寸很小的机构陷入麻烦，即使它们有很多抵消头寸。更好的清算可以通过以下两种方式达到，使衍生产品的交易在有组织的交易所中进行，就像期货市场一样；或者建立一个清算组织，对于所有交易进行清算。像纽约联邦储备银行这样的监管者已经开始基于这些思路提出相关建议。

相比之下，利率衍生产品的信用风险敞口，看起来可以管理，有应对信用风险的标准方法。紧随金融危机而来的，必定是对衍生产品市场新的监管。业界也意识到需要找出衍生产品的危险在何处。现在的希望是通过市场和监管者适当的努力，使衍生产品引发的定时炸弹可以被拆除。

本章小结

1. 远期利率合约承诺在未来某一时点（远期）销售某一债务工具，它可以用于规避利率风险。远期合约的优点在于其灵活性，缺点是存在违约风险和市场流动性差。

2. 金融期货合约与远期利率合约的相似之处在于，它规定在约定的未来某一时点，一方必须将债务工具交割给另一方。但与远期合约相比，期货合约的优点在于其违约风险小和流动性强。金融机构可以利用远期和期货合约来规避利率风险。

3. 期权合约赋予买方在给定的时间期限内，按照执行价格购买（看涨期权）和出售（看跌期权）标的金融工具的权利。期权合约的利润函数是非线性的，即标的金融工具价格的等额变动并不总是对应利润的相应增长。期权合约的非线性函数解释了为何期权价值（由

期权费反映）与看涨期权的执行价格负相关；与看跌期权的执行价格正相关；与看涨和看跌期权的到期期限正相关；与看涨和看跌期权标的金融工具的价格波动性正相关。金融机构利用期货期权规避利率风险的方式与利用期货和远期合约的方式类似。与金融期货相比，金融机构更偏好于利用期货期权进行总体避险，因为期货期权所引起的会计问题较少。

4. 利率互换是不同利息支付之间的交换，同远期合约一样，它也存在着违约风险。因此，利率互换通常在由金融中介机构如大型商业银行和投资银行组织的互换市场中进行。金融机构认为利率互换是规避利率风险的有效手段。与金融期货和期权相比，利率互换的优势在于其期限可以很长。

5. 信用衍生产品是一种新型衍生工具，它为发行在外的那些需要承担信用风险的证券提供偿付。这些衍生工具（信用期权、信用互换和信用关联票据）可以用于规避信用风险。

6. 对于衍生工具的风险主要有以下两个方面的担心：衍生工具使得金融机构更容易扩大其杠杆并加大赌注（通过有效地使用衍生工具以持有大量的标的资产，这远远超过了使用现金所能购买到的资产数量），而且使得金融机构面临很大的信用风险，因为巨大的衍生工具合约的名义价值大大超过了这些机构的资本金。第二个风险看似是被夸大了，但使用衍生工具增加杠杆的风险在这次金融危机中被充分暴露出来。

关键术语

保证金要求	避险	多头	股票期权
宏观对冲	互换	货币互换	金融期货合约
（金融）期货期权	金融衍生工具	看跌期权	看涨期权
空头	利率互换	名义本金	欧式期权
期权	期权费	套利	微观对冲
未平仓合约数量	信用关联票据	信用互换	信用期权
信用违约互换	信用衍生产品	远期合约	远期利率合约
执行价格	逐日盯市		

思考题

1. 使用远期合约对冲的优缺点是什么？

2. 期货合约相对于远期合约的优点是什么？

3. 在 2017 年 7 月的联邦公开市场委员会（FOMC）会议上，联邦储备系统的主管和投票主席同意不提高联邦基金目标利率，但这在一定程度上让市场知道，利率可能会在不久的将来上涨。你认为财务经理会对这个消息有何反应？他们可以使用哪些工具来规避利率风险？

4. 使用期权合约而不是期货合约的优缺点是什么？

5. 解释为什么流动性越大或者离到期日时间越长对于看涨或者看跌期权都意味着更高的收益。

6. 为什么越低的执行价格意味着看涨期权的期权费将会越高，而看跌期权的期权费将会越低？

7. 使用利率互换的优缺点是什么？

8. 如果你管理的公司有 500 万美元的缺口（利率敏感型资产比利率敏感型负债多 500 万美元），描述一次可以消除公司收入缺口的利率互换。

9. 如果你管理的存款和借款有 -4 200 万美元的缺口，描述一下如何通过利率互换规避利率变动的风险。

10. 在金融系统中，金融衍生产品是如何产生过度风险的？

应用题

11. 如果你管理的养老基金在 6 个月后预计会有 1.2 亿美元的资金流入，你应当签订什么样的远期合约来将未来利率锁定在目前的水平上？

12. 如果你管理的资产组合持有 2 500 万美元、票面利率为 6%、2038 年到期的国债，目前价格为 110 点，你应当签订什么样的远期合约来规避这些债券下一年的利率风险？

13. 假定你购买了执行价格为 105 点、基于 10 万美元国债期货合约的看涨期权。如果国债到期日的价格为 115 点，这一期权是价内、价外还是平价期权？如果利润是 8 000 美元，则期权费是多少？

14. 杰森购买了执行价格为 105 点、基于 10 万美元国债期货合约、期权费为 2 000 美元的看跌期权。如果国债期货合约到期日价格为 110 点，杰森的盈亏如何？他会执行该期权卖出该期货合约吗？如果国债期货合约到期日价格为 95 点，你的答案会如何改变？

15. 如果你的公司在一年后将有一笔 2 亿欧元的收入，你如何利用 12.5 万欧元的期货合约规避这笔收入的外汇风险？

16. 如果你的公司在 3 个月后要向某德国公司支付 1 000 万欧元，你如何利用 12.5 万欧元的期货合约规避这笔支出的外汇风险？

17. 假定你的公司将在 6 个月后收入 3 000 万欧元，目前欧元与美元的汇率为 1∶1。如果你希望规避这笔收入的外汇风险，你应该签订什么样的远期合约？

18. 假定你管理的养老基金下一年的预期资金流入为 1 亿美元，你希望将这些资金明年投资长期债券时，仍能获得当期利率 8% 的盈利水平。你如何利用期货市场达到这一目的？

19. 如果你购买了执行价格为 95 点、基于 10 万美元国债期权合约的看跌期权，国债到期日的价格为 120 点，这一合约是价内、价外还是平价期权？如果期权费是 4 000 美元，你的盈亏是多少？

20. 假定你购买了执行价格为 110 点、基于 10 万美元国债期货合约的看涨期权，期权费为 1 500 美元。如果到期日期货合约的价格为 111 点，你的盈亏是多少？

21. 芝加哥银行有 1 亿资产美元和 8 300 万美元负债，资产久期为 5.9 年，负债久期为 1.8 年。这家银行需要多少期货合约来完全规避利率风险？假定目前可得的国债期货合约的久期为 10 年，票面价值为 100 万美元，售价为 97.9 万美元。

22. 期货标的物可以为 3 个月期 100 万美元短期国债。如果你在 96.22 美元时持有多头，接着以 96.87 美元出售，请问本次交易的盈亏是多少？

23. 一位银行客户在 6 月时将会去伦敦购买 100 000 英镑产品，当期汇率和远期汇率如下。

汇率（美元 / 英镑）	
期限	汇率
当期	1.534 2
3 月	1.621 2
6 月	1.690 1
9 月	1.754 9
12 月	1.841 6

该客户买入 6 月期货以此对冲风险，到 6 月时，实际汇率为 1.725 美元，请问他的对冲结果如何？

24. 考虑一个执行价格为 $101\frac{12}{32}$ 的短期国债看跌期权，该合约代表着 100 000 美元债券本金和 750 美元的期权费。在到期日，短期国债的实际价格为 $98\frac{16}{32}$，此时盈亏如何？

25. 杜宾公司的互换合约需要其每年支付一年期国债（目前利率 6%）加上 1.5% 的浮动利率，而杜宾公司也将收到 6% 的固定利率，其中互换本金为 50 000 美元。请问在接受此份互换合约后，公司的净收益如何？

数据分析题

1. 登录圣路易斯联邦储备银行 FRED 数据库，找到美元兑欧元的汇率（DEX-USEU）。假设在一个月前，你签订了一份远期合同，以远期汇率（相当于一个月前的即期汇率）出售

1 000 万欧元。那么在这次远期合约中，应该采取哪种汇率？（尽可能寻找当前的数据，然后使用一个月前的数据。）当合约执行时，以美元计价应支付多少？事后看来，如果你不签订远期合约会不会获得更大的收益？

2. 登录圣路易斯联邦储备银行 FRED 数据库，寻找原油价格（DCOILWRICO）。假设在一个月前，你签订了一份远期合同，以远期汇率（相当于一个月前的即期汇率）出售 100 万桶石油。远期合约上应规定什么价格？（尽可能寻找当前的数据，然后使用一个月前的数据。）当合同执行时，应支付多少？事后看来，如果你不签订远期合约会不会获得更大的收益？

网络练习

1. 下面的网站可以解释期权的特点是如何影响期权的价格的。访问 www.option-price.com/index.php，当下述情况发生时，期权价格如何变动？

a. 执行价格上升；

b. 利率上升；

c. 波动性增强；

d. 期权到期期限增加。

2. 芝加哥商业交易所拥有联邦基金期货市场以及许多其他的利率期权和期货。访问 www.cmegroup.com/market-data/volume-open-interest/interest-rate-volume.html，找到拥有最大未平仓合约数量的利率期货合约和利率期权合约。

网络参考

www.cmegroup.com CME 网站提供了目前交易合约的有关信息。

www.rmahq.org 风险管理协会的网站提供了许多有用的信息，比如年度报表研究、在线书刊等。

第 15 章

金融行业中的利益冲突

学习目标

1. 解释金融体系中范围经济与利益冲突的关系。

2. 明确在金融服务公司中利益冲突能够产生道德困境的方式。

3. 明确与利益冲突相关的金融服务的四大领域，总结它们易受影响的原因。

4. 总结市场自我监控以及限制利益冲突的方式和原因。

5. 列举在金融市场中与利益冲突相关的三大政策的主要特征。

6. 列举并总结在金融市场中为修复利益冲突的五大措施。

| 预览 |

自从 2000 年股票市场的繁荣状态结束之后，金融市场便被接连不断的丑闻事件所震惊。这一周期开始于 2001 年 12 月轰动一时的安然公司破产事件以及对安然公司的审计机构——安达信公司（Arthur Andersen）提起的诉讼。安然公司曾经是美国第七大公司，安达信公司是最大的五家会计公司之一。紧接着，许多公司都被揭露出存在会计报表欺诈行为，包括世通公司、泰科国际公司以及房利美等。这些事件引发了投资者对公司信息披露可靠性的怀疑。所有顶级的投资银行（包括摩根士丹利、摩根大通、美林、雷曼兄弟和高盛集团）都遭到了起诉，它们被指控鼓励其股票分析员夸大那些不可靠股票的价值，从而导致投资者遭受损失。

这些丑闻广受关注的原因在于：首先，这些公司的破产导致其员工丢掉了工作，失去了养老金，甚至是两者皆失。其次，这些事件是导致股票市场从 2000 年 3 月至 2002 年 9 月持续下跌的重要原因，在这一轮股票市场下跌过程中，标准普尔指数下跌了 50%，纳斯达克指数下跌了 75%。最后，这些丑闻引发了公众对金融服务行业道德水平的质疑。

利益冲突（conflicts of interest）是一种道德风险，是在个人或者机构拥有多个目标（利益）且目标之间产生冲突时所发生的情况，近年来的诸多丑闻就是由此引发的。由于过分信任评级公司的评级结论，利益冲突在 2007～2009 年的次贷危机中起到重要作用。在每个事例中，那些本该给投资者提供可靠信息并且代表投资者利益的主体却选择欺骗投资者，并且由此从投资者和他们的客户身上牟利。这些利益冲突是什么？这些问题有多严重？它们在何处发生？它们为什么会成为最近金融市场灾难的来源？对此，我们应该并且能够做些什么？

本章我们将为解答这些问题提供一个分析框架。本章首先解释了利益冲突的内涵，研究了利益冲突的意义，以及它们为什么会引起道德问题。然后，本章研究了金融行业内不同类型的利益冲突，并讨论了解决这些问题的政策建议。⊖

15.1 利益冲突及其重要性

在第 2 章与第 8 章中，我们看到金融机构如何在金融系统中发挥作用，辨识信息和搜集客户信息方面的专业技术，使它们在生产信息方面具备了成本优势。而且，由于金融机构自己搜集、生产并分配信息，它们可以按照其意愿以尽可能多的方式反复使用这些信息，从而实现规模经济。通过向其客户提供多种金融服务，它们还可以实现**范围经济**（economies of scope），即通过将一条信息资源应用于不同的服务，以降低每一项服务的信息成本（而获得收益）。例如，在一家银行向一家企业发放贷款的时候，它可以对企业的信用状况进行评估，这样可以帮助银行判断是否易于向公众出售该企业的债券。此外，通过向其客户提供多种金融服务，金融机构可以建立和扩展与企业之间的长期合作关系。这些关系将进一步降低生产信息的成本，从而提升范围经济的功效。

尽管范围经济能使金融机构获得巨大收益，但是它们可能由于利益冲突而产生潜在成本。尽管在我们日常生活中的各个方面都存在着利益冲突，但是在此我们还是需要对这个值得关注的利益冲突问题进行进一步的研究。在金融市场中，信息扮演着重要的角色，我们关注这样的利益冲突——提供金融服务的公司或其雇员以牺牲一方利益为代价来实现另一方的利益，也就是说，它们视自身的利益高于其客户的利益，或者是当公司想要卖出证券时可能会牺牲购买证券的投资者的利益。结果是，公司及其雇员可能会错误地使用信息，提供虚假信息或隐瞒消息。

利益冲突可能发生在那些提供特殊服务的金融机构之间，在这些机构向一个或者许多客户提供多种金融服务时，这一问题将变得最为严重。这些金融服务的竞争性利益关系将会导致雇员或者金融机构的某个部门隐瞒消息或者向市场释放误导性信息。一些金融服务合作项目将储蓄型金融中介机构、非储蓄型金融中介机构和经纪商联系在一起，允许它们中的任何一家直接向工商业投资，这种情况最容易引发利益冲突。

⊖ 有关本章更详细的分析和研究，请参阅 Andrew Crockett, Trevor Harris, Frederic S. Mishkin, and Eugene N. White, *Conflicts of Interest in the Financial Services Industry: What Should We Do About Them?* Geneva Reports on the World Economy 4 (Geneva and London: International Center for Monetary and Banking Studies and Centre for Economic Policy Research, 2003).

我们为什么要关注利益冲突

利益冲突会显著地降低金融市场中的信息质量，从而增加信息不对称问题。随之，信息不对称问题又阻碍了金融市场将资金向那些最富有生产性的投资机会进行转移，所以造成金融市场和经济运行的效率变得更为低下。

15.2 职业道德和利益冲突

金融服务公司及其雇员隐藏信息或提供虚假信息的动机，损害了客户的利益，使利益冲突上升为金融从业人员的一个道德问题。金融行业中不断扩大的范围经济效应促使在同一个市场中的各个金融机构都提供更多的服务，从而增加了它们之间的利益冲突，且这一情况将会导致出现更多的不道德行为。限制不道德行为的一种方法是，使金融业的从业人员清楚在利益冲突发生时将会产生道德问题。有了这种意识，雇员发生不道德行为的可能性将会降低。为满足限制不道德行为的需要，商学院现在开始在课程中加入对道德问题的讨论，公司也在制定相关政策从而使个人难以从事那些产生利益冲突的行为。我们将在本章后面的内容中对此进行讨论。

15.3 利益冲突的种类

金融服务活动的 4 个领域最有可能产生利益冲突问题，这将减少金融市场可以获得信息的数量：

- 投资银行的承销业务和市场研究。
- 会计机构的审计和咨询业务。
- 信用评级机构的信用评估和咨询业务。
- 全能银行。

15.3.1 投资银行的承销业务和市场研究

投资银行有两个职能：它们对发行证券的公司进行研究，并且承销这些证券——代表发行证券的公司将其出售给公众投资者。在信息协同效应产生的范围经济作用下，投资银行通常将研究和承销两项业务合并起来。换言之，一项业务产生的信息对另一项业务也是有效的。然而，由于投资银行将会向两类不同的客户（一类是要发行证券的公司，另一类是购买这些证券的投资者）提供服务，所以在研究和承销业务之间将会存在利益冲突。

这些客户有着不同的信息需求：证券发行者将会从那些乐观的研究结论中获益，而投资者则需要那些没有偏见的研究结论。然而，在范围经济发生作用的情况下，两类客户将获得相同的信息。当承销业务带来的潜在收益大于其佣金收益时，投资银行就有很强的动力去修改那些提供给两类客户的信息，从而倾向于提供那些符合发行证券公司需求的信息。如果投资银行提供的信息不利于发行证券的公司，那么该公司就会将自己的业务转交给这家投资银行的竞争者，而这家投资银行的竞争者往往愿意提供公司的积极信息，从而吸引更多的人来购买这种新发行的股票。例如，摩根士丹利公司备忘录于 1992 年披露给媒体，要求其研究部门不做出负面的或者不利于客户的评价。类似这样的指令将会扭曲研究员的研究结果，以取悦其承销部门和那些计划发行证券的公司。实际上，在20世纪90年代高科技泡沫期间这类事件确实发生了。毫无疑问，这些行为削弱了信息的可靠性，而若投资者使用这些信息进行金融决策，将会使证券市场丧失其（资金转移的）有效性。

另一个产生利益冲突的事例是**钓鱼行为**（spinning）。如果投资银行将那些热门、被低估的首次公开发行的股票股份分配给在未来与该投资银行有潜在业务往来的公司高管人员，那么就会产生这种钓鱼行为。由于在投资者初次购买之后，那些热门的首次公开发行的股票价格将会迅速上涨，所以这种钓鱼行为就成了给其他公司高管人员提供回扣的一种形式，以此来吸引这些公司雇用该投资银行为其提供服务。由于该投资银行许诺给予高管人员热门的首次公开发行股票的股份（实施钓鱼行为），所以在这些高管人员所在公司计划发行本公司证券的时候，他们更愿意将承销业务交给这家投资银行，尽管这家投资银行为该公司证券提供的定价未必是最高的。这种行为将会增加该公司的资本实现成本，从而影响了资本市场的效率。

15.3.2 会计机构的审计和咨询业务

通常，审计师检查公司的账目、监控公司发布的信息质量，以此减少公司管理者和公司股东之间的信息不对称问题。审计师在金融市场上扮演着重要的角色，因为公司管理者和公司股东之间不可避免地将会存在信息不对称问题，而他们的工作可以减少这种信息不对称现象的发生。

一些利益冲突会影响到审计的可靠性。当会计公司为其客户提供审计服务和非审计服务——一般被称为**管理咨询服务**（management advisory services，诸如税务咨询、会计制度或管理信息系统以及公司战略等）时，广受关注的利益冲突问题就会产生。会计公司能够提供多种服务，从而可以凭借规模经济和范围经济来获得收益，但是也存在两种潜在的利益冲突来源。一是，客户会向审计师施加压力，要求更改他们的评论和观点，否则威胁将其会计和管理业务交给其他会计公司。二是，如果审计师所分析的信息系统，或者审查的税务和金融建议的对象来自其公司的非审计部门，那么他们将不愿意对这些系统或建议提出批评意见。每一种利益冲突都会潜在地导致审计偏差。随着提供给投资者的可靠信息越来越少，金融市场进行有效的资本配置将变得更加困难。

审计师为了扩展或者保持其审计业务而提供过度偏向的审计报告的时候，将会形成第三种利益冲突。安达信公司（曾经是美国规模最大的五家会计公司之一）不幸倒闭的事实表明了这种利益冲突是最为危险的（见参考资料专栏"安达信公司的倒闭"）。

参考资料   **安达信公司的倒闭**

1913年，一个名叫亚瑟·安德森（Arthur Andersen）的年轻会计师，公开指责当时的会计行业充满了草率和欺诈行为，业内公司更是愚弄公众投资者，于是他建立了自己的公司。直到20世纪80年代初期，审计业务还是这家公司最重要的利润来源。然而，到了20世纪80年代末期，当由于激烈的市场竞争导致其审计业务的利润大幅下滑时，该公司咨询业务却具有较高的边际利润率，从而使该业务实现了收益的高速增长。咨询部门开始要求在公司中拥有更多的权力，结果是，上述内部冲突导致该公司被拆分为两个部分。2000年，分别成立了安达信（审计服务）公司和安达信咨询公司两家独立的公司。

在公司拆分之前的矛盾不断加剧的时期，安达信公司审计部门面临的压力不断增大，它们要致力于提升审计部门的收入和利润。安达信公司的许多客户（安然公司、世通公司、奎斯特国际通讯公司和环球电讯公司）后来都破产了，它们是安达信公司区域办事处的最大客户。为了提高审计业务的收入和利润，公司审计部门面临的压力不断加大，同时，这些公司又是安达信公司区域办事处的首要业务客户，这两者结合起来形成了强大的动力，促使其区域办事处的管理人员提供有利于这些公司的审计结果。尽管这些客户只是贡献了整个安达信公司收入和利润的一小部分，但是如果失去像安然或者世通这样的客户，那么对于其区域办事处和公司审计部门来说，都会造成毁灭性的打击。

举例来说，安达信公司的休斯敦办事处，忽视了安然公司报表的许多问题。2002 年 3 月，安达信公司被起诉；2002 年 6 月，法院因其阻碍了证券交易委员会对安然公司破产的调查（该判决于 2005 年 5 月被最高法院推翻），以妨碍司法公正的罪名对其进行了宣判。这是第一次对大型会计公司定罪，禁止安达信公司从事对上市公司的审计业务，从而导致其关门结业。

15.3.3　信用评级机构的信用评估和咨询业务

信用评级（例如 Aaa 或者 Baa 等）可以反映违约的发生概率，投资者利用该信息来判断特定债务证券的信用状况。因此，债务评级在债务证券定价和监管方面发挥着重要的作用。在代表不同利益的使用者（至少短期内如此）依靠信用评级进行决策的时候，利益冲突就会产生。投资者和监管部门一直都希望获得对信用品质科学和公正的评估结果，而证券的发行者则需要一个令其满意的评级结果。在信用评级行业中，证券发行者向评级公司（诸如标准普尔和穆迪等）支付费用，而评级公司对其将要发行的证券进行评级（见参考资料专栏"为什么证券发行者为其证券的评级活动付费"）。由于证券的发行者会向信用评级公司支付证券评级费用，所以投资者和监管部门就会担心评级机构可能会调高其评级结果，以此吸引更多的业务。

参考资料　**为什么证券发行者为其证券的评级活动付费**

在 20 世纪 70 年代之前，证券的认购者为其所获得的证券评级信息支付费用，信用评级机构从而获得业务收入。然而，在 20 世纪 70 年代早期，主要信用评级机构的收入方式发生了转变，变成由证券的发行者为其评级活动支付费用。这样做显然会形成明显的利益冲突，那么他们依然选择这种做法的原因何在呢？

我们可以使用信息不对称（第 8 章对此进行了介绍）的理论框架对此进行解释。在 20 世纪 70 年代早期，诸如廉价的影印机等技术革新的出现，使得信息传播更加容易。许多市场参与者可以免费获得证券评级信息，从而使搭便车问题变得很普遍。因此，信用评级机构通过出售评级信息难以获得足够的业务收入。这一问题的解决办法就是让证券的发行者为评级活动付费，这就是我们现在看到的商业模式。

在评级机构同时提供附带的咨询服务时，会产生其他种类的利益冲突。债务的发行者经常向评级机构咨询如何组织其债务发行业务流程，才能使其获得一个最理想的评级结果。在这种情况下，信用评级机构将会对自己的业务进行审计，从而产生利益冲突，这种情况类似于会计公司同时提供审计服务和咨询服务。不仅如此，为了使信用评级机构附带的咨询业务能够获得更多的新客户，它们可能会提供有利于客户的评级结论。这样，信用评级机构发布的信用评估质量可能会下降，这将会加剧金融市场中的信息不对称问题，从而使其丧失配置信贷资源的基本功能。正如我们在第 12 章中所讨论的，在 2007 ～ 2009 年的全球性金融危机中，这些利益冲突是导致其产生的重要因素。

15.3.4　全能银行

在创建初期，商业银行、投资银行和保险公司分别属于不同类型的金融机构，各自提供不同种类的金融服务。然而，它们很快发现如果将这些金融机构和服务联合起来，那么就可以获得范围经济带来的益处。1933 年，《格拉斯 – 斯蒂格尔法》通过禁止将这些服务融合在一个单独机构之中，从而阻止了全能银行在美国的发展。当 1999 年美国国会废除《格拉斯 – 斯蒂格尔法》的时候，全能银行再次出现。由于全能银行的各个部门向多个客户提供金融服务，所以将会出现潜在的利益冲突问题。如果一个部门具有提高收益的潜力，那么这个部门的雇员就会有动力去歪曲信息（或者向其他部门的员工施压，使其歪曲信息），使之有利于客户和本部门的利益。

全能银行产生的利益冲突的种类有以下 5 个方面。

（1）承销部门为证券的发行者提供服务，通过积极地向银行客户出售所发行的证券，它们自己和证券发行者都将从中获益。然而，这些银行客户希望获得的是公正的投资建议。

（2）银行经理会将其所发行的公司证券推给处于弱势地位的客户，或者通过将这些证券出售给该银行管理的信托账户来控制那些表现不佳的首次公开发行所带来的损失。

（3）一家公司拥有某家银行发放的未偿还贷款，当银行得知该公司的信用风险或者破产风险提高的时候就会获得一种私人信息，这将会促使银行鼓励其承销部门向不知情的公众出售该公司的债券，从而使贷款得到偿付，并且获得相应的佣金收益。

（4）银行可能以过于优惠的条件向公司提供贷款，以此换取为这家公司执行相关活动（诸如承销该公司的证券等）获得酬金的机会。

（5）银行为出售其保险产品，可能试图对那些向其借款的客户或者其投资的客户施加影响甚至强制性行为。

由于这些利益冲突问题，全能银行提供的准确信息的数量将会减少，从而妨碍了其对于信贷配置效率的提高能力。尽管目前还没有出现由银行利益冲突引发的丑闻，但是在 1929 年股市暴跌后的一段时间里，这种情况确实出现过（见参考资料专栏"银行强盗"）。

参考资料　　　　　　　　　　　　　　**银行强盗**

　　与 2000 年高科技泡沫破裂之后的情形如出一辙，1929 年股票市场出现的暴跌，促使投资者对于他们被鼓励购买的许多证券价值出现如此剧烈的下跌提出质疑。公众指责全能银行炒作证券，银行家被蔑称为"银行强盗"，他们被等同于强盗。公众的压力促使参议院的银行货币委员会举行听证会去调查全能银行可能存在的各种问题。这些听证会由首席法律顾问皮科拉主持，后来被称为皮科拉听证会（Pecora hearing），它和 1974 年导致尼克松总统辞职的"水门事件"听证会，以及 2004 年的"9·11"事件听证会一样引人瞩目。

皮科拉听证会揭露了银行业的部分利益冲突。国民城市银行（National City Bank，花旗银行的前身）的一家子公司被指控向消费者出售不可靠的投机型证券，特别是出售来自秘鲁共和国的债券，这些债券后来发生了违约的情况。大通国民银行和国民城市银行被指控将诸如通用院线与设备（General Theaters and Equipment）和通用糖业（General Sugar）等公司的呆账转换成证券，并将其出售给公众和由这些银行管理的投资信托公司。国民城市银行的总裁查尔斯·米切尔（Charles E. Mitchell），以及大通国民银行的总裁阿尔伯特·维京（Albert H. Wiggin）被指控成立操控集团，利用银行的资源来支撑银行的股票价格，以此为这些高管阶层和其他相关人员谋得利益。

结果是，丑闻促使了 1933 年《格拉斯－斯蒂格尔法》的出台，该法案要求商业银行将其投资银行业务分离出去，从而消除了潜在的利益冲突。直到 1999 年，美国国会提高银行业的竞争力，才废止了这项法案。

15.4　市场可以限制利益冲突吗

隐藏信息或者误导性信息形成的利益冲突减少了可靠信息的流量，加大了金融系统解决逆向选择问题和道德风险问题的难度，减缓了信贷资金向具有生产性投资机会的部门进行的转移活动。

尽管存在着利益冲突问题，但是由于利用利益冲突的动力可能比较小，所以它们不一定会导致可靠信息流量的降低。在市场主体察觉到利益冲突发生的时候，可以通过拒绝使用其服务项目来惩罚金融服务公司。维护和提升金融公司的声誉非常重要，任何导致利益冲突发生的行为都会导致公司的未来收益降低，从而使公司的服务产品销售活动变得更加困难。因此，公司就有动力去避免利益冲突。在长期内，这些激励因素限制了利益冲突的产生，但在短期内，由于受到其公司内部结构（如缺乏透明度和不恰当的货币激励等）因素的制约，这些约束条件未必有效。

下面这个有关信用评级机构的案例介绍了市场如何限制利益冲突的产生。一开始，证券发行者向评级机构支付费用来为其发行的证券提供评级服务，这一过程将会产生一系列的利益冲突。信用评级机构似乎有很强的动力去为公司发行的证券提供高于其应得情况的评级结论，从而使公司可以更容易地按照较高的价格出售其证券。事实上，尽管有安然公司这种很有代表性的案例，但是很少有证据证明评级公司会导致这种利益冲突的产生。许多相关研究表明，评级和违约概率之间存在着非常合理的密切相关关系。公司为评级支付了费用，所以给予公司过高的信用评级将会降低评级结论的可信度，从而使评级机构在市场上的价值减少，因此评级机构通常不会利用利益冲突来获利。由于市场可以观察到个别证券的不良表现，所以市场可以对那些具有偏见评级结果的质量做出评价。不仅如此，信用评级机构还要提供证据来说明其评级结论和随后发生的违约历史记录之间存在的关系。如果一家评级机构持续给予一些公司较高的评级结论，而这些公司最终发生了违约情况，那么市场上的投资者便不再信任它提供的评级结论，它的声誉将会受损，而那些没有违约的优质公司会将其评级业务转移给其他评级机构。因此，评级机构就有动力去避免这种利益冲突的出现，也不会给客户的债券过高的评级结果。

在《格拉斯－斯蒂格尔法》生效之前，那些具有承销证券业务的商业银行似乎并没有利用利益冲突来牟利。当商业银行承销证券时，银行或许有理由在市场上推销那些陷入财务困境公司的证券，因为这样公司就可以偿还银行贷款，同时银行也可以获得承销服务的酬金。然而20世纪20年代的证据表明，市场发现与其独立分支机构（其利益冲突问题的透明程度更高）所承销的证券相比，商业银行的债券部门所承销的证券更加缺乏吸引力。为了维持银行的声誉，之后商业银行将其承销业务转移到其独立分支机构中，结果是，由银行承销的证券价值与那些独立的投资银行承销的证券的价值趋同。当独立分支机构难以证明不存在利益冲突时，它们将会侧重承销那些来自著名公司的证券，这样可以减少信息不对称问题的影响，利益冲突也会由此明显减少。而且，市场也提供了相应的激励来控制潜在的利益冲突。然而，需要注意的是，市场并不能立即解决这一问题，而是需要一定的时间来实现充分的发展。

市场的反应也是投资银行业务活动中存在明显利益冲突的证明，即证券的承销商有意偏向发行者而非投资者，向市场研究人员施加压力，使其提供有利于证券发行者的评估。与其他机构的研究人员相比，对于那些自己银行承销的首次公开发行的证券，该投资银行的分析更倾向于给予其"买入"的评级结论，而市场在对这些证券进行定价的时候，也会将这种倾向考虑在内。如果期限超过2年以上，承销首次公开发行证券的投资银行自己的分析师建议购入证券的收益要比其他分析师建议购入证券的绩效低50%。当存在潜在利益冲突时，市场似乎可以识别出信息质量的差异。

考察市场如何解决会计公司产生的利益冲突方面的实证研究较少，但是有限的既有证据表明，市场调整证券的价格来反映潜在利益冲突所造成的影响。相关证据表明，那些意识到审计和管理咨询服务产生利益冲突问题的客户，将会由此调低对有关审计意见的评价，并且限制购买存在利益冲突问题公司的非审计服务。

尽管市场有时可以改善金融服务机构间利益冲突的不良影响，但是它难以一直有效地控制产生利益冲突的原动力。依靠市场力量来防止这种利益冲突产生时，市场需要有足够的信息来评估利益冲突是否实际发生过。在一些事例中，那些准备利用利益冲突获利的人将会向市场隐藏这些信息。而在其他事例中，金融公司可能不愿意展现其真实状况，因为对潜在利益冲突的警示行为将会暴露出有利于公司竞争者的机密信息。

在本章中，最近的丑闻表明对金融公司的某些人而言，利用利益冲突将导致其个人获得大量收益，即便这将会减少整家公司的价值。例如，设计不当的薪金计划（管理不当的结果）可能产生利益冲突，这不仅减慢了信贷市场中可靠信息的流动速度，而且最终可能会导致公司破产。实际上，安达信公司的崩溃说明了针对那些具有单一业务（诸如审计等）公司的薪酬安排是如何产生严重的利益冲突的。在安达信公司的案例中，即使其行为将会对整家公司产生不利影响，那些区域办事处的合伙人依然愿意采取这些有害公司的行动来取悦其主要客户。对于那些具有多种业务的公司，特别是其中某一种业务（诸如承销或者咨询业务等）的短期回报率非常高的公司而言，利益冲突问题将会更加严重。同时，那些在短期内绩效良好的薪酬计划随着时间的推移也有可能变得难以调整和改进。

20 世纪 90 年代末，股票市场中出现的异常上涨现象产生了巨大的短期报酬，这使得那些处于优势地位的研究人员、承销商和审计公司合伙人能够在激励机制调整之前利用利益冲突牟利。通常来说，市场甚至是公司的管理层都很难察觉这些利益冲突产生的影响。在最严重的情况中，机会主义者能够获取公司的**声誉租金**（reputational rents），即他们从那些受到市场信任的公司所实现的收益中赚取利润。利益冲突问题的产生破坏了美林证券、花旗集团的所罗门美邦以及瑞士信贷第一波士顿这样的投资银行的声誉，一般也会破坏分析人员的信誉。随着安达信公司的倒闭，审计公司丧失了大多数非审计类业务。

15.5　为了解决利益冲突问题已采取了哪些措施

为了解决金融市场上的利益冲突，已经有三项主要的政策措施被实行，它们分别是：2002 年《萨班斯 – 奥克斯利法案》、2002 年《全面司法和解协议》（the Global Legal Settlement）以及 2010 年《多德 – 弗兰克法案》。

15.5.1　2002 年《萨班斯 – 奥克斯利法案》

2002 年，公众对企业提出的强烈抗议以及会计丑闻导致《公共会计改革和投资者保护法》（Public Accounting Reform and Investor Protection Act）的通过，这项法案以其两名国会议员的起草者的名字命名为《萨班斯 – 奥克斯利法案》，该法案有四个主要组成部分。

（1）《萨班斯 – 奥克斯利法案》提高了对于监督措施的监管力度，以监督和预防利益冲突问题。

- 该法案设立了公众公司会计监督委员会（PCAOB），由美国证券交易委员会负责管理，其主要职责是监督会计师事务所，并且保证审计业务的独立性和执行审计质量控制。
- 它增加了美国证券交易委员会实施证券市场监管活动的预算。

（2）《萨班斯 – 奥克斯利法案》直接减少了利益冲突。

- 该法案认定注册会计师事务所向其同时接受了不被允许审计服务（由 PCAOB 确定）的客户提供一个非审计服务的行为是非法的。

（3）《萨班斯 – 奥克斯利法案》鼓励投资银行放弃利用利益冲突进行牟利。

- 它加强了对白领犯罪和妨碍官方调查行为的刑事指控。

（4）《萨班斯 – 奥克斯利法案》出台了改善金融市场信息质量的有关措施。

- 它要求一家公司的首席执行官（CEO）和首席财务官（CFO）及其审计人员保证公司的定期财务报表及其披露信息（特别是关于资产负债表外交易的披露）的准确性（第 404 节）。
- 它要求审计委员会（即董事会中负责监督公司审计工作的下属委员会）成员保持"独立性"，即他们不能在公司中担任经理职位或者从该公司接收任何咨询费用。

15.5.2 2002年《全面司法和解协议》

第二个政策是来自纽约州总检察长埃里奥特·斯皮策（Eliott Spitzer）对十大投资银行（贝尔斯登、瑞士信贷第一波士顿、德意志银行、高盛集团、摩根大通、雷曼兄弟、美林证券、摩根士丹利、所罗门美邦公司和瑞银华宝）提起的法律诉讼。斯皮策宣称，这些公司允许其投资银行部门对自己的研究人士施加不适当的影响，从而产生了利益冲突问题。2002年12月20日，美国证券交易委员会、纽约总检察署（New York Attorney General）、全美证券商交易协会（NASD）、北美证券管理协会（NASAA）、纽约证券交易所和各州监管署达成了针对投资银行的全球性协议。该协议包括三个方面的主要内容。

（1）像《萨班斯－奥克斯利法案》一样，《全面司法和解协议》直接减少了利益冲突。

- 它要求投资银行断绝研究业务和证券承销的联系。
- 它禁止钓鱼行为。

（2）《全面司法和解协议》鼓励投资银行自己来遏制利益冲突问题。

- 对于受到指控的投资银行处以14亿美元的罚款。

（3）《全面司法和解协议》提供了改善金融市场中信息质量的具体办法。

- 它要求投资银行公开其分析人员提供的建议内容。
- 它要求投资银行同不少于3个独立的研究机构签订5年期的合同，向其经纪业务客户提供研究服务。

15.5.3 2010年《多德－弗兰克法案》

在全球性金融危机中，利益冲突，尤其是信用评级机构内部的利益冲突，通常会起到重要作用。为了防止未来发生这类冲突，美国国会于2010年通过了《多德－弗兰克法案》，这项法案包括了一些在信用评级业中解决利益冲突的条款。

- 法案产生了美国证券交易委员会的信用评级办公室（OCR）。OCR拥有自己的员工，有权惩戒发生错误行为的信用评级中介机构，如果产生错误评级，OCR有权注销该机构。
- 在《多德－弗兰克法案》下，当信用评级中介的员工前往过去12月内由他们提供评级的公司工作时，中介必须向美国证券交易委员会提供相关报告。
- 法案禁止合规人员参与制造业或者零售业的信用评级。
- 法案要求美国证券交易委员会禁止资产支持证券发行者雇用信用评级机构，以防其会给予发行者最高评级；法案支持美国证券交易委员会提早行动以限制利益风险。
- 当信用评级机构提供信用评级时，如果在获取精确信息方面产生了不必要的失败，那么《多德－弗兰克法案》将会授予投资者诉讼的权利。

15.6 克服利益冲突的政策的评估框架

本章的分析为评估是否需要公共政策来消除或者减少利益冲突提供了一个框架。某些金融服务活动的组合可能会导致经济主体隐瞒信息，但是它也可能会导致那些方便产生信息的协同作用的出现。因此，如果通过阻止这些活动组合的产生来消除利益冲突的话，那么实际上可能会降低金融市场的运行效率。这一推断表明，这两个命题对减少利益冲突的措施进行的评估至关重要。

（1）利益冲突的存在并不意味着它必然会产生严重的不利后果。即使有利益冲突存在，激发利益冲突产生的动力可能并不是非常强烈。如果市场力量能够发现利益冲突的存在，那么这些存在利益冲突问题的金融公司的声誉通常会有污点。考虑到维持和提高其声誉的重要性，利益冲突的存在将会增加这些公司出售其服务产品的难度，所以这将会降低公司的未来盈利能力。因此，企业将会努力调整其薪酬结构和奖励制度，以提高防止利益冲突问题产生的动力。由于一个金融机构的声誉具有很高的价值，所以市场有可能控制利益冲突问题。在对克服利益冲突问题有关措施的需求进行评价的时候，这一命题提出了这样一类问题，即市场是否具有足够的信息和激励机制来控制利益冲突的问题。

（2）**即使产生利益冲突的动力十分强大，那些消除具有利益冲突问题的规模经济的措施从长期来看也可能是有害的，因为这种做法将会减少可靠的信息流。**在对克服利益冲突问题的有关措施进行评估时，我们需要考察执行这些缩减金融市场可靠信息流的治理措施是不是利大于弊。

解决利益冲突问题的方法

在考察针对具体问题的解决措施时，值得关注 5 种协调利益冲突问题的通行办法。根据这些方法干预经济活动强度的由低到高的次序，下面我们将对其进行具体讨论。

1. 留待市场解决

这种方法对许多经济学家具有强大的吸引力，并且在许多情况下是一种充分有效的选择。市场力量可以通过两种运行机制发挥作用。第一，它们可以惩罚那些利用利益冲突牟利的金融服务机构。举例来说，市场可以通过提高融资成本或者减少金融服务业务需求的形式对利用利益冲突牟利的公司施加不同程度的惩罚，甚至迫使这种企业倒闭。第二，市场力量可以开发崭新的制度手段来遏制利益冲突。举例来说，市场能够形成对于那些来自无利益冲突的组织所生产信息的需求。正如 20 世纪 20 年代，证券分支机构的业务表现大大优于美国全能银行内部债券部门。

市场导向解决方案的一个优点在于，通过罚金的惩处方式，市场力量能够对那些问题最为严重的机构进行处置。进一步来说，这种方式有助于防止出现反应过度的风险。采取非市场解决方案来平息那些可能降低金融市场信息生产活动的公众不满情绪，这显然是一种难以抗拒的诱惑。与之相反，如果不能得到充分的市场信息来适当惩罚那些利用利益冲突牟利的金融机构，那么基于市场的解决方案可能并非总是能奏效。正如第 7 章对行为金融学这一新兴领域的相关讨论展示的那样，在金融市场中，记忆可能是一种短期的行为。除非改革活动已经"硬连接"到金融系统中，否则当诱发利益冲突的事件在人们的记忆中逐渐消失时，利益冲突就可能会悄然再现。

2. 提高透明度的监管措施

竞争性市场结构并不总是能够有效地减少信息不对称现象。收集资料活动的代价是非常昂贵的，只有在私人利益大于成本的时候，任何单一经济主体才可能从事信息收集工作。当市场能够很容易地获得（单一经济主体）收集到的信息时，搭便车问题就会非常严重。由于信息具有公共商品的特质，所以在缺少公共干预的情况下就会出现信息供给不足的情况。在一定程度上，强制披露信息的规定可以缓解信息不对称问题，从而形成金融系统监管活动的关键性要素之一。

当强制性信息披露规定揭示了是否存在利益冲突情况时，市场就能够有针对性地约束那些未能改善利益冲突的金融机构。此外，如果一家金融机构按规定提供其有关潜在利益冲突的信息，那么该机构信息服务的使用者就可以对这一机构所提供信息的认可程度做出判断。

同时，强制性披露可能产生某些问题，如果按照其规定披露了过多的专有信息，可能会导致金融机构无法从信息生产业务活动中获利，其结果是可能减少而非增加了信息的生产。此外，如果金融机构能成功地规避有关监管规定，继续隐瞒有关潜在利益冲突的信息，那么强制性信息披露的规定就可能无法奏效。同样，由于监督和管制这些利益冲突的益处只是单方面地在监管部门一方显现，所以搭便车问题会导致对利益冲突难以实施充分的监管措施。最后，对金融机构而言，遵守信息披露规则必须要支付高昂的成本——它可能会超过由利益冲突所产生的成本。

3. 对监督措施的监管

如果由于金融机构继续隐瞒有关资料，或者搭便车问题十分严重，或者强制性信息披露规定泄露金融机构的专有信息，导致了强制性信息披露制度难以发挥作用，那么对于监督措施的监管规定就可以缓解和控制利益冲突问题。监管部门可以观察到利益冲突的专有信息，而且不将其透露给金融公司的竞争对手，从而使该公司能够继续通过从事产生更多信息经营的活动来实现盈利。在获得这些专有信息的条件下，监管部门可以采取相应的行动来防止金融机构利用利益冲突进行牟利。作为对这种监督行为实施监管的一部分，可以由监管部门或者从事信息生产具体活动的组织确定行为准则，而监管部门将掌握（强制）执行这些行为准则的权力。

正如我们在第10章中所发现的那样，这种对监督措施的监管在银行业中是非常普遍的。近年来，银行监管部门对风险管理问题十分关注。它们通过检查银行的风险管理程序，保证银行对业务过程中所承担的风险已经设立适当的内部控制制度。同样，监管部门可以通过检查银行的内部程序和控制措施来限制利益冲突问题。当其发现银行的内部控制体系存在弱点时，它们可以要求金融机构采取相应的整改措施，以消除它们通过利益冲突进行牟利活动的动力。

近年来，虽然有证据表明在改善金融机构内部控制方面，这种对监督措施的监管活动取得了成功，但是如果利用利益冲突进行牟利的动力足够强大，那么金融机构仍然可能会向监管部门隐藏那些涉及利益冲突的行为。此外，正如我们在第10章中所发现的那样，监管部门也很难总能有效发挥应有的作用。

4. 业务职能的分离

在那些无法获得足够信息来限制利益冲突的市场中，由于通过市场自律或者对监督措施实施监管等方式都难以产生一种令人满意的促进信息披露的方式，因而可以通过那些强制公司业务职能分离的有关规定来减少或者消除利益冲突问题。在许多方面，这种分离规则是可能实现的。首先，公司可以通过设置防火墙，实现内部各个部门的业务活动的分离。其次，公司可以限定其各个独立的控股子公司各自从事的业务范围。最后，公司禁止以任何可能的组织形式实现业务活动的合并操作。

业务职能分离的目标在于，保证代理人不会同时对多个委托人负责。通过更为严格的业务职能分离过程，利益冲突将会进一步减少。当然，更为严格的业务职能分离操作也降低了信息收集的协同作用，从而导致金融机构难以从信息生产的范围经济效应中获得收益，由此增加的信息生产成本可能会导致可靠信息的流量出现下降。因此，要确定适当的业务职能分离程度，就需要在减少利益冲突所获得的收益和降低信息生产范围经济效应所产成的成本之间进行权衡。

5. 信息生产的社会化

对于由信息不对称问题而形成的利益冲突问题，最为关键的解决方法就是实现有关信息的供给或者其资金来源的社会化过程。举例来说，许多宏观经济资料是由公立机构提供的，其原因在于这种信息具有公共产品的属性，如果改由私人提供，那么就很可能出现供给不足的情况。我们同样可以认为，这些公立部门也能够发挥提供其他信息（诸如信用评级和审计等）的功能。另外一种选择是，可以安排由私人部门来负责信息生产服务，对这些私人部门提供公共资金或者财政资金的支持，以保证信息的生产过程免受那些能够向这些私人机构支付佣金的、特殊利益群体利益诉求的影响。

当然，这种方法存在的问题是，政府机构或由公共资金支持的单位可能没有私人金融机构那样强大的动力来生产高品质的信息。政府或者准官方机构强制实行信息生产活动，尽管它可能会减少利益冲突，但会减少金融市场中的可靠信息流量。进一步来说，政府机构可能难以支付吸引最优秀人才所需要的市场工资。如果范围经济效应由此受到影响，那么这个问题可能变得更为严重。举例来说，如果一位供职于投资银行的分析人员的研究成果具有多种用途，那么他很可能会获得额外的报偿。与之形成对照的是，只对研究成果的单一用途感兴趣的政府机构，可能不会提供充足的薪金水平来生产高品质的信息。同时，政府可能也没有充足的资金用于信息收集。事实上，由于资金短缺，由政府提供的一系列重要的宏观经济数据已经中断。

应用 15-1 　对《萨班斯－奥克斯利法案》《全面司法和解协议》和《多德－弗兰克法案》的评价

利用前面讨论过的分析框架，现在我们可以对《萨班斯－奥克斯利法案》和《全面司法和解协议》以及《多德－弗兰克法案》进行评价。

我们发现，利益冲突的管制政策有助于增加金融市场的信息流量。《萨班斯－奥克斯利法案》确实做到了这一点，它要求首席执行官和首席财务官向公司定期公布的财务报表与公司的信息披露活动提供担保。这项规定提高了这些财务数据提供的是可靠信息的可能性。此外，《萨班斯－奥克斯利法案》制定了表外业务交易以及公司与特殊目的实体之间其他关系的信息披露规则。正如在安然事件中所发生的那样，由于公司经常利用表外业务活动来隐藏公司内部情况，所以这一规定有助于增加市场中的信息。然而，《萨班斯－奥克斯利法案》建立的这些新规定的执行费用十分高昂。小企业受到的冲击尤为严重：对于一家年收入小于 1 亿美元的小企业而言，《萨班斯－奥克斯利法案》执行成本的估计值超过 80 万美元，接近其销售收入的 1.5%。《萨班斯－奥克斯利法案》可能已经严重伤害了这些公司的盈利能力，导致其更加难以执行生产性投资活动。

我们还发现，在市场具有充足信息的情况下，市场力量通常能够限制利益冲突的产生。《全面司法和解协议》的一项条款要求投资银行公开其分析报告。这一政策可以帮助市场判断分析师是否诚实行事。《多德-弗兰克法案》要求每家信用评级机构都要报告那些去了其曾经评级的公司上班的员工名单，并且支持美国证券交易委员会的规定，增加对投资分析师、信用评级机构以及审计员的信息披露，必须披露他们与其分析公司的相关利益。通过提供这些信息能够促使金融机构制定内部规则以确保利益冲突的最小化，从而保持金融机构的良好声誉和盈利能力。更重要的是，《多德-弗兰克法案》并没有禁止发行证券的公司向信用评级机构付费来获得评级，因此市场能够成功地约束这类特殊的利益冲突的观点被普遍接受。

《多德-弗兰克法案》也能够消除增加利益冲突的行为。例如，《多德-弗兰克法案》限制协调人员从事评级工作，并禁止资产支持证券的发行者雇用评级机构以给予其最高评级。该法案还增强了市场控制利益冲突的能力，因为它授权投资者起诉信用评级机构的权利（当评级机构未能提供准确的评级时）。然而，因为这种方式使信用评级机构为其评级的准确性负责，所以这可能会使得评级机构不允许公司在新债券发行的文件中使用该机构的评级。

当然，由于公司仍然有动力通过隐瞒信息来从利益冲突中获利，所以只是依靠信息披露规定不足以使市场力量完全控制利益冲突问题。信息披露也有可能暴露许多专有信息，导致金融机构无法从事有利可图的信息生产活动。此外，最具破坏性的利益冲突来自一些设计不当的内部薪酬体制，而这一点是市场难以观察的。对于监督措施的监管侧重于解决这些问题。

《萨班斯-奥克斯利法案》和《多德-弗兰克法案》的重要特征之一就是加强对于监督措施的监管活动。首先，《萨班斯-奥克斯利法案》成立了公众公司会计监督委员会来监督会计师事务所的业务活动，而《多德-弗兰克法案》建立了美国证券交易委员会（SEC）的信用评级办公室。公众公司会计监督委员会将会对其薪酬计划安排进行监督，以保证这些安排能够与控制利益冲突的最佳方案保持一致。《萨班斯-奥克斯利法案》和《多德-弗兰克法案》也真正做到了分享更多资源给SEC。实际上，资金不足正是在20世纪90年代资本市场急剧膨胀时期SEC没有实现有效监管的原因之一。20世纪80年代，在储蓄和信贷协会的监管部门中也存在着类似的问题。监管资源的缺乏，部分导致了随后的丑闻，并最终导致消耗了纳税人1 000多亿美元的紧急救助计划。通过保证审计委员会独立于公司管理层，《萨班斯-奥克斯利法案》消除了公司管理层在雇用审计机构时可能发生的利益冲突问题。通过制定具体的规定细则，公众公司会计监督委员会保证由代表股东利益而非管理层利益的独立审计委员会负责接收审计机构提供的审计报告，聘用审计机构并且向其支付报酬。

《全面司法和解协议》也直接禁止了钓鱼行为这种能够产生明显利益冲突的华尔街的做法。这种做法是指公司高管人员通过将其公司未来的业务活动交给承销其新发行证券的投资银行，以换取对方给予的一部分热门的首次公开发行的股票。《全面司法和解协议》对于那些通过利益冲突牟利的投资银行处以总额超过14亿美元的罚金加以惩戒。这种强硬的惩罚措施，以及由《萨班斯-奥克斯利法案》建立的更为严厉的刑事处罚措施，为投资银行在未来的经营活动中提供了强大的动力来避免利用利益冲突进行牟利。

在《萨班斯-奥克斯利法案》和《全面司法和解协议》中，更为重要的部分涉及业务职能的分离和信息生产的社会化。《萨班斯-奥克斯利法案》规定，会计师事务所向其审计客户所提供的非审计咨询服务是非法的。这项法律可能会减少那些能够提供咨询服务的审核公司所实现的范围经济效应。正如《萨班斯－奥克斯利法案》所预想的那样，在此情况下禁止这些机构从事非审计业务就能够阻止那些近期发生的审计失误，这一构想是不可能实现的。然而，由非审计服务的本质和作用所产生的更大的信息透明度，对于控制公司通过利用利益冲突进行牟利的动力是十分有利的。同样，《全面司法和解协议》要求投资银行将其投资银行业务和研究业务分离开来。这种分离规定也有可能减少信息生产的范围经济效应。毕竟，在投资银行业务部门通过其与公司进行的业务交流可以提供共享信息的条件下，分析人员就能够获得有关其所研究公司的更多信息。

《全面司法和解协议》规定，经纪公司必须通过与独立研究公司签订5年期合同向其客户提供信息。此外，由投资银行支付的14亿美元罚金中的一部分将被用于资助独立的研究机构和投资者教育项目。然而，这一协议的条款同时具有积极作用和消极作用，其具体实施效果有待于进一步的观察。独立的研究机构能够提供没有偏见的信息。然而，通过实现研究业务的社会化过程，公司将会无法凭借其研究质量来为争夺客户展开竞争。由于公司必须负担税负以资助独立的研究机构，所以这样就会减少其在本公司研究业务方面的投资。实际上，这种情况已经出现，自2000年以来，7家最大的证券公司削减了近一半的研究预算。如果投资银行丧失了对它们必须获取的信息的控制，那么它们得出的分析结论的质量就会降低。

本章小结

1. 在金融服务公司或者其雇员为多方利益服务，并且有动力去滥用或隐藏那些金融市场有效运作所需信息的时候，就会产生利益冲突。如果利用利益冲突进行牟利，就会导致金融市场上可靠信息的数量大幅度减少，信息不对称问题会由此加剧，从而阻碍了金融市场将资金向最具生产能力的投资机会进行转移。

2. 金融服务活动4个领域最有可能产生利益冲突问题，这将减少金融市场可以获得信息的数量：①投资银行的承销业务和市场研究；②会计机构的审计和咨询业务；③信用评级机构的信用评估和咨询业务；④全能银行。

3. 由于市场向金融服务公司提供了很强的动力，促使其避免破坏自己的声誉，所以尽管可能存在利益冲突，但是它们不会必然减少可靠信息的流量。有证据表明，市场力量经常能够成功地限制那些促使利益冲突产生的动力。然而，利益冲突仍然对金融市场的有效运行构成威胁。

4. 有三个旨在解决利益冲突的重要政策措施：2002年《萨班斯－奥克斯利法案》、2002年由纽约总检察长对10家规模最大的投资银行提起的法律诉讼而形成的《全面司法和解议》以及2010年《多德－弗兰克法案》。

5. 在评价对利益冲突应该采取的具体措施方面，有两个基本命题是至关重要的：①利益冲突的存在并不意味着其必然会导致严重的负面结果；②即使促使利益冲突产生的动力非常强大，但是如果消除利益冲突的措施将会损害范围经济的效果从而减少可靠的信息流，那么这样做可能也是有害的。缓解利益冲突的方法有5种，按照干预程度由低到高依次为：①留待市场解决；②提高透明度的监管措施；③对监督措施的监管；④业务职能的分离；⑤信息生产的社会化。

6. 《萨班斯－奥克斯利法案》和《全面司法和解协议》有助于增加金融市场上可靠信息的流量，它们要求公司的首席执行官和首席财务官为其财务报表（的质量）提供担保，要求公司披露表外交易和交易对象的情况，要求投资银行公布其分析人员的建议内容，增加对潜在利益冲突的信息披露。通过要求有关信用评级机构报告雇员去之前被评级机构工作的事项，《多德－弗兰克法案》增加了信息的流入，它还支持 SEC 有关投资分析师、信用评级机构、审计员揭露其在分析公司中的利益。通过建立公众公司会计监督委员会和提高 SEC 的预算金额，《萨班斯－奥克斯利法案》提高了对监督措施的监管活动。相似地，《多德－弗兰克法案》通过在 SEC 建立信用评级办公室增加常规监管。《多德－弗兰克法案》还要求公司建立独立于其管理层的审计委员会，以减少审计方面的利益冲突。《全面司法和解协议》通过禁止钓鱼行为从而减少

了其内在的利益冲突。14 亿美元的罚金和《萨班斯－奥克斯利法案》所提高的刑事处罚标准，促使投资银行在未来不会依赖利益冲突进行牟利。在《萨班斯－奥克斯利法案》和《全面司法和解协议》中更为激进的部分是要求实现业务职能的分离（研究与承销的分离，以及审计和非审计咨询的分离）以及将信息研究的社会化，它们有可能最终会减少金融市场中可以获得的信息数量。《多德－弗兰克法案》限制增加利益冲突的相关行为，它禁止协调人员从事评级工作，防止资产支持证券发行者为其提供最高评级。除此之外，法案授予投资者对于为准确评级产生的不必要失误的评级机构提起诉讼的权利，此举加强了市场控制利益冲突的能力。

关键术语

| 利益冲突 | 范围经济 | 管理咨询服务 | 声誉租金 | 钓鱼行为 |

思考题

1. 一家公司怎样通过提供多种金融服务以降低生产信息的成本？

2. 一家公司能够提供多种金融服务，这如何导致利益冲突的产生？

3. 为什么利益冲突会导致金融市场缺乏效率？

4. 利益冲突如何导致了不道德的行为？

5. 举例说明当一家投资银行同时提供承销和市场研究时所产生的两个利益冲突。

6. 为什么钓鱼行为会降低金融市场的效率？

7. 举例说明会计公司中会发生的两个利益冲突。

8. 某些评论人士认为，安达信公司崩溃的原因在于这家公司将审计业务和咨询业务结合在一起。这个评论对吗？

9. 举例说明信用评级公司中会发生的两个利益冲突。

10. 举例说明全能银行中会发生的两个利益冲突。

11. "利益冲突总会减少可靠信息的流量。"这个表述是正确的、错误的还是不确定的？解释你的答案。

12. 尝试举出两个例子，说明公司没有利用利益冲突进行牟利，从而没有减少金融市场上可靠信息的流量。

13. 什么时候更有可能产生利益冲突？

14. 金融服务公司糟糕的薪酬机制是如何导致利益冲突的？

15. "声誉租金"是什么？它是如何体现的？

16. "《萨班斯－奥克斯利法案》极大地提高了公司的协调成本。因为它极大地降低了市场效率，因此应当被废除。"你是否赞同这种说法，为什么？

17. 你认为《萨班斯－奥克斯利法案》的哪些要

求有意义，哪些没有意义？

18. 你认为《全面司法和解协议》的哪些要求有意义，哪些没有意义？

19. 为什么说市场是最小化利益冲突的最佳机制？

20. 当处理利益冲突时，强制性披露的优缺点是什么？

21. 对监督措施的监管如何减少利益冲突？

22. 为了避免利益冲突而将金融活动拆分成不同的公司，这样的安排有什么缺点？

23. 将由政府提供信息作为利益冲突问题的解决方法，这样有哪些优点和缺点？

24. 当协调人员参加信用等级评级时，为什么出现利益冲突？

25.《多德－弗兰克法案》在哪些方面降低了利益冲突？

网络练习

1. 登录 www.soxlaw.com/，这个网站追踪报道了关于《萨班斯－奥克斯利法案》的争论和新闻。

   a. 用两三句话来概括通过《萨班斯－奥克斯利法案》的主要原因。

   b. 在"新闻／当前事件部门"中选择一篇讨论文章进行概括。说明这篇文章的内容与金融市场中利益冲突问题之间的相互关系。

2. 登录 www.sec.gov/ 并单击"新闻公告"（Press Releases）。

   a. 在新闻公告栏内，对于 SEC 提出问题的主要类型进行概括。

   b. 回顾过去 3 个月内所公布的消息，计算针对那些违反 SEC 条例的公司或者个人所采取强制性措施案例的数量。根据这一回顾的内容，SEC 在阻止证券行业的欺诈活动和虚假信息方面付出积极的努力了吗？

网络参考

　　dodd-frank.com/　专门讨论和传播关于《多德－弗兰克法案》相关信息的网站。

　　www.moodys.com　穆迪是公司债务的主要评级机构。浏览穆迪公司的网站，学习更多关于如何进行公司信用评级的知识，你需要注册才能浏览穆迪公司网站的资源。

　　www.sarbanes-oxley.com/　专门讨论和传播关于《萨班斯－奥克斯利法案》相关信息的网站。

　　www.sec.gov/　SEC 主要负责阻止证券市场上的欺诈行为。单击"我们做什么"（What We Do），以了解 SEC 对自己在证券行业中定位问题的设想。

PART
4
第四篇

中央银行与货币政策的制定

危机与反应：美联储和次贷危机

当美联储面对被前主席格林斯潘形容为"百年一遇的信贷海啸"时，美联储下决心采取措施进行救援。从 2007 年 9 月开始，美联储降低了联邦基金利率目标，到 2008 年年底，这一指标已经降至 0。与此同时，美联储还为信贷市场注入了大量的流动性，以促使信贷市场重新运转。2007 年 8 月中旬，美联储向商业银行提供贷款的再贴现率，由通常情况下高于联邦基金利率目标 100 个基点的水平，降至仅高于联邦基金利率目标 50 个基点。在整个危机过程中，美联储放宽了为金融系统提供的流动性，使其远远超过以往对存款机构的资金信贷支持。事实上，2008 年 3 月，在美联储向摩根大通提供贷款以完成对贝尔斯登的收购之后，美联储前主席保罗·沃尔克称，美联储的一系列举动已经快要达到其"法定和默许权力的边缘"。危机过程中出现的为数众多的美联储贷款安排催生了一系列新的缩略词：TAF（定期拍卖工具）、TSLF（短期证券借贷工具）、PDCF（一级交易商信贷工具）、AMLF（资产担保货币市场基金流动性贷款便利）、CPFF（商业票据融资便利）和 MMIFF（货币市场投资者融资便利），使美联储听起来像是拥有编号行动和武器的五角大楼。尽管所使用的武器不是枪支、坦克和飞机而是金融工具，但美联储就像五角大楼一样，正在进行一场战争。

最近的这次次贷危机证明了以美联储为代表的中央银行对于金融体系和经济健康发展的重要性。第 16 章勾勒出了中央银行的目标和行为动机，并概述了中央银行的建立过程。第 17 章描述了货币供给是如何决定的。第 18 章将考察像美联储一样的中央银行所能够支配的调控工具，并说明如何使用它们。第 19 章拓展了关于货币政策如何实施的讨论，在更宽广的视角下考察中央银行的战略和策略。

第 **16** 章

中央银行与联邦储备体系

学习目标

1. 了解联邦储备体系的历史沿革。
2. 描述联邦储备体系的关键特点与职能。
3. 评述联邦储备体系的独立程度。
4. 总结有关联邦储备体系独立性的正反观点。
5. 了解官僚行为理论如何帮助解释美联储的行动。
6. 了解欧洲中央银行与联邦储备体系在结构与独立性上的异同。
7. 评述世界其他主要中央银行的独立程度。

| 预览 |

在世界各国，中央银行都是金融市场最重要的参与者之一，它是负责货币政策的政府机构。中央银行的行为会影响利率、信贷规模和货币供给，而这些变量不仅会影响金融市场，甚至对于总产出和通货膨胀都有着直接的影响。为了理解中央银行在金融市场和整个经济中发挥的作用，我们必须了解中央银行是如何运作的。是谁控制着中央银行并决定了其行为？是什么推动中央银行采取行动？又是谁掌握着采取行动的权力？

在本章中，我们将考察世界主要中央银行的组织结构，并着重关注美国联邦储备体系，它是世界上最重要的中央银行之一。我们从考察联邦储备体系的组成部门入手，并探究其实际权力的核心所在。明晰决策的实际决定者，我们就能更好地理解这些决策的制定过程。之后我们将分析中央银行行为背后的机理，以及中央银行是否应与政治家隔绝而保持其独立性。最后，考察其他几个主要的中央银行的结构及独立性，特别是欧洲中央银行。掌握了这些知识，我们就能够更好地理解后面几章中关于货币政策实际操作的内容。

16.1　美国联邦储备体系的起源

在全世界所有的中央银行中，美国联邦储备体系拥有最特殊的结构。为了理解这种结构的缘起，我们必须从 1913 年美国联邦储备体系的创立讲起。

20 世纪以前，美国政治的一个主要特征是对权力集中的恐惧，这不仅体现在宪法的制约与平衡上，也体现在对各州权利的保护上。对中央集权的恐惧是美国人抵制建立中央银行的原因之一，另一个原因是美国人对于金融业固有的不信任，而中央银行又是金融业最突出的代表。美国公众对中央银行的公开敌视，使得早先两次旨在建立中央银行以管理银行体系的尝试先后失败：美国第一银行在 1811 年被解散；1832 年，美国第二银行延长其于 1836 年到期的经营许可证期限的要求遭到安德鲁·杰克逊总统否决。

1836 年，美国第二银行的停业给美国金融市场带来了一个严重的问题，因为不再存在为避免银行危机而向银行体系提供准备金的最后贷款人。因此，在 19 世纪和 20 世纪初，全美性的银行恐慌成为一种经常性事件，每 20 年左右就发生一次，累积的恐慌在 1907 年达到了顶峰。1907 年的银行恐慌导致了银行大面积倒闭和存款人损失惨重。严峻的事实使美国公众终于意识到，需要有一个中央银行来防止今后再度出现类似的恐慌。

美国公众对银行和中央集权的敌视态度，为建立一个类似英格兰银行的单一中央银行的想法设置了巨大的障碍。当时广泛存在着对中央银行的担忧，公众一方面担心华尔街的金融业（包括大型企业和银行）可能通过操纵中央银行从而控制整个经济，另一方面担心联邦政府的中央银行运作会导致政府对私人银行业务的过度干预。所以，在中央银行应该是一家私人银行还是一家政府机构的问题上，存在着严重的分歧。对这些问题进行激烈争论的结果是产生了一个折中的办法。根据美国传统，国会把一套精心设计的带有制约和平衡特点的体系，写入了 1913 年的《联邦储备法》，从而创立了拥有 12 家地区联邦储备银行的联邦储备体系（见走进美联储专栏"联邦储备体系创立者的政治天才"）。

| 走进美联储 |　　　　**联邦储备体系创立者的政治天才**

在美国历史上，公众始终对银行尤其是中央银行充满了敌意。创建联邦储备体系的政治家是如何建立起这样一个体系，使其成为美国最具声望的机构之一的呢？

答案是这样的，美联储的创始人意识到，如果权力过分集中于华盛顿或纽约这些美国人通常不喜欢的城市，那么美国的中央银行可能得不到足够的公众支持以确保其有效地运作。因此，他们决定成立一个由 12 个分散在美国各地的联邦储备银行组成的分散化的体系，以确保在货币政策决策过程中各地区的意见都会被考虑到。此外，各联邦储备银行被设计成具有准私营性质的机构，由居住在各个地区的私人部门的董事监督。这些董事代表他们各自地区的意见，并与联邦储备银行行长有着密切的联系。联邦储备体系的这一特殊结构确保了地区事务将会得到处理，这一点从联邦储备银行的出版物中可以明显看出。如果没有这种特殊结构，联邦储备体系可能没有这么受公众欢迎，所发挥的作用也会比现在大大减弱。

16.2 联邦储备体系的结构

美国《联邦储备法》的设计者试图在地区之间、私人部门和政府之间以及银行家、工商业者和公众之间实现分权。这一最初的分权，使得联邦储备体系演变为包括下列实体的组织：**联邦储备银行**（Federal Reserve Banks）、**联邦储备理事会**（Board of Governors of the Federal Reserve System）、**联邦公开市场委员会**（Federal Open Market Committee，FOMC）、联邦咨询委员会以及约 2 000 家会员商业银行。图 16-1 显示了这些实体之间的相互关系，以及它们与美联储四大政策工具（公开市场操作、贴现率、法定存款准备金和准备金利息）之间的关系。这一点我们将在第 17 章和第 18 章中进行讨论。

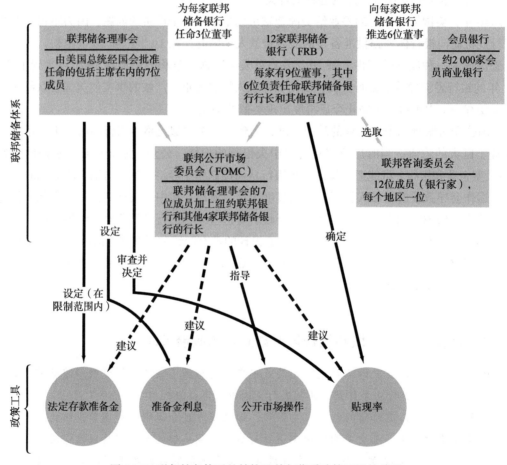

图 16-1　联邦储备体系的结构及其与货币政策工具的关系

注：图中显示了联邦储备银行、联邦储备理事会、联邦公开市场委员会以及它们与美联储四大政策工具（公开市场操作、贴现率、法定存款准备金和准备金利息）之间的关系。虚线表明联邦公开市场委员会对法定存款准备金和贴现率的制定起"建议"作用。

16.2.1 联邦储备银行

1913 年《联邦储备法》规定的 12 个联邦储备区各设有一家主要的联邦储备银行，它们在本储备区内的其他城市可以设立分支机构。这些联邦储备区、联邦储备银行及其分支机构的位置如图 16-2 所示。按拥有资产的数额衡量，最大的三家联邦储备银行分别为纽约、芝加哥和旧金山联邦储备银行，其资产（贴现贷款、有价证券和其他资产）合计占整个联邦储备体系资产的 50% 以上。其中纽约联邦储备银行拥有整个联邦储备体系近 1/4 的资产，是最重要的一家联邦储备银行（见走进美联储专栏"纽约联邦储备银行的特殊地位"）。

图 16-2　联邦储备体系

注：图中显示了联邦储备区、联邦储备银行及其分支机构的位置。

资料来源：Federal Reserve Bulletin.

| 走进美联储 |　　　　**纽约联邦储备银行的特殊地位**

　　由于一些原因，纽约联邦储备银行在联邦储备体系中发挥着特殊的作用。第一个原因是，纽约联邦储备区云集了多家全美最大的商业银行，它们的经营安全性和稳健性对美国金融体系的稳定至关重要。纽约联邦储备银行对该地区的银行控股公司和州特许经营银行进行监督，使它成为美国金融体系中一些最重要的金融机构的监管者。毫无疑问，由于担负这一责任，银行监管小组是纽约联邦储备银行中最大的部门之一，也是到目前为止联邦储备体系中规模最大的银行监督小组。

　　纽约联邦储备银行发挥特殊作用的第二个原因是，它积极参与债券和外汇市场交易。纽约联邦储备银行设有公开市场交易室，负责实施公开市场操作，即通过买卖债券决定银行系统的准备金规模。由于参与国债市场的交易，加之其与纽约证券交易所仅一步之遥的位置，使得纽约联邦储备银行的官员与美国国内主要的金融市场保持着紧密的联系。此外，纽约联邦储备银行还设有外汇交易室，代表美国联邦储备体系和美国财政部进行外汇干预。

纽约联邦储备银行广泛参与这些金融市场的交易，还意味着它是提供国内和国外金融市场状况的重要信息来源，特别是在类似最近次贷崩溃这样的金融危机时期。同时，它也是联邦储备体系官员和金融市场私人参与者之间的桥梁。

纽约联邦储备银行发挥突出作用的第三个原因是，它是联邦储备银行中唯一一家成为国际清算银行成员的银行。因此，纽约联邦储备银行行长与联邦储备理事会主席一道，共同代表联邦储备体系出席国际清算银行主要中央银行行长的每月例会。同国外中央银行行长的密切接触，以及对外汇市场的积极参与，意味着纽约联邦储备银行在发展与其他中央银行行长以及私人市场参与者的国际关系方面发挥着特殊的作用。另一个使纽约联邦储备银行在国际金融业中具有显赫地位的原因是，纽约联邦储备银行拥有价值超过 1 000 亿美元的黄金，这一数目超过了诺克斯堡金库⊖的黄金储量。

最后，在所有联邦储备银行行长中，纽约联邦储备银行行长是唯一一位拥有联邦公开市场委员会永久投票权的成员，并担任该委员会的副主席，因此他与联邦储备理事会的主席和副主席成为联邦储备体系中最重要的 3 位官员。

每一家联邦储备银行都是准公共机构（部分私有，部分政府所有），其股东就是储备区内作为联邦储备体系成员的地区私人商业银行。这些会员银行购买本地区联邦储备银行的股票（成员资格要求），法律规定该股票每年支付的股利率不得超过 6%。会员银行推选本地区联邦储备银行的 6 名董事，联邦储备银行的另外 3 名董事由联邦储备理事会任命。

一个储备区的联邦储备银行的董事分为 A、B、C 三类。3 名 A 类董事（由会员银行推选产生）是职业银行家；3 名 B 类董事（也是由会员银行推选产生）由来自工业界、劳工界、农业或消费部门的知名人士担任；3 名 C 类董事由联邦储备理事会直接任命，代表公众利益，不得由银行的官员、雇员或股东担任。

董事对储备区联邦储备银行的活动进行监督，但他们最重要的工作是任命银行行长（须经联邦储备理事会批准）。2010 年以前，所有的 9 名董事都参与这一决定，但 2010 年 7 月《多德－弗兰克法案》的通过，将 3 名 A 类董事排除在参与选择银行行长之外。美国国会认为，银行家参与选择联邦储备银行行长来监管这些相同的银行是不合适的。

12 家联邦储备银行参与货币政策实施的途径有：

- 联邦储备银行的董事依法"制定"贴现率（虽然贴现率实际上是在联邦基金利率目标之上设置一个固定的数额）。
- 决定哪些银行（包括会员和非会员银行）可以从联邦储备银行得到贴现贷款。
- 联邦储备银行的董事推选一名本储备区的银行家到联邦咨询委员会任职，该委员会向联邦储备理事会提供咨询意见以及有助于货币政策实施的相关信息。
- 12 位联邦储备银行行长中的 5 位，在联邦公开市场委员会中拥有 1 票表决权，该委员会负责指导**公开市场操作**（open market operations），买卖政府证券以影响利率和银行体

⊖ 位于美国肯塔基州路易斯维尔市西南约 50 公里处，金库大门重达 24 吨，据估计里面有大约 4 570 吨黄金以及其他大量未知的国家宝藏。——译者注

系的准备金数量。正如走进美联储专栏"纽约联邦储备银行的特殊地位"所述，由于纽约联邦储备银行行长是联邦公开市场委员会的永久成员，他始终拥有 1 票表决权，所以使该行成为最重要的一家联邦储备银行。其他 4 票表决权，则每年轮流分配给其余 11 家联邦储备银行的行长。

12 家联邦储备银行的职责是：

- 支票清算；
- 货币发行及回收流通中破损的货币；
- 管理和发放本储备区内的银行贴现贷款；
- 评估提出的合并方案和银行拓展业务的申请；
- 充当工商界同联邦储备体系之间的媒介；
- 对银行持股公司和州特许会员银行进行检查；
- 搜集本地区经济发展状况的数据资料；
- 组织本行的职业经济学家进行关于货币政策实施的专题研究。

16.2.2 会员银行

所有国民银行（national bank，在货币监理署注册的商业银行），都必须是联邦储备体系的成员。而在各州注册的商业银行，不要求必须是会员银行，但它们可以选择加入。目前，美国 1/3 的商业银行是联邦储备体系的成员，这一比例在 1947 年达到峰值 49%，此后开始下降。

1980 年以前，只有会员银行才被要求在联邦储备银行保有准备金存款。非会员银行则只需遵守所在州规定的准备金要求，而各州通常允许商业银行以生息证券的形式持有大部分准备金。由于在联邦储备银行的准备金存款不支付利息，所以作为联邦储备体系的会员银行代价相当高，而且随着利率的上升，会员银行资格的相对成本增加，因此越来越多的银行脱离了联邦储备体系。

美联储成员银行的减少引起了联邦储备理事会的担忧，一个重要的原因是，它削弱了美联储对货币供给的控制能力，加大了联邦储备体系实施货币政策的难度。联邦储备理事会主席一再呼吁颁布新的法律，要求所有商业银行都必须加入联邦储备体系。联邦储备体系对国会一再施压的结果是，1980 年颁布的《存款机构放松管制和货币控制法》规定，到 1987 年，所有存款机构都必须在联邦储备银行保有准备金存款，服从相同的准备金要求，因此，在法定存款准备金要求方面，会员银行和非会员银行就站在了同一起跑线上。此外，所有的存款机构都可以平等地享有联邦储备体系提供的各种便利，如贴现窗口（将在第 18 章中讨论）和支票清算。这些规定阻止了联邦储备体系成员数量的持续下降，缩小了会员银行和非会员银行间的差别。

16.2.3 联邦储备理事会

联邦储备体系的最高领导层是包括 7 名成员的理事会，总部设在华盛顿特区。每位理事都是由美国总统提名，并经参议院同意后任命的。为了限制总统对美联储的控制，并使美联储免受其他政治势力的影响，理事的任期可长达 14 年外加另一届任期的一部分，而且期满以后不再连任，每年的 1 月都有一位理事任期届满。[⊖]理事（通常是职业经济学家）必须来自不同的联邦储备区，以防止过度强调某一地区的利益。理事会主席从 7 位理事中产生，任期为 4 年，可以连任。一般来说，一旦新的主席选出，原主席即使任期未满，也应从理事会中辞职。

联邦储备理事会以下列方式积极参与货币政策的实施：

- 所有 7 位委员都是联邦公开市场委员会的成员，对公开市场操作拥有投票权。由于联邦公开市场委员会中拥有投票权的成员只有 12 位（7 位理事与 5 位联邦储备银行行长），联邦储备理事会就拥有多数的表决权。
- 规定法定存款准备金（在法律规定的范围内）。
- 规定准备金利率。
- 通过"审查和决定"程序，有效控制贴现率超过联邦基金利率目标的固定数额，该程序负责批准或否决联邦储备银行"设定"的贴现率。
- 理事会主席就经济政策向美国总统提出建议，参加国会听证，并作为联邦储备体系的发言人与媒体对话。

法律还赋予联邦储备理事会一些同货币政策实施没有直接关系的职责，具体如下：

- 规定保证金要求，即证券购买价格中必须用现金而不是以借入资金支付的部分。
- 制定各联邦储备银行行长以及所有官员的薪金标准，并审查各银行的预算。
- 批准银行合并和开展新业务的申请，规定银行持股公司的业务范围，以及监督美国境内外国银行的经营活动。
- 聘请一批职业经济学家（数量远远多于各联邦储备银行），为联邦储备理事会的决策制定提供经济分析（参见走进美联储专栏"研究团队的作用"）。

| 走进美联储 |　　　　　　　　研究团队的作用

不仅是在美国，即使是从全世界范围来看，联邦储备体系所雇用的经济学家的人数都是最多的。美联储的研究人员约有 1 000 人，其中大约一半是经济学家。这 500 名经济学家中大约有 250 位供职于联邦储备理事会，100 位供职于纽约联邦储备银行，其余经济学家则供职于其他联邦储备银行。这些经济学家的工作职责是什么呢？

美联储经济学家最重要的任务是跟踪分析来自政府机构和私营部门的经济数据，向货币政策制定者提供经济发展方向和货币政策对经济可能的影响等方面的指导。在每次联邦公开市场委员会会议前，各联邦储备银行的研究人员会向本行行长和高级管理人员简要陈述对美国经济的预测和会议上可能讨论的问题。研究团队还提供关于本储备区经济概况的简要材料或正式报告，这些都是行长在联邦公开市场委员会会议上讨论的内容。同时，联

⊖ 虽然从法律上讲，理事不得连任，但可以在任期届满之前辞职，然后由总统重新任命，这就可以解释为什么威廉·迈克切斯内·马丁能担任理事达 28 年之久。马丁在 1951～1970 年任美联储主席，自 1970 年退休后，再没有出现允许一位理事任职至第二个任期的情况，这也就是格林斯潘在其 14 年任期于 2006 年届满后退休的原因。

邦储备理事会的经济学家还建立了一个预测国民经济的大型计量经济模型（该模型的方程式由统计程序估计），并向理事汇报国民经济的概况。

在联邦储备银行和联邦储备理事会工作的研究团队也为银行监管小组提供支持，跟踪银行业、其他金融市场和金融机构的发展情况，为银行监管人员提供在监管过程中可能需要的专业建议。由于联邦储备理事会负责审批银行合并事宜，联邦储备理事会和该合并案发生地区储备银行的研究团队必须考察这一合并将对竞争环境产生的影响。为了确保不违反《社区再投资法案》，经济学家还要分析银行在不同社区贷款业务的情况。

由于国外市场的发展对美国经济的影响不断加深，所以研究团队的成员，特别是在纽约联邦储备银行和联邦储备理事会的研究人员，还要对主要经济体的发展状况提供研究报告。由于外汇市场在货币政策实施过程中发挥着越来越重要的作用，他们还对外汇市场的发展进行研究，为外汇交易室的交易活动提供支持。经济学家还通过规划准备金与货币总量的增长来为公开市场操作提供支持。

经济学家还就货币政策对产出和通货膨胀、劳动力市场发展、国际贸易、国际资本市场、银行业和其他金融机构、金融市场以及区域经济的影响进行基础研究。这类研究成果被广泛刊登在各类学术期刊和联邦储备银行的出版物上（对学习货币银行学的学生来说，《联邦储备银行评论》是很好的课外读物）。研究团队在联邦储备银行的另一项重要活动是参与公共教育。经济学家常常被邀请向储备银行的董事或本储备区的公众发表专题演讲。

16.2.4 联邦公开市场委员会

联邦公开市场委员会通常每年举行 8 次会议（大约每 6 周一次），制定有关公开市场操作的决策，规定政策利率（即联邦基金利率），该利率是银行间的隔夜拆借利率，以及规定准备金利率（关于联邦公开市场委员会会议是如何进行的细节，参见走进美联储专栏"联邦公开市场委员会会议"；关于对会议文件的描述，参见走进美联储专栏"绿色、蓝色、蓝绿色和米色：这些颜色在联邦储备体系中意味着什么"）。事实上，联邦公开市场委员会经常被媒体直接称为"美联储"。例如，当媒体报道说美联储正在召开会议时，实际上是指联邦公开市场委员会正在开会。该委员会由联邦储备理事会的 7 名理事、纽约联邦储备银行行长和其他 4 位联邦储备银行行长组成。联邦储备理事会主席通常还担任联邦公开市场委员会主席。尽管只有 5 位联邦储备银行行长拥有联邦公开市场委员会的投票权，但其他 7 位储备银行行长也列席会议并参加讨论，因此他们对委员会的决策也有一定的影响力。

| 走进美联储 | **联邦公开市场委员会会议**

联邦公开市场委员会会议为期两天，在位于华盛顿特区的联邦储备理事会主楼二层的会议室举行。7 位理事和 12 位联邦储备银行行长，加上公开市场委员会秘书、理事会研究和统计部门的主任与副主任，以及货币事务和国际金融部门的主任，一起围坐在巨大的会议桌旁。虽然只有 5 位联邦储备银行行长有投票权，但所有行长都积极参与讨论。围坐在

房间两侧的是各储备银行的研究部门主管以及联邦储备理事会和储备银行的高级官员,他们按照惯例不能在会议上发言。

会议首先快速通过上一次会议的会议记录。会议的第一个重要议程是听取美联储负责公开市场操作的经理就外汇、国内公开市场以及其他相关主题所做的报告。在联邦储备理事会理事和联邦储备银行行长提问与讨论之后,开始就是否批准报告进行投票。

会议的下一个议程是由联邦储备理事会研究与统计部门主任陈述联邦储备理事会的国民经济预测报告。在理事和联邦储备银行行长对这份报告向部门主任提出质询之后,所谓的"激烈争论"就开始了:各储备银行行长陈述其所在储备区的经济前景,并提出他们对国民经济概况的评估意见,包括联邦储备理事会主席在内的每一位理事都要针对国家经济前景发表自己的意见。一般来说,在这个阶段应避免对货币政策问题发表评论。

会议议程随后转入对当前货币政策和国内方针政策的讨论。联邦储备理事会货币事务部门的主任主持讨论,首先简述货币政策的不同方案,之后可能会陈述有关货币政策应该如何执行的问题。提问——回答阶段过后,每个联邦公开市场委员会委员以及列席会议的无投票权的行长,各自发表对货币政策和货币政策报告的意见。然后,委员会主席对讨论做出总结,提出关于货币政策指令及传达给公开市场交易室的联邦基金利率目标指令的具体表述,指示联邦基金利率目标是否上调或下调1/4个百分点或是保持不变。公开市场委员会秘书正式宣读指令的文本,由公开市场委员会委员投票表决。⊖

在会议最后一天的下午2点15分,向公众发布有关会议成果的公告:联邦基金利率和贴现率是提高、降低还是保持不变,对未来"风险平衡"的估计是出现高通货膨胀还是经济疲软。会后公开宣布会议结果是从1994年开始的,在此之前,没有类似的公告,因而市场不得不猜测政府的政策意向。宣布会议信息的决定,是美联储向更大透明度努力的重要步骤。2011年4月,美联储向这个方向进一步努力:在3月、6月、9月及12月的联邦公开市场委员会会议后,委员会主席举行新闻发布会,向媒体介绍联邦公开市场委员会会议的决定。

| 走进美联储 | 绿色、蓝色、蓝绿色和米色:这些颜色在联邦储备体系中意味着什么

无论在货币政策操作过程中还是在联邦公开市场委员会会议上,有3种研究文件发挥着重要作用。2010年之前,由联邦储备理事会研究和统计部门编写的未来3年详细的国民经济预测报告,其封皮是绿色的,因而被称为"绿皮书"。"蓝皮书"的封皮是蓝色的,其内容是联邦储备理事会货币事务部门拟定的货币总量计划,并且通常列出货币政策可选择的3种备选方案(被标记为A、B和C)。这两种文件都被提供给所有联邦公开市场委员会会议的与会者。从2010年开始,绿皮书和蓝皮书被合并在一起成为"蓝绿皮书",其封皮

⊖ 上述指令中包含的决定,可能得不到一致的认同,不同的意见也会对外公布。不过,除了极少数的个例,委员会主席的投票总是在胜利一方。

是蓝绿色的：蓝绿色是绿色与蓝色的结合。○米色封皮的是"米皮书"，由联邦储备银行提供，详细描述了通过调查或通过与重要工商界和金融机构人士谈话收集的关于各储备区经济状况的说明材料。米皮书是这 3 种文件中唯一向公众发布的报告，通常会引起媒体的广泛关注。

在 2008 年之前，公开市场操作是联邦储备体系控制货币供给最重要的政策工具，因为它决定是制定**紧缩的货币政策**（tightening of monetary policy，提高联邦基金利率和准备金利率）还是**宽松的货币政策**（easing of monetary policy，降低联邦基金利率和准备金利率），所以联邦公开市场委员会自然地成为联邦储备体系决策制定的核心。虽然法定存款准备金和贴现率实际上并非由联邦公开市场委员会制定，但与这些政策工具有关的决策是在这里做出的。这就是图 16-1 中的虚线标明的公开市场委员会对法定存款准备金和贴现率所起的"建议"作用。联邦公开市场委员会不直接进行证券买卖活动，而是向纽约联邦储备银行的交易室发出指令，在那里负责国内公开市场操作的经理则指挥人数众多的下属人员，进行政府或政府机构证券的买卖活动。该经理每天都向公开市场委员会成员和职员通报交易室的活动。

16.2.5　为什么联邦储备理事会主席才是实际操控者

粗看起来，联邦储备理事会主席仅仅是联邦公开市场委员会 12 个具有表决权的成员之一，法律也没有赋予理事会主席控制理事会的权力，为什么媒体如此关注主席发言中的每句话呢？联邦储备理事会主席是不是美联储的实际操控者？如果是这样的话，为什么他会有如此大的权力？

联邦储备理事会主席确实是美联储的实际操控者。他是美国联邦储备体系的发言人，并且会同国会和总统进行商谈；通过制定联邦储备理事会和联邦公开市场委员会会议的议事日程来实施控制；还通过其职位和个性力量来影响联邦储备理事会。几届联邦储备理事会主席（包括马瑞纳·伊寇斯、威廉·迈克切斯内·马丁、阿瑟·伯恩斯、保罗·沃尔克、艾伦·格林斯潘、本·伯南克和珍妮特·耶伦）都具有强烈的个性和人格魅力，掌控着相当大的权力。

联邦储备理事会主席还通过监督理事会的职业经济学家和顾问团队来行使权力。由于这些工作人员为联邦储备理事会收集信息，并进行分析以帮助理事会做出决策，因而能对货币政策施加一定的影响。此外，近年来任命的一些理事，本身就来自联邦储备理事会的研究团队，这使得联邦储备理事会主席的影响较其 4 年任期更为深远和持久。联邦储备理事会主席的行事风格也十分关键，正如走进美联储专栏"联邦储备理事会主席行事风格的比较：伯南克、耶伦与格林斯潘"所表明的一样。

| 走进美联储 | **联邦储备理事会主席行事风格的比较：伯南克、耶伦与格林斯潘**

　　每位联邦储备理事会主席的独特风格都会影响到美联储的政策决定。关于美联储两任主席——本·伯南克和珍妮特·耶伦，与在 1987 ～ 2006 年共担任 19 年联邦储备理事会主

○ 这些联邦公开市场委员会的文件会在 5 年后公开，可以在 http://www.federalreserve.gov/monetarypolicy/fomc_historical.htm 上找到。

席的格林斯潘之间有多大不同，一直存在很多的讨论。

格林斯潘对美联储的控制超过了此前任何一位美联储主席，他的背景与早期大部分职业生涯在学术界的伯南克和耶伦大为不同。格林斯潘是艾恩·兰德的信徒，大力提倡自由资本主义，而且成立了一家名为 Townsend-Greenspan 的非常成功的经济咨询公司。格林斯潘从来就不是一个理论经济学家，却因浸泡在数据中而闻名遐迩。从字面上讲确实是这样的，因为大家都知道他每天早晨躺在浴缸里时都在看数据，并且从这些相当隐晦的数据中做出对未来经济的预测。因此，格林斯潘在做出政策决定时并不完全依赖于联邦储备理事会的工作人员所做的预测。一个典型的例子发生在 1997 年，当时联邦储备理事会的工作人员预测通货膨胀率将出现急升，需要实施紧缩的货币政策，然而格林斯潘却认为通货膨胀不会上升，并说服公开市场委员会没有实施紧缩的货币政策。事实证明格林斯潘是对的，他也因此被媒体授予"大师"称号。

伯南克在 2002 年赴华盛顿担任联邦储备理事会理事，2005 年任经济顾问委员会主席，在 2006 年又回到美联储担任主席之前，其整个职业生涯都是在校园里度过的，首先是在斯坦福大学商学院，而后在普林斯顿大学经济系，也就是从这里他成为联邦储备理事会主席。相似地，珍妮特·耶伦于 1994～1997 年在联邦储备理事会工作之前，曾先后在哈佛大学和加利福尼亚大学担任 20 年教授。她于 2004～2010 年担任旧金山联邦储备银行行长，2010～2014 年担任美联储副主席。由于伯南克和耶伦并不擅长经济预测，因此联邦储备理事会的工作人员所做的预测在联邦公开市场委员会决策过程中发挥了更大的作用。与格林斯潘相比，伯南克和耶伦作为顶尖经济学家的背景意味着他们在做决策时更专注于分析，其结果就是在指导政策讨论时更多使用模型模拟的方法。

随着最近几届主席的上任，政策讨论的风格也发生了变化。格林斯潘过去全面控制着联邦公开市场委员会的讨论。在格林斯潘时代，讨论是非常正式的，只有名字出现在联邦公开市场委员会秘书手中的名单上的与会者才能发言。而在伯南克和耶伦时代，交换意见这种形式就更常见了。他们都鼓励所谓的举手发言的形式，当一位与会者要提问或就另一位与会者刚刚谈到的内容发表观点时，他就举手，在主席认可后即可发言。

联邦公开市场委员会讨论的秩序，也发生了非常微妙但极其重要的改变。在格林斯潘时期，在其他与会者阐述了自己对国民经济发展的观点后，格林斯潘会就经济状况发表个人看法，然后会就应采取什么样的货币政策的问题提出建议。这就要求其他与会者在下一轮关于货币政策的讨论中，只能选择同意或反对主席的建议。相比之下，伯南克和耶伦在其他联邦公开市场委员会会议与会者阐述了其对经济的看法后，往往不立即对货币政策提出建议，而是总结其他与会者的看法，做出自己的评论，在听完所有人对货币政策的观点后才提出自己对货币政策的建议。格林斯潘领导下的议事程序，意味着主席在有关政策决定方面起了巨大的作用，而在伯南克和耶伦领导下的程序则更加民主，使得其他与会者对主席意见的影响更大。另一个巨大的不同是在透明度方面。格林斯潘因其晦涩的发言著称，甚至在国会听证会上也打趣说："我想我应该提醒你，如果我表达得特别清楚，你可能会误解我刚刚说过的话。"伯南克和耶伦则因清晰的表达而著称。格林斯潘在透明度方面最终有所进步，不情愿地采用了更加透明的政策沟通方式。伯南克和耶伦则始终是政策透明的坚定支持者，他们提倡美联储公布通货膨胀目标（见第 19 章），并采取重大措施以提高美联储的透明度（正如第 16.5 节走进美联储专栏"联邦储备体系沟通策略的演进"中所讨论的）。

16.3　联邦储备体系的独立性

本书之后 3 章将介绍联邦储备体系如何实施货币政策，我们将要探寻美联储采取某一特定政策行动的原因。为了理解美联储的行动，我们必须了解那些促使其采取行动的因素。对于来自总统和国会的压力，美联储有多大的自由度？其行动是否为经济、官僚或政治等因素所左右？美联储真的能独立于外部的压力吗？

斯坦利·费希尔曾是麻省理工学院教授，之后担任美联储的副主席，他把中央银行的独立性分为两种不同类型：**工具独立性**（instrument independence），即中央银行使用货币政策工具的能力；**目标独立性**（goal independence），即中央银行设定货币政策目标的能力。联邦储备体系拥有两种类型的独立性，并且显著不受那些影响其他政府机构的政治压力的影响。这不仅表现在理事会成员的任期长达 14 年（而且不能被撤职）上，还表现在任期不得连任上，这就消除了理事讨好总统和国会的动机。

联邦储备体系独立于国会更为重要的原因或许是，它可以从其持有的证券资产中，或在较少程度上从其对银行的贷款中，获得可观的、独立的收入来源。例如，在 2016 年美联储扣除费用后的净收益为 930 亿美元（如果你能找到的话，这还算不错）。因为美联储要将这笔收入的大部分上交财政部，所以它并没有从其业务活动中牟利的可能，但是这笔收入使得联邦储备体系相比其他政府机构而言处于更为优越的地位，不必受制于通常由国会控制的拨款程序。实际上，联邦政府审计机构——审计总署不能对联邦储备体系的货币政策或外汇市场方面的职能进行审计。因为控制了钱袋子就相当于是完全控制，所以相比于其他任何因素而言，美联储的这个特征更有助于其保持独立性。

然而美联储仍会受到国会的影响，因为规范联邦储备体系结构的法律是由国会颁布的，并且随时可以调整。如果国会议员对联邦储备体系推行的货币政策不满，通常会威胁要削弱美联储的独立性。近来的一个例子就是，由罗恩·保罗在 2009 年提出的法案，该法案主张将美联储的货币政策行动纳入审计总署的审计范围。这是一个强有力的制约因素，它在确保联邦储备体系的做法不致偏离国会意愿太远方面，起到了一定的作用。

国会还通过立法要求联邦储备体系对自己的行动承担更多的责任。根据 1978 年《汉弗莱－霍金斯法案》及之后的立法，联邦储备体系每半年须向国会提交一次货币政策报告，同时国会召开联邦储备理事会主席的听证会，以解释货币政策的实施是否与《联邦储备法》所规定的目标相一致。

总统也可以影响联邦储备体系。因为国会的立法可以直接影响美联储或影响其实施货币政策的能力，总统可以通过影响国会进而对美联储产生影响。另外，虽然从表面上看，一位总统在其每届总统任期内只能任命一名或两名联邦储备理事会理事，但实际上总统任命的理事常常远多于此。原因之一是大多数理事并不会干满全部 14 年任期（理事的薪金大大低于他们在私人部门所能得到的报酬，甚至低于在大学任教所得到的报酬，这就给他们重返学术界或在任期届满之前去私人部门工作提供了激励）。此外，总统每 4 年可以任命一位新的联邦储备理事会主席，而原主席如果没有得到再次任命，将辞去在联邦储备理事会的职务，所以总统还可以另外任命一位新的联邦储备理事会成员。

然而，总统通过任命联邦储备理事会理事而享有的对美联储的控制权是有限的。因为联邦储备理事会主席的任期并不必然与总统的任期相一致，现任总统可能不得不和前任总统任命的联邦储备理事会主席共事。例如，格林斯潘在 1987 年由罗纳德·里根总统任命为联邦储备理事会主席，并在另一名共和党总统老布什当政时于 1992 年获得连任。而当民主党总统比尔·克林顿在 1993 年就职时，格林斯潘还有几年才任期届满。在格林斯潘任期届满时，尽管格林斯潘是共和党人，但克林顿总统迫于强大的压力不得不在 1996 年和 2000 年两次任命格林斯潘为联邦储备理事会主席。⊖共和党总统小布什在 2004 年再次任命格林斯潘为联邦储备理事会主席。2010 年，民主党总统贝拉克·奥巴马任命共和党人本·伯南克连任联邦储备理事会主席。

可以看出，联邦储备体系作为政府机构享有非同寻常的独立性。然而，即便如此，美联储也无法完全摆脱政治压力。事实上，要理解联邦储备体系的行为，我们必须认识到，公众对美联储行动的支持对其决策发挥着非常重要的作用。⊖

16.4 联邦储备体系应该保持独立性吗

正如我们所看到的那样，美联储很可能是美国独立性最强的政府机构，大部分其他国家的中央银行也有相似的独立性。每隔几年，总会有人在国会上提出是否应该降低联邦储备体系独立性的问题。强烈反对美联储政策的政治家，总是想把美联储置于其监管之下，以便使其政策更符合他们的意愿。联邦储备体系应该是独立的吗？或者，如果有一个受总统或国会控制的美联储，情况会变得更好吗？

16.4.1 支持独立性的观点

支持联邦储备体系独立性最强有力的理由是，如果联邦储备体系受到较多的政治压力，可能导致其实施通货膨胀性的货币政策。许多观察家认为，民主社会的政治家是目光短浅的，因为他们有赢得下一届选举的压力。如果着眼于这个首要目标，他们不大可能关注诸如实现物价稳定这样的长远目标。相反，他们会寻求高失业率和高利率问题的短期解决方案，即使这类解决方案长期来看会导致不利的后果。例如我们在第 5 章中看到的，高货币增长最初可能会引起利率的下降，但是随着此后通货膨胀的加剧，最终会导致利率上升。当利率水平很高的时候，处于国会或总统控制之下的美联储，是否会采取大幅度扩张货币的政策，而无视这种政策最终

⊖ 类似地，威廉·迈克切斯内·马丁，1951～1970 年任美联储理事会主席，由杜鲁门总统（民主党）首次任命，后又被艾森豪威尔总统（共和党）、肯尼迪总统（民主党）、约翰逊总统（民主党）和尼克松总统（共和党）任命连任。此外，保罗·沃尔克，1979～1987 年任美联储理事会主席，首先被卡特总统（民主党）任命，接着又被里根总统（共和党）再次任命。本·伯南克由布什总统（共和党）首次任命，之后被奥巴马总统（民主党）再次任命。

⊖ 有关美联储与社会公众和政治家相互影响的深入分析参见 Bob Woodward, *Maestro: Greenspan's Fed and the American Boom* (New York: Simon and Schuster, 2000) and David Wessel, *In Fed We Trust* (New York: Random House, 2009)。

会导致通货膨胀和更高的利率呢？支持联邦储备体系保持独立性的人认为答案是肯定的。他们相信远离政治的美联储更可能关注长远目标，从而成为强势美元和稳定物价水平的捍卫者。

上述观点的另一种表达方式是，美国的政治程序会导致**政治经济周期**（political business cycle）的出现。每当选举来临之际，便实行旨在降低失业率和利率的扩张性政策。而选举过后，这些政策的不良后果——高通货膨胀和高利率开始显现，于是采取紧缩性政策加以应对，而政治家希望在下一次选举之前公众能忘掉这些政策。有证据表明，美国确实存在这种政治经济周期，处于国会或总统控制下的联邦储备体系，可能会使这种周期变得更为明显。

将联邦储备体系置于财政部控制之下（使它更易受到总统的影响）也是危险的，因为联邦储备体系可能迫于财政部的压力通过购买国债为巨额预算赤字提供融资。⊖财政部要求联邦储备体系帮助"摆脱困境"的压力，将会导致经济中出现更严重的通货膨胀。一个独立的联邦储备体系可以更好地抵制来自财政部的压力。

支持美联储独立性的另一个理由是，对货币政策的控制实在太重要了，所以不能把这件事交给政治家去做。因为在做出削减预算赤字或者改革银行体系等重大经济决策方面，政治家一再表现出专业知识的匮乏。我们也可以用在第 8 章、第 10 章和第 12 章中讨论过的委托-代理问题来阐述这个观点。无论联邦储备体系抑或政治家都是公众（委托人）的代理人，而且我们已经知道，政治家和美联储都有按自身利益而不是按公众利益行事的动机。支持联邦储备体系独立性的观点认为，由于政治家更缺乏按公众利益行事的动机，所以相比美联储而言，委托-代理问题在政治家身上表现得更为严重。

实际上，一些政治家可能更喜欢一个独立的联邦储备体系，这样可以把联邦储备体系作为"替罪羊"，以分担政治家身上的压力。政治家有可能在私下反对通货膨胀性的货币政策，但是由于害怕不能连任，在公开场合又被迫支持这样的政策。独立的联邦储备体系可能推行政治上虽然不受欢迎但符合公众利益的政策。

16.4.2 反对独立性的观点

主张把联邦储备体系置于总统或国会控制之下的人认为，把货币政策（它几乎影响到经济社会中的每一个人）交由一群不对任何人负责的精英人物控制是不民主的。当前联邦储备体系缺乏问责机制这一情况会带来严重的后果：即使美联储政策失败，也没有撤换其成员的规定（而对政治家则有这种规定）。当然，联邦储备体系需要追求长远目标，但是选举产生的国会议员也要就长期事务（比如外交政策）进行表决。而且更进一步说，如果由像美联储一样的精英集团实施政策会更好，那么我们就可以得出这样的结论：参谋长联席会议应当决定军事预算，或者在没有总统或国会监督的情况下，参谋应该由国内税务署制定税收政策。你是否赞成给予参谋长联席会议或国内税务署这种程度的独立性？

公众认为总统和国会应对本国的经济福利负责，然而他们却无法控制对经济健康运行至关重要的那个政府机构。另外，为保持促进经济稳定增长政策的连续性，货币政策需要和财政政策（政府支出和税收管理）相互协调。只有把货币政策置于同样掌握着财政政策的政治家的掌控下，才能防止两种政策互相冲突。

⊖ 《联邦储备法》禁止美联储从财政部直接购买国债（除非是到期证券滚动发行）。美联储只能通过公开市场购买国债。出台这一禁令的原因与上述观点一致：美联储为政府巨额预算赤字提供融资会带来更严重的问题。

反对联邦储备体系独立性的另一个理由是，独立的美联储并非总是成功地运用其自由决策权。在大萧条期间，美联储并没有像其宣称的那样很好地履行最后贷款人的责任，而其独立性也没能阻止它在 20 世纪六七十年代实行过度宽松的货币政策，而这一政策导致了那个时期的通货膨胀率快速上升。

我们在前面的讨论中指出，联邦储备体系并不能完全摆脱政治压力，其独立性可能鼓励它追求狭隘的自身利益，而不是公共利益。

目前，就联邦储备体系的独立性是不是一件好事，还没有广泛一致的意见，尽管无论在美国还是在其他国家，公众对于中央银行独立性的支持一直在增加。正如你所预料的，喜欢美联储政策的人可能支持它的独立性，而那些不喜欢其政策的人则主张削弱其独立性。

16.4.3　世界各国中央银行的独立性与宏观经济成就

我们已经看到，支持中央银行独立性的人认为，提高中央银行的独立性可以改善宏观经济的表现。最近的研究似乎也支持这一猜想：如果把中央银行按照其独立性由小到大排列，中央银行独立性最高的国家，其通货膨胀状况也最好。虽然中央银行独立性越强的国家看上去通货膨胀率也越低，但这不是以牺牲实体经济的增长为代价的。也就是说，中央银行独立性较高的国家出现高失业和较大产出波动的可能性并不比独立性较差的国家更大。

16.5　解释中央银行的行为

有关政府官僚行为的一种观点是，官僚机构服务于公共利益（被称为公众利益观）。然而，一些经济学家提出的官僚行为理论则指出了影响官僚机构运行的其他一些因素。官僚行为理论认为，官僚的行为目标是自身福利最大化，这和消费者的行为受个人福利最大化目标的驱动、企业的行为受利润最大化目标的驱动是一样的。官僚的福利与其权力和声望有关，因此这种理论认为，增强自身权力和声望的愿望是影响中央银行行为的一个重要因素。

这种观点对美联储之类的中央银行预示着什么呢？首先是美联储将坚决捍卫其自主权，美联储一次又一次地反击国会控制其预算的企图就证实了这一点。事实上，每当美联储的独立性受到威胁时，它能够极其有效地动员一支由银行家和工商业人士组成的游说团来维护自己的利益，这是非同寻常的。

其次是美联储会尽量避免同那些可能威胁要削减其权力，并减少其自主权的实力集团发生冲突。美联储的行为可以采取很多形式。有时，美联储可能会延缓提高利率和熨平经济波动，一个可能的原因就是，它希望避免与总统和国会就提高利率这一问题产生冲突。避免与国会和总统产生冲突的期望还可以解释美联储以往行为缺少透明度的事实（参见走进美联储专栏"联邦储备体系沟通策略的演进"）。

| 走进美联储 | 　　　　　联邦储备体系沟通策略的演进

正如官僚行为理论所预示的那样，美联储有在公众和政治家面前隐藏其真实行为以避免同他们发生冲突的动机。在过去，这一动机使美联储一直倾向于保密，对此一位美联储

前官员表示："许多工作人员会承认，保密的目的是屏蔽来自政府的监督。"⊖例如，美联储延迟向国会和公众公布联邦公开市场委员会的指令，以保护自己。然而正如我们所见，自 1994 年以来，联邦公开市场委员会开始在会议后立即公布其指令。1999 年，美联储开始立即公布货币政策未来可能出现的"偏差"，这后来被解释为对经济风险的平衡。2002 年，美联储开始公布联邦公开市场委员会会议上各位委员对联邦基金利率目标的投票结果。2004 年 12 月，美联储提出将联邦公开市场委员会会议纪要公布日，由原先的会后 6 个星期提前到会后 3 个星期。

美联储在最近几年内提高了其透明度，但相比其他许多中央银行进展较慢。提高透明度的一个重要趋势是由中央银行公布一个关于通货膨胀的具体的数值目标，即我们将在第 19 章中讨论的通货膨胀目标制。格林斯潘强烈反对美联储朝这个方向迈进，但前主席伯南克和耶伦十分倾向于这么做。耶伦曾是美联储一个内部小组委员会的主席，该委员会负责提出新的沟通政策，并且在他们的著作和演讲中都提议公布一个有明确数值的通货膨胀目标。

2007 年 11 月，美联储宣布要努力改进美联储的沟通策略。首先，联邦公开市场委员会将"适当政策"下通货膨胀、失业、GDP 增长的预测期由 2 年延长至 3 年，并于 2009 年增加了长期的目标，这三项是在 1978 年《汉弗莱·霍金斯法案》中授权的。2011 年，美联储宣布进一步提高透明度：在 3 月、6 月、9 月和 12 月的美联储会议结束后，美联储将会对媒体公开其工作决定。媒体会的目的在于提高美联储货币政策沟通的公开性和时效性。

2011 年 8 月，美联储提供了其对于联邦基金利率的预测目标，并在联邦公开市场委员会公开文件中说明在特定日期可能出现的联邦基金利率特定水平。从 2012 年 1 月开始，联邦公开市场委员会提供了更多有关其政策利率未来走势的信息，增加了对联邦基金利率目标适当水平的预测。在同一会议上，联邦公开市场委员会接受了 2% 的通货膨胀目标以此通过更坚定地锚定通货膨胀预期来改善对通货膨胀的控制。

联邦储备体系掌控尽可能多的权力的意愿还能解释为什么它极力推动一场旨在控制更多银行的运动。直到 1987 年，通过立法把联邦储备体系的法定存款准备金的管辖权扩展到所有银行（而不仅仅是成员商业银行），这场运动达到了高潮。

官僚行为理论似乎可以解释美联储的行为，但我们必须认识到，认为美联储只关注其自身利益的观点过于极端了。个人福利最大化并不排除利他主义（你可能会慷慨地向慈善机构捐款，因为这会让你感觉很满足，但在这个过程中你的确推进了一项十分有意义的事业）。联邦储备体系当然会认为它是代表公众利益实施货币政策的。然而，在应该执行什么样的货币政策方面，却存在许多不确定性和分歧。⊖当不确定什么样的政策最符合公众利益时，其他动机就会

⊖　Quoted in " Monetary Zeal: How the Federal Reserve Under Volcker Finally Slowed Down Inflation," *Wall Street Journal*, December 7, 1984, p.23.

⊖　第 3 章通过实际的例子讨论过如何最好地执行货币政策存在不确定性的问题：经济学家对如何计量货币并不很明确。所以，即使经济学家同意控制货币数量是实施货币政策的适当途径（在后续章节中将看到其他不同的观点），联邦储备体系也无法确定应当控制哪一个货币总量。

影响美联储的行为。在这些情况下，官僚行为理论可能有助于判断推动美联储以及其他中央银行的行为动机。

16.6 欧洲中央银行的结构与独立性

直到最近，就重要性而言，美国联邦储备体系在世界各国的中央银行中一直是领先的。然而，随着 1999 年 1 月负责欧洲货币联盟成员国货币政策实施的欧洲中央银行和欧洲中央银行体系的正式运行，这种情况开始改变了。这些国家加在一起，人口总数超过了美国，国内生产总值也与美国相当。根据《马斯特里赫特条约》建立的欧洲中央银行和欧洲中央银行体系，模仿美联储的模式设立了相关机构，其中每个国家的中央银行（通常被称为国家中央银行或 NCB）的地位与美国联邦储备体系中各联邦储备银行的地位相当。总部设在德国法兰克福的欧洲中央银行拥有一个同联邦储备理事会结构相类似的执行委员会，由行长、副行长和其他 4 名成员组成，任期为 8 年，不可连任。包括执行委员会成员和各国中央银行行长在内的欧洲中央银行管理委员会，和联邦公开市场委员会类似，负责制定货币政策。各个国家的中央银行行长由各国政府任命，而执行委员会成员则由欧洲货币联盟各国元首所组成的委员会任命。

16.6.1 欧洲中央银行体系和联邦储备体系的不同

在一般大众传媒报道中，欧洲中央银行体系往往被称为欧洲中央银行，尽管其更确切的名字应该是欧元体系，就像联邦储备体系比美联储要更准确一样。尽管欧元体系的结构与联邦储备体系的结构很相似，但两者之间还是存在着巨大的不同。首先，联邦储备银行的预算掌握在联邦储备理事会手中，而国家中央银行既控制着自己的预算也控制着在法兰克福的欧洲中央银行的总预算。因此，欧洲中央银行在欧元体系中所拥有的权力比联邦储备体系中联邦储备理事会享有的权力要少很多。其次，欧元体系中的货币政策由各国的中央银行分别执行，所以其货币政策的执行并不像联邦储备体系那么集中。

16.6.2 管理委员会

与美国联邦公开市场委员会的会议备受关注一样，欧洲中央银行管理委员会的会议同样也是公众关注的焦点，它每月在法兰克福召开以制定货币政策。目前，欧洲货币联盟的成员国有 18 个，18 个国家的中央银行行长在欧洲中央银行管理委员享有 15 票表决权，6 名执行委员会成员每人也有一票表决权。与联邦储备理事会成员和各联邦储备银行人员均出席联邦公开市场委员会会议不同，欧洲中央银行管理委员会会议只有这 24 人参加，其他人员一律不得出席。

管理委员会规定，尽管其成员均拥有投票权，但并不采取投票表决这一形式，实际上管理委员会实行的是一致通过原则。委员会决定不采取投票表决方式决策的原因之一，是担心使用个别投票的方式可能使各国中央银行行长只支持对自己国家有利的货币政策，而没有把欧洲货币联盟所有成员国当成一个整体来看待。这一问题对于联邦储备体系来说就不那么严重了：尽管联邦储备银行行长生活在美国的不同地区，但他们都具有相同的国籍，他们更有可能从一个国家而不仅是一个地区的角度去考虑货币政策的制定。

与美联储在联邦公开市场委员会会议结束后立即公布会议设定的政策利率（联邦基金利率）

水平一样，欧洲中央银行同样在每月管理委员会会议结束后发布公告（宣布一个类似的短期同业拆放利率目标）。此外，在管理委员会的每一次货币政策会议之后，欧洲中央银行的行长和副行长会立即举行新闻发布会，接受新闻媒体的提问（联邦储备主席也会举办一个相似的新闻发布会，但没有这么频繁，一年只举办 4 次）。管理委员会大量的成员造成了一种特殊的困境，该管理委员会目前的规模（24 个有投票权的成员）已远大于联邦公开市场委员会（12 个有投票权的成员）。许多评论家都怀疑管理委员会是否已经太笨重了，这种情况会随着更多国家加入欧洲货币联盟而进一步恶化。为了解决这个潜在问题，管理委员会已决定引入一项复杂的轮值制度，这有点类似于联邦公开市场委员会的投票制度，较大国家中央银行会比较小国家中央银行享有更多参与投票的机会。

16.6.3　欧洲中央银行的独立性

尽管联邦储备体系已经是一个高度独立的中央银行，但由于创立欧元体系的《马斯特里赫特条约》的存在，使得欧洲中央银行成为世界上独立性最强的中央银行。同联邦储备理事会一样，欧洲中央银行执行委员会的成员也有很长的任期（8 年），而各国中央银行行长任期也要求至少 5 年。和美联储一样，欧元体系决定自己的预算，而各成员国政府不得向欧洲中央银行发出指令。《马斯特里赫特条约》的这些规定使欧洲中央银行拥有高度的独立性。

《马斯特里赫特条约》规定，欧洲中央银行高于一切的长期目标就是物价稳定，这意味着欧元体系的政策目标比联邦储备体系更明确。然而，《马斯特里赫特条约》没有指明"物价稳定"的确切含义是什么。欧元体系已确定的货币政策的数量目标是使通货膨胀率略低于 2%，所以从这个角度看，欧洲中央银行的目标独立性稍逊于美联储。然而，另外，欧元体系的目标独立性又远强于联邦储备体系：欧元体系的特许证书不会因立法而改变，如果要修改只能通过修订《马斯特里赫特条约》实现，而这是一个十分艰难的程序，因为这必须经过所有的条约签署国一致同意才可以。

16.7　其他国家中央银行的结构与独立性

在这里，我们将考察其他 3 个主要国家中央银行的结构和独立程度，这 3 家中央银行是加拿大银行、英格兰银行和日本银行。

16.7.1　加拿大银行

加拿大很晚才建立中央银行，加拿大银行成立于 1934 年，其董事均由政府任命，任期 3 年，而行长由董事推选，任期 7 年。由行长和 4 位副行长组成的管理委员会负责制定与货币政策相关的决策，是和联邦公开市场委员会相类似的决策部门。

1967 年修订的《银行法》赋予政府货币政策的最终决策权。因此，从理论上讲，加拿大银行的工具独立性低于美联储，但现实中加拿大银行实际控制着货币政策。一旦中央银行和政府出现分歧，中央银行必须遵守财政部部长发出的指令。但是，指令必须是书面的和具体的，还要适用于特定时期，它将受到公众的强力监督。因此发出这种指令是不太可能的，迄今为止也从未出现过。货币政策目标、通货膨胀目标，由加拿大政府和加拿大银行联合确定。因此，加拿大银行在目标独立性方面比美联储低。

16.7.2 英格兰银行

英格兰银行成立于1694年，是世界上历史第二悠久的中央银行（瑞典中央银行是历史最悠久的）。1946年的《银行法》赋予了政府控制英格兰银行的法定权力。英格兰银行的理事会（相当于董事会）由任期5年的1位行长和2位副行长以及任期3年的其他16名非执行董事组成。

直到1997年，英格兰银行是本章研究的所有中央银行中独立性最弱的，因为英格兰银行无法决定提高或降低利息率，决策权掌握在财政大臣（相当于美国的财政部长）手中。当新的工党在1997年5月掌权后，这一切都改变了。当时英国财政大臣戈登·布朗突然宣布，英格兰银行从此拥有制定利率的权力。然而，英格兰银行并没有全部的工具独立性，政府有权在"极端紧急的经济形势下"和"有限的时间内"否决英格兰银行的决议，直接决定利率。不过和加拿大中央银行一样，由于否决中央银行的决议会引起公众的特别关注，而且只在极不寻常的情况下和有限的时间内发生，所以这种情况几乎不可能出现。

由于英国不是欧洲货币联盟成员，所以英格兰银行在货币政策的制定方面独立于欧洲中央银行。货币政策委员会拥有制定利率的权力，该委员会由1位中央银行行长、2位副行长、2位由行长与财政大臣协商后指定的官员（一般为中央银行高级官员），加上4位由财政大臣任命的独立经济学家组成（令人惊讶的是，最初在该委员会中任职的4位独立经济学家中有2位不是英国公民，尽管他们都是英国居民，其中一个是荷兰人，一个是美国人；后来的一些任命也不是英国公民，包括现任的行长马克·卡尼，是加拿大人）。财政大臣决定英格兰银行的通货膨胀目标，因此英格兰银行在目标独立性方面也不及美联储。

16.7.3 日本银行

日本银行成立于明治维新时期的1882年。货币政策由政策委员会制定，该委员会由1位行长、2位副行长以及由内阁提名经议会批准的6名外部成员组成，其任期均为5年。

直到近年，日本银行还没有正式独立于政府，大藏省拥有最终的控制权。然而，1998年4月生效的《日本银行法》改变了这种状况，这是55年来日本银行权力的首次重大变革。除了规定货币政策目标是物价稳定之外，该法律还赋予了日本银行更大的工具独立性和目标独立性。在此之前，政府在政策委员会中拥有两位有投票权的成员，一位来自大藏省，另一位来自经济计划署。现在政府仍可以从这些机构中选派两名代表参加政策委员会会议，但不再有投票权，尽管他们可以要求延迟制定货币政策。此外，大藏省失去了对日本银行许多业务进行监督的特权，特别是辞退高级官员的权力。不过，大藏省仍可以控制日本银行与货币政策无关的部分预算。日本新一届安倍政府最近向日本中央银行施压，要求其设定2%的通货膨胀目标，这违背了现任日本中央银行行长的意愿，行长随后辞职。这一事件表明，日本中央银行的独立性是有限的。

16.7.4 独立性发展的趋势

从我们对主要中央银行的结构及其独立性的考察中可以发现，近年来中央银行出现了显著地向更大独立性方向发展的趋势。过去，除了德国和瑞士外，联邦储备体系比世界上绝大多数国家的中央银行的独立性都强。而现在，新成立的欧洲中央银行的独立性远强于美联储，像英格兰银行和日本银行这样的中央银行也被赋予了更大的独立性，新西兰、瑞典、欧元区国家等很多国家的中央银行的独立性几乎同美联储不相上下。理论和实践都表明，中央银行越独立，就越能制定出更好的货币政策，这反过来又加强了中央银行向更大独立性方向发展的趋势。

本章小结

1. 联邦储备体系成立于1913年，其目的在于减少银行恐慌发生的频率。有鉴于公众对于中央银行和中央集权的敌视态度，联邦储备体系建立了制约和平衡机制以分散权力。

2. 联邦储备体系由12家地区联邦储备银行、约2 000家会员商业银行、联邦储备理事会、联邦公开市场委员会和联邦咨询委员会组成。尽管从法律条文上看，联邦储备体系似乎是权力分散的，但实际上，它是作为一家由联邦储备理事会，特别是由联邦储备理事会主席所控制的统一的中央银行来行使职能的。

3. 联邦储备体系比美国政府大多数机构更独立，但仍然受制于政治压力。这是因为，建立联邦储备体系的法案是由国会制定的，并且随时可以修改。

4. 支持联邦储备体系拥有独立性的观点认为，削弱美联储的独立性并使其更多受制于政治压力，将使货币政策带有通货膨胀倾向。独立的联邦储备体系可以追求长期目标，而不必为解决短期问题而采取扩张性货币政策，进而导致政治经济周期的问题。反对联邦储备体系独立性的观点则认为，由一批不必对公众负责的精英人士控制货币政策（对公众至关重要）是不民主的。独立的联邦储备体系会造成货币政策同财政政策之间协调上的困难。

5. 官僚行为理论指出，增强权力和声望的愿望是支配中央银行行为的一个重要因素。这个观点可以解释很多中央银行的行为，尽管中央银行也可能为了公众利益而采取行动。

6. 欧洲中央银行体系拥有和美国联邦储备体系相似的结构，每个成员国均有一家中央银行以及一个欧洲中央银行执行委员会（位于德国的法兰克福）。欧洲中央银行管理委员会由6名执行委员会成员（包括欧洲中央银行行长）和各国中央银行行长组成，负责制定货币政策。根据《马斯特里赫特条约》创建的欧元体系，其独立性强于美国联邦储备体系，因为它的特许证书无法通过立法改变。事实上，它是世界上独立性最强的中央银行。

7. 世界各国中央银行的独立性日益增强已成为一个显著的趋势。近年来中央银行已经被赋予了更大的独立性，比如英格兰银行和日本银行。在新西兰和瑞典等其他国家，情况也同样如此。理论和实践都表明，拥有更大独立性的中央银行能够更好地制定和实施货币政策。

关键术语

联邦储备理事会	联邦公开市场委员会	工具独立性	公开市场操作
宽松的货币政策	联邦储备银行	政治经济周期	联邦基金利率
目标独立性	紧缩的货币政策		

思考题

1. 为什么要建立拥有12家地区联邦储备银行的联邦储备体系，而不是像其他国家一样只设立一家中央银行？

2. 为什么第12家地区联邦储备银行（旧金山）

在地理上那么大，而对比下来，第2家地区联邦储备银行（纽约市）那么小？

3. 美联储是否应当重新划分其地理边界，就像国会选区定期重新调整一样？为什么？

4. "联邦储备体系的结构设计体现了权力的平衡与制约，这一点类似于美国的宪法。"这一说法是正确的、错误的还是不确定的？解释你的答案。

5. 联邦储备体系中的哪个部门控制贴现率、法定存款准备金、公开市场操作和准备金利率？

6. 地区联邦储备银行可以通过什么方式影响货币政策的实施？

7. 为什么对于地区联邦储备银行的主管而言，即便不是投票方，参加联邦公开市场委员会会议也很重要？

8. 为什么纽约的联邦储备总是联邦公开市场委员会投票的一员？

9. 目前每一个地区联邦储备银行（包括纽约联邦储备银行）的行长都不要求经过正式的政治任命和批准程序，你认为这合理吗？为什么？

10. 联邦储备理事会理事任期为14年并且不能连任，你认为这样的规定能够使联邦储备理事会有效地摆脱政治压力吗？

11. 尽管理事会在制定货币政策中扮演着重要的角色，但在理事会任职的席位有时可能会空好几年，这将会发生什么？

12. 美国总统是如何对美联储施加控制的？

13. 为什么由联邦储备理事会主席提出的政策建议不太可能被剩余联邦公开市场委员会的成员投票剔除？

14. 美联储在什么方面有高度的工具独立性？如果国会有明确的目标去实现"高就业率，低且稳定的物价"，美联储如何实现目标的独立性？

15. 联邦储备体系是美国所有政府机构中独立性最强的。它与其他政府机构间的哪些主要的差别可以解释它所拥有的较强独立性？

16. 国会对联邦储备体系施加控制所使用的基本工具是什么？

17. 美联储是否应当受到对政治、程序和金融的阶段性审计？为什么？

18. 20世纪六七十年代，美国联邦储备体系迅速失去了大量的成员银行。为此，联邦储备体系发动了要求所有商业银行都成为其成员的立法运动。官僚行为理论可以解释这场运动吗？联邦储备体系在这场运动中取得成功了吗？

19. "官僚行为理论认为，联邦储备体系从来不会基于公众利益行事。"这一说法是正确的、错误的还是不确定的？解释你的答案。

20. 为什么削弱美联储的独立性会导致更明显的政治经济周期？

21. "联邦储备体系的独立性使得它对自己的行动完全不承担任何责任。"这一说法是正确的、错误的还是不确定的？解释你的答案。

22. "联邦储备体系的独立性，使其具有长远眼光，追求长期目标而非短期目标。"这一说法是正确的、错误的还是不确定的？解释你的答案。

23. 联邦储备体系通过不立即向国会或公众公布联邦公开市场委员会的指令来增强保密性。讨论该政策正反两方面的观点。

24. 美国联邦储备体系和欧洲中央银行体系谁更独立，为什么？

25. 为什么直到1997年英格兰银行才有较少的独立性？

数据分析题

1. 登录圣路易斯联邦储备银行FRED数据库，找到以下州的失业率：肯塔基州（KYUR）、北达科他州（NDUR）、阿拉斯加州（AKUR）、纽约州（NYUR）、亚拉巴马州（ALUR）、得克萨斯州（TXUR）以及全美国的失业率（UNRATE）。

a. 根据最近一个月现有的数据，确定哪些州的失业率最高、哪些最低，这些数据与全美国的平均水平相比如何？

b. 根据你对 a 部分的回答，这说明美联储所有 12 个地区的行长都有必要参加联邦公开市场委员会会议吗？

2. 登录圣路易斯联邦储备银行 FRED 数据库，查找关于联邦基金利率目标（DFEDTAR、DFEDTARU 和 DFEDTARL）和折现率，或主要信贷利率（DPCREDIT）的数据。上一次联邦基金利率目标是在何时变动的？上一次主要信贷利率是在何时变动的？利率是上升还是下降了？

网络练习

1. 登录 www.federalreserve.gov/，单击"About the Fed"，然后单击"The Federal Reserve System"。按照美联储的说法，联邦储备理事会最重要的职责是什么？

2. 回到之前的页面，单击"Monetary Policy"，查看"Beige Book"。根据最近出版的概要，经济是趋于疲软还是强劲？

网络参考

www.federalreserve.gov/pubs/frseries/frseri.htm 关于联邦储备体系结构的信息。

www.federalreserve.gov/otherfrb.htm 列出了联邦储备银行、分支机构、支票处理中心的地址和电话，并提供了 12 家联邦储备银行和联邦储备理事会主页的链接。

www.federalreserve.gov/bios/boardmembership.htm 列出了自联邦储备理事会成立以来所有的理事会成员。

www.federalreserve.gov/fomc 用来查找联邦公开市场委员会的一般资料、会议的时间表、会议上的发言、会议备忘录以及文字记录、其成员的相关信息以及"米皮书"。

www.ecb.int 欧洲中央银行的网站。

www.bank-banque-canada.ca/ 加拿大银行的网站。

www.bankofengland.co.uk/index.htm 英格兰银行的网站。

www.boj.or.jp/en/index.htm 日本银行的网站。

第 **17** 章

货币供给过程

学习目标

1. 列出并描述影响货币供给的"三大参与者"。
2. 将影响联邦储蓄资产和负债的因素进行分类。
3. 明确影响基础货币的因素,并讨论其对美联储资产负债表的影响。
4. 解释并阐明通过 T 型账户的存款创造过程。
5. 列出影响货币供给的因素。
6. 总结"三大参与者"是如何影响货币供给的。
7. 计算并解释货币乘数的变化。

| 预览 |

由本书第 5 章和后续各章中介绍的货币理论我们可以看到,货币供给的变动会影响利率水平和通货膨胀,进而影响到我们每一个人。由于货币供给对经济活动具有深远的影响,因此了解货币供给的决定机制非常重要。谁控制货币供给?什么因素会导致货币供给发生变动?如何加强对货币供给的控制?本章将详细描述货币供给过程,即货币供给水平的决定机制,以回答以上这些问题。

由于银行存款是目前货币供给中最大的组成部分,所以了解这些存款是如何被创造出来的便成为理解货币供给过程的第一步。本章对银行体系创造存款的过程进行了概述,阐释了货币供给的基本理论,这些概念是后面章节中介绍的内容的基础。

17.1 货币供给过程的三个参与者

货币供给中的"参与者"如下:

（1）中央银行——负责监督银行体系并执行货币政策的政府机构。美国的中央银行是联邦储备体系。

（2）银行（存款类金融机构）——从个人和机构手中吸收存款并发放贷款的金融中介机构，包括商业银行、储蓄贷款协会、互助储蓄银行和信用社。

（3）存款者——在银行中拥有存款的个人和机构。

在这三位"参与者"中，中央银行，即联邦储备体系最为重要。美联储实施货币政策的行动会影响其资产负债表（持有资产和负债的情况），下面我们对其进行研究。

17.2 联邦储备体系的资产负债表

美联储自身的运作以及与货币政策有关的活动会影响其资产负债表，即其持有的资产负债的状况。这里我们讨论一张简化的资产负债表，它仅包含理解货币供给过程必不可少的四个科目。[⊖]

联邦储备体系

资产	负债
证券	流通中的现金
金融机构贷款	准备金

17.2.1 负债

资产负债表中的两类负债，即流通中的现金和准备金，通常被认为是美联储的货币性负债。它们是货币供给过程中重要的组成部分，因为其中任意一项或两项的增加都将导致货币供给的增加（假定其他因素不变）。美联储的货币性负债（流通中的现金和准备金）和美国财政部的货币性负债（流通中的财政货币，主要是铸币）的总和，被称为**基础货币**（monetary base，也被称为**高能货币**（high-powered money））。在讨论基础货币时，我们将只关注美联储的货币性负债，因为财政部的货币性负债在全部基础货币中所占比重不足 10%。[⊖]

1. 流通中的现金

美联储发行货币（印有"联邦储备券"字样的灰绿色纸张）。流通中的现金是公众手中持有的货币数量。由存款类金融机构持有的货币也是美联储的负债，但是它属于准备金的一部分。

联邦储备券是美联储向持票人开具的借据，属于美联储的负债，但不同于其他大多数负债，美联储只承诺用联邦储备券偿付持票人，也就是说，它会用其他借据来偿付持票人手中的借据。因此，如果你持有一张 100 美元的钞票要求美联储偿付，你将得到两张 50 美元的钞票，或 5 张 20 美元的钞票，或 10 张 10 美元的钞票，或 100 张 1 美元的钞票，或者其他一些加起来是 100 美元的钞票组合。

人们更愿意接受美联储开具的借据，而不是个人开具的借据，因为联邦储备券是被认可的交易媒介，作为支付手段而被人们普遍接受，从而发挥货币的功能。不幸的是，无论你或我都

[⊖] 有关美联储资产负债表的详细讨论和影响基础货币的因素可以在本章网络附录 1 中找到，可以查找 www.pearson.com/ mylab/economics。

[⊖] 事实上，在讨论基础货币时，完全可以忽略财政部的货币性负债，因为受法律约束，财政部不能主动向经济供给其货币性负债。

无法使公众相信我们开具的借据的价值，比用来写借据的那张白纸的价值更高。[⊖]

2. 准备金

所有的银行都在美联储拥有存款账户。**准备金**（reserve）包括银行在美联储的存款和银行以实物形式持有的货币（因为存放在银行金库中而被称为库存现金）。准备金是银行的资产，却是美联储的负债，因为银行可以在任何时候要求美联储偿付，而美联储则有偿付联邦储备券的义务。准备金的增加会导致存款增加，进而增加货币供给。

全部准备金可分为两大类：美联储要求银行必须持有的准备金（**法定准备金**（required reserve））和银行自愿持有的额外的准备金（**超额准备金**（excess reserve））。例如，美联储要求存款类金融机构每吸收 1 美元存款，必须将其中的一部分（比如 10 美分）以准备金形式持有，这一比例（10%）被称为**法定准备金率**（required reserve ratio）。

17.2.2 资产

美联储资产负债表中的两个资产项目非常重要，原因有两个方面：第一，资产项目的变动会导致准备金的变动，进而导致基础货币的变动，并最终导致货币供给的变动；第二，因为这些资产（政府证券和美联储贷款）的利率高于负债（流通中的现金不支付利息以及准备金），使得美联储每年赚取数十亿美元，其资产带来收益而负债几乎没有成本。虽然美联储将其收入的大部分上缴联邦政府，但它确实将其中一部分用于"有价值的事业"，比如资助经济研究。

1. 证券

这类资产包括美联储持有的由美国财政部发行的证券以及特殊情况（将在第 18 章中讨论）下的其他证券。在之后的分析中你将看到，美联储向银行体系提供准备金的主要方式是购买证券，因而增加了美联储持有的该种资产的数量。美联储持有的政府证券或其他证券增加，会导致货币供给的增加。

2. 金融机构贷款

美联储向银行体系提供准备金的另一种方式是向银行或其他金融机构发放贷款。这些机构取得的这些贷款被称为贴现贷款，或作为来自美联储的借款，或作为借入准备金。这些贷款在金融机构的资产负债表中表现为负债。金融机构贷款的增加也会导致货币供给的增加。在正常时期，美联储仅向银行机构发放贷款，美联储向银行提供这类贷款时收取利息的利率被称为**贴现率**（discount rate）（但是，我们将在第 18 章中讨论，在最近的金融危机时期，美联储向其他金融机构发放了贷款）。

⊖ 资产负债表上的货币项目仅指流通中的现金，即公众手中持有的货币数量。美国雕版及印刷局印制的货币并不会自动成为美联储的负债。考虑你自己印制 100 万美元借据的情况，你将价值 100 美元的借据付给其他人，其余 999 900 美元的借据留在自己的口袋里。这 999 900 美元的借据既不会使你更富有也不会使你更贫穷，同时还不会影响你的负债状况。你关注的是由那张流通中的 100 美元的借据所形成的 100 美元的债务。同样的原理也适用于美联储发行联邦储备券的情况。出于同样的原因，无论定义如何，货币供给的现金部分只包含流通中的现金，而不包含任何未被公众持有的现金。已经印制但尚未进入流通领域的现金，不是任何人的资产或负债，也不会对任何人的行为产生影响，因此不把它包括在货币供给中是合情合理的。

17.3　基础货币的控制

基础货币等于流通中的现金 $C^\ominus$ 加上银行体系中的准备金总额 R。基础货币 MB 可以表示为

$$MB=C+R$$

美联储通过在公开市场上买卖政府证券（即公开市场操作）和向银行提供贴现贷款的方式，对基础货币进行控制。

17.3.1　美联储的公开市场操作

美联储改变基础货币的主要方式是公开市场操作。美联储买进债券被称为**公开市场购买**（open market purchase），美联储卖出债券被称为**公开市场出售**（open market sale）。美联储买卖政府债券主要是通过**初级市场经销商**（primary dealers）以及私人银行体系之外的政府债券交易者。

1. 公开市场购买

假设美联储从初级市场经销商处购买了 1 亿美元的债券。为了理解这项交易所产生的结果，我们来观察 T 型账户，该账户只列出了资产负债表中各项目与初始状态相比的变动额。

当初级市场经销商将这 1 亿美元债券卖给美联储时，美联储将会在交易者在美联储的存款账户中增加 1 亿美元，因此，银行系统的准备金就增加 1 亿美元。在这次交易后，银行系统的 T 型账户如下。

银行体系

资产		负债
证券 −1 亿美元		
准备金 +1 亿美元		

对美联储资产负债表的影响如下，此时美联储资产负债表中资产方增加价值 1 亿美元的证券，负债方增加 1 亿美元的准备金。

联邦储备体系

资产		负债
证券 +1 亿美元		准备金 +1 亿美元

你可以看到，美联储公开市场购买 1 亿美元债券导致银行系统准备金增加了相同的数量。解读这个表格的另一种方式是：因为中央银行用准备金偿还债券，所以公开市场操作购买债券也会扩大准备金。因为基础货币等于通货加上准备金，所以一次公开市场购买将会使基础货币增加相同的数量。

2. 公开市场出售

同样的原理，如果美联储公开市场出售 1 亿美元债券给初级交易者，美联储将会在交易者的存款账户减去 1 亿美元，所以美联储准备金（负债）也会相应地减去 1 亿美元（基础货币减少相同的数量），T 型账户如下。

联邦储备体系

资产		负债
证券 −1 亿美元		准备金 −1 亿美元

$\ominus$　这里，流通中的现金既包括联邦储备体系发行的货币（联邦储备券），也包括财政货币（主要是铸币）。

17.3.2 存款向现金的转化

即使美联储不进行公开市场操作，存款转化为现金也将对银行体系的准备金产生影响。然而，这种转化不会影响基础货币，这是美联储对基础货币的控制力强于对准备金的控制力的另一个原因。

我们假设在圣诞节期间，公众想要持有更多的通货去购买礼物，所以提取了 1 亿美元的现金。对于非银行公众的 T 型账户影响如下。

非银行公众

资产		负债
支票存款	−1 亿美元	
现金	+1 亿美元	

银行体系减少了 1 亿美元的存款，并因此少了 1 亿美元的准备金。

银行体系

资产		负债	
准备金	−1 亿美元	支票存款	−1 亿美元

对于美联储来说，公众的举动意味着公众手中持有的流通中的现金增加了 1 亿美元，而银行体系的准备金少了 1 亿美元。美联储的 T 型账户如下。

联邦储备体系

资产	负债	
	流通中的现金	+1 亿美元
	准备金	−1 亿美元

最终的结果是，美联储的货币性负债总额不变，公众对现金需求的增加并没有影响基础货币，不过影响了准备金。准备金的随机波动是存款和现金之间随机转换的结果；反之亦然。但是，同样的结论不适用于基础货币，因此基础货币是一个更稳定并且更容易被美联储控制的变量。

17.3.3 金融机构贷款

到目前为止，本章只分析了公开市场操作对基础货币的影响。其实当美联储向金融机构发放贷款时，基础货币也将受到影响。假如美联储向第一国民银行发放 1 亿美元贷款，该银行由于得到这笔贷款而增加了 1 亿美元的准备金。这对银行体系和美联储的资产负债表的影响可以用下面的 T 型账户表示。

银行体系

资产		负债	
准备金	+1 亿美元	贷款 （向美联储的借款）	+1 亿美元

联邦储备体系

资产		负债	
贷款 （向美联储的借款）	+1 亿美元	准备金	+1 亿美元

美联储的货币性负债此时增加了 1 亿美元，基础货币也增加了相同的金额。但是，如果银行归还美联储的贷款，从而减少了向美联储的借款 1 亿美元，则银行体系和美联储的 T 型账户如下。

银行体系

资产		负债	
准备金	−1 亿美元	贷款 （向美联储的借款）	−1 亿美元

联邦储备体系

资产		负债	
贷款 （向美联储的借款）	−1 亿美元	准备金	−1 亿美元

这对美联储的货币性负债和基础货币的影响是，两者都减少了 1 亿美元。可见，基础货币的变动与向美联储的借款的变动是一一对应的。

17.3.4 其他影响基础货币的因素

到目前为止，看上去美联储好像可以通过公开市场操作和向金融机构贷款完全控制基础货币，但是世界形势对美联储来说有点复杂。有两个重要的因素会影响基础货币的数量但不受美联储控制，即浮款和财政部在美联储的存款。当美联储为银行进行支票清算时，通常在借记支票签发银行的账户（减少该银行的准备金）之前，便将支票金额贷记存入该支票的银行的账户（增加该银行的准备金）。这一在美联储支票清算过程中产生的银行体系准备金总量（接着是基础货币）的暂时性增加，被称为**浮款**（float）。当美国财政部将存款由商业银行账户转至其在美联储的账户时，其在美联储账户中的存款会增加。这导致了如第 9 章所示的银行存款外流，进而引发了银行体系准备金和基础货币的减少。因此，浮款（受随机事件影响，比如天气会影响支票的送达速度）和财政部在美联储的存款（由财政部决定）均会影响基础货币，但都完全不受美联储控制。美国财政部要求美联储干预外汇市场的决定也会影响基础货币。

17.3.5 对美联储控制基础货币能力的评述

上述分析表明，决定基础货币的两个主要因素是公开市场操作和向金融机构贷款。然而，虽然公开市场购买或出售的数额完全由美联储对债券市场交易商发出的指令所决定，但中央银行不能单方面决定和准确预测银行向美联储借款的金额。美联储制定贴现率（银行贷款的利率），然后银行自己决定借款与否。借款的总量虽然受美联储制定的贴现率的影响，但并不完全受美联储控制；银行的决策也发挥着重要的作用。

因此，我们可以将基础货币分解为两部分：一部分是美联储可以完全控制的，另一部分是不能严格控制的。不能严格控制的部分是由美联储的贷款创造的那部分基础货币。基础货币的其余部分（被称为**非借入基础货币**（nonborrowed monetary base））则处于美联储的控制之下，因为该部分基础货币主要源自公开市场操作。[⊖]非借入基础货币的正式定义是基础货币减去银行向美联储的借款，也被称为**借入准备金**（borrowed reserves）

$$MB_n = MB - BR$$

式中　　MB_n——非借入基础货币；

　　　　MB——基础货币；

　　　　BR——向美联储的借入准备金。

那些美联储完全不能控制的因素（比如浮款和财政部在美联储的存款）在短期内会出现较大的波动，这是基础货币在短期内甚至一周内出现波动的主要原因。不过这些波动通常是可预测的，因此可以通过公开市场操作予以抵消。**尽管浮款和财政部在美联储的存款会出现短期巨大波动，从而使美联储对基础货币的控制变得更加复杂，但它们不会影响美联储对基础货币的**

⊖ 事实上，在美联储的资产负债表上（在第 17 章网络附录 1 中进行了讨论，网址为 www.pearson.com/mylab/economics）还有其他项目也会影响非借入基础货币的规模。由于它们对非借入基础货币的影响同公开市场操作相比较小而且是可以预见的，所以这些其他项目对美联储控制非借入基础货币来说不是问题。

精确控制。

17.4 多倍存款创造：一个简化的模型

理解了美联储对基础货币的控制以及银行的运作方式（第9章）后，我们就可以利用这些工具来解释存款的创造过程。当美联储为银行体系提供1美元额外的准备金时，存款的增加将数倍于这一金额，这个过程被称为**多倍存款创造**（multiple deposit creation）。

17.4.1 存款创造：单个银行

假设之前美联储的那笔1亿美元公开市场购买是与第一国民银行进行的。在美联储从第一国民银行购买了1亿美元的债券以后，该银行的准备金增加了1亿美元。为了分析该银行如何处理这笔额外的准备金，我们假定银行不愿持有超额准备金，因为银行持有超额准备金只有很少的利息收入。我们从下面的T型账户开始分析。

第一国民银行

资产		负债
证券	−1亿美元	
准备金	+1亿美元	

由于银行的支票存款没有增加，该银行的法定存款准备金保持不变，所以银行发现这笔增加的1亿美元准备金意味着其超额准备金增加了1亿美元。我们假定该银行决定发放1亿美元的贷款，贷款金额等于增加的超额准备金的金额。在银行发放贷款时，借款人开立一个支票账户，并将贷款存入该账户。于是银行的资产负债表将发生变化，负债方增加1亿美元的支票存款，同时资产方增加1亿美元的贷款。由此产生的T型账户如下。

第一国民银行

资产		负债	
证券	−1亿美元	支票存款	+1亿美元
准备金	+1亿美元		
贷款	+1亿美元		

该银行通过其贷款行为创造了支票存款。因为支票存款是货币供给的一部分，所以该银行的贷款行为实际上创造了货币。

在当前的资产负债表中，第一国民银行仍然拥有超额准备金，因此它仍然希望发放更多的贷款。然而，这部分准备金将不会在该银行停留很久。借款人不会让1亿美元贷款闲置在第一国民银行的账户上，而是用来购买其他个人和公司生产的商品与服务。当借款人为签发支票用以支付后，这笔资金就会被存入其他银行，而这笔1亿美元的准备金也将离开第一国民银行。为了安全经营，银行发放贷款的总额不能大于其所拥有的超额准备金。

第一国民银行最终的T型账户如下。

第一国民银行

资产		负债
证券	−1亿美元	
贷款	+1亿美元	

第一国民银行增加的 1 亿美元准备金已经转化为 1 亿美元的贷款,以及其他银行增加的 1 亿美元的存款(因为我们假定公众不愿意持有过多的货币,所以所有第一国民银行账户所签发的支票都被存入银行,而没有转化为现金)。现在我们来考察这些存款在其他银行将发生怎样的变化。

17.4.2　存款创造:银行体系

为了简化分析,我们假定由第一国民银行所创造的 1 亿美元存款被存入了银行 A,而且该银行及其他所有银行都没有超额准备金。银行 A 的 T 型账户如下。

银行 A

资产		负债	
准备金	+1 亿美元	支票存款	+1 亿美元

如果法定存款准备金率为 10%,则银行 A 的法定存款准备金增加了 1 000 万美元,超额准备金为 9 000 万美元。由于银行 A(与第一国民银行一样)不愿意持有超额准备金,所以会将超额准备金全部贷出。银行 A 的贷款和支票存款账户会增加 9 000 万美元,但当借款人动用这 9 000 万美元支票存款时,银行 A 的准备金和支票存款都将减少同样的金额。最终结果表示在银行 A 的 T 型账户中如下所示。

银行 A

资产		负债	
准备金	+1 000 万美元	支票存款	+1 亿美元
贷款	+9 000 万美元		

如果从银行 A 贷款 9 000 万美元的借款人把这笔钱花掉了,那么这笔钱将被存入另一家银行,比如说银行 B,银行 B 的 T 型账户如下。

银行 B

资产		负债	
准备金	+9 000 万美元	支票存款	+9 000 万美元

银行体系中的支票存款又增加了 9 000 万美元,这样总共增加了 1.9 亿美元(银行 A 增加的 1 亿美元,加上银行 B 增加的 9 000 万美元)。事实上,区分银行 A 和银行 B 是没有必要的,因为我们希望得到的是存款扩张的总量。如果从银行 A 借款的人向另外一人签发支票,而后者又把支票存入银行 A,那么引起的存款变动是相同的。因此银行 B 的 T 型账户反映的变化,对银行 A 也同样适用。银行 A 的支票存款总额将增加为 1.9 亿美元。

银行 B 将进一步调整其资产负债状况。银行 B 必须将 9 000 万美元的 10%(900 万美元)作为法定存款准备金,其余 9 000 万美元的 90%(8 100 万美元)作为超额准备金,并将其全部贷放出去。银行 B 会向一位借款人提供 8 100 万美元的贷款,而借款人则支取并使用了这笔贷款。银行 B 的 T 型账户如下。

银行 B

资产		负债	
准备金	+900 万美元	支票存款	+9 000 万美元
贷款	+8 100 万美元		

借款人将从银行 B 借来的 8 100 万美元花掉后，这 8 100 万美元又被存入另一家银行（银行 C）。结果，银行体系最初增加的 1 亿美元准备金，所引起的支票存款的增量已达 2.71 亿美元（=1 亿美元 +0.9 亿美元 +0.81 亿美元）。

基于同样的道理，如果所有银行都将超额准备金全额发放贷款，支票存款会进一步增加（银行 C、银行 D、银行 E 等），如表 17-1 所示。因此，最初准备金增加 1 亿美元将使整个银行体系的存款增加 10 亿美元，翻了 10 倍，正好是法定存款准备金率 10% 的倒数。

表 17-1 存款创造（假设法定存款准备金率是 10%，准备金增加 1 亿美元）

银行	存款增加 （100 万美元）	贷款增加 （100 万美元）	准备金增加 （100 万美元）
第一国民银行	0.00	100.00	0.00
A	100.00	90.00	10.00
B	90.00	81.00	9.00
C	81.00	72.90	8.10
D	72.90	65.61	7.29
E	65.61	59.05	6.56
F	59.05	53.14	5.91
⋮	⋮	⋮	⋮
所有银行合计	1 000.00	1 000.00	100.00

如果银行选择把超额准备金投资于证券，结果是同样的。如果银行 A 用其超额准备金购买了证券而不是发放贷款，那么它的 T 型账户如下。

银行 A

资产		负债	
准备金	+1 000 万美元	支票存款	+1 亿美元
证券	+9 000 万美元		

当银行购买 9 000 万美元证券时，会签发 9 000 万美元的支票给证券的出售者，后者又会把 9 000 万美元存入一家银行，比如银行 B。银行 B 的支票存款增加了 9 000 万美元，存款扩张过程与之前相同。无论银行用超额准备金发放贷款还是购买证券，存款扩张的效果都是一样的。

现在，你可以看到单个银行与整个银行体系在存款创造上的差别。因为单个银行仅能创造等于其超额准备金的存款，所以单凭自身并不能引起多倍创造。单个银行发放的贷款之所以无法超过其超额准备金的金额，是因为当这笔由贷款创造的存款被存入其他银行时，该银行将不再拥有这笔准备金。但是，银行体系作为一个整体可以进行存款的多倍创造，因为当一家银行失去了其超额准备金时，尽管单个银行的准备金减少，但是这些准备金并没有离开银行体系。所以，当各个银行发放贷款并创造存款时，这些准备金就转移到其他银行，而后者再利用这些准备金发放贷款以创造新的存款。正如你所看到的那样，这一过程将不断延续，直到最初的准备金增量引起存款成倍数的增长。

银行体系的准备金增加而导致的存款的多倍增加的倍数，被称为**简单存款乘数**（simple deposit multiplier）。⊖ 在我们的例子中，法定存款准备金率为 10%，简单存款乘数为 10。更一

⊖ 不要将这一乘数与凯恩斯乘数相混淆，凯恩斯乘数也是通过类似的逐步分析得出的。凯恩斯乘数描述收入增量和投资增量的关系，而简单存款乘数描述准备金增量与存款增量的关系。

般地说，简单存款乘数等于法定存款准备金率的倒数（例如，10=1/0.10），所以存款多倍创造的公式可以写为

$$\Delta D = \frac{1}{rr} \times \Delta R \qquad\qquad (17\text{-}1)$$

式中　ΔD——银行体系中支票存款总额的变动；

　　　rr——法定存款准备金率（在本例中为 0.10）；

　　　ΔR——银行体系中准备金的变动（在本例中为 1 亿美元）。

17.4.3　推导多倍存款创造的公式

多倍存款创造的公式也可直接用代数方法推导出来，利用这种方法能得到相同的存款变化与准备金变化之间的关系。

我们假定银行不持有任何超额准备金，这意味着银行体系中的法定存款准备金总额 RR 等于银行体系中的准备金总额 R

$$RR=R$$

而法定存款准备金总额等于法定存款准备金率 rr 乘以支票存款总额 D

$$RR=rr \times D$$

在第一个等式中以 $rr \times D$ 代替 RR，得到

$$rr \times D=R$$

这一等式两边同除以 rr，得到

$$D = \frac{1}{rr} \times R$$

使该公式两边同时变动，且用 Δ 表示这一变化，得到

$$\Delta D = \frac{1}{rr} \times \Delta R$$

该式与存款创造方程式（17-1）相同。[⊖]

上面的推导为我们提供了考察存款创造的另一个视角，它使我们直接将银行体系视为一个整体，而非逐个考察每家银行。对于整个银行体系而言，存款创造（或收缩）只有当银行体系所有超额准备金都消失时才会停止。也就是说，只有当法定存款准备金总额等于准备金总额时，如等式 $RR=R$ 所示，银行体系才会处于均衡状态。用 $rr \times D$ 替代 RR，得到的等式 $rr \times D=R$ 告诉我们，支票存款必须达到多大规模，才能使法定存款准备金等于准备金总额。相应地，当银行体系处于均衡时（当 $ER=0$），银行体系中既定的准备金水平决定了支票存款的规模。换句话说，既定数额的准备金支持了既定数额的支票存款。

⊖　该公式正式的推导如下。根据本书中使用的推理方法，支票存款的变动是这样的：100 美元（$=\Delta R \times 1$）+90 美元 [$=\Delta R \times (1-rr)$] + 81 美元 [$=\Delta R \times (1-rr)^2$]，以此推之，可以改写为

$$\Delta D = \Delta R \times [1+(1-rr)+(1-rr)^2+(1-rr)^3+\cdots]$$

使用第 4 章脚注中的无限数列求和公式，以上同时可以写为

$$\Delta D = \Delta R \times \frac{1}{1-(1-rr)} = \frac{1}{rr} \times \Delta R$$

在我们的例子中，法定存款准备金率为10%。如果准备金增加1亿美元，则为了使法定存款准备金总额也增加1亿美元，支票存款总额必须增加10亿美元。如果支票存款的增加额低于此数，比如说9亿美元，则法定存款准备金增加的9 000万美元仍低于准备金增加的1亿美元，故银行体系中某个地方仍然存在超额准备金。拥有超额准备金的银行将发放更多的贷款，同时也就创造了新增存款。这一过程一直持续到银行体系内所有的超额准备金被耗尽为止，此时支票存款增加到10亿美元。

我们也可以通过考察作为一个整体的银行体系（包括第一国民银行）的T型账户看出这个过程的结果。

银行体系

资产		负债	
证券	−1亿美元	支票存款	+10亿美元
准备金	+1亿美元		
贷款	+10亿美元		

通过贷款来消除超额准备金的过程，意味着银行体系（第一国民银行、银行A、银行B、银行C、银行D等）将持续发放贷款到10亿美元，直到这时支票存款总额也达到10亿美元。这样，1亿美元的准备金支持了10亿美元（10倍）的存款。

17.4.4　对简化模型的批评

上述存款多倍创造模型似乎表明，美联储可以通过规定法定存款准备金率和准备金水平，对支票存款的规模实施完全的控制。但实际存款创造过程远非简化模型描述得那么机械。如果从银行A获得的9 000万美元贷款没有被存入银行，而以现金形式持有，银行B就没有任何存款的增加，存款创造过程也就到此为止了。货币供给总的增量就是，现在增加的9 000万美元现金加上最初由第一国民银行创造、后存入银行A的1亿美元存款，一共只有1.9亿美元，比我们原先由简单存款模型计算出来的10亿美元少得多。这一问题的另一种表述是，现金的增加不会带来存款的多倍扩张，只有存款的增加才可以做到这一点。因此，如果贷款的部分收益没有存入银行而是用以增加现金持有量，整体的多倍扩张效应就会减弱，货币供给的增加额就不会是用我们的存款多倍创造简化模型预测的那样。

我们的模型还忽略了另外一种情况，即银行并不会将其全部超额准备金用于发放贷款或购买证券。如果银行A决定保留全部9 000万美元的超额准备金，则银行B就不会获得存款，这也会中止存款创造的过程。存款增加总额仅为1亿美元，而不是例子中的10亿美元。因此，如果银行选择保留全部或部分超额准备金，简单存款多倍创造模型描述的存款充分扩张的过程就不会出现。

我们的例子表明，美联储并非唯一通过行为影响存款水平，进而影响货币供给的参与者。存款者持有多少现金的决定和银行持有多少超额准备金的决策，都会引起货币供给的变动。

17.5　决定货币供给的因素

对简化模型的批评揭示了我们应该如何扩展简化模型，以讨论所有影响货币供给的因素。假设其他因素不变，我们依次考察每个因素变化的影响。

17.5.1 非借入基础货币 MB_n 的变动

正如本章前面所述，美联储的公开市场购买会增加非借入基础货币，而公开市场出售会降低非借入基础货币。假设其他变量不变，由公开市场购买导致的非借入基础货币 MB_n 的增加会使基础货币和准备金的数量相应增加，多倍存款创造过程就此开始，货币供给得以增加。同样，公开市场出售会导致非借入基础货币 MB_n 的减少，进而使基础货币和准备金数量相应收缩，这会导致存款的多倍收缩和货币供给的减少。我们可以得出如下结论：**货币供给与非借入基础货币 MB_n 成正相关关系。**

17.5.2 从联邦储备体系取得的借入准备金 BR 的变动

美联储提供的贷款的增加会导致借入准备金的增加，进而增加基础货币和准备金的数量，多倍存款创造过程就此开始，货币供给得以增加。在其他变量保持不变的条件下，商业银行减少向美联储贴现的数额，基础货币和准备金数额就会减少，货币供给也会相应下降。我们的结论如下：**货币供给与从联邦储备体系取得的借入准备金 BR 成正相关关系。**

17.5.3 法定存款准备金率 rr 的变动

如果支票存款的法定存款准备金率提高，而所有其他变量，比如基础货币保持不变，我们已经看到，多倍存款扩张效应就会减弱，货币供给就会下降。另外，如果法定存款准备金率下降，多倍存款扩张效应就会增强，货币供给将增加。

我们现在得到如下结论：**货币供给与法定存款准备金率 rr 是负相关的。** 过去，美联储有时会用法定存款准备金来影响货币供给的数量。然而近年来，法定存款准备金在决定货币乘数和货币供给方面的重要性日益下降，这一点我们将会在第 18 章中介绍。

17.5.4 超额准备金的变化

当银行增加其超额准备金的持有量时，这些准备金就不再被用来发放贷款，造成多倍存款创造过程中途停止，从而导致货币供给的收缩。另外，如果银行选择减少持有超额准备金，则贷款会增加，多倍存款创造水平上升，从而增加货币供给。因此，**货币供给与超额存款准备金数量成负相关关系。**

回顾第 9 章所述的银行持有超额准备金的好处，主要是为存款外流所可能造成的损失提供保障。也就是说，超额准备金可以使遭受存款大量外流的银行，免于承受因收回贷款、出售证券或从美联储及其他机构获得贷款而发生的成本，甚至可以避免银行倒闭。如果银行担心存款外流增加（也就是说，如果预期存款流出增加），就需要为这种可能性提供更多保障，则银行的超额准备金就相应增加。

17.5.5 现金持有的变动

如前所述，支票类存款可以带来多倍的存款扩张，而现金不具备这一特点。因此，假定超额储备保持常数，当支票类存款转化为现金时，那么货币供给中可以实现多倍存款扩张的部分就转化成了不能实现多倍扩张的部分，这样总体的多倍扩张水平会下降，货币供给也相应减少。另外，如果现金持有量下降，这样将实现反向的转化，现金转化为具有多倍存款创造功能的支票类存款，货币供给将增加。这一分析表明：**在保持超额准备金不变的情况下，货币供给与现金持有量成负相关关系。**

17.6 货币供给过程综述

我们现在有了一个分析货币供给过程的模型，模型中有三个参与者：联邦储备体系、存款者和银行，它们都直接影响货币供给。为了帮助理解，表 17-2 描述了之前讨论的 5 个因素对货币供给的影响，并简要给出了推理过程。

表 17-2 货币供给的反应

参与者	变量	变量的变动	货币供给的反应	原因
联邦储备体系	非借入基础货币（MB_n）	↑	↑	存款创造带来基础货币上升
	法定存款准备金率（rr）	↑	↓	存款扩张倍数减少
银行	借入准备金（BR）	↑	↑	存款创造带来基础货币上升
	超额准备金	↑	↓	贷款和存款创造下降
存款者	现金持有量	↑	↓	存款扩张倍数减少

注：表中只列出变量上升（↑）的情况。变量下降对货币供给的影响与目前"货币供给的反应"一栏所示的结果相反。

这些变量根据影响的主要参与者进行分组。例如，美联储通过控制前两个变量影响货币供给。存款者通过决定其持有的现金数量影响货币供应，而银行则通过调整从美联储借入的准备金和超额准备水平影响货币供给。

17.7 货币乘数

以上分析已经可以让你了解货币供给的基本过程。对于那些喜欢使用数学工具的人，我们可以通过一个被称为**货币乘数**（money multiplier）m 的概念推导出上述所有结果。这一乘数可以告诉我们给定的基础货币变化会引起货币供给发生多大的改变。货币供给 M、货币乘数 m 和基础货币 MB 间的关系如下式所示

$$M = m \times MB \tag{17-2}$$

货币乘数 m 告诉我们基础货币转化为货币供给的倍数。因为货币乘数大于 1，所以基础货币又被称为高能货币：基础货币变动 1 美元所引起的货币供给的变动大于 1 美元。

17.7.1 货币乘数的推导

我们假定公众意愿持有的现金水平 C 及超额准备金 ER 与支票存款 D 同比例增长。换句话说，我们假定这两项与支票存款的比率，即下式中大括号里的部分在均衡状态下保持不变

$$c = \{C/D\} = 现金比率$$

$$e = \{ER/D\} = 超额准备金率$$

现在我们开始推导一个公式，它描述存款人合意的现金比率、银行决定的超额准备金率及由美联储决定的法定存款准备金率三者是怎样影响货币乘数 m 的。我们由下面的等式入手推导货币供给模型

$$R = RR + ER$$

该等式表明，银行体系的准备金总额 R 等于法定存款准备金 RR 与超额准备金 ER 之和（注

意，该等式与本章之前的均衡条件 *RR=R* 相符，因为当时假定超额准备金等于 0）。

法定存款准备金总额等于法定存款准备金率乘以支票存款数量 *D*

$$RR=rr \times D$$

以 *rr×D* 代替第一个等式中的 *RR*，便可得出一个将银行体系的准备金与其支持的支票存款和超额准备金数量联系起来的等式

$$R=(rr \times D)+ER$$

此处关键的一点在于，美联储的法定存款准备金率小于 1。这样，1 美元的准备金可以支持大于 1 美元的存款，多倍的存款创造得以实现。

让我们看一下实际的情形。如果超额准备金为 0（*ER*=0），法定存款准备金率 *rr*=0.10，银行体系支票存款总量为 1.6 万亿美元，则支持这些存款所需的准备金为 1 600 亿美元（= 0.10×1.6 万亿美元）。由于能够实现存款的多倍扩张，这 1 600 亿美元的准备金可以支持 10 倍于这一数额的支票存款。

因为基础货币 *MB* 等于现金 *C* 加上准备金 *R*，所以在上面的等式两边都加上现金，我们可以得出一个将基础货币、支票存款和现金联系起来的等式

$$MB=R+C=(rr \times D)+ER+C$$

从另一个角度来看这一等式，它揭示了为支持现有支票存款、现金和超额准备金规模所需的基础货币的数额。

为了推导出用现金比率 *c*={*C/D*} 和超额准备金率 *e*={*ER/D*} 表示的货币乘数公式，我们将上一个等式改写，并将 *C* 写成 *c×D*，将 *ER* 写成 *e×D*，得到

$$MB=(rr \times D)+(e \times D)+(c \times D)=(rr+e+c) \times D$$

将等式两边同时除以括号里的式子，从而得到将支票存款 *D* 与基础货币 *MB* 联系起来的表达式

$$D = \frac{1}{rr+e+c} \times MB \tag{17-3}$$

根据货币供给的定义，货币供给 M1 等于现金加支票存款（*M=D+C*），将 *C* 写成 *c×D* 得

$$M=D+(c \times D)=(1+c) \times D$$

将这一等式中的 *D* 用式（17-3）替代，我们得到

$$M = \frac{1+c}{rr+e+c} \times MB \tag{17-4}$$

我们推导出了一个与之前的式（17-2）形式相同的表达式。可以看出，与基础货币相乘的比率正是货币乘数，它表示对基础货币（高能货币）的既定变动，货币供给相应的变动情况。这样，货币乘数 *m* 表示为

$$m = \frac{1+c}{rr+e+c} \tag{17-5}$$

货币乘数是存款者决定的现金比率 *c*、银行决定的超额准备金率 *e* 及美联储决定的法定存款准备金率 *rr* 的函数。

17.7.2 货币乘数背后的感性知识

为了对货币乘数有更直观的感性认识，下面我们构造一个有数字的实例，赋予下列变量实

际的数值：

rr——法定存款准备金率 = 0.10

C——流通中的现金 = 12 000 亿美元

D——支票存款 = 16 000 亿美元

ER——超额准备金 = 25 000 亿美元

M——货币供给（M1）= $C + D$ = 28 000 亿美元

根据这些数字，我们可以计算出现金比率 c 和超额准备金率 e 的数值

$$c = \frac{12\,000\text{亿美元}}{16\,000\text{亿美元}} = 0.75$$

$$e = \frac{25\,000\text{亿美元}}{16\,000\text{亿美元}} = 1.56$$

货币乘数的值为

$$m = \frac{1 + 0.75}{0.1 + 1.56 + 0.75} = \frac{1.75}{2.41} = 0.73$$

货币乘数为 0.73，表明给定支票存款的法定存款准备金率为 10%，$c = 0.75$ 代表的是存款人的行为以及 $e = 1.56$ 代表的是银行的行为，基础货币增加 1 美元将导致货币供给（M1）增加 0.73 美元。

货币乘数的一个重要特点是小于本章之前得出的简单存款乘数 10。这个结果的产生有两个原因。首先，**虽然存款存在多倍扩张效应，但对现金来说这一效应不存在**。所以，如果高能货币的增加是由于现金部分的增加所引起的，这一部分就不会产生多倍存款扩张。在本章之前的简化模型中，由于我们不考虑这一可能性，所以准备金的增加导致了最大限度的存款创造。然而，在目前的货币乘数模型中，由于 c 大于 0，所以当基础货币 MB 和支票存款 D 增加时，现金持有水平也在提高。如前所述，假如基础货币的增加是由于现金部分的增加所引起的，这一部分就不会发生多倍扩张，所以在基础货币的增加额中，只有部分能够用于支持支票存款，从而实现多倍扩张。因此，多倍存款扩张的整体水平必然较低，这意味着对于给定的基础货币增加额，货币供给的增加额会小于利用本章之前的简化模型计算出的结果。

其次，e 是正数，基础货币与存款的增长都会产生更高的多余储备金。当基础货币和存款增加时，多余储备金的增加意味着被用于支持支票存款的部分储备金将不会像其他项目那样增加。因此可兑换支票存款和货币供给的增加减少，货币乘数也会更小。

在 2008 年之前，超额准备金率 e 几乎总是接近于 0（小于 0.001），因此其对货币乘数（式（17-5））的影响微乎其微。当 e 接近 0 的时候，货币乘数总是大于 1，并且这一期间在 1.6 左右。然而我们将会在第 18 章中看到，在全球金融危机期间非传统货币政策导致超额准备金飞速上升至 2 万亿美元。这种 e 的较大价值将会使得货币供给公式中多余储备金因素变得更显著，货币供给乘数将会像我们之前讨论的小于 1。

17.7.3　各变量变动对货币供给的影响

由于基础货币 $MB = MB_n + BR$，所以我们可以将式（17-2）重新表述为

$$M=m \times (MB_n + BR) \tag{17-6}$$

我们现在可以用代数方法来表示表 17-2 中所有的结果，即说明各因素变动对货币供给的影响。

我们从式（17-6）中可以看出，由于货币乘数 m 总是大于 0，MB_n 或 BR 的增加会导致货币供给的多倍增长。可以考察前面的例子，当法定存款准备金率由 10% 上升至 15%（所有其他变量保持不变）时，使用式（17-5）计算货币乘数，我们可以看出法定存款准备金率的上升降低了货币供给，货币乘数将会成为

$$m = \frac{1+0.75}{0.15+1.56+0.75} = \frac{1.75}{2.46} = 0.71$$

与我们的预期一致，该数值小于 0.73。

同样，当超额准备金率 e 由 1.56 上升至 3.0 时，通过计算货币乘数，我们可以看出超额准备金的增加会降低货币供给水平，货币乘数由 0.73 下降至

$$m = \frac{1+0.75}{0.1+3.00+0.75} = \frac{1.75}{3.85} = 0.45$$

我们也可以分析当现金比率 c 由 0.75 上升至 1.5 时会发生什么，在这种情况下，货币乘数不是下降而是由 0.73 上升至

$$m = \frac{1+1.50}{0.1+1.56+1.50} = \frac{2.50}{3.20} = 0.78$$

这个结果初看似乎和我们最初直觉想到的不同，毕竟，1 美元基础货币流通仅仅增加了 1 美元的货币供给，而如果经过储蓄后 1 美元的基础货币将会进行多倍存款扩张使货币供给增加 10。因此，似乎从存款到通货的转变将会降低货币乘数，从而使货币供给降低。这个推理是正确的，但建立在较小的超额准备金率的基础上。因此，这是当超额准备金率在接近 0 时的正常情况下发生的。然而，在我们目前超额准备金率 e 较高时，当 1 美元从储蓄转换至通货时，超额准备金的数量将大量减少，会释放更多准备金来支持储蓄，导致货币乘数上升。⊖

💡 应用 17-1　　**2007 ~ 2017 年的量化宽松与货币供给**

在 2007 年秋天全球金融危机发生时，美联储开启了借贷项目和大规模的资产购买项目以此来刺激经济发展。到 2017 年，对于债券的购买已经使得美联储资产负债表扩大了 5 倍，基础货币增加超过 350%。这些借贷和资产购买项目（稍后我们会在第 18 章中进一步讨论）使基础货币大大扩张，并被冠名为"量化宽松"。在本章中，我们指出，这种基础货币的大量增加将会导致货币供给的扩大。然而，正如图 17-1 所示，当基础货币增加 350% 时，M1 货币供给的增加仅为 150%。我们怎样使用货币供给模型解释这个结果呢？

⊖ 所有上述结果均可以由式（17-5）推出。当 rr 或 e 增加时，货币乘数的分母增大，因此货币乘数必然降低。只要 $rr+e<1$（与我们使用实际数字的例子一样），c 上升所导致的分母增加的比例会超过分子，因此 c 的上升会导致货币乘数下降。另外，当 $rr+e>1$ 时（当前情况），c 的增加使货币乘数的分子增加的比例超过分母，导致货币乘数上升。如需要更多关于现金比率 c 的背景知识，参考本章网络附录 3，在 www.pearson.com/mylab/economics 上可查看。式（17-5）中的乘数是把 M1 定义为货币供给而确定的。网络附录 2 讨论了 M2 的乘数是如何确定的。

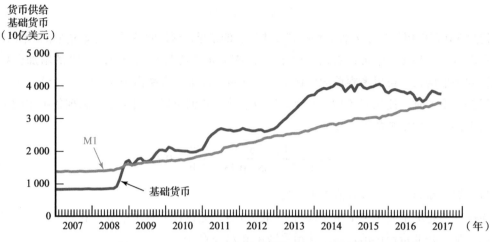

图 17-1 2007～2017 年货币供给 M1 与基础货币

注：尽管基础货币增长超过 350%，但货币供给增长仅 150%。

资料来源：Federal Reserve Bank of St. Louis, FRED database:https://fred.stlouisfed.org/series/BOGMBASE;https://fred.stlouisfed.org/series/M1SL.

答案是，尽管基础货币大幅增加，但由于货币乘数下降了约 50%，所以货币供给的增长幅度要小得多。为了解释货币乘数的下降，我们看图 17-2，图 17-2 显示了 2007～2017 年的现金比率 c 和超额准备金率 e。我们看到在这期间现金比率有一个轻微的下降趋势，这将提高而不是降低货币乘数。相反，我们必须关注超额准备金率 e 的巨幅上升，在 2007 年 9 月后超额准备金率 e 得到约 1 000 倍极大的增长。

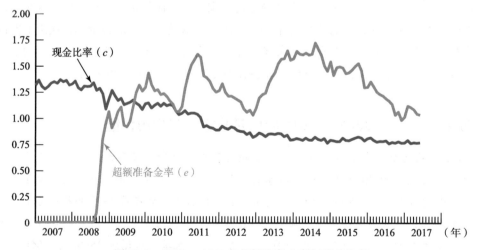

图 17-2 2007～2017 年超额准备金率与现金比率

注：现金比率相对平稳，而超额准备金率以 1 000 倍增长。

资料来源：Federal Reserve Bank of St. Louis, FRED database: https://fred.stlouisfed.org/series/EXCSRESNS;https://fred.stlouisfed.org/series/CURRRCIR; https://fred.stlouisfed.org/series/TCDNS.

超额准备金率 e 为何能够增长如此大的幅度？为满足其准备金要求，美联储创造了超过银行所需的更多准备金。银行之所以愿意持有更多的超额准备金的原因在于自 2008 年开始，美联储为准备金付息后，准备金利率比银行在美联储基金市场借出钱的利率还要高。因为多余的准备金具有很小甚至没有负面成本，银行愿意承受较高的超额准备金率 e。正如我们的货币供给模型所预测的，e 的大幅增加使得货币乘数变小，因此货币供给并没有较大的扩张，即便基础货币有较大的增加。

本章小结

1. 货币供给过程有三个参与者：中央银行、银行（存款类机构）、存款者。

2. 美联储的资产负债表中有四项内容对于我们理解货币供给过程至关重要：两个负债科目，即流通中的现金和准备金，它们加在一起构成了基础货币；两个资产科目，即证券和金融机构贷款。

3. 美联储通过公开市场操作和扩大向金融机构发放贷款控制基础货币。美联储对基础货币的控制力强于对准备金的控制力。尽管浮款和财政部在美联储的存款会出现短期的大幅波动，使美联储对基础货币的控制复杂化，但美联储仍然能够对其进行精确的控制。

4. 单个银行最多可发放与其超额准备金等额的贷款，从而创造出等额的存款。而银行体系则可以进行存款的多倍创造，因为当一家银行发放贷款并创造存款时，准备金通过各种途径流入另一家银行，而后者将其继续用于发放贷款和创造新增存款。在银行不持有超额准备金、公众不持有任何现金的存款多倍创造简化模型中，支票存款的增加倍数（简

单存款乘数）等于法定存款准备金率的倒数。

5. 存款多倍创造的简化模型有严重的缺陷。存款人增加手持现金的决定或银行持有超额准备金的决定，将导致存款实际扩张规模小于根据简化模型预测的结果。所有的三位参与者，即美联储、银行和存款者，在货币供给的决定过程中都很重要。

6. 货币供给与美联储公开市场操作决定的非借入基础货币 MB_n 和从美联储取得的借入准备金 BR（贴现贷款）成正相关关系。货币供给与法定存款准备金率 rr 和超额准备金水平成负相关关系。货币供给与现金持有量也成负相关关系，前提是存款和现金之间发生转移时，超额准备金变化不大。货币供给模型考虑了货币供给过程中三个参与者的行为：美联储进行公开市场操作以及设定法定存款准备金率；银行决定向美联储借款以及持有超额准备金；存款人决定现金持有量。

7. 基础货币通过货币乘数的概念同货币供给联系起来，货币乘数说明的是当基础货币变动时货币供给会变动多少。

关键术语

借入准备金	贴现率	超额准备金	浮款
高能货币	基础货币	货币乘数	多倍存款创造
非借入基础货币	公开市场操作	公开市场购买	公开市场出售
初级市场经销商	法定存款准备金率	法定存款准备金	准备金
简单存款乘数			

思考题

　　如果没有其他说明，以下假设对所有问题均成立：支票存款法定存款准备金率为10%，

银行没有超额准备金，公众持有的现金不变。

1. 将以下在货币供给过程中几个参与者——美

联储、银行和存款者的交易行为分为以下几类："资产""负债"或其他。

    a. 你在银行取得 10 000 美元的借款去买手机。

    b. 你在当地银行将 400 美元存入账户。

    c. 美联储为银行提供 1 000 000 美元的紧急贷款。

    d. 一家银行从另一家银行借 500 000 美元的隔夜贷款。

    e. 在一家饭店吃饭时，你使用借贷卡花费 100 美元。

2. 第一国民银行收到多于 100 美元的准备金，但决定不把它借出，这对于整个银行系统将会产生多少存款？

3. 假定美联储向第一国民银行购买 100 万美元的债券。如果第一国民银行和其他所有银行仅将这笔增加的准备金用于购买证券而不发放贷款，则支票存款将发生什么变化？

4. 如果银行存款者从账户中提取 1 000 美元，准备金、支票存款和基础货币将会发生什么变化？

5. 如果银行向美联储出售 1 000 万美元的债券以此来支付 1 000 万美元的贷款，对于支票存款而言会有什么变化？

6. 如果你打算持有比以往 100 美元更少的现金而在银行存储超过 100 美元的存款，如果其他公众保持以往的现金持有，这对银行系统中的支票存款会有什么影响？

7. "美联储可以完美地控制体系中的准备金。"这个说法是正确的、错误的还是不确定的？请解释。

8. "美联储可以完美地控制基础货币，但不能控制基础货币的组成部分。"这个说法是正确的、错误的还是不确定的？请解释。

9. 美联储从公众处购买 1 亿美元的债券，并降低法定存款准备金率。对于货币供给而言，会发生什么变化？

10. 描述以下三者会对货币供给产生什么样的影响：中央银行、银行、存款者。

11. "货币乘数必须大于 1。"这个说法是正确的、错误的还是不确定的？请解释。

12. 金融恐慌将会对货币乘数和货币供给产生什么影响？为什么？

13. 在 1930 ~ 1933 年大萧条期间，现金比率 c 和超额准备金率 e 急剧上升。这些因素对货币乘数有什么影响？

14. 2008 年 10 月，美联储开始向银行持有的超额准备金付利息。如果是这样，可能会怎样影响多倍扩张过程和货币供给？

15. 1930 ~ 1933 年货币乘数大大下降，2008 ~ 2010 年金融危机中货币乘数也大大下降，M1 货币供应量在萧条期间下降 25%，在最近的金融危机中增长超过 20%，是什么导致了两者的不同？

应用题

如果没有其他说明，以下假设对所有问题均成立：支票存款法定存款准备金率为 10%，银行没有超额准备金，公众持有的现金不变。

16. 如果美联储向第一国民银行出售 200 万美元的债券，准备金和基础货币将如何变化？使用 T 型账户说明你的答案。

17. 如果美联储向投资者欧文出售 200 万美元的债券，欧文用一皮箱的现金付款，这对准备金和基础货币有何影响？使用 T 型账户说明你的答案。

18. 如果美联储向 5 家银行总共发放 1 亿美元的贷款，但与此同时存款人提现 5 000 万美元，并且以现金形式持有，准备金和基础货币会有什么变化？使用 T 型账户说明你的答案。

19. 运用 T 型账户，说明美联储向第一国民银行发放 100 万美元的贷款时，银行体系支票存款的变化。

20. 运用 T 型账户，说明美联储向第一国民银行出售 200 万美元的债券时，银行体系中支票存款的变化。

21. 如果美联储向第一国民银行购买 100 万美元的债券，新增存款的 10% 作为超额准备金持有，则支票存款总共增加了多少？（提示：使用 T 型账户表示存款创造过程的每一步骤。）

22. 如果由于美联储借给金融机构 10 亿美元贷款使银行体系准备金资产增加了 10 亿美元，支票存款增加了 90 亿美元，那么为什么银行体系仍没有处于均衡状态？在达到均衡之前，银行体系还会持续发生什么变化？使用 T 型账户说明银行体系的均衡状态。

23. 如果美联储通过向银行出售价值 500 万美元的债券来减少准备金，当银行体系达到均衡时，其 T 型账户内容如何？对于支票存款又有什么变化？

24. 如果美联储出售价值 100 万美元的债券且银行减少其在美联储贷款 100 万美元，请你预测这将会对货币供给产生什么影响？

25. 假设流通中的现金 6 000 亿美元，支票存款 9 000 亿美元，超额准备金 150 亿美元。

    a. 计算货币供给、存款比率、超额准备金率以及货币乘数。

    b. 为了应对经济通缩，中央银行公开市场购买银行持有的 14 000 亿美元债券，假设你在 a 中计算的比率不变，预测此举对货币供给的变化。

    c. 假设中央银行进行如 b 中提到的相同的举止，同时银行害怕金融危机选择持有准备金而不将其贷出。假设现金和贷款保持不变，对于超额存款准备金、超额准备金率、货币供给和货币乘数而言会有什么变化？

    d. 在 2008 年的金融危机中，美联储向银行系统注入大量流动性，与此同时，贷出很少发生。结果，M1 货币乘数从 2008 年 10 月到 2011 年一直低于 1，这种现象与你在 c 中的回答有什么联系吗？

数据分析题

1. 登录圣路易斯联邦储备银行 FRED 数据库，查找关于现金（CURRNS）、总支票存款（TCDNS）、总准备金（RESBALNS）和法定准备金（RESBALREQ）的最新数据。

   a. 计算现金存款比率 c。

   b. 使用 RESBALNS 和 RESBALREQ 计算超额准备金数额，然后计算超额准备金率 e 的值。在计算时，要确保总准备金和法定准备金的单位是一样的。

   c. 假设法定存款准备金率 rr 为 11%，计算货币乘数 m 的值。

2. 登录圣路易斯联邦储备银行 FRED 数据库，查找 M1 货币存量（M1SL）和基础货币（AMBSL）的数据。

   a. 使用最新可用的数据和五年前的数据，计算货币乘数的值。

   b. 根据你对 a 的回答，1 亿美元的公开市场证券购买会在多大程度上影响今天和 5 年前的货币供给 M1。

网络练习

1. 登录网站 www.federalreserve.gov/boarddocs/hh/，然后找到最新的美联储货币政策报告。阅读报告的前两个部分，该部分对货币政策和经济前景进行了总结。用一页纸的篇幅总结报告这一部分的内容。

2. 登录网站 www.federalreserve.gov/releases/h6/hist/，通过单击"Data Download Program"，查找关于 M1 和 M2 的历史报告。计算过去 3

年中每一种货币量的增长率。从中可以看出美联储是在增加还是减少货币供给吗？这与你理解的经济需求是否一致？为什么？

3. 货币供给的一个重要方面是准备金余额。登录网站 www.federalreserve.gov/Releases/h41/，并找到最新发布的资料。该网站提供了影响存款准备金余额的各个因素的变动情况。

a. 目前的存款准备金余额是多少？

b. 过去一年中存款准备金余额是如何变化的？

c. 基于 a 和 b，货币供给应该是增加了还是减少了？

网络参考

http://www.federalreserve.gov/publications/annual-report.htm 在这里可以找到最新的美联储年度报告。

http://www.richmondfed.org/about_us/visit_us/tours/money_museum/index.cfm?WT.si_n=Search&WT.si_x=3 里士满联邦储备银行货币博物馆的网上虚拟游览。

http://www.federalresere.gov/Releases/h3/ 美联储的网站提供有关准备金总量和基础货币的数据。该网站还报告美联储借出的货币总量。

http://www.federalreserve.gov/Releases/h6/ 该网站提供了 M1 和 M2 的历史水平，以及其他与货币供应量有关的数据。

第18章

货币政策工具

学习目标

1. 举例说明准备金市场，论证货币政策变化如何影响联邦基金利率的平衡。
2. 总结常规性货币政策如何应用以及每种工具的优势与局限。
3. 解释当常规性政策不再有效时能够使用的主要货币政策工具。
4. 区分美联储与其他欧洲中央银行货币政策工具使用的异同。

| 预览 |

　　本章我们将考察美联储用来控制货币供给和利率的货币政策工具。由于美联储在运用这些政策工具时，对利率和经济活动产生了十分重要的影响，因此理解美联储在实践中如何运用这些工具以及每种政策工具的相对有效性，就变得非常重要。

　　近年来，联邦储备体系日益关注**联邦基金利率**（federal funds rate，银行间隔夜准备金贷款的利率），并将其作为主要的货币政策工具。从 1994 年 2 月以来，美联储在每次联邦公开市场委员会会议上都会宣布联邦基金利率的目标，这一指标对整个经济体的利率水平都有影响，所以往往受到市场参与者的密切关注。因此，为了充分理解美联储在货币政策执行实施过程中是如何使用这些货币政策工具的，我们不仅要理解这些政策工具对货币供给的影响，还要了解它们对联邦基金利率的直接作用以及怎样帮助实现使联邦基金利率接近目标。

　　本章从准备金市场的供求分析开始，解释美联储如何设定四大货币政策工具——公开市场操作、贴现率政策、法定存款准备金率以及准备金支付利息来决定联邦基金利率。接下来我们将更详细地考察每一种政策工具，了解它们在实践中的应用，确定其相对优势。之后我们将要考察美联储在最近金融危机的特殊情况下强制使用的非常规货币政策工具。最后，本章将讨论其他国家中央银行所使用的货币政策工具。

18.1 准备金市场和联邦基金利率

在第 17 章中，我们已经了解了公开市场操作（非借入准备金的变动）和美联储贷款（借入准备金的变动）是如何影响联邦储备体系的资产负债表与准备金数量的。准备金市场是决定联邦基金利率的市场，因此我们首先对这一市场进行供求分析，进而探讨货币政策工具是如何影响联邦基金利率的。

18.1.1 准备金市场的供给与需求

准备金市场的供求分析与第 5 章债券市场的供求分析类似。我们将推导准备金的需求曲线和供给曲线，然后确定联邦基金利率水平，即准备金贷款收取利率的市场均衡状态。在该均衡状态下，准备金的需求量等于准备金的供给量。

1. 需求曲线

为了推导准备金的需求曲线，我们需要知道如果其他条件不变，随着联邦基金利率的变动，银行对准备金的需求将发生什么变化。回忆一下第 17 章，准备金有两个组成部分：

①法定存款准备金，它等于法定存款准备金率乘以需要缴纳存款准备金的支票存款的数量；②超额准备金，银行自愿持有的额外准备金。因此，商业银行对存款准备金的需求等于法定存款准备金加上超额准备金的需求量。超额准备金是预防存款流出的保障措施，持有这些超额准备金的成本是其机会成本，即把这些超额准备金贷出去所能获得的利率和作为准备金获得的利率 i_{or} 之差。在 2008 年秋天以前，美联储不对准备金支付利息，但当美联储开始对准备金存款支付利息时，其利率通常等于联邦基金利率目标减去一个固定值，因此其随联邦基金利率目标的波动而波动。如果联邦基金利率高于准备金的收益率 i_{or}，则随着联邦基金利率的降低，在其他条件（包括法定存款准备金的数量）不变的情况下，持有超额准备金的机会成本就会降低，超额准备金的需求量就会增加。因此，联邦基金利率高于 i_{or} 时，准备金的需求曲线 R^d 就如图 18-1 所示向下倾斜。然而，当联邦基金利率跌至低于美联储为超额准备金支付的利率时，银行不会以这一低利率在隔夜拆放市场上贷出资金，而必然持续增加超额准备金的持有量，结果就是超额准备金的需求曲线 R^d 在图 18-1 中的 i_{or} 处开始变得平坦（无限弹性）。

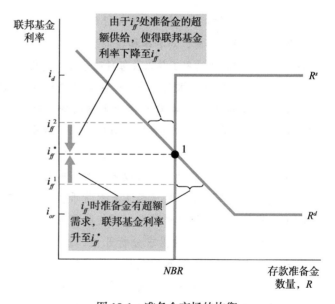

图 18-1 准备金市场的均衡

注：准备金市场均衡出现在供给曲线 R^s 和需求曲线 R^d 的交点 1 处。均衡利率为 i_{ff}^*。

2. 供给曲线

存款准备金的供给 R^s，可以被分为两个部分：由美联储公开市场操作提供的准备金，被称为非借入存款准备金（NBR），以及从美联储借来的准备金，被称为借入准备金（BR）。从美联储借款的成本主要是美联储对这些贷款收取的利息率，即贴现率（i_d），它被设定为高于联邦基金利率目标值的某一固定数额，从而随目标利率变化而变化。从其他银行借入联邦基金是对从美联储借款（获得贴现贷款）的一种替代。如果联邦基金利率 i_{ff} 低于贴现率 i_d，则银行将不会向美联储借款。因为通过联邦基金市场更便宜，所以借入准备金将为 0。因此，只要 i_{ff} 始终低于 i_d，存款准备金的供给将始终与美联储决定的非借入存款准备金 NBR 相等。所以，其供给曲线就成为一条垂线，如图 18-1 所示。然而，如果联邦基金利率上升至高于贴现率的水平，银行就愿意按照 i_d 尽可能多地借入资金，然后在联邦基金市场上以更高的利率 i_{ff} 借出。其结果就是，在 i_d 这里，供给曲线将变得很平坦（无限弹性），如图 18-1 所示。

3. 市场均衡

当存款准备金的需求量和供给量相等，即 $R^s = R^d$ 时，将会形成市场均衡。因此，市场均衡发生在需求曲线 R^d 和供给曲线 R^s 的交点上，即点 1，这时均衡的联邦基金利率为 i_{ff}^*。当联邦基金利率水平处于 i_{ff}^2，即高于均衡利率时，存款准备金供给大于需求（超额供给），因此联邦基金利率下降到 i_{ff}^*，如图 18-1 中向下的箭头所示。当市场基金利率水平处于 i_{ff}^1，低于均衡利率时，存款准备金需求大于供给（超额需求），因此联邦基金利率将上升，如图 18-1 中向上的箭头所示（请注意，图 18-1 之所以被如此绘出，即 i_d 高于 i_{ff}^*，是因为此时美联储使贴现率维持在高于联邦基金利率目标值较多的水平上）。

18.1.2 货币政策工具的变动如何影响联邦基金利率

既然已经了解了联邦基金利率是如何决定的，我们就可以考察四大货币政策工具（公开市场操作、贴现贷款、法定存款准备金率和准备金利息）的变动如何影响存款准备金市场和联邦基金利率的均衡。

1. 公开市场操作

公开市场操作的效果取决于供给曲线与需求曲线最初是相交于向下倾斜的部分还是相交在平坦部分。图 18-2a 显示了如果其最初交点在需求曲线的向下倾斜部分结果会怎样。我们看到，公开市场购买将会导致存款准备金供给量增加；对于任何给定的联邦基金利率，以上这一点都是成立的，因为公开市场购买使非借入存款准备金增加，由 NBR_1 上升到 NBR_2。因此，公开市场购买会推动供给曲线右移，从 R_1^s 移向 R_2^s，均衡点从点 1 移到点 2，使得联邦基金利率从 i_{ff}^1 下降到 i_{ff}^2。[⊖] 同理，公开市场出售会降低借入存款准备金的供应量，推动供给曲线左移，引起联邦基金率上升。由于这是典型性的情况（因为美联储通常将联邦基金利率目标设定在为存款准备金支付的利息率以上），结论就是：**公开市场购买将会导致联邦基金利率下降，而公开市场出售会导致联邦基金利率上升。**

⊖ 使用第 17 章的货币供给理论和第 5 章的流动性偏好理论，我们也能得出相同的结论。公开市场购买会提高存款准备金和货币供给量，流动性偏好理论表明利率会因此下降。

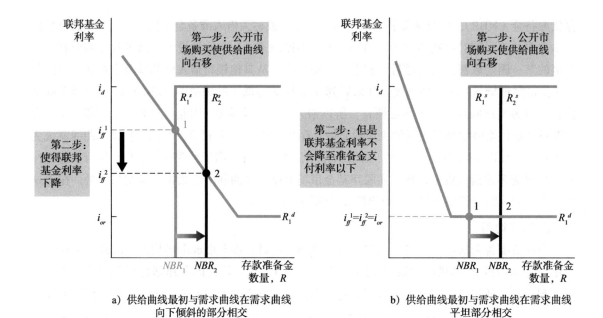

a）供给曲线最初与需求曲线在需求曲线
向下倾斜的部分相交

b）供给曲线最初与需求曲线在需求曲线
平坦部分相交

图 18-2 公开市场操作的影响

注：公开市场购买增加了非借入存款准备金和存款准备金供给，使供给曲线由 R_1^s 移至 R_2^s 点，在图 18-2a 中均衡点由
点 1 移至点 2，使得联邦基金利率从 i_{ff}^1 降到 i_{ff}^2；在图 18-2b 中，均衡点由点 1 移至点 2，但联邦基金利率保持
不变，$i_{ff}^1 = i_{ff}^2 = i_{or}$。

　　但是，如果供给曲线最初与需求曲线的平坦部分相交，如图 18-2b 所示，那么公开市场操
作对联邦基金利率就不会产生任何影响。为了理解这一点，让我们再看一下公开市场购买导致
存款准备金供给上升进而引起供给曲线从 R_1^s 移向 R_2^s 的情况，但是这一次我们考虑最初的情况
$i_{ff}^1 = i_{or}$。供给曲线的右移使均衡点由点 1 移动到点 2，但是**联邦基金利率维持不变，始终为 i_{or}**，
因为对准备金支付的利息为联邦基金利率设置了下限。[⊖]

2. 贴现贷款

　　贴现率变动的效果取决于需求曲线与供给曲线最初相交于垂直部分还是平坦部分。
图 18-3a 显示了如果交点位于供给曲线的垂直部分结果会如何，这时不会发生任何贴现贷款和
借入存款准备金，BR 为 0。在这一条件下，当美联储将贴现率由 i_d^1 降低到 i_d^2 时，供给曲线的水
平部分下降，如 R_2^s，但供求曲线的交点仍为点 1。因此，在这种情况下，均衡联邦基金利率不
发生任何改变，保持在 i_{ff}^1。由于这是典型情况（因为美联储通常将贴现率水平设定在联邦基金
利率目标以上），结论就是：**贴现率变动中的大部分对联邦基金利率无影响。**

⊖ 联邦基金利率可以略低于对准备金支付的利息所设定的利率下限，因为联邦基金市场上一些大的贷款者（尤其
是房地美和房利美）不是银行机构，所以不能在美联储存款并得到美联储支付给准备金的利息。因此如果它们
有多余的资金可以在联邦基金市场上贷出，它们可能不得不接受联邦基金利率低于美联储支付给美联储的利率。
为了确保联邦基金利率不会远低于准备金利率所设定的利率下限，美联储成立了另一个借贷工具——逆回购工
具，这些非银放贷机构可以借钱给美联储并可以获得接近美联储支付给准备金的利率。

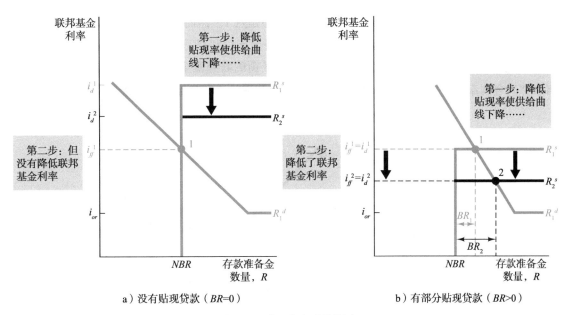

a) 没有贴现贷款（$BR=0$）　　　　　b) 有部分贴现贷款（$BR>0$）

图 18-3　贴现率变动的影响

注：在图 18-3a 中，当美联储使贴现率由 i_d^1 降低到 i_d^2 时，供给曲线的水平部分下降，如 R_2^s，均衡联邦基金利率保持在 i_{ff}^1 不变。在图 18-3b 中，当美联储使贴现率由 i_d^1 降低到 i_d^2 时，供给曲线 R_2^s 的水平部分下降了，随着借入存款准备金增加，均衡联邦基金利率由 i_{ff}^1 降低到 i_{ff}^2。

但是，如果需求曲线与供给曲线相交于其平坦部分，这样就会存在一定数量的贴现贷款（也就是 $BR>0$），如图 18-3b 所示，这时贴现率变动的确会影响到联邦基金利率水平。在这种情况下，最初的贴现贷款大于 0，且均衡的联邦基金利率等于贴现率，即 $i_{ff}^1=i_d^1$，当美联储使贴现率由 i_d^1 降低到 i_d^2 时，供给曲线 R_2^s 的水平部分下降，使均衡点由点 1 移动到点 2，均衡的联邦基金利率由 i_{ff}^1 下降到 $i_{ff}^2(=i_d^2)$，如图 18-3b 所示。在这种情况下，BR 从 BR_1 增加到 BR_2。

3. 法定存款准备金率

当法定存款准备金率提高时，法定存款准备金增加，从而对任意给定的利率，存款准备金的需求均增加。于是，如图 18-4 所示，法定存款准备金率的提高使得需求曲线从 R_1^d 移到 R_2^d，市场均衡位置由点 1 移至点 2，进而联邦基金利率从 i_{ff}^1 上升到 i_{ff}^2。结论就是：**当美联储提高法定存款准备金率时，联邦基金利率上升**。[⊖]

同样，法定存款准备金率的降低使存款准备金需求减少，需求曲线向左移动，同时引起联邦基金利率下降。**当美联储降低法定存款准备金率时，会引起联邦基金利率下降**。

4. 准备金利息

美联储对准备金支付利息改变的影响取决于供给曲线交于需求曲线向下倾斜的部分还是平坦部分。图 18-5a 显示了如果交点位于需求曲线向下倾斜的部分结果会怎样，这时联邦基金利率平衡点在准备金支付利率之上。在这种情况下，当准备金支付利率从 i_{or}^1 上升为 i_{or}^2 时，需求曲

⊖ 由于法定准备金率的提高意味着同样数量的存款准备金仅能支持更小数额的存款，所以法定存款准备金率的上升导致了货币供应量的下降。根据第 5 章的流动性偏好理论，货币供给下降会导致利率水平的上升。这样也得出了相同的结论：提高法定存款准备金率会带来更高的利率。

线水平部分上移,如 R_2^d,但需求供给曲线相交点还是点 1。然而,如果供给曲线与需求曲线交于其平坦部分,此时平衡的联邦基金利率等于准备金支付利率,如图 18-5b 所示,准备金支付利率从 i_{or}^1 上升为 i_{or}^2,使得平衡点移到点 2,这时平衡的联邦基金利率从 $i_{ff}^1 = i_{or}^1$ 上升为 $i_{ff}^2 = i_{or}^2$。**当联邦基金利率在准备金支付利率水平时,准备金利率的上升会提高联邦基金利率。**

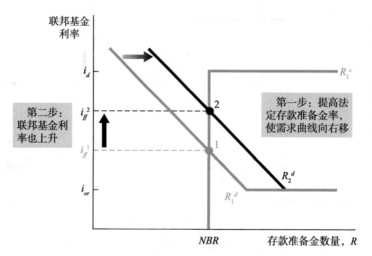

图 18-4　法定存款准备金率变动的影响

注:当美联储提高法定存款准备金率时,法定存款准备金会增加,从而对存款准备金的需求增加。需求曲线从 R_1^d 移到 R_2^d,均衡点由点 1 移到点 2,联邦基金利率从 i_{ff}^1 上升到 i_{ff}^2。

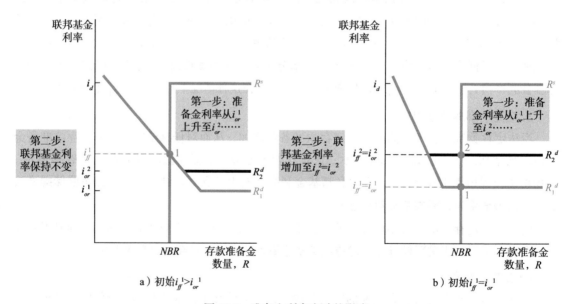

图 18-5　准备金利率变动的影响

注:在图 18-5a 中,当联邦基金利率均衡点位于准备金支付利率之上,准备金支付利率从 i_{or}^1 上升为 i_{or}^2 时,需求曲线水平部分上移至 R_2^d,但均衡联邦基金利率保持不变为 i_{ff}。在图 18-5b 中,当均衡联邦基金利率等于准备金支付利率时,准备金支付利率从 i_{or}^1 到 i_{or}^2 的上升使均衡联邦基金利率从 $i_{ff}^1 = i_{or}^1$ 上升为 $i_{ff}^2 = i_{or}^2$。

应用 18-1 联邦储备体系的操作手法是如何限制联邦基金利率波动的

目前，美联储经营贴现窗口和为准备金支付利息这一操作手法的重要优点之一，就是它们限制了联邦基金利率的波动。我们可以利用对准备金市场的供给和需求分析模型来了解这一点的原因。

假设最初的均衡联邦基金利率位于图 18-6 中的联邦基金利率目标 i_{ff}^T 处。如果对存款准备金的需求突然大幅增加，需求曲线向右移动到 $R^{d''}$，在这里与存款准备金供给曲线的水平部分相交，均衡联邦基金利率 i_{ff}'' 与贴现率 i_d 相等。无论存款准备金的需求曲线向右移动多大幅度，均衡的联邦基金利率 i_{ff}'' 将始终停留在 i_d 这一水平，这是因为借入准备金数量会持续增加，与存款准备金的需求增量相匹配。同样，如果对存款准备金的需求突然大幅减少，使需求曲线向左移动到 $R^{d'}$，需求曲线的水平部分就会与供给曲线相交，这样均衡联邦基金利率 i_{ff}' 与为存款准备金支付的利息率 i_{or} 相等。无论存款准备金的需求曲线向左移动多大幅度，均衡联邦基金利率 i_{ff}' 将始终停留在 i_{or} 这一水平，因为超额准备金数量会持续减少，以使得存款准备金的需求量与非借入存款准备金的供给量相等。[○]

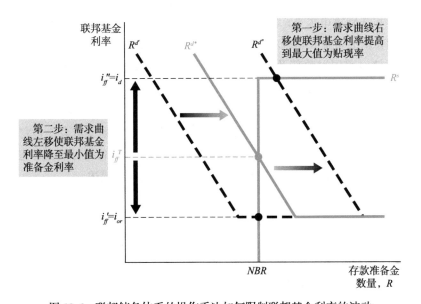

图 18-6　联邦储备体系的操作手法如何限制联邦基金利率的波动

注：存款准备金需求曲线向右移动到 $R^{d''}$ 会将均衡联邦基金利率提高到其最大值 $i_{ff}'' = i_d$，而存款准备金需求曲线向左移动到 $R^{d'}$ 会将均衡联邦基金利率降低到其最小值 $i_{ff}' = i_{or}$。

因此，我们的分析表明，**美联储的操作手法能够将联邦基金利率的波动范围限制在** i_{or} **和** i_d **之间**。如果 i_{or} 和 i_d 之间的距离被设定得足够窄，那么围绕联邦基金利率目标的波动会很小。

○　注意，正如本章第 2 个脚注所讨论的，联邦基金利率可以略低于准备金支付的利率所设定的利率下限。

18.2 常规货币政策工具

在通常情况下，美联储应用三大货币政策工具（公开市场操作、贴现贷款和法定存款准备金率）对货币供给和利率进行控制，这三大工具被称作常规货币政策工具。下面将逐一考察每个工具，之后再考察另外一大工具——对准备金支付利息，以便了解美联储如何在实践中操纵这些工具以及每种工具的相对有效性。

18.2.1 公开市场操作

公开市场操作是最重要的常规性货币政策工具，因为它是利率和基础货币变动的主要决定因素，而基础货币又是货币供给波动的主要原因。公开市场购买使存款准备金和基础货币增加，进而使货币供给增加，短期利率降低。公开市场出售则使存款准备金和基础货币减少，进而使货币供给减少，短期利率提高。从第17章我们了解到美联储资产负债表中影响存款准备金和基础货币的因素，现在我们将考察联邦储备体系是如何通过公开市场操作来实现控制短期利率和货币供给的。

公开市场操作分为两种类型：**主动型公开市场操作**（dynamic open market operation），主动变动存款准备金和基础货币水平；**防御型公开市场操作**（defensive open market operation），被动抵消其他影响存款准备金和基础货币的因素的变动，如抵消财政部在美联储的存款以及浮款的变动等。美联储对美国财政部及政府机构的证券，特别是美国国债实施常规性公开市场操作。美联储大部分的公开市场操作是针对国债实施的，因为这些证券最具市场流动性，并且交易量最大，有能力吸收美联储巨大的交易额，而不会出现可能导致市场混乱的价格过度波动。

正如第16章所示，公开市场操作的决策机构是联邦公开市场委员会，是它为联邦基金利率设定了政策目标。然而，这些操作的实际实施则由纽约联邦储备银行的交易室来进行。该交易室的操作活动在走进美联储专栏"交易室的一天"中将会详细描述。

| 走进美联储 | **交易室的一天**

国内公开市场操作经理负责监督实施证券购买和出售的分析员与交易员，以达成联邦基金利率目标。为把握联邦基金市场当天可能发生的状况，该经理从早上大约7点半开始工作，其职员则回顾前一天联邦基金市场的变化以及了解前一天银行体系的实际存款准备金额。然后职员向他提交包括影响存款准备金供给和需求的一些短期因素的详细预测报告（第17章讨论过）。例如，因为全国范围的好天气加快了票据的传送速度，在途资金预计减少，那么国内公开市场操作经理就知道他要实施防御型公开市场操作了（在这个例子中是购买证券），以抵消由于在途资金减少而引起的存款准备金和基础货币的减少。然而，如果预计在美联储的财政存款将减少，就需要进行防御型公开市场出售，以抵消预计的存款准备金的增加。这份报告也估计了公众持有现金的变动情况，如果预期现金持有量上升，那么如第17章所示，存款准备金将下降，这时需要实施公开市场购买，使存款准备金回升。

这个信息将帮助国内公开市场操作经理及其助手决定为了达到联邦基金利率目标，需要变动多大规模的非借入准备金。如果银行体系的存款准备金数额太大，一些银行就会拥有其他银行可能不愿持有的可贷出的超额存款准备金，所以联邦基金利率就会下降。如果存款准备金水平太低，银行就会从少数拥有超额存款准备金的银行借款，从而使联邦基金利率高于均衡水平。同样是在上午，职员会监测联邦基金利率的变动，并和准备金市场的一些主要交易商联系，后者可能提供关于存款准备金是否需要变动以达到联邦基金利率均衡水平的独立意见。

职员联系了几个初级市场经销商的代表，他们与公开市场交易室进行交易。职员会判断交易商对市场状况的看法，以便了解在这一天中他们所交易的证券的价格动向。他们也打电话给财政部，询问关于在美联储的财政存款预计水平的最新消息，以修订他们对存款准备金供给的估计。

公开市场交易室与联邦储备委员会的货币事务部门之后取得联系，并将纽约联邦储备银行对存款准备金供给和需求的预测与联邦储备委员会的预测相比较。在这些预测和对联邦基金市场状况观察的基础上，交易室会列出和提交当天应该采取的一系列行动，可能包括通过公开市场操作向银行体系增加或者缩减存款准备金的计划。如果一项操作被列入计划，那么这一操作的类型、规模和日期都将被仔细讨论。

大约在 9 点时还要举行一次日常的电话会议，交易室、联邦储备委员会货币事务部门的主管以及除了纽约外其他 4 家有投票权的联邦储备银行的其中一位行长将参加这个电话会议。在会议期间，公开市场部门的一位成员将拟订交易室当天的存款准备金管理计划。计划经批准后，上午 9 点半宣布于市，交易室被要求立刻实施当天规划的短期性公开市场操作。

有时，交易室可能需要处理长期性的存款准备金短缺或过剩问题，希望安排一次能对存款准备金供给产生持久影响的公开市场操作。这些操作被称作直接交易，包括直接购买或出售证券，但不包括相反的交易。它们通常在一天中不进行短期操作的时候进行。即使在不开展直接交易的时候，国内公开市场操作经理及其职员在这一天剩下的时间里无所事事，他们会持续监控市场和银行准备金为后一天的操作做准备。

通过交易室自动处理计算机系统（trading room automated processing system，TRAPS），公开市场操作由一组特定的政府证券交易商，即所谓的**初级市场经销商**（primary dealers）来实施。将要安排的公开市场操作的类型和日期的信息通过电子系统同时传达给 TRAPS 的所有初级市场经销商。交易商有几分钟的时间考虑，通过 TRAPS 回复他们买入或卖出国政府证券的不同报价，然后所有的报价被排列和显示在计算机屏幕上，以供评估。交易室会选择所有的交易报价，从最合适的报价开始往下排列，直至达到一个价格，在该价格上能实现所有打算购买或出售的证券数量。然后，交易室会通过 TRAPS 通知报价被选中的每个交易商。整个选择过程通常在几分钟之内完成。

防御型公开市场操作有两个基本类型。在回购协议**（repurchase agreement，通常叫作 repo）中，美联储购买证券，同意出售者在短期内（从购买之日起，1 ～ 15 天之内）买回这些证券。由于回购协议对存款准备金的影响在协议到期当天是相反的，所以回购协议实际上只是暂时性的公开市场购买，特别适用于要立刻反向操作的防御型公开市场购买。当美联储想要实施一项短期公开市场出售时，就参与**再买回交易**（matched sale-purchase transaction，有时也叫**反向回购协议**（reverse repo））。在该交易中，美联储出售证券，购买者同意在不远的将来将其回售给美联储。

有时，交易室可能需要处理长期性的存款准备金短缺或过剩问题，希望安排一次能对存款准备金供给产生持久影响的动态公开市场操作。直接交易（包括购买或出售证券，但不包括相反的交易）也通过 TRAPS 进行。

18.2.2 贴现政策与最后贷款人

银行可以从美联储借入准备金的工具叫作**贴现窗口**（discount window）。为了理解美联储如何影响借入准备金的规模，最简便的方法就是考察贴现窗口是如何运作的。

1. 贴现窗口的运行

美联储给银行的贴现贷款有三种类型：一级信贷、次级信贷和季节性信贷。[⊖]一级信贷是在货币政策中发挥最重要作用的贴现贷款。健康的银行可以在短期内（通常是一个晚上）通过一级信贷方式借贷任意数量的资金，因此一级信贷也被称为**经常性贷款便利**（standing lending facility）。[⊖]对这种贷款收取的利率就是贴现率，正如之前提到的，它通常被设定为比联邦基金利率目标高 100 个基点（1 个百分点），因为美联储更愿意银行在联邦基金市场上互相借贷，以使它们能够不断相互监控信贷风险。也正因为如此，在通常情况下，一级信贷方式下的贴现贷款总额很小。既然这种贷款总额很小，那么美联储为何还要施行这一贷款方式呢？

答案是该贷款工具的目的是要为经营稳定的银行提供流动资金来源，以确保联邦基金利率不会上升到超过联邦公开市场委员会设定的利率目标过多。我们已经在图 18-6 中看到它是如何运作的。当对存款准备金的需求出现突增时，无论存款准备金的需求曲线向右移动多大幅度，均衡联邦基金利率 i_{ff}^* 将始终停留在 i_d 这一水平，因为借入准备金数量会持续增加，而联邦基金利率不再上升。因此，一级信贷的作用就是给联邦基金利率设定一个利率上限 i_d。

次级信贷被发放给出现财务困境、遭遇严重流动性困难的银行。次级信贷的利率被定为高于贴现率 50 个基点（0.5 个百分点）。这一利率被设定为一个更高的惩罚利率，以反映这些借款人欠佳的经营状况。季节性信贷用于满足那些位于度假或农业地区、具有季节性特点的少数银行的需求。季节性信贷利率与月度平均的联邦基金利率以及定期存单的利率挂钩。由于信贷市场的不断完善，美联储开始质疑季节性信贷存在的必要性，因此正考虑在将来取消这一工具。

2. 最后贷款人

除了使用贴现贷款作为影响存款准备金、基础货币和货币供给工具之外，贴现贷款对于防止和应对金融危机的发生也很重要。当联邦储备体系建立起来的时候，其最重要的作用就是充

⊖ 贴现窗口的执行方式在 2003 年 1 月发生了变化。一级信贷工具取代了调整性信贷工具（贴现率一般设置在市场利率以下），使得银行在获得这种贷款方面受到了限制。而对于经营稳定的银行，目前可以在基础借贷下借入任意数量的贴现贷款。次级信贷工具取代了持续性信贷，主要用于长期信贷展期。季节性信贷基本保持不变。

⊖ 这种类型的经常性贷款便利在其他国家通常被称为伦巴第贷款，对这些贷款收取的浮动利率通常被称为伦巴第利率（此名字来意大利北部的伦巴第地区，在中世纪该地区是银行业的一个重要中心）。

当**最后贷款人**（lender of last resort）的角色。为防止银行倒闭失去控制，美联储要在没有其他人愿意时向银行提供存款准备金，从而阻止发生银行和金融恐慌。贴现贷款是在银行业危机期间向银行体系提供存款准备金的特别有效的方法，因为存款准备金可以立即被注入最需要它的银行。

担任最后贷款人的角色，美联储必须使用贴现工具以此战胜金融恐慌。这是货币政策能够成功实施的一个极其重要的条件。金融危机会严重破坏经济，因为它阻碍了金融中介和金融市场向具有生产性投资机会的人们转移资金的能力（见第12章）。

遗憾的是，美联储并不总是使用贴现工具来防止金融危机，大萧条时期大量银行的倒闭能够证明这点。美联储从那个时期的错误中吸取教训，在第二次世界大战之后极其成功地充当了最后贷款人的角色。美联储已经多次使用贴现贷款这一武器，通过信贷扩张避免银行恐慌，进而防止银行危机的进一步扩张。

乍一看，似乎联邦存款保险公司（FDIC）的出现使得美联储担任最后贷款人这一角色显得多余。FDIC确保存款人得以避免由于银行倒闭带来的损失，每个账户的最高赔偿额为25万美元，但是有两个原因说明事实并非如此。第一，必须认识到，FDIC的保险基金总额仅为现有存款总额的1%左右。如果大多数银行同时发生倒闭，FDIC将不能够赔偿存款人的全部损失。实际上，在20世纪80年代和90年代早期的大批银行倒闭，引发了巨大的损失和FDIC保险基金的缩水，这就降低了FDIC赔偿存款人损失的能力。这个事实并没有削弱银行体系中小额存款人的信心，因为美联储就站在银行背后，提供所需的任何数量的存款准备金以防止银行业危机。第二，在银行体系中有将近1.6万亿美元的大额存款并没有得到FDIC的保障，因为它们超过了25万美元的限额。尽管有FDIC，但是对银行体系失去信心仍会导致大额存款人挤兑银行，银行业危机仍会发生。联邦储备体系作为最后贷款人的角色，如果有的话，现在其作用比以前就更加重要了，因为在20世纪80年代和90年代早期，以及2007～2009年的全球金融危机中都有大量的银行倒闭。

美联储不仅是银行的最后贷款人，它也能对整个金融体系发挥相同的作用。美联储贴现窗口也有助于防止和应对非银行倒闭引发的金融危机，具体例子为1987年的黑色星期一股市崩盘以及2001年的世贸中心恐怖袭击（见走进美联储专栏"发放贴现贷款，防止金融恐慌"）。虽然美联储作为最后贷款人有利于防止银行和金融危机，但这样做也存在成本。如果一家银行预期当其陷入困境时，美联储会提供贴现贷款，它就会倾向于冒更多的风险，因为它知道必要时美联储会来救援。美联储充当最后贷款人的功能就和存款保险（第10章讨论过）一样，引起了更严重的道德风险问题：银行承担更大的风险，因而使存款保险机构和纳税人遭受了更大的损失。道德风险问题在大银行表现得更严重，它们可能觉得美联储和FDIC认为它们太大了，绝不能倒闭；也就是说，它们相信当它们陷入困境时，总是会得到美联储的贷款，因为美联储考虑到，它们的倒闭极有可能演化为银行业危机。

| 走进美联储 | **发放贴现贷款，防止金融恐慌**

1987年的黑色星期一股市崩盘和2001年9月世贸中心的恐怖袭击事件 被称为"黑色星期一"的1987年10月19日，被当作迄今为止股价下跌幅度最大（道琼斯工业平均指

数下降超过了 20%）的一天写入历史，1987 年 10 月 20 日星期二，金融市场几乎停止了运转。费利克斯·罗哈廷是华尔街最著名的人士之一，他平静地说道："星期二是 50 年来我们经历的最危险的一天。"[⊖] 在黑色星期一之后，大量用来防止市场崩溃的信贷融资要求被放在时任美联储主席艾伦·格林斯潘面前。

在 10 月 19 日星期一的股价暴跌期间，维持市场正常运转存在着巨大压力，这意味着许多经纪机构和专家经纪商（维持交易所交易有序进行的交易商和经纪商）急切地需要额外的资金来保障其交易活动。然而，可以料想到，纽约的银行界以及国外和地方性银行，都对证券公司的财务稳健情况变得高度紧张起来，在证券业最需要资金的时候，却开始削减对其贷款。危机一触即发。一家大型经纪公司的主席在星期一评论道："从下午 2 点开始，所剩的就只有绝望。整个投资界都逃离了市场，只有我们孤零零地留在战场上。"该轮到美联储像骑士一样出来拯救世界了。

一知道证券业的困境，艾伦·格林斯潘和杰拉尔德·科里根——当时的纽约联邦储备银行行长，以及和华尔街保持最密切联系的美联储官员，就担心会发生大范围的证券公司倒闭。为了防止这种事情发生，格林斯潘在 10 月 20 日即星期二股市开盘之前宣布，联邦储备体系"愿意充当支持经济和金融体系所需的流动性的来源"。除了这个特别的宣布外，美联储还明确表示，它会向任何愿意向证券业贷款的银行提供贴现贷款，虽然这种做法并不必然发生，但正如一位纽约银行家所说，美联储的信号是"我们在这儿，无论你需要什么，我们都会给你"。

美联储及时行动的结果是，金融危机被遏制了。市场在星期二继续运行，市场当天得以重振士气，当天道琼斯工业平均指数爬升了 100 多点。

类似的一次最后贷款人行动发生在 2001 年 9 月 11 日星期二，美国历史上最可怕的恐怖事件——世贸中心遭到毁灭以后。由于世界上最重要的金融中心突然崩溃，金融体系的流动性需求猛增。为了满足这些流动性需求，并使金融体系不至于陷入瘫痪，事件发生后几个小时内，美联储发布了同 1987 年危机类似的讲话："联邦储备体系是开放的、正常经营的。贴现窗口可以满足一切流动性需求。"[⊖] 接着，美联储通过贴现窗口向银行提供 450 亿美元贷款，比前一周增加 200 倍。以上这一行动以及通过公开市场操作将 800 亿美元存款准备金注入银行系统，使得金融体系继续发挥作用。当股市于 9 月 17 日重新开放时，交易有序进行，尽管道琼斯指数下跌了 7%。

这些恐怖分子能够摧毁世贸中心的双子塔，使近 3 000 人死亡，但是他们无法打倒美国金融体系，因为美联储及时采取了行动。

同样，美联储防止金融危机的行动也可能鼓励非银行金融机构去承受更大的风险。它们也指望如果倒闭会造成或加剧金融危机，美联储可以帮助其脱离困境。当美联储考虑使用贴现武

⊖ "Terrible Tuesday: How the Stock Market Almost Disintegrated a Day After the Crash，" *Wall Street Journal*, November 20, 1987, p. 1. 这篇文章有更为精彩、详细的描述，且所有引述均来自这篇文章。

⊖ " Economic Front: How Policy Makers Regrouped to Defend the Financial System，" Wall Street Journal, September 18, 2001, p. A1，描述了更为详细的情况。

器防止危机时，需要权衡作为最后贷款人而引发的道德风险的成本和为防止金融危机发生的收益。这种权衡解释了为什么美联储必须非常谨慎，而不是频繁地执行其作为最后贷款人的职能。

18.2.3 法定存款准备金要求

正如我们在第17章中所学到的，法定存款准备金率通过引起货币乘数变动来影响货币供给。法定存款准备金率的提高，会减少既定水平基础货币支持的存款数额，从而导致货币供给的收缩。法定存款准备金率的提高也会增加对存款准备金的需求，从而提高联邦基金利率。相反，法定存款准备金率的下降将导致货币供给扩张以及联邦基金利率下降。从20世纪30年代以来，美联储有权变动法定存款准备金率，这曾经是影响货币供给和利率强有力的手段，但它现在很少被使用了。

根据1980年《存款机构放松管制和货币控制法》，所有的存款机构，包括商业银行、储蓄贷款协会、互助储蓄银行以及信用合作社，都遵循相同的法定存款准备金率。所有支票存款（包括非付息支票账户、NOW账户、超级NOW账户以及ATS（自动转账储蓄）账户）的法定存款准备金率，低于1 550万美元的部分为0，1 550万～11 510万美元的部分为3%，超过11 510万美元的部分为10%，[⊖]且设定的10%可以根据美联储的判断在8%～14%变动。在特别的情况下，这个比率可以高达18%。

18.2.4 准备金利息

因为美联储在2008年才开始支付利息，所以这一货币政策工具并没有很长的历史。出于同样的原因，美联储设定的贴现率高于联邦基金的目标，为鼓励在联邦基金市场上借贷，使银行监控彼此的联邦基金利率，通常设定利率低于联邦基金的目标。这意味着美联储还未将准备金利率作为货币政策的工具，而是用它来帮助联邦基金利率铺底。然而，在全球金融危机发生之后，银行积累了大量的超额准备金，在这种情况下，增加联邦基金利率将需要大量的公开市场操作，以此从银行系统消除这些准备金。准备金利息工具可用于救助，因为其可以提高联邦基金利率，如图18-5b所示。事实上，2015年12月，当美联储要提高联邦基金利率，并退出维持零利率政策时，这个货币政策工具就被广泛使用了。

18.2.5 不同工具的相对优势

公开市场操作被视作最重要的常规型货币政策工具，因为和其他工具相比，它有以下四个基本优点。

- 公开市场操作由美联储主动进行，它能够完全控制交易的规模，而贴现贷款操作就不能完全实现这种控制。美联储可以通过改变贴现率鼓励或限制银行获得借入准备金，但是它不能直接控制借入准备金的规模。
- 公开市场操作灵活并且精确，它可以由美联储恰到好处地使用。不论要求存款准备金或基础货币变动幅度多么小，公开市场操作都可以通过购买或出售少量证券来实现。相

⊖ 这些数据是2017年的。每年这个标准都按照美国支票存款增幅的80%上调。

反，如果存款准备金或基础货币要发生很大的变化，公开市场操作工具也足够强大，那么它能通过大规模购买或者出售证券来实现目标。

- 公开市场操作具有可逆性，容易对冲。如果在实施公开市场操作中出现错误，美联储可以立即实施对冲。如果交易室认为联邦基金利率太低是因为进行了大量的公开市场购买，那么就可以立刻实施修正，进行公开市场出售。

- 公开市场操作可以快速执行，不会有行政性的延误。当交易室决定变动基础货币或存款准备金时，它只要向证券交易商下达指令，这一交易就立刻被执行了。另外，准备金要求的改变需要时间来实施，因为银行必须得到事先的警告，以便调整其计算机系统来计算准备金要求。此外，由于调整计算机系统成本很高，逆转存款准备金率的变化对银行来说是一种负担。由于这些原因，改变存款准备金率的政策工具没有多少可取之处，所以很少使用。

在两种情况下，其他工具优于公开市场操作。一种是在银行积累了大量超额准备金后，美联储想要提高利率时。在这种情况下，联邦基金利率可以通过增加准备金利率来提高，这样就通过减少准备金消除了实施大规模公开市场操作来提高联邦基金利率的需要。第二种情况是，美联储可以利用贴现政策来履行其最后贷款人的角色。黑色星期一的崩盘、2001 年 9 月 11 日的恐怖袭击以及我们接下来要讨论的全球金融危机，都表明在过去的几十年中，贴现政策的作用变得越来越重要。

18.3 非常规货币政策工具和量化宽松

在正常时期，常规的货币政策工具能够扩大货币供应量并降低利率，所以足够用来稳定经济。然而，当经济经历一个全球性的金融危机（如我们最近体验的）时，传统的货币政策工具不再起到这种作用。这有两个原因。第一，金融体系失灵了，以至于无法分配资本的生产性用途，因此造成投资支出和经济崩溃（如第 12 章的讨论）。第二，对经济的负面冲击会导致**零下限问题**（zero-lower-bound problem），即中央银行无法进一步降低其政策利率（美联储的联邦基金利率），因为它们已经触底为零，这发生在 2008 年年底。像联邦基金利率这样的政策利率不可能低于零，因为金融机构不愿意通过在联邦基金市场上放贷获得比持有零利率现金更低的回报。因为这两个原因，中央银行需要非利率工具，被称为**非常规货币政策工具**（nonconventional monetary policy tools）来刺激经济。这些非常规货币政策工具有以下四种形式：流动性供给、资产购买、前瞻指引以及中央银行存款负利率。

18.3.1 流动性供给

因为传统的货币政策行动不足以拯救近年金融危机下的金融市场，所以美联储对贷款机构前所未有地实施扩充，来为金融市场提供流动性。

1. 贴现窗口扩张

从 2007 年 8 月中旬危机开始，美联储降低贴现率（对银行的贷款利率）为高于联邦基金利率目标 50 个基点（0.50 个百分点），而平时为 100 个基点。之后，2008 年 3 月，它进一步降低至仅高于联邦基金利率目标 25 个基点。然而，由于贴现窗口贷款背负着"污名"（因为这意味着借款银行可能迫切需要资金,因此处于困境),所以在危机期间贴现窗口的使用是有限的。

2. 定期拍卖工具

为鼓励更多借贷,2007 年 12 月美联储成立临时定期拍卖工具(TAF),它通过竞争性拍卖决定发放贷款的利率。TAF 比贴现窗口工具的使用更为广泛,因为它能使银行以低于贴现率的利率贷款,并且该利率是通过竞争确定而非被设定为一个惩罚性利率。TAF 拍卖 200 亿美元起价,但随着危机的恶化,美联储将金额大幅提高,总额超过 4 000 亿美元(欧洲中央银行进行了类似的操作,在 2008 年 6 月的一次拍卖中超过了 4 000 亿欧元)。

3. 全新贷款计划

美联储扩大了其对金融体系的流动性供应,此次供应远远超出了其对银行机构的传统贷款。这些措施包括对投资银行放贷,以及为促进购买商业票据、抵押贷款支持证券和其他资产支持证券提供贷款。此外,美联储介入并贷款给摩根大通以协助其收购贝尔斯登,贷款给美国国际集团(AIG)以防其破产。在 2007 ~ 2009 年金融危机期间,美联储贷款计划的扩大确实成效显著,它的资产负债表在 2008 年年底扩大超过 1 万亿美元,而 2008 年之后资产负债表的扩张仍在继续。在危机过程中产生的新项目数量诞生出一系列新的缩写,包括 TAF、TSLF、PDCF、AMLF、MMIFF、CPFF 和 TALF。关于这些项目更加详细的介绍,请看走进美联储专栏"全球金融危机期间美联储贷款项目"。

| 走进美联储 |　　**全球金融危机期间美联储贷款项目**

在全球金融危机期间,美联储在组合一系列新的贷款工具上变得非常有创意,以帮助恢复金融体系不同部分的流动性。新的项目、它们被创建的日期和它们的功能已被列在下面的表格中。

贷款项目	创建日期	功能
• 定期拍卖工具(TAF)	2007/12/12	• 为增加美联储贷款,TAF 扩大固定金额的银行贷款,其利率由竞争性拍卖决定,并非像一般贴现贷款一样由美联储设定
• 定期证券借贷工具(TSLF)	2008/03/11	• 为提供充足国债作为信贷市场的抵押品,TSLF 向初级市场经销商提供比对广泛的抵押品隔夜贷款更长时期的国债
• 互换协议	2008/03/11	• 向外国中央银行借美元以换取外币,由此中央银行可以向本国银行提供美元贷款
• 摩根大通收购贝尔斯登贷款计划	2008/03/14	• 通过向摩根大通的无追索权贷款购买贝尔斯登 300 亿美元的资产,以促进其对贝尔斯登的收购
• 一级交易商信贷工具(PDCF)	2008/03/16	• 向一级交易商(包括投资银行)提供贷款,以使其能以与银行从传统贴现窗口工具借款类似的条件借入资金
• 向 AIG 提供贷款	2008/09/16	• 向 AIG 提供 850 亿美元贷款
• 资产支持商业票据货币市场共同基金(AMLF)	2008/09/19	• 向初级市场经销商提供贷款,以使他们可以从货币市场共同基金购买资产支持商业票据,由此这些基金可以出售票据来满足投资者的赎回
• 商业票据融资项目(CPFF)	2008/10/07	• 为从发行人处购买商业票据提供资金
• 货币市场投资者融资项目(MMIFF)	2008/10/21	• 贷款给能够购买更大范围货币市场共同基金资产的专用工具
• 短期资产支持证券贷款(TALF)	2008/11/25	• 贷款给资产支持证券发行人,反对将这些证券作为抵押品,以提高市场运作功能

18.3.2　大规模资产购买

美联储公开市场运作通常只涉及购买政府证券，尤其是短期政府证券。然而，在危机期间，美联储开始了两个新的大规模资产购买计划（通常称作 LSAP），以降低特定类型的信贷利率。

（1）2008 年 11 月，美联储建立了政府资助实体购买计划，其中美联储最终购买了由房利美和房地美保证的 1.25 万亿美元抵押贷款支持证券（MBS）。通过这些收购，美联储希望提振 MBS 市场和低利率住宅抵押贷，以此来刺激房地产市场。

（2）2010 年 11 月，美联储宣布，它将以约每月 750 亿美元的利率，购买 6 000 亿美元的长期国债。该大规模收购计划被称为 QE2（即量化宽松 Ⅱ，而非丘纳德邮轮），目的在于降低长期利率。虽然短期国债利率在全球金融危机期间降至零，但长期利率并没有变化。由于投资项目存续期长，长期利率比短期利率对投资决策更相关。美联储通过降低长期利率来购买长期国债可能有助于刺激投资支出和经济。

（3）2012 年 9 月，美联储宣布了第 3 个大规模资产购买计划——QE3，结合了 QE1 和 QE2 的要素。通过 QE3，美联储购买了 400 亿美元的抵押支持证券和 450 亿美元的长期债券。然而，QE3 与此前 QE 项目的主要不同之处在于它的目的并不是要增加固定美元数量的资产而是开放式的，伴随着采购计划继续，但前提是"如果劳动力市场的前景并没有大幅改善"。

这些流动性供给和大规模资产购买计划使得美联储资产负债表出现了前所未有的翻两倍的结果（见图 18-7）。

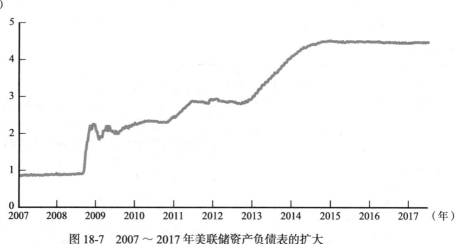

图 18-7　2007 ～ 2017 年美联储资产负债表的扩大

注：在全球金融危机期间和之后，美联储的资产负债表规模扩大了两倍多。

资料来源：Federal Reserve Bank of St.Louis FRED database:https://fred.stlouisfed.org/series/WALCL.

18.3.3　量化宽松 VS. 信贷宽松

正如我们刚刚了解到的，美联储为应对全球金融危机引入的计划导致了联邦储备资产负债表空前扩张，从约 9 000 亿美元扩大到 2017 年的超过 4 万亿美元。这种资产负债表的扩张被称为**量化宽松**（quantitative easing），这是因为如第 17 章所示，它导致了基础货币的巨幅增长。因为基础货币这样大幅度的增长，通常会导致货币供应量的扩大，这可能会是在短期内刺激经济的强大力量，并可能在未来产生通货膨胀。

我们有理由对这一假设持怀疑态度。第一，正如我们在第 17 章最后的应用部分中看到的，美联储的资产负债表和基础货币的巨大扩张并没有导致货币供应量的大幅增加，因为大部分增加的基础货币只流入超额准备金的储备。第二，由于联邦基金利率已经降到了零下限，资产负债表和基础货币的扩张不能进一步降低短期利率以刺激经济。第三，基础货币的增长并不意味着银行将增加放贷，因为它们可以增加其持有的超额准备金而非贷款。事实上，这似乎正是在全球金融危机期间发生的事情，当时基础货币的大量增加主要导致超额准备金大规模上升，而银行贷款并没有增加。在 20 世纪 90 年代股市和房地产市场泡沫破灭后，日本中央银行进行量化宽松政策时，似乎已经出现了类似的现象。至今日本经济不仅没有复苏，而且通货膨胀其至变为负值。

对量化宽松政策价值的怀疑意味着金融危机期间美联储的非常规货币政策措施对刺激经济无效吗？当时的美联储主席伯南克认为，答案是否定的，因为美联储政策的目的并不是扩大美联储的资产负债表，而在于**信贷宽松**（credit easing），即改变美联储资产负债表的构成，以提高信贷市场特定领域的正常运作。事实上，伯南克主席一直坚持美联储的政策不应被定性为量化宽松政策。

美联储资产负债表构成的改变可以以几种方式来刺激经济。首先，当美联储向已冻结的信贷市场某个特定领域提供流动性时，即可以帮助解冻市场，并使资本配置于生产性用途，从而刺激经济。其次，当美联储购买特定证券时，它会增加对这些证券的需求，且正如我们在第 6 章中所看到的，这种行动可以降低该证券相对于其他证券的利率。因此，即使短期利率已经触及零利率，资产购买仍可以降低特定信贷市场的借款人利率，从而刺激消费。例如，购买 GSE 抵押贷款支持证券似乎降低了这些证券的利率，导致住房抵押贷款利率大幅下降。购买长期国债也可能降低它们相对于短期的利率，因为长期利率可能与投资决策更相关，这些资产市场的购买可能会促进投资支出。最近的研究显示支持这一观点，原因是据估计随着美联储的资产购买计划，长期利率会下降约 100 个基点（1 个百分点）。⊖

18.3.4 前瞻指引

尽管在全球金融危机之后，短期利率不能被迫低于零，美联储可以选择走另一条不同路线来努力降低长期利率，但正如我们上面提到的，这种方式将会刺激经济。路线涉及美联储的一个承诺：联邦基金利率在很长一段时间内会维持零的状态。要看这将如何发挥作用，请回想第 6 章讨论的利率期限结构的预期理论。那时我们知道，长期利率将等于市场预期发生在长期债券期限内的短期利率平均水平。通过承诺未来将联邦基金利率在延长期维持为零的政策行动，美联储可能会降低市场对未来短期利率的预期，从而造成长期利率下降。哥伦比亚大学的迈克尔·伍德福德将这样一种战略称作**期望管理**（management of expectations），但它更常被称为**前瞻指引**（forward guidance）。

⊖ See, for example, Joseph Gagnon, Mathew Raskin, Julie Remache, and Brian Srian, "Large Scale Asset Purchases by the Federal Reserve: Did They Work?" *Federal Reserve Bank of New York Economic Policy Review*, Volume 17, Number 1 (May 2011), pp.41-59.

美联储在其发布时就推行这一前瞻指引战略，在 2008 年 12 月 16 日 FOMC 会议后，这不仅会使联邦基金目标利率降低至 0 ～ 0.25%，而且"委员会预见疲软的经济状况可能会使一段时间内需要非常低水平的联邦基金利率"。美联储之后好些年都继续使用 FOMC 声明中的这种表述形式，甚至在 2011 年 8 月 FOMC 会议上，保证维持联邦基金利率接近于 0，直至 2013 年年中的某个具体日期（在 2015 年中期的会议上进行了修正）。虽然美国国债的长期利率已经下降，但我们也不清楚这一下降有多少是因为美联储的前瞻指引，而不是经济的整体疲软。

对未来政策行动有两种类型的承诺：有条件的和无条件的。将联邦基金利率从 2008 年开始的一个延长期间内维持在零是有条件的，因为它表明这一决定是基于经济持续疲软的预测。如果经济环境改变，FOMC 表示可能放弃承诺。另外，美联储可能做出一个无条件的承诺，只需声明它将在一段延长期内保持联邦基金利率为零，而不必表明这个决定基于经济状况可能改变。无条件承诺比有条件承诺更可靠，因为它没有表示承诺将被废弃，并因此可能对长期利率有较大影响。不幸的是，它的缺点在于即使环境以"放弃承诺会更好"这样一种方式改变，美联储可能会感觉它不能出尔反尔，因此不能放弃承诺。

无条件承诺的劣势由美联储在 2003 ～ 2006 年的经历显示出来。2003 年，美联储开始担心通货膨胀太低，而通货紧缩的可能性明显。2003 年 8 月 12 日，FOMC 会议提出："在这种情况下，委员会认为，宽松的货币政策会维持相当长的一段时间。"美联储于 2004 年 6 月 30 日的 FOMC 会议开始实行紧缩政策，此时它将声明改变为"宽松的货币政策可能会以一个可以测量的速度被移除"。然后在接下来的贯穿 2006 年 6 月的 17 次 FOMC 会议中，美联储都将联邦基金利率目标明确提高了 0.25 个百分点。市场将 FOMC 的声明解读为表示的是一个无条件的承诺，这就是为什么美联储可能已经限制在每次 FOMC 会议上不偏离 0.25 个百分点的移动。回顾过去，这一承诺导致货币政策维持太长时间、过于简单，而通货膨胀随后上升到理想水平，且正如在第 12 章中讨论的，可能有助于促进房地产泡沫的破裂导致经济如此之大的破坏性后果。

当美联储宣布退出超低利率的具体日期时，许多市场参与者认为这项声明是无条件的承诺，尽管美联储对这样的解释持反对意见。2012 年 12 月，美联储将避免与无条件承诺相关的问题更明确地改为有条件的声明，它表示："至少只要失业率仍高于 6.5%，且未来一两年内的通货膨胀水平预计不超过委员会 2% 的长期目标 0.5 个百分点，联邦基金利率在极其低的范围就是合适的。"

虽然它是一个固定日期承诺的改进，但是这种基于阈值的有条件的方法也存在自身问题。首先，它可能被看作美联储实现特定失业率的承诺，而不考虑到它所需要的货币激励。正是这种承诺让美联储在 20 世纪 70 年代陷入麻烦并出现通货膨胀升级——被称为"通货大膨胀"（将在第 24 章中进行讨论）。另外，这种方法会被看作从 2% 到 2.5% 的通货膨胀目标的增加，并削弱了美联储承诺保持低且稳的通货膨胀率的信誉。这种信誉的丧失可能导致在稳定通货膨胀以及经济活动方面的结果较差。

在 2014 年 3 月的会议上，由于美国失业率接近 6.5%，FOMC 放弃了基于失业率和通货膨胀率阈值的前瞻指引。随后，它宣布将决定联邦基金利率目标调整的时间和规模——通过"考虑到各种各样的信息，包括劳动力市场状况的度量指标、通货膨胀压力和通货膨胀预期指标，以及关于金融和国际发展的读物"。

18.3.5　银行存款负利率

在全球金融危机之后，由于日本和欧洲的通货膨胀率非常低，经济也很疲软，所以欧洲和日本的中央银行开始试验一种新的非传统货币政策工具，将银行在本国中央银行持有的存款利率设定为负值。换句话说，银行现在必须向中央银行支付费用，才能将存款存放在中央银行。瑞典中央银行于 2009 年 7 月率先对银行存款实行负利率，随后实施的有 2012 年 7 月丹麦中央银行、2014 年 6 月欧洲中央银行、2014 年 12 月瑞士中央银行、2016 年 1 月日本中央银行。

中央银行为银行存款设定负利率，旨在通过鼓励银行将存放在中央银行的存款发放出去，从而鼓励家庭和企业增加支持，起到刺激经济的作用。然而，人们怀疑存款负利率是否会产生预期的扩张效果。

首先，银行可能不会把它们在中央银行的存款用于放贷，而是将存款转化为现金。这样做会有一些成本，因为银行需要建造更多的保险库，并雇用保安来保护现金。尽管如此，它们可能更愿意这样做，而不是把钱贷出。

其次，如果银行仍然必须向储户支付正利率，那么银行支付存款利息的成本可能会非常高。在这种情况下，银行的盈利能力将会下降。这样的结果可能会降低银行放贷的可能性。因此，银行存款负利率不仅不是扩张性的，反而可能导致银行减少贷款发放。

中央银行存款负利率是否会如预期那样刺激经济，目前还没有定论。事实上，对这种非常规货币政策工具有效性的怀疑，使得时任联邦储备理事会主席珍妮特·耶伦在 2016 年宣布，美联储没有考虑使用这种工具来刺激经济。然而，如果美国的经济变得更加疲软，其他国家的负利率经验表明这种工具在刺激支出方面是有效的，那么美联储的观点可能会改变。

18.4　欧洲中央银行的货币政策工具

正如美国联邦储备体系一样，欧洲中央银行体系（通常被称为"欧洲中央银行"）通过设定**目标融资利率**（target financing rate），并据此确定**隔夜现金利率**（overnight cash rate）向市场表明其货币政策立场。和联邦基金利率一样，隔夜现金利率是银行同业间极短期的拆放利率。欧洲中央银行所使用的货币政策工具同美联储一样，主要包括公开市场操作、向银行发放贷款以及法定存款准备金要求。

18.4.1　公开市场操作

正如美联储一样，欧洲中央银行也将公开市场操作作为实施货币政策和按照目标融资利率设定隔夜现金利率的主要工具。**主要再融资业务**（main refinancing operations）是公开市场操作的主要形式，类似于美联储的回购交易，包括每周例行的**反向交易**（reverse transaction，在回购协议下买入或卖出符合条件的资产，或以该类资产作为抵押进行信贷业务），反向交易一般在两周之内完成。信贷机构向欧洲中央银行提交报价，然后欧洲中央银行决定接受谁的报价。和美联储一样，欧洲中央银行也接受最有利的报价，不断地进行买卖，一直到准备金数量达到理想水平为止。同美联储的公开市场操作在纽约联邦储备银行同一地点进行不同，欧洲中央银行的公开市场操作分别由各个国家的中央银行实施。

第二类公开市场操作是**长期再融资业务**（long-term refinancing operations）。对于欧元区银行体系来说，这是一个非常小的流动性来源，类似于美联储的直接购买或出售证券。这种操作每月进行一次，通常是买卖 3 个月期的证券。它们并不是表明货币政策立场的信号，目的只是为欧元区银行提供较长期的货币资金。

18.4.2 向银行发放贷款

和美联储一样，欧洲中央银行在实施货币政策的过程中运用的次重要的货币政策工具，就是对银行的贷款。贷款由各个国家的中央银行执行，正如贴现贷款是由联邦储备体系内的各个储备银行提供的一样。这种贷款的发放是通过一个被称为**边际贷款便利**（marginal lending facility）的常设贷款工具进行的。在这一机制下，银行可以从各个国家的中央银行以**边际贷款利率**（marginal lending rate）借入隔夜贷款（提供合格的抵押品）。这一边际贷款利率通常比目标融资利率高出 100 个基点，为欧洲货币联盟的隔夜现金利率设定了上限，就像贴现率在美国的作用一样。

18.4.3 存款准备金利息

和美国、加拿大、澳大利亚以及新西兰一样，欧元体系还有另外一种常备便利，即**存款便利**（deposit facility），在这一机制下，银行存款可以获得一个固定的低于目标融资利率 100 个基点的利率。这一预先确定的存款便利利率设定了隔夜拆放市场利率的下限，而边际贷款利率则为其设定了上限。欧洲中央银行设定的准备金利率并不总是正的，如上所述，欧洲中央银行从 2014 年 6 月开始将准备金利率设定为负值。

18.4.4 法定存款准备金要求

和美联储一样，欧洲中央银行也有法定存款准备金要求，即所有吸收存款的机构必须将其吸收的支票存款以及其他短期存款总额的 2%，作为存款准备金存放于该国的中央银行。所有满足最低存款准备金要求的金融机构均可以获得欧洲中央银行经常性贷款便利的服务并参与公开市场操作。

本章小结

1. 从准备金市场的供求分析中可以得出结论：美联储进行公开市场购买或降低法定存款准备金率时，联邦基金利率会降低；美联储进行公开市场出售或提高法定存款准备金率时，联邦基金利率将提高。贴现率和准备金利息率的变动也可能会影响联邦基金利率。

2. 常规货币政策工具包括公开市场操作、贴现政策、法定存款准备金和准备金利息。公开市场操作是美联储在通常时候实施货币政策的主要工具，因为这些工具灵活、容易逆转，并且可以快速实现。贴现政策的优势是使美联储能够发挥其作为最后贷款人的作用，同时提高准备金利率，以增加联邦基金利率，避免当银行积累了大量的超额准备金时，进行大规模的公开市场操作以减少储备的需要。

3. 常规货币政策工具在零下限问题发生时不再有效，这时中央银行无法降低短期利率，因为它们已经达到最低水平。在这种情况下，中央银行使用非常规货币政策工具，包括流动性供给、资产购买以及未来货币政策行动承诺。流动性供给和资产购买导致了中央银行资产负债表的扩张，这被称为量化宽松。扩大中央银行资产负债表本身不可能对经济产生巨大的影响，但改变资产负债表的组成，即由流动性提供和资产购买完成（被称为信贷宽松），可以通过改善信贷市场的运作产生很大的影响。

4. 欧洲中央银行使用的货币政策工具类似于美联储，包括公开市场操作、向银行贷款以及法定存款准备金要求。主要再融资操作是公开市场操作的回购交易，通常在两周内进行反向操作，它是根据目标融资利率设定隔夜现金利率的主要工具。欧洲中央银行还设有经常性贷款便利，以确保隔夜现金利率在目标融资利率上下 100 个基点的范围内波动。

关键术语

常规货币政策工具	信贷宽松	防御型公开市场操作
存款便利	贴现窗口	主动型公开市场操作
联邦基金利率	前瞻指引	最后贷款人
长期再融资业务	主要再融资业务	期望管理
边际贷款便利	边际贷款利率	回购协议（repo）
非常规货币政策工具	隔夜现金利率	初级市场经销商
量化宽松	回购协议	反向交易
经常性贷款便利	目标融资利率	零下限问题

思考题

1. 如果公开市场交易室的经理听说暴风雪即将袭击纽约城，这会加大支票递送的难度，使浮款增加，那么这位经理会采取什么样的防御型公开市场操作？

2. 在假期，公众持有的现金通常会增加，这时一般会进行什么样的防御型公开市场操作？为什么？

3. 如果财政部给国防承包商支付一大笔金额，使得它在美联储的存款减少，那么公开市场交易室的经理会进行怎样的防御型公开市场操作？

4. 如果浮款降到正常水平之下，为什么国内公开市场操作的经理认为最好使用回购协议影响基础货币，而不是直接购买债券？

5. "美联储影响借入准备金水平的唯一方法是调整贴现率。"这一说法是正确的、错误的还是不确定的？解释你的答案。

6. "联邦基金利率永远不会超过折现率。"这句话是正确的、错误的还是不确定的？解释你的答案。

7. "联邦基金利率永远不会低于准备金支付利率。"这一说法是正确的、错误的还是不确定的？解释你的答案。

8. 为什么对准备金支付利息是美联储管理危机的一个重要工具？

9. 为什么回购协议用于最短期的货币政策操作，而不是简单的公开购买和出售证券？

10. 目前，大多数公开市场操作都采用回购协议的形式。这种情况告诉我们，相对于主动型公开市场操作，防御型公开市场操作可能的规模有多大？

11. 继 2008 年全球金融危机后，美联储资产负债表中的资产大幅增加，从 2007 年年底的约 8 000 亿美元上升到今天的 4 万亿美元。作为危机的结果，许多持有的资产是通过各种贷款方案获得的长期证券。在这种情况下，逆回购（卖出 – 购买交易）怎样能够有序地帮助美联储减少资产，同时减少未来潜在的通货膨胀问题？

12. "由于联邦存款保险公司的出现消除了银行危机发生的可能性，贴现贷款已经没有必要存在了。"讨论这一观点。

13. 通过对金融机构的贷款来防止银行大恐慌的缺点是什么？

14. "考虑到如果将法定存款准备金率提高到100%，则可以完全控制货币供给，国会应该授权美联储将法定存款准备金率提高到这个水平。"就这一观点展开讨论。

15. 从下面几个方面比较公开市场操作、向金融机构贷款和变动法定存款准备金率在控制基础货币方面的作用：灵活性、可逆性、有效性和实施的速度。

16. 量化宽松货币政策作为传统货币政策的一种替代，当短期利率在零下限时，它的优点和缺点是什么？

17. 为什么美联储资产负债表的构成是危机中货币政策潜在的重要方面？

18. 无条件政策承诺的主要优点和缺点是什么？

19. 在什么样的经济情况下，中央银行想要使用"前瞻指引"的策略？根据你之前的回答，我们能很容易地衡量这种策略的效果吗？

20. 欧洲中央银行体系的货币政策工具与美联储的货币政策工具相比如何？欧洲中央银行有贴现贷款机制吗？欧洲中央银行向银行存款支付利息吗？

21. 瑞典、瑞士和日本中央银行向银行存款支付负利率的主要原因是什么？如果银行决定贷出它们的超额准备金，但没有好的投资机会，这些经济体将会发生什么？

22. 2016年年初，随着日本中央银行开始推动负利率政策，日本的房屋销售出现了大幅增长。为什么会这样？这是否意味着负利率政策的有效性？

应用题

23. 如果发生存款向现金的转换，联邦基金利率会如何变化？运用准备金市场的供求分析模型解释你的答案。

24. 为什么贴现率的下降通常不会导致借入准备金的增加？用准备金市场的供求分析来解释。

25. 使用准备金市场供求分析模型，说明在其他因素保持不变的条件下，在以下情境中，联邦基金利率、借入准备金及非借入准备金会如何变化。

a. 经济发展意外强劲，导致支票存款额增加。

b. 银行预计在未来支票存款账户的提款会有不同寻常的大幅增加。

c. 美联储提高目标联邦基金利率。

d. 美联储在目前的均衡联邦基金利率之上提高了准备金利率。

e. 美联储降低法定存款准备金。

f. 美联储降低准备金要求，并通过公开市场出售证券抵消这一行动。

数据分析题

1. 登录圣路易斯联邦储备银行 FRED 数据库，找到非借入储备（NONBORRES）和联邦基金利率（FEDFUNDS）数据。

a. 计算最新一个月和前一年相同月份的非借入储备的百分比变化与联邦基金利率变化的百分点。

b. 你在 a 问中的答案是否与你对储备市场的期望一致？为什么？

2. 2008 年 12 月，美联储从一个联邦基金目标转向一系列目标（且未来有可能变回一个目标）。登录圣路易斯联邦储备银行 FRED 数据库，找到联邦基金目标 / 范围（DFEDTAR，

DFEDTARU，DFEDTARL）和有效联邦基金利率（DFF）数据。下载从 2006 年始至最新数据的表格。

a. 目前联邦基金目标 / 范围是多少？它与有效联邦基金利率比较如何？

b. 上一次美联储未达到其目标或超出目标范围是何时？有多少没达到？

c. 对于每日观测数据，通过对有效联邦基金利率和目标值之间的差取绝对值（利用 abs(.) 功能）计算"误差"。对于利率是一个范围的时期，将有效联邦基金利率设在目标范围之上或之下一个数值，计算"误差"的绝对值。2006 年年初和 2007 年年底之间平均每日误差是多少？2008 年年初至 2008 年 12 月 15 日之间平均每日误差是多少？2008 年 12 月 16 日至最新数据期间的平均每日误差是多少？自 2006 年起，最大单日误差是多少？请评价这三个时期美联储控制联邦基金利率的能力。

网络练习

1. 登录 https://www.federalreserve.gov/monetarypolicy/fomc.htm，该网站介绍了 FOMC 的活动情况。单击" Meeting calendars and information"，并单击上次会议后发表的公告，用一段话进行总结。一定要注意，该委员会对联邦基金利率的目标做了什么决定。然后，回顾过去两次会议的公告。请问该委员会的立场改变了吗？

2. 登录 https://www.federalreserve.gov/releases/h15/，当前的联邦基金利率是多少？当前美联储的贴现率是多少（同时为贴现率下个定义）？从 2008 年年底以来，短期利率是上升了还是下降了？

网络参考

https://www.federalreserve.gov/monetarypolicy/openmarket.htm 这个网站列出了历史上的联邦基金利率，并讨论了公开市场操作。

https://www.frbdiscountwindow.org/ 该网站提供了贴现窗口操作的信息，以及当前和历史利率的数据。

https://www.federalreserve.gov/monetarypolicy/reservereq.htm 该网站提供了有关法定准备金要求的历史数据和相关讨论。

https://www.federalreserve.gov/fomc 该网站提供了有关 FOMC 的讨论，列举了目前的成员、会议日期以及其他信息。

第 **19** 章

货币政策的实施：战略与策略

学习目标

1. 定义并了解名义锚的重要性。
2. 明确货币政策制定者可能追求的 6 个潜在目标。
3. 总结层级使命模式和双重使命模式的区别。
4. 比较通货膨胀目标制的优缺点。
5. 明确美联储货币政策战略随时间发生的关键变化。
6. 列出全球金融危机的 4 个教训，并讨论它们对通货膨胀目标制的意义。
7. 总结支持与反对中央银行对资产定价泡沫政策反应的论点。
8. 描述并评价选择一种政策工具的 4 个标准。
9. 解读并评估作为假设性政策工具泰勒规则对制定联邦基金利率的表现。

| 预览 |

实施合理的货币政策对于经济健康运行至关重要。过度扩张的货币政策将会导致较高的通货膨胀水平，导致经济运行效率的下降，从而阻碍经济增长。过于紧缩的货币政策将会产生严重的经济衰退，造成产出水平的下降和失业率的上升。它还可能导致通货紧缩，即价格总水平的下降，就像大萧条期间的美国和近年来的日本所发生的情况那样。正如我们在第 12 章中了解到的，通货紧缩对经济破坏性巨大，因为它会加剧金融动荡，致使金融危机不断恶化。

既然我们已经了解了诸如联邦储备体系等中央银行在执行货币政策时所使用的工具，我们就可以考察中央银行应该如何执行货币政策了。为了讨论这个问题，我们首先来看货币政策的目标，然后再研究货币政策实施中一个最重要的战略——通货膨胀目标制。之后我们考察执行货币政策的具体策略，即如何选择和设置货币政策工具。

19.1 物价稳定目标和名义锚

在过去的几十年里，各国政策制定者越来越意识到通货膨胀的社会和经济成本，并且更加关注将保持稳定物价水平作为经济政策的一个目标。**物价稳定**（price stability）一般被中央银行定义为低且稳定的通货膨胀水平，事实上物价稳定越来越被视为最重要的货币政策目标。之所以我们希望物价保持稳定，是因为持续上升的物价水平（通货膨胀）会增加经济生活中的不确定性，而这一不确定性可能会阻碍经济增长。例如，当整体物价水平不断变动时，商品和劳务的价格所传递的信息就更加难以解释，从而使消费者、企业和政府的决策更加错综复杂，并且可能会导致金融体系的低效率。

不仅仅民意调查显示公众对于通货膨胀充满了敌意，越来越多的证据也表明通货膨胀将导致较低水平的经济增长。物价不稳定最极端的情况是恶性通货膨胀，就像之前几年在阿根廷、巴西、俄罗斯和津巴布韦发生的一样。目前已经得到证明，恶性通货膨胀会对经济运行带来巨大的损害。

通货膨胀也使得未来的计划变得很困难。例如，在通货膨胀的环境中，要决定为子女接受大学教育储蓄多少钱将变得更加困难。进一步讲，通货膨胀会使一个国家的社会秩序更加紧张：因为社会中的各个集团都会和其他集团竞争以确保其工资与物价同步增长，从而可能导致冲突的发生。

19.1.1 名义锚的作用

因为物价稳定对于经济的长期健康、稳定增长至关重要，所以成功的货币政策的一个核心要素就是使用名义锚。所谓**名义锚**（nominal anchor），是指有助于控制价格水平进而实现物价稳定类似于通货膨胀率或货币供应量的一个名义变量。坚持使用将名义变量的波动控制在一个较小范围内的名义锚，通过直接形成低且稳定的通货膨胀预期来达到物价稳定。名义锚如此重要的另一个原因是它可以限制**时间不一致问题**（time-inconsistency problem）。由于存在时间不一致问题，基于随意性和以逐日调整为基础的货币政策长期效果很差。

19.1.2 时间不一致问题

时间不一致问题是我们日常生活中经常面对的问题。我们经常会制订一项计划而且确信从长远来看执行该计划一定会带来很好的结果，但是当第二天来临的时候，我们往往无法控制自己而违背先前的计划，因为这么做会得到短期的收益。譬如，新年来临时我们下定决心开始减肥，但是之后不久我们就无法抗拒多吃一口冰激凌的诱惑，然后再吃一口，然后再吃一口……这样体重就又长回来了。换句话说，我们发现随着时间的推移，自己不能长期一贯地遵循一个好的计划；良好的计划被认为是时间不一致的，很快就会被抛弃。

货币政策制定者也面临着时间不一致问题。他们总是倾向于执行一项存在相机抉择的货币政策，这一政策的扩张性往往超出企业和民众的预期，因为这样的政策在短期内将促进总产出的提升（或降低失业率）。然而最好的政策是不实行扩张性政策，因为工资和价格的决定反映了工人和企业对有关政策的预期；当看到中央银行奉行扩张性政策时，它们的通货膨胀预期将上升，进而推动工资和价格上涨。工资和价格的上涨将导致更严重的通货膨胀，却不会带来更高的产出水平。

如果中央银行不打算推行出乎人们意料的扩张性政策，而是始终努力控制通货膨胀水平，那么长此以往中央银行就会在控制通货膨胀方面表现出色。然而，即使中央银行意识到相机抉择的政策将导致不良后果（高通货膨胀率的同时产出水平没有提高），它仍然无法执行控制通货膨胀率这一更好的政策，因为政治家会对中央银行施压，试图通过实施过度扩张的货币政策以刺激产出增加。

从育儿指南这类书籍中，我们可以得到处理时间不一致问题的一点启示。父母都知道，如果他们一再妥协任由孩子淘气的话，就会把孩子宠坏。然而当孩子发脾气时，父母为了让他闭嘴，往往会迁就孩子满足他的一切要求。因为父母没有坚持自己的"不妥协"方案，孩子就会预期如果他发脾气就能得到他想要的东西，所以他一次次地发脾气。育儿书籍提出了一个解决时间不一致的办法（尽管他们不这么称呼这个问题）：父母必须为孩子制定行为规则并且贯彻始终。

名义锚类似一项行为规则，正如规则在子女教育问题中能够防止父母采取随意性的妥协政策以克服时间不一致问题一样，名义锚通过对相机抉择政策的约束，有助于防止货币政策的时间不一致问题。

19.2 货币政策的其他目标

尽管物价稳定是大多数中央银行的首要目标，然而当中央银行的官员讨论货币政策目标时，总是会不断地提到5个其他的货币政策目标：① 高就业率和产出稳定性；② 经济增长；③ 金融市场稳定；④ 利率稳定；⑤ 外汇市场稳定。

19.2.1 高就业率和产出稳定性

高就业率之所以是一个有价值的政策目标，主要出于两个方面的原因：① 与之相反的高失业率会给很多人带来苦难；② 当失业率很高时，经济中既有赋闲的工人，又有闲置的资源（关闭的工厂和闲置的设备），从而导致产出的损失（较低的国内生产总值）。

很明显，高就业率是令人向往的，但是就业率多高才算是高就业率呢？到了哪一点我们就能说经济处于充分就业状况了呢？首先，充分就业似乎应该是这样一种状态：没有工人失业，也就是说失业率为零。但是这一定义忽略了某些失业，即所谓摩擦性失业，这种失业是工人和企业为实现合意的雇用关系而进行搜寻的过程中出现的失业，这对经济是有利的。例如，一个决定找一份更好的工作的工人，在求职期间可能会失业一段时间。工人往往决定暂时离开工作岗位去从事其他活动（抚养子女、旅行、返校学习）。当他们决定重新进入就业市场时，可能需要花一些时间才能找到合适的工作。

经济处于充分就业状态时失业率不为零的另一个原因是存在结构性失业，即工作需求与本地工人的技能或可用性不匹配。显然，这种失业是不受欢迎的，不过对于这一点，货币政策无能为力。

高就业率的目标不是追求零失业率水平，而是与充分就业相一致的某个大于零的失业率水平，在这一失业率水平上，劳动需求等于劳动供给。这一失业率水平被称为**自然失业率**（natural rate of unemployment）。

虽然这个定义听起来简洁且具有权威性，但是有一个麻烦的问题没有解决：与充分就业相一致的失业率是多少？一方面，在某些情况下失业率明显过高，例如大萧条时期超过20%的失业率显然是过高的；另一方面，20世纪60年代初，政策制定者认为失业率合理的目标为

4%，这一水平可能过低，因为它导致了通货膨胀的快速发展。目前对自然失业率的合理估计为 4.5%～5%，但是这一估计值也存在着很大的不确定性和争议。例如，政府适当的政策，诸如提供更多关于空缺职位的信息和职业培训方案可能会降低自然失业率水平。

对于高就业率目标，我们可以用另一种方式来思考。失业率水平与该经济体的经济活动水平相联系，处于自然失业率时会产生一个特定的产出水平，它足以被称作**自然产出率**（the natural rate of output），但通常被称作**潜在产出**（potential output）。

要实现高就业率目标，意味着中央银行应该努力将产出水平朝自然产出率移动。也就是说，它应该使产出水平稳定在自然产出率附近。

19.2.2　经济增长

稳定的经济增长目标与高就业率目标紧密相关，因为当失业率低的时候，企业更愿意进行资本设备的投资以提高生产率和促进经济增长。相反，如果失业率很高，工厂闲置，企业再把钱投资在新厂房和新设备上就得不偿失了。尽管这两个政策目标是紧密相关的，但是通过直接鼓励企业投资或鼓励人们储蓄从而为厂商提供更多资金，政策的目标可以明确地确定为促进经济增长。实际上，这种方法就是供给学派的政策主张，通过提供税收优惠以促使企业投资于厂房及设备，促使纳税人更多地储蓄，进而推动经济增长。关于货币政策在促进增长方面应该发挥多大作用的问题仍存在激烈讨论。

19.2.3　金融市场稳定

我们在第 12 章中的分析表明，金融危机会影响金融市场为具有生产性投资机会的人融通资金的能力，并导致经济活动急剧收缩。因此，促进更加稳健金融体系的形成，进而避免金融危机的发生，成为中央银行的一个重要目标。事实上，正如我们在第 16 章中讨论的，美国联邦储备体系就是因为 1907 年发生的银行恐慌，为了促进金融业的稳定而建立的。

19.2.4　利率稳定

利率稳定是非常有意义的，因为利率波动可能增加经济生活中的不确定性，并使未来计划变得更加困难。譬如，利率波动会影响消费者的购房意愿，这不仅使消费者很难决定购买住房的时间，而且也使开发商很难确定住房的建设计划。由于存在第 16 章讨论过的原因，所以中央银行也有意减缓利率上升的幅度：利率的上升会导致人们对中央银行的严重不满，从而导致削减中央银行权力的呼声高涨。

金融市场的稳定也有赖于利率的稳定，因为利率波动会给金融机构带来极大的不确定性。利率的上升会导致长期债券和抵押贷款出现巨大的资本损失，这一损失可能会导致持有它们的金融机构倒闭。近年来，越来越显著的利率波动对于储蓄贷款协会和互助储蓄银行来说是非常严重的问题，在 20 世纪 80 年代和 90 年代初，很多机构都陷入财务危机之中。

19.2.5　外汇市场稳定

随着国际贸易对美国经济重要性的增强，美元相对于其他货币的比价已经成为美联储考虑的重要事项。美元升值使美国的企业与外国企业相比竞争力减弱，美元贬值则又会刺激美国的通货膨胀。此外，防止美元币值的大幅波动有利于从事跨国贸易的企业和个人事先制订计划。

因此，稳定美元币值使其在外汇市场上不发生剧烈波动就成为货币政策的一个重要目标。在其他一些更为依赖对外贸易的国家，外汇市场的稳定性就更加重要了。

19.3 物价稳定应该是货币政策的首要目标吗

从长期来看，物价稳定和前面提到的其他政策目标之间并无矛盾。自然失业率不会由于高通货膨胀率而降低，所以较高的通货膨胀率水平不能带来较低的失业率水平，也不会在长期内创造更多的就业机会。换言之，在长期通货膨胀和高就业率之间并不存在权衡取舍的关系。从长期来看，物价稳定会促进经济增长以及金融和利率的稳定。虽然长期内物价稳定与其他政策目标是一致的，但是在短期内物价稳定往往与产出稳定和利率稳定这两个目标相冲突。例如，当经济不断扩张、失业率逐步降低时，可能会出现经济过热的情况，从而导致通货膨胀率的上升。为了实现物价稳定的目标，中央银行将提高利率以防止经济过热。中央银行这样的行动会造成产出下降，并增加利率的不稳定性。中央银行应该如何解决目标之间的冲突呢？

19.3.1 层级使命与双重使命

物价稳定对于经济的长期健康发展至关重要，许多国家已经明确指出，物价稳定应该是中央银行首要的长期目标。例如创建欧洲中央银行的《马斯特里赫特条约》明确指出："欧洲中央银行体系的首要目标应是保持物价稳定。在不影响物价稳定这一目标的前提下，欧洲中央银行体系应支持区域内的总体经济政策。"其中包括诸如"高就业水平"与"可持续和无通货膨胀的增长"等政策目标。将物价稳定这一目标放在首要位置，只有在实现物价稳定的前提下，才会去追求其他政策目标的实现，这类目标模式被称为**层级使命**（hierarchical mandate）模式。这是控制诸如英格兰银行、加拿大银行、新西兰储备银行以及欧洲中央银行等中央银行行为的官方指导性原则。

与此相反，法律规定的美国联邦储备体系的任务是："联邦储备理事会和联邦公开市场委员会应保持货币和信贷总量的长期增长与经济的长期潜在产出增长水平相一致，以便有效地实现充分就业、物价稳定，以及适度的长期利率等目标。"正如我们在第5章中所分析的，如果存在高通货膨胀，长期利率将会非常高，因此以上这一实践中的声明被称为是**双重使命**（dual mandate）模式，这种模式要同时实现两个平等的目标：物价稳定和充分就业（产出稳定）。

对于一个经济体而言，层级使命模式和双重使命模式哪一个更好呢？

19.3.2 物价稳定作为货币政策首要的长期目标

因为长期物价稳定和自然失业率之间并不存在矛盾，所以如果充分就业被定义为自然失业率水平，层级使命模式和双重使命模式这两种模式之间的差异就不是很大。然而在实践中，这两种模式之间的差别往往很大，因为公众和政治家可能认为层级使命模式过分强调控制通货膨胀，而对稳定产出水平重视不足。

由于低且稳定的通货膨胀率可以促进经济增长，中央银行已经认识到物价稳定应该是货币政策首要的长期目标。然而，由于产出波动也应该是货币政策关注的对象，所以物价稳定只应被视为长期内的首要目标。试图在短期内保持相同的通货膨胀水平而忽视外部条件，可能会导致产出的过度波动。

只要将物价稳定作为一个长期目标而非短期目标，中央银行就可以允许通货膨胀率在短期内偏离其长期目标而专注于减少产出的波动，这样中央银行就可以在双重使命模式下运行了。但是，如果在双重使命模式下中央银行实施旨在增加产量和就业机会的短期扩张性政策，而完全忽视通货膨胀的长期后果，时间不一致问题就可能会重演。担心双重使命模式可能会导致过度扩张性政策，是中央银行的决策者往往偏向于采用层级使命模式的一个关键原因，在这一模式下追求物价稳定居于优先地位。但是，如果他们使中央银行的表现如同英格兰银行行长默文·金提到的"通货膨胀稳定狂热症"一样，仅关注控制通货膨胀，即使在短期内如此，甚至为了这一目标采取了导致产量大幅波动的政策，层级使命模式也会出现问题。对于中央银行来说，选择哪种类型的任务模式更好最终取决于实践中该模式将如何运作的种种细微之处。只要把物价稳定作为长期而非短期内的首要目标，无论哪种类型的任务模式都是可以接受的。

19.4　通货膨胀目标制

认识到物价稳定应作为货币政策首要的长期目标，且名义锚是帮助实现这一目标的有价值的工具，产生了通货膨胀目标制这种货币政策战略。**通货膨胀目标制**（inflation targeting）包括以下几个要素：① 公布中期通货膨胀率的目标数值；② 将物价稳定作为首要和长期的货币政策目标，使之成为一种制度性的承诺，并且承诺实现这种通货膨胀治理目标；③ 使用信息综合方法，即在制定货币政策过程中使用许多变量（不仅仅是货币总量）；④ 通过就货币政策制定者的计划和目标等问题与公众和市场进行交流，从而提高货币政策战略的透明度；⑤ 增强中央银行实现其通货膨胀目标过程中所担负的责任。1990 年，新西兰成为第一个正式采用通货膨胀目标制的国家，随后加拿大在 1991 年、英国在 1992 年、瑞典和芬兰在 1993 年，以及澳大利亚和西班牙在 1994 年，先后采用了通货膨胀目标制。诸如以色列、智利和巴西等国家也采取了某种形式的通货膨胀目标制。[⊖]

19.4.1　新西兰、加拿大和英国的通货膨胀目标制

由于新西兰是世界上第一个采用这种制度的国家，所以我们从它开始进行考察。进而，我们将会考察加拿大和英国这两个随后采用这种制度的国家的通货膨胀目标制情况。

1. 新西兰

作为对政府在经济运行过程中所发挥作用进行整体性改革的一部分，新西兰议会于 1989 年通过了《新西兰储备银行法》，该法案已于 1990 年 2 月 1 日生效。除了增加中央银行的独立性，使其从发达国家中独立性最差的中央银行转变为独立性最强的中央银行，该法案还要求新西兰储备银行将物价稳定确立为其唯一目标。《新西兰储备银行法》规定财政部部长和储备银行行长必须协商并签订《政策目标协议》（Policy Targets Agreement）。该协议设定了可以用来评估货币政策表现的目标，并详细规定了通货膨胀目标范围的具体数字，以及实现这一目标的时间。新西兰立法的一个不寻常的特征是，储备银行行长对于货币政策的成功负有高度责任。如果没有达到《政策目标协议》事先设定的目标，行长就会被免职。

财政部部长和储备银行行长于 1990 年 3 月 2 日签署了第一份《政策目标协议》，要求储备

⊖ 通货膨胀目标制战略的前提是货币目标制。该战略在本章网络附录 1 "货币目标制" 部分中有讨论，网址为 www.pearson.com/mylab/economics。

银行把年度通货膨胀率控制在 3% ～ 5%。后续的协议将这一范围缩减至 0 ～ 2%，一直到 1996 年年末，该范围才又扩大到 0 ～ 3%，在 2002 年再次变为 1% ～ 3%。由于采取了紧缩性货币政策，通货膨胀率从 5% 以上降低至 1992 年年末的 2% 以下（见图 19-1a）。不过，新西兰也为此付出了高昂的代价——经济严重衰退、失业率急剧上升。之后，通货膨胀率一般都维持在目标范围之内，自 1992 年以来，新西兰的经济增长率一直保持在高位，有些年份甚至超过 5%，失业率也显著下降。

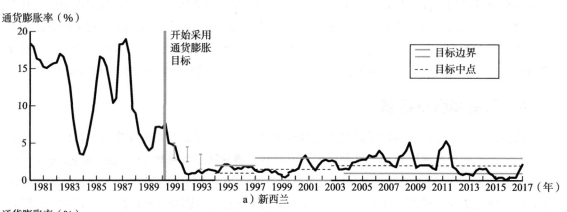

a）新西兰

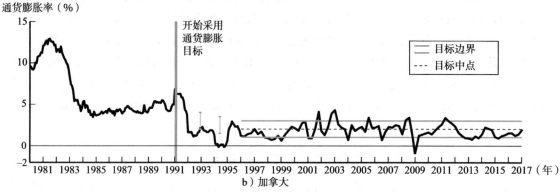

b）加拿大

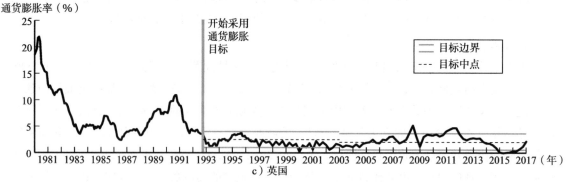

c）英国

图 19-1 1980 ～ 2017 年新西兰、加拿大与英国的通货膨胀率和通货膨胀目标

注：通货膨胀目标制国家已经大大降低了通货膨胀率，并最终达到了通货膨胀目标。

资料来源：Ben S. Bernanke, Thomas Laubach, Frederic S. Mishkin, and Adam S. Poson, *Inflation Targeting: Lessons from the International Experience* (Princeton: Princeton University Press, 1999); and Federal Reserve Bank of St. Louis FRED database: https://fred.stlouisfed.org/series/NZLCPIALLQINME; https://fred.stlouisfed.org/series/CPALCY01CAA661N; https://fred.stlouisfed.org/series/GBRCPIALLMINMEII.

2. 加拿大

1991 年 2 月 26 日，加拿大银行行长和财政部部长联合宣布，正式确立了通货膨胀目标制。1992 年年底之前的目标范围是 2%～4%，之后到 1994 年 6 月底是 1.5%～3.5%，1996 年 12 月底之前又变为 1%～3%。1993 年下半年新政府掌权以后，设定 1995 年 12 月～1998 年 12 月的新的目标范围为 1%～3%，然后一直保持在这一水平上。自从采用通货膨胀目标制以后，加拿大的通货膨胀率急剧下降，从 1991 年的超过 5% 跌至 1995 年的 0，然后回升至 2% 左右（见图 19-1b）。但是与新西兰的情况一样，这种下跌并非没有成本：1991～1994 年，加拿大失业率飙升至 10% 以上，好在接下来失业率出现回调。

3. 英国

1992 年 10 月，英国开始把通货膨胀目标作为其名义锚，英格兰银行开始发布《通货膨胀报告》（Inflation Report），这是一份关于目标实现进展情况的季度报告。通货膨胀目标最初被设定在 1%～4%，时间是到下一届选举（最晚于 1997 年春）之前，而其真实的意图是想将通货膨胀率控制在较低的一半的范围（低于 2.5%）。1997 年 5 月，通货膨胀目标设定在 2.5%，英格兰银行自此开始享有设定利率的权力，在货币政策中扮演更加独立的角色。

在采用通货膨胀目标制之前，英国的通货膨胀率已经开始下跌，1991 年年初通货膨胀率达到 9%，而在采用通货膨胀目标制时，通货膨胀率已经跌至 4%（见图 19-1c）。1994 年第三季度之前，通货膨胀率为 2.2%，处于目标范围之内。但这之后通货膨胀率开始回升，到 1995 年年末，超过 2.5%，然后开始回落，且自此开始（除 2008～2012 年时期）一直保持在目标范围附近。2003 年 12 月，由于对通货膨胀的衡量略微有所不同，目标范围变为 2.0%。同时，自从 1992 年采用通货膨胀目标制以来，英国经济增长势头在 2008 年以前一直强劲，失业率大幅下降。[⊖]

19.4.2 通货膨胀目标制的优点

有关通货膨胀目标制有以下好处：减少时间不一致问题、增加透明度、增强责任约束、民主原则的一致性以及政策表现进步。

1. 减少时间不一致问题

这种清晰明了并且具体的通货膨胀目标可以增强对中央银行的职责约束，从而避免中央银行试图为了在短期内扩大产出、提高就业率而施行过度扩张的货币政策，因此可以降低中央银行陷入时间不一致问题的可能性。通货膨胀目标制的一个主要优点是有助于把政治争论的焦点集中于讨论中央银行在长期内能够做什么，即控制通货膨胀，而不是纠缠于它做不到的一面，即通过扩张性货币政策持续不断地提高经济增长、增加就业机会。因此，通货膨胀目标制可以减轻中央银行追求扩张性货币政策的政治压力，从而降低发生时间不一致问题的可能性。

2. 增加透明度

通货膨胀目标制有一项优势就是普通公众很容易理解，因此其透明度极高。确实，通货膨

⊖ 如果对这些国家和其他国家的通货膨胀目标制更详细的讨论感兴趣，详见 Ben S. Bernanke, Thomas Laubach, Frederic S.Mishkin, and Adam S. Posen, *Inflation Targeting*: *Lessons from the International Experience* (Princeton: Princeton University Press, 1999)。

胀目标制十分重视政策制定的透明度，并且会使相关部门与公众定期进行交流。采取通货膨胀目标制的中央银行经常与政府进行沟通，有些是法规所规定的，有些是对非正式询问的回应，中央银行的官员也利用一切机会向公众发表有关货币政策策略的演讲。尽管一些没有采用通货膨胀目标制的国家也普遍实施这些措施，但采用通货膨胀目标的中央银行在向公众公开信息方面更胜一筹：它们不仅参与包括分发精美的小册子之类的扩大信息公开的活动，而且还发行如英格兰银行《通货膨胀报告》一样的出版物。这些出版物尤其值得注意，因为它们不再是一些常见的沉闷的中央银行的正式报告，而是图文并茂，用生动形象的数据、图表来吸引公众的视线。

采用通货膨胀目标制的中央银行利用上面提到的那些渠道来进行沟通，向普通公众、金融市场参与者以及政治家解释下列内容：① 货币政策的目标和局限性，包括通货膨胀目标的基本原理；② 通货膨胀目标的具体数值，以及该数值是如何确定的；③ 在当前的经济状况下，如何实现通货膨胀目标；④ 偏离目标的原因。这些沟通降低了货币政策、利率以及通货膨胀的不确定性，从而使私人部门能够更好地制订计划；沟通促使公众就货币政策进行辩论，从而帮助公众了解什么是中央银行能做到的、什么是做不到的；沟通还有助于澄清中央银行和政治家在货币政策实施过程中的责任。

3. 增强责任约束

通货膨胀目标制的另外一个关键特征是其具有增强中央银行责任的趋势。事实上，透明、沟通与增强责任这几者齐头并进。在实行通货膨胀目标制的国家中，具有最强职责约束要求的国家是新西兰。如果没有达到通货膨胀目标，即使只是一个季度，新西兰政府都有权解雇储备银行行长。在其他实行通货膨胀目标的国家，中央银行的责任则远不及此。但是，通货膨胀目标制所强调的政策透明度往往能够促使中央银行对公众和政府高度负责。用预先公布的、明确的通货膨胀目标作为衡量指标，在货币政策实施中不断取得成功，能够促使公众支持中央银行的独立性及其政策。即使对绩效评价和惩罚并没有一个严格的规定和法律标准，这种公众的支持和责任感也会产生。

4. 民主原则的一致性

中央银行责任约束不仅对其自身权利有效，还使货币政策实施体制与民主原则更具一致性。通货膨胀目标制的构架会提升中央银行对选定官员的职责约束，这些人有制定货币政策目标和管理经济成果的责任。然而，在实行通货膨胀目标制的一般情况下，中央银行完全控制了运营决策，所以可以为实现其指定任务保持责任约束性。

5. 政策表现进步

通货膨胀目标制的表现还是很不错的。采用通货膨胀目标制的国家似乎显著降低了通货膨胀率和通货膨胀预期，如果没有通货膨胀目标，通货膨胀率和通货膨胀预期很可能上升。此外，这些国家的通货膨胀率一旦下降，就往往一直保持在较低的水平；在经济周期中，即使在通货紧缩后的扩张性周期中，采用通货膨胀目标制国家的通货膨胀率也没有出现反弹。

19.4.3 通货膨胀目标制的缺点

批评通货膨胀目标制的人认为这项货币政策策略主要有四个缺点：信号迟滞、过于僵化、增加产出波动的潜在可能以及缓慢的经济增长。我们将依次考察这些缺点，并探究这些批评是否正确。

1. 信号迟滞

通货膨胀不易受到货币当局的控制。而且，由于货币政策效用会延迟显现，所以通货膨胀的结果也要经过很长时间的时滞才会出现。这样，通货膨胀目标就不会向公众和市场传递有关货币政策立场的及时信号。

2. 过于僵化

一些经济学家对通货膨胀目标制提出批评，因为他们认为通货膨胀目标制将一些过于刻板的规则施加在货币政策制定者身上，这就限制了他们应对一些突发事件的能力。然而，有效的政策策略应该是"类规则"的，这涉及前瞻性行为，可以避免决策者犯下具有长期不良后果的、系统性的决策错误。这种政策避免了时间不一致问题，最好被描述为"约束酌情权"（由本·伯南克和本书作者所创术语）。

实际上，通货膨胀目标制也可以用这种方式准确地描述。正如实际中操作的一样，通货膨胀目标制远不是僵化刻板的，称它为"灵活的通货膨胀目标制"可能更为合适。第一，通货膨胀目标制并没有对中央银行如何实施货币政策设定简单机械的规定。事实上，通货膨胀目标制要求中央银行利用所有可得的信息来确定合适的政策行动，以期到达通货膨胀目标。不同于简单的政策制定，通货膨胀目标制从未要求中央银行仅仅关注一个重要变量。第二，正如实际中运作的一样，通货膨胀目标制在很大程度上包括了政策酌情权。我们已经看到，通货膨胀目标可以根据经济形势进行修正。此外，实行通货膨胀目标制的中央银行通过好几种方法去应对产出的增长和波动。

3. 增加产出波动的潜在可能

对于通货膨胀目标制最严厉的批评是它只关注通货膨胀，在实际通货膨胀率超出目标的时候，可能会导致过于紧缩的货币政策，从而引发产出的大幅波动。通货膨胀目标制并不只是要求注重通货膨胀，事实上，实际的经验显示，采用通货膨胀目标的中央银行对于产出波动给予了极大的关注，所有通货膨胀目标制定者都将通货膨胀率目标设定在高于零的水平上。例如，新西兰、加拿大、英国和瑞典目前将通货膨胀目标中间点设定为 2%，而澳大利亚设为 2.5%。

通货膨胀目标制定者选择把通货膨胀目标设定在高于零的水平上，反映了货币政策制定者的一种担忧，尤其是对低通货膨胀率给实体经济活动带来的严重负面效应的担心。通货紧缩（负的通货膨胀，物价水平实际下降）尤其会引发人们的担忧，因为这可能会增加金融的不稳定性，促使经济陷入严重的紧缩状态（如第 12 章所讨论的）。近年来，日本的通货紧缩就是日本金融体系和经济疲软的重要因素。目标通货膨胀率高于零，降低了出现通货紧缩的可能性。也正是因为这个原因，日本国内外一些经济学家呼吁日本银行将通货膨胀目标设定在 2% 的水平上，而日本银行最终于 2013 年实现这一目标水平。

通货膨胀目标制也没有忽视传统的稳定性目标。实行通货膨胀目标制的国家的中央银行官员不断表示他们也十分关注产出和就业率的波动，并且所有通货膨胀目标制都已经在一定程度上具备了涵盖短期稳定性目标的能力。所有实行通货膨胀目标制的国家都想通过逐步降低中期

消费者物价指数在衡量真实通货膨胀水平时往往出现正的偏差，因此，选择的通货膨胀目标高于零就不足为奇了。但是，实际设定的目标高于这种偏差的估计值，则意味着通货膨胀目标设定者决定，即便在考虑了这种偏差以后，设定的通货膨胀目标也会超过零。

通货膨胀目标而朝着长期目标迈进，以使产出的下降达到最小的程度。

4. 缓慢的经济增长

对通货膨胀目标制的另外一个普遍的担忧就是它会导致产出和就业率增长缓慢。尽管在通货膨胀目标制下，在抑制通货膨胀的阶段，通货膨胀的降低伴随着低于正常水平的产出，不过一旦低通货膨胀率的目标实现了，产出和就业至少会恢复到先前的水平。一种保守的结论是，一旦达到低通货膨胀率的目标，通货膨胀目标制就不会对实体经济有什么危害。根据很多实行通货膨胀目标制的国家在抑制通货膨胀以后的强劲经济增长（比如新西兰），可以得出一种结论，即通货膨胀目标制在有效控制通货膨胀以后，还能促进实体经济增长。

19.5 美联储货币政策战略的变革

美联储的货币政策随时间而演化。我们首先讨论本·伯南克作为美联储主席之前的美联储货币政策战略，然后看 2012 年 1 月开始货币政策如何演变为灵活的通货膨胀目标制制度。

19.5.1 美联储"直接行动"货币政策战略

从 20 世纪 80 年代中期到 2006 年本·伯南克成为美联储主席，在没有采用显性名义锚比如通货膨胀目标的情况下，美联储实现了宏观经济表现良好（包括低且稳定的通货膨胀）。尽管联邦储备体系没有明确地表明其策略，但是在实施货币政策时确实存在一贯的策略。该策略涉及隐性而非显性的名义锚，这从联邦储备体系长期把控制通货膨胀视为高于一切的首要任务可窥见一斑。此外，它还涉及一种预测行为，也就是通过广泛分析大量的信息来监测未来通货膨胀的迹象和信号，另外，它还优先采用"先发制人"的货币策略来抵御通货膨胀的威胁。

正如米尔顿·弗里德曼所强调的，货币政策产生的影响是长期滞后的。在具有低通货膨胀历史的工业化国家，通货膨胀的过程似乎具有巨大的惯性。例如，大型美国宏观经济模型所做的估计说明，货币政策需要经过一年的时间才能影响产出，两年之后才能对通货膨胀产生显著的影响。对于那些经历过剧烈通货膨胀波动因而物价更有弹性的国家来说，这种滞后期会短一些。

长期滞后现象的存在意味着货币政策不能等到通货膨胀已经开始后才做出反应。如果中央银行一直等到通货膨胀的迹象已经非常明显时才开始行动，那么想要维持物价稳定就为时已晚，至少在没有实施极其严格的紧缩政策时是这样：通货膨胀预期早已体现在工资和物价的制定过程中，这导致难以抑制的通货膨胀动力。一旦通货膨胀积聚了这些动力，就更加难以控制，因为更高的通货膨胀预期在各种类型的长期合同和价格协议中已经变得根深蒂固。

因此，为了在通货膨胀刚刚出现苗头时就及时扼制，货币政策需要具有前瞻性和先发制人的作用。也就是说，根据影响通货膨胀的滞后时间的长短，货币政策需要在通货膨胀对经济产生压力之前就采取行动。例如，假设货币政策需要大约两年的时间才能对通货膨胀产生显著的影响，在这种情况下，即使目前的通货膨胀率较低，但是具有相同货币政策立场的决策者相信通货膨胀在接下来的两年会上涨，他们必须在当前采取紧缩的货币政策以防止通货膨胀的加剧。

在格林斯潘和本·伯南克领导下的联邦储备体系，成功地实行了先发制人的货币政策。举例来说，联邦储备体系在通货膨胀率上涨之前，于 1994 ~ 1995 年提高利率水平。结果是，通货膨胀不仅没有上升，反而略有下降。美联储也采取先发制人的措施来应对经济下滑。例如，美联储在全球金融危机爆发前夕的 2007 年 9 月开始实行宽松的货币政策，即使那时经济增长强劲而且通货膨胀率在上升[⊖]（然而在本例中，美联储的先发制人政策并没有对克服经济中大量消极股票破坏金融市场的现象产生效果）。这种先发制人的、前瞻的货币政策策略显然也是通货膨胀目标制的一个特征，因为考虑到货币政策效应较长的滞后期对通货膨胀的影响，需要对货币政策工具做出调整。

然而，先于全球金融危机的格林斯潘式联邦储备体系政策体制被称为"直接行动"（just do it）政策可能更好，与通货膨胀目标制不同，它不具备正式名义锚，是一种透明度较小的货币政策策略。但是，由于联邦储备体系的"直接行动"方式具备通货膨胀目标制中的一些主要元素，它也拥有很多它的优点。在通货膨胀目标制下，中央银行利用多种信息来确定货币政策的最佳框架。联邦储备体系的前瞻性行为和强调物价稳定的策略有助于遏制过度扩张的货币政策，从而改善时间不一致问题。

然而，除去它的成功，美联储"直接行动"这一策略存在一些缺点。首先是缺乏透明度。联邦储备体系对于其真实意图守口如瓶的做法，让人们不断地对联邦储备体系的未来行动产生猜疑。这种高度的不确定性导致金融市场产生不必要的波动，使制造商和普通公众对未来通货膨胀和产出心生疑虑。此外，政策制定的不透明增加了联邦储备体系对国会和普通公众进行解释的难度：如果没有一个预先确定的标准来评判联邦储备体系的表现，那么联邦储备体系就无法为其决策对外负责，而且职责约束的缺乏与民主原则相悖。较低的职责约束要求使得美联储易于受到时间不一致问题的干扰，从而促使它转而追求以牺牲长期目标为代价的短期目标。

19.5.2 漫长的"通货膨胀目标制"之路

艾伦·格林斯潘，1987～2006 年美联储主席，并不是增加美联储透明度的强烈支持者。因此，尽管有"直接行动"措施的缺点和通货膨胀目标制制度自 1991 年起的成功实施，但格林斯潘仍反对采纳通货膨胀目标制，并于 1996 年的一次联邦公开市场委员会会议上撤销了朝这一方向的推动措施。当本·伯南克在 2006 年成为美联储主席后，增加美联储透明度以及通货膨胀目标制现在获得了极大拥护（详见走进美联储专栏"伯南克对通货膨胀目标制的主张"）。

| 走进美联储 |　　　　**伯南克对通货膨胀目标制的主张**

伯南克是举世闻名的货币政策专家，在学术界工作时发表了大量有关通货膨胀目标制的学术论文。任普林斯顿大学教授时，在几篇文章及与本书作者共同编写的书籍中，伯南克提出由于众多已于前面介绍的理由，通货膨胀目标制将成为美联储主要推进的措施而且将产生更好的经济效应。[⊖]

⊖ 本章网络附录 2 简要介绍了美联储政策制定的历史，可以在 www.pearson.com/mylab/economics 上找到。

⊖ Ben S. Bernanke and Frederic S. Mishkin, "Inflation Targeting: A New Framework for Monetary Policy," *Journal of Economic Perspectives*, vol 11, no 2 (1997); Ben S. Bernanke , Frederic S. Mishkin and Adam S. Posen, "Inflation Targeting: Fed Policy After Greenspan," *Milken Institute Review* (Fourth Quarter, 1999): 48-56; Ben S. Bernanke , Frederic S. Mishkin and Adam S. Posen, "What Happens When Greenspan Is Gone," *Wall Street Journal*, January 5,2000, p. A22, and Ben S. Bernanke , Thomas Laubach, Frederic S. Mishkin and Adam S. Posen, *Inflation Targeting: Lessons from the International Experience* (Princeton, NJ: Princeton University Press, 1999).

当伯南克在 2002 ～ 2005 年出任美联储官员时，他持续提倡采用通货膨胀目标。2004 年，在圣路易斯联邦储备银行会议上所做的重要演讲中，他陈述了联邦储备体系应该如何向通货膨胀目标制的方向努力：联邦储备体系应该公布长期通货膨胀目标的具体数值。[⊖] 伯南克强调，公布这样的通货膨胀目标与联邦储备体系实现物价稳定和充分就业的双重任务是完全一致的，因此可以被称为是与使命相容的通货膨胀目标制，原因就在于该指标会被设定在零以上，从而避免对就业率具有负面影响的通货紧缩，而且这也不是一种可能导致对通货膨胀控制过紧并以过高就业波动为代价的短期目标。

担任美联储主席不久之后，伯南克明确表示任何朝通货膨胀目标制方向所做的改变都必须通过联邦储备理事会内部的一致同意。他成立了一个内部小组委员会以讨论联邦储备体系的交流方式（其中包括对于公开宣布一个具体的通货膨胀量化目标的讨论）之后，联邦公开市场委员会在 2007 年 11 月，向通货膨胀目标制的方向又推进了一步，出台了新的交流策略，将联邦公开市场委员会参与者对通货膨胀的预测期限延长至 3 年。在大多数情况下，3 年的时间已经足够长，因为在这样一个时间段中可预见的通货膨胀率会收敛到其长期目标，从而使在"适当政策"的条件下对通货膨胀的预计能够反映出每个参与者的通货膨胀目标的内容。

2008 年 7 月，在他作为美联储官员的最后一次演讲中，本书作者认为对通货膨胀目标一点相对小的修改也可以促使联邦储备体系向通货膨胀目标制继续推进。[⊖] 第一，美联储的目标应是为其通货膨胀目标设定一个足够长的日期，以使通货膨胀在那一时刻几乎必然会收敛到其长期数值。2009 年 1 月，联邦公开市场委员会采纳了这个修改，在适当政策下向发布的联邦公开市场委员会参与者的预测中添加长期通货膨胀预测。第二，联邦公开市场委员会的参与者必须倾向于达成一项关于使命相容的通货膨胀目标单一数值的共识。第三，联邦公开市场委员会不应该简化这一通货膨胀目标，除非有如此做的有效的、科学的原因。有了这两项修改，对于长期通货膨胀的预计就成为对通货膨胀率建立明确数值目标的一种宣示，并且可以作为一种通货膨胀目标制的灵活版本。2010 年 10 月，伯南克主席做了一次实际支持这一方针的演讲。[⊜] 然而，他没能说服联邦公开市场委员会的同僚采纳它。

自从珍妮特·耶伦在 2010 年从旧金山联邦储备银行主席离职，成为联邦储备委员会副主席，如今的伯南克就有了一个强大的盟友来使通货膨胀目标制占据联邦储备体系第二强势地位。2010 年 10 月，伯南克委任耶伦为内部小组交流委员会主席，这样通货膨胀目标制的采用就不远了。联邦公开市场委员会最终走向了通货膨胀目标制，它在 2012 年 1 月 25 日发布了"关于长期目标和货币政策战略的文件"。[⑲] 在这份每年 1 月更新一次的文件中，联邦公开市场

⊖ Ben S. Bernanke, "Inflation Targeting," Federal Reserve Bank of St. Louis, Review, vol 86, no. 4 (July/August 2004), pp. 165-168.

⊖ See Frederic S. Mishkin, "Whither Federal Reserve Communications," speech given at the Petersen Institute for International Economics, Washington, DC, July 28, 2008, http://www.federalresere.gov/newsevents/speech/mishkin20080.

⊜ Ben S. Bernanke. "Monetary Policy Objectives and Tools in a Low-Inflation Environment," speech given all the Federal Reserve Bank of Boston's conference. Revisiting Monetary Policy in a Low-Inflation Environment, October 15, 2010.

⑲ 关于这些政策战略的描述，请浏览网站 http://www.federatresenue.gov/monetarypolicy/default.htm。

委员会同意通货膨胀目标单一数值以 PCE 平减指数记为 2%（在附录 1A 中有讨论）。然而，这份文件明确声明美联储将寻求一种灵活的通货膨胀目标制形式，它与其双重使命一致，因为它将不止寻求实现其目标通货膨胀，还会聚焦于促进最大可持续就业。

美联储不是唯一的缓慢推进通货膨胀目标制的中央银行。环球视野专栏"欧洲中央银行的货币战略"，表明欧洲中央银行同样遵循着一种弱形式的通货膨胀目标制。

环球视野　　　　　**欧洲中央银行的货币战略**

欧洲中央银行（ECB）也在朝向通货膨胀目标制缓慢推进，它奉行的是一种混合货币战略，包含一些通货膨胀目标制内容的要素。$^{\ominus}$ 就在 ECB 全面运作之前的很短时间，它的管理委员会定义价格稳定性为通货膨胀率低于 2%。然而，2003 年 5 月，ECB 宣布了一个中期的通货膨胀目标："低于但是接近 2%"。ECB 的这项战略具有两个"支柱"。首先，以"对于未来的通货膨胀和经济增长的影响"为标准，对货币和信贷总量进行评价。其次，在评价未来的经济前景时使用许多其他的经济变量。

从一定程度上来说，ECB 执行的货币战略是模糊的，也一直因此受到指责。虽然"低于但是接近 2%"的通货膨胀治理目标使其更加类似于一种通货膨胀目标制，但 ECB 反复声明它并没有设立这样的通货膨胀治理目标。通过不过分强调使用通货膨胀目标制的这种方式，ECB 似乎决定实现一种两者兼顾的货币政策效果。其结果是，对于 ECB 的货币战略难以进行评价，从而减轻了其所担负的潜在责任。

19.6　全球金融危机中的货币政策战略

我们在前几章中描述的对全球金融危机进行讨论的事件表明，关于经济体如何运作，对于经济学家和决策者有四个基本经验教训。$^{\ominus}$

（1）金融部门的发展对经济活动的影响远远大于先前实现的。尽管在危机前，经济学家和政策制定者普遍认识到金融摩擦可能在经济周期波动中扮演重要角色，正如我们在 12 章中所看到的，但是全球金融危机使得金融动荡对经济活动的不利影响可能远不如原先预期的更为严重。

（2）利率零下限可能是一个严重的问题。正如我们在第 18 章中看到的，不仅自危机起，2003～2006 年也是，零下限利率迫使美联储使用非常规货币政策工具。虽然这些非常规的工具可以帮助刺激经济，但是相对于传统而言，它们的使用更复杂及其对经济的影响更是不确定的，所以它们可能更难有效利用。

（3）金融危机后的清理费用很高。正如我们在第 12 章中所看到的，金融危机是由经济衰

$\ominus$　关于欧洲中央银行货币战略的描述，请浏览网站 http:// www.ecb.int。

$\ominus$　全球金融危机对货币政策策略的影响，详见 Frederic S. Mishkin, "Monetary Policy Strategy: Lessons from the Crisis," in Marek Jarocinski, Frank Smets, and Christian Thimann, eds., Monetary Policy Revisited: Lessons from the Crisis, Sixth ECB Central Banking Conference (Frankfurt, European Central Bank, 2011), pp. 67–118。

退引发的。但除此之外，金融危机的复苏非常缓慢。卡门·莱因哈特和文森特·莱因哈特的研究已经证明，金融危机之后 10 年中经济增长显著降低，危机之后的 10 年也面临着持续的高失业率。此外，在金融危机之后，政府的债务几乎总是大幅增加，并可能出现违约，这在欧洲已成为危机后的一个主要问题。[⊖]

（4）价格和产出稳定不保证金融稳定。在最近的金融危机之前，学术界和中央银行的共同看法是，实现价格与产出稳定以促进金融稳定。然而，中央银行在 2007 年之前稳定通货膨胀和降低经济周期波动性的成功（被称为"大稳健"），并没有保护经济不受金融动荡的影响。事实上，可能已经促进了它。通货膨胀和产出波动的低波动性可能使市场参与者认为存在于经济系统的风险比真实情况要低，导致他们承担过多的风险，这反而推动全球金融危机。

这些经验教训对货币政策策略有什么启示？我们先看看这些教训会如何影响我们对通货膨胀目标制的思考，然后看看中央银行应该如何对资产价格泡沫做出反应。

对通货膨胀目标制的影响

在本章的前面，我们概述了通货膨胀目标制的论点，上述的经验教训并未反驳这些论点。尽管金融危机的教训并没有削弱对通货膨胀目标导向战略的支持，但是它们确实表明，通货膨胀目标制可能需要更灵活，需要修改几个维度。首先，我们看看这些教训对于通货膨胀目标的水平可能意味着什么。

1. 通货膨胀目标水平

正如我们在本章前面所讨论的，中央银行通常有一个在 2% 水平左右的通货膨胀目标。零下限问题的严重性提出了这个目标水平是否太低的问题。国际货币基金组织，包括其首席经济学家奥利维尔·布兰查德撰写的一篇备受争议的论文，已经提出，通货膨胀的目标可能由 2% 上升到 4%。[⊖]它认为，随着预期的通货膨胀锚定到 4% 这一目标，通过降低名义利率至零，实际利率 $i_r = i - \pi^e$，可以降低到 -4%（=0-4%），而不是 -2%（=0-2%）与 2% 的通货膨胀目标。传统的货币政策（包括操纵名义政策利率），在利率下降到零时比在较低的通货膨胀目标下更具扩张性。另一种表述方式是，政策利率的零下限与更高的通货膨胀目标是不太有约束力的。

虽然这场争论是理论上健全的且提高通货膨胀目标确实有好处，但是我们也要看看它的成本。只有当零下限问题发生时，更高的通货膨胀目标才有好处。虽然在全球金融危机期间这是一个主要问题，但这样的事件并没有很频繁地发生。如果零下限问题很少见，那么较高通货膨胀目标的好处并不是很大，因为其并不频繁发生。然而，高通货膨胀在经济上产生的扭曲成本（本章前面提到的）正在发生。因此，虽然这些成本在任何给定的一年中可能不会那么大，但是它们随时间增加，并且当零下限发生时，可能超过高通货膨胀目标的间歇性好处。

⊖ See Carmen M. Reinhart and Vincent R. Reinhart, "After the Fall," *Macroeconomic Challenges*: *The Decade Ahead*, Federal Reserve Bank of Kansas City Economic Symposium, 2010, manuscript available at http://www .kansascityfed. org; and Carmen M. Reinhart and Kenneth S. Rogoff, *This Time Is Different*: *Eight Centuries of Financial Folly* (Princeton, NJ: Princeton University Press, 2009).

⊖ Olivier Blanchard, Giovanni Dell'Ariccia, and Paolo Mauro, "Rethinking Monetary Policy," *Journal of Money, Credit and Banking*, vol. 42, Issue Supplement S1 (September 2010): 199–217.

高通货膨胀目标的另一个问题是通货膨胀的历史表明，在 4% 的水平上稳定通货膨胀率比在 2% 的水平上操作更难。一旦通货膨胀上升到了这一水平之上，公众很可能会相信，价格稳定不再是中央银行的一个可靠目标，那么问题就出现了：如果 4% 的通货膨胀水平可以，那么为什么 6% 或者 8% 不可以？等等。事实上，这似乎已经在 20 世纪 60 年代发生过，当经济学家如保罗·萨缪尔森和罗伯特·索洛（麻省理工学院）——诺贝尔奖的最终受领者，认为决策者应该愿意容忍在 4% ~ 5% 范围内较高的通货膨胀率。但当通货膨胀上升到了那个水平时，政策当局不能把它保持在那个水平上，而且它在 20 世纪 80 年代初又继续上升到两位数的水平。要让通货膨胀率再回落到沃尔克时期很耗费成本。没有一位中央银行行长希望再次通过这一周期，这就是为什么中央银行家一直如此敌视国际货币基金组织的研究人员的建议。

2. 通货膨胀目标制的灵活性

我们已经看到，实际上实行的通货膨胀目标最好是被称作"灵活的通货膨胀目标"，但是，在全球金融危机之前，这种灵活性允许与通货膨胀目标有一些短期偏离，以促进产出稳定和物价稳定。危机的两个教训——金融动荡可能会对经济产生破坏性的影响，实现价格和输出稳定并不能保证金融稳定，导致一个认识，即中央银行需要更多地关注金融稳定，不仅在于设计通货膨胀目标制度，而且在于设计任何货币政策框架。在这点上特别重要的是，中央银行应该如何应对资产价格泡沫，这是我们下面要讨论的话题。

19.7　中央银行应该试图阻止资产价格泡沫吗

几个世纪以来，经济增长一直受到**资产价格泡沫**（asset-price bubble，资产价格显著提高，或称"泡沫"，偏离其基本价值并最终剧烈地破灭）的周期性困扰。在第 12 章中讨论的次贷危机的事例表明了这些泡沫所造成的损失是多么惨重。房地产市场中资产价格泡沫的破裂导致了金融体系的崩溃，进而造成了经济衰退和失业率的上升，并且给那些丧失赎回权而被迫离开家园的人带来了直接的生活困难。

资产价格泡沫产生的巨大代价引发了以下几个问题：中央银行应该如何对付它们？应该利用货币政策来尝试打破泡沫吗？是否能够采取监管措施来抑制资产价格泡沫的产生？为了回答这些问题，我们需要问是否存在需要不同应对方法的不同泡沫。

19.7.1　资产价格泡沫的两种类型

为了考虑中央银行对资产价格泡沫的反应，我们首先需要看一下不同的泡沫类型以及每一种如何最好地得到解决。资产价格泡沫有两种类型：一类是由信贷驱动而产生的泡沫，另一类是单纯由过度乐观的预期驱动而产生的泡沫（被格林斯潘称为"非理性繁荣"）。

1. 信贷驱动型泡沫

在信贷急剧扩张过程开始的时候，它会逐步扩散成为资产价格泡沫：更易于获取的信贷可以用来购买特定的资产，从而提高这些资产的价格。资产价格的上升随之又会进一步鼓励为购买这些资产提供（更多的）贷款。这要么是由于资产价格的上升增加了抵押品的价值，所以导致获得贷款更加容易；要么是由于资产价格的提高增加了金融机构的资本价值，从而使其具有更为强大的放贷能力。为这些资产提供贷款可以进一步增加对它们的需求，从而在更大程度上提高其价格。这种反馈循环——信贷扩张提高了资产价格，上涨的资产价格随之又推进了信贷的急剧扩张，从而导致资产价格的进一步提高，如此等等，可以产生资产价格泡沫，导致资产价格远远高于其基础价值。

正如近期次贷危机所证明的那样，信贷驱动型泡沫是非常危险的。在资产价格跌落至谷底而导致泡沫破裂的时候，资产价格的崩溃就会导致反向的反馈循环——贷款出现问题，贷款人由此降低信贷供应水平，从而导致对资产的需求进一步下降，进而促使价格进一步下跌。这种情况正是次贷危机中房地产市场所经历的变动过程。在次级抵押市场信贷急剧扩张的推动下，住宅价格上升到远远超过其基本价值的水平；但是在房地产价格泡沫破灭的时候，信贷规模出现急剧萎缩，房地产的价格也随之暴跌。

由次级抵押贷款和次级证券所导致的损失促使金融机构的资产负债表情况恶化，导致信贷规模的下降（去杠杆化），企业和家庭支出大幅度下降，进而对经济活动造成不利影响。正如我们在次贷危机中所发现的那样，随着房地产价格泡沫的破灭，房地产价格和金融机构经营状况之间的相互作用使整个金融体系的运行都受到了威胁，并且对整体经济造成了极其可怕的后果。

2. 单纯由非理性繁荣驱动的泡沫

单纯由过于乐观的预期所驱动的、没有伴随着信贷急剧扩张过程的泡沫，给金融体系带来的风险要小得多。举例来说，20世纪90年代末发生的科技股泡沫不是由信贷过度扩张驱动形成的，而且科技股泡沫的破灭也没有导致金融机构的资产负债表出现显著的恶化情况。因此，科技股泡沫的破灭并没有对经济形成严重冲击，随后出现的经济衰退也相当温和。所以，单纯由非理性繁荣驱动的泡沫的危害性远远低于由信贷急剧扩张驱动的泡沫。

19.7.2 中央银行应该对泡沫采取应对措施吗

因为资产价格是货币政策的核心因素，并直接影响其结果（见第25章讨论的货币政策传导机制），货币政策当然需要对资产价格做出反应，以在通货膨胀和产出上获得好的结果，所以，问题不是货币政策是否应该对资产价格变动做出反应，而是是否应该在对稳定通货膨胀和就业的目标这一层面之上做出反应。在这些泡沫破灭的时候，货币政策应该试图打破或是减缓潜在资产价格泡沫的增长，以使其对经济的损害降至最小吗？或者，不是直接对可能的资产价格泡沫做出反应，而是货币当局应在出现泡沫破裂后，只对资产价格下降做出反应，以稳定产出和通货膨胀？这些对立的立场的关键是规避资产价格泡沫还是清理破裂后的泡沫？因此，有关资产价格泡沫的争论已经被贴上了"规避VS.清理"的标签。

人们关于在金融危机前各国中央银行是否应当试图戳破泡沫有着激烈的讨论，艾伦·格林斯潘反对此类行动。在危机发生前，格林斯潘在中央银行的地位举足轻重。然而这场危机让经济学家重新评估了这一观点，下面我们来看看赞成和反对的观点。

1. 反对观点：为什么中央银行不应试图戳破资产价格泡沫而在泡沫破裂后清理

艾伦·格林斯潘关于中央银行不应采取行动刺破泡沫被称为"格林斯潘主义"，他的立场反映了5个论点。

（1）资产价格泡沫几乎无法辨认。如果中央银行或者政府官员能够发现泡沫正处在形成过程之中，那么市场参与者难道会不知道？如果他们也知道的话，泡沫将不可能继续发展，因为市场参与者都知道，价格正在与基本面相偏离。除非中央银行或者政府的官员比市场参与者更加聪明，但考虑到有特别才能（和高收入）的市场参与者这种情况是不可能出现的，所以他们也不可能在这种类型的泡沫出现的时候及时发现它们。因此，对可疑的泡沫不做出回应存在着一个强有力的论据。

（2）尽管一些经济分析表明，提高利率可以抑制资产价格的上涨，但提高利率在抑制泡沫方面可能非常无效，因为如果市场参与者预期自己能够通过购买泡沫驱动型资产获得很高的收益率，那么提高利率就可能完全无法抑制泡沫。此外，提高利率往往会导致泡沫破裂得更加严重，从而增加对经济的损害。另一种说法是，泡沫偏离了正常行为，希望常规货币政策工具在异常情况下发挥作用是不现实的。

（3）市场中存在着许多不同的资产价格，而且在任何时候，泡沫可能只存在于一部分资产市场中。在这种情况下，货币政策行动是一种非常迟钝的工具，因为这种行动可能会影响到一般的资产价格，而不是正在经历泡沫的特定资产。

（4）采取货币政策行动以打破泡沫可能产生某些不利于整体经济运行的影响。如果为了减少泡沫而大幅度提高利率，那么经济增长将会放缓，人们将会失去工作，通货膨胀也将低于其理想水平。实际上，正如论点（2）和（3）所表明的那样，打破泡沫就必须将利率提升至一个相当高的水平，从而势必导致国民经济运行为此付出沉重的代价。这并不意味着，货币政策本来就不应该对资产价格的变动做出任何应对举措。资产价格的水平将会影响总需求（将在第 25章中讨论），从而对经济演化过程产生影响。因此，只有在资产价格的波动对通货膨胀和经济运行产生负面影响的条件下，才能运用货币政策对其采取应对措施。

（5）只要政策制定者及时做出回应，在资产泡沫破裂后积极放松货币政策，泡沫破裂的有害影响就能保持在可控的水平。事实上，在 1987 年股市崩盘和 2000 年股市科技泡沫破裂之后，格林斯潘领导的美联储正是以这种方式行事的。1987 年和 2000 年股市泡沫破裂后的积极宽松政策取得了巨大成功。1987 年股市崩盘后，美国经济没有进入衰退状态，2000 年科技泡沫破裂后的衰退也非常温和。

2. 正面观点：为什么中央银行应尝试戳破泡沫

最近的金融危机清楚地表明，信贷驱动的泡沫破裂不仅代价高昂而且很难清理。此外，即使价格和产出在泡沫形成前的一段时间内保持稳定，信贷驱动的泡沫也可能出现。事实上，正如我们看到的，价格和产出的稳定实际上可能会鼓励信贷驱动泡沫，因为它们会导致市场参与者低估当前经济中的风险。因此，全球金融危机为防范潜在泡沫提供了比在泡沫破裂后进行清理更有力的理由。

然而，这两种泡沫之间的区别，即其中一种（由信贷驱动的）泡沫对经济的代价要比另一种泡沫高得多，表明"规避 VS. 清理"争论可能分配不当。与其规避潜在的资产价格泡沫（包括信贷驱动型和非理性繁荣型泡沫），还不如规避信贷繁荣（包括规避信贷驱动的资产价格泡沫，而不是防范非理性繁荣驱动的资产价格泡沫）更有力。与资产价格泡沫相比，信贷繁荣更容易确定。当资产价格泡沫在信贷繁荣的同时迅速上升时，资产价格偏离基本面的可能性更大，因为更宽松的信贷标准正在推动资产价格上涨。在这种情况下，中央银行或政府官员更有可能认为这是一种发展中的繁荣；在美国房地产市场泡沫期间，情况确实如此，当时中央银行和政府官员意识到贷款机构减弱了贷款标准，抵押贷款市场的信贷扩张也在上升，利率高得反常。

规避信贷驱动型泡沫的理由似乎很充分，但抑制泡沫最有效的政策是什么？

3. 宏观审慎政策

首先，重要的是要认识到，在设计有效的政策以对抗信贷繁荣时，要考虑的关键原则是，此类政策必须遏制过度的风险承担。只有在过度风险承担的情况下，信贷繁荣才有可能发展，所以人们自然期望审慎的监管措施来抑制信贷繁荣。（能够影响信贷市场总体走势的监管政策，）**即宏观审慎监管**（macro-prudential regulation），似乎是治理信贷驱动泡沫问题的恰当方法。

无论是由中央银行还是由其他政府实体进行的金融调控和金融监管（具有第 10 章所描述的那种功能完备的审慎监管和监督系统中的一般性要素），都可以防止那些可能导致信贷急剧扩张进而引发资产价格泡沫的过度冒险行为。这些要素包括：充分的信息披露和资本金要求、及时的纠正行动、密切监测金融机构的风险管理流程以及严格监督强制遵守规定。更具有普遍意义的是，监管应集中于防止杠杆周期。次贷危机的事例表明，随着信贷的急剧扩张，资产价格就会不断膨胀，这导致了金融机构中的资本缓冲作用进一步上升，进而在资本金要求不变的条件下导致了信贷规模的进一步扩张，进而导致了资产价格上涨；在泡沫破裂的时候，资产价值急剧下降，导致贷款规模下降。具有反周期性质的资本金要求（在信贷急剧扩张时期上调而在泡沫破灭时期下调）可能有助于消除这种促进了信贷驱动型泡沫产生的有害的反馈循环。

伴随着信贷急剧扩张出现的资产价格快速上升提供了一个信号，即市场失灵或者金融监管乏力可能会导致泡沫正在悄然形成。中央银行和其他政府监管机构随后可以考虑实施直接控制信贷增长的政策，或者采取措施以保持充分有效的信贷条件。

次贷危机的重要教训是，中央银行和其他监管机构不应该采取自由放任的态度，任凭这一信贷驱动型泡沫产生和发展而没有做出任何反应。适当的宏观审慎监管有助于控制信贷驱动型泡沫，从而提高金融体系和整体经济的绩效水平。

4. 货币政策

正如第 12 章所讨论的，美联储 2002 ～ 2005 年的低利率政策之后，随之而来的是过度的冒险，这一事实向许多人表明，过于宽松的货币政策可能会加剧金融不稳定。尽管目前还远不清楚美联储是否应为房地产泡沫的形成负主要责任，但研究确实表明，低利率会鼓励过度冒险，也就是所谓的"货币政策风险承担渠道"。低利率可能会增强金融机构的资产管理者寻求更高收益率的动机，从而增加风险承担。低利率还可能增加对资产的需求，推高资产价格，导致抵押品估值的上升，进而鼓励贷款机构向风险更高的借款人放贷。

货币政策的风险承担渠道表明，货币政策应被用来防范信贷繁荣。然而，格林斯潘主义中许多反对使用货币政策刺破繁荣的观点仍然有效，因此，使用宏观审慎监管来抑制信贷繁荣，让货币政策专注于价格和产出稳定，不是更好吗？

如果宏观审慎政策能够发挥作用，这一论点将相当有力。然而，在这一点上存在疑问。审慎监管受到的政治压力大于货币政策，因为它更直接地影响到金融机构的底线。因此，这些机构有更大的动机游说政治家不使用宏观审慎政策来遏制信贷繁荣，特别是在信贷繁荣期，这个时候他们挣的钱最多。此外，金融机构往往非常擅长于发现漏洞（如我们在第 11 章中发现的），所以宏观审慎监管可能不是有效的。宏观审慎政策可能不能有效抑制信贷繁荣表明，货币政策可能会被用来替代。

次贷危机的一个重要教训是，中央银行和其他监管机构不应采取放任态度，任由信贷驱动的泡沫在没有任何应对的情况下发展。然而，弄清楚如何做好这件事确实是一项艰巨的任务。

19.8　策略：政策工具的选择

现在我们已经了解了实施货币政策的不同策略，接下来我们将考察货币政策的日常实施情况。中央银行直接控制货币政策工具——公开市场操作、法定存款准备金率、贴现率、准备金利息、大规模资产购买以及前瞻指导，但是了解了货币政策的工具和策略之后，还是不能从中判断该政策是宽松的还是紧缩的。要确定政策是宽松的还是紧缩的，我们可以观察**政策工具**（policy instrument，也被称为**操作工具**（operating instrument）），是一种能够对中央银行工具做出反应并且能够表明货币政策立场（宽松或紧缩）的变量。诸如联邦储备体系之类的中央银行拥有两种基本类型的政策工具：准备金总量（准备金、非借入准备金、基础货币以及非借入基础货币）和利率（联邦基金利率或者其他短期利率）（小国的中央银行能选择其他政策工具，比如汇率，这一问题我们留待在第 21 章中讨论）。政策工具可能与**中介指标**（intermediate target），比如货币供应总量（M2）或者长期利率相联系。中介指标位于政策工具和货币政策目标（比如物价稳定、产出增长）之间；它们不受货币政策工具的直接影响，但是与货币政策目标具有更加紧密的联系。为了便于学习，图 19-2 显示了中央银行工具、政策工具、中介指标以及货币政策目标之间联系的示意图。

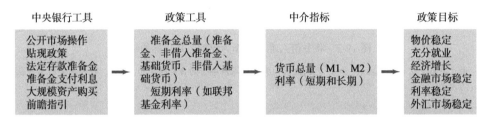

图 19-2　中央银行工具、政策工具、中介指标以及货币政策目标之间的联系

注：中央银行工具用来改变政策工具，以实现中介目标及货币政策目标。

举一个例子，假设中央银行的就业率和通货膨胀目标与名义 GDP 增长率 5% 保持一致。中央银行可能认为名义 GDP 增长率 5% 可以通过 M2 的增长率 4%（中介指标）来实现，而这又可以通过 3% 的非借入准备金（政策工具）来实现。或者，中央银行相信实现其目标的最佳途径是把联邦基金利率（政策工具）设定在比方说 4% 的水平上。中央银行能同时选择非借入准备金和联邦基金利率这两项政策工具吗？答案是否定的。第 18 章中准备金供给和需求分析解释了中央银行为什么只能选择其中一个，而不能同时选择两个工具。

我们首先考察为什么选择货币总量工具会导致对利率失去控制。图 19-3 是准备金市场的供给需求图。尽管中央银行期望准备金需求曲线位于图中 R^{d^*} 的位置，但由于存款的意外波动（从而导致法定存款准备金）以及银行改变对持有超额准备金的意愿，实际上它是在 $R^{d'}$ 和 $R^{d''}$ 之间移动。如果中央银行的非借入准备金目标值为 NBR^*（因为货币供给的目标增长率为 4%），那么它会预期联邦基金利率为 i_{ff}^*。然而，如图所示，准备金需求曲线在 $R^{d'}$ 和 $R^{d''}$ 之间的波动会导致联邦基金利率在 i_{ff}' 和 i_{ff}'' 之间波动。因此，追求总量目标意味着利率会发生波动。

图 19-4 中的供求曲线显示将利率目标设定为 i_{ff}^* 所产生的结果。中央银行还是预期准备金需求曲线如图 19-4 中的 R^{d^*}，但由于存款的意外波动或银行持有超额准备金意愿的改变，准备金需求曲线在 $R^{d'}$ 和 $R^{d''}$ 之间波动。如果需求曲线上升至 $R^{d''}$，联邦基金利率会上升到 i_{ff}^* 以上，中

央银行会在公开市场购买债券，直至拉升非借入准备金的供给达到 NBR'' 的水平，这时均衡联邦基金利率又恢复为 i_{ff}^*。相反，如果需求曲线下降至 $R^{d'}$，推动联邦基金利率下降，那么中央银行会执行公开市场出售，直到推动非借入准备金的供给数量下降至 NBR' 的水平，联邦基金利率也回到 i_{ff}^*。因此，中央银行采用利率目标会导致非借入准备金和货币供给的波动。

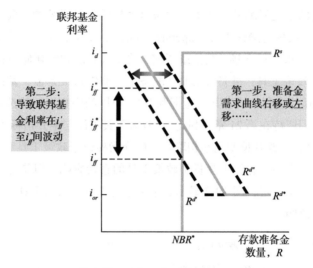

图 19-3 将非借入准备金作为政策工具目标的结果

注：由于准备金需求曲线在 $R^{d'}$ 和 $R^{d''}$ 之间波动，将非借入准备金的目标值定为 NBR^*，联邦基金利率将在 i_{ff}' 和 i_{ff}'' 之间波动。

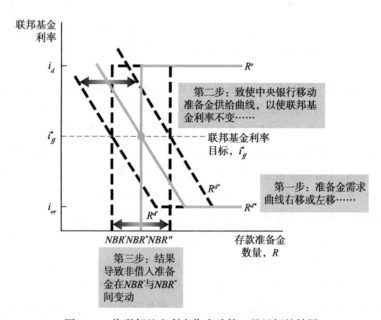

图 19-4 将联邦基金利率作为政策工具目标的结果

注：由于存款准备金需求在 $R^{d'}$ 和 $R^{d''}$ 之间波动，将利率 i_{ff}^* 作为政策工具的目标会引起非借入准备金在 NBR' 和 NBR'' 之间波动。

从供求分析中得出的结论是，利率和准备金（货币）总量工具是不相容的。中央银行能够实现一个或者另外一个目标，但不能同时实现两个目标。由于需要在这两者之间做出选择，因此我们需要考察选择政策工具的标准。

选择政策工具的标准

选择政策工具有 3 个标准：必须是可以观测和计量的，必须可以由中央银行控制，以及必须对政策目标有可以预测的影响。

1. 可观测性和可计量性

对政策工具进行迅速观测和精确计量十分必要，因为只有能够迅速地发出表明政策立场的信号，政策工具才能发挥作用。对准备金总量，比如非借入准备金的计量比较直截了当，但是对其报道总是存在着滞后性（延迟两个星期）。相反，短期利率（比如联邦基金利率），不仅容易计量，而且可以直接观测。因此，利率似乎比准备金更加容易观察和计量，所以是一种更好的政策工具。

但是，正如我们在第 4 章中所了解的，最容易计量和观测的利率是名义利率，它通常很难用来衡量借贷的真实成本，但是只有真实成本才能更加准确地告诉我们实际 GDP 的变动情况。根据预期通货膨胀率调整过的利率（$i_r = i - \pi^e$），即实际利率可以更为精确地计量借贷的真实成本。遗憾的是，由于我们没有测量预期通货膨胀率的直接手段，所以实际利率的测量难度极大。由于利率和准备金都存在可测性和可计量性问题，所以我们还不能确定哪一个更适合作为政策工具。

2. 可控性

一个变量要作为有效的政策工具发挥作用，中央银行必须能够对该变量进行有效的控制。如果中央银行不能够控制这个政策工具，即使知道它已经偏离轨道也无济于事，因为中央银行没有办法使它重新回到正确的道路上。

现金不断地流入和流出，甚至准备金总量比如非借入准备金数量也不是可以完全控制的。相反，联邦储备体系能够非常有效地控制短期利率，比如联邦基金利率。因此，按照可控性标准来看，似乎短期利率优于准备金总量。可是，由于中央银行不能控制预期通货膨胀率，所以它并不能设定短期利率。因此，我们还是无法得出明确的结论：作为政策工具，短期利率与准备金总量孰优孰劣。

3. 对目标可预计的影响

政策工具最重要的特征是它必须对目标诸如高就业率或价格稳定有可预计的影响。如果中央银行能够精确和迅速地计算中国市场上茶叶的价格，并完全控制它，这又有什么意义呢？中央银行不能用中国茶叶的价格来影响本国的失业率或者物价水平。由于对任何政策工具而言，它影响目标的能力是十分关键的，所以对准备金或者货币总量同政策目标（产出、就业和通货膨胀）之间联系的紧密程度，或者利率同这些目标之间联系的紧密程度，一直是许多研究和争论的主题。近年来，大多数中央银行发现，利率和目标（比如稳定通货膨胀）之间联系的紧密程度高于总量和通货膨胀之间的联系。出于这个原因，全世界的中央银行现在一般采用短期利率作为其政策工具。

19.9　策略：泰勒规则

正如我们已经发现的那样，目前联邦储备体系和其他大多数中央银行都是通过为设定诸如联邦基金利率那样的短期利率来执行货币政策的。但是，这个目标应该如何确定呢？

斯坦福大学的约翰·泰勒（John Taylor）为这一问题提供了答案，这就是所谓的泰勒规则（Taylor rule）。泰勒规则指出，联邦基金利率应该等于通货膨胀率加上一个"均衡"的实际联邦基金利率（实际联邦基金利率在长期内与充分就业相适应）再加上两个缺口的加权平均值：① 通货膨胀缺口，即当前的通货膨胀率减去目标通货膨胀率；② 产出缺口，即实际 GDP 与在充分就业水平条件下的潜在 GDP 估计值之间的百分比偏差。⊖这个规则可以写成：

联邦基金利率 = 通货膨胀率 + 均衡的实际联邦基金利率 +1/2（通货膨胀缺口）+1/2（产出缺口）

泰勒假定均衡的实际联邦基金利率为 2%，适当的目标通货膨胀率也是 2%，通货膨胀缺口和产出缺口的权重都是 1/2。举一个泰勒规则在实际运用过程中的例子。假定通货膨胀率是 3%，从而形成了正的通货膨胀缺口 1%（=3%-2%），而实际 GDP 比潜在 GDP 水平高出 1%，所以就有正的产出缺口 1%。因而，泰勒规则表明，联邦基金利率水平应该设定在 6%（= 通货膨胀率 3% + 均衡的实际联邦基金利率 2% + 1/2（通货膨胀缺口 1%）+ 1/2（产出缺口 1%））。

泰勒规则的一个重要特点是，通货膨胀缺口的系数为正，并且等于 1/2。如果通货膨胀率上升 1 个百分点，那么联邦基金利率的目标要提高 1.5 个百分点，其正常幅度超过了 1∶1 的水平。换言之，通货膨胀率上升 1 个百分点会导致实际的联邦基金利率上涨 1/2 个百分点。这种货币当局应该将名义利率提升至高于通货膨胀率的升高幅度的水平的原则，**被称为泰勒原理**（Taylor principle），它对于货币政策的成功发挥着至关重要的作用。如果没有遵循泰勒原理，名义利率提高的幅度低于通货膨胀的上升幅度，那么在通货膨胀率上升的情况下实际利率就是下降的。由于在此情况下通货膨胀的上升将会导致实际上出现了宽松的货币政策，这将在未来导致更高的通货膨胀水平，所以这种情况会导致严重的经济动荡。实际上，这正是 20 世纪 70 年代货币政策的特征，它导致了名义锚的失效，进而造就了被称为"大通货膨胀"的时代，在此期间，通货膨胀率攀升至两位数的水平。幸运的是，从 1979 年开始，泰勒原理成为货币政策的重要特征，从而在总产出和通货膨胀治理方面取得了比较令人满意的结果。

一些科学家考虑，泰勒规则中存在产出缺口意味着，联邦储备体系不但需要将通货膨胀水平置于可控范围之内，而且应该最小化产出围绕其潜在水平出现的周期性波动幅度。同时关注通货膨胀和产出波动，符合美联储的双重使命，也与联邦储备体系官员声称的控制通货膨胀和稳定实际产出是联邦储备体系的重要目标的言论是一致的。

在泰勒规则中存在产出缺口的另一种解释是，正如**菲利普斯曲线理论**（Phillips curve theory）所表明的那样，产出缺口是未来通货膨胀率的指示器。菲利普斯曲线理论指出，通货膨胀率的变动将受到与生产能力以及其他因素相关的经济形势的影响。在此，生产能力可以用潜在 GDP 来衡量，而潜在 GDP 是自然失业率（是与充分就业相对应的失业率）的函数。一个

⊖ 泰勒公式的原始公式可以见 John B. Taylor, "Discretion Versus Policy Rules in Practice," *Carnegie-Rochester Conference Series on Public Policy* 39 (1993): 195-214。可以从历史的角度找到更直观的结论，见 John B. Taylor, "A Historical Analysis of Monetary Policy Rules," in M*onetary Policy Rules*, ed. John B. Taylor (Chicago: University of Chicago Press, 1999), pp. 319-341。

相关的概念是**非加速通货膨胀失业率**（nonaccelerating inflation rate of unemployment，NAIRU），这是通货膨胀率没有变动趋势时的失业率。简单来说，这个理论认为，如果失业率高于 NAIRU 而产出低于潜在水平，通货膨胀率就会下降；但是如果失业率低于 NAIRU 而产出大于潜在水平，通货膨胀率就会提高。在 1995 年之前，通常认为 NAIRU 为 6% 左右。不过，随着 20 世纪 90 年代末期失业率下降到 4% 左右，而同时期的通货膨胀率并没有提高（甚至还出现了轻微的下降），一些评论家对于菲利普斯曲线的价值提出了质疑。他们或者宣称该理论已不再起作用，或者认为 NAIRU 的值存在很大的不确定性，由于一些不明确因素的影响，它可能下降到低于 5% 的水平。现在，菲利普斯曲线存在很大的争议，批评者质疑它是否应该被用作货币政策实施的指导。

正如图 19-5 所示，格林斯潘在 1987 年成为美联储主席后，在美联储设定美国联邦基金利率方面，泰勒规则的效果很好，但并不完美（注意在图 19-5 中，泰勒规则没有准确地描述 20 世纪 70 年代联邦基金利率的走势，表明当时并没有遵循泰勒规则，从而解释了当时货币政策效果低下的原因）。这是否意味着联邦储备体系应该解雇所有的经济学家，而使用一台能够计算泰勒规则的计算机来负责设定联邦基金利率呢？这样做一定会为纳税人节省不少钱。尽管美联储不使用泰勒规则去直接计算联邦基金利率，但它确实利用泰勒规则，在思考如何实施货币政策（见走进美联储专栏"美联储对泰勒规则的使用"）。鉴于上述原因，泰勒规则无法解释图 19-5 中联邦基金利率变动的全部内容也就不足为奇了。因此，金融机构一般都会聘请联邦储备理事会的观察员（见走进美联储专栏"联邦储备理事会观察员"）。

图 19-5　1960～2017 年联邦基金利率的泰勒规则

注：1987 年在格林斯潘成为美联储主席后，在美联储设定联邦基金利率方面，泰勒规则的效果很好，但是它并不能准确地描述 20 世纪 70 年代联邦基金利率的变化。

资料来源：Calculations with Federal Reserve Bank of St. Louis FRED database: https://fred.stlouisfed.org/series/PCECTPI; https:// fred.stlouisfed.org/series/GDPC1; https:// fred.stlouisfed.org/series/GDPPOT; https:// fred.stlouisfed.org/series/DFFGDPC1.

| 走进美联储 |　　　　　　　**美联储对泰勒规则的使用**

为什么美联储不把联邦基金利率放在泰勒规则的自动驾驶仪上，并由一台计算机指导？美联储没有采取这一行动的原因如下。首先，并不存在一个完美的经济模型，所以即

使是最好和最聪明的经济学家也不能在任何特定时刻确定知道当前的产出缺口。由于经济一直在不断变化，所以泰勒规则系数不可能在任何情况下都保持不变。

即使我们能够确定产出缺口，货币政策也是一项必要的前瞻性活动，因为货币政策会长期影响经济。好的货币政策要求美联储预测未来通货膨胀和经济活动的朝向，然后调整相应的政策工具。因此，美联储在制定政策时，要获取比当前的通货膨胀缺口和产出缺口更为广泛的信息，这两点也是泰勒规则使用的变量。换句话说，指定货币政策的行为就像是一门科学艺术，既需要仔细分析，也需要人的判断。泰勒规则排除了所有这些艺术，所以不太可能产生最佳的货币政策结果。例如，发生在2007～2009年的金融危机，需要复杂的货币政策行动，因为信用利差的变化（有信用风险和没有风险证券的利率差异）可能会以此改变联邦基金利率影响投资决策及经济活动的方式。

因此，用一个固定系数的泰勒规则将货币政策放在自动仪上是会有问题的。然而，泰勒规则作为对货币政策的指导是有用的。如果政策工具的设置与泰勒规则所建议的不同，政策制定者应该问他们背离这条规则的好理由。如果他们没有好理由，就像在20世纪70年代阿瑟主席时代一样，他们可能会犯错误。事实上，联邦公开市场委员会利用泰勒规则进行估计，并参考这些估计来告知其关于联邦基金利率目标的决定。⊖

| 走进美联储 | **联邦储备理事会观察员**

正如我们所发现的那样，联邦储备体系在美国利率决定方面扮演着重要角色。如果联邦储备体系决定向银行体系注入准备金，它就会进行公开市场操作来购入债券，从而推动债券价格的上升及其利率的下跌，至少在短期内是这样的。如果联邦储备体系决定从银行体系中回收准备金，它就会卖出债券，从而导致债券价格的下降及其利率的上升。如果能够了解联邦储备体系未来可能采取的行动，那么投资者和金融机构就能够更为准确地预测未来的利率走向。正如我们发现的那样，由于利率变动能够对投资者和金融机构的利润产生巨大的影响，所以他们对于研究联邦储备体系的行动具有特别的兴趣。为了实现这个目的，金融机构聘请了研究联邦储备体系行动的专家，即所谓的联邦储备体系观察员。他们可能曾经在联邦储备体系中工作，因此能从内部人的视角看美联储的运作。那些能够准确预测货币政策未来走向的联邦储备体系观察员的作用非常大，所以成功的联邦储备体系观察员的薪金十分优厚，薪资达6位数甚至更高。

本章小结

1. 货币政策的6个基本目标是物价稳定（主要目标）、高就业率（产出稳定）、经济增长、金融市场稳定、利率的稳定以及外汇市场稳定。

2. 一个强有力的名义锚是成功的货币政策的关

⊖ 关于联邦公开市场委员会在其政策审议中对泰勒规则的实际使用的深入讨论，见 Pier Francesco Asso, George A. Kahn, and Robert Leeson, "The Taylor Rule and the Practice of Central Banking," Federal Reserve Bank of Kansas City Working Paper RWP 10-05 (February 2010).

键因素。一个强大的名义锚有助于促进价格稳定——通过牵制通货膨胀预期和限制时间不一致问题，在货币政策制定者实施货币政策时，以自由裁量权方式专注于短期目标，但是这样导致的长期结果不佳。

3. 通货膨胀目标制有以下几个优点：①通过聚焦关于长期通货膨胀的政治讨论，可以降低时间不一致性问题的可能性；②很容易被公众所理解，具有很高的透明度；③增加了对中央银行的职责约束；④导致通货膨胀更加稳定。然而，它也确实存在一些缺点：①通货膨胀不容易受货币当局控制，通货膨胀目标无法为公众和市场传送即时信号；②可能对政策制定者施加了过分严格的规则，虽然这些规则并没有在实际中真正地执行过；③将通货膨胀视为唯一焦点可能会导致更大的产出波动或更低的经济增长，虽然这种情况也没有在实际中发生过。

4. 美联储的货币政策一直随时间在演变。从 20 世纪 80 年代到 2006 年，美联储设下了一个隐性的而非显性的名义锚。尽管取得了成功，但这一货币政策缺乏透明度，而且与民主原则不一致。在本·伯南克的领导下，美联储转变为通货膨胀目标制的一种灵活形式，且与美联储的双重使命相一致。

5. 从全球金融危机中可吸取以下 4 个教训：

①金融部门的发展对经济活动的影响远远大于早期认识到的；②利率的零下限会是一个严重的问题；③金融危机后的清理成本很高；④价格和产出稳定不能保证金融稳定。

6. 全球金融危机的教训，为更灵活的通货膨胀目标制提供了支持，可能伴随更高的通货膨胀目标。

7. 危机的教训也表明，货币政策应该防范信贷繁荣而不是资产价格泡沫。

8. 由于利率和总量政策工具是不相容的，所以中央银行必须在三个标准上对其做出选择：可测性、可控性以及对目标具有可预计的影响。中央银行目前通常使用的政策工具是短期利率。

9. 泰勒规则指出，应该规定联邦基金利率等于通货膨胀率加上一个"均衡"的实际联邦基金利率，再加上两个缺口的加权平均值：①通货膨胀缺口，即当前的通货膨胀率减去目标通货膨胀率；②产出缺口，即实际 GDP 与潜在充分就业水平下的 GDP 估计值百分比的偏差。根据菲利普斯曲线，泰勒规则中的产出缺口代表了未来通货膨胀率的指示器。然而，这个理论有很大的争议，因为相对于由低失业率所衡量的潜在水平，近年来，较高的产出水平似乎并没有形成较高的通货膨胀水平。

关键术语

资产价格泡沫	双重使命	层级使命
通货膨胀目标	中介指标	宏观审慎监管
自然产出率	自然失业率	名义锚
非加速通货膨胀失业率（NAIRU）	操作工具	菲利普斯曲线理论
政策工具	潜在产出	价格稳定
泰勒原理	泰勒规则	时间不一致问题

思考题

1. 货币政策执行中使用名义锚策略具有什么好处?

2. 什么样的因素会促使中央银行陷入追求过度扩张性货币政策的时间不一致陷阱?

3. 为什么中央银行最大限度地促进经济增长的主要目标是有问题的?

4. "金融危机会给经济造成严重的损害,中央银行的一个主要目标是确保金融市场的稳定。"这句话是正确的、错误的还是不确定的? 请解释。

5. "一个具有双重使命的中央银行比一个具有层级使命的中央银行将会长期处于较低的失业率,此时的价格稳定优先。"这句话是正确的、错误的还是不确定的? 请解释。

6. 为什么公告数值的通货膨胀率目标对通货膨胀目标制的中央银行的成功很重要?

7. 通货膨胀目标制如何帮助降低自由政策的时间不一致性?

8. 采用通货膨胀目标制的中央银行,使用什么方法来加强与公众的交流,增加决策透明度?

9. 为什么采用通货膨胀目标制有利于中央银行独立执行货币政策?

10. "由于通货膨胀目标制关注于实现通货膨胀目标,所以它将导致产出呈现过度的波动。"这句话是正确的、错误的还是不确定的? 解释你的答案。

11. 艾伦·格林斯潘领导下的美国货币战略(带有隐性的名义锚)具有哪些主要的优点和缺点?

12. "零下限利率短期必然是没有问题的,因为中央银行可以用量化宽松来降低中间和长期利率。"这句话是正确的、错误的还是不确定的? 解释你的答案。

13. 如果较高的通货膨胀是不好的,那么为什么有较高的通货膨胀目标,而不是一个接近零的较低目标更有利?

14. 为什么管理资产价格泡沫时宏观审慎监管可能比货币政策更有效?

15. 为什么规避信贷驱动的泡沫比在资产泡沫崩溃之后清理的做法更好?

16. 根据格林斯潘的观点,在什么情况下,中央银行可能会对一个察觉的股票市场泡沫做出反应?

17. 对下列变量进行区分,指出哪个是操作工具,哪个是中介指标,并解释理由。

   a. 10 年期国债利率;

   b. 基础货币;

   c. M1;

   d. 联邦基金利率。

18. "如果对存款准备金的需求保持不变,联邦储备体系可以同时追逐总量目标和利率目标。"这一说法是正确的、错误的还是不确定的? 解释你的答案。

19. 联邦储备体系可以采用什么程序来控制联邦基金利率? 为什么联邦储备体系对这个利率的控制意味着其无法对非借入准备金进行控制?

20. 比较基础货币和 M1 在可控性与可测性方面的优劣,你更喜欢选择哪种作为中介指标? 为什么?

21. "与准备金总量相比,对利率可以更快和更精确地进行测量。因此,作为政策工具,利率要优于准备金总量。"你是否同意这种看法? 解释你的答案。

22. 前瞻指引作为中央银行的工具是如何影响政策工具、中介指标以及目标的?

23. 根据泰勒规则暗示,在以下情况下决策者应该对美联储基金利率采取什么策略?

   a. 经济衰退带来的失业率上升。

   b. 石油价格冲击使通货膨胀率上升 1%,产出下降 1%。

   c. 实际产出增长保持不变,而经济生产率持续增长。

   d. 潜在产出下降,而实际产出保持不变。

   e. 美联储下调其(隐性)通货膨胀目标。

   f. 实际联邦基金利率均衡点下降。

应用题

24. 如果联邦储备体系将利率作为目标，为什么准备金需求的增加会导致货币供给增加？用准备金市场的图来解释。

25. 由于通过联邦基金利率做出的货币政策的变化发生滞后，政策制定者通常更注重根据预测或预期的通货膨胀率的变化调整政策，而不是当前的通货膨胀率。在这一点上，假设货币政策制定者采用泰勒规则设定联邦基金利率，其中通货膨胀差距被定义为预期通货膨胀和通货膨胀目标之间的差异。假设对通货膨胀和产出缺口的权重均为 1/2，均衡的实际联邦基金利率为 2%，通货膨胀率目标是 2%，且产出缺口为 1%。

    a. 如果预期的通货膨胀率是 4%，那么联邦基金利率目标应该按照泰勒规则设定为多少？

    b. 假设有一半经济学家预测通货膨胀率为 3%，而另一半经济学家预测通货膨胀率为 5%。如果美联储将这两个预测的平均预期作为预期通货膨胀的衡量手段，那么联邦基金利率目标应该按照泰勒规则设定为多少？

    c. 现在，假设有一半经济学家预测通货膨胀率为 0，而另一半经济学家预测通货膨胀率为 8%。如果美联储将这两个预测的平均预期作为预期通货膨胀的衡量手段，那么联邦基金利率目标应该按照泰勒规则设定为多少？

    d. 鉴于以上 a～c 的答案，你认为对于货币政策制定者来说，使用泰勒规则的严格解释为基础来制定政策是一个好主意吗？为什么？

数据分析题

1. 美联储最大化就业的任务通常可阐释为尽可能接近自然失业率和 2% 的通货膨胀率目标（个人消费支出价格通货膨胀率）。登录圣路易斯联邦储备银行 FRED 数据库，并找到个人消费支出价格指数（PCECTPI）、失业率（UNRATE）和自然失业率的衡量数据（NROU）。对于价格指数，调整单位设置为"相对前一年的百分比变化"，将数据转换为通货膨胀率；对于失业率，改变频率设置为"季度"。将这些数据下载到电子表格中。计算每个季度的失业率差和通货膨胀率差。然后，用平均通货膨胀率差计算法，取现在的通货膨胀率差和前三季度通货膨胀率差的平均数。接下来应用以下方法（任意随机性）测试从 2000 年第一季度开始至今的数据：若两个连续或更多季度的失业率差大于 1.0，且 / 或平均通货膨胀率差的绝对值在两个连续或更多季度上大于 0.5，则视作"违背"了任务。

    a. 基于这个探索性测试，在哪些季度美联储违背了其任务中价格稳定性的部分？在哪些季度美联储违背了最大化就业任务？

    b. 美联储现阶段处于"违背"任务中吗？

    c. 解释你的结果。你对 a 问题做何回答？该数据是否暗示了货币政策制定者在各种时期完美完成美联储既定任务面临着挑战？

2. 登录圣路易斯联邦储备银行 FRED 数据库并找到个人消费支出价格指数（PCECTPI）、真实 GDP（GDPCI）、潜在 GDP 的估计值（GDPPOT）和联邦基金利率（DFF）。对于价格指数，调整单位设置为"相对前一年的百分比变化"，将数据转换为通货膨胀率；对于联邦基金利率，改变频率设置为"季度"。将这些数据下载到电子表格中。假设通货膨胀率目标为 2%，实际联邦基金利率的均衡点为 2%，计算从 2000 年开始至最近的每个季度的通货膨胀率缺口和产出缺口。计算产出缺口，作为潜在产出水平的偏差百分比。

    a. 用产出缺口与通货膨胀率缺口来计算，每一季度的联邦基金利率由泰勒规则预测得到。假设通货膨胀稳定性和产出稳定性权重各为 1/2（见本章公式）。比较现在的联邦基金利率（季度平均）与根据泰勒规则预测的联邦基金利率。泰勒规则准确预测出了当前的利率水平吗？请简要评论。

b. 绘制一幅图表，比较泰勒规则预测值与实际季度联邦基金利率平均值。大体来看，泰勒规则估计值与联邦基金利率平均值匹配程度好吗？请简要阐释。

c. 基于 2008 ～ 2009 年的结果，解释泰勒规则作为正式政策工具的局限。这些限制如何有助于解释这一时期非常规货币政策工具的使用？

d. 假设国会将美联储任务改变为层次性的，要使通货膨胀稳定优先于产出稳定。在该

情境下，假设通货膨胀稳定性权重为 3/4，产出稳定性权重为 1/4，重新计算 2000 年起每季度的泰勒规则预测值。绘制一幅图表，表示出 a 中计算的泰勒规则预测值（以新"层次"泰勒规则估计得出）和联邦基金利率。如果有的话，总体任务的变化如何改变预期的政策进程？联邦基金利率将如何受层次性的任务影响？请简要阐释。

e. 再次假设通货膨胀和产出稳定的权重相等，假设从 2008 年年底以后，均衡实际联邦基金利率每季度下降 0.05（例如，2009 年第一季度为 1.95，之后是 1.90，等等），一旦达到 0，之后一直保持为 0。它如何影响规定的联邦基金利率？为什么货币政策制定者考虑这一点很重要？

网络练习

1. 联邦公开市场委员会每 6 周召开一次会议，评估经济状况，并且决定美联储应采取何种行动。每次会议的纪要在会后 3 个星期公布，但是一个简短的新闻稿可在会后立即得到。在 www.federalreserve.gov/fomc/ 的 "Meeting calendars and information" 中查找关于会议纪要以及新闻稿发布的时间表。

a. 最近的一次联邦公开市场委员会会议是什么时候召开的？下次会议在什么时间召开？

b. 回顾上一次会议的新闻稿。公开市场委员会打算如何对短期利率做出调整？

c. 查看最近发表的会议纪要。经济领域的哪

些部分似乎是公开市场委员会成员最为关注的问题？

2. 可以访问其他中央银行网站，了解它们的结构，比如欧洲中央银行。登录 www.ecb.int/index. html 欧洲中央银行的主页，你可以了解到欧洲中央银行货币政策策略方面的信息。

3. 许多国家都有对国家货币政策负责的中央银行。登录 www.bis.org/ cbanks.htm 并选择其中一家中央银行（诸如挪威中央银行）。查看这家中央银行的网站，根据其对货币政策的运用，确定其所采取的政策策略。该银行的政策与联邦储备体系相比，有什么不同？

网络参考

www.federalreserve.gov/pf/pf.htm 回顾一下美国联邦储备体系报告中报道的其主要宗旨和职能。

www.economagic.com/ 该网站罗列了丰富的网址链接，提供了种类广泛的经济数据和图表。

www.federalreserve.gov/releases/H3 该网站提供存款机构的准备金总量和基础货币的数据。

www.federalreserve.gov/aboutthefed/relatedWebSites.htm 这是联邦储备体系提供的其他中央银行的网页链接。

PART
5
第五篇

国际金融与货币政策

危机与反应：外汇市场动荡与国际货币基金组织

从 2002 年开始直到 2008 年，美元相对其他国家的货币持续贬值。实际上，政策制定者主要关注的问题，是可能出现的美元崩溃对整体经济和通货膨胀的不利影响。随着信贷市场在 2008 年 9～10 月出现强烈的紧缩现象，在雷曼兄弟破产之后，令人迷惑的事情发生了。与前期持续贬值的情况相反，美元急剧升值。类似的"安全投资转移"行为导致投资者加速购入美国国债，同时希望持有更多的美元，从而抬高了美元的价值。

美元的升值导致进口商品从平板电视到葡萄酒变得更加便宜，同时海外旅游的费用也降低了。然而，美元的好消息通常是其他国家货币的坏消息。拉丁美洲和东欧国家的许多货币随之出现了自由落体式的急剧贬值。国际货币基金组织（IMF）开始干预，为这些遭受不利影响的国家设立了一种新的贷款便利，方便向这些国家提供信贷支持，与国际货币基金组织以往的借贷计划相比较，新的贷款便利的附加限制条件要少一些。国际货币基金组织随后提供了数十亿美元的贷款支持。国际货币基金组织曾被视为全球金融危机在全球范围内扩散的旁观者，现在它正在进入危机的前沿和中心。

全球金融危机表明，在美国发生的金融事件会在全世界范围内产生影响，而且国际货币基金组织等国际金融机构在应对这类事件、确保国际金融体系健康、稳定运行方面发挥着十分重要的作用。第 20 章讲述了外汇市场的功能以及两国货币之间汇率的决定机制。在第 21 章中，我们将考察国际金融体系的运行机制以及它对货币政策的影响。

第20章

外汇市场

学习目标

1. 解释外汇市场如何运作以及为何汇率如此重要。
2. 明确长期影响汇率的主要因素。
3. 绘制外汇市场的需求和供给曲线，并说明外汇市场的均衡情况。
4. 列出并说明影响汇率的短期因素。

| 预览 |

2016 年 6 月 23 日，英国投票离开欧盟。这一决定被称为 Brexit（Britian Exit）。在一天之内，英镑相对于美元价值下跌了 9%。

用另一种货币表示一种货币的价格被称为**汇率**（exchange rate）。正如英国脱欧的例子所表明的那样，汇率具有很强的波动性。汇率会影响整个经济和我们的日常生活，当美元相对外国货币价值升高时，正如英国脱欧后美元相对于英镑一样，对美国人而言外国商品变便宜了，对外国人而言美国商品则变贵了；反之，当美元价值下降时，对于美国人而言外国商品变贵了，对外国人而言美国商品则变便宜了。

汇率波动也会影响通货膨胀和产出水平，对于货币政策制定者来说是一个重要的问题。当美元价值下跌时，进口商品较高的价格会直接推高价格水平和通货膨胀水平。同时，美元下跌使得美国（出口）商品对于外国人而言变得便宜了，从而使美国商品的需求增加，并导致更高的生产和产出。

货币是如何交易的？是什么推动了汇率的波动？为什么汇率如此波动？我们首先通过考察外汇交易市场来回答这些问题。接下来，我们从长远看什么会影响汇率。然后，我们建立供需分析来解释短期内是什么决定汇率。最后，我们运用供求分析来解释例如英国脱欧、全球金融危机等事件造成的汇率波动。

20.1　外汇市场

世界上的大部分国家和地区都有自己的货币：美国的美元、欧盟的欧元、巴西的雷亚尔、中国的人民币等。各国之间的贸易涉及不同货币（或者更通常的情况是以不同货币计价的银行存款）之间的相互兑换。例如，当美国企业购买外国商品、劳务和金融资产时，它们必须将美元（通常是以美元计价的银行存款）兑换成外国货币（以外国货币计价的银行存款）。

不同货币和以特定货币计价的银行存款之间的交易在**外汇市场**（foreign exchange market）进行。外汇市场进行的交易决定了货币兑换的比率，该比率又决定了购买外国商品和金融资产的成本。

20.1.1　什么是汇率

汇率（exchange rate）是一种货币以另一种货币表示的价格。外汇交易有两种形式，最主要的形式被称为**即期交易**（spot transaction），是指银行存款在成交后立即（两天内）交割的交易形式。**远期交易**（forward transaction）是指银行存款在未来某个特定时间交割的交易形式。**即期汇率**（spot exchange rate）是即期外汇交易所使用的汇率，而**远期汇率**（forward exchange rate）是远期外汇交易所使用的汇率。

如果一种货币的价值上升，则称为**升值**（appreciation）。如果一种货币的价值下降，即同样数量的货币只能兑换更少的美元，则称为**贬值**（depreciation）。例如，1999 年年初，1 欧元兑换 1.18 美元，然而正如下面金融新闻解读专栏"外汇汇率"所示，到 2017 年 6 月 19 日，1 欧元可兑换 1.12 美元，欧元贬值了 6%：（1.12-1.18）/1.18=-0.06=-6%。相应地，我们也可以认为，1 美元从 1999 年年初价值 0.85 欧元到 2017 年 6 月 19 日价值 0.89 欧元，其间美元升值了 6%：（0.89-0.85）/0.85=0.06=6%。

金融新闻解读　　　　　　　　　　**外汇汇率**

报纸以及相关网站（http://www.finance.yahoo.com）每天都会公布外汇汇率。货币的汇率有两种报价方式，例如欧元：1 单位本国货币兑多少美元以及 1 美元兑多少本国货币。例如，2017 年 6 月 19 日欧元汇率报价为 1.12 美元/欧元和 0.89 欧元/美元。美国人通常关注的汇率是 1.12 美元/欧元，而欧洲人则认为欧元的汇率应当是 0.89 欧元/美元。

汇率通常分为即期汇率和远期汇率报价，远期交易将在未来 1 个月、3 个月和 6 个月发生。

20.1.2　汇率为什么重要

汇率之所以重要，是因为它会影响本国商品与外国商品的相对价格。对美国人而言，法国商品的美元价格取决于以下两个因素：法国商品的欧元价格和欧元与美元之间的汇率。

假设一位美国品酒师万达（Wanda）决定购买一瓶 1961 年（一个很好的年份）法国拉菲酒庄出产的红酒来充实她的酒窖。如果这瓶红酒在法国的价格是 1 000 欧元，汇率是 1.12 美元/欧元，购买这瓶红酒将花费万达 1 120 美元（=1 000 欧元×1.12 美元/欧元）。现在假设万达将她的购买计划推迟 2 个月，2 个月后欧元升值到 1.50 美元 / 欧元。如果这瓶法国红酒在法国的价格仍然是 1 000 欧元，那么它的美元价格将会从 1 120 美元上升到 1 500 美元。

然而同样的欧元升值会使得外国商品在法国的价格变得不再那么高昂。在 1.12 美元 / 欧元的汇率水平上，购买一台定价为 2 000 美元的戴尔计算机将花费程序员皮埃尔（Pierre）1 786 欧元，而当汇率上升至 1.50 美元 / 欧元时，皮埃尔只需花费 1 333 欧元。

与此相反，欧元贬值会使得法国商品在美国的价格下降，而美国商品在法国的价格上升。如果欧元贬值到 1 美元 / 欧元，那么万达在购买法国红酒时只需花费 1 000 美元而不是 1 120 美元，皮埃尔购买戴尔计算机则需花费 2 000 欧元而不是 1 786 欧元。

由此，我们可以得出如下结论：**如果一国货币升值（相对于其他货币价值上升），那么该国商品在国外就会变得更加昂贵，而外国商品在该国就会变得更加便宜（假定两国商品国内的价格保持不变）；相反，如果一国货币贬值，那么该国商品在国外就会变得更加便宜，而外国商品在该国就会变得更加昂贵。**

一国货币的贬值会使得该国制造商在国外销售商品更加容易，同时削弱外国商品在本国市场上的竞争力。2002 ～ 2008 年，美元贬值帮助美国工业部门卖出了更多的产品，却由于外国商品变得更贵而损害了美国消费者的利益。由于美元疲软，法国红酒和奶酪的价格以及出国旅游的费用都上升了。

另外，2012 ～ 2017 年美元的升值降低了美国商品和服务的竞争力。然而，美元走强对美国消费者来说是积极的，因为像法国奶酪这样的外国商品和出国旅游都会更加便宜。

20.1.3 如何进行外汇交易

你无法在一个集中交易的场所中观察汇率的决定过程，因为货币的交易并不是在类似纽约证券交易所这样的交易所内集中进行的。外汇市场是以柜台交易市场的形式运行的，市场上几百个交易商（大部分是银行）随时准备买入和卖出以外国货币计价的存款。由于这些交易商随时通过电话和计算机进行联系，所以市场具有极强的竞争性，事实上，它的功能与集中交易的市场没有差别。

需要注意的非常重要的一点是，当银行、公司和政府在外汇市场上买卖货币时，它们并不是用美元现钞来购买英镑纸币。大部分交易商交易的是以不同货币计价的银行存款。因此，当我们说一家银行在外汇市场上购买美元时，实际是指银行购买以美元计价的银行存款。外汇市场的交易规模十分庞大，每天的交易额超过 5 万亿美元。

外汇市场进行的是单笔在 100 万美元以上的交易，这些交易决定了"金融新闻解读"专栏中列示的汇率。我们不可能在外汇市场上购买个人海外旅游所需的外汇，而是应该在零售市场上从交易商（如美国运通）和银行那里购买。由于零售价格高于批发价格，所以当我们购买外汇时，用 1 美元所换取的外汇数量少于按照专栏中的汇率计算所能得到的外汇数量，也就是说我们购买外汇支付的价格高于报纸上的报价汇率。

20.2 长期汇率

与自由市场中任何一种商品和资产的价格相同，汇率也是由供给和需求的相互作用决定的。为简化自由市场中的汇率决定的分析，我们将汇率的决定分为两个部分考察。我们首先考察长期中汇率是如何决定的，然后利用决定长期汇率的知识研究短期汇率的决定。

20.2.1 购买力平价理论

关于汇率的决定，最著名的理论之一是**购买力平价理论**（theory of purchasing power parity，PPP）。该理论认为，任何两个国家货币的汇率都是一揽子商品和服务，无论它在哪里生产，成本在两国都是一样的。

假设你在美国购买一揽子商品和服务的价格为100美元，同样一揽子商品和服务在日本的价格为10 000日元。购买力平价理论因此认为美元与日元之间的汇率是100日元/美元。以这个汇率，一揽子商品和服务在美国将花费10 000日元（=100美元×100日元/美元），在日本是同样的成本。类似地，一揽子商品和服务在日本将花费100美元（=10 000美元×0.01美元/日元），在美国也是一样。

购买力平价背后的原理是什么？假设日本的一揽子商品被运往美国，并且没有交易成本或贸易壁垒，它在美国的售价将与在日本相同。同样，美国的一揽子商品被运往日本，以日元计价的成本也会相同。只有在100日元/美元的汇率时，才能确保两国间的价格是一样的。

另外一种理解购买力平价理论的方法是引入实际汇率的概念。**实际汇率**（real exchange rate）是用国内商品交换国外商品的比率，实际上它是国内商品价格与以本币表示的国外商品价格的比率。例如，如果同样的一揽子商品在纽约价值50美元，在东京价值75美元（由于这一揽子商品价值7 500日元，所以汇率是1美元兑换100日元），那么实际汇率是0.66（=50美元/75美元）。在我们的例子中，实际汇率低于1.0，意味着在美国购买该一揽子商品要比在日本购买便宜。当前相对于其他许多国家的货币而言，美元的实际汇率都比较低，这就解释了国外游客在纽约疯狂购物的原因。实际汇率表明了一种货币是否相对便宜。购买力平价理论还可以用实际汇率进行表述。购买力平价预测从长期来看，实际汇率总是等于1.0，由此美元的购买力与其他国家货币（如日元或欧元）的购买力保持一致。

如果一个国家的物价水平相对于另一个国家发生变化，会发生什么？举个例子，假设日本的物价水平上升了10%，而美国的物价水平没有变化。因此，一揽子商品在日本的价格相对于美国的价格上涨了10%。现在，一揽子商品和服务在日本的价格将上涨10%至11 000日元，而同样一揽子商品和服务在美国的价格将保持在100美元。对于美国和日本一揽子商品的成本是一样的，汇率将必须变为110日元/美元。之后美国一揽子商品在日本将花费11 000日元（=100美元×110日元/美元），日本一揽子商品在美国将花费约100美元（11 000日元×0.009美元/日元）。因此依据购买力平价理论，如果日本物价水平相对美国上升10%，那么美元将升值10%。

美国和日本的案例证明了购买力平价理论的关键见解：**如果一国物价水平相对于另一国上升了一定的百分比，那么另一国的货币就会升值相同的百分比**。因为一种货币的升值意味着另一种货币的贬值，所以有一种该结果的等价表述：**如果一国物价水平相对于另一国上升了一定的百分比，那么该国的货币应该贬值相同的百分比**。

1. 购买力平价的证据

通过美国和日本的案例，购买力平价理论说明，如果一国物价水平相对于另一国上升，那么该国货币就会贬值（另一国货币升值）。如图20-1所示，这一理论在长期中得到了验证。1973～2017年，英国的物价水平相对于美国上涨了69%，正如购买力平价理论的预测，美元相对于英镑升值，指数尽管美元升值了 95%，大于依据购买力平价理论所预测的 69%。

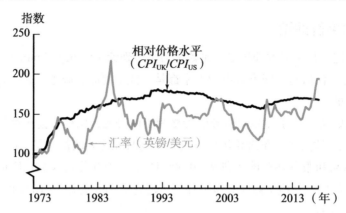

图 20-1　1973～2017 年美国和英国的购买力平价（指数：1973 年 3 月 =100）

注：如 PPP 预测，整个阶段显示，英国物价水平相对于美国物价水平上涨与美元升值有关。然而短期 PPP 不成立。

资料来源：Federal Reserve Bank of St. Louis FRED database: https://fred.stlouisfed.org/series/GBRCPIALLMINMEIT;
　　　　　https://fred.stlouisfed.org/series/CPIAUCNS; https://fred.stlouisfed.org/series/EXUSUK.

　　然而，图 20-1 也说明，购买力平价理论预测短期汇率波动的能力相当差。例如，从 1985 年年初到 1987 年年底，英国物价水平相对于美国是上升的，但美元并没有像购买力平价理论预测的那样升值，事实上反而相对英镑贬值了 40%。因此，尽管购买力平价理论对于预测长期汇率波动具有一定的指导意义，但并不完美，而且短期的预测能力非常差。

　　如何解释购买力平价理论短期预测失准的问题呢？

2. 为什么购买力平价理论不能充分解释汇率的决定

　　购买力平价理论在短期内不能充分解释汇率的决定有以下三个原因。

　　（1）购买力平价理论没有考虑到很多商品和劳务（它们的价格计入一国物价水平）是**不可贸易的**（nontradable），也就是说，它们不是跨境贸易。住房、土地和服务（如餐馆用餐）、理发和高尔夫课程都是不可贸易商品。因此，即使这些商品的价格上涨，导致该国的物价水平相对于其他国家提高，也不会对汇率产生多少影响。

　　（2）在两个国家中，相似的商品通常是不同的。例如，丰田汽车和雪佛兰汽车是不一样的，所以它们的价格在一个国家中不一定是一样的。相对于雪佛兰汽车来说，丰田汽车更为昂贵，但是美国人和日本人仍然都会购买丰田汽车。此外，丰田汽车相对于雪佛兰汽车的价格上涨，并不一定意味着日元必须以相同的幅度贬值。

　　（3）存在贸易壁垒。贸易的一个障碍是运输成本，但随着时间的推移，这些成本一直在急剧下降。如今更重要的是政府贸易壁垒，例如**关税**（tariffs）、进口货物税和**配额**（quotas），限制着进口商品的数量。对进口商品征收关税或配额可以大大增加其相对于其他地方的价格。例如，美国政府对进口糖征收了很高的关税，导致美国的糖价比其他国家高出好几倍。同样，日本对进口大米征收了很高的关税，这使得日本大米的价格远远高于其他国家。

🔆 应用 20-1　　　汉堡经济学：巨无霸和购买力平价

　　自从 1986 年以来，《经济学人》杂志将巨无霸指数作为"基于购买力平价理论的货币是否处于'正确'水平的简单指南"。[⊖]麦当劳在世界各地销售巨无霸，无论在哪里销售，味道应该都是一样的。《经济学人》收集了 56 个不同国家和地区销售巨无霸的价格（以当地货币计算），然后用这些价格计算购买力平价暗示的汇率和巨无霸指数。表 20-1 重现了部分《经济学人》在 2017 年 1 月发布的巨无霸数字。

表 20-1　2017 年 1 月巨无霸指数

（1）国家/ 地区	（2）巨无霸 当地价格	（3）实际汇率 （美元/当地货币）	（4）PPP 隐含汇率 （美元/当地货币）	（5）巨无霸指数 （实际汇率与 PPP 隐含汇率的百分比差）
日本	370 日元	0.008 4	0.013 3	−36.7
委内瑞拉	132 玻利瓦尔	0.005 0	0.037 3	−86.5
中国	17.60 人民币元	0.152 5	0.280 1	−45.6
瑞士	6.50 瑞士法郎	0.991 3	0.758 5	+30.7
加拿大	5.84 加拿大元	0.709 6	0.844 2	−15.9
欧元区	3.72 欧元	1.075 0	1.325 3	−18.9

资料来源：《经济学人》，2017 年 1 月 12 日，http://www.economist.com/content/big-mac-index。

- 表 20-1 第 2 列列出了以当地货币计价的巨无霸的当地价格。
- 第 3 列列出了实际汇率。
- 第 4 列提供了购买力平价下的隐含汇率（即如果巨无霸在当地的价格换算成美元时等于当时美国巨无霸 4.93 美元的价格）。
- 第 5 列列出了巨无霸指数，即实际汇率和隐含汇率之间的百分比差异。

从表 20-1 中我们可以得出什么结论？

3. 购买力平价并不完全成立，但它具有预测能力

尽管巨无霸价格表明购买力平价并不完全成立，但它确实有助于预测所示国家的汇率。根据购买力平价，当巨无霸以当地货币计算价格较高时，那么以美元为单位的当地货币汇率应该较低。

我们在表 20-1 的第 2 列和第 4 列看到了这种关系。以当地货币计算日本的巨无霸价格最高（370 日元），汇率最低为 0.008 4 美元/日元。以当地货币计算欧元区的巨无霸价格最低（3.72 欧元），汇率最高为 1.075 美元/欧元。

4. 偏离购买力平价：高估或低估

购买力平价所隐含的汇率往往与实际汇率相差较多。考虑到巨无霸是不可贸易的，这就不应该奇怪了。巨无霸指数告诉我们，实际汇率与购买力平价所隐含的汇率之间的差距有多大。

例如，巨无霸指数告诉我们瑞士的实际汇率比购买力平价所隐含的汇率高 30.7%。任何去过瑞士的人都知道，这是一个物价非常高昂的国家。瑞士的巨无霸价格当使用瑞士的实际汇率转化为美元时为 6.44 美元，比在美国的 4.93 美元高出 30.7%。

当一个国家的商品和服务相对于其他国家的价格更加高昂时，我们说该国的货币就购买力平价而言被高估了。

委内瑞拉的实际汇率与购买力平价所隐含的汇率之差最大。巨无霸指数显示其实际汇率比

⊖　http://www.economist.com/content/big-mac-index 这个网址包含了巨无霸指数。

购买力平价所隐含的汇率低 86.5%。换句话说，如果你愿意飞到委内瑞拉去吃一个巨无霸，你可以以 66 美分的惊人低价买到。

当一个国家的商品和服务相对于其他国家的价格更低时，如委内瑞拉的例子，我们说该国的货币（委内瑞拉玻利瓦尔）就购买力平价而言被低估了。

20.2.2　长期内影响汇率的因素

长期内影响汇率的因素主要有以下四个：相对价格水平、贸易壁垒、对本国商品与外国商品的偏好、生产率。下面我们将在其他因素保持不变的前提下，考察上述每种因素对汇率的影响。

基本的推理过程遵循以下思路：相对于外国可贸易商品而言，任何可能提高本国生产的可贸易商品需求（相对于外国可贸易商品）的因素都可能导致本国货币升值，因为即使本国货币价值升高，本国的商品仍会卖得很好。同理，相对于本国可贸易商品而言，任何可能提高外国可贸易商品需求的因素都可能导致本国货币贬值，因为只有本国货币价值下跌，本国商品才能保持良好的销售态势。换句话说，如果某个因素提高了本国商品相对于外国商品的需求，本国货币将会升值；如果某个因素使得本国商品的相对需求下降，本国货币将会贬值。

1. 相对价格水平

按照购买力平价理论，如果美国商品价格上升（假设外国商品价格保持不变），对美国商品的需求会减少，美元趋于贬值以保证美国商品仍有销售；相反，如果日本商品价格上升，美国商品相对价格下降，对美国商品的需求会增加，美元会趋于升值，因为即使美元价值升高，美国商品仍会卖得很好。在长期中，一国价格水平的上升（相对于外国的价格水平）将导致该国货币贬值，一国相对价格水平的下降则会导致该国货币升值。

2. 贸易壁垒

关税和配额等自由贸易壁垒也会影响汇率。假设美国提高关税或为日本钢材设立较低的配额。这些加强的贸易壁垒会增加对美国钢材的需求，美元趋于升值，因为即使美元价值升高，美国钢材仍会保持良好的销售态势。在长期中，加强贸易壁垒会使一国货币升值。

3. 对本国商品与外国商品的偏好

如果日本人开始偏好于消费美国商品，比如说佛罗里达州的柑橘和美国电影，那么对美国商品需求（出口）的增加会使美元趋于升值，因为即使美元价值提高，美国商品也会销售得非常好。同样，如果美国人更愿意购买日本汽车，而不是美国汽车，那么对日本商品需求（进口）的增加会使美元趋于贬值。在长期中，一国出口产品需求的增加会使该国货币升值；相反，一国进口商品需求的增加会导致本国货币贬值。

4. 生产率

一国生产率的提高，通常是指国内可贸易商品生产部门生产率提高，而不是非贸易商品生产部门的生产率提高。生产率的提高会使得相对于外国可贸易商品而言，国内生产的可贸易商品的价格下降。因此，对本国可贸易商品的需求增加，本国货币趋于升值；相反，如果一国生产率的提高滞后于其他国家，那么该国可贸易商品将变得相对昂贵，该国货币将趋于贬值。在

长期中，如果一国的生产率相对其他国家提高，那么该国货币将升值。[⊖]

表 20-2 总结了长期汇率决定理论。我们采用惯常的汇率标价方法，本国货币升值表现为汇率 E 的上升。以美国为例，这意味着我们以 1 美元为单位，将其折算成若干数额的外国货币（比如说 1 美元兑换多少欧元）。[⊖]

表 20-2　长期中影响汇率的因素

因素	因素的变化	汇率的反应，$E^{①}$	因素	因素的变化	汇率的反应，$E^{①}$
国内价格水平^②	↑	↓	出口需求	↑	↑
贸易壁垒^②	↑	↑	生产率^②	↑	↑
进口需求	↑	↓			

① 以 1 美元为单位折算成若干数额的外国货币：↑代表本国货币升值；↓代表本国货币贬值。

② 相对于其他国家。

注：本表只反映了各因素提高时的情况，各因素下降对于汇率的影响与表中"汇率的反应"一栏列示的反应相反。

20.3　短期汇率：供求分析

我们已经学习了长期汇率决定理论。然而，长期内导致汇率波动的各项因素随着时间的推移变化很小，所以如果我们想理解为什么汇率每天会呈现如此大的变动（有时是几个百分点的波动），必须通过供求分析来探讨短期内当前汇率（即期汇率）是如何决定的。

理解汇率短期波动的关键是要认识到，汇率是以外币资产（以外国货币计价的银行存款、债券、股票等资产）衡量的本币资产（以本国货币计价的银行存款、债券、股票等资产）的价格。因为汇率是以另一种资产衡量的一种资产的价格，所以理所当然我们可以通过供求分析来了解短期汇率的决定机制，我们将利用第 5 章所介绍的、主要基于投资组合理论的资产市场方法来完成供求分析。不过这正如你将会看到的，我们之前列出的长期内决定汇率的各项因素，在短期资产市场方法中同样扮演着重要的角色。

过去汇率决定的供求分析方法强调进口需求和出口需求的重要性。我们现在使用的现代资产市场方法强调的则是资产的存量，而不是短期内进口和出口的资金流量，因为在任何给定的时刻，相对于国内和国外资产的数量而言，进出口交易规模很小。例如，美国每年的外汇交易额高出美国进出口总额的 25 倍以上。因此，短期内相对于进出口需求而言，持有本币资产还是外币资产的决策对于汇率的决定更为重要。

20.3.1　资产的供给曲线

我们从供给曲线的分析开始。在我们分析的过程中把美国看作本国，所以本币资产是以美元计值的。为了简化分析，我们把欧元看作外国的货币，因此外币资产是以欧元计值的。

由于美元资产的供给量主要取决于美国银行存款、债券以及证券的数量，所以我们在关于

⊖　一国可能很小，以至于生产率的变化或者对本国和外国商品偏好的变化都不能影响这些商品相对于外国商品的价格。在这种情况下，生产率的变化或者对本国和外国商品偏好的变化会影响该国收入，但不一定能够影响货币的价值。在我们的分析中，假定生产率或偏好的变化能够影响相对价格水平，进而影响到汇率。

⊖　汇率的标价方法既可以是每单位本国货币相当于外国货币的数量，也可以是每单位外国货币相当于本国货币的数量。在专业论文和著作中，许多经济学家使用的是后一种方法，这样本国货币的升值就表现为汇率的下跌。本书采用了相反的标价方法，国内货币的升值就表现为汇率的上升，这种形式更直观、更便于理解。

汇率的研究中可以假设这一数量是固定不变的。在任何汇率水平上，供给量都不变，因此供给曲线 S 是垂直的，如图 20-2 所示。

20.3.2　资产的需求曲线

需求曲线描述的是在其他条件，特别是预期未来汇率水平保持不变的条件下，每一个当前汇率水平上本币资产需求的数量。我们将当前汇率（即期汇率）写作 E_t，预期下一期的汇率为 E^e_{t+1}。根据投资组合理论，本币资产需求最重要的决定因素是本币资产的相对预期收益率。接下来我们来分析当前汇率 E_t 下降时会发生什么。

假设我们从图 20-2 中的点 A 开始，此时的汇率水平为 E_A。假定预期未来汇率水平保持不变为 E^e_{t+1}，一

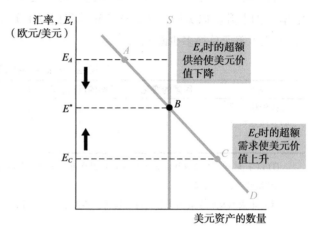

图 20-2　外汇市场的均衡

注：外汇市场在需求曲线 D 与供给曲线 S 的交点 B 达到均衡，均衡汇率为 E^*。

个较低的当前汇率 E 意味着美元价值的提高，也就是说美元升值。美元预期价值越高（升值越多），美元（本国）资产的相对预期收益率就越高。投资组合理论告诉我们，此时投资者会更愿意持有美元资产，美元资产的需求量将会增加，如图 20-2 中点 B 所示。如果当前汇率进一步下降到 E_C，美元预期升值会更大，从而持有美元资产的预期收益率更高，美元资产的需求量更大，如图 20-2 中点 C 所示。将这几个点连起来就可以得到需求曲线 D，斜率为负，意味着美元当前的价值越低（其他条件不变），美元资产的需求量越大。

举一个有数值的例子可能会更加清晰。假设美元未来预期价值 E^e_{t+1} 是 1.20 欧元 / 美元，E_A 是 1.10 欧元 / 美元，E^* 是 1.00 欧元 / 美元，E_C 是 0.90 欧元 / 美元。在 E_A 处，是 1.10 欧元 / 美元，美元预期升值 10%（=（1.20-1.10）/1.10=+0.10=+10%）。当汇率跌至 1.00 欧元 / 美元的 E^* 时，预期升值的幅度更大了，为 20%（=（1.20-1.00）/1.00=+0.20=+20%），因此对美元资产的需求量更大。当汇率进一步下跌至 0.90 欧元 / 美元的 E_C 时，美元预期升值进一步增加至 30%（=（1.20-0.90）/0.90=+0.30=+30%），因此对美元资产的需求量进一步加大。

20.3.3　外汇市场的均衡

正如通常的供给和需求分析，当美元资产的需求量等于供给量时，市场达到均衡。在图 20-2 中，需求曲线和供给曲线的交点 B 为均衡点。此时的汇率为 E^*。

假设当前汇率水平为 E_A，高于均衡汇率水平 E^*。如图 20-2 所示，美元资产的供给大于美元资产的需求，也就是说存在过度供给。因为愿意出售美元资产的人比愿意购买美元资产的人多，所以美元价值下降。只要汇率水平高于均衡汇率，美元资产的过度供给就会持续存在，美元价值也将持续下降，直到美元价值等于均衡汇率 E^*。

类似地，如果汇率是低于均衡汇率的 E_C，美元资产的需求将超过美元资产的供给，此时存在过度需求。因为愿意购买美元资产的人比愿意出售美元资产的人多，美元价值将持续提高，

直到过度需求消失，美元的价值回到均衡汇率水平 E^*。

20.4 解释汇率的变动

外汇市场的供给和需求分析可以解释汇率变动及其原因。[⊖]通过假定美元资产数量固定，即供给曲线是在某一给定数量上的垂直线，而且不会移动，供需分析得以简化。在这一假设下，我们只需通过考察那些使需求曲线移动的因素来解释汇率的变动。

20.4.1 本币资产需求曲线的移动

我们已经看到，本币（美元）资产的需求取决于美元资产的相对预期收益率，要分析需求曲线如何移动，我们需要考察在当前汇率 E_t 不变的情况下，当其他因素变动时需求量如何变动。

为了深入理解需求曲线移动的方向，假设你是一个投资者，正考虑将资金投资于本币（美元）资产。当一个因素发生变化时，假设其他变量保持不变，你要确定在当前汇率给定的条件下，本币资产相对外币资产收益更高还是更低。这一决定告诉你持有更多还是更少的美元资产，进而决定了每一个汇率水平上需求量的增加或减少。知道了每一个汇率水平上需求量的变化，就可以确定需求曲线的移动方向了。换句话说，在当前汇率给定的条件下，美元资产的相对预期收益率上升，需求曲线右移；美元资产的相对预期收益率下降，需求曲线左移。

1. 本国利率 i^D

假定美元资产的利率为 i^D。当美元资产的利率 i^D 上升时，假定当前汇率 E_t 和其他因素不变，美元资产相对于外币资产的回报率会上升，人们乐意持有更多的美元资产，在任一汇率水平上的美元资产需求量均上升。如图 20-3 所示，需求曲线从 D_1 向右移至 D_2。新的均衡点位于 D_2 和 S 的交点 2，均衡汇率从 E_1 上升到 E_2。**本国利率 i^D 上升会使本币资产的需求曲线 D 右移，本国货币升值（$E\uparrow$）。**

相反，如果 i^D 降低，美元资产的相对预期收益率降低，需求曲线左移，汇率下降。**本国利率 i^D 降低会使本币资产的需求曲线 D 左移，本国货币贬值（$E\downarrow$）。**

2. 外国利率 i^F

假定外币资产的利率为 i^F。假设外币资产的利率 i^F 上升，同时当前汇率和其他所有因素保持不变，外币资产相对于美元资产的收益率会上升。因此，美元资产的相对预期收益率会下降。这时，人们愿意持有较少的美元资产，在任一汇率水平上，美

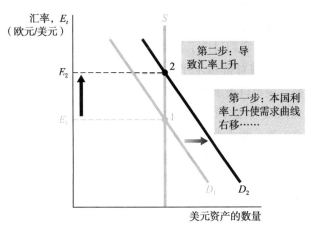

图 20-3 本国利率 i^D 上升的影响

注：如果本国利率 i^D 上升，本国（美元）资产的相对预期收益率会随之上升，需求曲线向右移动，均衡利率从 E_1 上升到 E_2。

⊖ 汇率如何以及为何变动，也可以套用利率平价条件来诠释。这是国际金融中的一个重要概念，显示了国内利率、国外利率以及国内货币升值预期之间的关系。本章附录 20A 讨论了利率平价条件以及它如何解释汇率的决定。

元资产的需求量均会下降。如图 20-4 所示，需求曲线会从 D_1 向左移至 D_2。新的均衡点变为点
2，美元价值下跌。相反地，i^F 下降
会使得美元资产的相对预期收益率上
升，需求曲线右移，汇率上升。总而
言之，**外国利率 i^F 上升会使需求曲线
D 左移，导致本币贬值；外国利率 i^F
下降会使需求曲线 D 右移，导致本
币升值。**

3. 预期未来汇率的变动 E_{t+1}^e

任何关于未来汇率的预期都会对
当前需求曲线的移动产生重要影响，
因为本币资产的需求就像对任何实物
和金融资产的需求一样，取决于未来
的转售价格。给定当前的汇率 E_t，任
何导致预期未来汇率 E_{t+1}^e 上升的因
素都会推高美元的价值。结果是美元
资产有较高的相对预期收益率，其在
任何一个汇率水平上的需求均上升，
图 20-5 中需求曲线从 D_1 右移至 D_2，
均衡汇率上升至曲线 D_2 和 S 的交点
2。**预期未来汇率 E_{t+1}^e 的上升会使需
求曲线右移，导致本国货币升值；同
理，预期未来汇率 E_{t+1}^e 的下降会使需
求曲线左移，导致本国货币贬值。**

之前我们讨论了长期汇率的决定
因素：相对价格水平、相对贸易壁
垒、进出口需求以及相对生产率（见
表 20-2）。这四个因素会影响预期未
来汇率。购买力平价理论认为，如果
预期美国相对于外国的物价水平持续
保持较高的水平，那么美元长期来看

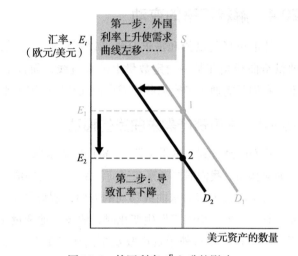

图 20-4 外国利率 i^F 上升的影响

注：如果外国利率 i^F 升高，本国（美元）资产的相对预期收益
率会随之下降，需求曲线向左移动，均衡汇率从 E_1 下降
到 E_2。

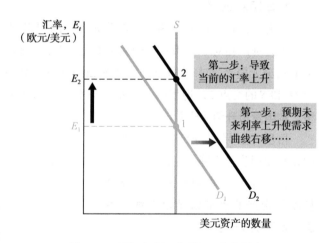

图 20-5 预期未来汇率 E_{t+1}^e 上升的影响

注：如果预期未来汇率上升，本国（美元）资产的相对预期收
益率会上升，需求曲线右移，均衡汇率从 E_1 上升到 E_2。

会贬值。因此，美国较高的预期相对价格水平往往会拉低 E_{t+1}^e 和美元资产的相对预期收益率，
从而使需求曲线左移，当前汇率下降。

类似地，其他汇率的长期决定因素也会影响美元资产的相对预期收益率和当前汇率。简言
之，以下这些使本国商品相对于外国商品需求量增加的变化会推高 E_{t+1}^e：①预期美国物价水平
相对外国物价水平下降；②预期美国相对外国有更高的贸易壁垒；③预期美国进口需求下降；
④预期外国对美国出口品的需求上升；⑤预期美国生产率相对外国上升。通过推高 E_{t+1}^e，所
有这些变化都会导致美元资产的相对预期收益率上升，从而使需求曲线右移，本国货币（美元）

升值。

这里的分析解释了汇率波动如此剧烈的事实。由于本币的预期升值会影响到国内资产的预期收益，因此对价格水平、通货膨胀、贸易壁垒、生产率、进口需求、出口需求和货币政策的预期在决定汇率方面发挥着重要的作用。当对这些变量的预期发生变化时，我们的分析表明，国内资产的预期收益率以及汇率将会立即受到影响。由于对所有这些变量的预期都会随着几乎每一条新闻的出现而变化，因此汇率的波动也就不足为奇了。

20.4.2 概括说明：影响汇率的因素

表 20-3 列出了所有可能推动需求曲线移动进而引起汇率变动的因素。该表反映了假定在其他所有因素（包括当前汇率）保持不变的情况下，每个因素的变化所引起的需求曲线的移动。投资组合理论告诉我们，美元资产相对预期收益率的变化是需求曲线移动的根源。

表 20-3　推动本币资产需求曲线移动并影响汇率的因素

因素	因素的变化	在每一个汇率水平上本币资产需求量的变化	汇率 E_t 的变化	图形的变化
本国利率 i^D	↑	↑	↑	$D_1 \to D_2$ 右移，$E_1 \to E_2$ 升
外国利率 i^F	↑	↓	↓	$D_1 \to D_2$ 左移，$E_1 \to E_2$ 降
预期本国物价水平[①]	↑	↓	↓	$D_1 \to D_2$ 左移，$E_1 \to E_2$ 降
预期贸易壁垒[①]	↑	↑	↑	$D_1 \to D_2$ 右移，$E_1 \to E_2$ 升
预期进口需求	↑	↓	↓	$D_1 \to D_2$ 左移，$E_1 \to E_2$ 降
预期出口需求	↑	↑	↑	$D_1 \to D_2$ 右移，$E_1 \to E_2$ 升

（续）

因素	因素的变化	在每一个汇率水平上本币资产需求量的变化	汇率 E_t 的变化	图形的变化
预期生产率①	↑	↑	↑	

① 相对于其他国家。

注：表中只列示了各因素上升的情况，各因素下降对汇率的影响与此相反。

我们总结一下表 20-3 中列示的 7 个因素变化所导致的结果。记住，要搞清楚需求曲线移动的方向，必须先知道每个因素的变化会导致美元资产相对预期收益率发生怎样的变化。如果相对预期收益率上升，假定当前汇率保持不变，则需求曲线右移；如果相对预期收益率下降，则需求曲线左移。

（1）本国利率 i^D 提高，在每一个汇率水平上美元资产的相对预期收益率上升，对美元资产的需求增加，需求曲线右移，均衡汇率水平提高，如表 20-3 第 1 行所示。

（2）外国利率 i^F 提高，外币资产的收益率提高，美元资产的相对预期收益率下降，对美元资产的需求减少，需求曲线左移，汇率水平下降，如表 20-3 第 2 行所示。

（3）预期本国相对外国物价水平提高，我们关于长期汇率决定的分析说明美元的价值未来会下降，美元资产的相对预期收益率下降，对美元资产的需求减少，需求曲线左移，汇率水平下降，如表 20-3 第 3 行所示。

（4）预期贸易壁垒提高，长期内美元的价值会提高，美元资产的相对预期收益率上升，对美元资产的需求增加，需求曲线右移，汇率水平提高，如表 20-3 第 4 行所示。

（5）预期进口需求增加，我们预期长期内美元会贬值，美元资产的相对预期收益率下降，在每一个汇率水平上对美元资产的需求减少，需求曲线左移，汇率水平下降，如表 20-3 第 5 行所示。

（6）预期出口需求增加，预期长期内美元会升值，美元资产的相对预期收益率上升需求曲线右移，汇率水平提高，如表 20-3 第 6 行所示。

（7）预期国内生产率提高，长期内有助于本币升值，所以国内资产的预期收益率提高，在每一个汇率水平上对国内资产的需求增加，需求曲线右移，汇率水平上升，如表 20-3 第 7 行所示。

🔆 应用 20-2　　　　　利率变动对均衡汇率的影响

我们的分析揭示了影响均衡汇率水平的因素。现在我们将利用这一分析结果，详细考察利率和货币增长对汇率的影响。

本国利率 i^D 的变动通常被认为是影响汇率的主要因素。例如，我们在金融报刊上会看到这样的标题：利率触底回升，美元反弹。但这个标题所表明的正相关性在所有情况下都成立吗？

并非如此。要分析利率变动的影响，我们必须仔细地区分变动的原因。费雪方程式（见第

4 章）认为，名义利率 i^D 等于实际利率加上预期通货膨胀率：$i=i_r+\pi^e$。费雪方程式表明，利率 i^D 的变化可以是由实际利率 i_r 变化引起的，也可以是由预期通货膨胀率 π^e 变化引起的。这两个原因对汇率的影响完全不同，因此需要判断哪种因素是名义利率变动的来源。

假定国内实际利率上升引起名义利率 i^D 上升，而预期通货膨胀率保持不变。在这种情况下，因为预期通货膨胀率不变，假定美元的预期升值率不变是合理的。因此，i^D 升高会使得美元资产的相对预期收益率以及任一汇率水平下的美元资产需求量上升，需求曲线右移。我们可以用图 20-3 描述这种情况，该图在假定所有其他因素不变的基础上，分析了 i^D 上升的情况。我们的外汇市场模型可以得到下列结论：**如果本国实际利率上升，本国货币升值。**

如果名义利率上升是由预期通货膨胀率增加而引起的，我们会得到与图 20-3 截然不同的结论。预期本国通货膨胀率的上升导致美元的预期升值率降低，且幅度通常被认为大于国内利率 i^D 上升的幅度。于是，对于任何给定的汇率水平，本国（美元）资产的相对预期收益率下降，需求曲线左移，汇率从图 20-6 的 E_1 下降到 E_2。我们的分析可以得出以下结论：**如果本国利率上升是由于预期通货膨胀率的上升导致的，那么本国货币就会贬值。**

由于这个结论与由实际利率升高引起国内利率上升的情况完全不同，所以我们在分析利率对汇率的影响时，必须区分名义变量和实际变量。

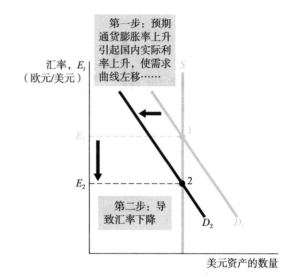

图 20-6　预期通货膨胀率上升导致本国利率升高的影响

注：由于国内预期通货膨胀率的上升引起的预期美元升值幅度大于国内利率的上升幅度，本币（美元）资产的相对预期收益率下降。需求曲线向左移动，均衡汇率从 E_1 降到 E_2。

应用 20-3　　　　次贷危机与美元

随着 2007 年 8 月次贷危机的爆发，美元的价值开始加速下滑，到 2008 年 7 月中旬美元对欧元贬值了 9%。在 7 月 11 日美元对欧元的汇率达到最低水平后，美元的价值突然开始上升，到 10 月末美元对欧元升值超过 20%。次贷危机与美元价值的大幅度波动之间有什么关系呢？

对美元走势的供求分析如图 20-7 所示。因为我们正在分析美元价值的变化，所以我们再次将美元作为本国货币。因此，图中的纵轴表示欧元对美元的汇率，所以汇率的上升就是美元的升值；横轴是美国（美元）资产的数量。在 2007 年 8 月次贷危机爆发前，0.73 欧元 / 美元的汇率处于均衡水平点 1。

2007 年次贷危机对经济活动的负面影响主要出现在美国。美联储为了抵消危机的紧缩性影响，采取了积极的货币政策，从 2007 年 9 月到 2008 年 4 月将联邦基金利率目标下调了 325 个基点。与此相反，其他国家的中央银行如欧洲中央银行没有降低利率的需求，特别是当高昂的能源价格导致通货膨胀率的急速上升时。因此美元资产的相对预期收益率降低，美元资产的需求曲线左移，如图 20-7 所示从 D_1 移至 D_2，均衡点从 2007 年 8 月的点 1 移至 2008 年 4 月的点 2，从而导致均衡汇率下跌至 0.63 欧元 / 美元。我们对于外汇市场的分析解释了为什么初始阶段的次贷危机导致了美元价值的下降。

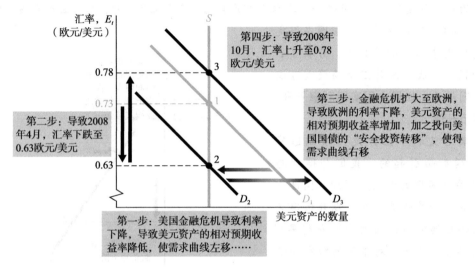

图 20-7　次贷危机与美元

注：美国金融危机导致利率下降，导致美元资产相对预期收益率降低，使得需求曲线左移，同时 2008 年 4 月，汇率下跌至 0.63 欧元 / 美元。全球金融危机扩大至欧洲使欧洲的利率下降，美元资产的相对预期收益率增加，加之投向美国国债的"安全投资转移"，使得需求曲线右移，并且 2008 年 10 月汇率上升至 0.78 欧元 / 美元。

现在我们来看美元价值的升高。从 2008 年夏天开始，次贷危机对经济活动的影响在全球范围内扩散。欧洲中央银行开始降低利率，同时市场预期此后利率会进一步降低，事实的确如此。预期外国利率水平的下降提高了美元资产的相对预期收益率，使需求曲线从 D_2 右移至 D_3，均衡点移至点 3，美元升至 0.78 欧元 / 美元，到 2008 年 10 月为止。另外一个导致美元升值的因素是"安全投资转移"，当次贷危机在 9 月和 10 月急剧恶化时，美国人和外国投资者都希望将资金投放在可能最安全的资产上，这种资产是美国国债。结果是对美元资产的需求增加，这是美元资产需求曲线右移的另一个原因，最终使得美元出现快速升值。

💡 应用 20-4　　　　英国脱欧与英镑

如"预览"所述，2016 年 6 月 23 日英国脱欧公投导致英镑贬值近 10%，从 6 月 23 日公投前的 1.48 美元跌至 6 月 24 日的 1.36 美元。如何解释英镑汇率单日的大幅下降？

我们使用图 20-8 中外汇市场的供求分析来回答这个问题。因为我们要分析英镑的价值，所以我们把英镑当作本国货币，从而观察英镑的供给和需求。因此图中纵轴上的汇率表示为美元 / 英镑，所以汇率的上升就是英镑的升值；横轴是英镑资产的数量。6 月 23 日，在英国脱欧公投前夕，最初的均衡点是点 1，均衡汇率为 1.48 美元 / 英镑。

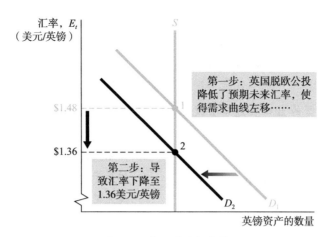

图 20-8　英国脱欧与英镑

注：英国脱欧公投降低了英国英镑资产的预期收益率，使得需求曲线左移，汇率下降至 1.36 美元 / 英镑。

英国脱欧公投将导致英国不能再进入欧盟的"一个市场"，从而可能对英国商品和服务的出口设有较大的贸易壁垒，尤其是金融服务，这是英国最重要的产业之一。随着欧盟贸易壁垒预期的提高，未来对英国商品和服务的需求将会下降，所以英镑的预期价值在未来会更低。因此，英国（英镑）资产的相对预期收益率下降，在任何给定汇率下的英镑资产需求量也会下降，英镑资产的需求曲线将会左移。结果是，英镑汇率均衡点大幅下跌至 1.36 美元 / 英镑。

本章小结

1. 外汇汇率（用另一个国家的货币表示的一国货币的价格）非常重要，因为它会影响国内生产的商品在国外销售的价格，以及在国内购买外国商品的成本。

2. 购买力平价理论说明，两国汇率的长期变动取决于两国相对物价水平的变动。影响长期汇率的其他因素有关税和配额、进口需求、出口需求、生产率。

3. 短期汇率取决于本币资产的相对预期收益率的变动，这一变动会导致需求曲线发生移动。任何导致本币资产相对预期收益率发生改变的因素都会引起汇率的变动。这些因素包括：本币和外币资产的利率、任何影响长期汇率以及预期未来汇率因素的变动。

4. 汇率决定的资产市场方法可以解释次贷危机中的美元价值变化以及英国脱欧公投后英镑的大幅贬值。

关键术语

升值	资本流动性	贬值	汇率
外汇市场	远期汇率	远期交易	利率平价条件
不可贸易的	配额	实际汇率	即期汇率
即期交易	关税	购买力平价理论（PPP）	

思考题

1. 假设你正在考虑出国度假，而欧元对美元已经升值 15%。你更愿意还是更不愿意去罗马和巴黎？

2. "如果货币疲软（贬值），该国的经济状况会变坏。"这一说法是正确的、错误的还是不确定的？解释你的答案。

3. 当美元贬值时，美国的出口和进口会发生什么？

4. 如果日本物价水平相对于美国上涨了 5%，根据购买力平价理论，以美元表示的日元价值会发生怎样的变动？

5. 如果在进口关税提高的同时，对该国出口的需求减少，长期内该国货币的汇率是升高还是降低？

6. 当美联储实施扩张性货币政策时，货币供应会怎样？这如何影响美元资产的供应？

7. 2009～2011 年，澳大利亚和瑞士在全球金融危机时受到了相对较温和的影响。同时，由于高失业率和高政府债务负担，欧元区的许多国家都受到重创。这如何影响欧元/瑞士法郎和欧元/澳元的汇率？

8. 20 世纪 70 年代中后期，日元相对于美元升值，但日本的通货膨胀率高于美国。日本企业相对于美国企业生产率的提高如何解释这一现象？

9. 假设美国总统宣布了一系列新的改革措施，其中包括新的反通货膨胀策略。如果公众相信总统，请预测美国汇率的变化。

10. 如果印度政府出人意料地宣布，将在一年后提高外国商品的进口税，那么目前印度卢比的价值会怎样变动？

11. 如果美国的名义利率升高，但实际利率下跌，预测美元汇率的变动。

12. 如果美国汽车公司实现了一项技术突破，能够生产出每 200 英里⊖耗油 1 加仑⊖的汽车，美元汇率会怎样变化？

13. 如果墨西哥人大肆消费，对法国香水、日本电视、英国羊毛衫、瑞士手表和意大利酒的购买成倍增长，墨西哥比索的价值会发生怎样的变化？

14. 经过 2008 年的夏天和秋天，随着全球金融危机开始持续，国际金融机构和主权财富基金显著增加了它们对美国国债的购买作为避风港的投资。这会如何影响美元汇率？

15. 2012 年 9 月，美联储宣布了一项旨在降低中长期利率的大规模资产购买计划（被称作 QE3）。这对美元/欧元汇率有什么影响？

16. 2016 年 6 月 23 日，英国选民投票决定脱离欧盟。从 2016 年 6 月 16 日至 6 月 23 日，英镑与美元的汇率从 1.41 美元/英镑升值到 1.48 美元/英镑。你认为关于公投结果的市场预期如何？

应用题

17. 一辆德国跑车售价 70 000 欧元。如果汇率是 0.90 欧元每美元，那么该德国车在美国的美元价格是多少？

18. 如果加拿大元对美元汇率为 1.28，英镑对美元汇率为 0.62，那么加拿大元对英镑的汇率是多少？

19. 新西兰元对美元的汇率是 1.36，而英镑对美元的汇率是 0.62。如果你发现英镑兑新西兰元的汇率是 0.49，你会怎样做来赚取无风险利润？

20. 1999 年，欧元在 0.90 美元/欧元交易。如果欧元现在以 1.16 美元的价格交易，欧元的价值变动的百分比是多少？这是升值还是贬值？

21. 墨西哥比索以每美元 10 比索的价格交易。如果美国的预期通货膨胀率是 2%，而在未来一年墨西哥的预期通货膨胀率是 23%，

⊖ 1 英里 =1 609 米。——译者注
⊜ 1 美制加仑 =3.785 升，1 英制加仑 =4.546 升。——译者注

在给定购买力平价条件下，一年后预期的汇率是多少？

22. 如果最近英国的价格水平上升了20%，而在美国下降了5%，如果购买力平价成立，汇率变动又是多少？假设当前的汇率是0.55英镑/美元。

对于23～25题，请使用美元外汇市场图来说明每个问题中产生的影响。

23. 如果欧洲的预期通货膨胀率下降，导致利率下跌，预测美元汇率的变化。

24. 如果欧洲中央银行决定收缩货币供给来应对通货膨胀，美元价值会发生怎样的变化？

25. 如果法国工人罢工，加大了购买法国商品的难度，美元价值会发生怎样的变化？

数据分析题

1. 登录圣路易斯联邦储备银行FRED数据库，并找到美元兑英镑的汇率数据（DEXUSUK）。一辆迷你库珀可以以17 865英镑在英国伦敦买到，或以23 495美元在美国波士顿买到。

   a. 用最新的汇率计算伦敦迷你库珀对波士顿迷你库珀的实际汇率。

   b. 基于a中你的答案，迷你库珀在波士顿还是在伦敦相对更贵？

   c. 在其他条件相等的情况下，英镑价格为多少才能使得迷你库珀在两个地方一样贵？

2. 登录圣路易斯联邦储备银行FRED数据库，并找到每日美元兑欧元的汇率（DEXUSEU）、兑英镑的汇率（DEXUSUK）和兑日元的汇率（DEXJPUS），以及每日的3个月期伦敦银行间同业拆借利率（或LIBOR），分别对美元（USD3MTD156N）、欧元（EUR3MTD156N）、英镑（GBP3MTD156N）和日元（JPY3MTD156N）的数据。LIBOR是利率以各国的货币计价的衡量。

   a. 用一年前的数据和最新的数据计算美国LIBOR和其他三国LIBOR利率的差异。

   b. 基于利率差异的变化，你期望美元对其他货币贬值或升值吗？

   c. 报告在过去一年中汇率变动的百分比。你在b中预测的结果与汇率实际表现一致吗？

网络练习

1. 国际旅游者与商务人士经常需要将一种货币准确地兑换成另外一种货币。要找到美元和其他货币兑换的比率十分容易，但要找到美国之外的两个国家货币之间的汇率就不是这么方便了。访问http://www.oanda.com/convert/classic，该网站能够将任何一种货币兑换成其他货币。现在，用1智利比索能够兑换到多少立陶宛立特？

2. 访问http://www.economist.com/content/big-mac-index，该网站有最近《经济学人》的巨无霸指数的计算。

   a. 绘制一个巨无霸当地价格与实际汇率之间的关系。这个关系图能否说明当地价格与实际汇率之间有很密切的关系？这能否说明PPP理论有一定有效性？请解释原因。

   b. 你的上述证据是否表明PPP是一个短期内较好的汇率理论？

   c. 依据购买力平价，哪个国家的货币是被最高估的？在那里买东西是贵还是便宜？

   d. 依据购买力平价，哪个国家的货币是被最低估的？在那里买东西是贵还是便宜？

网络参考

http://www.newyorkfed.org/markets/foreignex.html 这里可以找到有关美国外汇市场的详细资料。

http://quotes.ino.com/chart/ 访问该网站，

单击"Exchange List",可以找到市场利率以及美元与世界其他主要货币之间汇率的走势图。

http://www.oecd.org/std/prices-ppp/ 购买力平价网页,包括购买力平价项目回顾、统计数据、相关研究、出版物以及 OECD 有关 PPP 的会议。

http://www.economist.com/content/big-mac-index《经济学人》的巨无霸指数(big Mac index)。

https://www.federalreserve.gov/releases/h10/current 美联储在此公布很多国家的当前汇率和历史汇率。

http://fx.sauder.udc.ca 英属哥伦比亚大学尚德商学院太平洋汇率服务中心的网页,提供当前市场条件如何影响汇率的有关信息。在该网站上还可以轻松地将汇率数据绘制成图。

| 附录 20A | 利率平价条件 |

本章中所有的结论都可以用一个在国际金融领域中广泛应用的概念推导出来。利率平价条件说明本国利率、外国利率和本币预期升值率之间的关系。为推导利率平价条件,我们先来考察如何比较本币资产和外币资产的预期收益率。

20A.1 比较本币资产和外币资产的预期收益率

和本章的分析相同,我们将美国视作本国,因此本币资产以美元计价。为简便起见,我们用欧元代表任一外国货币,因此外币资产以欧元计价。假定美元资产的利率为 i^D,而且不存在任何可能的资本利得,因而其用美元支付的预期回报就为 i^D。同样,外币资产的利率(以外国货币欧元支付的预期收益率)为 i^F。要比较美元资产和外币资产的预期收益率,投资者必须将投资回报率转换为他们所使用的货币单位。

首先我们考察的是外国人弗朗索瓦对美元资产和以其本国货币(欧元)计价的资产的预期收益率的比较。他考虑以欧元衡量的美元资产的预期收益率肯定不等于 i^D,预期收益率应当根据美元的预期升值或贬值来调整。例如,若他预期美元将升值 3%,以欧元衡量的美元资产的预期收益率就应当比 i^D 高出 3%,这是因为用欧元来衡量,美元的预期价值升高了 3%。因此,如果美元资产的利率为 4%,美元的预期升值率为 3%,以欧元衡量的美元资产的预期收益率就为 7%,即 4% 的利率加上 3% 的美元预期升值率;相反,如果预期 1 年后美元将贬值 3%,以欧元衡量的美元资产的预期收益率就只有 1%,即 4% 的利率减去 3% 的美元预期贬值率。

将货币汇率(即期汇率)以 E_t 表示,下一阶段的预期汇率以 E_{t+1}^e 表示,美元的预期升值率就可以写作 $(E_{t+1}^e - E_t)/E_t$。我们的推理说明,以外国货币衡量的美元资产的预期收益率 R^D 等于美元资产的利率与美元预期升值率之和⊖

⊖ 事实上,这个表达式只是近似等于以欧元衡量的预期收益率,通过考察外国人如何投资美元资产,可以得到更为精确的计算结果。假定弗朗索瓦决定用 1 欧元投资于美元资产。首先他购买 $1/E_t$ 的美元资产(美元和欧元之间的汇率是 E_t,1 美元相当于 E_t 欧元),期末,他的美元收入为 $(1+i^D)(1/E_t)$。为了将这笔金额转换成他预期可以获取的欧元收入,他用 E_{t+1}^e 乘以这个金额。弗朗索瓦 1 欧元初始投资的预期回收率可以写作

$$(1+i^D)\left(\frac{E_{t+1}^e}{E_t}\right)-1 \text{ 或 } i^D\left(\frac{E_{t+1}^e}{E_t}\right)+\frac{E_{t+1}^e-E_t}{E_t}$$

因为 E_{t+1}^e/E_t 近似等于 1,所以该表达式与正文中的表达式近似相等。要弄清这一点,可以考虑正文中的案例,其中 $i^D=0.04$;$(E_{t+1}^e-E_t)/E_t=0.03$,因此 $E_{t+1}^e/E_t=1.03$。弗朗索瓦美元资产的预期收益率为 $0.04 \times 1.03+0.03=0.0712=7.12\%$,而不是正文中的 7%。

以欧元衡量的 $R^D = i^D + \dfrac{E_{t+1}^e - E_t}{E_t}$

然而，弗朗索瓦以欧元计价的外币资产的预期收益率 R^F 为 i^F。因此，以欧元来衡量，美元资产的相对预期收益率（美元资产和欧元资产预期收益率的差额）是从上面的表达式中减去 i^F，即

相对 $R^D = i^D - i^F + \dfrac{E_{t+1}^e - E_t}{E_t}$ （20A-1）

随着美元资产相对预期收益率的上升，外国人愿意持有更多的美元资产和更少的外币资产。

下面，我们从美国人艾尔的角度考虑持有美元资产还是欧元资产的决策。按照评估弗朗索瓦的决策时所使用的推理方法，我们可以知道，以美元衡量的外币资产的预期收益率 R^F 等于外币资产的利率 i^F 加上外国货币的预期升值率，即减去美元的预期升值率 $(E_{t+1}^e - E_t)/E_t$

以美元衡量的 $R^F = i^F - \dfrac{E_{t+1}^e - E_t}{E_t}$

例如，如果欧元资产的利率为 5%，美元预期升值 3%，那么以美元衡量的欧元资产的预期收益率为 2%。艾尔赚取 5% 的利率，但他预期会损失 3%，因为根据他的预期，由于美元升值，以美元衡量的欧元的价值下跌 3%。

如果投资美元资产，以美元衡量的预期收益率 R^D 就等于 i^D。因此，以美元衡量，美元资产的相对预期收益率等于 i^D 减去刚才的表达式，即

相对 $R^D = i^D - \left(i^F - \dfrac{E_{t+1}^e - E_t}{E_t} \right) = i^D - i^F + \dfrac{E_{t+1}^e - E_t}{E_t}$

这个等式同弗朗索瓦评估的美元资产的相对预期收益率（以欧元衡量）是相同的，这里的关键在于，无论是弗朗索瓦以欧元计算，还是艾尔以美元计算，美元资产的相对预期收益率都是相同的。因此，如果美元资产的相对预期收益率上升，外国人和本国人的反应是相同的，都会增加持有美元资产，减少持有外币资产。

20A.2　利率平价条件

我们现在生活的世界具有**资本流动性**（capital mobility）：外国人可以很容易地购买美国资产，美国人也可以很容易地购买外币资产。如果资本流动几乎没有阻碍，不同资产（如外国银行存款和美国银行存款）具有相同的风险和流动性，那么假定资产之间完全可替代是合理的（也就是说，它们受欢迎的程度是相同的）。在资本可自由流动和资产之间完全可替代的前提条件下，如果美元资产的预期收益率高于外币资产，无论外国人还是美国人都只愿意持有美元资产，而不愿意持有外币资产；相反，如果外币资产的预期收益率高于美元资产，美国人和外国人都不愿意持有美元资产，而只愿意持有外币资产。对于要持有的美元资产和外币资产目前的供给规模而言，两者的预期收益率必然没有差别；也就是说，式（20A-1）的相对预期收益率必须等于 0。这一条件可以被改写为

$i^D = i^F - \dfrac{E_{t+1}^e - E_t}{E_t}$ （20A-2）

式（20A-2）被称为**利率平价条件**（interest parity condition），它说明国内利率等于外国利率减去本国货币的预期升值率。换句话说，这个条件可以以更直观的方式表达：国内利率等于外国利率加上外国货币的预期升值率。如果国内利率高于外国利率，这意味着外国货币的预期升值率为正，从而可以补偿较低的外国利率。如果国内利率为 5%，外国利率为 3%，意味着外国货币的预期升值率必然为 2%（或者说，美元的预期贬值率为 2%）。

我们可以从几个方面来认识利率平价条件。首先，我们应当认识到，利率平价意味着美元资产和外币资产的预期收益率是相等的。为了了解这一点，注意利息平价条件（式（20A-2））

的左边是美元资产的预期收益率，而右边是外币资产的预期收益率，两种回报率都是以同一种货币，即美元衡量的。考虑到我们关于本币资产和外币资产是完全替代品（受欢迎程度相同）的假设，利率平价条件就是外汇市场的均衡条件。只有当汇率使得本币资产和外币资产的预期收益率相等，也就是说当利率平价成立时，投资者才会愿意同时持有本币资产和外币资产。

通过一些数学运算，我们可以把式（20A-2）的利率平价条件改写为

$$E_t = \frac{E_{t+1}^e}{i^F - i^D + 1}$$

这个公式与我们本章中供给和需求分析得到的结果完全一致：如果 i^D 上升，分母减小，E_t 就上升；如果 i^F 上升，分母变大，E_t 就下降；如果 E_{t+1}^e 上升，则分子变大，E_t 就上升。

国际金融体系

学习目标

1. 运用图表和 T 型账户区分冲销性及非冲销性外汇市场干预效果的区别。
2. 解释国际收支平衡中经常账户和资本账户间的关系。
3. 明确保持固定汇率的机制，评估固定汇率面临的挑战。
4. 总结资本控制的优缺点。
5. 评价 IMF 作为最后贷款人的角色。
6. 识别国际货币政策和汇率安排影响国内货币政策的方式。
7. 总结汇率目标制的优缺点。

| 预览 |

由于美国经济和世界其他地区经济之间的相互依赖性日益增强，一国货币政策的实施再也不能不考虑国际因素。在本章中，我们将考察国际金融交易和国际金融体系的结构是如何影响货币政策的。同时，我们也要回顾国际金融体系在过去半个世纪的发展演变，并展望其未来的趋势。

21.1 外汇市场干预

我们在第 20 章中分析外汇市场时，将其看作能对所有传统市场压力做出反应的完全自由的市场。然而，同其他许多市场一样，外汇市场也不能完全摆脱政府干预；中央银行为了影响汇率而定期进行国际金融交易，买卖它们的货币，这被称为**外汇干预**（foreign exchange interventions）。在当前的国际环境下，汇率每天都在波动，但是中央银行试图通过买卖货币来影响本国的汇率。我们将使用第 20 章的汇率分析，解释中央银行干预对外汇市场的影响。

21.1.1 外汇干预与货币供给

要理解中央银行干预外汇市场将如何影响汇率，首先要考察中央银行在外汇市场上出售它所持有的部分外币资产（被称为**国际储备**（international reserves））对基础货币所产生的影响。假定美联储决定出售10亿美元外币资产，买入10亿美元的本国货币（这一交易的具体操作者是纽约联邦储备银行的外汇交易室，见走进美联储专栏）。美联储购买美元的行为有两个方面的影响。第一，美联储持有的国际储备减少10亿美元；第二，由于购买的货币是从公众手中转移出来的，所以流通中的现金减少10亿美元。我们可以从下面联邦储备体系的T型账户中看出这一变化。

联邦储备体系

资产	负债
外币资产（国际储备）−10亿美元	流通中的现金 −10亿美元

> **|走进美联储|** **纽约联邦储备银行外汇交易室的一天**
>
> 尽管外汇政策由美国财政部主要负责，但干预外汇市场的决策是美国财政部和联邦储备体系下属的联邦公开市场委员会共同做出的。纽约联邦储备银行外汇交易室负责外汇干预的实际操作，该交易室就位于公开市场交易室的隔壁。
>
> 纽约联邦储备银行外汇操作的经理负责监督跟踪外汇市场变化的交易员和分析师。每天早晨7:30，早在黎明前就到纽约联邦储备银行的交易员同美国财政部的相关人员通话，提供海外金融和外汇市场头天晚上的最新情况。上午晚些时候9:30，经理和其职员召开有华盛顿联邦储备委员会高级职员参与的电话会议。下午2:30，他们再次召开电话会议，这次联邦储备委员会和财政部的官员均会参加。虽然根据法律，财政部在制定外汇政策方面负有领导责任，但它试图达到财政部、联邦储备委员会和纽约联邦储备银行三方意见的统一。如果三方都认为当天有必要进行外汇干预，这将是极不寻常的事件，经理就会通知交易员执行通过的外币买卖指令。干预汇率的基金分别由财政部（在外汇稳定基金中）和联邦储备体系持有，经理及其职员的交易不能动用纽约联邦储备银行的资金，他们只是财政部和联邦公开市场委员会实施这些外汇交易的代理人而已。
>
> 他们的另一项职责是，在每次联邦公开市场委员会会议之前，帮助准备提交给公开市场委员会成员、其他联邦储备银行行长和财政部官员的文件。这些文件内容十分冗长，其中有大量数据。文件描述了国内和国外市场在之前5周或6周中的动态。这项职责使得他们在每次联邦公开市场委员会会议之前都异常忙碌。

由于基础货币由流通中的现金和准备金构成，所以现金减少10亿美元意味着基础货币也减少10亿美元。

如果（而且十分有可能）购买外币资产的人不是用现金支付，而是用本国银行账户签发的支票支付的，那么美联储就从它在这些银行持有的准备金账户上扣减10亿美元，结果是美联储的存款（准备金）减少10亿美元，如下面的T型账户所示。

联邦储备体系

资产	负债
外币资产（国际储备）　−10 亿美元	美联储的存款（准备金）　−10 亿美元

在这种情况下，美联储出售外币资产购买美元存款的结果是，准备金减少 10 亿美元，由于准备金是基础货币的一个组成部分，基础货币也会减少 10 亿美元。

现在，我们发现中央银行出售外币资产，同时购买本国银行存款或本国货币，对基础货币的影响是完全相同的。这就是为什么我们在提到中央银行购买本国货币时，并不区分购买的是本币还是以本币计价的银行存款。因此，我们可以得出一个重要结论：**中央银行在外汇市场上购买本国货币，同时相应地出售外币资产，会导致国际储备和基础货币的等额减少**。

我们可以通过更为直接的途径得到相同的结论。中央银行出售外币资产同在公开市场上出售政府债券是完全一样的。我们在探讨货币供给的过程中得知，公开市场出售导致基础货币的等额减少；因此，出售外币资产同样会引起基础货币的等额减少。同理，中央银行出售本国货币来购买外币资产，就类似于公开市场购买，会引起基础货币的等额增加。因此，我们可以得出以下结论：**中央银行在外汇市场上出售本国货币，购买外币资产，会引起国际储备和基础货币的等额增加**。

我们刚刚所描述的干预，即中央银行买卖本国货币以对基础货币施加影响，被称为**非冲销性外汇干预**（unsterilized foreign exchange intervention）。但是，如果中央银行不希望买卖本国货币的行为会影响基础货币，情况又会怎样？这时中央银行就要在政府债券市场上实施对冲性公开市场操作，从而抵消外汇干预的影响。例如，在美联储购买 10 亿美元的同时出售 10 亿美元外币资产的例子中，正如我们知道的，这会减少 10 亿美元的基础货币，美联储可以在公开市场上购买 10 亿美元政府债券，从而增加 10 亿美元的基础货币。外汇干预加对冲性公开市场操作则不会导致基础货币的变动，如下面的 T 型账户所示。

联邦储备体系

资产		负债	
外币资产（国际储备）　−10 亿美元		基础货币	0
政府债券　+10 亿美元			

伴随有对冲公开市场操作的外汇干预不会影响基础货币，这被称为**冲销性外汇干预**（sterilized foreign exchange intervention）。

现在，我们已经了解到外汇干预有两种类型：非冲销性干预和冲销性干预。下面让我们来看一看，每种类型会如何影响汇率。

21.1.2　非冲销性干预

你的直觉可能告诉你，如果中央银行想要提高本国货币价值，应当在外汇市场上买进本国货币，卖出外币资产。事实上，这一直觉对于非冲销性外汇干预是正确的。

回顾一下，在非冲销性外汇干预的情况下，如果美联储决定在外汇市场上买入美元，以外币资产来换取美元资产，这类似于在公开市场上通过卖出债券来减少基础货币。于是买入美元导致货币供给减少，这提高了国内利率和美元资产的相对预期收益率。结果美元需求曲线从 D_1

右移到 D_2，美元汇率上升至 E_2，如图 21-1 所示。[○]

我们的分析可以得到在外汇市场上非冲销性外汇干预的以下结论：**购买本国货币和出售外币资产的非冲销性干预，将会导致一国国际储备下降、货币供给下降和本国货币升值。**

出售外币资产、购买本国货币的非冲销性干预可以得到相反的结论。出售本国货币、购买外币资产（增加国际储备）类似于公开市场出售，会增加基础货币和货币供给。货币供给的增加会降低美元资产的利率。美元资产相对预期收益率的下降意味着人们会购买更少的美元资产，需求曲线左移，汇率下降。**出售本国货币和购买外币资产的非冲销性干预会增加国际储备和货币供给，并导致本国货币贬值。**

21.1.3 冲销性干预

冲销性干预的关键一点在于，中央银行

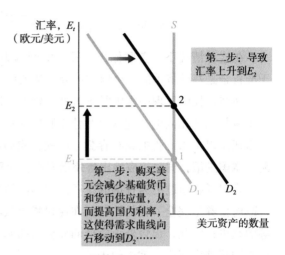

图 21-1　非冲销性购买美元和销售外币资产的影响

注：购买美元以及随之而来的在公开市场上销售外国资产会减少基础货币和货币供应量。由此产生的货币供应量下降导致国内利率上升，这提高了美元资产的相对预期收益率。需求曲线从 D_1 向 D_2 右移，平均汇率从 E_1 上升到 E_2。

从事对冲性公开市场操作，因此对基础货币和货币供给没有影响。我们所使用的汇率决定模型十分直观地说明了冲销性干预几乎不会对汇率有任何影响。冲销性干预不影响货币供给，因此不会直接影响利率。[○]由于美元资产的相对预期收益率不受影响，所以图 21-1 中的需求曲线仍然位于 D_1，汇率仍然是 E_1。

从表面看上去，我们可能会对经过冲销后，中央银行买卖本国货币不会使汇率发生变动感到迷惑。由于中央银行冲销性购买本国货币对国内货币供给和利率没有影响，所以不会提高汇率，汇率的任何上升都意味着美元资产存在超额供给。由于有更多的人乐意去卖而不是买美元资产，所以汇率必然下跌回其初始水平，而需求和供给曲线正好相交于此。

[○] 美联储购买美元的未冲销性干预措施会略微减少美元资产的数量，因为它会导致货币基础的减少，同时使公众手中持有的政府债券的数量保持不变。因此，描绘美元资产供应的曲线略微向左移动，这也是为了提高汇率，得出的结论与图 21-1 相同。由于基础货币的增加只是未偿还美元资产总量的一小部分，所以供给曲线会以不可察觉的数量变化。这就是图 21-1 绘制时供给曲线不变的原因。

[○] 冲销性干预会改变公众持有的外国证券相对于本国证券的量，这被称为组合余额效应（portfolio balance effect）。通过这一效应，中央银行或许能够影响本币与外币资产之间的利差，并进而影响本币资产的相对预期收益率。实证研究没有揭示组合余额效应是显著的。然而，冲销性干预能够显示中央银行希望未来汇率发生这样的变化，因此它或许能够提供关于未来货币政策走向的启示，并改变预期的未来汇率 E^e_{t+1}。从这个角度来说，冲销性干预会导致本币资产需求曲线的移动，并最终对汇率产生影响。但是，未来货币政策的改变（并非冲销性干预）是影响汇率的根源所在。关于信号作用、组合余额效应以及冲销性和非冲销性干预的不同影响的深入探讨，可参见 Paul Krugman, Maurice Obstfeld, and Mark Melitz, *International Economics: Theory and Policy*, 9th ed. (Boston: Addison-Wesley, 2012)。

21.2 国际收支

由于国际金融交易对货币政策有着重要的影响，所以我们有必要了解这些交易的衡量方法。**国际收支**（balance of payments）是记录一国（私人部门和政府）和外国之间交易的簿记系统。接下来我们介绍在媒体上经常听到的国际收支平衡表中的几个重要项目。

21.2.1 经常账户

经常账户（current account）反映了一个国家在一个给定年份内的经常性国际交易（不涉及金融资产买卖的交易）。经常账户由三个项目组成：贸易余额、净投资和转移额。

商品和服务贸易余额（trade balance on goods and services，通常简称**贸易余额**（trade balance））等于商品和服务出口总值减去商品和服务进口总值（贸易余额也被称为**净出口**（net exports））。当商品进口大于出口（美国 2016 年为 5 050 亿美元）时，该国出现贸易逆差。如果商品和服务的出口超过进口，那么这个国家就会有贸易顺差。

2016 年，美国的净投资收入为 1 730 亿美元，因为美国人从国外获得的投资收入比他们支付的要多。转移额是由国内居民和政府向外国人提供的资金，包括汇款（国内工人向外国人（通常是亲属）提供的资金）、养老金和外国援助。因为美国人向外国人的转移比外国人向美国的转移要多，所以 2016 年的转移额为 1 200 亿美元。这两个项目加上贸易余额（净出口）的总和是**经常账户余额**（current account balance），2016 年赤字为 4 520 亿美元：

$$-4\ 520\ 亿美元 = (-5\ 050\ 亿美元) + (1\ 730\ 亿美元) + (-1\ 200\ 亿美元)$$
$$经常账户余额 = \quad 贸易余额 \quad + \quad 净投资收入 \quad + \quad 转移额$$

当一个国家像美国一样出现经常账户赤字时，它在经常项目上向外国人支付的款项比从外国人那里得到的要多。像任何赤字一样，经常账户赤字也必须得到融资。为了看看如何融资，我们现在转向金融账户。

21.2.2 金融账户

金融账户（financial account）显示涉及资产购买或出售的国际交易。当美国人增加其持有的外国资产净值时，这一变化被记录为美国在金融账户中的净收购金融资产。当外国人增加其在美国资产的净持有量时，这一变化被记录为美国净负债，因为外国投资者对美国资产的索赔是美国人的负债。美国金融资产收购净额与美国负债发生净额之间的差额为**金融账户余额**（financial account balance）。2016 年，金融账户余额加上其他项目（出于实际目的，我们将其纳入金融账户余额）为 −4 520 亿美元。⊖该金融账户余额告诉我们，2016 年美国对外国人的负债增加，比美国增持的外国资产多 4 520 亿美元。换句话说，我们对外国人的美元债务增加了

⊖ 在国际收支中，金融账户余额等于为美国资产收购净额减去美国负债发生净额。2016 年这一数字为 −3 780 亿美元。但是，还有另外一个重要的组成部分在金融账余额中是有意义的，那就是统计误差，它反映了由于未记录的交易而产生的错误，并将国际收支保持在总体余额中。2016 年的统计误差为 740 亿美元。由于很多专家认为统计误差是隐藏资金大量流动的主要结果，所以我们将其纳入金融账户余额当中。金融账户的另一个组成部分是资本账户余额，其中包括：①人们移居到另一个国家时随身携带的货物和资产；②非生产性非金融资产的净购买，如知识产权或矿权。资本账户的余额很小，2016 年是 0.6 亿美元，因此可以忽略。2016 年官方储备账户余额和统计误差之和是书中的 4 520 亿美元（=3 780 亿美元 +740 亿美元）。

4 520 亿美元。

金融账户余额告诉我们流入美国的资本净额。当外国人增持美国资产时，资本流入美国。相比之下，当美国人增加持有外国资产时，资本已经从美国流出。因此，2016 年，外国人增加了对美国资产的持有量，比美国人增加对外国资产的持有量多了 4 520 亿美元，其结果是有 4 520 亿美元的净资本流入美国。

你可能已经注意到，这个金融账户余额的绝对值与经常账户赤字相等。这种平等是有道理的，因为如果美国人的支出超过了他们在经常项目上的支出，他们必须通过向外国人借等量的钱来为这种消费提供资金。另一种理解这种平衡的方法是使用会计原则，即资金的使用必须等于资金的来源。因此，经常账户赤字（为经常项目提供资金净用途）必须等于资金来源，这就是金融账户余额告诉我们的。最近几年的巨额经常账户赤字（2016 年超过 4 500 亿美元）引发了严重的担忧，这些巨额赤字可能对美国经济产生负面影响（见环球视野专栏"我们是否应该担心巨额经常账户赤字"）。

环球视野　　　　**我们是否应该担心巨额经常账户赤字**

美国近几年来的经常账户巨额赤字（2016 年为 4 520 亿美元，占 GDP 的 2.4%）的增长主要源于以下几个原因。首先，由于大部分赤字来自贸易逆差，我们可以得出这样的结论：按照目前的汇率，外国人对美国出口品的需求远小于对美国人进口品的需求。我们对外汇市场的供需分析表明对美国出口的低需求和对进口的高需求可能导致美元价值的下降。

其次，大额的经常账户赤字意味着美国对外国人的负债更多。这些借款将不得不在未来的某一时间点进行偿付。当账单到期时，美国人就不会像别的时候那样富有。

另外，大额经常账户赤字表明大量资本流入美国。这些资本流入可能为美国极具吸引力的投资提供资金。因此，这些投资在给外国人带来回报的同时，也可能使美国人的未来财富增加，使之更富有。

21.3　国际金融体系下的汇率制度

国际金融体系中的汇率制度可分为两种基本类型：固定汇率制度和浮动汇率制度。在**固定汇率制度**（fixed exchange rate regime）下，一种货币的价值钉住另一种货币的价值（被称为**锚货币**（anchor currency）），因此就另一种货币而言，汇率是固定的。在**浮动汇率制度**（floating exchange rate regime）下，一种货币相对于其他货币的价值可以自由浮动。如果各国要干预外汇市场，试图通过买卖货币来影响它们的汇率，这时的制度则被称为**有管理的浮动汇率制度**（managed float regime），或称**肮脏浮动**（dirty float）。

下面我们考察以前实行的汇率制度，首先从 19 世纪和 20 世纪初的金本位制度开始。

21.3.1　金本位制度

在第一次世界大战之前，世界经济处于**金本位制度**（gold standard）之下，这是一种固定汇率制度，在这种制度下，大多数国家的货币可按固定比率直接兑换为黄金，因此各个货币之间的汇率是相对固定的。例如，美国财政部可以将 1 美元纸币兑换成大约 1/20 盎司的黄金。同样，英国财政部会用 1/4 盎司黄金兑换成 1 英镑。因为美国人可以将 20 美元兑换成 1 盎司黄金，而这些黄金又可用来购买 4 英镑，那么英镑和美元之间的汇率实际上固定为 5 美元 / 英镑。金本位制度下的固定汇率，消除了由汇率波动引起的不确定性，有利于促进世界贸易的发展。

金本位制度的一个问题是，全球的货币政策在很大程度上受黄金生产和开采量的影响。19世纪七八十年代，全球货币供应量生产缓慢，跟不上世界经济发展的步伐，结果造成通货紧缩（物价水平下降）。然而 19 世纪 90 年代阿拉斯加和南非的黄金开采极大地扩张了黄金生产，导致货币供给快速增长，物价水平急剧上涨（通货膨胀）。这种情况一直持续到第一次世界大战。

21.3.2　布雷顿森林体系

第二次世界大战后，战胜国建立了一个固定汇率体系，即著名的**布雷顿森林体系**（Bretton Woods System）。该项协议于 1944 年在新罕布什尔签署，一直持续到 1971 年。

《布雷顿森林协定》创立了总部位于华盛顿特区的**国际货币基金组织**（International Monetary Fund，IMF），1945 年该组织有 30 个创始成员，目前成员超过 180 个。IMF 被赋予了以下职责：通过制定维持固定汇率的规则以及向遭受国际收支困难的国家和地区提供贷款的方式，促进世界贸易增长。为了监督成员遵守其规则，IMF 也要承担收集和处理国际经济数据的工作。

《布雷顿森林协定》还创立了国际复兴开发银行，通常被称为**世界银行**（World Bank）。它的总部也在华盛顿特区，主要职责是提供长期贷款，帮助发展中国家修建水利、公路和其他能促进经济发展的实物资本。这些贷款的资金主要来源于世界银行在发达国家的资本市场上发行的债券。除此之外，它还创立了关税贸易总协定（GATT），总部设在瑞士日内瓦，负责监督国家间贸易的规则（关税和配额）。GATT 现在已经演变成**世界贸易组织**（World Trade Organization，WTO）。

由于美国在第二次世界大战后成为世界上最大的经济实体，拥有世界超过一半的制造能力和世界绝大部分的黄金储备，所以固定汇率的布雷顿森林体系建立在美元可以以 35 美元 / 盎司的比价自由兑换成黄金（仅对外国政府和中央银行而言）的基础上。包括美国在内的各国中央银行在外汇市场中进行干预来维持固定汇率。这些国家购买和出售它们持有当作国际储备的美元资产。美元被当作**储备货币**（reserve currency），其他国家持有的当作国际储备的资产都是用美元计价的。于是，布雷顿森林体系的一个重要特征是，美国被确定为储备货币国。甚至在布雷顿森林体系瓦解后，美元仍然保持了它的储备货币地位，许多国际金融交易仍以美元进行。

布雷顿森林体系所规定的固定汇率在 1973 年就被废除了。然而在 1979～1990 年，欧盟在其成员国间创立了自己的固定汇率体系，即欧洲货币体系（EMS）。该体系的汇率机制（exchange rate mechanism，ERM）是，任何两个参加国货币之间的汇率只允许在很窄的范围内浮动，又被称为蛇形浮动（snake floating）。实际上，欧洲货币体系的所有成员国都将其货币钉住德国马克。

21.3.3　固定汇率制度的运作机制

图 21-2 利用我们在第 20 章中学到的外汇市场的供给和需求分析，揭示了实践中固定汇率

---

　1 盎司 =28.35 克。——译者注

制度的运行机制。图 21-2a 描述了本国货币钉住某一锚货币的情形，由于外国利率升高，致使本币资产的相对预期收益率下降，需求曲线左移至 D_1。此时汇率被高估，需求曲线 D_1 与供给曲线相交于汇率 E_1，低于汇率平价 E_{par}。要将汇率保持在 E_{par}，中央银行必须对外汇市场进行干预，卖出外币资产，同时买进本国货币。这类似于公开市场售出，意味着基础货币和货币供给减少，从而抬高本币资产的利率 i^D。$^\ominus$本国汇率升高又会抬高本币资产的相对预期收益率，使需求曲线右移。中央银行会持续买进本国货币，甚至需求曲线移至 D_2，均衡汇率回到图 21-2a 中的点 2，即 E_{par}。

　　于是，我们得出这样的结论：**当本国货币被高估时，中央银行必须购买本国货币以保持固定汇率，但其结果是国际储备减少。**

　　图 21-2b 描述了需求曲线向右移至 D_1 的情形。由于本币资产的相对预期收益率升高，汇率被低估：初始需求曲线 D_1 与供给曲线相交于汇率 E_1，高于 E_{par}。在这种情况下，中央银行必定会卖出本币资产，买入外币资产。这就类似于公开市场买入，会增加货币供给，使得本币资产的利率 i^D 下降。中央银行会持续卖出本国货币，降低利率，直至需求曲线完全移至 D_2，此时均衡汇率为 E_{par}——图 21-2b 中的点 2。通过上述分析我们可以得出结论：**当本国货币被低估时，中央银行必须出售本国货币以保持固定汇率，但其结果是国际储备增加。**

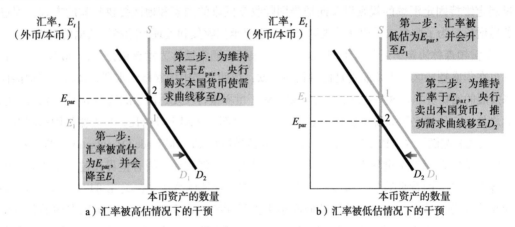

图 21-2　固定汇率制度下对外汇市场的干预

注：在图 21-2a 中，汇率 E_{par} 被高估，为了维持 E_{par} 的汇率水平（点 2），中央银行必须购买本国货币，推动需求曲线移至 D_2。在图 21-2b 中，汇率 E_{par} 被低估，中央银行应该卖出本国货币，推动需求曲线移至 D_2，以维持 E_{par} 的固定汇率水平（点 2）。

1. 贬值与升值

　　我们知道，如果一国货币的汇率被高估，该国中央银行阻止货币贬值的行为会导致国际储备减少。如果该国中央银行最终耗尽了所有国际储备，它就不能够阻止货币贬值，此时就会出现货币的**法定贬值**（devaluation），即汇率平价要重新确定在一个较低的水平。

　　相反，如果一国货币的汇率被低估，该国中央银行阻止货币升值的干预会导致国际储备增加。我们稍后可以看到，因为中央银行可能不想拥有这些国际储备，它可能要将汇率平价重新确定在一个较高的水平，即**法定升值**（revaluation）。

$\ominus$　因为汇率会继续固定在 E_{par}，未来预期汇率保持不变，所以在分析中没有提及。

2. 资本完全自由流动

如果资本可以完全自由流动，即对本国居民购买外币资产或外国人购买本币资产没有任何限制，那么冲销性汇率干预就不能够使汇率保持在 E_{par}，因为如本章前面所述，本币资产的相对预期收益率不会受到影响。例如，如果汇率被高估，冲销性购买本国货币并不会使本币资产的相对预期收益率和需求曲线发生改变，因此本国货币贬值的压力不会消除。如果中央银行继续购买本国货币，但是仍然进行冲销操作，它的国际储备就会不断减少，直到最终储备耗尽，中央银行被迫让货币价值处在一个较低的水平。

21.3.4 投机性冲击

像布雷顿森林体系或欧洲货币体系这样的固定汇率制度有一个致命缺点：它们会引起对货币**投机性冲击**（speculative attack）的外汇危机——大量出售软币或者购买硬币而引起汇率的重大变动。在应用 21-1 中，我们使用汇率决定模型考察 1992 年 9 月冲击欧洲货币体系的汇率危机是如何发生的。

💡应用 21-1　　　　　**1992 年 9 月的外汇危机**

1990 年 10 月德国统一之后，德国中央银行——德意志联邦银行面临着日益加剧的通货膨胀压力，通货膨胀率已从 1990 年的不到 3% 上升到 1992 年将近 5% 的水平。为了控制货币增长与缓和通货膨胀，德意志联邦银行将德国利率提高到将近两位数的水平。图 21-3 反映了德意志联邦银行在外汇市场上的这些举动对英镑的影响。注意，在图中，英镑是本国货币，而德国马克（DM，1999 年欧元发行前德国的货币）是外国货币。

在图 21-3 中，德国利率 i^F 的提高使得英镑资产的相对预期收益率下降，需求曲线移至 D_2。此时供给需求曲线的交点 2 低于当时的汇率下限（2.778 德国马克 / 英镑，用 E_{par} 表示）。为了提高英镑相对于德国马克的价值，使德国马克 / 英镑的汇率回到汇率机制限制范围内，或者英格兰银行实行紧缩性货币政策，将英国利率提高到足以使需求曲线移回到 D_1，均衡汇率保持在点 1，即 E_{par}；或者德意志联邦银行推行扩张性货币政策，降低德国利率。德国利率降低会推高英镑资产的相对预期收益率，使需求曲线移回至 D_1，汇率保持在 E_{par}。

问题在于，德意志联邦银行的主要目标是防止通货膨胀，它不愿意实施扩张性的货币政策，而英国面临战后最严

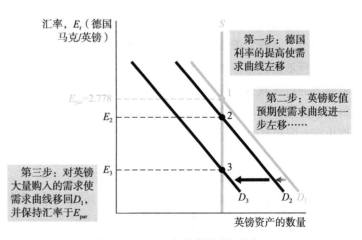

图 21-3　1992 年的英镑外汇市场

注：投机者意识到英国会很快宣布英镑贬值，因此英镑资产的相对预期收益率下降，需求曲线从 D_2 移至 D_3，这样英国中央银行就需要大量购入英镑，以抬高利率，从而使需求曲线移回到 D_1，汇率维持在 2.778 德国马克 / 英镑的水平。

峻的经济萧条，不愿意实行紧缩性的货币政策来支持英镑。当面临来自 EMS 其他成员国的巨大压力时，这个僵局越发凸显。9 月 14 日，在斯堪的纳维亚国家的货币遭遇严重的投机性冲击之后，德意志联邦银行只愿意象征性地降低一点贷款利率。因此，在不久的将来，英镑的价值会降到点 2。现在投机者知道英镑即将贬值，所以预期的未来汇率 E_{t+1}^e 下降，因此英镑资产的相对预期收益率急剧下降，推动需求曲线左移到 D_3。

由于需求曲线大幅左移，现在在汇率平价 E_{par}，英镑资产存在巨额超额供给，这使得投机者大量抛售英镑（买入德国马克）。英国中央银行出面干预，提高英镑价值的需求日益迫切，同时也要求大幅度提高英国利率。英格兰银行进行了一次较大的干预，包括将贷款利率从 10% 提高到 15%，但这显然还不够，最终英国被迫在 9 月 16 日放弃：无限期地退出 ERM，允许英镑对德国马克贬值 10%。

对其他货币的投机性迫使西班牙比塞塔贬值 5%，意大利里拉贬值 15%。为了保卫本国货币，瑞典中央银行被迫将日贷款利率提高到 500%！到危机结束时，英国、法国、意大利、西班牙和瑞典中央银行的干预行动耗资 1 000 亿美元之巨，单单德意志联邦银行就投入 500 亿美元进行外汇干预。

对这些中央银行来说，试图维持欧洲货币体系的代价相当昂贵。据估计，在危机期间，外汇干预使它们损失了 40 亿～ 60 亿美元。中央银行的损失就是投机者的盈利。乔治·索罗斯管理的一个投机基金在这次危机中获取了 10 亿美元的利润，而据报道花旗银行的交易员赚了 2 亿美元。当汇率危机发生时，对汇率投机者来说生活当然是美好的。

21.3.5 政策困境

上面的分析意味着，一国如果将本国汇率与较大国家的货币挂钩，就会丧失对货币政策的控制。如果大国实施紧缩性的货币政策，提高利率，会导致大国预期通货膨胀率下降，进而引起大国货币的升值和小国货币的贬值。这时，锁定汇率的小国会发现它的货币被高估，因此将不得不出售大国的货币，购买本国货币，以阻止货币贬值。这种外汇干预的结果是小国的国际储备减少，基础货币收缩，进而利率上升。这种外汇干预不能进行冲销，因为进行冲销会导致国际储备的持续减少，直到小国货币被迫贬值。小国无法控制其货币政策，因为它的利率变动完全取决于大国利率的变动。

我们的分析显示一个国家或地区（或者货币联盟如欧元区）不能同时实施以下三种政策：①自由资本流动；②固定汇率；③独立的货币政策。经济学家称之为**政策困境**（policy trilemma，或更形象地解释为**不可能三角**（impossible trinity））。图 21-4 诠释了政策困境。一个国家或地区（或货币单元）只能选择三角形三个角中的两种选择：选择 1，一个国家或地区（或货币单元）

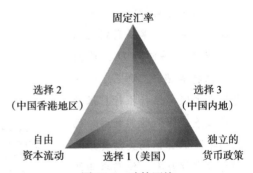

图 21-4　政策困境

注：一个国家或地区（或货币联盟）不能同时实施以下三种政策（如图中 3 个角）：①自由资本流动；②固定汇率；③独立的货币政策。它必须只能选择其中的两个政策（如图中三角形的三条边所示）。

选择资本流动和独立的货币政策，不采取固定汇率政策，比如欧元区和美国；选择 2，实施资本自由流动和固定汇率，但没有独立货币政策，如中国香港地区和伯利兹。其他国家或地区，则实施选择 3：实施固定汇率和独立的货币政策，但资本不能自由流动，因为它们进行了资本管制或者对跨境资本流动进行限制。

政策困境使各国难以抉择。它们会接受汇率波动（选择 1），放弃独立货币政策（选择 2）还是限制资本流动（选择 3）？

⚡ 应用 21-2　　中国如何积累起超过 4 万亿美元的国际储备

到 2014 年，中国已经累积了 4 万亿美元的国际储备（无论怎样，到 2017 年将会下降到 3 万亿美元）。中国人如何会持有如此大规模的外币资产？毕竟，中国还不是一个非常富裕的国家。

原因就在于，中国在 1994 年将其汇率固定在 12 美分兑换 1 元（也被称作人民币）。由于中国的生产率迅速上升，而通货膨胀率却低于美国，人民币的长期价值已经升高，所以这导致以人民币计价的资产有较高的相对预期收益率，其需求曲线向右移动。结果中国人发现自己处在图 21-2b 描绘的情形中，人民币被低估了。为避免人民币的价值上升超过 E_{par} 达到 E_1，中国的中央银行大量购买美元资产。现在，中国已成为美国政府债券的最大持有国之一。

从 1994 年到 2005 年，中国将人民币固定在 12 美分。中国能够在保持汇率挂钩的同时消除大部分汇率干预措施。然而，其汇率干预导致了货币供应量的快速增长，从而产生了通货膨胀的压力。结果在 2005 年 7 月，中国终于让人民币升值了 2.1%，使得钉住汇率制度变得更加灵活，随后中国允许人民币逐步升值。中国中央银行还表示，它将不再固定人民币相对于美元的价值，但是会保持人民币相对于一揽子货币的价值。

2014 年以后，人民币不再被低估，中国中央银行开始收购人民币，从而导致外汇储备下降。到 2017 年，中国的外汇储备已经下降至 3 万亿美元。

21.3.6　货币联盟

固定汇率制度的另外一种变形是**货币联盟**（monetary or currency union）。货币联盟是一组国家对外实施统一货币，从而确定各个国家之间的汇率。最早的货币联盟形成于 1787 年，13 个美国殖民地成立美利坚合众国，放弃各自货币采用美元。最近的货币联盟为 1999 年形成的欧元货币联盟，最初 11 个成员采用新的共同货币——欧元。

货币联盟的主要经济优势在于，形成联盟后，货物和服务在所有成员内以统一货币定价，使得跨境贸易更加便利。但是，作为固定汇率的变形和自由资本流动，货币联盟意味着每个独立国家无法实施独立的货币政策，以应对需求不足。这种货币联盟的缺点引出欧元区是否会解体的讨论，见环球视野专栏"欧元会存活吗"。

环球视野　　　　　　　　　　　**欧元会存活吗**

2007～2009 年的全球金融危机导致整个欧洲经济衰退，欧元区南部国家受冲击尤为严重,其失业率增加比欧元区北部国家更加迅速,如德国。而且,由于经济衰退,许多南部国家出现财政赤字和主权债务危机。如第12章所述,债务危机指投资者不再购买这些国家债券,导致利率变得极高。随之而来,南部国家的经济崩溃本来可以通过简单的货币政策来刺激经济,进而缓解经济衰退,但由于欧洲中央银行在欧元区必须采取统一的货币政策,所以这种选择并不存在,这使得南部国家经济受创严重。

欧元的这种"紧身"效果削弱了南部国家对欧元的支持度,导致对放弃欧元的讨论声增加。由于公众呼吁北欧国家对受挫国家进行救助,所以其对欧元的支持声也有所削弱。因为强国想要放弃欧元,免除对弱国进行资金转移。而弱国也想放弃欧元,以此可以采取更加宽松的货币政策和货币贬值来刺激经济。欧元货币联盟存活下来还存在不确定性。但是,欧元仍旧被许多人认为是创建更加统一和强大欧洲的重要的一步,这种政治考虑让维持货币联盟获得更多支持。

21.3.7 有管理的浮动

随着布雷顿森林体系的瓦解,大多数汇率可以根据市场变化随时变动,但中央银行不愿意放弃对外汇市场的干预。阻止汇率的巨幅波动,能使公司和个人更容易制订未来向国外买卖商品的计划。而且,国际收支顺差国通常不愿意让它们的货币升值,因为这样会使它们的产品在国外变得昂贵,而外国产品在本国却变得便宜。因为升值可能会伤害到国内企业的销售能力,提高本国失业率,顺差国家通常在外汇市场上出售它们的货币,增加国际储备。

国际收支逆差的国家不愿意让它们的货币贬值,因为这样会使外国产品对于国内消费者变得昂贵,并刺激通货膨胀。为了维持本国货币较高的价值,逆差国通常在外汇市场上购买它们的货币,减少国际储备。

目前的国际金融体系是固定汇率制度和浮动汇率制度的混合体。汇率随市场状况变化而波动,但又不只取决于市场状况。许多国家还继续维持与其他货币的固定汇率,如欧洲货币体系。1994 ~ 2005年,在欧洲货币体系引入欧元之前,中国也是如此。

21.4 资本管制

新兴市场国家(emerging market countries)是指已经向世界其他国家开放货物、服务和资本流动的国家。政治家和一些经济学家认为,为了避免金融动荡,新兴市场国家应当实施资本管制,限制资本流动。资本管制是个好主意吗?

21.4.1 对资本流出的管制

资本流出能够引起新兴市场国家的金融动荡,因为当本国居民和外国人从该国抽逃资本时,由此导致的资本流出会迫使这个国家的货币贬值。这就是近年来一些新兴市场国家的政治家发现资本管制特别有吸引力的原因。

虽然这些管制听起来很好,但是存在几个缺点。第一,实证分析表明,危机期间对资本流出的管制几乎无效,因为私人部门可以灵活地规避管制,毫不费力地将资金转移出这个国家。第二,证据显示,在管制实施之后,资本外逃甚至可能增加,因为对政府的信任感削弱了。第三，对资本流出进行管制经常导致腐败，因为当本国居民试图将资金转移到国外时，政府官员可以助其另寻门路，并获取报酬。第四，对资本流出进行管制可能会麻痹政府，使其认为不需要采取措施改革金融体系以对付危机，结果是丧失了提高经济运行效率的机会。

21.4.2 对资本流入的管制

虽然大多数经济学家发现反对资本流出管制的论据很有说服力，对资本流入进行管制却得到了较多的支持。支持者的理由是，如果投机性资本无法进入，那么它们也就不会突然撤出，造成危机。第 12 章关于东南亚金融危机的分析支持了这种观点，认为资本流入能够导致贷款扩张以及银行的过度冒险，这些有助于引发金融危机。

然而，对资本流入进行管制有不好的一点，就是它可能阻止了用于生产性投资的资金进入一个国家。虽然这样的管制可以限制资金流动导致的贷款扩张的因素，但是随着时间的推移，因为家庭和企业会想办法逃避管制，管制就会引起严重的结构扭曲和资源配置失当。实际上，就像对资本流出的管制那样，对资本流入的管制也能导致腐败。在当今贸易开放以及存在众多可用于逃避管制的金融工具的条件下，资本管制的有效性受到高度质疑。

另外，有成功的例子表明，只要加强银行监管，资本流入就不大可能引起贷款扩张以及鼓励银行机构过度冒险。例如，限制银行贷款增长的速度，可能对充分限制资本流入有影响。这种类型的管制关注的是金融脆弱性的来源而不是症状，它能提高金融体系运行的效率而不是阻碍它的运行。

21.5 国际货币基金组织的职责

最初在布雷顿森林体系下创立国际货币基金组织（IMF），目的是通过向逆差国贷款，帮助它们解决国际收支问题，维持固定汇率。随着 1971 年固定汇率的布雷顿森林体系的解体，IMF 承担起了新的职责。

IMF 继续向其成员提供数据收集和技术支持等服务。虽然 IMF 不再试图鼓励固定汇率，但是近来它作为国际贷款人的角色变得越来越重要。这个角色首次出现是在 20 世纪 80 年代，在第三世界的债务危机中，IMF 协助发展中国家偿还贷款。在 1994 ~ 1995 年的墨西哥金融危机和 1997 ~ 1998 年的东南亚金融危机中，IMF 向这些国家以及其他受波及国家提供了巨额贷款，以帮助它们从金融危机中复苏，并阻止危机向其他国家蔓延。然后，从 2010 年开始，IMF 向希腊、爱尔兰和葡萄牙提供了大量贷款，以帮助这些国家避免拖欠政府债务。IMF 作为国际最后贷款人这一角色应对金融动荡，但实际上这个角色备受争议。

IMF 应该是国际最后贷款人吗

我们已经看到，当一家中央银行从事最后贷款人业务时，就像美联储在最近的金融危机中所做的那样，这样的行为可以将金融危机的严重性降到最低，有时甚至可以防止金融危机的发生。当 IMF 充当国际最后贷款人时，这个角色有一样的益处，特别是当它所贷款的国家的中央银行没有能力应对危机的时候。

但是，当 IMF 作为国际最后贷款人时，它会导致严重的道德风险问题。首先，IMF 愿意承担这一角色可能会鼓励各国政府肆意挥霍，因为它们知道如果事态失控，IMF 很可能会对它们进行救助。其次，各国政府利用 IMF 的资金保护存款人和银行机构的其他债权人免受损失，这种绝对安全产生了第 10 章讨论的道德风险问题，因为当银行机构承担太多风险时，存款人和其他债权人没有太多动机来监控它们。

国际最后贷款人必须想方设法限制道德风险问题，否则它实际上可能会使情况更加恶化。国际最后贷款人可以明确表示，它只会向那些有序地安排财政和采取适当措施防范过度风险的银行提供流动性。然而，IMF 的批评者认为，IMF 并没有对其贷款的政府施加足够的压力来遏制这两个道德风险问题，所以他们认为 IMF 应该放弃其作为国际最后贷款人的角色。IMF 还因为实施所谓的紧缩计划而受到批评，这些计划迫使借款国削减政府开支、提高税收和提高利率。这些紧缩计划可能具有高度的收缩性（见第 23 章），并且可能导致高失业率甚至政治的不稳定。

关于 IMF 作为国际最后贷款人的运作是否会让世界变得更好的争论目前是一个热门话题。人们对努力让 IMF 更有效地履行这一职责给予了很大的关注，对 IMF 作为新的金融架构的中心进行重新设计的提案也备受关注，这会帮助降低国际金融的不稳定性。

21.6 国际因素和货币政策

到目前为止，本章已经介绍了国际因素能够在多个方面影响货币政策。了解这些影响，对于货币政策实施的方式有重要意义。

21.6.1 外汇市场对货币供给的直接影响

当中央银行对外汇市场进行干预时，它们买入或者卖出国际储备，而基础货币也受到了影响。中央银行干预外汇市场会在一定程度上放弃对货币政策的控制。例如，20 世纪 70 年代初期，德国中央银行面临着两难选择。为了防止德国马克兑美元大幅升值，德国人购买了大量的国际储备，德国中央银行认为这导致了通货膨胀性的高货币增长率和低利率。

德意志联邦银行本可以停止对外汇市场的干预，重新控制其货币政策。当中央银行处于不能让货币升值的巨大压力之下时，这样的战略有很大的缺陷：货币升值带来的进口价格下降和出口价格上升，会损害国内生产者的利益，增加本国失业率。

因为美元是储备货币，所以美国的基础货币和货币供给很少受外汇市场状况的影响。只要是外国中央银行而不是美联储进行干预以保持美元价值不变，美国持有的国际储备就不会受到影响。当一国货币是储备货币时，它通常比较容易实施货币政策。[⊖]

21.6.2 汇率因素

如果中央银行不想看到货币价值下降，它可能就要实施相对紧缩的货币政策，以提高本国利率，进而提高币值。类似地，如果一国货币升值，国内工业可能面临日趋激烈的国外竞争，而这可能迫使中央银行放宽货币政策，从而降低汇率。

21.7 钉住还是不钉住：作为货币政策战略的汇率目标制

第 19 章讨论了两种旨在稳定物价的货币政策战略：通货膨胀目标制以及美联储的"只管做"

⊖ 然而，储备货币国的中央银行必然会担心其他国家不再使用它的货币作为国际储备。

战略。还有另外一种战略也采用一种强劲的名义锚来促使物价稳定，即**汇率目标制**（exchange-rate targeting），有时也被称为**汇率钉住**（exchange rate peg）。

把汇率作为目标是一种历史悠久的货币政策。它可以将本国货币的价值固定于黄金等商品，而这正是本章前面谈到的金本位制度的关键特征。时间更近的，如固定汇率制度，就是将本国货币的价值与美国等通货膨胀率较低的大国（核心国，anchor country）的货币绑定在一起。另一种形式是采用爬行指标或钉住指标（crawling target or peg），即允许货币以稳定的速度贬值，以使钉住国的通货膨胀率能够高于核心国。

21.7.1　汇率目标制的优点

汇率目标制有以下几个优点。第一，汇率指标的名义锚将国际贸易商品的通货膨胀率与核心国挂钩，这样有助于控制通货膨胀。这是因为国际贸易商品的外国价格由世界市场来决定，而这些商品的国内价格则是通过汇率目标固定下来。例如，在 2002 年以前，阿根廷比索兑换美元的汇率正好是 1:1，因此在国际贸易中 1 蒲式耳[⊖]5 美元的小麦价格设定为 5 比索。在汇率目标可信的（预期汇率可保持一贯性）的情况下，其带来的另一个好处就是将预期通货膨胀率与核心国通货膨胀率绑定在一起。

第二，汇率目标为货币政策提供了一个自动化规则，这有助于缓解第 19 章提到的时间不一致性问题。正如我们在本章前面部分中所介绍的，当本国货币有贬值趋势时，汇率目标将促使紧缩性货币政策的推行；当本国货币有升值趋势时，汇率目标将促使宽松的货币政策的推行。这样，就不大可能采取自由放任的货币政策。因此中央银行将被迫陷入时间不一致的困境，即试图通过推行过度扩张的货币政策达到短期提高产出和就业的目的。

第三，汇率目标有简单和明晰的优点，易于公众理解。"货币稳定"是货币政策易于理解的追求目标。例如，在过去的法国，这一点非常重要，建立"法郎堡垒"（坚挺的法郎）要求实施紧缩货币政策。

由于以上这些优点，工业化国家能够成功地运用汇率目标制控制通货膨胀就不足为奇了。例如，法国和英国通过将它们的货币价值盯住德国马克，从而成功地运用汇率目标降低了通货膨胀率。1987 年，当法国首次将其汇率盯住德国马克时，法国的通货膨胀率为 3%，比德国高两个百分点。到了 1992 年，法国通货膨胀率下降到 2%，可以说达到了物价稳定的水平，甚至比德国的通货膨胀率还要低。到了 1996 年，法国和德国的通货膨胀率几乎相同，稍低于 2%。与此相类似，英国在 1990 年将货币盯住德国马克后，一直到 1992 年被迫退出该种汇率机制，在这期间其通货膨胀率从 10% 降到了 3%。

在新兴市场国家，汇率目标制也是迅速降低通货膨胀率的有效手段。例如，在 1994 年墨西哥货币贬值之前，汇率目标使得墨西哥将通货膨胀水平从 1988 年的 100% 降低到 1994 年的低于 10%。

21.7.2　汇率目标制的缺点

尽管汇率目标制有内在的优点，但针对这个策略还是有一些严厉的批评。问题（正如本章

⊖　1 美式蒲式耳 =35.238 千克，1 英式蒲式耳 =36.368 千克。——译者注

前面提到的）在于，由于资本的流动，追求汇率目标的国家不能再实施独立的货币政策，丧失了利用货币政策应对国内突发事件（这些突发事件没有冲击到核心国）的能力。而且，汇率目标意味着对核心国的经济冲击会直接转移到盯住国，因为核心国利率的变动会导致盯住国利率也发生相应的变动。

上述这些问题的最明显的一个例子发生在1990年德国统一时。为了应对因为统一以及重建原东德所需的大规模财政扩张引起的通货膨胀压力，德国的长期利率在1991年2月之前一直上升，短期利率在1992年12月之前也一直在上涨。这次对于汇率机制中核心国的突发冲击直接波及汇率机制的其他国家，这些国家的货币盯住马克，其利率也被迫跟着德国提高，使得仍留在汇率机制内坚持盯住汇率的国家（如法国）的经济增长减缓，失业率上升。

汇率目标制的第二个问题是，它使得那些国家为投机者冲击其货币敞开了大门。实际上，德国统一的后果之一就是1992年9月的外汇市场危机。如前面所述，德国统一后的紧缩性货币政策意味着汇率机制国家受制于需求下降的冲击，这会导致经济增长下降和失业率提高。对这些国家的政府来说，在这种情况下维持汇率相对于马克固定不变，当然是可行的，但投机者开始怀疑，这些国家坚持盯住汇率的承诺是否可靠。投机者断定，这些国家不可能容忍保持较高利率以应对货币冲击所带来的失业率上升。

在这个阶段，投机者实际上下了单方面的赌注，因为像法国、西班牙、瑞典、意大利和英国这些国家的货币只能单向运动，相对马克贬值。在可能的贬值发生之前，卖空这些货币给投机者带来了潜在高预期收益的获利机会。结果就发生了1992年12月的投机性攻击。只有法国坚守承诺维持固定汇率才使法郎免予贬值。其他国家的政府不愿不惜一切代价保卫它们的货币，最终任由其货币贬值。

1992年9月汇率危机之后法国和英国的不同反应，反映了汇率目标制的潜在成本。继续盯住马克的法国，不能使用货币政策来应付国内状况，在1992年之后其经济增长缓慢，失业率增加。另外，退出汇率机制的英国放弃盯住汇率，采用通货膨胀指标制，经济表现就要好很多：经济增长更快，失业率下降，而且通货膨胀也没有法国那么严重。

与工业化国家不同，新兴市场国家（包括东欧的转型国家）采取汇率目标制，放弃独立的货币政策，可能不会损失太多。因为许多新兴市场国家没有建立起能够成功运用相机抉择的货币政策的政治或货币机构，它们可能从独立的货币政策中获益很少，反而失去很多。所以实际上，它们通过汇率目标制，采取一个像美国那样国家的货币政策，而不追求独立的政策，可能会更好一些。这是许多新兴市场国家采用汇率目标制的原因之一。

不过，汇率目标制对这些国家而言也是高度危险的，因为这使它们暴露在投机性攻击之下。相比工业化国家，投机性攻击给它们经济带来的后果要严峻得多。实际上，1994年对墨西哥、1997年对东南亚以及2002年对阿根廷成功的投机性冲击，使其陷入全面的金融危机，经济遭受了严重破坏。

汇率目标的另一个缺点是，它削弱了政策制定者承担责任的能力，特别是在新兴市场国家。由于汇率是固定的，这就丧失了一个能够帮助防范货币政策过于扩张，从而限制时间不一致性问题的重要信号。在工业化国家，特别是美国，债券市场提供了关于货币政策姿态的重要信号。过分扩张的货币政策或者要求实施过分扩张的货币政策的强大政治压力，会引起通货膨胀恐慌，导致预期通货膨胀率高涨，利率由于费雪效应（见第5章）上升，长期债券价格急剧下跌。因为中央银行和政治家都想避免这种情况，所以不太可能推行过度扩张的货币政策。

在许多国家，特别是新兴市场国家，长期债券市场本质上是不存在的。不过，在浮动汇率制下，如果货币政策过分扩张，汇率会下降。在这些国家，汇率的日常波动像美国的债券市场一样，提供过分扩张的货币政策的预警信号。就像对债券市场显现出明显通货膨胀恐慌的担忧阻止了中央银行推行过分扩张的货币政策，阻止了政治家向中央银行施压要求实行过分扩张的货币政策一样，对货币贬值的担心也能够使过分扩张的货币政策和时间不一致性问题不大可能出现。

对新兴市场国家来说，从外汇市场获得信号的需求可能更为强烈，因为其中央银行的资产负债表和行动不像工业化国家那样透明。以汇率为目标可能使得人们更难判断中央银行的政策行动。公众不能监控中央银行，再加上政治家的压力，使货币政策很容易就变得过于扩张。

21.7.3 汇率目标制何时适用于工业化国家

鉴于汇率目标制的上述缺点，在什么情况下才有意义呢？在工业化国家，汇率目标制的最大成本是丧失采取独立货币政策处理国内事务的能力。如果能够负责任地实施独立的国内货币政策，那就像 1992 年后法国和英国的经历对比中所揭示的，这确实是一个很大的成本。不过，或者由于缺少中央银行的独立性，或者由于对中央银行的政治压力往往导致通货膨胀倾向的货币政策，并非所有的工业化国家都能够成功实施自己的货币政策。在这样的情况下，放弃对国内货币政策的独立控制，损失可能不大，而让货币政策由核心国运作更有效的中央银行来决定，所带来的收益可能更可观。

意大利提供了这样的例子。意大利公众在所有欧洲国家中最赞成欧洲货币联盟并不是偶然的。意大利货币政策的历史纪录并不好，意大利公众意识到，让货币政策由更负责任的外部人来控制，其收益远大于失去利用货币政策解决国内事务的能力所带来的成本。

工业化国家发现汇率目标制有用的第二个原因是它促进了本国经济和邻国经济的融合。显然，这正是奥地利和荷兰等国家长期将汇率与德国马克挂钩以及欧洲货币联盟出现前盯住汇率的背后的原因。

总之，对于工业化国家而言，采用汇率目标制来调控整体经济可能并不是最好的货币政策策略，除非：①国内货币和政治机构不能做出良好的货币政策决策；②存在其他重大的和货币政策无关的汇率指标的收益。

21.7.4 汇率目标制何时适用于新兴市场国家

在政治和货币机构特别软弱，因而遭受持续的恶性通货膨胀的国家，包括许多新兴市场国家（包含转轨国家），汇率目标制可能是打破通货膨胀心理和稳定经济的唯一途径。在这种情况下，汇率目标制是最后可用的稳定政策。然而，如果新兴市场国家的汇率目标体制无法一直保持透明，那么它们更可能会崩溃，并常常导致灾难性的金融危机。

在新兴市场国家，存不存在使得汇率制度崩溃的可能性更小的汇率政策呢？近年来，越来越引起广泛关注的两个策略是货币局和美元化。

21.7.5 货币局

货币局（currency board）是一种安排，在这个安排中，本国货币百分之百地由外国货币

（比如说美元）支持，而货币发行机构，不论是中央银行还是政府，要确定对这种外国货币的固定汇率，不论公众何时提出要求，都随时能以这个汇率将本国货币兑换为外国货币。货币局就是固定汇率指标的一个变种。在货币局中，对固定汇率的承诺特别坚定可靠，因为货币政策的实施自动有效，完全脱离了中央银行和政府的控制。相反，典型的固定或盯住汇率制度允许货币当局在实施货币政策时有一定斟酌决定的自由，因为它们仍旧能够调整利率或印制货币。

因此，货币局安排相比仅使用汇率指标的货币政策策略有重大的优势。第一，货币供给只有当外国货币在中央银行被兑换成本国货币时才会扩张。这样本国货币的增加额和外汇储备增加额是相匹配的。中央银行不再拥有印制货币进而引发通货膨胀的能力。第二，货币局制度需要中央银行更坚定地维持固定汇率的承诺，因此可能有效地快速降低通货膨胀以及降低针对本国货币的投机性攻击获得成功的概率。

虽然货币局解决了汇率目标制固有的透明性和承诺问题，但它也有一些相同的缺点：独立货币政策的丧失，经济受来自核心国突发事件冲击的风险增大，以及中央银行创造货币和充当最后贷款人能力的丧失。因此可能必须采用其他手段应对潜在的银行危机。而且，如果发生对货币局制度的投机性攻击，本国货币兑换为外国货币会导致货币供给的急剧紧缩，这可能会严重地损害经济。

货币局已经在一些国家或地区建立，例如中国香港（1983）、阿根廷（1991）、爱沙尼亚（1992）、立陶宛（1994）、保加利亚（1997）和波斯尼亚（1998）。阿根廷的货币局是最有意思的。阿根廷在 1991～2002 年实行货币制度，要求中央银行以 1:1 的固定汇率将美元兑换为新比索。关于这方面的更多内容请参见环球视野专栏"阿根廷的货币局"。

环球视野　　　　　　　　　　　**阿根廷的货币局**

阿根廷曾经历了很长一段时间的货币动荡，通货膨胀剧烈波动，有时候年通货膨胀率会超过 1 000%。为了结束这种通货膨胀飙升的恶性循环，1991 年 4 月阿根廷决定实行货币局制度。阿根廷货币局运作如下：根据《阿根廷自由兑换法》，比索/美元的汇率固定为 1:1，公众可以在任何时候向阿根廷中央银行要求将比索兑换为美元，或者相反。

阿根廷的货币局制度在实施早期看起来相当成功。1990 年的通货膨胀率高达 800%，到 1994 年年末降到 5% 以下；经济增长很快，1991～1994 年年平均增长近 8%。然而，在墨西哥比索危机后，对阿根廷经济状况的担忧导致了公众纷纷向银行提款（存款减少了 18%），并将比索兑换为美元，进而引起了阿根廷货币供给的收缩。结果，经济活动急剧下降，1995 年实际 GDP 收缩了超过 5%，失业率骤升至 15% 以上，直到 1996 年，经济才开始复苏。

因为在货币局制度下，阿根廷中央银行不能控制货币政策，所以它相对来说无力抵消由公众行为引发的收缩性货币政策。而且因为货币局不允许中央银行创造比索以及将其贷给银行，所以它几乎没有能力承担起最后贷款人的职责。由于有类似 IMF、世界银行和泛美开发银行这样的国际机构的帮助，它们在 1995 年向阿根廷贷款 50 多亿美元以支持它的银行体系，货币局才幸存下来。

但是在 1998 年，阿根廷陷入了另一场严重而持久的经济衰退。到 2001 年年末，失业率接近 20%，其水平堪比美国在 20 世纪 30 年代大萧条期间的失业状况。结果引发了内乱、民选政府倒台、一场重大的银行危机以及 1 500 亿美元的政府债务。由于在货币局制度下阿根廷中央银行无法控制货币政策，所以它无法使用货币政策扩张经济、走出衰退。而且，货币局不允许中央银行创造比索，它也几乎没有能力承担起最后贷款人的职责，所以无法帮助银行业平安度过这次危机。到 2002 年 1 月，货币局制度最终崩溃，阿根廷比索贬值超过 70%，通货膨胀急剧飙升。结果引发了全方位的金融危机，造成了严重的经济萧条。显然，阿根廷民众并不像当初那样看好其货币局了。[⊖]

21.7.6 美元化

解决缺少透明度和不能承诺汇率目标问题的另一种方法是**美元化**（dollarization），即采用一种稳定的货币（比如美元）作为一国的货币。实际上，美元化不过是固定汇率指标的另一个变种，它比货币局制度能提供更强的承诺机制。通过允许货币价值变动，当局可以放弃货币局制度，但是在美元化制度下币值是不可能变动的：1 美元始终值 1 美元，不论它是在美国还是在美国以外的地方。

有人主张新兴市场国家采用美元化作为货币政策策略：1999 年 1 月巴西货币雷亚尔贬值之后，阿根廷官员就曾积极讨论过是否实施美元化；2000 年 3 月厄瓜多尔就采用了该策略。美元化的关键好处就在于它完全避免了对本国货币进行投机性攻击的可能性（因为没有本国货币，而即使在货币局制度下，这样的攻击还是危险的）。

美元化也有汇率目标制普通的缺点，如独立货币政策的丧失，经济受来自核心国突发事件冲击的风险增大，以及中央银行创造货币和充当最后贷款人能力的丧失。美元化还有一个货币局和其他汇率目标制度所没有的缺点。由于实施美元化的国家不再有自己的货币，它就放弃了政府通过发行货币而能够获得的好处，即所谓的**铸币税**（seignorage）。因为政府（或中央银行）不必对货币支付利息，所以它通过用其货币购买债券等盈利的资产，赚取收入（铸币税）。对美国的联邦储备体系来说，这个收入每年大约有 300 亿美元。如果新兴市场国家实行美元化而放弃自己的货币，它就需要通过其他方式赚钱来弥补这个损失，而这对一个穷国来说并非易事。

本章小结

1. 在非冲销性中央银行干预中，出售本国货币以购买外币资产，会导致国际储备增加、货币供给增加和本国货币贬值。然而现有证据表明，在长期中冲销性中央银行干预对汇率几乎没有影响。

2. 国际收支平衡表是记录一国和外国之间所有交易的簿记系统。经常账户余额是贸易余额、净投资收入和转移的总和。经常账户赤字有金融账户余额提供资金，所以经常账户赤字说明了

一个国家对外国人的负债越来越多。

3. 在第一次世界大战之前，金本位制度占支配地位。货币可自由兑换成黄金，因而国与国之间的汇率是固定的。第二次世界大战后，建立了布雷顿森林体系和国际货币基金组织以推行固定汇率制度，在该制度中，作为储备货币的美元可自由兑换成黄金。1971 年布雷顿森林体系崩溃。现行的国际金融体系中既有有管理的浮动汇率制度，又有固定汇率

制度。虽然各国中央银行对外汇市场进行干预，但一些汇率仍然天天波动，而另一些汇率则是固定的。

4. 各国支持对资本流出的管制，因为它可以在危机期间阻止本国居民和外国人将资本抽离该国，使贬值不大可能发生。对资本流入的管制是基于这样的理论：如果投机资本不能流入，那么它就不可能突然流出而造成危机。然而，资本管制有以下几个缺点：它们通常几乎无效，还会导致腐败，也可能使得政府回避采取必需的改革金融体系的措施来处理危机。

5. IMF 作为国际最后贷款人的角色可以帮助减轻金融危机的严重程度。然而，作为国际最后贷款人，IMF 也会造成严重的道德风险问题，因为它鼓励政府挥霍，也鼓励金融机构的过度冒险行为，并使金融危机更可能发生。

6. 两个国际因素影响货币政策的实施：外汇市场对货币政策的直接影响和汇率因素。第二次世界大战之后美国就成为储备货币国，因此跟其他国家相比，美国的货币政策很少受外汇市场发展的影响。不过近年来，汇率因素在美国货币政策方面发挥了越来越显著的影响。

7. 使用汇率目标制作为货币政策战略有如下优点：①它通过将国际贸易商品的通货膨胀和核心国（其货币盯住的国家）该种商品的通货膨胀率绑在一起，可以直接控制通货膨胀；②它提供了实施货币政策的自动规则，有助于缓解时间不一致性问题；③它具有简单和明晰的优点。汇率目标制也有严重的缺点：①它使外汇钉住国家的货币政策丧失独立性；②它使外汇钉住国家容易遭受投机性攻击；③因为汇率信号的丧失，它会削弱政策制定者的责任感。有两种可以避免汇率制度崩溃的策略：一是货币局，即中央银行愿意以一个固定比率自动将本国货币兑换为外国货币；二是美元化，即将一种像美元一样稳定的货币作为该国的货币。

关键术语

核心国	固定汇率制	（货币）贬值
国际收支	浮动汇率制	铸币税
布雷顿森林体系	外汇干预	投机性冲击
资本控制	金本位制度	冲销性外汇干预
货币局	不可能三角	经常账户
国际货币基金组织（IMF）	商品和服务的贸易余额	经常账户余额
（贸易余额）	（货币）贬值	国际储备
非冲销性外汇干预	美元化	管理浮动制度（肮脏浮动）
新兴市场国家	世界银行	汇率挂钩
货币联盟	世界贸易组织（WTO）	汇率目标制
净出口	金融账户	政策困境
金融账户余额	储备货币	

思考题

1. 如果美联储在外汇市场中销售美元，但是实施冲销性的公开市场操作以抵消外汇市场干预的影响，那么这种操作对国际储备、货币供给和汇率有什么影响？

2. 如果美联储在外汇市场中购买美元,但没有实施任何冲销性操作,那么这种操作对国际储备、货币供给和汇率有什么影响?

3. 对下列各项,确定他们在经常账户余额中是增加还是减少了:

a. 美国人从法国航空公司购买飞机票;

b. 日本人购买加利福尼亚的柑橘;

c. 向洪都拉斯提供 5 000 万美元的外国援助;

d. 加利福尼亚的工人把他的钱寄给在墨西哥的父母;

e. 美国会计师事务所为德国公司提供服务。

4. 假设你去哥伦比亚,那里的汇率是 1 美元兑 2 900 哥伦比亚比索。当你进入一家麦当劳餐厅时,你意识到你需要 17 400 哥伦比亚比索去购买一个巨无霸。假设一个巨无霸在美国的售价是 5 美元,哥伦比亚的购买力平价是过高还是过低?

5. 参阅前面的思考题 4,哥伦比亚中央银行必须采取什么类型的外汇干预措施,使汇率保持在购买力平价不被低估或者不被高估的水平?

6. 贬值会对一个国家的进出口产生什么影响?如果一个国家进口的大部分商品,都包括在用来计算 CPI 的一揽子商品和服务中,那么你觉得会对该国的通货膨胀率产生什么影响?

7. 在金本位制度下,如果英国相对于美国的生产能力提高,对两国的货币供给有什么影响?为什么货币供给的变动有助于维持两国之间的固定汇率?

8. 如果 1 美元可兑换成 1/20 盎司黄金,1 瑞士法郎可兑换成 1/40 盎司黄金,美元和瑞士法郎间的汇率是多少?

9. "在金本位制度下,不可能发生通货膨胀。"判断这一说法的正误并说明理由。

10. 中国将人民币与美元挂钩有什么缺点?

11. 在布雷顿森林体系的固定汇率制度期间,如果一国的汇率平价被低估,该国的中央银行将被迫采取何种干预措施?它会对其国际储备和货币供给产生什么影响?

12. 如果货币被高估,为什么一个遭受衰退的国家不想干预外汇市场?假设这个国家参与了固定汇率制度。

13. "如果一国想阻止汇率变化,它必须在一定程度上放弃对货币供给的控制。"判断这一说法的正误并说明理由。

14. 为什么在完全的浮动汇率制度下,外汇市场对货币供给没有直接的影响?这意味着外汇市场对货币政策没有影响吗?

15. 当德国统一时,为什么盯住汇率制会导致加入 ERM 的国家陷入困境?

16. 汇率目标制是如何引发对货币的投机性攻击的?

17. IMF 在许多接受其贷款或者救助的国家里并不享有盛誉。解释为什么许多公民并不满意 IMF 所扮演的角色。

18. 长期债券市场如何能够减少货币政策的时间不一致问题?外汇市场也能发挥这一作用吗?

19. 作为一种货币政策战略,汇率目标制有什么主要优点?

20. 对工业化国家而言,什么时候采用汇率目标制可能是一个明智的策略?对新兴市场国家呢?

21. 相比只使用汇率目标的货币政策,货币局的优缺点是什么?

应用题

22. 如果你能在兑换柜台用 1 美元换取 34.6 泰铢,但是波士顿一份售价 25 美元的午餐菜单在曼谷被卖到了 948.25 美元,计算一下泰铢的高估值。

23. 假设美联储购买了价值 100 万美元的外国资产。

a. 如果美联储用现金购买了 100 万美元外国资产,用 T 型账户展示这一公开市场操作的影响。基础货币会发生什么变化?

b. 如果美联储通过出售 100 万美元国库券购买了外国资产，使用 T 型账户展示这一公开市场操作的影响。基础货币会发生什么？

24. 假如墨西哥中央银行选择比索钉住美元并承诺一个固定的比索 / 美元汇率。使用一个比索资产（外汇）市场图来说明并解释，若美国经济冲击迫使美联储采取紧缩性货币政策，钉住汇率如何保持。这表明当保持一个钉住汇率时，中央银行解决国内经济问题的能力怎样？

数据分析题

1. 登录圣路易斯联邦储备体系 FRED 数据库，并找到净出口 (NETEXP)、转移 (A123RC1Q027SBEA) 和经常账户 (NETFI) 的数据。

   a. 计算最新一季度和 1 年前同一季度的净投资收入。

   b. 计算 1 年前同一季度经常账户余额的百分比变化。在构成经常账户余额的三个项目中，哪一项对经常账户的百分比变动影响最大？哪一项影响最小？

2. 登录圣路易斯联邦储备体系 FRED 数据库，并找到月度美元兑人民币的汇率 (EXCHUS)、兑加元的汇率（EXCAUS）和兑韩元的汇率 (EXKOUS)。将数据下载至电子表格。

   a. 对于最新的 5 年期间的数据，使用 Excel 中的平均、最大、最小和标准函数功能计算平均、最高与最低汇率值，以及对美元汇率的标准差（这是一个绝对衡量汇率波动的指标）。

   b. 利用过去 5 年每种汇率的最大值、最小值，计算最大值和最小值的差与汇率平均水平的比率（乘以 100 表示为百分比形式）。该值指出了汇率变动的坚固程度。基于你的结果，在三个国家中哪个更有可能将其货币钉住美元？这个国家的货币与其他两国相比如何？

   c. 计算过去 5 年标准差与平均汇率的比值（乘以 100 表示为百分比形式）。该值指出了汇率的不稳定性。基于你的结果，在三个国家中哪个更有可能将其货币与美元挂钩？这个国家的货币与其他两国相比如何？

网络练习

1. 国际货币基金组织随时准备帮助面临货币危机的国家。登录 www.imf.org 网站，单击标有 "About IMF" 的标签。IMF 的宗旨是什么？有多少国家加入了 IMF？它是什么时候成立的？

2. 纽约联邦储备银行为联邦储蓄系统提供外汇干预。请访问 https://www.newyorkfed.org/market/quar_reports.html，去查看美联储外汇干预措施的季度总结。美联储上一次干预外汇市场是什么时候？干预力度有多大？

网络参考

http://research.stlouisfed.org/fred2 该网站提供汇率、国际收支和贸易的数据。

http://www.imf.org/ 找出该网站关于国际货币基金组织的组成及运行的相关信息。

PART
6
第六篇

货币理论

危机与反应：2007～2009 年的超级风暴

2007 年和 2008 年，美国经济遭受了一场超级风暴的强烈冲击。2007 年，油价从年初的每桶 60 美元升至每桶 100 美元，进而在 2008 年 7 月触及每桶 140 美元的顶峰。石油价格的冲击兼具经济紧缩和通货膨胀的双重性质，由此导致通货膨胀率和失业率的同时上升，以及司机对汽油价格的严重不满。

如果说这一供给领域的冲击还没有使局面变得不可收拾，那么从 2007 年 8 月开始，次贷危机对美国的经济造成了巨大的冲击，导致了居民和企业支出的双重紧缩。这一冲击导致失业率进一步提高，然而在一定程度上减轻了通货膨胀的压力。

这场负向冲击的超级风暴造成的后果是自大萧条以来最严重的经济紧缩，失业率从 2006～2007 年的 4.6% 飙升到 2009 年年底的 10%，而通货膨胀率也从 2006 年的 2.5% 飙升到 2008 年中期的 5% 以上。然而，随着失业率的提高以及从 2008 年秋季开始的石油和其他商品价格的下降，通货膨胀率再次迅速下降。

虽然美联储已经采取了旨在应对经济运行过程中紧缩因素的积极货币政策，但是立法机构仍然希望进一步采取行动来解决问题。2008 年 2 月和 2009 年 2 月，美国国会两次通过了一揽子经济刺激计划，第一期计划规模为 1 500 亿美元，第二期计划规模为 7 870 亿美元。然而，这两期经济刺激计划虽然有助于增加国内生产总值，但是金融危机的持续恶化使得这些计划收效甚微，整体经济依然处于混乱状态。

这场负向冲击的超级风暴的影响表明，我们需要理解货币政策和其他政府政策影响物价水平和经济活动的机制。在第 22 章中，我们将探讨怎样用货币数量论解释长期的通货膨胀，以及货币需求理论的演进过程。在第 23 章中，我们将会分析总供求的基本框架，它有助于我们研究货币政策对产出和通货膨胀的影响。在第 24 章中，为了便于理解货币政策是如何用于稳定经济和通货膨胀的，我们扩展了总供求分析。第 25 章将重点讨论货币政策影响整体经济的传输机制。

第22章

货币数量论、通货膨胀和货币需求

学习目标

1. 用货币数量论分析短期和长期内货币增长与通货膨胀之间的关系。
2. 了解预算赤字引发通货膨胀型货币政策的条件。
3. 概括货币需求的流动性偏好理论的三个动机。
4. 了解货币需求的资产组合选择理论的影响因素。
5. 分析并阐述货币需求实证中的流动性偏好理论和资产组合选择理论的有效性。

|预览|

在前面的章节中，我们花费了大量的时间和精力学习什么是货币供给、货币供给的决定机制以及联邦储备体系在其中发挥的作用。现在，我们准备探讨货币供给在决定经济中的通货膨胀率和产品及劳务的总产出中的作用。研究货币和货币政策对经济影响的理论被称为**货币理论**（monetary theory），我们将在第六篇中考察这一经济学的分支。

当经济学家提及供给时，必然会提到需求，关于货币的讨论也不例外。因为货币供给揭示了影响经济中货币数量的各个因素，所以它是理解货币政策如何影响经济的必要的理论基础。毫不奇怪，货币理论的另一个重要部分就是货币需求。

在讨论完货币数量论以及它和货币需求的关系之后，我们就可以深入研究决定货币需求的因素了。货币理论的核心问题是，货币需求是否或者在多大程度上受利率变动的影响。由于这个问题对我们如何看待货币对整体经济活动的影响至关重要，所以我们将集中探讨利率在货币需求中的作用。

22.1 货币数量论

由古典经济学家在 19 世纪和 20 世纪初发展起来的货币数量论，是一种研究总收入的名义价值是如何决定的理论。因为该理论同时揭示了在既定的总收入规模下所需要的货币数量，所以它也是一种货币需求理论。该理论最重要的特点是它认为利率对货币需求没有影响。

22.1.1 货币流通速度和交易方程式

美国经济学家欧文·费雪在他 1911 年出版的那本颇具影响力的著作《货币购买力》（*The Purchasing Power of Money*）中，对古典数量论进行了最清晰的阐述。费雪试图探讨货币总量 M（货币供给）与经济体对生产的最终产品和服务的支出总量（$P \times Y$）之间的关系，其中 P 表示价格水平，Y 表示总产出（收入）（总支出 $P \times Y$ 也可以看作经济体的名义总收入或名义 GDP）。联系 M 与 $P \times Y$ 的是**货币流通速度**（velocity of money，通常简称为流通速度），它表示一年当中 1 美元用于购买经济体所生产的最终产品和劳务的平均次数。流通速度 V 可以更精确地定义为总支出 $P \times Y$ 除以货币数量 M

$$V = \frac{P \times Y}{M} \tag{22-1}$$

例如，如果某年的名义 GDP（$P \times Y$）为 10 万亿美元，货币数量为 2 万亿美元，那么我们可以按照以下方法计算流通速度

$$V = \frac{10}{2} = 5$$

货币流通速度就为 5，意味着每一美元在一年内平均 5 次用于购买经济中的最终产品和服务。

公式两边同时乘以 M，就可以得到**交易方程式**（equation of exchange）。该方程式表示名义收入与货币数量和货币流通速度之间的关系

$$M \times V = P \times Y \tag{22-2}$$

交易方程式表明，货币数量乘以某给定年份货币用于支付的次数必定等于名义收入（这一年花费在商品和服务上的名义总量）。⊖

可见，式（22-2）仅仅是一个恒等式，即由定义所表明的一种正确的关系。它并不能告诉我们，当货币供给 M 变动时，名义收入（$P \times Y$）就会同向变动，因为 M 的增加很可能会被 V 的下降所抵消，从而使 $M \times V$（继而 $P \times Y$）保持不变。要把交易方程式（一个恒等式）转化为名义收入决定理论，还需要了解决定货币流通速度的各个因素。

⊖ 实际上，费雪首先利用经济体中的名义交易价值 PT 构造了交易方程式

$$MV_T = PT$$

式中　　　　P——交易的平均价格；

　　　　　　T——一年中完成的交易的数量；

　$V_T = PT/M$——货币的交易流通速度。

由于交易的名义价值 T 很难进行度量，所以货币数量理论利用总产出 Y 来构建交易方程式：假定 T 与 Y 之间呈比例关系，即 $T = vY$，其中 v 是一个比例常数。将 $T = vY$ 代入费雪的交易方程式，可以得到 $MV_T = vPY$。令 $V = V_T/v$，就可以得到正文中的式（22-2）。

1. 流通速度的决定因素

欧文·费雪认为，货币流通速度由经济中影响个体交易方式的制度决定。如果人们使用记账方式和信用卡来交易，就像现在这样，那么购买商品和劳务时就会较少地使用货币，由名义收入产生的交易就会需要较少的货币（M 相对于 $P \times Y$ 下降），货币流通速度（$P \times Y$）/M 就会上升。相反，如果购买商品和劳务时可以十分方便地使用现金、支票和借记卡（都是货币）进行支付，则由同样规模的名义收入所产生的交易就需要使用更多的货币，从而货币流通速度就会下降。费雪认为，经济中的制度和技术因素只能在长期中缓慢地影响货币流通速度，因此正常情况下，货币流通速度在短期内都相当稳定。

2. 货币需求

费雪的数量论可以用**货币需求**（demand for money）来解释，即人们希望持有的货币数量。

因为货币数量论说明了在既定的名义总收入水平下需要的货币数量，所以它实际上是一种货币需求理论。为了理解其中的缘由，我们可以在交易方程式的两边同时除以 V，这样可以得到

$$M = \frac{1}{V} \times PY$$

当货币市场处于均衡状态时，货币供给等于货币需求，因此我们可以将方程式中的 M 替换为 M^d。另外，因为在货币数量论中流通速度假定是恒定不变的，所以我们可以用常数 k 来替换 $1/V$，将 $1/V$ 换成 k 再将 M^d 换成 M 之后，我们可以将方程式重新写作

$$M^d = k \times PY \tag{22-3}$$

式（22-3）说明，因为 k 为常量，所以由既定水平的名义收入 PY 所支持的交易规模决定了人们的货币需求量 M^d。因此，费雪的货币数量论认为，货币需求只是收入的函数，利率对货币需求没有任何影响。[⊖]

22.1.2 从交易方程式到货币数量论

费雪认为货币流通速度在短期内十分稳定，所以利用 $V = \overline{V}$ 可以将交易方程式转换成**货币数量论**（quantity theory of money），即名义收入（支出）是由货币数量 M 单独决定的

$$P \times Y = M \times \overline{V} \tag{22-4}$$

上面的数量论方程式表明了当货币数量 M 翻倍时，$M \times \overline{V}$ 也会翻倍，那么 $P \times Y$（名义收入的价值）必须要翻倍。为了更详细地阐述，我们假设货币流通速度是 5，名义收入 GDP 初始为 10 万亿美元，货币供给是 2 万亿美元。假如货币供给增加到了 4 万亿美元，根据货币数量论，名义收入会变化到 20 万亿美元（=5×4 万亿美元）。

22.1.3 数量论和物价水平

古典经济学家（包括费雪）认为工资和物价是完全弹性的，他们相信总体产出 Y 在正常时

⊖ 在费雪将他的数量论方法扩展到货币需求研究的同时，以阿尔弗雷德·马歇尔和 A.C. 庇古为首的英国剑桥大学的一群古典经济学家也得出了类似的结论，但推理过程有微小差别。他们认为人们之所以持有货币是因为货币有两个特性：可以用于交易媒介和储藏手段，并由此导出式（22-3）。

期会长期保持完全就业的水平。因此，Y 在这个等式中被看作短期稳定的，$\bar{Y}$ 可以表示为固定价值。两边同时除以 $\bar{Y}$，等式可以写成

$$P = \frac{M \times \bar{V}}{\bar{Y}} \tag{22-5}$$

这样，货币数量理论就意味着，如果 M 翻一番，短期内 P 也必然会翻一番，因为 $\bar{V}$ 和 $\bar{Y}$ 短期内都保持不变。在我们的例子中，如果总产出为 10 万亿美元，货币流通速度是 5，供给为 2 万亿美元，那么物价水平就等于 1。

$$P = \frac{2 \times 5}{10} = \frac{10}{10} = 1.0$$

当货币供给翻一番，达到 4 万亿美元时，物价水平也必然会翻一番上升到 2，因为

$$P = \frac{4 \times 5}{10} = \frac{20}{10} = 2.0$$

对于古典经济学家而言，货币数量理论提供了对物价水平变动的一种解释：**货币数量的变动导致物价水平的变动**。

22.1.4 数量论和通货膨胀

我们现在将货币数量论转换成通货膨胀理论。你也许从高中数学中学到两个变量的乘积的百分比变化（%Δ）近似等于两个变量各自的百分比变化之和，也就是说

$$\%\Delta xy = \%\Delta x + \%\Delta y$$

使用这个数学公式，我们可以将交易方程式写成

$$\%\Delta M + \%\Delta V = \%\Delta P + \%\Delta Y$$

两边同时减去 %ΔY，通货膨胀率 π 就等于物价的增长率 %ΔP，可以写成

$$\pi = \%\Delta P = \%\Delta M + \%\Delta V - \%\Delta Y$$

因为我们假设流通速度是稳定的，它的增长率是零，所以货币数量论也可以写成通货膨胀理论

$$\pi = \%\Delta M - \%\Delta Y \tag{22-6}$$

由于变量的年利率变化和变量的增长率是一样的概念，所以式（22-6）可以这样表述：**通货膨胀数量论表明通货膨胀率等于货币供给的增长率减去总产出的增长率**。举个例子，总产出以每年 3% 的比率增长，货币的增长率是 5%，那么通货膨胀率等于 2%（=5%-3%）。假如美联储把货币增长率提高到了 10%，那么根据这个理论，通货膨胀率会升到 7%（=10%-3%）。

💡 应用 22-1　　　　　　　　**货币数量论的检验**

我们已经充分强调了货币数量论，接下来让我们用实际的长期和短期数据检验它。

1. 货币数量论的长期检验

货币数量论提供了一个长期的通货膨胀理论，因为它建立在工资和物价是弹性的假设之上。图 22-1a 表示了 1870 ～ 2016 年，美国每 10 年平均的通货膨胀率相对于美国货币量 M2 的

每10年平均增长率的变化。总产出 Y 的增长率在每个时期变化很小，式（22-6）表明，10 年期的通货膨胀率应该等于 10 年期的货币增长率减去相对稳定量（总产出的增长率）。那么，一个明显的正向关系应该存在于通货膨胀率和货币增长率之间。这个关系在图 22-1a 中得到了阐述。在货币增长率较高的 10 年里，可以看到会有更高的平均通货膨胀率。

货币数量论也可以解释不同国家之间长期通货膨胀率的差异性吗？答案是肯定的。图 22-1b 向我们展示了 2006 ～ 2016 年，不同国家或地区的平均通货膨胀率和货币增长率的关系。可以注意到拥有较高货币增长率的国家，如俄罗斯和土耳其，会有较高的通货膨胀率。

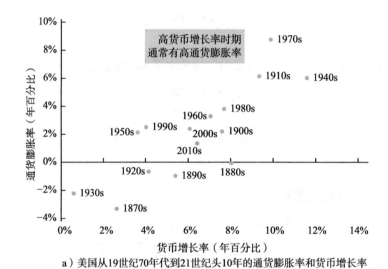

a）美国从19世纪70年代到21世纪头10年的通货膨胀率和货币增长率

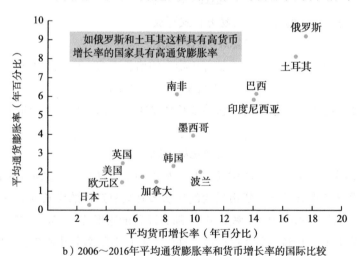

b）2006～2016年平均通货膨胀率和货币增长率的国际比较

图 22-1　通货膨胀和货币增长的关系

注：在图 22-1a 中，有高增长率的 10 年期（1910s、1940s 和 1970s）具有典型的高通货膨胀率。图 22-1b 阐述了不同国家或地区在 2006 ～ 2016 的 10 年间通货膨胀率和货币增长率的关系，也可以反映出这种趋势。

资料来源：Panel (a): Milton Friedman and Anna Schwartz, *Monetary Trends in the United States and the United Kingdom: Their Relation to Income, Prices, and Interest Rates, 1867–1975;* Federal Reserve Bank of St. Louis, FRED database: http://research.stlouisfed.org/fred2/. Panel (b): International Financial Statistics. International Monetary Fund, http://www.imfstatistics.org/imf/.

2. 货币数量论的短期检验

货币数量论也可以很好地解释短期通货膨胀率的波动吗？图 22-2 提供了货币增长率和通货膨胀率在短期内的关系，通过 1965～2017 年的通货膨胀率数据和两年之前的 M2 增长率的数据进行分析（货币增长率的时间向后推迟两年是为了给货币增长对通货膨胀产生影响预留足够的时间）。在每年的基准上，通货膨胀和货币增长率的关系一点也不明显。有许多年份，例如1963～1967 年、1985～1986 年、2003～2005 年、2010～2011 年、2013～2015 年，货币增长率很高但是通货膨胀率很低。确实从图 22-2 中很难看出货币增长率和通货膨胀率有任何正向关系。

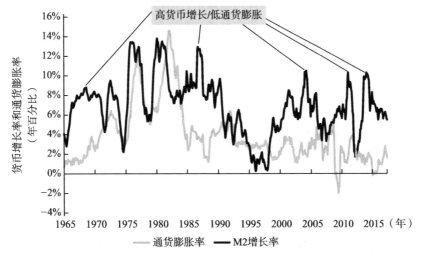

图 22-2　1965～2016 年美国通货膨胀和货币增长率

注：美国年通货膨胀率相对于两年之前年货币（M2）增长率（考虑货币增长率对于通货膨胀率的时滞效应）的平
　　面图并不支持通货膨胀率和货币增长率之间的短期关系。有许多年段（1963～1967 年、1983～1985 年、
　　2003～2005 年、2010～2011 年和 2013～2015 年），货币增长率很高但是通货膨胀率很低。

资料来源：Federal Reserve Bank of St. Louis, FRED database: http://research.stlouisfed.org/fred2/series/CPIAUCSL;
　　　　　http://research.stlouisfed.org/fred2/series/M2SL.

从图 22-2 的数据得出来的结论就是货币理论在长期是个良好的理论，而不是短期。我们可以说米尔顿·弗里德曼的言论"通货膨胀无论何时何地都是一种货币现象"（在第 1 章中提及过）在长期内是正确的，但不被短期内的数据所支持。直觉告诉我们工资和价格是完全弹性的，假设并不能运用在通货膨胀和总产出短期内浮动的情况上。所以，我们在本书接下来的章节中讨论短期通货膨胀和产出浮动时，可以放宽这个假设。

22.2　预算赤字和通货膨胀

预算赤字是通货膨胀性货币政策的一个重要源头。为了弄清楚原因，我们需要看看政府是如何在预算赤字的时候融资的。

22.2.1　政府预算约束

政府要和我们一样去清偿债务，它们要进行预算紧缩。我们可以用两种方法弥补之前的支出：通过工作提高收入，或者借钱。政府倾向于选择两种方案：征税或者发行政府债券。不过政府还有第三种选择：政府可以创造货币，用它来支付购买的商品和服务。

给政府融资的方法被称作**政府预算约束**（government budget constraint），可以表述如下：政府预算赤字 DEF，即政府支出 G 减去税收 T，等于基础货币的变化量 ΔMB 和政府债券的变化量 ΔB 之和。用代数的方法，可以表示如下

$$DEF=G-T=\Delta MB+\Delta B \tag{22-7}$$

为了理解货币预算紧缩在实际中的含义，我们可以举个政府购买了一个价值 1 亿美元的超级计算机的例子。如果政府说服了选民这台计算机是值得购买的，那么它就有能力多征收 1 亿美元，预算赤字就消除了。根据政府预算约束理论，不需要发行货币或者政府债券来支付这台计算机，因为预算达到了平衡。如果税收支付者认为这台计算机太贵了而不愿意支付税款来赞助政府，预算紧缩暗示了政府必须通过向公众举债 1 亿美元来支付这台计算机，或者就是印 1 亿美元的钞票。在每一种情况下，预算紧缩都达到了目的。通过公众持有的债务价值的变化 ΔB 或者基础货币的变化 ΔMB 都可以消除财务赤字。

政府预算约束因此揭示了两个事实：**假如政府赤字由公众持有的债券所弥补，那么基础货币不受影响，因此货币供给也不受影响。但如果政府赤字不是由公众持有债券来弥补，那么基础货币量和货币供给都会增加。**

有几种方法可以理解为什么在公众持有的债券不增加的情况下，赤字会导致基础货币的增加。最简单的情况就是政府有法定的权利去发行货币为赤字融资。为了赤字融资是非常直接的：政府只是通过发行货币来支付超过税收的支出。因为货币的增加直接增加了基础货币，基础货币增加，通过第 17 章的存款创造乘数的机制，导致货币供给增加。

在美国和其他有些国家，政府没有发行货币来偿还债务的权利。在这种情况下，政府必须通过发行债券来弥补财政赤字。假如这些债券最终没有流入公众的手中，唯一的选择就是中央银行来购买这些债券。为了防止政府新发行的债券流入公众手中，中央银行必须采取公开市场的手段，正如我们在第 17 章中讲到的，最终通过存款创造乘数的机制导致基础货币和货币供给的增加。为政府支出融资的方法被称作**债务货币化**（monetizing the debt），因为正如二阶段过程所描述的那样，为了政府支出的融资发行的政府债务已经从公众手中移除，被高能货币所代替。这样融资的方法从某种角度上被不精确地称为**印钞**（printing money），因为高能货币（基础货币）是在这个过程中创造出来的。"印刷"这个词是具有误导性的，因为没有任何新货币被创造出来；相反，当中央银行公开市场操作时，基础货币增加，正如有更多的货币被投入到流通中基础货币也会增加一样。

因此，假如通过创造高能货币来融资，我们可以看到预算赤字能导致货币供给的上升。不过，因为货币数量论只能解释长期的通货膨胀，所以为了产生通货膨胀的效果，预算赤字必须是持续的，也就是持续足够长的时间。由此我们得出以下结论：**为了弥补持续的赤字，通过货币创造为持续的赤字融资会导致持续的通货膨胀。**

22.2.2 恶性通货膨胀

下面的分析可以来解释**恶性通货膨胀**（hyper inflations），即每月超过 50% 的极高通货膨胀率的情况。许多经济体，不管贫穷国家还是发达国家，在过去的 100 年中都经历过恶性通货膨

胀，但是美国已经幸免了这种动乱，其中一个极端例子就是津巴布韦在 2000 年之后的恶性通货膨胀，见下面的应用案例。

应用 22-2　　　　津巴布韦的恶性通货膨胀

我们可以使用货币数量论来解释 2000 年年初津巴布韦的恶性通货膨胀。

在 2000 年政府征收土地之后，这些土地被重新分配给了津巴布韦总统罗伯特·穆加贝的支持者，随后津巴布韦的农业产出骤然下降，税务收入也随之下降。结果，政府支出远远超过了政府收入。政府可以通过提高税负来增加收入，以满足政府支出。但是在经济萧条的状态下，通过提高税负来产生收入不仅实施起来很困难而且违背了公众的意愿。政府为支出融资的另一种选择是向公众举债，但是在公众不信任政府的情况下，这种方法并不可行。那么只剩下了一种方法：印钞。政府可以简单地通过印刷更多的钞票（提高货币供给）来提高支出，然后把钱付给个人或者企业。津巴布韦政府当年所采取的方法就是印钞，货币供给随之迅速增加。

正如数量论所预测的那样，货币供给的快速增加会导致物价的快速上涨。2007 年 2 月，津巴布韦的中央储备银行禁止提高商品的价格。尽管这种策略已经被许多经历过恶性通货膨胀的国家采用过，但最终都被证明是无效的。原因就是当中央银行大量印钞时，宣布通货膨胀犯法并不能阻止通货膨胀。2007 年 3 月，通货膨胀率已经创纪录地达到了 1 500% 以上。在 2008 年之前，津巴布韦官方通货膨胀率超过了 2 000 000%（非官方通货膨胀率超过了 10 000 000%）。2008 年 7 月，津巴布韦中央银行新发行了 1 000 亿美元的中央银行票据，过了很短一段时间，又发行了 100 万亿的美元票据，创下了历史最高面额的纪录。票据上有很多的零，但是不要太过讶异。尽管你持有其中的一张票据就能让你成为千万富翁，但是这些钱甚至都买不起一瓶啤酒。那时，津巴布韦货币的价值还不如卫生间的卷纸。

2009 年，津巴布韦政府允许在所有交易中，可以使用美元这样的外国货币，但是之前所造成的后果已经酿成。恶性通货膨胀对经济造成了极大的破坏，也让穷国更穷。

22.3　凯恩斯的货币需求理论

在 1936 年出版的著名的《就业、利息和货币通论》一书中，约翰·梅纳德·凯恩斯摒弃了古典学派关于货币流通速度为常量的观点，并开创了一种强调利率重要性的货币需求理论。他将他的货币需求理论称为**流动性偏好理论**（liquidity preference theory）。凯恩斯提出货币需求背后有三个动机：交易动机、预防动机和投机动机。

22.3.1　交易动机

古典理论假定人们之所以持有货币，是因为货币是交易媒介，人们可以用它去完成日常交易。凯恩斯首先接受了货币论的观点，认为交易规模与收入成比例。之后，他与其他经济学家都一致认为**支付技术**（payment technology）也会影响货币需求。例如，信用卡让消费者不需要持有货币也能够进行小额消费。消费者可以通过投资者的经纪账户进行电子支付，也可以减少货币需求。凯恩斯认为，随着支付技术的进步，货币需求相对于收入可能会减少。

22.3.2　预防动机

凯恩斯还认识到，人们持有货币作为缓冲，以应付未来预料之外的需求。例如，你一直想买一套 Wii 娱乐系统，现在你看到它正以 7.5 折出售。如果你持有为预防此类不时之需准备的货币，就可以立即购买。凯恩斯认为人们希望持有的预防性货币余额也是与收入成比例的。

22.3.3　投机动机

凯恩斯认为，人们还会出于财富储藏的目的而持有货币。他将这一持有货币的原因称为投机动机。在凯恩斯对于货币的定义中，货币包含流通的货币（不产生利息）和活期账户储蓄（几乎不产生利息）。他假设货币不产生利息，因此相对于持有债券类的资产，持有货币的机会成本，就是债券的名义利率。当利率提高时，持有货币的机会成本上升（相对于债券，持有货币的成本更高了），从而货币需求将会下降。

22.3.4　综合三种动机

凯恩斯在将持有货币的三种动机综合起来推导货币需求方程式的时候，对名义数量和实际数量进行了严格的区分。货币的价值用它能够购买的东西来衡量。例如，如果经济中的所有价格都上涨了一倍（物价水平上涨一倍），相同数量的名义货币只能买到以往一半数量的商品。因此，凯恩斯推断人们希望持有的是一定数量的**实际货币余额**（real money balance，用实际值表示的货币数量），将三种持币动机结合到实际货币余额中，凯恩斯得出下面的货币需求方程式，即流动性偏好函数

$$\frac{M^d}{P} = L(\underset{-}{i}, \underset{+}{Y}) \tag{22-8}$$

在流动性偏好函数中，i 下面的负号表示实际货币需求余额与名义利率 i 呈负相关，Y 下面的正号表示实际货币需求余额与实际收入 Y 呈正相关。

后来的凯恩斯主义经济学家，比如诺贝尔经济学奖得主詹姆斯·托宾，随后发展了这个理论并证明了利率在货币需求中扮演着更加重要的角色。经济学家证明了货币的交易性需求和预防性需求与利率是负相关的。[⊖]

凯恩斯货币需求理论的一个重要含义是流通速度不是一个常数，而是随利率的变化而波动。为了说明这点，我们将流动性偏好函数写成如下形式

$$\frac{P}{M^d} = \frac{1}{L(i, Y)}$$

方程式两边同乘以 Y，并将 M^d 替换为 M（因为两者在货币市场均衡的状态下必定相等），

⊖ 三篇详细说明凯恩斯货币需求理论的著名文献如下：William J.Baumol, "The Transactions Demand for Cash: An Inventory Theoretic Approach," *Quarterly Journal of Economics* 66 (1952): 545-556; James Tobin, "The Interest Elasticity of the Transactions Demand for Cash," *Review of Economics and Statistics* 38 (1956):241-247; and James Tobin, "Liquidity Preference as Behavior Towards Risk," *Review of Economic Studies* 25 (1958): 65-86。对于这些文献中的模型的更深层次的讨论，可以参考本章的网络附录 1，这在以下网址也可以找到：www.pearson.com/mylab/economics。

求解货币流通速度，可得到

$$V = \frac{PY}{M} = \frac{Y}{L(i, Y)} \tag{22-9}$$

我们发现由于货币需求与利率呈负相关，所以当 i 上升时，$L(i, Y)$ 下降，从而货币流通速度上升。这一推理过程表明，由于利率波动剧烈，根据货币需求的流动性偏好理论，货币流通速度的波动也很剧烈。凯恩斯的流动性偏好理论对古典数量论提出了质疑，古典数量论认为名义收入主要是由货币数量的变动决定的。

22.4 货币需求资产组合理论

和凯恩斯货币需求的分析相关，我们将它称作货币需求的资产组合理论，在这一理论当中，人们决定一项资产（如货币）中有多少是他们想要持有的，以作为其整体资产组合的一部分。⊖

22.4.1 资产选择理论和凯恩斯流动性偏好理论

在第 5 章中，我们讨论了什么是资产选择理论，即资产需求和财富是正相关的，资产预期收益和相对流动性与相对风险是呈负相关的。资产选择理论认为实际货币余额需求与收入呈正相关，与名义利率呈负相关，于是印证了凯恩斯的流动性偏好理论。

因为收入和财富倾向于同向变动，收入越多，财富也越多，所以，高收入意味着更多的财富，结合资产选择理论，货币资产的需求会上升，实际货币余额需求也会上升。

当利率上升时，货币的预期收益是不变的。但是，如债券这样的资产收益会上升。因此，尽管预期货币的绝对收益不变，货币的收益相对于债券是下降的。换句话说，正如资产选择理论所述，高利率让人们不愿意持有货币，实际货币余额需求也就下降。

22.4.2 影响货币需求的其他因素

资产选择理论认为除了收入和名义利率之外，还有其他的因素会影响货币需求。我们一个一个地来分析。

1. 财富

资产选择理论假设当财富增加时，投资者会有更多的来源去购买资产，于是货币需求增加。但当收入稳定时，更多的财富对货币需求的影响微乎其微。总体上说，投资者在投资组合中，只愿意持有少量的货币，偏好于相似风险和流动性的有息资产，比如货币市场共同基金，这些资产不被包括在 M1 这样的货币供应量指标中。货币和支票存款有时候也被称为**主导型资产**（dominated assets），因为投资者可以持有其他具有更高回报的资产，而投资者认为这些资产都是安全性的。

2. 风险

很难想象有比货币的风险还要小的资产。货币总是被人们接受，除非在政治革命时期，新

⊖ 这就是米尔顿·弗里德曼在他的著名论文中所采用的方法："The Quantity Theory of Money: A Restatement," *in Studies in the Quantity Theory of Money*, ed. Milton Friedman (Chicago: University of Chicago Press, 1956), 3-21。

政府不接受旧政府的货币。在存款保险制度下，银行存款是安全的。在资产选择理论中，风险是相对于其他资产而言的。因此，假如证券市场波动率增大，货币相对来说风险就更低了，它的需求也会上升。另外，尽管货币名义上是极度安全的，它的实际回报率（名义回报率减去预期通货膨胀率）也会随着通货膨胀率的变化而更加具有不稳定性。货币实际回报率变动越大，货币的需求将会减少，当人们转向另类资产时，比如**通货膨胀保值**（inflation hedges）中，通货膨胀保值相对于货币来说，实际回报率受通货膨胀的影响较小。比较常用的通货膨胀保值工具有：通货膨胀保值债券 TIPS（Treasury Inflation Protected Securities）、黄金和房地产。

3. 其他资产的流动性

近些年来，金融创新产生了新型的流动性资产，比如货币市场共同基金、房屋净值贷款（房主能够以房屋权益做抵押来填写支票）。当这些另类资产变得更有流动性时，货币的相对流动性就会下降，因此货币需求也会下降。

22.4.3 总结

我们用凯恩斯主义和资产组合理论分析货币需求，发现了有以下 7 种影响货币需求的因素：利率、收入、支付技术、财富、其他资产的风险性、通货膨胀风险、其他资产的流动性。正如我们研究结论所支持的观点，表 22-1 表明了货币需求对于这些影响因素的反应程度，概括了货币需求之所以这样变动的原因。

表 22-1　决定货币需求的因素

变量	变量变化	货币需求变化	原因
利率	↑	↓	现金机会成本上升
收入	↑	↑	交易的高价值
支付技术	↑	↓	交易需要更少的现金
财富	↑	↑	更多的资源投入到货币中
其他资产的风险性	↑	↑	货币的低风险性更被偏好
通货膨胀风险	↑	↓	货币相对更有风险、更不被偏好
其他资产的流动性	↑	↓	货币相对缺少流动性、更不被偏好

注：表中只展示了这些因素上升（↑）时的情况，变量下降（↓）所导致的结果与"货币需求变化"一栏所示的相反。

22.5　货币需求的实证分析

在此，我们考察两个主要问题的实证证据，这两个问题区分了不同的货币需求理论，而且影响了它们对货币数量是不是总支出的主要决定因素这一问题的结论：货币需求对利率的变动是否敏感？以及随着时间的推移，货币需求函数是否保持稳定？ ⊖

22.5.1　利率与货币需求

我们在本章前面部分中看到，如果利率不对货币需求产生影响，那么货币流通速度就更可能是一个常数，或者至少是可预测的，因此货币数量论认为总支出由货币数量决定的观点很可

⊖　如果你对货币需求的实证研究的更多细节性讨论感兴趣，你可以在本章的网络附录 2 中找到相关内容，该网址为 www.pearson.com/mylab/economics。

能是正确的。但是,货币需求对利率越敏感,货币流通速度就越不容易预测,货币供给与总支出之间的联系也就越不明朗。实际上,货币需求对利率极其敏感的极端情形,被称为**流动性陷阱**(liquidity trap),在这种情况下,传统的货币政策对总支出不产生直接的影响,其原因在于货币供给的变动不会影响利率。[⊖]

由不同研究人员发现的关于货币需求对利率敏感性的证据相当一致。数据不支持任何一种极端情形。在名义利率没有低到零的情形下,货币需求对利率是敏感的。然而,当利率下降到零时,它就不能够降得更低了。在这种情况下,由于货币需求曲线是完全平坦的,就会出现流动性陷阱。实际上,近些年美国就曾经经历过这种类型的流动性陷阱,这也是为什么美联储不得不求助于非常规货币政策工具。

22.5.2 货币需求的稳定性

如果像凯恩斯认为的,货币需求函数(如式(22-8))不稳定且可能发生大幅度不可预测的变化,那么货币流通速度就不可预测,而且货币数量可能不会如现代货币数量论认为的那样与总支出紧密相连。货币需求函数的稳定性对于美联储以利率还是货币供给作为货币政策的指标也非常关键。假如货币需求函数不稳定,货币供给和总支出不是紧密相关,那么美联储制定的利率水平就会提供更多有关货币政策而非货币供给的信息。

在 20 世纪 70 年代初期之前,实证证据完全支持货币需求函数稳定的观点。然而,1973 年之后,金融创新的飞速发展改变了货币所包含的内容,导致估计的货币需求函数表现出极大的不稳定性。货币需求函数近来的不稳定对我们的理论和实证分析是否准确提出了质疑。这种情况还对货币需求函数对政策制定者的指导作用提出了质疑,因此对实施货币政策的方式也有着重要的意义。特别是,由于货币需求函数变得不稳定,现在货币流通速度也越来越难以预测。货币政策当局发现货币供给并不能给未来的经济方向提供可靠的消息,于是它们开始从利率的角度来考虑货币政策。货币需求的不稳定性,导致货币政策越来越不再依赖货币供给了。

本章小结

1. 货币数量理论可以用交易方程式 $M \times V = P \times Y$ 来表达,名义开支仅仅由货币的数量来决定。货币数量理论表明:①货币数量的变化会带来价格水平按比例变化,因为 $P = (M \times \overline{V})/\overline{Y}$;②通货膨胀率是货币供给增长率减去总产出增长率,即 $\pi = \%\Delta M - \%\Delta Y$。长期数据可以证实这些货币数量理论的推断,但是短期数据则不行。

2. 政府预算约束表明,财政赤字应该由货币创造或者发行政府债券来填补,因此 $DEF = G - T = \Delta MB + \Delta B$。把这个式子和货币数量理论结合可以得出,用货币扩张弥补一个永久性资金缺口会导致持久性的通货膨胀。这个分析可以帮助解释恶性通货膨胀,即通货膨胀和货币因为巨大的预算赤字而增长到非常高的水平。

3. 约翰·梅纳德·凯恩斯提出了持有货币的三种动机,即交易动机、预防动机和投机动机。

⊖ 如果货币需求对利率极度敏感,那么利率的微小改变就能引起货币需求量的巨大改变。因此,在这种情况下,货币需求将会相当平坦,正如第 5 章供给 – 需求图中表示的那样。因此,货币供给的改变会使货币供给曲线移动,使其在相同的利率水平下与平坦的货币需求曲线相交。

由此得出的流动性偏好理论认为，交易性货币需求和预防性货币需求与收入呈正相关。但是投机性货币需求不仅对利率敏感，而且对利率未来波动的预期也很敏感。因此，该理论认为货币流通速度并不稳定，不能被视为常数。

4. 凯恩斯分析指出，货币需求投资理论中货币的需求不仅仅是由利率、收入、支付技术决定的，也由财富、其他资产的风险、通货膨胀风险和其他资产的流动性决定。

5. 通过对货币需求的研究，我们得出两个主要观点：只要利率高于零，货币的需求对利率变化就极其敏感。自 1973 年以来，货币的需求被认为是不稳定的，对其影响最大的因素是金融创新的速度。因为货币需求功能被认为是既不稳定又易受利率影响的，所以货币流通速度被认为是变化且不容易预测的。这些结论使得在货币政策的执行过程中，人们更加关注利率，而对于货币供给的关注度明显下降。

关键术语

货币需求	通货膨胀保值	支付技术	主导型资产
流动性偏好理论	印钞	交易方程式	流动性陷阱
货币数量论	政府预算约束	货币理论	真实货币余额
恶性通货膨胀	债务货币化	货币流通速度	

思考题

1. 你会怎么预期经济周期中的某个特定行为的流通速度？

2. 如果流通速度和总产出都是合理的常数（正如古典经济学家认为的一样），当货币供给从 1 万亿美元增加到 4 万亿美元时，价格水平会发生怎样的变化？

3. 如果国会立法机构认为信用卡违法，流通速度会发生怎样的变化？请解释你的答案。

4. "如果名义 GDP 上升，流通速度也会上升。"这一陈述是正确的、错误的还是无法确定的？请解释你的答案。

5. 中央银行为什么会关心持久的预算赤字？

6. "持续性的预算赤字总是会带来更高的通货膨胀。"这句话是正确的、错误的还是无法确定？请解释你的答案。

7. 为什么中央银行可能会选择将债务货币化，并且知道它可能导致更高的通货膨胀？

8. 考虑两个中央银行：一个拥有保持物价稳定和低通货膨胀的历史，另一个拥有高通货膨胀和不好的通货膨胀管理史，其他条件都一样。如果两国政府预算赤字的货币化水平相同，那么每个国家的通货膨胀率可能会如何表现？

9. 一些支付技术会要求一些基础设施（比如，商人需要刷卡机才有权使用信用卡）。在大多数发展中国家，这种基础设施要么不存在，要么非常昂贵。但是，最近在发展中国家，移动支付技术发展得很快，因为这些基础设施变得便宜了。在其他条件都一样的情况下，你认为发展中国家和发达国家相比，货币需求中的交易性部分是增加了还是减少了？

10. 凯恩斯关于实际需要的货币余额需求的流动性偏好理论中考虑的持有货币的三个动机是什么？根据这些动机，他认为什么变量决定货币需求？

11. 在许多国家，人们持有货币以防不时之需（比如银行业危机、自然灾害、健康问题、失业等），这种种潜在的事件一般不包括在保险市场中。解释这些行为对货币需求的预防性部分有什么影响？

12. 为什么凯恩斯认为投机性货币需求的分析对他的理论很重要？他的理论认为货币流通速度将会受到潜在经济波动的影响，并且因此不会保持不变。

13. 根据货币需求的投资组合理论，决定货币需求的四个因素是什么？这些因素发生什么样的变化会增加货币需求？

14. 请根据投资组合理论解释以下事项是如何影响货币需求的：

a. 经济正在处于商业周期的收缩阶段；

b. 经纪人佣金下降，债券交易成本变得更低；

c. 证券市场崩溃（同时考虑证券价格波动性上涨导致市场崩溃和股东财富减少）。

15. 假如一个国家经历了一段时间低水平且相对稳定的通货膨胀，然后它面临通货膨胀率提高至近几十年来相对较高水平且难以预测的情况。请根据货币需求的投资组合理论解释这种高通货膨胀如何影响货币需求。如果政府决定发行通货膨胀保值证券会怎样？

16. 考虑在货币需求的投资组合选择理论下，当发生恶性通货膨胀（月通货膨胀率高于50%）时，货币需求会受到怎样的影响？

17. 资产组合理论和凯恩斯货币需求理论都认为，当货币的预期收益下降时，货币的需求也会下降，为何资产组合选择方法认为货币需求会受利率变化的影响？为什么凯恩斯认为货币需求会受利率变化的影响？

18. 为什么凯恩斯货币需求理论认为货币流通速度是不可预测的？

19. 有什么证据被用来测评货币需求函数的稳定性？有什么证据可以证明货币需求的稳定性？这个结论将如何影响货币政策的制定？

20. 考虑这样一种情况：一个国家过去40年的名义GDP和M2数据表明这两个变量间存在高度相关性，特别是它们的比例（GDP/M2）非常稳定且容易预测。基于这个事实，你是否同意这个国家的货币当局在制定货币政策时要更多地关注货币供给而不是利率变化？请解释。

应用题

21. 假定货币供给 M 一直以每年10%的速度增长，名义GDP——PY 以每年20%的速度增长。具体数据如下表所示（单位：10亿美元）。

	2018 年	2019 年	2020 年
M	100	110	121
PY	1 000	1 200	1 440

计算每一年的货币流通速度。货币流通速度在以怎样的速度增长？

22. 如果货币流通速度等于5并且保持不变，而货币供给从2 000亿美元上升到3 000亿美元，据此计算名义GDP的变化。

23. 如果货币供给增长20%，而货币流通速度下降30%，那么名义GDP会发生怎样的变化？

24. 如果货币流通速度和总产出分别等于5和10 000亿美元且保持不变，那么当货币供给从4 000亿美元下降到3 000亿美元时，物价水平将如何变化？

25. 假设流动性偏好函数由 $L(i,y) = \dfrac{Y}{8} - 1000i$ 表示，用货币需求等式和下表中的数据计算每一时期的流通速度。

时期	1	2	3	4	5	6	7
Y（10 亿）	12 000	12 500	12 250	12 500	12 800	13 000	13 200
利率	0.05	0.07	0.03	0.05	0.07	0.04	0.06

数据分析题

1. 登录圣路易斯美联储 FRED 数据库，找到 M1 货币存量（M1SL）、M1 货币流通速度（M1V）以及实际 GDP（GDPC1）。把 M1SL 的数据转换成季度数据，对于所有的数据，百分比变化都是相对前一年的。

   a. 计算实际 GDP、M1 货币存量以及 2000 年第一季度以来的货币流通速度的年均百分比变化。

   b. 根据 a 中的结果，用货币数量论计算自 2000 年以来的平均通货膨胀率。

   c. 接下来找到 GDP 平减价格指数并下载数据，用每年百分比的变化表示，计算 2000 年一季度以来的平均通货膨胀率。与 b 中的结果比较，做出评价。

2. 登录圣路易斯美联储 FRED 数据库，找到预算赤字的数据（FYFSD）、公众持有的联邦债（FYGFDPUN）以及美联储持有的联邦债（FDHBFRBN）。用频率设定将两者的债转换成年化的数据。下载所有的数据到电子表格中。确定数据在对应的日期上。对于赤字的序列，负数表示赤字，乘以序数 -1，确保能将赤字

用一个正数表示。将三列数据都换成统一的单位（100 万美元或 10 亿美元）。例如，如果有一列数据是用百万表示的，你需要将它转化成亿。最终，将债务的数据转化为每年公众和美联储持有的数额变化，对每一年，显示的就是与前一年持有的债券的变化。

   a. 用 1980 年至最近时期的数据制作一个散点图，以赤字作为横轴，公众持有的债券变化作为纵轴。对散点图做一个拟合线，对赤字和公众持有的债券变化之间的关系做出评价。

   b. 用 1980 年至最近时期的数据制作一个散点图，以赤字作为横轴，美联储持有的债券变化作为纵轴。对散点图做一个拟合线，对赤字和美联储持有的债券变化之间的关系做出评价。

   c. 重复 b 中的操作，并且分别用 1980～2007 年以及 2008 年至今的数据制作独立的散点图，解释数据中显示的债务货币化的过程。你认为赤字和美联储持有的债券变化的关系自 2008 年以来发生改变了吗？为什么？

网络练习

1. 欧文·费雪对经典的货币数量论进行了清晰的阐述，登录 https://en.wikipedia.org/wiki/Iring_Fisher，写一页关于他的一生和他的贡献的摘要。

2. 维基百科详细描述了历史上许多国家的恶性通

货膨胀事件。你可以查看 https://en.wikipedia.org/wiki/Hyperinflation#Notable_hyperinflationary_episodes. 被列举的国家中哪个国家的恶性通货膨胀最严重？哪个国家最近发生了恶性通货膨胀？

网络参考

https://en.wikipedia.org/wiki/Hyperinflation_in_Zimbabwe 有一个关于津巴布韦恶性通货膨胀的讨论。

https://en.wikipedia.org/wiki/John_Maynard_Keynes 约翰·梅纳德·凯恩斯的传记。

第 23 章

总需求和总供给分析

学习目标

1. 概括并阐述总需求曲线和影响其移动的因素。
2. 描述并解释短期和长期总供给曲线。
3. 描述并解释短期和长期总供给曲线的移动。
4. 描述并解释短期、长期均衡以及自我调节机制的角色。
5. 描述并解释短期和长期总需求的冲击效应。
6. 描述并解释短期和长期的暂时性供给冲击与永久性供给冲击效应。
7. 解释 2007 ～ 2009 年金融危机中主要经济体的商业周期浮动。

| 预览 |

在前面几章中，我们将大部分注意力都集中在货币政策上，这是因为货币政策会影响通货膨胀以及就业机会的数量，所以它与我们的日常生活息息相关。在本章中，我们将阐述一项基本的分析工具——总需求和总供给分析，它有助于我们研究货币政策对于产出和通货膨胀的影响。总需求（aggregate demand）指的是在不同的通货膨胀率水平下对产出的需求总量。总供给（aggregate supply）是指在不同的通货膨胀率水平下，企业希望售出的产出总量。与之前的经济学课程中总供给和总需求的案例一样，总供给和总需求曲线的交点即为均衡点。

总需求和总供给分析使我们能够考察总产出和价格水平的决定机制（"金融新闻解读"专栏会说明，总产出和价格水平的数据来源以及公布频率）。总需求和总供给分析不仅有助于我们解释过去，而且有助于我们理解经济周期中最近的各个阶段，比如 2007 ～ 2009 年严重的经济衰退，还可以预测未来可能发生的事项将会如何影响总产出和通货膨胀。

金融新闻解读　　　　　　**总产出、失业与通货膨胀**

　　一些报纸和网站会定期报道反映总产出、失业与通货膨胀率相关信息的数据。下面我们列出了相关的数据以及它们的发布频率和时间。

1. 总产出和失业

实际 GDP：按季度发布（1～3月、4～6月、7～9月、10～12月），每季度结束后3～4周内对外发布。

工业产值：按月发布。与实际 GDP 不同，工业产值不是反映总产出的综合性指标，它仅测度制造业产出；通常于每个月的中旬发布该指标的上月估计值。

失业率：按月发布。通常于每个月第 1 周的周五发布上个月的数据。

2. 通货膨胀率

　　通货膨胀率有几种不同的衡量标准，它们是根据不同的价格水平来计算的。

GDP 平减指数：按季度发布。这一反映价格水平的综合性指标（在附录 1A 中介绍过）与实际 GDP 数据同时发布。

消费者价格指数（CPI）：按月发布。消费者价格指数是衡量消费价格水平的指标（同样在附录 1A 中介绍过）；通常于每个月第 3 周或第 4 周公布上个月的数据。

PCE 平减指数：按季度发布。这是另一种衡量消费者价格水平的方法，其计算方法与GDP 平减指数类似，但仅适用于属于 GDP 个人消费支出类别的项目。它与实际 GDP 数据同时发布。

生产者价格指数（PPI）：按月发布。生产者价格指数是衡量生产者支付批发价格的平均水平的指标，通常与工业产值数据同时发布。

23.1　总需求

　　总需求和总供给分析理论的第一个重要构件是**总需求曲线**（aggregate demand curve），它描述的是在其他所有变量保持不变的情况下，总产出的需求量与通货膨胀率之间的关系。

　　总需求包括以下四个组成部分：**消费支出**（consumption expenditure），指对消费品和服务的总需求；**计划投资支出**（planned investment spending），[⊖]指企业用于新机器设备、厂房以及其他资本品的计划支出总额，再加上用于新住宅的计划支出总额；**政府支出**（government purchases），指各级政府（联邦政府、州政府以及地方政府）用于购买产品和服务（办公用纸、计算机、计算机软件、导弹、政府工作人员，等等）的支出；**净出口**（net exports），指外国对本国商品和服务的净支出额，等于出口减去进口。我们用 C 表示消费支出，I 表示计划投资支出，G 表示政府支出，NX 表示净出口，可以写出下列总需求 Y^{ad} 的表达式：

$$Y^{ad} = C + I + G + NX \tag{23-1}$$

⊖　前面曾提到过，经济学家将"投资"一词的使用限定为购买新的实物资本，如新机器或新房屋，这会增加对新生产的产品和新服务的支出。这不同于非经济学家提到的投资，非经济学家将投资用于描述购买股票或者债券等没有涉及新生产的商品和劳务的购买。当经济学家谈论投资支出时，他们所指的是能增加总需求的购买。

23.1.1 总需求曲线的推导

推导总需求曲线的第一步在于我们需要认识到，当通货膨胀率上升的时候（$\pi\uparrow$），货币当局会提高实际利率水平（$r\uparrow$）来进行应对，以防通货膨胀失控。然后，我们可以检验实际利率水平的提高对于总需求各个组成部分所带来的影响。当实际利率上升时，购买新实物资本的融资成本将会上升，使得投资盈利下降，从而引起计划投资支出减少（$I\downarrow$）。正如式（23-1）所示，因为计划投资支出包括在总需求之中，所以其减少会导致总需求的下降（$Y^{ad}\downarrow$）。因此，通货膨胀率上升将导致总需求量下降（$\pi\uparrow\Rightarrow Y^{ad}\downarrow$），总需求曲线如图23-1所示向下倾斜。我们可以将上述机制表示如下

$$\pi\uparrow\Rightarrow r\uparrow\Rightarrow I\downarrow\Rightarrow Y^{ad}\downarrow$$

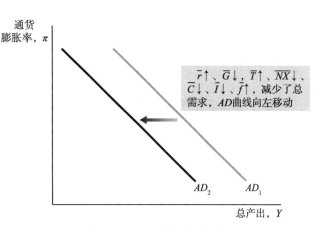

图23-1　总需求曲线的左移

注：自主性的紧缩货币政策（$\bar{r}\uparrow$）、政府购买的削减（$\bar{G}\downarrow$）、税收的增加（$\bar{T}\uparrow$）、自主性净出口的下降（$\overline{NX}\downarrow$）、自主性消费支出的减少（$\bar{C}\downarrow$）、自主性投资的下降（$\bar{I}\downarrow$）、金融摩擦的增加（$\bar{f}\uparrow$），使得总需求曲线从AD_1向左移动到AD_2。

23.1.2 导致总需求曲线发生移动的因素

7个基本因素（通常被称为**需求冲击**（demand shocks）能够导致总需求曲线移动到新的位置：自主性货币政策、政府购买、税收、自主性净出口、自主性消费支出、自主性投资以及金融摩擦（有时上述这几个因素中的"自主性"会引起学生的困惑，对此我们将在走进美联储专栏"自主性意味着什么"中进行讨论）。正如我们检验的每个例子一样，我们将逐一探究当通货膨胀率保持不变时，这些因素如何影响总需求。

| 走进美联储 | 　　　　　　**自主性意味着什么**

当经济学家使用"自主性"这个词的时候，他们认为这些变量是外生的（在模型中独立于其他变量）。例如，自主性货币政策是中央银行设定实际利率时需要考虑的一个因素，它与通货膨胀和模型中的其他任何变量都不相关。虽然自主性部分的改变和沿着曲线的移动无关，但是它和曲线自身的移动有关。因此自主性货币政策的改变是使 *AD* 曲线移动，而不是沿着曲线移动。

（1）自主性货币政策。我们已经注意到，当通货膨胀率上升时，中央银行会提高实际利率，以防止通货膨胀失控。然而，中央银行对利率进行的自主性调整（用$\bar{r}$代表）与模型中的变量并无关系，比如当前的通货膨胀率水平。当美联储决定要提高实际利率中的自主性部分

$(\bar{r})$ 时，在任意给定通货膨胀率水平下，实际利率的提高都将导致投资项目融资成本的提高，从而使得投资支出减少、总需求下降，如下表达式所示

$$\bar{r} \uparrow \Rightarrow I \downarrow \Rightarrow Y^{ad} \downarrow$$

因此，在给定通货膨胀率的条件下，总需求将会下降，并且如图 23-1 所示向左移动。

（2）政府购买。在给定通货膨胀率的条件下，政府购买的增加将直接导致总需求支出的增加，从而使得总需求增加

$$\bar{G} \uparrow \Rightarrow Y^{ad} \uparrow$$

因此，总需求在任意给定的通货膨胀率水平下都会增加，并且总需求曲线如图 23-2 所示向右移动。

（3）税收。在任意给定的通货膨胀率水平下，税收增加都会导致收入减少，从而进一步使得消费支出和总需求下降

$$\bar{T} \uparrow \Rightarrow C \downarrow \Rightarrow Y^{ad} \downarrow$$

总需求在任意给定的通货膨胀率水平下都会下降，总需求曲线如图 23-1 所示向左移动。

（4）自主性净出口。在任意给定的通货膨胀率水平下，净出口的自主性增长将会直接导致总需求的增加

$$\overline{NX} \uparrow \Rightarrow Y^{ad} \uparrow$$

总需求在任意给定的通货膨胀率水平下都会上升，总需求曲线如图 23-2 向右移动。

（5）自主性消费支出。当消费者的乐观情绪增加时，自主性消费支出便会上升，那么在任意给定的通货膨胀率水平下，消费者都将会消费更多，总需求因此增加

$$\bar{C} \uparrow \Rightarrow Y^{ad} \uparrow$$

总需求在任意给定的通货膨胀率水平下都会增加，总需求曲线如图 23-2 所示向右移动。

（6）自主性投资。当企业对未来发展前景感到乐观时，在任意给定的通货膨胀率水平下，自主性投资和企业支出都将会增加，从而计划投资增加引起总需求上升

$$\bar{I} \uparrow \Rightarrow Y^{ad} \uparrow$$

总需求在任意给定的通货膨胀率水平下都会增加，总需求曲线如图 23-2 所示向右移动。

（7）金融摩擦。实际贷款成本不仅反映了无违约风险债务工具的实际利率，而且反映了金融摩擦（用 $\bar{f}$ 表示）。金融摩擦是指由于金融市场信息不对称而引起的实际贷款成本增加（如第 8 章所述）。在任意给定的通货膨胀率水平下，当金融摩擦增加时，贷款的实际成本增加引起计划投资支出减少、总需求下降

$$\bar{f} \uparrow \Rightarrow I \downarrow \Rightarrow Y^{ad} \downarrow$$

总需求在任意给定的通货膨胀

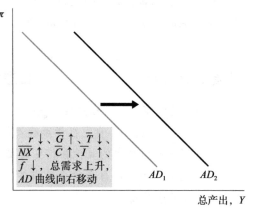

图 23-2　总需求曲线的右移

注：自主性的宽松货币政策（$\bar{r}\downarrow$）、政府购买的增加（$\bar{G}\uparrow$）、税收的减少（$\bar{T}\downarrow$）、自主性净出口的上升（$\overline{NX}\uparrow$）、自主性的消费支出的增加（$\bar{C}\uparrow$）、自主性投资的上升（$\bar{I}\uparrow$）、金融摩擦的降低（$\bar{f}\downarrow$），使得总需求曲线从 AD_1 向右移动到 AD_2。

率水平下都会下降，总需求曲线如图 23-1 所示向左移动。

我们分析得出的结论如下。**在任意给定的通货膨胀率水平下，使得总需求增加、总需求曲线向右移动的因素包括：**①自主性的宽松货币政策（$\bar{r}\downarrow$）；②政府购买增加（$\bar{G}\uparrow$）；③税收的减少（$\bar{T}\downarrow$）；④自主性净出口的增加（$\overline{NX}\uparrow$）；⑤自主性消费支出的增加（$\bar{C}\uparrow$）；⑥自主性投资的增加（$\bar{I}\uparrow$）；⑦金融摩擦的减少（$\bar{f}\downarrow$）。相反，当这些因素反向变动时，**在任意给定的通货膨胀率水平下，总需求曲线向左移动。**为了帮助学习，表 23-1 归纳了这 7 个因素的变动所带来的总需求曲线的变动。

表 23-1 影响总需求曲线移动的因素

因素	变化	总需求曲线的移动	因素	变化	总需求曲线的移动
自主性货币政策，$\bar{r}$	↑	π 图 $AD_2\ AD_1$ Y	自主性消费支出，$\bar{C}$	↑	π 图 $AD_1\ AD_2$ Y
政府购买，$\bar{G}$	↑	π 图 $AD_1\ AD_2$ Y	自主性投资，$\bar{I}$	↑	π 图 $AD_1\ AD_2$ Y
税收，$\bar{T}$	↑	π 图 $AD_2\ AD_1$ Y	金融摩擦，$\bar{f}$	↑	π 图 $AD_2\ AD_1$ Y
自主性净出口，$\overline{NX}$	↑	π 图 $AD_1\ AD_2$ Y			

注：表中只列出了各因素上升（↑）所产生的影响。各因素下降对总需求曲线的影响与"总需求曲线的移动"一列所描述的情况相反。

23.2 总供给

为了完成我们的分析，我们还需要推导**总供给曲线**（aggregate supply curve），它表示的是供给的产出数量与通货膨胀率之间的关系。在典型的供给与需求分析中，只有一条供给曲线，但是由于物价和工资需要一定的时间才能调整到长期水平，所以短期总供给曲线和长期总供给曲线是不同的。首先我们将考察长期总供给曲线，然后推导短期总供给曲线，最后考察这两种曲线随着时间推移如何发生变动，以及经济从短期向长期的发展过程。

23.2.1 长期总供给曲线

长期内经济体系可以提供的产出数量，取决于经济体系中的资本量、充分就业状态下的劳动供给量和拥有的技术水平。正如第 19 章中所讨论的，有些失业是无法消除的，因为它是摩擦性或者结构性失业。因此充分就业状态下的失业率并非为零，而是维持在一个大于零的水平，此时劳动需求等于劳动供给。在长期中，经济会趋向于这一**自然失业率**（natural rate of unemployment）水平。[⊖]许多经济学家认为，目前的自然失业率在 4% ～ 5%。

自然失业率条件下的总产出水平被称为**产出的自然率水平**（natural rate of output），但是更**常被称为潜在产出**（potential output）。它是指在任一通货膨胀率水平上，经济在长期所达到的产出水平。假设潜在产出为 10 万亿美元，则长期总供给曲线（*LRAS*）为一条垂直于横轴的直线，且其与横轴相交于点 Y^P，如图 23-3 所示。

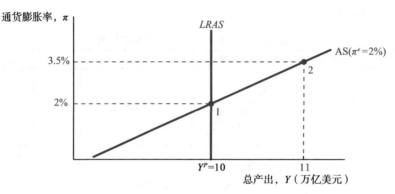

图 23-3　长期和短期总供给曲线

注：在任意给定的通货膨胀率水平下，长期总供给产出量都处于潜在产出水平，即 10 万亿美元，所以长期总供给曲线 *LRAS* 是一条垂线，Y^P=10 万亿美元。短期总供给曲线 *AS*，在 π^e=2% 的时候是向上倾斜的，因为当 *Y* 相对于 Y^P 上升时，劳动力市场逐步紧张，所以通货膨胀上升。*AS* 与 *LRAS* 相交于点 1，点 1 处当期通货膨胀率等于预期通货膨胀率 2%。

23.2.2　短期总供给曲线

短期总供给曲线的推导基于这样一种观点，即我们认为有三个因素会导致通货膨胀：①预期通货膨胀 π^e；②产出缺口；③通货膨胀（供给）冲击。

1. 预期通货膨胀 π^e

工人和企业关心实际工资，即工资能够购买货物和服务的数量。当工人的预期通货膨胀率为正时，他们会根据预期通货膨胀相应地调整名义工资，所以其实际工资并不会下降。因此，保持所有其他因素不变，工资通货膨胀率将随着预期通货膨胀的上升而上升。由于工资是生产产品和服务最主要的成本，所以整体通货膨胀水平会随着预期通货膨胀的增长而上升。

2. 产出缺口

产出缺口（output gap）是指总产出和潜在产出之间的百分比差，即 $Y-Y^P$。当产出超过潜在水平，产出缺口为正时，经济会出现轻微衰退。工人会要求更高的工资，企业则会乘机提高价格，最终导致通货膨胀上升。相反地，当产出缺口为负时，经济会出现大幅衰退。工人会接受工资小幅度的增长，企业需要降低价格来销售货物，从而导致通货膨胀下降。

⊖ 更详细的短期总供给曲线的推导，以菲利普斯曲线（描述了失业率和通货膨胀率之间的关系）为基础。在附录 23A 中可以找到。

3. 通货膨胀（供给）冲击

供给冲击（supply shocks）是指经济中由产品和服务遭遇到的生产冲击转化成的**通货膨胀冲击**（inflation shocks），通货膨胀的变动独立于经济萧条的程度或者预期通货膨胀率。例如，当中东国家发生战争，石油供给受限时，石油价格的上涨使得企业必须提高其价格以反映生产成本的上涨，结果最终导致了通货膨胀。当需求上涨时也可能出现能源通货膨胀冲击，例如2007～2008 年一些发展中国家（如中国）的需求扩张，也同样导致了通货膨胀上升。通货膨胀冲击还有可能来源于进口价格上涨或者**成本推动型冲击**（cost-push shocks），当工人要求获得比其生产所得更多的工资时，成本上升便导致通货膨胀。

4. 短期总供给曲线

综上所述，我们可以将短期总供给曲线用如下方程式来表示

$$\pi = \pi^e + \gamma (Y - Y^P) + \rho \tag{23-2}$$

式中 π——通货膨胀；

π^e——预期通货膨胀；

$Y - Y^P$——产出缺口；

γ——通货膨胀对于产出缺口的敏感系数；

ρ——通货膨胀冲击。

式（23-2）中给出的短期总供给曲线表明通货膨胀由以下三种因素导致：预期通货膨胀、产出缺口以及通货膨胀（供给）冲击。

5. 短期总供给曲线是向上倾斜的原因

为了分析短期总供给曲线（AS）如图 23-3 所示向上倾斜的原因，我们假设预期通货膨胀率为 2%并且不存在通货膨胀冲击。当实际产出等于潜在产出 10 万亿美元时，产出缺口 $Y - Y^P$ 为 0，因此式（23-2）预测的通货膨胀率将会等于预期通货膨胀率 2%。如 AS 曲线上的 1 点所示，总产出为 10 万亿美元，通货膨胀率为 2%（注意，图 23-3 中的短期总供给曲线标记为 AS（$\pi^e =$ 2%）表明我们假定预期通货膨胀率等于 2%）。

现在我们假设总产出上升到 11 万亿美元。由于产出缺口为正（$Y = 11$ 万亿美元 $> Y^P = 10$ 万亿美元），所以式（23-2）预测通货膨胀率将会上升至点 2，并超过 2%达到 3.5%。连接点 1 和点 2 的曲线就是短期总供给曲线 AS，其向上倾斜。当 Y 移动超过 Y^P，即 $Y > Y^P$ 时，劳动力市场逐步紧张，企业以更快的速度提高价格，进而导致通货膨胀加速。因此，AS 曲线是向上倾斜的。

23.2.3 价格黏性和短期总供给曲线

如果工资和价格具有黏性，则通货膨胀调整随着时间变动会比较缓慢。工资和价格弹性越大，当实际产出背离潜在产出水平时，工资、价格以及通货膨胀的反应越迅速，因此，工资和价格的弹性越大代表 γ 的绝对值越大，反过来也表示短期总供给曲线越陡峭。如果工资和价格具有完全弹性，则 γ 会变得足够大以使得短期总供给曲线变得垂直，并和长期总供给曲线相一致。

23.3 总供给曲线的移动

既然我们已经检验过了长期和短期总供给曲线，那么现在我们来考虑这些曲线为什么会发

生移动。

23.3.1　长期总供给曲线的移动

长期总供给的产出数量由三个因素决定，这些因素导致潜在产出发生改变并且使得长期总供给曲线发生移动，这三个因素是：①经济中的资本总量；②经济中的劳动供给总量；③能够把劳动和资本结合起来提供产品和服务的可用技术。

当这三个因素中的任何一个实现增长时，潜在产出都会提高，例如当潜在产出从 Y^P_1=10 万亿美元提高到 Y^P_2=11 万亿美元时，长期总供给曲线向右移动，如图 23-4 所示，从 $LRAS_1$ 移至 $LRAS_2$。

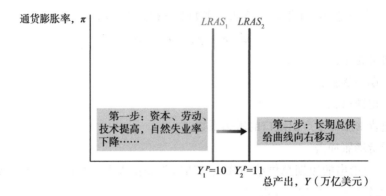

图 23-4　长期总供给曲线的移动

注：引起长期总供给曲线从 $LRAS_1$ 向右移动到 $LRAS_2$ 的因素：①经济中资本总量的增加；②经济中劳动供给总量的增加；③可用技术的提高；④自然失业率的下降。当这些因素反向变化时，$LRAS$ 曲线向左移动。

因为以上三个因素随着时间推移都会平稳增长，所以 Y^P 和长期总供给曲线会一直向右缓慢移动。为了简化接下来的段落和章节中的图形，当 Y^P 缓慢增长时，我们将 Y^P 和长期总供给曲线视为固定不变。

长期总供给曲线移动的另一个原因是自然失业率的变动。自然失业率下降，意味着劳动力被充分利用，因此潜在产出会出现上升。自然失业率下降因此会导致长期总供给曲线向右移动，如图 23-4 所示，从 $LRAS_1$ 移至 $LRAS_2$。自然失业率上升可能会带来反作用，使得长期总供给曲线向左移动。

通过分析我们得出结论如下。**当出现以下情形时，总供给曲线会向右移动：①经济中的资本总量增加；②经济中的劳动供给总量增加；③可用技术提高；④自然失业率下降。以上这些因素向相反方向变动，则会导致总供给曲线向左移动。**

23.3.2　短期总供给曲线的移动

式（23-2）右边的三项表明了导致短期总供给曲线发生移动的三个因素：预期通货膨胀、通货膨胀冲击以及持续产出缺口。

1. 预期通货膨胀

如果新任美联储主席认为通货膨胀的代价不是很高，并且因此愿意承受比现在高两个百分点的通货膨胀率水平，那么将会发生什么？由于家庭和企业预期到联邦政府将会出台政策使通货膨胀率在未来提高两个百分点，所以它们要求相应地提高工资和价格。在这种情况下，预期通货膨胀率会提高两个百分点，短期总供给曲线会向左上方移动，如图 23-5 所示，从 AS_1 移动至 AS_2。**预期通货膨胀的上升导致短期总供给曲线向左上方移动。相反地，预期通货膨胀的下降导致短期总供给曲线向右下方移动。预期通货膨胀变动越大，短期总供给曲线移动幅度越大。**

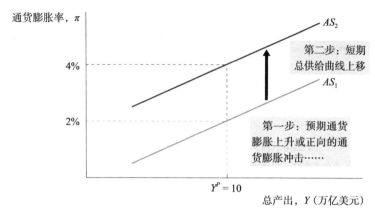

图 23-5 由预期通货膨胀变化和通货膨胀冲击引起的短期总供给曲线移动

注：预期通货膨胀的上升或者正向的通货膨胀冲击会使短期总供给曲线从 AS_1 上移到 AS_2（预期通货膨胀的下降或者负向的通货膨胀冲击会使短期总供给曲线下移）。

2. 通货膨胀冲击

假设恐怖主义分子破坏了许多油田使得能源价格突然上涨。供给限制（不利的供给冲击）导致式（23-2）中的通货膨胀冲击增加，所以短期总供给曲线向左上方移动，如图 23-5 所示，从 AS_1 移至 AS_2。有利的供给冲击能够降低通货膨胀，对短期总供给曲线产生积极影响，使其向右下方移动。**不利的供给冲击会扩大通货膨胀，使短期总供给曲线向左上方移动，而有利的供给冲击会降低通货膨胀，使短期总供给曲线向右下方移动。**

3. 持续产出缺口

我们已经注意到，产出缺口越大，通货膨胀水平越高，会导致经济沿着短期总供给曲线移动。如图 23-6 所示，我们可以用初始短期总供给曲线上从点 1 到点 2 的移动来表示这种情形。然而，持续产出缺口还会通过影响预期通货膨胀使得短期总供给曲线发生移动。为了进一步阐述，我们考虑如果总产出大于潜在产出 Y^P=10 万亿美元而保持在 11 万亿美元，产出缺口将会一直为正。在初始短期总供给曲线 AS_1 上的点 2 处，总产出上升至 11 万亿美元，通货膨胀率从 2% 上升至 3.5%。更高水平的通货膨胀会使下一期的预期通货膨胀上升，从而使下一期的短期总供给曲线 AS_2 向下移动。如果产出一直高于点 3 处的潜在产出，则通货膨胀会进一步升高至 5.0%。更高的通货膨胀会导致更高的通货膨胀预期，并且如箭头所示，短期总供给曲线会在下一期上移至 AS_3。

那么，什么时候短期总供给曲线才会停止上移呢？答案是只有当产出回到它的潜在水平并且产出缺口消失的时候才会停止。在这一点上，实际和预期通货膨胀没有任何理由再继续增长。假设这种情况会出现在通货膨胀率为 10%，总产出 $Y = 10$ 万亿美元 $= Y^P$ 的点上。现在产出缺口为 0，总供给曲线 AS_4 穿过点 4，因为通货膨胀和预期通货膨胀已经停止上升，所以短期总供给曲线没有任何理由再发生移动。

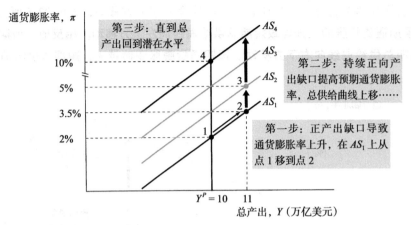

图 23-6 持久性正产出缺口引起的短期总供给移动

注：当产出大于潜在产出水平时，经济沿着 AS_1 从点 1 移动到点 2，通货膨胀率提升到 3.5%。当产出持续维持在潜在水平之上时，产出缺口是正的，短期总供给曲线会向上移动，先移动到 AS_2，再移动到 AS_3。当经济到达短期总供给曲线 AS_4 上的点 4 时，产出缺口再一次变为零，短期总供给曲线停止向上移动。

同理，如果在一段时期内总产出一直保持在潜在水平之下，即 $Y < Y^P$，则短期总供给曲线会向右下方移动。只有当产出回到潜在水平，经济回到长期总供给曲线位置上时，总供给曲线才会停止向下移动。

通过分析我们可以得出以下结论：**当总产出大于潜在产出时，存在一个持续的产出正缺口，短期总供给曲线会向左上方移动。相反，当总产出小于潜在产出时，短期总供给曲线会向右下方移动。只有当总产出回到潜在水平，短期总供给曲线才会停止移动。**为了帮助学习，表 23-2 总结了这三个因素对短期总供给曲线移动的影响机制。

表 23-2 影响短期总供给曲线的移动因素

因素	变化	供给曲线的移动	因素	变化	供给曲线的移动
预期通货膨胀率，π^e	↑	π　AS_2　AS_1　　Y	持续产出缺口，$(Y-Y^P)$	↑	π　AS_2　AS_1　　Y
通货膨胀冲击，ρ	↑	π　AS_2　AS_1　　Y			

注：本表只给出了影响短期总供给曲线上升状态的因素。影响其呈下降状态的因素与影响其呈上升状态的因素相反，故不再一一列出。

23.4 总供给和总需求分析中的均衡

我们现在可以把总需求和总供给曲线放在一起来描述经济中的**一般均衡**（general equilibrium），均衡点是一个使所有市场同时都达到均衡，并且使总产出的需求量等于总产出的供给量的点。如果我们用图形来表示一般均衡，那么均衡点即为总供给和总需求曲线的交点。然而，要记得我们有两条总供给曲线：一条是短期的，另一条是长期的。因此，在进行总供给和总需求的分析时，有短期均衡和长期均衡两种类型。在这一节中，我们将说明短期和长期均衡。在下面的章节中，我们将检验总供给和总需求冲击是怎样影响均衡变化的。

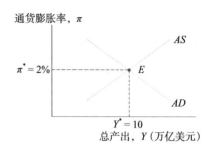

图 23-7　短期均衡

注：短期均衡发生在 E 点，即总需求曲线 AD 和短期总供给曲线 AS 的交点。

23.4.1　短期均衡

图 23-7 说明了总产出的需求量等于其供给量时的短期均衡状态。在图 23-7 中，短期总供给曲线 AS 和总需求曲线 AD 相交于点 E。均衡的总产出水平为 Y^*=10 万亿美元，均衡的通货膨胀率 π^*=2%。

23.4.2　短期均衡如何随时间推移达到长期均衡

在供求分析中，一旦我们发现总供给和总需求的均衡点，我们就不需要再进行其他的分析了。然而，对于总供给和总需求分析却并不是这样。如果总产出和它的潜在水平不同（$Y^* \neq Y^P$），即使总产出在总需求曲线和短期总供给曲线相交的点处达到供需平衡，短期均衡点也会随着时间推移而移动。为了解释这种情形，回想一下，当目前的通货膨胀水平发生变化时，短期总供给曲线会随工资和价格的变化而调整至一个新的预期通货膨胀率水平。

我们在两种情形下考察短期均衡点如何随时间变化：短期均衡产出一开始大于潜在产出（产出的自然率水平）和一开始小于潜在产出。

在图 23-8a 中，均衡点一开始位于点 1，即总需求曲线 AD 和初始短期总供给曲线 AS_1 的交点。均衡产出为 Y_1 = 11 万亿美元，大于潜在产出 Y^P=10 万亿美元，并且劳动市场上存在超额需求。因此，Y_1 出现的产出正缺口会导致工资上涨，企业以更快的速度提高价格，通货膨胀会超过其初始水平 π_1。在这一更高的通货膨胀水平下，企业和家庭会在下一期调整它们的预期，即预期通货膨胀水平会提高。之后工资和价格会上升得更快，总供给曲线会从 AS_1 向左上方移动至 AS_2。

新的短期均衡点沿着总需求曲线向上移动至点 2，而产出则下降至 Y_2。然而，由于总产出 Y_2 仍然位于潜在产出 Y^P 之上，所以通货膨胀率会再一次超过其上一期的值。通货膨胀水平会被进一步推高，并最终推动总供给曲线移动至 AS_3。此时均衡点移至点 3，它位于对应于 Y^P=10 万亿美元的垂直的长期总供给曲线上，因而实现了长期均衡。由于产出等于其潜在水平，所以不再有推动通货膨胀上升的压力，总供给曲线也不会有进一步移动的趋势。

图 23-8a 中总供给曲线和均衡点的移动表明，在产出水平高于其潜在产出 10 万亿美元的状态下，经济不会实现稳定，因为此时总供给曲线会向左上方移动，导致通货膨胀率上升，并推动经济（均衡点）沿着总需求曲线向上移动，直到经济达到长期总供给曲线上的一点为止，即总产出的潜在产出 Y^P = 10 万亿美元。

在图 23-8b 中，经济的初始均衡点是点 1，此时的产出 Y_1 = 9 万亿美元，低于潜在产出 10 万亿美元。由于失业率高于自然失业率，劳动力市场存在超额供给。所以通货膨胀水平将会降低，并推动预期通货膨胀水平下降，短期总供给曲线向右下方移动至 AS_2。

现在均衡点位于点 2，产出上升至 Y_2。然而，由于总产出 Y_2 仍低于潜在产出 Y^P，所以通货膨胀会再次下降，并导致预期通货膨胀下滑，总供给曲线移至 AS_3。经济（均衡点）沿着总需求曲线向下移动至长期均衡点 3，即总需求曲线（AD）和长期总供给曲线（$LRAS$）的交点 $Y^P = 10$ 万亿美元。和图 23-8a 一样，当产出再次回到潜在水平时，经济达到稳定状态。

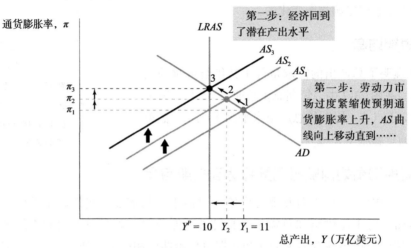

a）在潜在产出之上的初始短期均衡

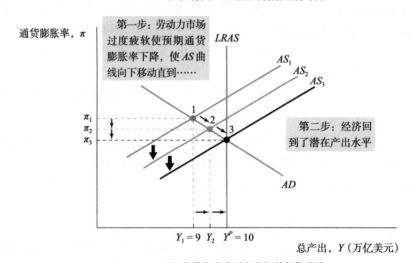

b）在潜在产出下方的初始短期均衡

图 23-8　总需求 – 总供给分析中长期均衡的调整

注：在两幅图中，最初的短期均衡点都是 AD 和 AS_1 的交点 1。在图 23-8a 中，$Y_1 > Y_n$，因此短期总供给曲线会持续左移，直到移至 AS_3，此时产出水平恢复为 Y_n。在图 23-8b 中，$Y_1 < Y_n$，因此短期总供给曲线会持续右移，直至产出重新恢复到 Y_n。在两种情形下，经济均展现出一种自动调节机制，使其重新回到潜在产出。

23.4.3　自动调节机制

图 23-8 的两个部分都显示，无论产出最初处于何种水平，它最终都会回到潜在产出上。这一特征被描述为经济具有**自动调节机制**（self-correcting mechanism）。之所以会产生自动调节机制，是因为短期总供给曲线随时间推移向上或向下移动，使经济回到长期均衡下充分就业状态

（总产出的潜在水平）。

23.5　总需求冲击导致的均衡变动

理解了短期均衡和长期均衡之间的区别，我们现在可以分析当经济经历需求冲击时会发生什么以及需求冲击对总需求曲线的移动会产生什么影响。图 23-9 描述了正向需求冲击引起的总需求曲线右移的影响，这些正向需求冲击包括：

- 自主性的宽松货币政策（$\bar{r}\downarrow$，在任一给定的通货膨胀率下降低实际利率）；
- 政府支出增加（$\bar{G}\uparrow$）；
- 税收减少（$\bar{T}\downarrow$）；
- 自主性净出口增加（$\overline{NX}\uparrow$）；
- 自主性消费支出增加（$\bar{C}\uparrow$）；
- 自主性投资增加（$\bar{I}\uparrow$）；
- 金融摩擦减少（$\bar{f}\downarrow$）。

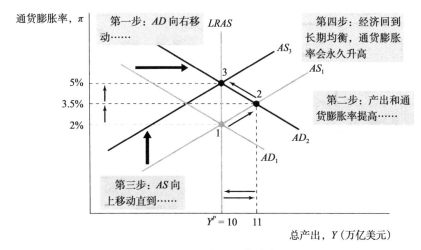

图 23-9　正向的需求冲击

注：正向的需求冲击使总需求曲线从 AD_1 上移到 AD_2，经济从点 1 移动到点 2，即更高的通货膨胀率 3.5% 和更高的产出 11 万亿美元。因为产出高于潜在产出，所以预期通货膨胀将会上升，短期总供给曲线开始上移，并最终到达 AS_3 的位置。在点 3，经济回到长期均衡点，产出 $Y^P=10$ 万亿美元，通货膨胀水平上升到 5%。

资料来源：Economic Report of the President.

在图 23-9 中，经济最初位于长期均衡点 1，即初始的总需求曲线 AD_1 与短期总供给曲线 AS_1 的交点，该点对应的产出水平为 $Y^P=10$ 万亿美元，通货膨胀率为 2%。假设消费者和企业变得更加乐观，并且自主性消费和投资的增加产生了一个正向的需求冲击，使总需求曲线向右移至 AD_2。经济上行使短期总供给曲线从 AS_1 提升至点 2，产出和通货膨胀率分别上升至 11 万亿美元和 3.5%。然而，经济（均衡点）从长期来看并不会一直保持在点 2，因为 11 万亿美元的总产出超过潜在产出。因此，预期通货膨胀率会上升，短期总供给曲线最终会升高至 AS_3。经济（均衡点）会随着 AD_2 的移动从点 2 移至点 3，点 3 是长期均衡点，此时通货膨胀率为 5%，产出则回到 $Y^P=10$ 万亿美元。**尽管总需求曲线右移的初始短期效应是通货膨胀和产出的上升，**

但最终的长期效应仅仅是通货膨胀的上升，因为产出会恢复到初始水平 Y^P。[⊖]

作为我们辛苦建立的模型成果，我们现在将总需求和总供给模型应用到需求冲击中。在本章的剩余部分中，我们将总供给和总需求分析应用于美国及其他国家在过去 40 多年里经历的一系列经济周期。为了简化我们的分析，我们假设所有例子中总产出的初始水平均为潜在水平。

🔆 应用 23-1　　　　1980 ～ 1986 年沃尔克的反通货膨胀

当保罗·沃尔克于 1979 年 8 月成为美联储主席时，通货膨胀已经失控，当时的通货膨胀率超过 10%。沃尔克决心使通货膨胀下降。到 1981 年年初，美联储已经将联邦基金利率提高至超过 20%，随之而来的是实际利率的大幅上升。实际上沃尔克成功地降低了通货膨胀，正如图 23-10b 说明的那样，通货膨胀率从 1980 年的 13.5% 下降至 1986 年的 1.9%。但是通货膨胀的下降付出了高昂的代价：经济经历了自第二次世界大战以来最严重的衰退，1982 年的平均失业率达到 9.7%。

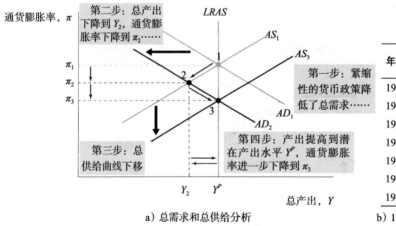

年份	失业率（%）	通货膨胀率（每年变化，%）
1980	7.1	13.5
1981	7.6	10.3
1982	9.7	6.2
1983	9.6	3.2
1984	7.5	4.3
1985	7.2	3.6
1986	7.0	1.9

a）总需求和总供给分析　　　　b）1980 ～ 1986 年失业率和通货膨胀率

图 23-10　沃尔克的反通货膨胀

注：图 23-10a 是美联储主席沃尔克采取的降低通货膨胀的措施，其效果明显但是成本巨大：自主性的货币政策引起负向的需求冲击，使得总需求下降，进而导致通货膨胀率降低，却使得失业率高涨。图 23-10b 中的数据支持了这一分析：注意通货膨胀率从 1980 年的 13.5% 下降到 1986 年的 1.9%，然而失业率在 1982 年上升到了 9.7%。

资料来源：Economic Report of the President.

这个结果正是我们通过总供给和总需求分析得出的结果。自主性的紧缩货币政策降低了总需求并且使得总需求曲线向左移动，如图 23-10a 所示从 AD_1 移至 AD_2。经济（均衡点）移至点 2，失业率上升而通货膨胀率下降。当失业率超过自然失业率，产出低于潜在水平时，短期总供给曲线会右移至 AS_3。经济（均衡点）移动至新的点 3，通货膨胀率持续下降，产出回升至潜在水平，失业率回到自然水平。图 23-10b 显示截至 1986 年，失业率下降到 7%，通货膨胀率为 1.9%，这与我们对总需求和总供给的分析预测的一样。

⊖ 这里的分析假设在其他因素不变的情况下，正向的需求冲击发生的情况，ceteris paribus（拉丁语，指其他条件不变）的假设在供给和需求分析中是标准化的。特别地，这就意味着中央银行假设对需求冲击没有反应。在下一个章节中，我们会放宽这个假设，让货币政策制定者对这些冲击进行反应。正如我们所看到的那样，如果货币政策制定者想要抑制正向需求冲击引起的通货膨胀，他们会通过自发地紧缩货币政策进行反应。

下面我们将考察 2001 ～ 2004 年，继续证明负向的需求冲击，只不过这一次我们来分析三个冲击。

应用 23-2　　　　2001 ～ 2004 年负向的需求冲击

2000 年，当美国经济处于繁荣周期时，它遭受到了一系列负向的总需求冲击。

第一，2000 年 3 月"高科技泡沫"破灭，股票市场迅速下滑。

第二，2001 年"9·11"事件削弱了消费者和企业的信心。

第三，2001 年年末安然公司破产以及 2002 年其他公司的财务丑闻向世人表明，公司的财务数据并不可信。结果由于金融摩擦加大，公司债券的利率上升（见第 6 章），使得公司的融资成本变得更加高昂。

所有以上三个冲击使得家庭和企业支出减少，总需求下降，总需求曲线向左移动，如图 23-11a 所示，从 AD_1 移动至 AD_2。在点 2，正如我们之前对总供给和总需求分析预测的一样，失业率上升而通货膨胀率下降。如图 23-11b 所示，失业率从 2000 年的 4% 上升至 2003 年的 6%，通货膨胀率则从 2000 年的 3.4% 下降到 2002 年的 1.6%。当失业率超过自然失业率水平（据预测应为 5%），产出低于潜在水平时，如图 23-11a 所示，短期总供给曲线会下移至 AS_3。当经济（均衡点）移至点 3，随着通货膨胀下降，产出回升至潜在产出水平，失业率回到自然失业率水平。到 2004 年，总需求和总供给分析中的经济自我调节机制开始发挥作用，失业率下降到 5.5%（见图 23-11b）。

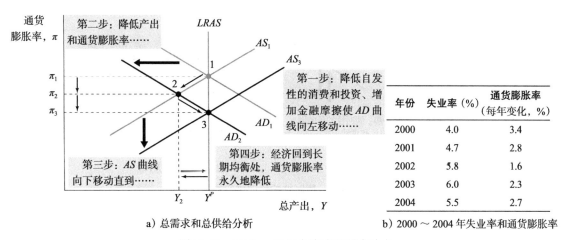

年份	失业率（%）	通货膨胀率（每年变化，%）
2000	4.0	3.4
2001	4.7	2.8
2002	5.8	1.6
2003	6.0	2.3
2004	5.5	2.7

a）总需求和总供给分析　　　　　　b）2000 ～ 2004 年失业率和通货膨胀率

图 23-11　2001 ～ 2004 年负向的需求冲击

注：图 23-11a 显示了 2001 ～ 2004 年负向的需求冲击减少了消费支出和投资，导致总需求曲线从 AD_1 向左移动到 AD_2。经济移动到点 2 的位置，产出下降，失业率上升，通货膨胀率下降。当产出低于潜在水平时，巨大的负产出缺口使得短期总供给曲线向下移动到 AS_3。经济移动到点 3 的位置，产出回到潜在水平，通货膨胀率进一步下降到 π_3，失业率回到自然失业率 5% 左右。图 23-11b 支持了这种分析，2004 年通货膨胀率降低到 2% 左右，失业率降回到 5.5%。

资料来源：Economic Report of the President.

23.6　均衡变动：总供给（通货膨胀）冲击

总供给曲线的移动可能是由暂时性的供给（通货膨胀）冲击造成的，在这种情况下长期总供给曲线不移动；也可能是由永久性的供给冲击造成的，在这种情况下长期总供给曲线会发生移动。我们现在依次来考虑这两种供给冲击。

23.6.1　暂时性的供给冲击

在我们之前对短期总供给曲线的讨论中，我们已经阐述了如果是暂时性的供给冲击，那么通货膨胀的加剧独立于劳动力市场的紧缩，例如由于供给下降导致的石油价格上升。当暂时性的供给冲击涉及对供给的限制时，我们称这种供给冲击为负向（不利）的供给冲击，这种冲击带来的结果是商品价格的上升。暂时性的负向供给冲击的例子包括石油供给的中断，本币贬值导致的进口价格上升，工人要求比其生产力更高的工资所带来的成本冲击，这些都会导致成本和通货膨胀上升。当供给冲击涉及供给的增加时，我们可以称之为正向（有利）的供给冲击。暂时性的正向供给冲击包括特别好的收成或是进口价格的下降。

为了理解暂时性的供给冲击如何影响经济，我们可以运用总供求分析。我们先假设产出如图 23-12 中的点 1 所示，总供给处于 10 万亿美元的潜在水平，通货膨胀率为 2%。假设发生在中东的一场战争造成了暂时性的负向供给冲击。当负向供给冲击对经济产生影响时，油价会出现上升，价格冲击项 ρ 的变动表明通货膨胀会上涨超过 2%，短期总供给曲线会从 AS_1 向左上方移动至 AS_2。

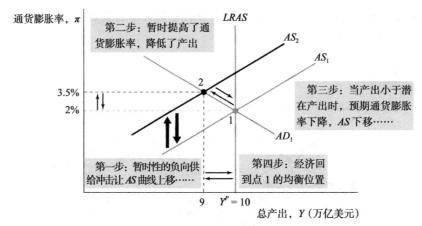

图 23-12　暂时性的负向供给冲击

注：暂时性的负向供给冲击使短期总供给曲线从 AS_1 移动到 AS_2，经济从点 1 移动到点 2，通货膨胀率上升到 3.5%，产出下降到 9 万亿美元。因为产出低于潜在水平，所以负产出缺口会降低通货膨胀和预期通货膨胀。预期通货膨胀水平下降，让短期总供给曲线回移，最终回到 AS_1，经济再一次回到长期均衡初始点 1 的位置。

然后，经济上行会将总需求曲线由点 1 提高至点 2，通货膨胀会上升至 3.5%，总产出会下降至低于 10 万亿美元。如图 23-12 所示，我们用**滞胀**（stagflation，即 stagnation 和 inflation 两个单词的合并）来形容当通货膨胀上升时，总产出水平下降的情形。由于供给冲击是暂时的，经济的生产能力并没有改变，所以 Y^P 和长期总供给曲线 $LARS$ 固定保持在 10 万亿美元的水平上不变。因此，点 2 处的产出（即 9 万亿美元）低于它的潜在水平，通货膨胀将会下降。通货膨胀下降带来预期通货膨胀的降低，并且使短期总供给曲线回到初始的位置 AS_1，经济（均衡点）沿总需求曲线下移（假设总需求曲线一直保持在原来的位置），并最终回到长期均衡点 1，此时产出回到 10 万亿美元，通货膨胀率回到 2%。

尽管暂时性的负向供给冲击一开始会导致短期总供给曲线向左上方移动，并进而使得通货膨胀上升、产出下降，但是从长期影响来看产出和通货膨胀并没有发生改变。

一个有利的（正向的）供给冲击，比如中东小麦获得非常好的收成，会使图 23-12 中的所有曲线往相反的方向移动并带来反向影响。一个暂时性的正向供给冲击会使短期总供给曲线向右下方移动，从短期来看会导致通货膨胀下降、产出上升。然而从长期来看，产出和通货膨胀都保持不变（总需求曲线保持不变）。

现在我们将再一次运用总需求模型，这一次是用于分析暂时性的供给冲击。下面我们开始研究 1973～1975 年和 1978～1980 年的负向供给冲击（回想我们假设总产出一开始位于它的潜在水平上）。

💡 应用 23-3　1973～1975 年和 1978～1980 年的负向供给冲击

1973 年，美国经济受到一系列负向供给冲击的打击。

（1）1973 年阿以战争导致石油禁运，石油输出国组织（OPEC）限制石油产量从而使石油价格提高到原来的 4 倍。

（2）全球范围的农作物减产导致食品价格大幅上涨。

（3）1973 年和 1974 年美国工资与价格管制政策的终止，导致工人要求增加工资，而这种要求在过去受到管制政策的限制。

这三个因素的共同作用导致总供给曲线迅速从 AS_1 向左移动至 AS_2，经济（均衡点）移至点 2。而且正如图 23-13a 总需求和总供给模型的分析预测，通货膨胀水平和失业率都开始大幅升高（通货膨胀率上升 3%，失业率上升 3.5%，如图 23-13b 所示）。

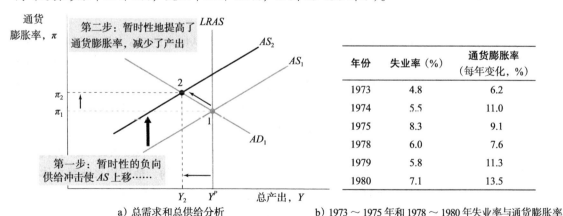

年份	失业率（%）	通货膨胀率 （每年变化，%）
1973	4.8	6.2
1974	5.5	11.0
1975	8.3	9.1
1978	6.0	7.6
1979	5.8	11.3
1980	7.1	13.5

a）总需求和总供给分析　　　　b）1973～1975 年和 1978～1980 年失业率与通货膨胀率

图 23-13　1973～1975 年和 1978～1980 年的负向供给冲击

注：图 23-13a 描述了 1973 年和 1979 年暂时性的负向供给冲击，短期总供给曲线 AS_1 上移至 AS_2。经济移动到点 2 的位置，产出下降，失业率和通货膨胀率都上升。图 23-13b 的数据支持了这个分析结果。注意，通货膨胀率从 1973 年的 6.2% 上升到 1975 年的 9.1%，失业率从 1973 年的 4.8% 上升到 1975 年的 8.3%。在 1978～1980 年的冲击时期内，通货膨胀率从 1978 年的 7.6% 上升到 1980 年的 13.5%，失业率从 1978 年的 6.0% 上升到 1980 年的 7.1%。

资料来源：Economic Report of the President.

1978～1980 年的情况几乎就是 1973～1975 年情况的重演。1978 年经济刚从 1973～1975 年的供给冲击中完全恢复过来，然而农作物歉收和石油价格的成倍上涨（受伊朗王室被推翻的影响）再次导致 1979 年总供给曲线大幅向左移动。图 23-13b 预测的结果再次得到验证，通货膨胀率和失业率同时大幅上升。

23.6.2 永久性的供给冲击和真实经济周期理论

如果供给冲击并不是暂时的呢？一个永久性的负向供给冲击（比如一些考虑不周全的规章的出台导致经济效率变低）会带来供给的减少，如图 23-14 所示，潜在产出会从点 Y_1^P 降低至 Y_2^P，并且使长期总供给曲线从 $LRAS_1$ 向左移动至 $LRAS_2$。

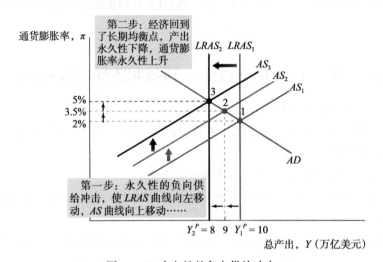

图 23-14　永久性的负向供给冲击

注：永久性的负向供给冲击首先将导致总产出下降，通货膨胀率上升，长期将会导致产出永久性地下降，通货膨胀率永久性地上升，正如点 3 所示，通货膨胀率上升到 5%，产出下降到 8 万亿美元。

永久性的供给冲击会带来更高的价格，通货膨胀率会立即从原来的 2% 上涨至 3%，短期总供给曲线会向上、向左移动，从 AS_1 移至 AS_2。尽管点 2 的产出已经降低至 9 万亿美元，仍然高于 $Y_2^P = 8$ 万亿美元。正产出缺口表示总供给曲线会向左上方移动。它会持续保持这个方向移动直至 AS_3，即总需求曲线 AD 和长期总供给曲线 $LRAS_2$ 的交点。现在，因为产出处于点 3，此时 $Y_2^P = 8$ 万亿美元，所以产出缺口为 0，通货膨胀率为 5% 并且没有上行压力。

以诺贝尔奖获得者、亚利桑那州立大学的爱德华·普雷斯科特（Edward Prescott）为代表的一些经济学家认为经济周期的波动仅仅是由永久性的供给冲击造成的，他们用来解释总体经济波动的理论被称为**真实经济周期理论**（real business cycle theory）。该理论认为，对偏好（例如工人的工作意愿）和技术（生产力）的冲击是导致经济周期短期波动的主要因素，因为这些冲击会引起 Y^P 的大量短期波动。与此相反，他们认为总需求曲线的移动也许是货币政策变动的结果，并不会对总产出的波动产生重要影响。由于真实经济周期理论认为大多数经济周期的波动源自产出的自然率水平的波动，所以他们认为没有必要采取积极干预政策以消除高失业率。真实经济周期理论具有较大的争议，也是经济学深入研究的焦点问题。

当我们认为总需求曲线是不变的时候，我们根据图 23-14 可以得出以下结论：**一个永久性的负向供给冲击一开始会带来产出的下降和通货膨胀的加剧。然而，从长期来看永久性的负向供给冲击和暂时性的负向供给冲击相反，会带来潜在产出的下降，最终会导致产出的永久下降**

和通货膨胀永久性的加剧。[⊖]

如果我们考虑一个正向的供给冲击，我们会得出相反的结论，即新技术的发展会提高生产力。**一个永久性的正向供给冲击会降低通货膨胀，并且短期和长期内都会提高产出。**

在此之前，我们都假定产出的自然率水平 Y^P 和长期总供给曲线是给定的。然而随着时间的推移，潜在产出水平会因经济增长而提高。例如，如果经济的生产能力以每年 3% 的速度稳定增长，这意味着潜在产出也会以每年 3% 的速度提高，Y^P 水平上的长期总供给曲线会每年向右移动 3%。为了简化分析，当 Y^P 以稳定的速度增长时，在总需求和总供给的图形分析中，Y^P 和长期总供给曲线是固定的。不过要记住，最好把这些图形中的总产出水平看作相对于其正常增长率（增长趋势）的总产出水平。

在下面的应用中，1995～1999 年的经济形势就是对永久性的正向供给冲击的说明。

💡 应用 23-4　　　　1995～1999 年正向的供给冲击

由于美联储认为经济将会在 1995 年达到产出和失业的自然率水平，而且之后经济可能趋于过热，产出会上升到超过潜在产出，且通货膨胀率会升高，所以 1994 年 2 月美联储开始提高利率水平。然而正如图 23-15b 所示，经济持续快速增长，1997 年失业率降至 5% 以下，通货膨胀率在 1998 年则持续下降到 1.6% 左右。

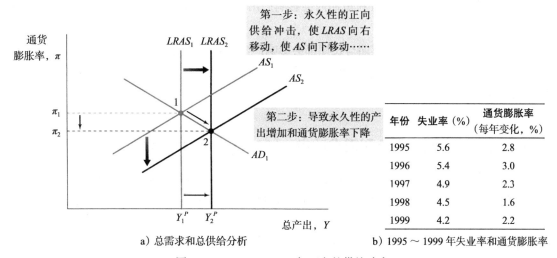

年份	失业率（%）	通货膨胀率（每年变化，%）
1995	5.6	2.8
1996	5.4	3.0
1997	4.9	2.3
1998	4.5	1.6
1999	4.2	2.2

a) 总需求和总供给分析　　　　　　b) 1995～1999 年失业率和通货膨胀率

图 23-15　1995～1999 年正向的供给冲击

注：图 23-15a 描述了正向的供给冲击，医疗成本的降低和电子技术革命导致长期总供给曲线从 $LRAS_1$ 向右移动到 $LRAS_2$，短期总供给曲线从 AS_1 移动到 AS_2。经济移动到点 2 的位置，总产出增加，失业率和通货膨胀率下降。

图 23-15b 支持了这一分析结论：失业率在 1995～1999 年从 5.6% 下降到 4.2%，通货膨胀率从 2.8% 降到 2.2%。

资料来源：Economic Report of the President.

总需求和总供给分析能解释这一切吗？ 20 世纪 90 年代末期美国经济中出现两个正向的供给冲击：

⊖ 我们对于永久性供给冲击的影响的结论，建立在货币政策没有改变，总需求曲线也不变的假设之上。然而货币政策制定者也许会移动总需求曲线，让通货膨胀率维持在不变的水平。后面的章节会做更深入的探讨。

（1）医疗产业的变革，如医疗保健组织（HMO）的发展，极大地降低了医疗相对于其他产品和服务的成本。

（2）信息革命对提高生产率产生了正向影响，使得潜在的经济增长率上升（记者将其称为"新经济"）。

另外，人口统计学的一些因素，比如年龄较大的工人的数量相对增加，而这些工人很难失业，因此会带来自然失业率的下降。这些因素导致长期总供给曲线向右移至 $LARS_2$，而短期总供给曲线如图 23-15a 所示从 AS_1 移至 AS_2。总产出上升，失业率和通货膨胀率下降。

23.6.3　总结

总需求和总供给分析可以得出以下结论：⊖

（1）经济具有自动调节机制，它会使得经济随着时间的推移自动地恢复到失业和总产出的自然率水平。

（2）总需求曲线的移动，可能由自主的货币政策（在任一通货膨胀率下利率的改变）、政府支出、税收、自主性净出口、自主性消费支出、自主性投资或金融摩擦的改变所引起，只会在短期内影响产出，而在长期内却不会有任何影响。而且，当短期总供给曲线充分调整后，价格水平最初的变动幅度比长期内价格水平的变动幅度要小。

（3）暂时性的供给冲击只有在短期内会影响产出和通货膨胀，对长期并没有影响（总需求曲线保持不变）。

（4）永久性的供给冲击在短期与长期都会影响产出和通货膨胀。

现在我们来看另一个应用，以 2007～2009 年金融危机为例，这次既出现了供给冲击也出现了需求冲击。

💡 应用 23-5　负向的供给和需求冲击：2007～2009 年金融危机

2007 年年初，印度、中国等经济高速增长的发展中国家的石油需求不断增加，同时墨西哥、俄罗斯和尼日利亚等石油生产国的石油供给缓慢增长，共同导致石油价格急剧提高。石油价格从 2007 年年初的每桶约 60 美元的水平上升至 2007 年年底的 100 美元，进而在 2008 年 7 月触及每桶 140 美元的顶峰。石油和其他商品价格的上升导致负向供给冲击，短期总供给曲线快速上移，如图 23-16a 所示从 AS_1 移至 AS_2。更糟糕的是，金融危机在 2007 年 8 月对经济造成了冲击，金融摩擦急剧增加，导致居民和企业支出的急剧收缩（在第 12 章中已经讨论过）。负向的需求冲击使总需求曲线从 AD_1 左移至 AD_2，使经济（均衡点）移至点 2。这些冲击会带来失业率和通货膨胀率的上升及产出的下降，如点 2 所示。正如我们通过总供求分析预测的一样，这场负向供给冲击的超级风暴的结果是 2007 年 12 月开始的经济衰退，失业率从 2006 年和 2007 年的 4.6% 提高到 2008 年 6 月的 5.5%，通货膨胀率从 2006 年的 2.5% 上升到了 2008 年 6 月的 5%（见图 23-16b）。

⊖ 总需求和总供给分析能够被使用来理解宏观经济的资产价格冲击。这个分析能在本章的网络附录 1 中找到，网址为：www.pearson.com/mylab/economics。

在 2008 年 7 月之后，石油价格急剧下跌，短期总供给曲线回到 AS_1。然而，在 2008 年的秋天，金融危机随着雷曼兄弟的倒闭进入了一个特别恶化的阶段，总需求曲线急剧下降至 AD_3。结果经济（均衡点）移至点 3，失业率升至 10%，通货膨胀率在 2009 年年底下降至 2.8%（见图 23-16b）。

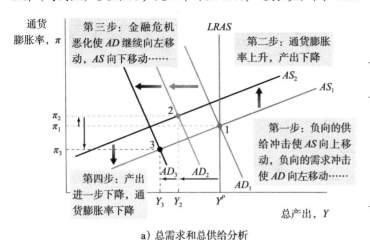

年份	失业率（%）	通货膨胀率 （每年变化，%）
2006	4.6	2.5
2007	4.6	4.1
2008.06	5.5	5.0
2008.12	7.2	0.1
2009.06	9.5	−1.2
2009.12	10.0	2.8

a）总需求和总供给分析

b）失业率和通货膨胀率，
2007 ~ 2009 年的超级风暴

图 23-16 负向的供给和需求冲击及 2007 ~ 2009 年金融危机

注：图 23-16a 描述了由油价上涨引发的负向供给冲击，短期总供给曲线从 AS_1 向上移动到 AS_2，然而金融危机引起的负向的需求冲击导致了支出的突然收紧，总需求曲线从 AD_1 移动到 AD_2。经济移动到点 2 的位置，导致总产出突然收紧到 Y_2，同时失业率上升，通货膨胀率上升到 π_2 的位置。随后油价下降让短期总供给曲线移回 AS_1，然而金融危机的恶化又让总需求曲线移动到 AD_3 的位置。结果，经济移动到点 3 的位置，通货膨胀率下降到 π_3，产出下降到 Y_3。图 23-16b 的数据支持了这一分析：2006 ~ 2008 年，失业率从 4.6% 上升到 5.5%，通货膨胀率从 2.5% 上升到 5.0%。在金融危机的余波中，随着油价的下降，在 2009 年年末，失业率上升到 10%，通货膨胀率下降到 2.8%。

资料来源：Economic Report of the President.

23.7 国外经济周期 AD/AS 分析

总供求分析也可以帮助我们理解国外经济周期。让我们来考察两个这样的例子：2007 ~ 2009 年全球金融危机下英国经济周期的情形，以及同时期下中国与之显著不同的情形。

应用 23-6 英国与 2007 ~ 2009 年金融危机

和美国一样，2007 年石油价格的上涨对英国造成负向供给冲击，导致短期总供给曲线向上移动，如图 23-17a 所示从 AS_1 移至 AS_2。金融危机一开始并没有对开支造成大面积的影响，所以总需求曲线并没有发生移动，而均衡点则从 AD_1 上的点 1 移至点 2。我们的总供求模型表明通货膨胀水平应该上升，这在实际中也的确发生过（见图 23-17b，通货膨胀率从 2007 年的 2.3% 升至 2008 年 12 月的 3.8%）。在 2008 年 7 月之后产出低于潜在水平并且石油价格发生下跌，短期总供给曲线下降至 AS_1。同时，在雷曼兄弟宣布倒闭后，金融危机的恶化扩散到全世界范围，带来的负向的需求冲击使得总需求曲线左移至 AD_2。经济（均衡点）移至点 3，随着产出进一步下降，失业率上升，通货膨胀水平下降。正如之前总供求模型预测的一样，2009 年年底英国失业率上升至7.8%，通货膨胀率下降至2.1%。

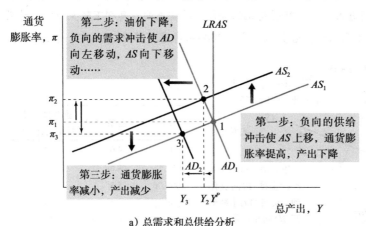

年份	失业率（%）	通货膨胀率（每年变化，%）
2006	5.4	2.3
2007	5.3	2.3
2008.06	5.3	3.4
2008.12	6.4	3.9
2009.06	7.8	2.1
2009.12	7.8	2.1

a）总需求和总供给分析　　　　　　b）2006～2009年失业率和通货膨胀率

图23-17　2007～2009年英国金融危机

注：图23-17a描述了由2007年油价上涨引发的供给冲击，英国的短期总供给曲线从AS_1向上移动到AS_2，经济处于点2的位置。由于产出低于潜在水平，油价在2008年7月之后开始下降，短期总供给曲线移回AS_1。然而随着金融危机的进一步扩大，雷曼兄弟宣布破产，负向的需求冲击又让总需求曲线移动到AD_2的位置。结果，经济移动到点3的位置，产出下降到Y_3，失业率上升，通货膨胀率下降到π_3。图23-17b的数据支持了这一分析：从2006年到2009年12月，失业率从5.4%上升到7.8%，通货膨胀率从2.3%上升到3.9%，随后下降到2.1%。

资料来源：Office of National Statistics, UK. http://www.statistics.gov.uk/statbase/tsdtimezone.asp.

💡 应用23-7　　　　　中国与2007～2009年金融危机

2007年8月爆发的全球金融危机一开始对中国几乎没有影响。⊖在2008年秋天，随着雷曼兄弟的倒塌以及美国金融危机不断扩大，事态开始发生变化。中国经济一直由强大的出口市场来支撑，到2008年9月一直以超过20%的年增长率增长。从2008年10月开始，中国出口开始下降，到2009年8月下降至大约20%。

由出口下滑带来的负向的需求冲击导致了需求的衰退，使总需求曲线移至AD_2并且均衡点由图23-18a中的点1移至点2。正如总供求分析预测的一样，中国经济增速放缓，从2008年上半年的11%下降至下半年低于5%，通货膨胀率则由7.9%下降至3.9%，并且后续变得更加消极，如图23-18b所示。

相较于仅仅依赖于经济的自我纠错机制，中国政府于2008年推出一揽子庞大的经济刺激计划，价值5 800亿美元，占GDP总量的12.5%，是美国财政刺激计划相对于GDP占比的3倍。另外，中国的中央银行——中国人民银行开始推出政策自主性的宽松货币政策。这些决定性的行动将总需求曲线拉回到AD_1，中国经济很快又回到点1。因此中国经济很好地度过了经济危机，2009年产出增长迅速，此后通货膨胀率变好。

⊖ 中国就像世界其他地方一样，经历了能源价格的上升，使短期总供给曲线向上移动。因此，和英国一样，在2007年中国经济经历了通货膨胀率的上升以及产出增长率的略微下降。这些事件没有被图23-18所描述，因为包括它们会使图23-18太过复杂。

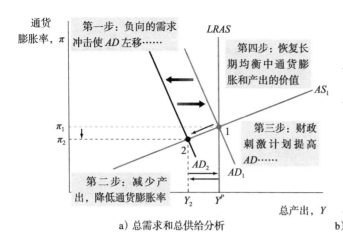

年份	产出增长率（%）	通货膨胀率（每年变化，%）
2006	11.8	1.5
2007	12.4	4.8
2008.06	11.2	7.9
2008.12	4.4	3.9
2009.06	11.1	−1.1
2009.12	10.4	−0.3

a）总需求和总供给分析　　　　　b）2006～2009年中国产出增长率和通货膨胀率

图23-18　2007～2009年中国和金融危机

注：图23-18a描述了中国从2008年出口疲软导致的负向的需求冲击，总需求曲线移动到AD_2，经济移动到点2位置，产出增长率低于潜在水平，通货膨胀率下降。大量的财政刺激计划和自主的宽松货币政策使总需求曲线移动到AD_1，经济迅速地移动到长期均衡点1。图23-18b中的数据支持了这一分析：产出增长减速，后来又反弹回原来的位置，通货膨胀率开始以一个较慢的速度下降。

资料来源：International Monetary Fund. 2010. International Financial Statistics. Country Tables, http://www.imf.org/external/data.htm.

本章小结

1. 总需求曲线反映的是每一个物价水平下的总需求量，它是向下倾斜的。导致总需求曲线发生移动的主要因素有：自主货币政策、政府购买、税收、自主性净出口、自主性消费支出、自主性投资以及金融摩擦。

2. 长期总供给曲线是位于潜在产出水平的垂直线。当技术发生变革时，当工人和资本的数量发生长期变化或自然失业率改变时，长期总供给曲线会发生移动。短期总供给曲线向上移动，因为当产出相对于潜在产出上升时，通货膨胀率上升。当预期通货膨胀率、通货膨胀冲击或永久性产出缺口发生变化时，短期总供给曲线会发生移动。

3. 短期均衡状态出现在总需求曲线和短期总供给曲线的交点。这是经济短期内的趋向，但经济自身具有自我调节机制，它会使得经济稳定在长期均衡点，即总需求曲线与长期总供给曲线的交点，此时总产出处在自然率水平。无论是总需求曲线、短期总供给曲线还是长期总供给曲线的移动，都会导致总产出和通货膨胀率发生变动。

4. 正向的需求冲击使总需求曲线向右移动，并且带来通货膨胀和产出的上升。然而，从长期来看，这样的需求只是会带来通货膨胀的上升，因为产出还停留在初始水平Y^P。

5. 一个暂时性的正向供给冲击会使短期总供给曲线向右下移动，并且初始会降低通货膨胀并提高产出。然而，从长期来看，产出和通货膨胀并没有改变。一个永久性的正向供给冲击会带来产出的增加和通货膨胀的下降。然而，与暂时性的供给冲击相反，从长期来看一个永久性的正向供给冲击会带来潜在产出的提高，导致产出的永久性上升和通货膨胀的永久性下降。

6. 总供求分析既可以用来分析国内经济周期，也可用来分析国外经济周期。

关键术语

总需求曲线	政府支出	计划投资支出	总供给曲线
通货膨胀冲击	潜在产出	消费支出	产出的自然率水平
真实经济周期理论	成本推动型冲击	自然失业率	自动调节机制
需求冲击	净出口	滞胀	一般均衡
产出缺口	供给冲击		

思考题

1. 解释为什么总需求曲线向下倾斜，而短期总供给曲线向上倾斜。

2. 找出三个可以使总需求曲线右移的因素以及另外三个可以使总需求曲线左移的因素。

3. "美元自 2012～2017 年的升值对美国的总需求有消极影响。"这句话是正确的、错误的还是无法判断的？并解释原因。

4. 在世界上的很多国家都出现了人口老龄化的问题，大部分人口正在退休或接近退休。这会对一个国家的长期总供给曲线产生什么影响？结果会对总产出产生什么影响？

5. 当劳动力随着时间更具生产力时，会对长期总供给曲线产生什么样的影响？

6. 为什么中央银行这么关心通货膨胀预期？

7. "如果价格和工资非常灵活，那么 $\gamma = 0$ 和总需求发生的变化对产出的影响会更小。"以上陈述是正确的、错误的还是无法判断？请解释你的回答。

8. 哪些因素会使短期总供给曲线发生移动？这其中又有哪些因素会使长期总供给曲线发生移动吗？为什么？

9. 如果巨额预算赤字使得公众认为未来会有更高的通货膨胀，那么当预算赤字增大时，短期总供给曲线可能会发生什么样的变化？

10. 在美国金融危机的余波中，劳动力流动显著减少，如果这会影响到自然失业率，那会怎么样呢？

11. 当总产出低于产出的自然率水平时，如果总需求曲线保持不变，通货膨胀率随时间会发生什么变化？为什么？

12. 假设公众相信一个新发布的反通货膨胀计划会起作用并且由此降低了对未来通货膨胀的预期，短期内总产出和通货膨胀率会发生什么变化？

13. 如果在其他因素不变的前提下，失业率高于自然失业率会对通货膨胀和产出带来什么影响？

14. 政府税收减少对通货膨胀和产出在短期与长期内会分别带来什么影响？

15. 是什么因素导致 20 世纪 90 年代失业率和通货膨胀率的下降？

16. 如果滞胀（高通货膨胀和高失业）是不好的，那么是否意味着低通货膨胀和低失业率是好的？

17. 为什么美联储在 20 世纪 80 年代初期推行固有的经济衰退政策？

18. 沃尔克的反通货膨胀政策从哪种角度可以被视为成功，从哪种角度可以被视为失败？

19. 为什么中国比美国和英国在 2007～2009 年金融危机中的境遇要好得多？

应用题

20. 用一张总供求表来描述以下因素对短期和长期产生的影响：

A. 暂时性的负向供给冲击；

B. 永久性的负向供给冲击。

21. 假设总统使国会通过了关于鼓励研发新技术的投资。假设这项政策对于美国经济来说会带来生产力上有利的变化，用总供求分析来预测对通货膨胀和产出的影响。用图来证明这些影响。

22. 国会收到一些提案，它们主张在全美范围内实施销售税。请预测这一税收政策会对总需求和总供给曲线以及总产出和通货膨胀水平产生怎样的影响。用包含总需求曲线的图来证明这些影响。

23. 假设相对于产出的下降和失业率的上升，通货膨胀率保持不变。运用总供求曲线的图来证明这种情形是可能存在的。

24. 对下列事项进行分类，判断它们是属于供给冲击还是需求冲击。用图表示这些因素对通货膨胀和产出在长期与短期产生的影响。

a. 金融摩擦增加；

b. 家庭和企业对经济更加乐观；

c. 美国中西部有利的天气条件使玉米和小麦产量破纪录；

d. 汽车工人罢工 4 个月。

25. 2017 年，一些联邦政府官员讨论过通过提高利率来降低有可能增加的预期通货膨胀的可行性。如果公众认为未来通货膨胀率会更高，会对短期总供给曲线产生什么样的影响？运用总供求曲线的图来证明你的观点。

数据分析题

1. 登录圣路易斯联邦储备银行 FRED 数据库，找到实际政府支出的数据（GCEC1）、实际GDP（GDPC1）、税收（W006RC1Q027SBEA）以及物价水平的指标个人消费支出物价指数（PCECTPI）。下载所有的数据到表格中，把税收数据序列转换成实际税收。为了达到效果，对于每一季度，把税收除以物价指数，然后乘以 100。

a. 利用可以获得的数据计算最近 4 个季度实际 GDP 的变化水平和之前 4 个季度的变化水平。

b. 利用可以获得的数据计算最近 4 个季度的政府支出和实际税收的变化水平，以及之前 4 个季度的变化水平。

c. 你得出的结果和你预期的一致吗？你得出的 b 中的答案能解释 a 中的结果吗？请用 IS 和 AD 曲线解释原因。

2. 登录圣路易斯联邦储备银行 FRED 数据库，找到物价水平的指标个人消费支出的物价指数

（PCECTPI）、实际每小时消费（COMPRNFB）、工人生产率的指标非农企业部门每小时实际产出（OPHNFB）、每桶油价（MCOILWTICO）以及密歇根大学的通货膨胀期望调查（MICH）。使用频率设置将油价和通货膨胀预期数据转换成季度单位，将物价指数转换成每年变化百分比。把所有数据下载到表格中，把赔偿金和生产率的测度转换成单独的指标。为了达到目的，对于每一季度，将赔偿金数字减去生产率的数字。我们把这个差值称作"高于生产率的净工资"。

a. 用可以获得的数据计算最近 4 个季度以及之前 4 个季度的通货膨胀率变化。

b. 用可以获得的数据计算最近 4 个季度以及之前 4 个季度高于生产率的净工资、油价和通货膨胀预期的变化。

c. 你得到的结果和预期的一致吗？你得出的 b 中的答案能解释 a 中的结果吗？请用短期总供给曲线解释原因。

网络练习

1. 2007～2009 年金融危机让美国陷入了自第二次世界大战结束后最糟糕的衰退之中，失业率

上升到 10% 以上，访问 http://research.stlouisfed.org/fred2/，单击 ID 序列链接"UNRATE"（公

民失业率)。失业率和图 23-16 中上一次更新的数据相比有什么变化?

2. 在 2014 年 4 月 20 日发表言论后,联邦公开市场委员会表明"通货膨胀率略低于 2%"。访问 http://research.stlouisfed.org/fred2/,单击 ID 序列"CPIAUCSL"(所有城市消费者的消费者物价指数),然后单击"每年变化率"链接,通货膨胀率和图 23-16 中上一次更新的数据相比有什么变化?

网络参考

http://www.bls.gov 美国劳工统计局提供失业和物价数据的主页。

http://research.stlouisfed.org/fred2/ 圣路易斯美联储银行提供美国经济数据库的网站。

附录 23A　　菲利普斯曲线和短期总供给曲线

附录部分首先主要讨论菲利普斯曲线,菲利普斯曲线主要用来描述失业和通货膨胀之间的关系,然后讨论如何由这二者之间的关系推导出本章中所呈现的短期总供给曲线。

23A.1　菲利普斯曲线

1958 年,新西兰经济学家菲利普斯(A. W. Phillips)发表了一篇非常著名的学术论文,检验了英国失业和工资增长之间的关系。[⊖] 对于 1861 ~ 1957 年这段时间,他发现失业率较低的时候往往伴随着工资的快速增长。其他经济学家很快也在其他国家发现了这两者之间的关系,因为通货膨胀比工资更常成为宏观经济研究的核心问题,随后这些经济学家研究了失业和通货膨胀之间的关系。自然地,他们将众多国家都存在的失业和通货膨胀之间的负相关关系用菲利普斯曲线来表示。

菲利普斯曲线的观点很直观。当劳动力市场紧张时,也就是当失业率较低时,公司可能很难雇用到合格的员工,许多公司甚至很难留住它们现有的员工。因为劳动力市场上工人短缺,公司会提高工资来吸引雇员并以更快的速度来提高产品价格。

23A.1.1　20 世纪 60 年代的菲利普斯曲线分析

工资上涨直接推动了全面的通货膨胀,20 世纪 60 年代菲利普斯曲线成为研究通货膨胀波动的十分流行的模型,因为它看起来很贴合数据。图 23A-1a 展现了美国通货膨胀率和失业率在 1950 ~ 1969 年的散点图。从图中我们可以看出,失业和通货膨胀之间存在着非常清晰的负相关关系。通过这一期间的菲利普斯曲线似乎可以推导出失业和通货膨胀之间存在着一种长期折中,即政策制定者可以一直选择会带来更高通货膨胀以及更低失业率的政策。这种很明显的折中在 20 世纪 60 年代的政治圈很流行,正如我们在参考资料专栏"20 世纪 60 年代菲利普斯曲线折中和宏观政策"中看到的一样。

⊖　A. W. Phillips, "The Relationship Between Unemployment and the Rate of Change of Money Wages in the United Kingdom, 1861-1957," *Economica* 25(November 1958):283-299.

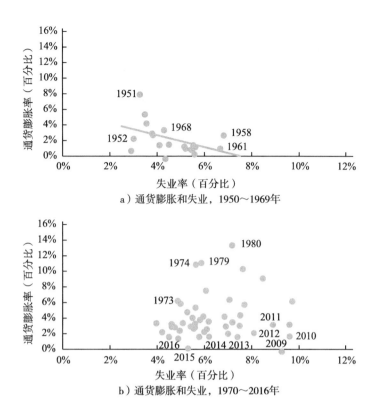

图 23A-1　美国的通货膨胀和失业（1950～1969 年和 1970～2016 年）

注：图 23A-1a 中 1950～1969 年的通货膨胀率与失业率的关系显示了更高的通货膨胀率和更低的失业率紧密相关。

图 23A-1b 揭示了在 1970 年后，通货膨胀率和失业率之间这种负相关的关系就消失了。

资料来源：Federal Reserve Bank of St.Louis, FRED database: https://fred.stlouisfed.org/series/UNRATE;https://fred. stlouisfed.org/series/CPIAUCSL.

参考资料　**20 世纪 60 年代菲利普斯曲线折中和宏观政策**

1960 年，保罗·萨缪尔森和罗伯特·索洛发布了一篇关于货币政策制定者如何利用菲利普斯曲线折中的文章。货币政策制定者可以在两个相互对抗的目标（通货膨胀率和失业率）中进行选择，并决定在获取一个更低的失业率的同时，他愿意接受多高的通货膨胀率。[⊖] 的确，萨缪尔森和索洛陈述了货币政策制定者应该达到非完美主义的目标，即 3% 的失业率和他们可以容忍的 4%～5% 的年通货膨胀率。这种想法被肯尼迪当局和之后的约翰逊政府所采纳，在 20 世纪 60 年代中期，为经济得到有效刺激以及把失业率降低到很低的水平上做出了贡献。起初，这些政策看起来很成功，因为随后的高通货膨胀率伴随着低失业率。然而，好景不长，从 60 年代末到整个 70 年代，通货膨胀加速，失业率持久保持高水平。

⊖ Paul A. Samuelson and Robert M.Solow, " Analytical Aspects of Anti-Inflation Policy," *American Economic Review* 50 (May 1960, Papers and Proceedings):177-194.

23A.1.2 弗里德曼－菲尔普斯的菲利普斯曲线分析

1967 年和 1968 年，诺贝尔奖得主米尔顿·弗里德曼和埃德蒙德·菲尔普斯指出了菲利普斯曲线中一个严重的理论缺陷。[一] 菲利普斯曲线分析认为工人和公司在意的是名义工资与事实不一致，他们在意的是实际工资，即工资实际上所能够购买的产品和服务，而不是名义工资。因此，当工人和公司预期价格水平上涨的时候，他们会上调名义工资，这样实际工资并没有增长。换言之，随着预期通货膨胀率的上升，工资和总体通货膨胀率相对应地增长，劳动力市场的松紧也是如此。另外，弗里德曼－菲尔普斯的分析认为如果所有的工资和价格都是灵活变动的，那么从长期来看经济会达到这样一种失业水平，即自然失业率。[二] 自然失业率是指充分就业下的失业率，即使工资和价格可以灵活变动，失业仍然会存在。

弗里德曼－菲尔普斯推理总结的菲利普斯曲线可以写成如下形式

$$\pi = \pi^e - \omega(U - U_n) \qquad (23A\text{-}1)$$

式中 π ——通货膨胀；

π^e ——预期通货膨胀；

U ——失业率；

U_n ——自然失业率；

ω ——通货膨胀对 $U - U_n$ 的敏感程度。

π^e 解释为什么式（23A-1）也被称为附加预期因素的菲利普斯曲线，它表示通货膨胀与失业率和失业率的自然水平之间的差异（$U - U_n$）呈负相关，（$U - U_n$）是衡量劳动力市场松紧的一个指标，即失业缺口。

弗里德曼和菲尔普斯论证认为，附加预期的菲利普斯曲线表明长期来看失业率会等于自然水平下的失业率。也就是认为，预期通货膨胀会不断靠近实际通货膨胀，因此式（23A-1）中的 U 一定会等于 U_n。

弗里德曼－菲尔普斯附加预期因素的菲利普斯曲线显示在长期不存在失业和通货膨胀的折中。为了表明这点，图 23A-2 用 PC_1 表示附加预期的菲利普斯曲线，给定通货膨胀率为 2%，自然失业率为 5%（PC_1 穿过点 1，因为式（23A-1）显示当 $\pi = \pi^e = 2\%$ 时，$U = U_n = 5\%$，曲线斜率为 $-\omega$）。假设经济一开始处于点 1，此时失业率水平位于其自然水平 5%，然而之后政府政策刺激经济导致失业率下降至 4%，低于自然失业率。经济会沿着 PC_1 移至点 2，通货膨胀率会从 2% 升至 3.5%。预期通货膨胀也会上升，附加预期的菲利普斯曲线会从 PC_1 移至 PC_2。政府持续刺激经济的努力会使失业率保持在低于自然水平的 4%，也会导致实际和预期通货膨胀率继续上升，附加预期的菲利普斯曲线继续上移。

那么，什么时候附加预期的菲利普斯曲线会停止上升呢？只有当失业率回到其自然水平，即 $U = U_n = 5\%$ 时。假设当通货膨胀率为 10% 时这种情况才会发生，那么此时预期通货膨胀率也会是 10%，因为通货膨胀率已经固定在那个水平上了，如图 23A-2 附加预期的菲利普斯曲线现在为 PC_3。经济现在处于点 4，此时 $\pi = \pi^e = 10\%$，而失业率为其自然水平 $U = U_n = 5\%$。因此我们看到在长期中，当附加预期的菲利普斯曲线停止移动，经济会在点 1 和点 4 这样的点上。连接这些点的线就是长期菲利普斯曲线，我们在图 23A-2 中标记为 $LRPC$。

[一] 费里德曼在 1967 年美国经济组织的就职演讲中对菲利普斯曲线做出了批评，参见 Milton Friedman, "The Role of Monetary Policy," *American Economic Review* 58(1968):1-17. 菲尔普斯修正了菲利普斯曲线，"Money-Wage Dynamics and Labor-Market Equilibrium," *Journal of Political Economy* 76 (July/August 1968, Part 2):687-711.

[二] 正如我们在第 19 章中讨论过的，总会存在失业，不论是摩擦性失业（正在找工作的时期的失业）还是结构性失业（技能和职位的错配导致的失业，是劳动力市场的结构性特征）。因此即使工资和物价具有弹性，自然失业率也会大于零。

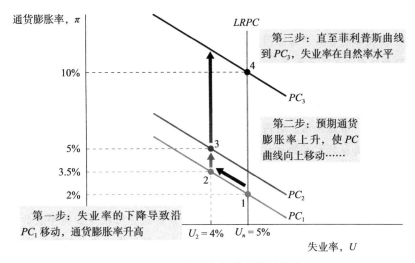

图 23A-2　短期和长期菲利普斯曲线

注：考虑预期的菲利普斯曲线是下斜的，因为在任一预期通货膨胀水平下，低的失业率会导致更高的通货膨胀率。
如果经济发生变化，由于失业率的下降，沿着 PC_1 线从点 1 移到点 2 的位置，通货膨胀率上升。如果失业率维
持在 4% 左右，通货膨胀率将会进一步上升，短期考虑预期的菲利普斯曲线向上移动到 PC_2，到达点 3 的位置。
最终，经济到达点 4 的位置时，$\pi^e = \pi = 10\%$，考虑预期的菲利普斯曲线 PC_3 停止移动，因为失业率在自然失业
率的水平。穿过点 1 和点 4 的直线就是长期菲利普斯曲线 LRPC，反映出在任意通货膨胀率的条件下，长期失
业率在自然失业率的水平上。

由图 23A-2 我们得出如下三个重要结论：

（1）失业和通货膨胀在长期没有折中。正
如垂直的长期菲利普斯曲线所示，更高的长期
通货膨胀率并不能带来更低的失业率。

（2）失业和通货膨胀在短期可以折中。在
一个给定的预期通货膨胀率下，政策制定者可
以以一个更高的通货膨胀率为代价来换取更低
的失业率，如图 23A-2 中点 2 所示。

（3）有两种类型的菲利普斯曲线：短期
和长期。附加预期的菲利普斯曲线 PC_1、PC_2、
PC_3 实际上都是短期菲利普斯曲线：它们是在
给定预期通货膨胀之下画出的，并且会随着失
业率偏离自然水平所造成的通货膨胀和预期通
货膨胀的变化而发生移动。

23A.1.3　20 世纪 60 年代以后的菲
利普斯曲线

如图 23A-2 所示，当失业率一直保持低于
自然水平时，附加预期的菲利普斯曲线所表明
的失业和通货膨胀之间的负相关是失效的。这

种对弗里德曼-菲尔普斯附加预期因素的菲利
普斯曲线的预测结果被证实是完全正确的。如
图 23A-1b 所示，从 20 世纪 70 年代开始，在结
束了一段失业率非常低的时期之后，失业和通
货膨胀之间的负相关在 20 世纪五六十年代过后
几乎消失不见。这并不出人意料，因为这是弗
里德曼和菲尔普斯的工作成果，他们两位都是
诺贝尔经济学奖获得者。

23A.1.4　现代菲利普斯曲线

通货膨胀率随着 1973～1979 年石油价格
的上涨急剧上升（见图 23A-1b），菲利普斯曲线
理论学家认识到他们必须在附加预期因素的菲
利普斯曲线中再加入一个因素。供给冲击是指
那些使用同样数量资本和劳动力却能带来产出
变化的经济行为。这些供给冲击转化为通货膨
胀冲击，通货膨胀的变化独立于劳动力市场的
松紧或是预期通货膨胀。比如，当石油供给由
于 1973 年阿拉伯国家和以色列之间的战争而受
到限制时，石油价格上涨了 4 倍多，企业必须

提高价格以反映它们生产成本的上升，因此带来了通货膨胀。现代菲利普斯曲线在附加预期因素的菲利普斯曲线中加入了 ρ 因素

$$\pi = \pi^e - \omega (U - U_n) + \rho \qquad (23A\text{-}2)$$

现代短期菲利普斯曲线表明工资和价格是具有黏性的。工资和价格越灵活，这两者以及通货膨胀对失业率偏离自然水平的反应程度越大。因此，工资和价格越灵活，ω 的绝对值越大，反过来说就是短期菲利普斯曲线越陡峭。如果工资和价格完全灵活变动，ω 就会变得足够大使得短期菲利普斯曲线垂直并与长期菲利普斯曲线重合。在这种情况下，无论长期还是短期，失业和通货膨胀之间都不存在折中。

23A.1.5 自适应性（后向）预期的现代菲利普斯曲线

为了使我们对菲利普斯曲线的分析更加完整，我们需要理解公司和家庭是怎样对通货膨胀形成预期的。一个简单的模型可以假设它们依据的是过去通货膨胀

$$\pi^e = \pi_{-1}$$

式中 π_{-1}——前一期的通货膨胀率。

因为预期是依据之前的时期而形成的并且随时间变化缓慢，所以这种形式的预期被称为自适应性预期或是后向预期。[⊖] 把式（23A-2）中的 π^e 换成 π_{-1}，我们可以获得以下短期菲利普斯曲线

$$\pi = \pi_{-1} - \omega (U - U_n) + \rho \qquad (23A\text{-}3)$$

通货膨胀 ＝ 预期通货膨胀 $-\omega \times$

失业缺口 ＋ 通货膨胀的冲击

这种形式的菲利普斯曲线比起式（23A-2）中的一般形式有两个优势：第一，它用非常简单的数学形式，便于使用。第二，它提供了两个额外的现实因素来解释为什么通货膨胀具有黏性。一个原因是通货膨胀预期随通货膨胀率

的变化调整很慢，所以通货膨胀预期是黏性的，这会导致一些通货膨胀黏性。另一个原因是菲利普斯曲线公式中之前的通货膨胀可以反映这样一个事实：一些工资和价格合同可能是后向的，也就是说与过去的通货膨胀密切相关，因此短期内通货膨胀可能无法完全适应通货膨胀预期的变化。

然而，式（23A-3）给出的自适应预期的菲利普斯曲线形式存在另一个重要的缺点：关于预期通货膨胀是如何形成的观点非常呆板。关于预期形成的许多复杂分析对于宏观经济政策的运用有着重要的实际意义。一开始，我们将运用简单的自适应预期菲利普斯曲线，请牢记 π_{-1} 代表的是预期通货膨胀。

还有一种更便捷的方式来看待自适应预期菲利普斯曲线。在式（23A-3）的两边同时减去 π_{-1}，我们可以得出

$$\Delta \pi = \pi - \pi_{-1} = -\omega (U - U_n) + \rho \qquad (23A\text{-}4)$$

菲利普斯曲线写成这种形式后，我们可以看出负的失业缺口（劳动力市场紧缩）会导致通货膨胀率上升或者加速膨胀。因此，式（23A-4）这种形式的菲利普斯曲线也通常被称为加速膨胀的菲利普斯曲线。在这个公式中，U_n 还有另一种解释。既然当失业率为 U_n 时通货膨胀停止加速（不再改变），那么我们可以称其为失业的非加速通货膨胀率，或者更常被称为 *NAIRU*。

23A.2 短期总供给曲线

为了完善我们的总供求模型，我们需要运用对菲利普斯曲线的分析来推导短期总供给曲线，短期总供给曲线能表示出公司愿意生产的总量和通货膨胀率之间的关系。

我们可以通过把失业缺口（$U - U_n$）换成产

⊖ 一种关于预期的现代方法使用了理性预期（rational expectations）的概念，预期由所有的可得信息综合得到，因此可以对新的信息做出迅速的反应。我们将在附加章节"预期在货币政策中的角色"（相关网址为：www.pearsoned.com/mylab/economics）中讨论理性预期和它们在宏观经济分析中的角色。

出缺口（产出和潜在产出的差，$Y-Y^P$），将现代菲利普斯曲线转化为短期总供给曲线。为了达成这一目的，我们需要利用失业率和总产出之间的关系，这两者之间的关系是利用了经济学家奥肯的成果。奥肯曾是经济顾问委员会的主席，后来成为布鲁金斯学会的一名经济学家。[⊖]

奥肯定律（Okun's law）描述了失业缺口和产出缺口之间的负相关关系。

1. 奥肯定律

奥肯定律如图 23A-3 所示，在散点图中横轴为产出缺口，纵轴为失业缺口。这两个变量之间存在着十分紧密的负相关关系。当产出超过潜在水平时，产出缺口为正，失业率低于其自然水平，失业缺口为负，图 23A-3 中穿过散点的线描述了这两者之间的负相关关系，可以用公式表述如下[⊖]

$$U-U_n = -0.5 \times (Y-Y^P) \qquad (23A\text{-}5)$$

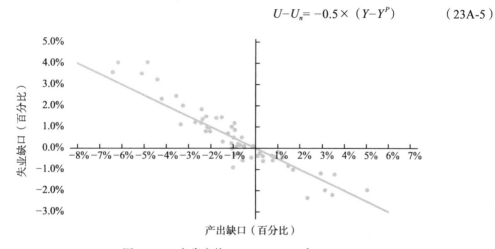

图 23A-3　奥肯定律，1960 ～ 2016 年

注：图 23A-3 揭示了失业缺口和产出缺口的线性关系，用固定斜率为 -0.5 的直线表示。

资料来源：Federal Reserve Bank of St. Louis, FRED database: http://fred.stlouisfed.org/series/UNRATE; https://fred.stlouisfed.org/series/GDPC1; https://fred.stlouisfed.org/series/GDPPOT.

因此，奥肯定律表明产出每高于潜在水平 1 个百分点，失业率比自然水平要低 0.5 个百分点。相应地，失业率比自然水平每高出 1 个百分点，产出比潜在水平要低 2 个百分点。

另一种理解奥肯定律的方法是，产出每上升 1 个百分点会带来 0.5 个百分点失业率的下降。[⊜]为什么失业率的下降只有产出上升的一半呢？当产出上升时，企业并不随着产出的增

⊖　Arthur M. Okun, "Potential GNP: Its Measurement and Significance," in *Proceeding of the Business and Economics Section*: *American Statistical Association* (Washingtion, D.C:American Statistical Association, 1962), pp.98-103; reprinted in Arthur M. Okun, *The Political Economy of Prosperity* (Washingtion, D.C.: Brookings Institution, 1970), pp.132-145.

⊖　产出缺口 $Y-Y^P$ 在奥肯定律中被精确地用百分比表示，所以 Y 和 Y^P 的单位应该用对数形式表示。不过为了让代数更为简单，我们在奥肯定律等式和短期总供给曲线中将 Y 与 Y^P 直接视作数字而不是对数形式。

⊜　为了用代数方法分析奥肯定律，我们看式（23A-5），假设 U_n 维持不变（这是理性假设，因为自然失业率随着时间变化非常慢）。然后

$$\%\Delta U = -0.5 \times (\%\Delta Y - \%\Delta Y^P)$$

%Δ 指的是百分比的变化。因为潜在产出以一个非常稳定的比率增长，近似 3%，%Δ Y = 3%，所以我们也可以将奥肯定律写成 %Δ U = -0.5 × (%Δ Y - 3) 或者 %Δ Y = 3 - 2 × %Δ U。因此，我们可以说如此陈述奥肯定律：产出（实际 GDP）每升高 1%，失业率就下降 0.5%，即失业率每升高 1%，实际 GDP 下降 2%。

加相应的雇用，这种现象被称为劳动力囤积。取而代之，企业会加大员工的工作强度，增加员工的工作时间。此外，当经济增长时，因为就业前景更好使得更多的人进入就业市场，所以失业率并没有下降到和就业率上涨的一样多。

2. 推导短期总供给曲线

我们可以运用式（23A-5）中给出的奥肯定律来替换短期菲利普斯曲线［式（23A-2）］中的 $U-U_n$ 从而获得下式

$$\pi = \pi^e + 0.5\omega\,(Y-Y^P) + \rho$$

把 0.5ω 替换成 γ，γ 代表的是通货膨胀对产出缺口的敏感度，我们会得到如本章中式（23A-2）给出的短期总供给曲线

$$\pi = \pi^e + \gamma\,(Y-Y^P) + \rho$$

通货膨胀 = 预期通货膨胀 + γ
× 产出缺口 + 通货膨胀的冲击

第24章

货币政策理论

学习目标

1. 阐述并解释货币政策制定者面临总需求冲击、暂时性的供给冲击、永久性的供给冲击时的政策选择。
2. 了解政策过程中的时滞，并概括为什么它们会弱化积极性的政策的效果。
3. 解释为什么货币政策的制定者在长期能以通货膨胀率为目标，而不能以总产出水平为目标。
4. 确定通货膨胀的来源和货币政策在传播通货膨胀过程中的作用。
5. 解释货币政策制定者在零利率边界中面临的独特挑战，描述非传统性货币政策在这个条件下如何起作用。

|预览|

2007年9月～2008年12月，美联储降低了利率目标，将联邦基金利率从5.25%下调到0，之后的7年几乎都维持不变。为什么美联储如此激进地降低利率，然后维持如此低的利率呢？

宽松的货币政策能引发灾难性的通货膨胀吗？许多媒体评论员认为能。20世纪60年代初期通货膨胀率一直在1%～2%徘徊，然而在此之后更高且更不稳定的通货膨胀率开始困扰各国经济。到20世纪60年代末期，通货膨胀率已经升高到5%以上，到了1974年通货膨胀率更是达到两位数。1975～1978年通货膨胀率一度有所缓和，但之后的1979年和1980年，通货膨胀率又迅速上升到10%以上，随后在1982～1990年通货膨胀率逐渐降至5%，到90年代末期通货膨胀率进一步降至2%左右，但是2008年通货膨胀率又上升到5%以上。随后，通货膨胀率又降低到了2%以下。通货膨胀已经成为政治家和社会公众关注的焦点，如何更好地控制通货膨胀也一直是经济政策讨论的主要议题。

本章我们将运用第 23 章中的 *AD/AS* 分析框架，来发展货币政策理论。特别是明确货币政策在导致通货膨胀和在稳定经济中的角色。我们把这些理论应用到四个大问题中：稳定的通货膨胀可以稳定产出吗？应该采取主动性政策对经济波动采取激进的应对措施，还是消极的、非主动性政策呢？引起通货膨胀的根源是什么？当利率达到零的最低点时，货币政策是怎样起作用的？

24.1　货币政策对经济冲击的反应

正如我们在第 19 章中讨论过的，中央银行的首要目标是实现物价稳定，也就是说维持通货膨胀率 π，使之靠近 π^T，也就是**目标通货膨胀率**（inflation target，略微高于零）。很多中央银行将目标通货膨胀率设定在 1% ～ 3%。换句话说，中央银行通过货币政策寻求物价稳定，目的在于减小通货膨胀率和目标通货膨胀率的差额（$\pi-\pi^T$），这个差额被经济学家称为**通货膨胀缺口**（inflation gap）。

在第 19 章中，我们知道了中央银行也注重稳定经济这一目标。因为经济状况能被潜在产出所维持，所以我们也可以这样描述货币政策的目标：货币政策制定者想要总产出接近于潜在水平 Y^P，也就是中央银行想要减小总产出和潜在产出的差额（$Y-Y^P$），即产出缺口。在第 23 章对总需求和总供给的分析中，我们检验了三种经济冲击（需求冲击、暂时性的供给冲击、永久性的供给冲击）对通货膨胀和产出的影响。在这部分中，我们将会讨论中央银行在给定目标下，对每一种冲击的政策反应。在需求冲击和永久性的供给冲击中，政策制定者能同时满足物价稳定和经济平稳的目标。但在暂时性的供给冲击之后，政策制定者只能完成物价稳定和经济稳定其中的一个目标，并不能使两个目标同时达到。两者之间的权衡对具有双重使命的中央银行来说是个棘手的问题。

24.1.1　对总需求冲击的反应

我们下面开始讨论总需求冲击的影响，如图 24-1 所示。2007 年 8 月金融市场的崩溃增加了金融摩擦，导致消费者和企业的支出下降。在图 24-1 中，初始的经济状态用点 1 表示，产出是 Y^P，通货膨胀率是 π^T。负需求冲击会减小总需求，使 AD_1 向左移动到 AD_2。政策制定者能用两种可能的方法应对这种冲击。

1. 无政策应对

假如中央银行不采取应对措施，不改变货币政策的自主组成部分，总需求曲线将维持在 AD_2，经济均衡点移动到了 AS_1 和 AD_2 的交点。这里，总产出向下移动到 Y_2，低于潜在产出 Y^P，通货膨胀率下降到了 π_2，低于目标通货膨胀率 π^T。当通货膨胀率降低，产出低于潜在产出时，预期的通货膨胀率会下降，短期的总供给曲线会向右下方移动，直到移动到 AS_3 的位置，经济均衡点会移动到点 3 的位置。产出会回到潜在水平，通货膨胀率会下降到更低的水平 π_3。结果乍看起来令人满意：通货膨胀率更低，产出回到了潜在产出位置。但是一段时间内总产出会维持低于潜在点的水平，假如通货膨胀起初维持在目标水平，通货膨胀率的下降不是人们期望看到的，原因我们在第 12 章和第 19 章中讨论过。

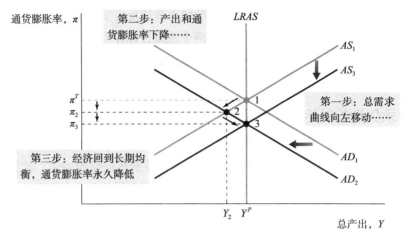

图 24-1　总需求冲击：无政策反应

注：总需求曲线从 AD_1 到 AD_2 的移动，使经济从点 1 移至点 2，总产出下降到 Y_2，通货膨胀率下降到 π_2。产出低于潜在产出水平，短期总供给曲线向下移动到 AS_3，经济移动到点 3 的位置，产出回到了 Y^P，通货膨胀率下降到 π_3。

2. 短期稳定经济和通货膨胀的政策

政策制定者短期内能同时消除产出缺口和通货膨胀缺口，目的在于提高总需求到初始的水平，让经济回归到冲击前的状态。中央银行通过自发的宽松型货币政策，在任意给定的通货膨胀率条件下下调实际利率。这种措施刺激了投资支出，提高了总产出在任意给定的通货膨胀率下的需求量，因此 AD 曲线向右移动。结果如图 24-2 所示，总需求曲线从 AD_2 回到了 AD_1 的位置，经济均衡点回到了点 1 的位置（美联储就是通过这些步骤降低了联邦基金利率，利率在 2007 年 9 月之后的 15 个月内从 5% 下降到 0.25%）。

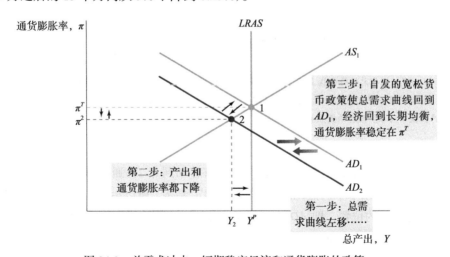

图 24-2　总需求冲击：短期稳定经济和通货膨胀的政策

注：总需求冲击使总需求曲线 AD_1 向左移动到 AD_2 的位置，经济从点 1 移至点 2，总产出下降到 Y_2，通货膨胀率下降到 π_2。在任意给定的通货膨胀率下，自发的宽松货币政策降低了实际利率，使 AD 曲线移动回 AD_1 位置。总产出回到了潜在产出点 1，通胀率回到目标水平。

根据我们对于货币政策的反应的分析，在总需求冲击的情况下，不需要权衡物价稳定和经济稳定这两个目标的冲突。以稳定物价为目标的货币政策反应实际上和以稳定经济为目标的货币政策反应是一样的。稳定物价和稳定经济这两个政策目标并不冲突,这样的政策效果被奥利维尔·布兰查德(国际货币基金组织的首席经济学家,曾在麻省理工学院任教)称为"**神圣的巧合**"(divine coincidence)。

24.1.2 对永久性的供给冲击的反应

我们在图 24-3 中阐述了永久性的供给冲击。初始经济位于点 1,总产出等于产出的自然率水平 Y_1^P,通货膨胀率为 π^T。假设经济遭受了一个永久性的负向供给冲击,监管的加强永久性地降低了潜在产出水平。潜在产出从 Y_1^P 降低到 Y_3^P,长期总供给曲线向左移动,从 $LRAS_1$ 移动到 $LRAS_3$。永久性的供给冲击引发了通货膨胀冲击,使短期总供给曲线向上移动从 AS_1 到 AS_2 的位置。对于这种永久性的供给冲击有两种可能的政策反应。

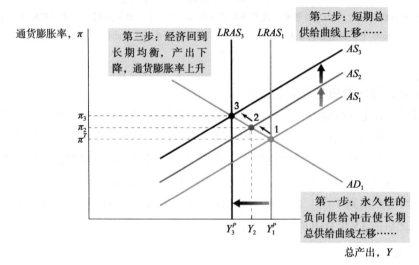

图 24-3 永久性的供给冲击:无政策反应

注:永久性的负向供给冲击将会减少潜在产出,产出点从 Y_1^P 降低到 Y_3^P,长期供给曲线向左移动,从 $LRAS_1$ 移动到 $LARS_3$。短期总供给曲线上移,从 AS_1 移动到 AS_2。经济移动到点 2,通货膨胀率提高到 π_2,产出下降到了 Y_2。因为产出水平仍然比潜在产出水平 Y_3^P 要高,所以短期的总供给曲线会继续移动直到到达 AS_3 的位置,此时产出缺口为零。经济均衡点移动到了点 3,但是通货膨胀率上升到了 π_3,产出下降到了 Y_3^P。

1. 无政策反应

假如政策制定者不改变自发的货币政策,经济移动到点 2,通货膨胀率提高到了 π_2,产出下降到了 Y_2,因为产出水平仍然比潜在产出水平 Y_3^P 要高,所以短期的总供给曲线会向左上方移动,直到到达 AS_3 的位置,即 AD_1 与 $LRAS_3$ 的交点。经济均衡点移动到了点 3,消除了产出缺口,但是通货膨胀率上升到了 π_3,产出降到了 Y_3^P。

2. 稳定通货膨胀的政策

根据图 24-4,货币当局能保持通货膨胀率在目标水平,因此能通过减少总需求稳定通货膨胀。政策目标是使总需求曲线左移到 AD_3,与长期总供给曲线 $LRAS_3$ 相交于目标通货膨胀率 π^T。为了使总需求曲线移动到 AD_3 的位置,货币当局通过在任意给定的通货膨胀率条件下提高利率,自发地紧缩货币政策。这样一来,投资支出下降,在任意通货膨胀率下总产出变得更低。经济均衡点移动到点 3 的位置，产出缺口为零，通货膨胀率为目标水平 π^T。

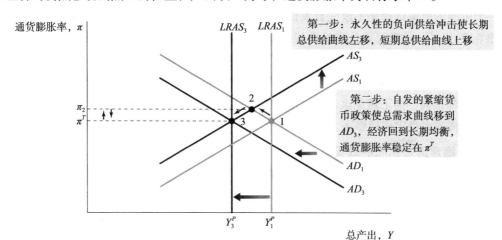

图 24-4 永久性的供给冲击：稳定通货膨胀的政策

注：永久性的负向供给冲击将会减少潜在产出，产出点从 Y_1^P 降低到 Y_3^P，长期总供给曲线向左移动，从 $LRAS_1$ 移动到 $LARS_3$。短期总供给曲线上移，从 AS_1 移动到 AS_3。自发的紧缩货币政策使总需求曲线会向左移动，直到到达 AD_3 的位置。经济均衡点移动到了点 3，但是通货膨胀率上升到 π_3。

另外，通货膨胀缺口为零导致了产出缺口也为零，通过稳定通货膨胀，政策反应也稳定了经济。当永久性的供给冲击发生时，"神圣的巧合"仍然是正确的：不需要权衡稳定通货膨胀和稳定经济的双重目标。

24.1.3 对暂时性的供给冲击的反应

假设供给冲击是暂时性的，举个例子，由于中东政治动荡或者飓风袭击了佛罗里达导致油价飙升，"神圣的巧合"并不能成立，所以政策制定者需要对稳定通货膨胀和稳定经济两者进行短期的权衡。为了阐述这个问题，我们在图 24-5 中假设初始经济点为 1，总产出在自然产出 Y^P 的位置，通货膨胀率是在 π^T 的位置。负向供给冲击，即油价上升让短期总供给曲线向左上方移动，从 AS_1 移动到 AS_2，维持长期总供给曲线不变，因为冲击是暂时性的。经济移动到点 2 的位置，通货膨胀率提高到 π_2 的位置，产出下降到 Y_2 的位置。政策制定者有以下三种可能应对的方法。

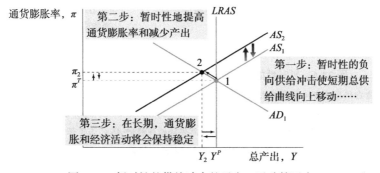

图 24-5 暂时性的供给冲击的反应：无政策反应

注：暂时性的负向供给冲击使短期总供给曲线 AS_1 上移到 AS_2，经济移动到点 2，通货膨胀率提高到 π_2，产出降到 Y_2。如果自发的货币政策不变，那么短期总供给曲线往回移动到右方，回到长期 AS_1 的位置，经济会移动回到点 1。

1. 无政策反应

一个可能的政策选择是不改变自发性的货币政策，这样总需求曲线不会移动。因为总产出小于潜在产出 Y^P。最终短期总供给曲线回到右下方 AS_1 的位置。经济均衡点会回到图 24-5 中的点 1，产出和通货膨胀缺口会分别接近各自的初始水平 Y^P 和 π^T。通货膨胀和经济随着时间的推移都会渐渐稳定。在我们长期等待的过程中，宏观经济会经历一段艰难的时期，产出减少，通货膨胀率却很高。为了避免这段低产出高通货膨胀的时期，货币政策制定者或许会在短期内尝试稳定经济或者稳定通货膨胀。

2. 短期稳定通货膨胀的政策

对于货币当局的第二种政策选择是短期内保持通货膨胀率在 π^T 的位置，通过自主的紧缩货币政策，在任意的通货膨胀率上提高实际利率。无论通货膨胀率是多少，这样做会引起投资支出和总需求下降，总需求曲线向左移动到 AD_3 的位置，与短期总供给曲线交于通货膨胀率为 π^T 的点，经济移动到点 3 的位置。因为产出在潜在产出点 3 的下方，短期总供给曲线会移回 AS_1。为了保持通货膨胀率在 π^T，货币当局会停止货币紧缩使短期总需求曲线移回到 AD_1，最终经济会移回点 1 的位置。

正如图 24-6 中所描述的那样，为了稳定通货膨胀，总产出短期内减少到了 Y_3，随着时间的推移，产出会回到潜在产出 Y^P 的位置。**对于暂时性的供给冲击采取的稳定通货膨胀政策，会导致总产出与潜在产出出现更大的偏差，所以这样的措施并不能稳定经济。**

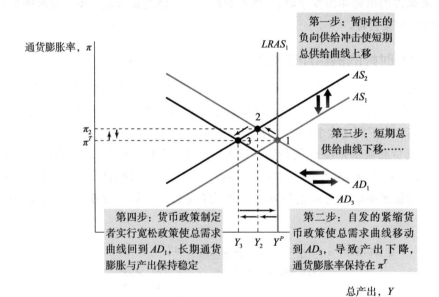

图 24-6 暂时性的供给冲击的反应：短期稳定通货膨胀的政策

注：暂时性的负向供给冲击使短期总供给曲线从 AS_1 移动到 AS_2，经济移动到点 2 位置，通货膨胀率上升到 π_2，产出下降到 Y_2。自发的紧缩货币政策总需求曲线向左移动到 AD_3 的位置，经济移动到点 3 的位置，通货膨胀率为 π^T。产出在点 3 位置，低于潜在产出水平，短期总供给曲线移回 AS_1。为了保持通货膨胀率 π^T 不变，自发的紧缩货币政策逆向变化，总需求曲线移回 AD_1，经济回到点 1 位置。

3. 短期稳定经济活动的政策

货币政策制定者稳定短期经济活动的第三种政策选择是扩大总需求。根据图 24-7 可以发现，扩大总需求的政策可以使总需求曲线右移到 AD_3，此时它与短期总供给曲线 AS_2 和长期总供给曲线 $LRAS$ 相交于点 3，为了达到这个结果，政策制定者需要在一个给定的通货膨胀水平下通过降低实际利率来实行宽松的货币政策。在点 3，产出缺口等于零，这也就说明该货币政策发挥了稳定经济活动的作用。然而该政策导致通货膨胀率由 π^T 上升到 π_3，这说明它并没有起到稳定通货膨胀的作用。**为了应对暂时的供给冲击，所做出的稳定经济活动的政策将会导致通货膨胀率与目标通货膨胀率出现更大的偏差，而没有达到稳定通货膨胀率的结果。**

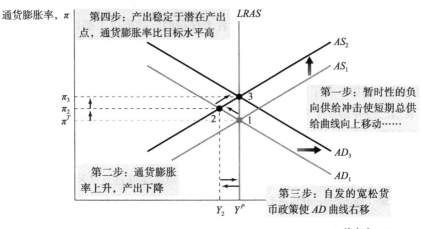

图 24-7　暂时性的供给冲击的反应：稳定短期产出

注：暂时性的负向供给冲击使短期总供给曲线从 AS_1 移动到 AS_2，经济移动到点 2 位置，通货膨胀率上升到 π_2，产出下降到 Y_2。为了稳定产出，自发的货币政策宽松使总需求曲线向右移动到 AD_3 的位置。在点 3 位置，货币政策措施稳定了经济活动，通货膨胀率为 π_3，大于目标通货膨胀率 π^T 水平。

24.1.4　底线：稳定通货膨胀和稳定经济活动的关系

我们可以从我们的分析中得出以下结论：

（1）如果大多数对经济的冲击是总需求冲击或者永久性的总供给冲击，那么稳定通货膨胀的政策也会稳定经济活动，即使是在短期。

（2）如果暂时性的供给冲击是最常见的冲击类型，那么短期内中央银行必须在稳定通货膨胀和稳定经济这两个目标中做出选择。

24.2　政策制定者怎样主动地稳定经济活动

所有的经济学家都有类似的政策目标——促进高就业和保持物价稳定，然而在政策如何实施方面他们却有着不同的观点。假设政策制定者面对这样一种经济环境，高失业率是负的需求或供给冲击减少了总产出造成的后果。**非相机抉择政策的支持者**（nonactivists）认为工资和价格是非常具有弹性的，自我调节机制的作用过程十分迅速。他们认为短期总供给曲线会迅速地向下移动，迅速回到完全就业的经济状态。因此他们相信政府为了消除失业采取的行为是不必要的。许多**相机抉择政策的支持者**（activists）是凯恩斯的追随者，因此被称作**凯恩斯主义学派**（Keynesians），他们认为，由于工资和价格具有黏性，所以自我调节机制（即对工资和价格进行调整）是一个非常缓慢的工作机制。因此他们相信经济会经历一个非常长的时期来达到长期的效果，他们信仰凯恩斯的格言："长期来看，我们都会死去。"相机抉择政策的支持者因此相信政府有必要在出现较高失业率的情况下，实施积极的政策来提高总需求和消除高失业率。

时滞和政策实施

如果政策制定者能够立刻移动总需求曲线，那么相机抉择政策能让经济立刻到达完全就业水平，正如我们在前一部分中所看到的那样。但是几种类型时滞的存在使得这种变化难以迅速实现，并且这几种时滞在货币政策和财政政策的时间长度上有所不同。

（1）**数据时滞**（data lag）是指政策制定者为获得经济数据以了解经济运行情况所花费的时间。例如，通常在每个季度过去几个月后才能获得有关国内生产总值的精确数据。

（2）**认识时滞**（recognition lag）是指政策制定者为确定经济数据所反映的未来经济发展趋势所花费的时间。例如，为了减少误差，国民经济研究局（官方发布经济周期的私营机构）至少要在确定衰退已经开始6个月以后，才正式宣布经济处于衰退之中。

（3）**立法时滞**（legislative lag）是指通过立法程序获准执行某项特定政策所花费的时间。降低利率等大多数货币政策行为不会有立法时滞，但这一时滞对财政政策的实施非常重要，改变税收和政府支出的政策有时会需要6个月至1年的时间才能通过立法程序获准执行。

（4）**执行时滞**（implementation lag）是指政策制定者决定执行新的政策，因此改变政策工具所花费的时间。同样，这种时滞对货币政策的执行并不重要，因为美联储可以立刻改变其政策利率，但是它对财政政策的执行更为重要，例如改变政府部门的支出习惯需要时间，而改变税目表也颇费周折。

（5）**作用时滞**（effectiveness lag）是指一项政策对经济产生实际影响所花费的时间。政策的作用时滞是漫长（通常需要1年或者更长）且不确定的（即时滞的长度存在很大的不确定性）。

这些时滞的存在让政策制定者的工作更难进行，因此削弱了相机抉择主义的理论。当失业率很高的时候，相机抉择政策目的在于让总需求曲线向右方移动，让经济达到完全就业状态，但是最后不一定能达到预期的效果。的确，如果上述的政策时滞时间很长，在总需求曲线向右移动之前，自我调节机制也许就让经济回到了完全就业的状态。然后，当相机抉择政策开始实施的时候，也许会引起产出移动到潜在产出上方，导致通货膨胀率提高。当政策时滞比自我调节机制的作用时间长的时候，非相机抉择政策也许会产生较好的效果。

当奥巴马政府在2009年早期执政时期号召财政刺激计划时，相机抉择政策的支持者和反对者的争论开始被重视（见参考资料专栏"对于奥巴马财政刺激计划，相机抉择政策的支持者和非相机抉择政策的支持者的争论"）。

参考资料 **对于奥巴马财政刺激计划，相机抉择政策的支持者和非相机抉择政策的支持者的争论**

当美国总统奥巴马在2009年1月上任的时候，他面临着非常严重的衰退问题，失业率在7%以上并且增长十分迅速。尽管货币政策制定者已经激进地使用货币政策来稳定经济（参考第12章和第18章），许多相机抉择政策的支持者认为政府应该加大实行财政刺激计划。他们认为如果没有财政刺激，货币政策将不能把总需求增加到完全就业水平，因为货币政策已经将联邦基金利率降低到接近于零的利率上，以致不能够继续降低名义利率。另外，非相机抉择政策的支持者反对财政刺激计划，他们认为财政刺激需要很长时间才能起作用，因为存在长时间的执行时滞。他们警告说如果经济已经恢复正常后，财政刺激突然起作用，结果只会增加通货膨胀率和经济活动的波动。

经济学界对财政刺激政策的可行性产生了分歧。大约 200 个经济学家联名签字写了一份请愿书反对财政刺激，请愿书被发表在 2009 年 1 月 28 日的《华尔街时报》和《纽约时报》上。同样一份由 200 位经济学家联名签字的反对请愿书在 2 月 8 日被递交给了美国国会。奥巴马站到了相机抉择主义这边，提出了 2009 年《美国经济复苏与再投资法案》，随后 7 870 亿美元的财政刺激计划在 2009 年 2 月 13 日被国会通过。在白宫，支持刺激计划的票数以 244 超过了反对的 188 票，反对票中有 177 人是共和党派、11 人是民主党派。在议员中，投票结果为 61:37，其中支持者包含所有的 58 名民主党派人士、3 名共和党派人士。甚至在后来，2009 年的财政政策刺激计划的价值仍然被激烈地讨论，一些人认为它促进了经济的稳定，而另一些人认为它并不是那么有效。

24.3 通货膨胀：无论何时何地都是一种货币现象

米尔顿·弗里德曼因为他的论断"通货膨胀无论何时何地都是一种货币现象"而著名。总需求和总供给分析支持了这个结论，证明了货币政策制定者能够设定任意的长期目标通货膨胀率，通过自主的货币政策使总需求曲线移动。为了方便阐述，我们看看图 24-8，经济在点 1 的位置，总产出在潜在产出 Y^P，通货膨胀率在初始目标通货膨胀率 π_1^T 的水平。

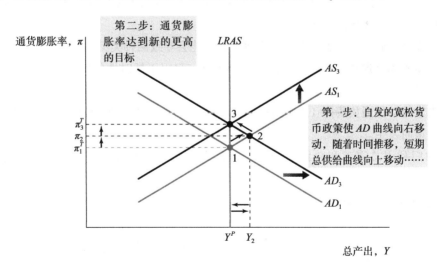

图 24-8 目标通货膨胀率的上升

注：为了将通货膨胀目标提高到 π_3^T，在任意给定的通货膨胀率水平下，中央银行采取自发的宽松货币政策来降低实际利率，因此使总需求曲线向右移动到 AD_3。经济移动到点 2 位置，短期总供给曲线向左上方移动，最终停在 AS_3。然后经济移动到点 3 位置，产出缺口为零，通货膨胀率为 π_3^T。

假设中央银行认为通货膨胀率目标太低，选择提高通货膨胀率到 π_3^T。中央银行在任意给定的通货膨胀率下通过自主的宽松货币政策降低实际利率，因此增加了投资支出和总需求。在

图 24-8 中，总需求曲线移动到了 AD_3 的位置。然后经济平衡点移动到点 2——AD_3 和 AS_1 的交点，因此通货膨胀率提高到了 π_2。因为总产出是在潜在产出的上方，$Y_2 > Y^P$，短期总供给曲线向左上方移动，最终到达 AS_3。经济移动到点 3 的位置，通货膨胀率在较高的 π_3^T 水平，产出缺口降为零。

图 24-8 的分析有以下关键点：

（1）货币当局能通过自主的货币调节，以任意长期的通货膨胀率为目标。

（2）潜在产出和长期总产出是独立于货币政策的。

24.4 通货膨胀型货币政策的根源

如果所有人都认为高通货膨胀不利于一国经济发展，为什么我们还会看到那么多的高通货膨胀？政府为什么会采取通货膨胀性货币政策呢？我们知道，从长远来看，货币当局可以设定通货膨胀率。那么政府一定是为了保证其他目标的实现，才会最终造成过度扩张的货币政策和高通货膨胀的结果。在这一部分中，我们将考察那些成为诱发通货膨胀最普遍原因的政府政策。

高就业率目标与通货膨胀

大多数政府追求的一个重要目标是高就业，而这往往会导致高通货膨胀。依照美国法律（1946 年的《就业法》和 1978 年的《汉弗莱－霍金斯法案》）的规定，美国政府有提高就业水平的义务。尽管以上两个法案都要求政府承担相应义务，以保证在物价稳定的条件下实现高就业，但在实践中美国政府和美联储通常单纯追求高就业目标，而不大考虑这些政策所造成的通货膨胀的后果。特别是 20 世纪 60 年代中期和 70 年代，为了保持稳定的失业率，美国政府和美联储开始采取更为积极的政策。

政府为提高就业率而积极采取的稳定政策，可能会导致两种类型的通货膨胀：

（1）**成本推动型通货膨胀**（cost-push inflation），起因于暂时性的负向供给冲击或工人要求提高工资水平，且提高幅度超过生产力增长的合理范围。

（2）**需求拉动型通货膨胀**（demand-pull inflation），它通常会在政策制定者采取使总需求曲线右移的政策时发生。

下面我们利用总需求和总供给分析来考察高就业目标如何导致这两种类型的通货膨胀发生。

1. 成本推动型通货膨胀

在图 24-9 中，初始经济位于点 1，即总需求曲线 AD_1 与短期总供给曲线 AS_1 的交点。假设工人成功要求提高工资，这可能是因为工人希望把实际工资水平（以他们可以购买的商品和服务来计算的工资）提高到生产力提高的合理水平上，也可能是由于工人预期通货膨胀率将会提高，因此希望工资的增长跟上通货膨胀率上升的步伐。这种成本推动冲击（与暂时性的负向供给冲击类似）提高了通货膨胀率，并使得短期总供给曲线左移至 AS_2。如果中央银行没有采取措施去改变利率水平的均衡点，且货币政策保持不变，经济将会移至点 2′，即新的短期总供给曲线 AS_2 与总需求曲线 AD_1 的交点。此时的总产出水平降至 Y'，低于产出的自然率水平，通货膨胀率则升至 $\pi_{2'}$ 水平，导致失业率提高。

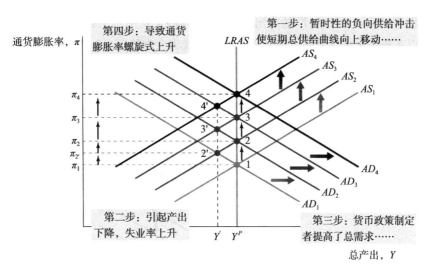

图 24-9　成本推动型通货膨胀

注：成本推动型冲击（类似于暂时性的负向供给冲击）让短期总供给曲线向左上方移动到 AS_2，经济移动到点 2′。为了维持总产出在 Y^P，降低失业率，政策制定者使总需求曲线移动到 AD_2，经济会迅速回到潜在产出点 2，通货膨胀率为 π_2。进一步的短期总供给曲线向左上方移动至 AS_3 或者更上方的位置，导致政策制定者继续提高总需求，引起持续上升的通货膨胀，即成本推动型通货膨胀。

　　相反，以高就业率为目标的政策制定者会提高总需求，例如减税、提高政府购买、自主地实行宽松货币政策。这些政策会使图 24-9 中的总需求曲线移动到 AD_2，迅速地使经济回到潜在产出点 2，通货膨胀率提高到 π_2。工人最终会得到好处，不仅工资提高了，还获得了政府对失业的保护。

　　尝到了甜头的工人也许会故伎重施，以期得到更高的工资。此外，其他工人也会意识到相对于那些提高了工资的工友，他们的工资下降了，因此他们也会要求提高工资。结果导致另一个暂时性的负向供给冲击，使短期总供给曲线继续左移至 AS_3，当经济移至点 3′ 时，失业率又会上升，政府会再次采取积极干预政策，推动总需求曲线右移至 AD_3，从而使在更高的通货膨胀率水平 π_3 重新回到充分就业状态。如果这个过程一直继续下去，就会造成物价水平的持续上升，即出现成本推动型通货膨胀。

2. 需求拉动型通货膨胀

　　高就业率目标可以通过另一种渠道导致政府采取通货膨胀性财政和货币政策。即使是在充分就业（自然失业率水平）状态下，劳动力市场上的摩擦因素使得失业工人与雇主之间很难相互匹配，失业总是存在的，因此充分就业状态下的失业率会大于零。如果政策制定者错误地低估了自然失业率，以致设定的失业率目标过低，例如低于自然失业率水平，就可能为扩张性的货币政策及随之出现的持续通货膨胀的发生创造条件。

　　图 24-10 用总需求和总供给分析来说明这一切是如何发生的。如果政策制定者设定的失业率目标为 4%，低于自然失业率水平 5%，那么他们希望达到的总产出目标将高于产出的自然水平。这个产出的目标水平在图 24-10 中用 Y^T 表示。假设初始经济位于点 1，此时总产出在自然率水平上，但是低于总产出目标 Y^T。为了达到 4% 的失业率目标，政策制定者将会采取刺激总需求的政策，例如扩张性的财政政策或者自主的宽松货币政策去提高总需求，从而推动总需求曲线移动至 AD_2，经济也移动至点 2′。此时的总产出水平为 Y^T，4% 的失业率目标也实现了。

但是故事并没有结束，由于在 Y^T 的产出水平上，4% 的失业率低于自然失业率，且产出高于潜在产出，所以工资水平将会升高，而短期总供给曲线将会左移至 AS_2，经济也将从点 2′ 移至点 2。经济又回到了潜在产出水平上，但此时通货膨胀率已升至更高的水平 π_2。我们本可以就此结束，但由于此时的失业率水平再度高于目标水平，政策制定者将会再次推动总需求曲线右移至 AD_3，以在点 3′ 达到预定的产出目标，整个过程将不断把经济推向点 3 以至于更远。最终的结果只能是通货膨胀率持续地上升。

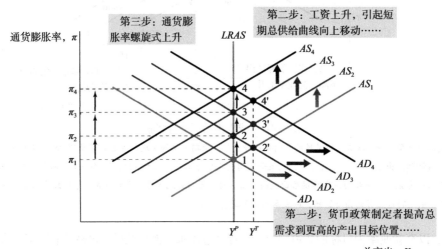

图 24-10 需求拉动型通货膨胀

注：失业率目标过低（即总产出目标 Y^T 过高）会使得政府持续推动总需求曲线右移，从 AD_1 到 AD_2 再到 AD_3，等等。因为在 Y^T 点，失业率很低，低于自然失业率，工资会上升，短期总供给曲线会向左上方移动，从 AS_1 到 AS_2 再到 AS_3，等等。结果是价格水平不断上升，即所谓的需求拉动型通货膨胀。

政府对过高的产出目标，或相应过低的失业率目标的追求是通货膨胀性货币或财政政策的根源，但对于政策制定者来说这样做似乎没有什么意义。他们并没有达到失业率目标，相反还加重了通货膨胀的压力。但是如果他们没有意识到设定的失业率目标低于自然失业率的话，图 24-10 描述的过程将会一直持续下去，直到他们意识到自己的错误。

3. 成本推动型和需求拉动型通货膨胀

当通货膨胀发生时，我们该怎样知道它是需求拉动型还是成本推动型呢？需求拉动型通货膨胀总是出现在失业率低于自然失业率水平的时期，而成本推动型通货膨胀则总是出现在失业率高于自然失业率水平的时期。但不幸的是，经济学家与政策制定者还没有完全解决精确测量自然失业率的难题。此外，成本推动型通货膨胀与需求拉动型通货膨胀的区别可能非常模糊，因为成本推动型通货膨胀往往最初是从需求拉动型通货膨胀开始的。当需求拉动型通货膨胀产生较高的通货膨胀率时，工人的预期通货膨胀率提高，为确保实际工资水平不降低，工人会要求提高工资。最终，扩张性的货币政策和财政性政策同时产生两种通货膨胀，所以我们并不能根据通货膨胀的根源来区别这两种类型的通货膨胀。

在美国，正如我们在下面的应用中看到的，政策制定者实行通货膨胀政策的首要理由是和高就业的目标密不可分的。正如我们在第 22 章中看到的，高通货膨胀也可以是由持续的政府预算赤字所引起，赤字是政府为了融资而提高基础货币的结果。

💡 **应用 24-1** 　　　　　　　　　　　**大通胀**

既然我们已经检验了通货膨胀型货币政策的根源，我们可以深入探究美国 1965 ～ 1982 年发生的通货膨胀的原因，这段历史被称为"大通胀"。

图 24-11a 记录了这几十年中通货膨胀率是如何升高的。在大通胀开始之前，通货膨胀率每年在 2% 以下，在 20 世纪 70 年代末期，平均通货膨胀率在 8% 左右。在 1979 年油价冲击过后，通货膨胀率在 1980 年达到了 14% 的顶峰。图 24-11b 比较了实际失业率与自然失业率。可以发现除了阴影部分所表示的 1960 ～ 1973 年这一段时间，美国的失业率一直保持低于自然失业率。这告诉我们 1960 ～ 1973 年美国经济经历了图 24-10 中所描述的需求拉动型通货膨胀。显然为了追求过高的总产出目标，政策制定者采取了自发的宽松货币政策，导致总需求曲线持续右移并且造成了正的产出缺口，结果造成了通货膨胀率上升的局面。之所以出现这种情况，是因为在 20 世纪 60 年代中期，政策制定者、经济学家以及政治家都把失业率目标确定为 4%，他们认为这样的失业率水平是与物价稳定的目标相一致的。但是事后来看，今天大多数经济学家都认为当时的自然失业率远高于 4%，应该在 5% ～ 6%，如图 24-11b 所示。这不恰当的 4% 的失业率目标带来的后果是开启了美国历史上持续时间最长的通货膨胀。

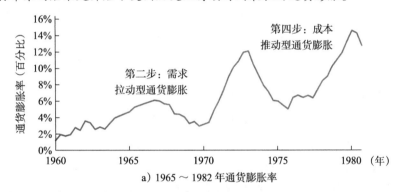

a) 1965 ～ 1982 年通货膨胀率

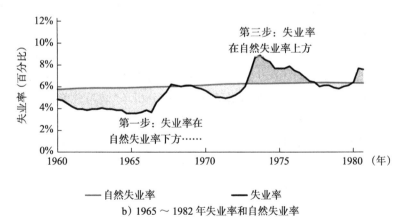

——自然失业率　　　　　——失业率

b) 1965 ～ 1982 年失业率和自然失业率

图 24-11　1965 ～ 1982 年的通货膨胀和失业

注：如图 24-11a 所示，20 世纪 60 年代，CPI 通货膨胀率每年在 2% 以下；20 世纪 70 年代末期，平均通货膨胀率在 8% 左右。在 1979 年油价的冲击下，通货膨胀率在 1980 年到达 14% 的顶峰。正如图 24-11b 所示，1960 ～ 1973 年，除了有一段时间在自然失业率之上，其余年份的失业率降到了自然失业率以下，暗示了图 24-10 中的需求拉动型通货膨胀。在 1975 年之后，失业率通常在自然失业率之上，暗示了图 24-9 中的成本推动型通货膨胀。

资料来源：Economic Report of the President.

图 24-11b 显示除了 1978 ～ 1979 年一段短暂的时间，1975 年之后失业率一般都高于自然失业率水平（可以从阴影部分看出来），但通货膨胀仍然存在。这看起来像是图 24-9 中所描述的成本推动型通货膨胀（其根源是早期的需求拉动型通货膨胀）。社会公众对政府持续关注高就业目标的认识，可以解释持续的通货膨胀存在的原因。最初的需求拉动型通货膨胀使得人们的预期通货膨胀率提高，图 24-9 中的短期总供给曲线不断左移，从而导致政策制定者试图通过自主的宽松货币政策来推动总需求曲线右移，以防止失业率上升。结果是通货膨胀率持续上升。

只有在美联储主席保罗·沃尔克承诺采取包括提高 20% 的联邦基金利率等措施在内的反通货膨胀政策时，通货膨胀率才真的下降，大通胀到此结束。

24.5 零利率下限的货币政策

到目前为止，我们假设中央银行在通货膨胀率降低时可以持续地通过降低政策利率（比如联邦基金利率）来降低真实利率，所以 MP 曲线经常表现为上升型。然而，联邦基金利率是名义利率，它永远不可能降低到零以下。现金的回报率为零，那么负的联邦基金利率表示你将从联邦基金市场中获得比持有现金更低的回报率。就像在第 18 章中讨论过的那样，政策利率的零利率下限被称为零利率下限，它给货币政策的执行带来了一些特殊问题。

24.5.1 从零利率下限推导总需求曲线

为了更深入地理解零利率下限所带来的货币政策执行问题，我们可以研究中央银行不能将政策利率降到零以下时总需求曲线发生的情况。一个关键事实是实际利率是根据通货膨胀率而调整的利率，即实际利率等于名义利率减去通货膨胀率，$r=i-\pi^e$。图 24-12a 显示了一条达到零利率下限的 MP 曲线。为此我们假设预期通货膨胀率与实际通货膨胀率高度相关（事实正是如此），正如在横轴上展示的那样。我们从 MP 曲线上的点 3 开始研究，此时通货膨胀率为 3%，实际利率为 2%。当通货膨胀率由 3% 下降到 2% 时，在这个通货膨胀水平上，遵循泰勒规则的货币当局需要降低实际利率，比如 −2%（图 24-12a 中的点 2），此时政策利率降低等于零（$r=0-2\%=-2\%$）。在图 24-12a 中的点 2，零利率下限与 MP 曲线相交，名义利率不能降低到零以下。到目前为止，我们的分析与网络附录章节中的分析（"货币政策和总需求曲线"，可以在 www.pearson.com/mylab/economics 上找到）和 MP 曲线的斜率为正的结论一致。

现在如果通货膨胀率下降更多的时候会发生什么呢？比如说下降到 1%。货币当局将再次通过降低政策利率来降低实际利率，但是他们并不能做到这一点，因为政策利率已经达到零利率。事实上，正如 MP 曲线上的点 1 所表明的那样，名义利率为零且通货膨胀率等于 1% 时，实际利率已经上升到 −1%（$r=0-1\%=-1\%$）。因此，我们可以发现 MP 曲线上连接点 1 和点 2 的部分斜率为负，正好与我们在网络附录章节（"货币政策和总需求曲线"，可以在 www.pearson.com/mylab/economics 上找到）中的结论相反。

现在我们来研究在图 24-12b 中总需求曲线发生了什么变化。在通货膨胀率为 3%、实际利率为 2% 时（图 24-12a 中 MP 曲线的点 3），均衡产出为 9 万亿美元，在图 24-12b 中的总需求曲线中表现为点 3。现在当通货膨胀率下降到 2%、实际利率为 −2% 时，正如图 24-12a 中的

MP 曲线上的点 2 所表明的那样，由于更低的实际利率促使计划投资增加，最终导致总产出上升到 10 万亿美元。2% 的通货膨胀率和 10 万亿美元的产出组合标记为图 24-12b 中总供给曲线的点 2，它同时也是零利率下限。从点 3 到点 2 的 AD 曲线表现为负的斜率。

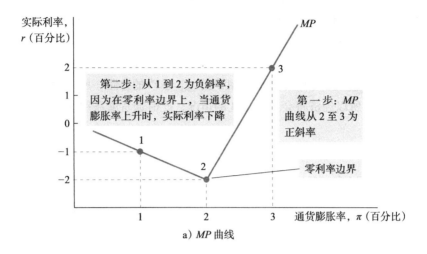

a）MP 曲线

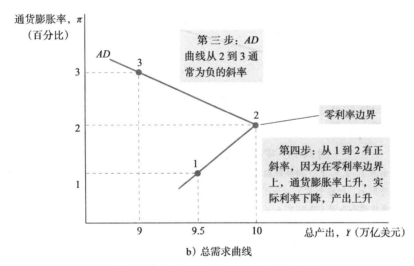

b）总需求曲线

图 24-12　从零利率下限推导总需求曲线

注：在图 24-12a 中，MP 曲线通常在点 2 和点 3 之间是上斜的，但是在点 1 到点 2 之间是下斜的，因为随着政策利率在零下限时，通货膨胀和预期通货膨胀会下降，实际利率会上升。这样就形成了像图 24-12b 中所画的纽结的形状。

　　然而，如果通货膨胀率下降到 1%，MP 曲线上的点 1 说明实际利率将会上升到 −1%，因为当利率处于零利率下限时，名义利率被卡在零的位置，此时通货膨胀率和预期通货膨胀率的下降将会提高实际利率水平。实际利率的上升将会导致总需求下降到 9.5 万亿美元，此时总需求曲线位于图 24-12b 中的点 1。因此，在总需求曲线由点 1 上升到点 2 的过程中，总需求曲线将会上升而不是下降。因此，从图 24-12b 中的曲线类型可以看出零利率下限的存在将会导致一条弯曲的总需求曲线。

24.5.2 零利率下限时自我矫正机制的消失

我们现在开始分析当经济遇到巨大的负向冲击时总需求曲线和总供给曲线图中出现的情况，例如这些不利的经济冲击发生在全球金融危机期间（见第 12 章），以致零利率下限受到约束。在这种情况下，图 24-13 中最初的短期总供给曲线与总需求曲线的上升部分相交于点 1，此时总产出低于潜在产出。因为 $Y_1 < Y^P$，经济处于不景气的状况，所以短期总供给曲线将下降到 AS_2，经济随后移动到点 2 所处的情况，在 AS_2 和 AD 曲线的相交部分，通货膨胀率和产出将分别下降到 π_2 和 Y_2，现在 Y_2 与 Y^P 的差距大于 Y_1 与 Y^P 的差距，所以短期总供给曲线将下降更多并移动到 AS_3，所以经济将会处于点 3 的情况，此时通货膨胀率和产出下降更多，分别为 π_3 和 Y_3。

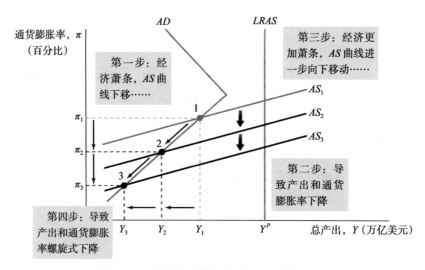

图 24-13 零利率下限时自我矫正机制的消失

注：在初始的均衡点 1，$Y_1 < Y^P$，所以短期总供给曲线向下移动到 AS_2，经济移动到点 2 位置，产出下降到 Y_2，通货膨胀率下降到 π_2。相对于 Y^P，因为 Y_2 比 Y_1 更小，短期总供给曲线进一步向下移动到 AS_2，经济移动到点 3，产出和通货膨胀将会分别下降到 Y_3 和 π_3。产出和通货膨胀率两者都经历着螺旋式的下降。

对于图 24-13 的分析表明了两个重要的结果：

（1）自我矫正机制不再发挥作用。当均衡产出低于潜在产出，政策利率达到零利率下限时，如果政策制定者无所作为，那么产出不能够恢复到原有水平。事实上，相反的事情会发生，经济将会出现螺旋式下滑。

（2）在这种情况下，经济将进入螺旋式通货紧缩，表现为持续下降的通货膨胀率和产出水平。

这两个重要结果所带来的直觉是相当明确的。当产出低于潜在产出并且政策利率触及零利率下限时，随之而来的通货膨胀率下降将导致更高的实际利率，并且导致产出下降和通货膨胀率下降的结果。简要地说，这一系列的事件可以表现为下式

$$Y < Y^P \Rightarrow \pi \downarrow \Rightarrow r \uparrow \Rightarrow Y \downarrow \Rightarrow Y << Y^P \Rightarrow \pi \downarrow \Rightarrow r \uparrow \Rightarrow Y \downarrow$$

最终的结果是产出和通货膨胀率都进入螺旋式下滑。

应用 24-2　　　　　　非传统的货币政策和量化宽松

在零利率下限时，货币政策当局不能够降低政策利率，所以常规扩张型货币政策不再成为一种政策选择，中央银行需要转向第 18 章中提到的非常规政策来刺激经济。在这里，我们将研究这些非常规的政策如何在导致经济扩张的同时避免图 24-13 中产出和通货膨胀率的螺旋式下滑。

回忆一下以前所学的知识，非常规的货币政策共有三种形式：流动性供给、资产购买（量化宽松）以及预期管理。要注意投资的实际利率 r_i 不仅反映了短期的银行实际利率 r，也反映了一个附加变量，即我们前面提到的金融摩擦。这个关系式可以表示成

$$r_i = r + \overline{f}$$

这其中每一种非常规货币政策措施都是通过降低 AD/AS 模型中的 $\overline{f}$ 来提高总产出和通货膨胀的。接下来让我们逐一讨论下这几种措施。

24.5.3　流动性供给

图 24-14 中描述的是利率零下限的情形，这经常出现在信贷市场失灵或市场上突然出现流动性短缺的情况下，正如全球金融危机中发生的那样。流动性短缺会造成金融摩擦的急剧增加，而这将导致图 24-14 中的总需求曲线 AD_1 与总供给曲线相交于点 1，在这一点上政策利率已经达到最低的零并且实际产出低于潜在产出。为了给有缺陷的市场提供更多的流动性，以此帮助市场恢复正常的功能，并降低变量 $\overline{f}$，中央银行通过提供贷款便利的方式直接降低金融摩擦。正如我们在第 23 章中学到的，金融摩

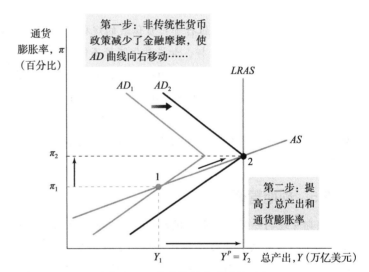

图 24-14　非传统的货币政策反应

注：非传统的货币政策，无论它是否包含流动性供给、资产购买及预期管理，都会降低 $\overline{f}$，$\overline{f}$ 降低反过来又会降低在任意通货膨胀率水平下投资的实际利率，于是总需求曲线会移动到 AD_2 的位置。经济移动到点 2，产出和通货膨胀率会相对地提高到 Y_2 和 π_2。

擦的减少降低了投资的实际利率，$r_i = r + \overline{f}$，并因此提高了投资支出和在一定通货膨胀率下的总产量的规模。接下来总需求曲线右移至 AD_2，经济的实际均衡移至点 2，在这一点上产出和通货膨胀率都有所提高。当然，如果流动性支持能够有效保证的话，经济均衡可以移至它充分就业时的水平，在这一点，如图 24-14 中点 2 所示，实际产出会回到潜在产出水平。

24.5.4　资产购买和量化宽松

货币当局也会通过私人资产的购买降低信用利差从而降低 $\overline{f}$。当货币当局购买了私人证券，这样的购买会抬高证券的价格，可以因此降低利率，于是信用利差降低，导致了 $\overline{f}$ 和投资

的实际利率降低。在任意给定的通货膨胀率下，投资的实际利率降低会引起总需求曲线向右移动，正如图 24-14 那样，产出和通货膨胀率同时增加。

因为投资和长期的项目是典型相关的，投资的实际利率可能就是长期利率，因此实际利率和短期实际利率 r 大小不同。式（24-1）中的 $\overline{f}$ 项不仅可以反映金融摩擦和信用利差，也可以反映长期利率和短期利率的利差，这就意味着长期政府证券的资产购买也能降低投资的实际利率。例如美联储购买了长期美国国债，就会抬高国债价格，降低长期利率。结果 $\overline{f}$ 降低了，在给定的通货膨胀水平下投资实际利率也会降低，总需求曲线会向右移动到图 24-14 中 AD_2 的位置，产出和通货膨胀率增加。

当中央银行提供流动性供给或者资产购买时，资产负债的规模必定会扩大。的确，正如我们在第 18 章中看到的，在金融危机开始前的 2007 年 9 月，直到 2017 年，美联储拥有的资产价值从 8 000 亿美元增加到超过 4 万亿美元。这种资产负债表的规模的扩大就是量化宽松，因为这导致了经济流动性的巨幅提升，可以强有力地在短时间内刺激经济，并且可能会产生通货膨胀的效果。

不过，单纯通过中央银行资产负债表的规模扩大来刺激经济是不够的。正如我们在零利率下限中进行 AD/AS 分析一样，如果量化宽松不能够降低投资实际利率，实现美联储前主席伯南克所说的信贷宽松，那么总需求曲线不会移动，因此对产出和通货膨胀也没有影响。如果资产购买只涉及短期政府证券，那么就不可能影响信用利差或者长期利率和短期利率的差，$\overline{f}$ 和投资的实际利率也会保持不变，结果对总体经济只会有微小的影响。[⊖]确实，历史上，日本曾经大规模地购买以短期政府债券为主的资产，结果就是如此，不仅经济没有恢复，通货膨胀率也变为负值。

24.5.5 预期管理

预期管理的一种形式是前瞻指引，这是中央银行承诺在一段长时期内将政策利率维持在低水平的另一种方法，它使长期利率相对于短期利率保持在一个更低的水平上，从而降低了 $\overline{f}$ 以及投资的实际利率。因为投资者可以选择投资长期债券而不是一系列的短期债券，就像我们在第 6 章中所学到的，由于市场预期贯穿整个长期债券的存续期，所以长期利率会非常接近短期利率的平均值。通过承诺未来长时间内将联邦基准利率保持在零水平的政策行动，中央银行可以降低市场对未来短期利率的预期，从而引起长期利率下降。结果将是 $\overline{f}$ 和投资实际利率的下降，这将使总需求曲线右移，如图 24-14 所示，并提高总产出和通货膨胀率。

目前，该种非传统型货币政策的效用机制已经通过 $\overline{f}$ 和右移的总需求曲线实现了操作，如图 24-14 所示。另外，预期管理也可以通过移动短期供给曲线来操作，而提高预期通货膨胀率能够做到这一点，如图 24-15 所示。回忆第 23 章我们知道，预期通货膨胀率的提高（这是一个假设，因为中央银行承诺会不惜一切代价来提高未来通货膨胀率）将使短期供给曲线上移至

⊖ 还有两种原因解释量化宽松不一定具有刺激性。首先，银行资产负债表的扩大并不一定会导致货币供给的上升。正如第 17 章中的应用 17-1 所表明的，这恰好是美国在 2007～2017 年的案例，美联储资产负债表和基础货币的巨幅扩张并没有导致货币供给的大量增加，因为大多数基础货币的增加都流入超额储备中。其次，基础货币的增加并不意味着银行会增加贷款，因为它们有权利只增加超额储备而不是放出贷款。这就是全球经济危机发生的情形，当基础货币巨幅增加主要导致超额储备的大量增加时，银行的贷款量并没有增加。

AS_2，如图 24-15 所示，使经济状况移动至点 2，总产出和通货膨胀率分别上升至 Y_2 和 π_2。这个结果背后的原因是显而易见的：随着政策利率下降至零，预期通货膨胀率的提高将会导致实际利率的下降，从而引起投资支出和总产出的提高，同时经济状况沿着总需求曲线从点 1 上滑至点 2，如图 24-15 中所展示的那样。然而，这个策略存在一个问题，即公众必须非常相信预期通货膨胀率一定会上升。如果中央银行对提高未来通货膨胀率的承诺是不可信的，那么预期通货膨胀率将可能不会上升，而这种典型的预期管理也将不起作用。

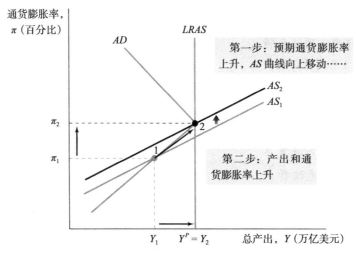

图 24-15 对于通货膨胀预期的反应

注：通货膨胀预期提高会引起短期总供给曲线上移到 AS_2，经济会移动到点 2，相对地，产出增加到 Y_2，通货膨胀率增加到 π_2。

应用 24-3　　安倍经济学和 2013 年日本货币政策的转变

在 2012 年之前，日本经济有超过 10 年的时间都处在恐慌之中，增长率极低，政策利率卡在了零下限的位置，并且经济通缩。在此背景下，安倍晋三在 2012 年 12 月成功当选日本内阁总理。上任后他推行刺激经济增长的一系列经济改革，被媒体称为"安倍经济学"。安倍经济学的关键元素是货币政策的彻底改变。首先，2013 年 1 月安倍晋三给日本中央银行施加压力，将通货膨胀目标从 1% 提高到 2%，超过了当时日本中央银行行长白川方明的目标。随后白川方明在 3 月辞职，新行长黑田东彦接任了行长的位置，声明日本中央银行将在未来实行新的货币政策。首先，与之前的行长成鲜明对比，黑田东彦承诺在两年内达到 2% 的通货膨胀目标，而前任行长从没有承诺会达到 1% 的通货膨胀目标。然后，他表示日本银行将会参与大量的资产购买项目进行量化宽松，这不仅会将日本银行的资产负债表数目扩大一倍，也会涉及不同种类的资产购买。特别的是，日本银行不是购买短期的政府债券，而是购买长期债券，包括诸如房地产投资信托公司证券等私人债券。

我们能够用之前部分中的分析来预测为什么这种方法会被用来修复日本的经济。首先，与之前的量化宽松形成对比，安倍经济学计划是想通过购买长期资产寻求更低的 $\overline{f}$。特别地，安倍计划能够降低 $\overline{f}$ 的原因是，通过购买私人证券来降低信贷利差以及通过购买长期政府债券来降低长期利率。正如我们已经看到的，当政策利率在零边界上时，一个更低的 $\overline{f}$ 会导致更低的实际投资利率，因此将总需求曲线向右移动到图 24-16 中的 AD_2 位置。

其次，根据我们的分析，更高的通货膨胀率（甚至更重要的是黑田东彦对实现这个更高的通货膨胀率的强有力的承诺）会提高预期的通货膨胀率，因此会将短期总供给曲线移动到 AS_2 的位置。正如我们在图 24-16 中看到的，经济随后移动到点 2 位置，产出和通货膨胀同时增加。

换句话说，新的货币政策产生双方面的冲击既会通过资产购买计划直接降低投资的实际利率，也会直接提高通货膨胀预期，为降低实际利率提供了另一个因素。这两种机制都会推动经济扩张和让日本退出已经有 15

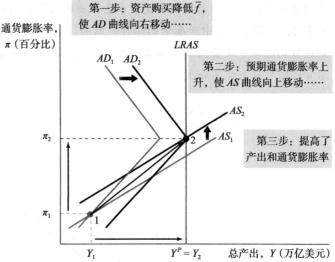

图 24-16 2013 年日本的货币政策改变的反应

注：日本中央银行改进的资产购买项目降低了 $\overline{f}$，$\overline{f}$ 降低反过来又会降低在任意通货膨胀率水平下投资的实际利率，于是总需求曲线 AD_1 向右移动到 AD_2。通货膨胀预期的提高引起短期总供给曲线 AS_1 向上移动到 AS_2。经济移动到点 2，产出和通货膨胀率会相对地提高到 Y_2 和 π_2。

年的通货紧缩环境。尽管新的政策策略帮助日本把通货膨胀提高到了零以上，并且降低了失业率，但它并没有成功地把日本的通货膨胀率提高到 2% 的目标，这一失败说明一旦通货紧缩持续了一段时间，要提高通货膨胀预期是多么困难。

本章小结

1. 对于总需求冲击和永久性的供给冲击，价格稳定和经济活动稳定的目标是一致的：稳定通货膨胀能稳定经济，即使在短期也是这样。不过对短暂性供给冲击，短期内必须要权衡是稳定通货膨胀还是稳定经济活动。然而在长期，通货膨胀稳定和经济稳定的目标并不冲突。

2. 相机抉择政策的支持者认为通过工资和价格调整而起作用的自我调节机制非常缓慢，因此政府应当采取积极、宽松的政策来消除过高的失业。而非相机抉择政策的支持者则持相反的观点，他们认为自我调节机制运作得很快，因此号召政府应该避免实施积极的政

策来消除失业。

3. 米尔顿·弗里德曼的著名论断——在长期"通货膨胀无论何时何地都是一种货币现象"得到总需求和总供给分析的支持：这样的分析说明了货币政策制定者能以任意通货膨胀率为长期目标，通过采取自主的货币政策，使用联邦基金利率政策工具来改变总需求，因此来调整均衡通货膨胀率。

4. 以提高就业为目标的积极的稳定政策会产生两种类型的通货膨胀：成本推动型通货膨胀（由负向供给冲击和工人要求把工资提高到生产力之上所引起）和需求拉动型通货膨胀

（由政策制定者通过提高总需求的政策追求高产出和高就业目标所引起）。成本推动型通货膨胀和需求拉动型通货膨胀导致了美国在1965～1982年发生的大通货膨胀。

5. 当名义政策利率达到零利率下限时，总需求曲线上斜，意味着能将经济恢复到充分就业的自我调节机制不再具有可操作性。在零利率边界上，为了促进产出和通货膨胀，货币当局必须转向三种非传统的政策：流动性供给、资产购买（其中的典型是量化宽松）以及预期管理。

关键术语

相机抉择政策的支持者　　作用时滞　　　　立法时滞
成本推动型通货膨胀　　　执行时滞　　　　非相机抉择政策的支持者
数据时滞　　　　　　　　通货膨胀缺口　　需求拉动型通货膨胀
目标通货膨胀率　　　　　认识时滞　　　　"神圣的巧合"
凯恩斯主义者

思考题

1. 通货膨胀缺口为负时意味着什么？

2. "如果自主支出下降，中央银行为了稳定通货膨胀水平将会降低它的通货膨胀目标。"判断这种说法是否正确并说明理由。

3. 如果以下冲击真的发生，描述货币政策制定者将如何制定政策达到稳定经济活动的目标。假设经济达到了长期均衡。

　a. 消费者减少自主消费；

　b. 金融摩擦减少；

　c. 政府支出增加；

　d. 税收增加；

　e. 本币升值。

4. 在金融危机期间，美联储是如何避免大幅度降低利率而达到抵消金融摩擦的剧增的？美联储的计划生效了吗？

5. 为什么"神圣的巧合"可以简化政策制定者的工作？

6. 为什么暂时的负向供给冲击给政策制定者带来了两难困境？

7. 长期负向供给冲击比短期供给冲击更严重表现在哪些方面？

8. 假设三个经济体遭受了同样的暂时性的负向供给冲击：在A国，通货膨胀率最开始上升并且产出降低，然后通货膨胀率上升更多并且产出增加；在B国，通货膨胀率最开始上升并且产出降低，然后通货膨胀率和产出同时下降；在C国，通货膨胀率最开始上升并且产出下降，然后通货膨胀率下降并且产出最终上升。每个国家应该各自采取什么方法来稳定经济活动？

9. "面对一个正向的供给冲击，政策制定者从来不会做出稳定产出的反应。"判断这种说法是否正确并说明理由。

10. 企业获得新厂房和设备并且运营往往需要很长时间的事实是对于什么政策问题的阐述？

11. 在美国，许多观察家近年来就华盛顿的政治僵局发表了评论，并将国会称为"不作为的国会"。这是什么类型的政策滞后？

12. 稳定政策更容易由哪种政策来施行？货币政策还是财政政策？为什么？

13. "如果数据和认识时滞能够减少，相机抉择政策将对经济更有利。"判断这种说法是否正确并说明理由。

14. 如果经济的自我矫正机制作用缓慢，政府采取相机抉择政策来减少失业率是必要的吗？写出你的观点并说明理由。

15. 20 世纪 70 年代初期，非预期的生产力下降导致更多的经济学家相信潜在产出比实际的要高。政策制定者在这种情形下可能会怎样做出反应？你认为会出现什么结果？

16. 20 世纪六七十年代的美国，通货膨胀率显著上升，但是在这两个阶段，失业率截然不同，这是为什么？

17. 给定一条相当陡峭的短期总供给曲线和一条相当平坦的短期总供给曲线，哪一条曲线对于实行非相机抉择政策的依据更有力？为什么？

18. "既然政策制定者并不愿意看到通货膨胀发生，那么他们的政策不可能是通货膨胀的根源。"判断这种说法是否正确并说明理由。

19. 货币当局如何设定它们所需要的通货膨胀率？

20. 实际自然失业率为 5%，而政策制定者错误地认为自然失业率为 7% 时将会发生什么？政策制定者将如何制定稳定政策？

21. 需求拉动型通货膨胀是如何导致成本推动型通货膨胀的？

22. 政策利率达到零利率下限时，如何导致总需求曲线向上倾斜？

23. 为什么政策利率达到零利率下限时，经济的自我矫正机制失效？

24. 当经济达到零利率下限时，非常规的货币政策会以何种方式影响投资的实际利率？信贷利差如何受到影响？

应用题

25. 假设政府决定通过减少政府支出来减少现有的政府预算赤字。

    a. 请用总需求和总供给曲线描述短期内该政策对经济的影响，并描述对通货膨胀和产出的影响。

    b. 如果美联储决定稳定通货膨胀率，该政策将会对实际利率、通货膨胀率和产出水平产生什么影响？

26. 运用总需求和总供给曲线作图说明政策时滞将如何导致产出和通货膨胀预料之外的波动。

27. 随着政策制定者越来越关注通货膨胀的稳定，总需求曲线的斜率变得越来越平坦，当经济体遭遇了暂时性的负向供给冲击时，总需求曲线斜率的改变如何发挥帮助稳定通货膨胀的效果？这个改变将会如何影响产出？运用总需求曲线和总供给曲线作图说明。

28. 一些发展中国家地方腐败严重，这将如何解释这些国家的经济通常表现为高通货膨胀和经济滞胀？运用总需求曲线和总供给曲线作图说明。

29. 2003 年，随着美国似乎最终要摆脱长久的衰退时，美联储开始担心经济的"软着陆"，尤其是通货紧缩发生的可能性。最终，美联储主动将联邦基金利率由 2002 年年末的 1.75% 下降到 2003 年年中的 1%，此时联邦基金利率达到当时的最低水平。另外，美联储承诺在相当长的一段时间里把联邦基金利率保持现有水平。一些人认为这项高度扩张的政策将会导致潜在的通货膨胀并且是不必要的。

    a. 对零利率下限的恐惧将如何证明该项政策是必要的，尽管经济实际上并没有衰退？

    b. 运用 AD/AS 曲线和 MP 曲线作图说明该项政策的效果，并确保此图展示了 2003 年经济的最初情况和该政策对于通货紧缩威胁的效果。

30. 假设 $\bar{f}$ 由以下两个因素确定：金融恐慌和资产购买。

    a. 运用 MP 曲线和 AS/AD 图展示一个足够大的金融恐慌将如何把经济拉低至零利率下限并且进入不稳定的螺旋式通货紧缩。

    b. 运用 MP 曲线和 AS/AD 图说明一个充分的资产购买量如何逆转 a 中所描述的金融恐慌的影响。

数据分析题

1. 2017 年 1 月 19 日，美联储发布了关于长期目标和货币政策战略的修订声明。报告指出：委员会重申其判断，即作为衡量每年个人消费支出的价格指数——通货膨胀率，当它处于 2% 的水平时与美联储的法定任务在长期内最为一致。联邦公开市场委员会参与者对长期正常失业率的估计的中位数是 4.8%。假设这一声明意味着自然失业率被认为是 4.8%。登录圣路易斯联邦储备银行 FRED 数据库，然后找到个人消费支出指数（PCECTPI）、失业率（UNRATE）、实际 GDP（GDPCI）和潜在 GDP 的估计量——实际国内生产总值（GDPPOT）。将价格指数修正为"一年内的百分比变化"，并下载数据到电子数据表格中。

   a. 以美联储提供的 2% 的目标为基础，利用最近 4 个季度的可获得数据计算平均通货膨胀缺口，并将上述结果作为 4 个季度的平均通货膨胀缺口数值。

   b. 利用可以获得的 GDP 和潜在 GDP 估计数据计算最近 4 个季度的平均产出缺口，以产出和潜在产出水平的偏差百分比计算缺口，计算最近 4 个季度可用数据的平均值。

   c. 利用可获得的最近 12 个月的数据，计算平均失业缺口。假设 5.6% 作为自然失业率，根据你从 a 到 c 得出的结果，"神圣的巧合"仍然适用于目前的经济状况吗？为什么？你得出的答案能暗示目前经济冲击的根源吗？请简要解释。

2. 登录圣路易斯联邦储备银行 FRED 数据库，找到物价水平的指标——个人消费支出的物价指数（PCECTPI）、失业率（UNRATE）、自然失业率的估计值（NROU）。将物价指数转换成每年变化百分比。对于失业率，将频率设定改为"季度"。选择从 2000 年到最近的数据，把 3 个变量放入同一个图中。用你的图说明哪段时期是需求拉动型通货膨胀，哪段时期是成本推动型通货膨胀。简要地陈述你的理由。

网络练习

1. 比较历史上不同时期美元的购买力会是一件有趣的事。访问网站 https：//www.bls.gov/data/inflation_calculator.htm，找到通货膨胀计算器。用通货膨胀计算器来回答下面的问题。

   a. 如果一栋新房在 2017 年卖 125 000 美元，那么它在 1950 年值多少钱？

   b. 2017 年平均家庭收入是 50 000 美元，在 1945 年相当于多少收入？

   c. 2017 年一辆新车平均价格是 25 000 美元，这辆车在 1945 年值多少钱？

   d. 结合你得到的 b 和 c 的结果，2017 年和 1945 年相比，一辆新车所花费的家庭收入更多还是更少了？

2. 美联储在 https://www.federalreserve.gov/mometarypolicy/expiredtools.htm 上列出了用于流动性供给的非常规政策工具。在这些工具中，哪一个是最先被使用的？哪一个是最后被使用的？哪些工具主要用于商业银行？哪些工具针对非银行金融公司？

网络参考

https://www.gpo.gov/fdsys/browse/collection.action?colletionCode=ERP 《总统经济咨文》（Economic Report of the President），报道了债务水平、国内生产总值和其他的经济数据。

第25章

货币政策传导机制

学习目标

1. 列出并概括货币政策影响实际经济的传导机制。
2. 概括并应用本章货币政策应用的 4 个重要启示。

| 预览 |

    1980 年以来美国经济犹如坐上了过山车，总产出、失业率和通货膨胀率均经历了剧烈的波动，在 20 世纪 80 年代初通货膨胀率达到了两位数，紧随 1980 年经济衰退的是美国历史上最短暂的经济扩张时期。一年以后，美国陷入 1981 ～ 1982 年的经济衰退，失业率超过 10%，通货膨胀率开始下滑到低于 5% 的水平。在 1981 ～ 1982 年的经济衰退之后，又是一个长时间的经济扩张，1987 ～ 1990 年失业率降到了 6% 以下。但是随着 1990 年下半年伊拉克入侵科威特以及石油价格的升高，美国经济再次陷入衰退。随后的经济增长最初比较缓慢，但过了一段时间后开始加速，到了 20 世纪 90 年代末期失业率已降至 5% 以下。直到 2001 年 3 月，10 年扩张之后（美国历史最长），经济又陷入了衰退，失业率又攀升至 6% 左右。到 2007 年经济复苏，失业率降至 5% 以下，但随着次贷危机的爆发，2007 年 12 月经济再度陷入衰退，失业率再度开始攀升到 10% 以上。直到 2009 年 7 月经济才开始复苏，使得 2007 ～ 2009 年的经济衰退成为自第二次世界大战以来时间最长的经济衰退。总产出水平（由失业率来反映）和通货膨胀的剧烈波动以及伴随而来的经济不稳定，使得政策制定者陷入困境：采取什么样的政策或政策组合才能在未来减少总产出和通货膨胀率的波动？

    为了回答这个问题，货币政策的制定者必须对实施政策的时机以及政策对经济产生的影响有一个准确的评估。要做出准确的评估，他们需要理解货币政策对经济的影响机制。本章研究了货币政策的传导机制，并对这些机制进行实证分析，以便更好地了解货币政策在经济中的作用。我们会发现，这些货币政策传导机制强调金融体系（我们已在本书的前三篇中进行了讨论）和本章的主题——货币理论之间的关系。

25.1 货币政策传导机制

我们将考察货币政策影响总需求和经济的各种渠道，被称为**货币政策传导机制**（transmission mechanism of monetary policy）。我们将首先考察利率传导渠道，因为它是 *AD/AS* 模型中重要的货币传导机制。

25.1.1 传统的利率传导渠道

传统观点认为的货币传导机制可以用下面的示意图来描述，它反映的是通过降低利率实现宽松货币政策的影响

$$r \downarrow \Rightarrow I \uparrow \Rightarrow Y^{ad} \uparrow \tag{25-1}$$

这个示意图反映了扩张性货币政策导致实际利率水平下降（$r \downarrow$），这会降低资金成本，进而引起投资支出的增加（$I \uparrow$），并最终导致总需求的增加（$Y^{ad} \uparrow$）。

尽管凯恩斯最初强调这一传导渠道主要是通过企业的投资支出决策发挥作用，但新的货币传导机制研究发现，消费者的房产和**耐用消费品支出**（consumer durable expenditure，即消费者在汽车和冰箱等耐用消费品上的支出）决策也属于投资决策。因此，式（25-1）所描述的货币传导的利率渠道也同样适用于消费支出，即公式中的 *I* 也包括消费者购买住房和耐用消费品的支出。

利率传导机制有一个重要特点，即它强调影响消费者和厂商决策的是实际利率（而不是名义利率），此外对支出有主要影响的通常是长期实际利率（而不是短期实际利率）。那么由中央银行的行为引起的短期名义利率的变化，是如何使债券的短期和长期实际利率发生相应改变的？理解这个问题的关键在于价格黏性，所谓价格黏性是指总体价格水平随时间的推移调整非常缓慢，这就意味着扩张性货币政策在降低短期名义利率水平的同时，也会使短期实际利率随之降低。第 6 章曾经介绍过的利率期限结构预期假说认为，长期利率等于预期的未来短期利率的平均值。因此按照这一理论，如果短期实际利率水平持续下降的话，长期实际利率水平也会下降。实际利率水平的降低又会导致企业固定资产投资、居民房产投资、存货投资和耐用品消费支出的增加，而所有这些最终会导致总产出水平的提高。

实际利率而不是名义利率影响支出的结论，为利用货币政策刺激经济提供了一条重要的传导机制，即使是在通货紧缩时期名义利率水平接近于零的情况下该机制仍然能够发挥作用。当名义利率水平接近于零时，对未来扩张性货币政策的承诺会提高预期通货膨胀率（$\pi^e \uparrow$），进而降低实际利率水平（$r=i-\pi^e$），即使当名义利率水平固定为零时也是如此，最终通过下面的利率途径刺激总支出的增加

$$\pi^e \uparrow \Rightarrow r \downarrow \Rightarrow I \uparrow \Rightarrow Y^{ad} \uparrow \tag{25-2}$$

这一传导机制表明，即使在名义利率已被货币当局下调至零的情况下，货币政策依然是有效的。事实上，这一传导机制解释了为什么美国联邦储备理事会在 2008 年 12 月采用非传统货币政策，承诺在较长一段时间将联邦基金利率保持在零的水平。通过这样做，美联储试图阻止

通货膨胀预期下降,以确保实际利率保持在低位从而刺激经济。此外,在较长一段时间保持低利率将有助于降低长期利率,也将导致更多的支出。

一些经济学家(如斯坦福大学的约翰·泰勒)认为有强有力的实证证据表明利率通过改变资金成本对消费和投资支出产生影响,从而使货币传导机制的利率渠道在现实中发挥重要作用。但是他的观点颇具争议,曾任美联储主席的本·伯南克和纽约大学的马克·格特勒等一些研究人员就认为,实证证据并不能证明利率水平可以通过改变资金成本来发挥重要作用。[⊖]实际上这些研究人员认为传统的利率传导机制实证方面的不足,为寻求其他货币政策传导机制的研究提供了动力。

除传统利率传导机制之外,其他货币政策传导机制基本上可以分为两类:一类是通过利率以外的其他资产价格发挥作用,另一类则是通过信息不对称对信贷市场的影响发挥作用(即**信用观点**(credit view))。所有这些传导机制的概括如图 25-1 所示。

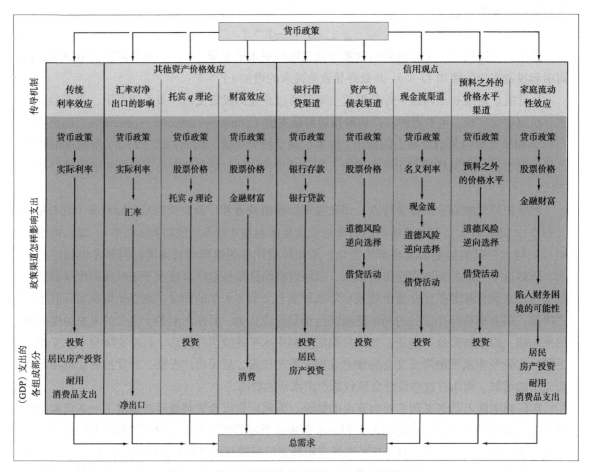

图 25-1 货币政策和总需求的关系:货币传导机制

注:本图显示了货币政策影响总需求的不同通道。

⊖ See John Taylor, " The Monetary Transmission Mechanism: An Emprirical Framework, " *Journal of Economic Perspectives* 9(Fall 1995):11-26, and Ben Bernanke and Mark Gertler, " Inside the Black Box: The Credit Channel of Monetary Policy Transmission, " *Journal of Economic Perspectives* 9 (Fall 1995):27-48.

25.1.2 其他资产价格渠道

在前几章的总需求分析中，有一个缺点是我们只关注一个资产价格，即利率，而忽略了其他许多资产价格。除债券价格外，还有其他两种资产价格作为货币政策影响的传导渠道而备受关注：汇率和证券（股票）的价格。

1. 汇率水平对净出口的影响

随着全球范围内经济国际化的发展和浮动汇率制度的确立，货币政策如何影响汇率，进而影响净出口和总需求，越来越受到人们的关注。

这种传导机制也包括利率的影响，因为按照第 20 章的分析，当国内的实际利率水平下降时，相对于外币资产而言，美元资产的吸引力会有所下降。结果是相对于其他外币资产而言，美元资产的价值下降，美元贬值（$E \downarrow$）。本币价值的下降会使得国内商品相比于国外同类商品而言变得更便宜，因此会导致净出口的增加（$NX \uparrow$）和总需求的提高（$Y \uparrow$）。通过汇率发挥作用的货币政策传导机制如式（25-3）所示

$$r \downarrow \Rightarrow E \downarrow \Rightarrow NX \uparrow \Rightarrow Y^{ad} \uparrow \tag{25-3}$$

2. 托宾 q 理论

詹姆斯·托宾创立了一种理论，被称为托宾 q 理论，该理论解释了货币政策如何通过影响证券（股票）的价值来影响经济。托宾将 q 定义为企业的市场价值与资本的重置成本之比。如果 q 值高，那么企业的市场价值高于资本的重置成本，因而新的厂房和设备相对于企业的市场价值来说更为便宜。在这种情况下，公司就会发行股票，股票的发行价格高于企业购买的设施和设备的成本。由于企业只需要发行少量的股票就能购买到大量新资本品，因此投资支出将会增加。

相反，当 q 值较低时，由于企业的市场价值低于资本的重置成本，企业就不会购买新的资本品。如果在 q 值低时企业仍希望获得资本品，它们可以以较低的价格购买其他企业来获得这些企业已有的资本品。因此投资支出即新资本品的购买将会很少。托宾 q 理论很好地解释了大萧条时期投资支出的极度低迷。在大萧条时期股票价格暴跌，到 1933 年股票总市值只有 1929 年的 1/10，托宾 q 值下降到前所未有的低点。

上述分析的关键是托宾 q 值和投资支出之间存在着一种联系。货币政策又是如何影响股票价格的呢？非常简单，债券的真实利率降低意味着相对于股票，债券的预期收益降低，这使得股票相对于债券而言更有吸引力，因此股票的需求会增加，股票的价格也会因此上升。[⊖] 把这一点和股票价格（P_s）上升使得 q 值升高，进而导致投资支出（I）增加的事实相结合，可以得出如下所示的货币政策传导机制

$$r \downarrow \Rightarrow P_s \uparrow \Rightarrow q \uparrow \Rightarrow I \uparrow \Rightarrow Y^{ad} \uparrow \tag{25-4}$$

3. 财富效应

在探讨新的货币传导机制的过程中，研究人员也对消费者的资产负债状况如何影响他们的支出决策进行了考察。弗兰科·莫迪利亚尼（Franco Modigliani）运用他著名的消费生命周期假说首先对这一问题进行了研究。**消费**（consumption）是指消费者在非耐用品和服务上的支

⊖ 考察货币政策传导机制的另一种方式是利用第 7 章的模型，实际利率的降低会带来股票的必要报酬率的降低，股价升高，从而使发行股票为投资支出筹资的成本降低。用这种方法来考察股票价格与投资支出之间的关系，形式上与托宾 q 理论是一致的。

出。⊖它与消费支出（consumer expenditure）不同，因为它不包括消费者在耐用消费品上的支出。莫迪利亚尼理论的基本前提是消费者在一生中均匀地安排消费。因此，决定消费支出的是消费者毕生的资财，而不仅仅是今天的收入。

在消费者一生拥有的资产中，金融财富是很重要的一部分，其中最主要的部分就是普通股股票。当股票的价格上升时，金融财富的价值会升高，因此消费者的资产增加，消费也会随之增加。正如我们所了解的，扩张性的货币政策会引起股票价格的升高，这样我们就可以得到另一个货币传导机制

$$r \downarrow \Rightarrow P_s \uparrow \Rightarrow 财富 \uparrow \Rightarrow 消费 \uparrow \Rightarrow Y^{ad} \uparrow \qquad (25\text{-}5)$$

莫迪利亚尼的研究发现这是一种强有力的货币政策传导机制，它使得货币政策的效力大为增强。

财富效应和托宾 q 理论考虑的是一般意义上的权益资产，因此它们也适用于房产市场，在这里房产是一种权益资产。房产价格的提高是指相对于其重置成本房产的价格升高，这会导致房产的托宾 q 值升高，从而刺激房产供给的增加。同样，由于房产是财富的重要组成部分，所以其价格的升高也会使得财富增加，从而消费增加。货币扩张会通过这里描述的托宾 q 值的作用和财富机制提高房产的价格，最终导致总需求增加。

25.1.3　信用观点

由于不满意传统的利率机制中货币政策对耐用资产支出的影响的解释，导致经济学家提出一种新的基于信息不对称概念（导致金融市场出现金融摩擦（参见第 8 章））的解释。这种解释被称为信用观点，这种观点指出存在两种类型的源自信贷市场金融摩擦的货币传导机制：一类通过对银行贷款的影响发挥作用；另一类则通过对企业和家庭的资产负债状况的影响发挥作用。

1. 银行贷款渠道

第 8 章的分析表明，由于银行可以很好地解决信贷市场上的信息不对称问题，所以银行在整个金融体系中扮演着一个特殊的角色，银行贷款渠道正是基于这一分析提出的。正因为银行的这种特殊角色，特定的借款人只有通过在银行贷款才能进入信用市场。只要没有其他资金来源来替代零售银行存款，货币传导的银行贷款渠道就按照以下的方式发挥作用：扩张性的货币政策会增加银行的准备金和存款，从而增加银行可发放贷款的数量。因为许多借款人依赖银行贷款为其活动提供资金，所以贷款的增加必然会导致投资支出（和可能的消费支出）的增加。由此货币政策的影响可表示为

$$银行准备金 \uparrow \Rightarrow 银行存款 \uparrow \Rightarrow 银行贷款 \uparrow \Rightarrow I \uparrow \Rightarrow Y^{ad} \uparrow \qquad (25\text{-}6)$$

信用观点一个重要的含义是，相比于能够通过股票市场和债券市场直接融资（不仅仅是通过银行融资）的大企业而言，因为小企业更依赖银行贷款，所以货币政策对小企业的投资支出有着更大的影响。

尽管这一结论已经为相关研究所证实，但是理论界也对银行贷款渠道提出了许多质疑，而且我们有理由怀疑在美国这种银行贷款渠道的作用已经今不如昔。首先，现在的美国监管机构不再设立限制银行筹集资金能力的管制措施了（参见第 11 章）。在 20 世纪 80 年代中期以

⊖　消费还包括另外一个很小的组成部分，即消费者利用房屋和耐用消费品的所有权所得到的服务。

前，大额可转让定期存单也要受到准备金要求和《Q条例》利率上限的限制，这使得在货币紧缩时期银行很难把从银行系统流出的存款再吸引回来。随着这些监管措施的取消，由于不必对大额可转让定期存单提取法定准备金，银行可以通过以市场利率发行大额可转让定期存单更加灵活地应付准备金的减少和零售存款的损失。其次，全球范围内银行传统贷款业务量的下降（参见第11章）也减弱了银行贷款渠道的作用。不过许多经济学家认为，银行贷款渠道在2007～2009年衰退后的美国经济缓慢恢复过程中起到重要的作用。但是，这个渠道在近年来可能会更加没有作用，因为银行现在在为它们的超额准备金支付利息，所以无意将其借出。

2. 资产负债表渠道

尽管银行贷款渠道的重要性在降低，但并不意味着其他信用渠道（例如资产负债表渠道）也是如此。和银行贷款渠道一样，资产负债表渠道也是源自信贷市场上的金融摩擦问题。通过第8章的分析我们知道，企业的净值越低，借款给这些企业面临的逆向选择和道德风险问题就越严重。较低的净值意味着贷款人的贷款实际上只有很少的担保，因此逆向选择可能造成的损失就比较大。净值的下降会提高逆向选择发生的可能性，因此会导致为投资支出提供融资的贷款减少。企业净值较低也会带来道德风险问题，因为这些低净值企业的所有者在企业中只拥有很少的权益，所以他们有更强烈的动机去从事高风险的投资项目。由于从事高风险的投资会提高贷款无法收回的可能性，所以企业净值的降低会导致贷款乃至投资支出的减少。

货币政策可以通过多种渠道影响企业的资产负债状况。扩张性的货币政策会导致股票价格的上升（$P_s \uparrow$），进而提高企业的净值，由于企业净值的提高会减少逆向选择和道德风险问题，所以投资支出会增加（$I \uparrow$），总需求水平随之上升（$Y \uparrow$）。货币传导的资产负债表渠道可以表示为

$$r \downarrow \Rightarrow P_s \uparrow \Rightarrow 公司净价值 \uparrow \Rightarrow 逆向选择 \downarrow,$$
$$道德风险 \downarrow \Rightarrow 贷款 \uparrow \Rightarrow I \uparrow \Rightarrow Y^{ad} \uparrow \qquad (25\text{-}7)$$

3. 现金流渠道

还有一种资产负债表渠道通过对现金流的影响发挥作用，现金流是指现金收入与支出的差额。扩张性的货币政策会降低名义利率水平，企业的现金流会因此增加，从而改善企业的资产负债表。现金流增加会提高企业（或者家庭）的流动性，并使贷款人可以更加容易地了解企业（或者家庭）能否履行偿债义务。结果是逆向选择和道德风险问题得以减轻，从而贷款总量增加，并使经济活动更为活跃。对现金流渠道描述如下

$$i \downarrow \Rightarrow 公司现金流 \uparrow \Rightarrow 逆向选择 \downarrow,$$
$$道德风险 \downarrow \Rightarrow 贷款 \uparrow \Rightarrow I \uparrow \Rightarrow Y^{ad} \uparrow \qquad (25\text{-}8)$$

这一传导机制的一个重要特点是，名义利率水平影响企业现金流。而在之前所讨论的传统利率传导机制中，是实际利率水平影响投资支出，因此两种利率传导机制是不同的。而且在现金流渠道中短期利率起着特殊的作用，因为通常短期（而不是长期）负债的利息支出对家庭和企业的现金流影响最大。

可降低利率的扩张性的货币政策，可以通过一种与逆向选择相关的传导机制来达到刺激总产出的目的，而且在传导过程中涉及信贷配给现象。我们在第9章中已经讨论过，当借款人即使愿意支付更高的利率也无法借到需要的款项时，就产生了信贷配给现象。这是因为具有高风险投资项目的个人和企业，恰恰是那些愿意按最高利率支付贷款利息的借款人，因为一旦高风险投资项目成功，这些借款人将是最大的受益者。因此，较高的利率可能会导致严重的逆向选

择问题，较低的利率则会减少逆向选择问题的发生。当扩张性的货币政策使利率水平降低时，低风险偏好的借款人构成贷款需求的主体，因此贷款人更乐于发放贷款，进而会增加投资支出和总产出，按照式（25-8）描述的方式发挥作用。

4. 预料之外的价格水平渠道

第三种资产负债表渠道通过货币政策对一般价格水平的影响来发挥作用。因为在工业化国家，债务总是以固定的名义利率计息，预料之外的价格水平的上升会降低企业负债的实际价值（减轻债务负担），但是企业资产的实际价值不会下降。宽松货币政策会提高通货膨胀率，因此会导致物价水平出现预料之外的上升（$P \uparrow$），从而会提高企业的实际净值，减少逆向选择和道德风险问题，进而使投资支出和总产出增加。整个过程可表示如下

$$r \downarrow \Rightarrow \pi \uparrow \Rightarrow \text{预料之外的价格 } P \uparrow \Rightarrow \text{公司实际净价值} \uparrow$$
$$\Rightarrow \text{逆向选择} \downarrow, \text{道德风险} \downarrow \Rightarrow \text{贷款} \uparrow \Rightarrow I \uparrow \Rightarrow Y^{ad} \uparrow \tag{25-9}$$

价格水平预料之外的变动会影响总产出的观点在经济学中久已有之，它是我们在第 12 章中讨论的大萧条的债务紧缩理论的关键组成部分。

5. 家庭流动性效应

尽管大多数有关信用渠道的文献都把研究重点放在企业支出上，但信用观点同样适用于消费支出，特别是适用于耐用消费品支出和房产支出。由货币紧缩引起的银行贷款的减少，会使没有其他融资渠道的消费者减少对耐用消费品和房产的购买。同样，利率水平的升高对消费者的现金流有负面影响，因此会导致家庭资产负债状况恶化。

另一种考察资产负债表渠道如何通过消费者发挥作用的方法是分析消费者的耐用消费品支出和房产支出的流动性效应，在大萧条时期这种流动性效应的影响非常重要（参见参考资料专栏"消费者的资产负债表与大萧条"）。这种流动性效应观点认为，资产负债表效应主要是通过其对消费者的支出意愿，而非贷款人的放款意愿的影响发挥作用的。因为耐用消费品和房产的质量存在信息不对称问题，所以房产和耐用消费品都属于流动性很差的资产。如果因收入状况受到负面冲击，消费者需要出售自己的耐用品和房产来获得资金，他们将不可避免地要承受相当大部分的损失，因为在亏本出售的情况下他们不可能获得这些资产的全部价值（这只是第 8 章描述的柠檬问题的一种表现）。相反，如果消费者持有的是金融资产（例如银行存款、股票或债券），他们可以迅速出售金融资产以获取其全部市场价值，从而获得现金。因此，如果消费者预期自己未来有很大可能性遇到财务上的困难，那么他们会持有更多的流动性较高的金融资产，而持有较少的流动性差的耐用消费品和房产。

参考资料　　　　　**消费者的资产负债表与大萧条**

1929 ～ 1933 年，美国消费者的资产负债状况恶化到了极点。1929 年股票市场崩盘导致股价下跌一直持续到 1933 年，在此期间消费者财富减少了 10 200 亿美元（按照 2009 年的美元计算）。如预期的那样，消费急剧减少（减少了 1 990 亿美元）。在这段时间内价格水平也在下降，消费者的实际债务水平急剧上升（超过 20%）。结果与债务额相比，金融资产的价值大大降低，这使得消费者陷入财务困境的可能性大大提高。毫无疑问，消费者用于

购买耐用消费品和房产的支出显著下降：1929 ～ 1933 年，消费者的耐用消费品支出减少了 50%，而房产支出减少了 80%。[⊖]

消费者的资产负债状况对于他本人遭受财务困境可能性的估计有重要影响。具体而言，如果消费者拥有的金融资产的数额相对于其债务而言比较多，那么这个消费者估计自己遭遇财务困境的可能性就较小，他们更乐于购买耐用消费品和房产。当股票价格升高时，金融资产的价值也随之升高，因此消费者的财务状况会更加稳妥，他们估计自己遭受财务困境的可能性会更小，消费者的耐用消费品支出也会随之上升。这就是货币政策的另一个传导机制，它是通过货币和股票价格之间的联系发挥作用的：

$$r \downarrow \Rightarrow P_s \uparrow \Rightarrow 家庭金融资产价值 \uparrow \Rightarrow 出现财务困境的可能性 \downarrow$$
$$\Rightarrow 耐用消费品和房屋支出 \uparrow \Rightarrow Y^{ad} \uparrow \tag{25-10}$$

耐用消费品和房产的非流动性，从另一个角度说明了会降低利率进而增加消费者现金流的货币扩张，为什么会导致消费者的耐用消费支出和房产支出增加。消费者现金流的增加降低了遭受财务困境的可能性，增强了消费者持有耐用消费品和房产的意愿，从而使对这些商品的支出增加，总需求水平随之上升。这里的现金流效应与式（25-8）表示的传导机制之间的唯一区别在于，导致支出增加的不是贷款人贷款给消费者的意愿，而是消费者的支出意愿。

25.1.4　为什么信用渠道会这样重要

信用渠道是货币政策传导机制极为重要的组成部分，这主要有三个方面的原因。首先，关于企业行为的大量实证分析表明，对信用渠道正常发挥作用至关重要的金融摩擦的类型，的确对企业的人员雇用以及支出等方面的决策有重要影响。其次，有证据表明，相对于不受信贷约束影响的大企业而言，小企业（更有可能遭受信贷约束的影响）更容易受到紧缩性货币政策的影响。最后一个原因可能是最有说服力的，信用渠道分析的核心是金融摩擦的不对称信息方法，而不对称信息方法已经被证明能够很好地解释其他许多重要现象，例如为什么会存在这么多的金融机构，为什么我们的金融体系的结构是现在这个样子，为什么金融危机对经济有那么大的破坏（这是第 8 章和第 12 章讨论的主题）。对一个理论最有力的支持是这个理论在不同领域中的广泛应用。按照这个标准，不对称信息理论为信用渠道是重要的货币传导机制的结论提供了有力的支持。

应用 25-1　　　　　　　　　　　　**经济大萧条**

随着 2007 年夏天金融危机的爆发，美联储开始采取非常积极、宽松的货币政策。2007 年 9 月～ 2008 年 12 月的 15 个月，美联储将目标联邦基金利率由 5.25% 下调至 0。起初美联储的行动看上去实现了经济增长的温和下降，并阻止了衰退的发生，但是经济走势比美联储和非官方的预测人员期望的都要弱，2007 年 12 月第二次世界大战后最严重的经济衰退开始了。为什么在

⊖　有关在大萧条期间，消费者资产负债表对支出的影响的进一步讨论，参考 Frederic S. Mishkin, " The Household Balance Sheet and the Great Depression," *Journal of Economic History* 38(1978):918-937。

美联储货币政策工具如此非同寻常地快速降低利率的情况下，经济表现仍然如此疲软呢？

金融危机通过我们之前提出的多条渠道对经济产生负面影响。次级抵押违约率的提高，导致抵押支持证券和CDO的价值下降，从而使金融机构出现巨大的账面损失。由于资产负债状况恶化，这些金融机构开始去杠杆化并大量削减贷款。由于没有其他机构搜集信息和发放贷款，信贷市场上的逆向选择和道德风险问题以及由此引发的金融摩擦的增加，从而导致经济的下滑。由于出现如此多金融市场失败的情况，不确定性的提高导致息差急剧升高。股票市场的低迷和房价的下降使得家庭财富减少，从而削弱了整体经济。家庭财富的减少使托宾 q 值下降，这抑制了消费者的消费支出并减少了投资支出。

正是由于以上这些传导机制的作用，尽管美联储积极的货币政策降低了联邦基金利率，但是经济仍然受到了很大的冲击。

25.2 货币政策的启示

本章的分析对中央银行货币政策的实施有什么有用的启示呢？以下 4 点是我们得到的基本结论。

（1）**总是把货币政策的松紧同短期名义利率水平的升降相联系是十分危险的。** 由于大多数中央银行将短期名义利率（通常是银行同业拆放利率）作为货币政策的重要操作目标，所以可能存在一种危险的情况，即中央银行和社会公众过多地关注短期名义利率水平，把它看作反映货币政策方向的指示器。实际上，我们经常可以看到这样的观点，即货币紧缩总是与银行间同业拆放利率的上升联系在一起，货币宽松总是与银行间同业拆放利率的下降联系在一起。在本书中，我们不会犯这个错误，因为我们一直谨慎地将货币宽松或紧缩与实际利率而非名义利率的变化联系起来。

（2）**除短期债务工具之外的其他资产的价格包含着货币政策的重要信息，这是因为它们是各种货币政策传导机制中的重要组成部分。** 本章的分析表明，经济学家在理解利率之外的其他资产价格对总需求有重要影响这个问题上取得了很大的进展。如图 25-1 所示，其他资产价格（如股票价格、汇率水平以及房产和土地价格等）在货币传导机制中都发挥着重要作用。而且，通过汇率水平、托宾 q 值以及财富效应发挥作用的其他传导渠道从各自的角度解释了，为什么其他资产价格在货币政策传导机制中有如此重要的作用。尽管对于哪一种货币传导机制是最重要的这一问题经济学家还有着不同的见解（毫不奇怪，因为经济学家，特别是学术界的经济学家，总是在各种问题上争论不休），不过他们都一致同意，除了短期债务工具之外的其他资产价格在货币政策影响经济的过程中扮演了一个重要的角色。

除短期利率之外的其他资产价格非常重要的观点对货币政策有着重要的意义。当我们试图判断货币政策的方向时，观察除短期利率之外的其他资产价格非常重要。例如，如果短期利率很低，甚至为零，而股票价格和土地价格也很低，本国货币的价值却很高，那么货币政策显然是紧缩的，而不是宽松的。

（3）**即使短期利率水平已经接近于零，货币政策也可以有效地重振疲软的经济。** 在当今世界，通货膨胀并不总是一种常态。例如日本现在正在经受通货紧缩的困扰，其物价水平实际在不断下降。到 2008 年年底前，联邦基金利率触及零这一利率底线。一个被普遍接受的观点是，当中央银行下调短期名义利率直至其接近于零时，货币政策对于刺激经济就已经无能为力了。然而我们在这里讨论的货币政策传导机制表明这一说法是错误的。第 17 章对影响基础货币因素的分析表明，试图增加经济中流动性的扩张性货币政策可以通过公开市场购买实施，而且这种公开市场操作不仅仅是针对短期政府证券。例如购买私人证券，美国联邦储备理事会在 2009 年通过降低信贷息差减少金融摩擦以及刺激投资支出。此外对未来扩张性货币政策的承诺有助于经济复苏，因为它会抬高对总体价格水平的预期并使其他资产升值，此外还可以通过上述各种传导渠道刺激总需求。我们在第 18 章中讨论的非传统货币政策便是这种类型的政策。非传统货币政策是可以重振正处于通货紧缩和短期利率接近于零的经济的强大力量。事实上，正如第 12 章所述，激进的非传统货币政策在最近的金融危机中，避免了经济衰退演变成"大萧条"，也避免了发生在大萧条时期那样的经济通货紧缩。

（4）**避免预料之外的物价水平波动是货币政策的重要目标，这为把保持物价水平稳定设定为货币政策首要的长期目标的做法提供了理论依据。**我们在第 19 章中已经介绍过，近年来各国中央银行更多地强调把物价稳定作为货币政策首要的长期目标。关于这个目标，经济学家提出了一些理论依据，包括未来物价水平的不确定性会对企业决策和生产率产生不利的影响，以名义量计值的合同与通货膨胀条件下的税收制度之间的相互作用会引起收入分配的扭曲，以及由通货膨胀引起的社会冲突会增加。我们在这里关于货币传导机制的讨论，为物价稳定为什么如此重要的问题提供了一个额外的理由。我们知道，预料之外的物价水平的变动会导致总产出水平的意外波动，这是一个不利的后果。特别重要的是，我们在第 12 章中曾经提到，价格的持续下降可能会导致长时间的金融危机，大萧条就是一个例子。理解了货币传导机制，我们更加明确，保持物价水平的稳定是货币政策的重要目标，因为它能减少未来价格水平的不确定性。保持物价稳定的政策目标表明，负的通货膨胀率不会比过高的正的通货膨胀率更好。事实上由于金融危机的威胁，中央银行总是竭尽全力防止价格水平的持续下降。

应用 25-2   将货币政策启示应用于日本"失去的 20 年"

在 1990 年之前，日本看上去似乎要在人均收入方面超越美国了。从 20 世纪 90 年代初期到 2012 年，这段时期被称作日本"失去的 20 年"，但从那以后日本经济陷入停滞，通货紧缩和低经济增长并存。结果是日本人的生活水平不断下降，已远远落后于美国。很多经济学家认为，日本的货币政策是其经济表现糟糕的原因之一，能否应用上一部分中列出的货币政策启示来改善日本货币政策的表现呢？

第一条启示表明，总是将利率下降看作宽松货币政策的标志是危险的。20 世纪 90 年代中期日本的短期利率开始下降，直到 20 世纪 90 年代末和 21 世纪初降至接近于零的水平，日本货币当局认为货币政策已经足够宽松了。现在大家普遍意识到这种想法是错误的，因为这一时期持续下降直至为负值的通货膨胀率意味着实际利率实际上是很高的，日本的货币政策是紧缩的，而不是宽松的。如果日本货币当局采纳第一条启示的建议，其可能会采取更为扩张性的货币政策，这将会重振日本经济。

第二条启示表明，货币政策制定者在评估货币政策动向时，应该更加关注短期债务工具之外的其他资产价格。在日本利率持续下降的同时，股票价格和房地产价格也迅速下跌，这从另个一角度表明日本的货币政策并不宽松。第二条启示可以帮助日本的货币政策制定者更快地意识到,他们需要实行更具扩张性的货币政策。

第三条启示指出即使短期利率已接近于零,货币政策仍然有效。日本银行的官员经常声称,因为短期利率已下降至接近于零的水平,他们在刺激经济方面已经无能为力。正如第三条启示指出的,即使短期利率已接近于零,货币政策仍然有效,这一结论可以帮助他们采取相应的货币政策,通过提高其他资产价格和通货膨胀预期以刺激总需求。

第四条启示表明应该尽力避免物价水平预料之外的波动。如果日本货币当局遵循这一原则,他们可能就会意识到允许通货紧缩发生对经济的危害极大,而且和物价稳定的目标不相一致。

日本银行最终认真关注了这四条启示。正如在第24章中讨论的,日本货币政策从2013年发生了戏剧性的转变,转变成为有着更高通货膨胀目标的高度扩张的非传统型货币政策。此后,日本的经济有所改善,失业率下降了。但是,尽管通货膨胀率上升了,但仍然很低,远低于日本中央银行2%的通货膨胀目标。

本章小结

1. 货币政策传导机制既包括传统的通过资金成本和影响投资发挥作用的利率渠道,也包括其他资产价格渠道,例如汇率效应、托宾 q 理论以及财富效应;此外,还包括信用渠道:银行贷款渠道、资产负债表渠道、现金流渠道、预料之外的价格水平渠道以及家庭流动性效应。

2. 从本章中我们可以得到有关货币政策的4点启示:①总是将货币政策的松紧与短期名义利率的升降相联系是十分危险的;②短期债务工具以外的其他资产的价格包含着货币政策的重要信息,这是因为它们是各种货币政策传导机制中的重要组成部分;③即使短期利率水平已经接近于零,货币政策也可以有效地重振疲软的经济;④避免预料之外的物价水平波动是货币政策的重要目标,这为把保持物价水平稳定设定为货币政策首要的长期目标的做法提供了理论依据。

关键术语

耐用消费品支出	信用观点	货币政策的传导机制	消费

思考题

1. 2008～2017年,美国的汽车贷款利率已经从8%左右下降到接近历史低点4.5%左右。同时,2017年汽车销量已经接近历史最高水平。这与货币传导机制有什么关系?

2. "鉴于消费占整个GDP的2/3,这意味着利率、财富效应和家庭流动性渠道是美国最重要的货币政策。"上述说法是否正确并说明理由。

3. 当短期利率处于零利率下限的状况时,利率渠道如何发挥作用?

4. 普林斯顿大学前教授和瑞典中央银行前副行长拉斯·斯文松宣称,如果经济面临通货紧缩的危险,中央银行行长应该实施扩张性货币政策,"负责任地不负责任"(responsibly irresponsible)。请解释上述观点并指出其和货币传导机制有哪些关系。

5. 货币政策可以通过许多不同渠道发挥作用,请至少陈述每种渠道的一个优缺点。

6. "如果国家固定汇率，那么货币政策汇率传导渠道将不存在。"以上观点是否正确并说明理由。

7. 在 2007～2009 年经济衰退期间，股票市场价值下跌超过了 50%。股票市场的下跌会如何影响总需求，进而加速经济衰退？请通过传导机制具体说明股市下跌如何影响经济运行。

8. "投资的融资成本只与利率有关，因此货币政策只能通过影响利率来影响投资支出。"判断这种说法是否正确并说明理由。

9. 从 2009 年年初到 2017 年秋季，标准普尔 500 指数累计增长 260%，每年大约增长 30%。在同一时期，一项消费者信心指数从 56 升至略低于 100（或者说累计增长约 80%）。解释这与货币传导机制有什么关系。

10. 从 2008 年年中到 2009 年年初，道琼斯工业指数下降超过 50%，而实际利率变低或者下降。上述情景会对投资造成哪些影响？

11. 诺贝尔奖获得者弗兰科·莫迪利亚尼发现货币政策传导机制最重要的一部分涉及消费者支出。请至少说明其中两种机制是如何产生作用的。

12. 20 世纪 90 年代末期，股市迅速上涨、经济增长、美联储将利率定得相对较低。结合托宾 q 理论传导机制，请评价此政策会如何影响经济。

13. 在金融危机期间和金融危机后，美联储将联邦基金利率降低至几乎为零。与此同时，股市暴跌，房地产市场价值急剧缩水。结合财富效应理论，请评价此时期内货币政策的有效性。

14. 2014 年 8 月～2017 年 8 月，美联储继续重申货币政策是"宽松的"。在此期间，银行的超额准备金从每月 2.67 万亿美元下降到约 2 万亿美元，降幅约为 25%。这将对银行贷款渠道有什么影响？

15. 信用观点指出货币政策对小型企业的影响大于大型企业，请解释理由。

16. 如今银行的借贷渠道可能没有以前具有影响力，请解释理由。

17. 如果逆向选择增加、道德风险上升，这将如何影响货币政策预示经济衰退的能力？

18. 请说明大萧条如何显示了非预期的价格水平渠道。

19. 请说明财富效应和家庭流动性效应有哪些异同。

20. 随着全球金融危机的爆发，抵押贷款利率在 2013 年和 2016 年都达到历史新低。

a. 根据家庭流动性效应渠道，这种情况会对经济产生哪些影响？

b. 与此同时，大多数银行显著提高了银行信用标准，因此家庭贷款和为现有债务再融资变得更加困难。以上信息会对 a 中的答案造成哪些改变？

21. 如果联邦基金利率是零，美联储就不能再实施有效的宽松政策。判断这句话的正误并解释理由。

22. 2015 年 12 月，美联储在近 10 年内第一次提高联邦基金利率，此后在很长的一段时间里，利率逐步上升。但是在此期间，美联储继续在其政策声明中重申：货币政策的立场仍然是宽松的。解释这一看似矛盾的现象。

23. 一般来说，如果股票价格上涨，消费增长强劲，房价升值高，失业率低，你认为货币政策可能是宽松的还是紧缩的？

24. 请说明日本经历的"失去的 20 年"是如何支持本章所列货币政策的 4 种启示的。

应用题

25. 假如经济处于衰退时期，例如经济低迷或存在严重的金融摩擦，并且货币政策制定者降低利率来稳定经济，请用总供给、总需求曲线来展示在传导机制正常使用和传导机制很弱的两种情况下宽松货币政策的影响。

数据分析题

1. 利率周期是货币政策中的一段时期，是联邦基金利率从低点移动到高点的过程（反过来也一样），商业周期条件也是如此。访问圣路易斯联邦储备银行 FRED 数据库，找到联邦基金利率的数据（FEDFUNDS）、实际商业固定投资（PNFIC96）、实际住宅投资（PRFIC96）、消费者耐用品支出（PCDGCC96）。用频率设定将联邦利率转换成季度利率，然后下载数据。

   a. 上一个利率周期是什么时候开始和结束的？（注意：如果正处在利率周期中，用目前时期作为末期。）这个利率周期是收缩期还是扩张期？

   b. 计算这段利率周期内的商业固定投资、住宅投资、消费者耐用品支出百分比变化。

   c. 基于 a 和 b 中的结果，货币政策传统的利率通道在这个利率周期中还有效吗？

2. 在第 1 题中解释过，利率周期是货币政策中的一段时期，是联邦基金利率从低点移动到高点的过程（反过来也一样），商业周期条件也是如此。访问圣路易斯联邦储备银行 FRED 数据库，找到联邦基金利率的数据（FEDFUNDS）、银行储备（TOTRESNS）、银行存款（TCDSL）、商业和产业贷款（BUSLOANS）、房地产贷款（REALLN）、实际商业固定投资（PNFIC96）、实际住宅投资（PRFIC96）。用频率设定将联邦基金利率、银行储备、银行存款、商业和产业贷款以及实际房地产贷款转换成季度利率，然后下载数据。

   a. 上一个利率周期是什么时候开始和结束的？（注意：如果正处在利率周期中，用目前时期作为末期。）这个利率周期是收缩期还是扩张期？

   b. 计算这段利率周期内的银行存款、银行贷款、商业固定投资、实际住宅投资的百分比变化。

   c. 基于 a 和 b 中的结果，货币政策的银行贷款通道在这个利率周期中还有效吗？

网络练习

1. 访问 http://www.econlib.org/library/Encl/Recessions.html，查看有关经济衰退的资料。

   a. 衰退的正式定义是什么？

   b. 这个定义有什么问题？

   c. 美国国民经济研究局对衰退的定义中所使用的三个 D 分别是什么？

   d. 查看图 1，经济衰退持续时间存在怎样的明显变化趋势？

2. 新西兰储蓄银行的一名经济学家利奥·克里普纳（Leo Krippner），公布了一项"有效的货币刺激"（EMS）措施，旨在衡量美国货币政策的立场。访问网址：http://www.rbnz.govt.nz/research-and-publications/research-programme/additional-research/measures-of-the-stance-of-united-states-monetary-policy，查看 EMS 措施。根据这个措施，货币政策变得更紧缩了还是更宽松了？

网络参考

http://www.conference-board.org/ 这个网站有关于定义经济周期所需的各种因素的广泛数据。

术 语 表

activists **相机抉择政策的支持者** 认为工资和价格调整自我修复机制发挥作用十分缓慢的经济学家，因为工资和价格存在黏性。当高失业率存在时，积极分子追求积极的政策来消除高失业率。

adaptive expectation **适应性预期** 根据变量的历史平均值对该变量做出的预期。

adverse selection **逆向选择** 在交易之前，由信息不对称导致的问题：那些交易对手最不愿与之交易的人，往往是最积极参与该项金融交易的人。

agency theory **代理理论** 该理论分析的是信息不对称问题影响经济行为的机制。

aggregate demand curve **总需求曲线** 在产品市场和货币市场都处于均衡状态时，描述价格水平和总产出需求量之间关系的曲线。

aggregate income **总收入** 经济体中生产要素（土地、劳动力和资本）实现的收入总和。

aggregate output **总产出** 经济体中最终产品和服务的产量总和。

aggregate price level **一般物价水平** 经济体中各类商品和服务的平均价格。

aggregate supply curve **总供给曲线** 描述产出的供给数量和价格水平之间关系的曲线。

American option **美式期权** 可以在合约到期日之前的任意时间执行的期权合约。

anchor currency **锚货币** 一种被其他国家货币盯住以反映货币相对价值的货币。

annuities **年金** 一种规定消费者每年支付一定金额的货币，以换取未来从特定年龄（如65岁）开始直至死亡期间每年获取一定收入的金融合约。

appreciation **升值** 货币价值的上升。

arbitrage **套利** 消除市场中无风险获利机会的行为。

asset **资产** 承载一定价值的金融求偿权或者财产。

asset management **资产管理** 购买违约风险小的资产，并且实现持有资产的多样化以提高收益的行为。

asset market approach **资产市场方法** 使用资产的存量而非流量来确定资产价格的方法。

asset price bubble **资产价格泡沫** 由投资者的心理活动所导致的，股票市场和房地产市场中出现的资产价格明显超过其基础经济价值的现象。

asset transformation **资产转换** 设计和销售具有客户合意风险特征的资产，并将由此获得的资金用于购买风险程度较高的资产，从而帮助投资者将风险资产转换为安全性资产的过程。

asymmetric information **信息不对称** 交易者对交易对手了解程度的不均等性。

automated teller machine（ATM） **自动提款机** 24小时提供银行服务的电子机器。

balance of payment **国际收支** 记录与一国和外国之间资金转移直接相关的全部收支活动的簿记系统。

balance sheet **资产负债表** 银行（或者公司）资产和负债的列表：总资产等于总负债与资本之和。

bank failure **银行破产** 由于银行无法履行对储户和其他债权人的支付义务，不得不停止营业的状况。

bank holding companies **银行持股公司** 拥有一家或者多家银行的公司。

bank panic **银行恐慌** 在金融危机期间出现的多家银行同时倒闭的情况。

banks **银行** 接受存款并发放贷款的金融机构（例

如商业银行、储蓄贷款协会和信用社）。

Basel Accord《巴塞尔协议》 要求银行持有的资本总额至少占其风险加权资产总额的 8% 的协议。

Basel Committee on Banking Supervision 巴塞尔银行监管委员会 由位于瑞士巴塞尔的国际清算银行发起成立的一个银行监管机构的国际委员会。

behavioral finance 行为金融 金融学的一个分支，应用诸如人类学、社会学特别是心理学等其他社会科学领域的研究成果来解释证券价格的波动。

Board of Governors of the Federal Reserve System 联邦储备理事会 一个由包含主席在内的 7 名理事组成的理事会，在联邦储备体系的决策过程中发挥着决定性作用。

bond 债券 承诺在特定期限内进行定期支付的债务凭证。

borrowed reserves 借入准备金 一家银行向美联储的借款。

branches 分支机构 执行银行业务的银行附属机构。

Bretton Woods system 布雷顿森林体系 1945 ～ 1971 年的国际货币体系。在该体系下，执行固定汇率制度而且美元和黄金之间可以自由兑换（仅限于外国政府和中央银行）。

brokerage firm 经纪公司 作为经纪人、交易商和投资银行参与证券市场活动的公司。

broker 经纪人 投资者的代理人，负责匹配买卖双方。

bubble 泡沫 资产价格偏离其基础市场价值的情况。

budget deficit 预算赤字 政府支出超过税收收入的差额。

budget surplus 预算盈余 税收收入超过政府支出的差额。

business cycles 经济周期 经济体中总产出向上和向下的波动。

call option 看涨期权 一种赋予购买者以特定价格购买证券的权利的期权合约。

capital 资本 用以创造更多财富的金融资产或物质资产。

capital adequacy management 资本充足性管理 银行就其适度资本规模，以及获取所需资本的方式所做的决策。

capital buyout fund 并购基金 投资于既有企业的私募股权基金。

capital controls 资本管制 对跨境资本流动的限制。

capital market 资本市场 交易长期债券（一般原始到期期限超过一年）和股票的金融市场。

capital mobility 资本流动性 外国投资者可以自由购买本国资产，以及本国居民可以自由购买外国资产的情况。

carried interest 附带权益 向私募股权基金支付的利润份额。

cash flow 现金流 给予证券持有者的现金支付。

central bank 中央银行监管银行体系 负责经济中货币及信贷供给总量调控的政府机构，联邦储备体系是美国的中央银行。

closed-end fund 封闭式基金 共同基金的一种，首次发行时发行固定数量的不可赎回的基金份额，发行后基金份额和普通股一样可以在柜台市场交易。

coinsurance 共同保险 保险公司仅对部分损失提供保险的情况，因此投保人和保险公司共同承担损失。

collateral 抵押品 抵押给贷款人的财产，在借款人无法偿还债务时作为还款保证。

commodity money 商品货币 由贵金属及其他价值较高的商品构成的货币。

common stock 普通股 代表对公司的收益和资产要求权的证券。

community banks 社区银行 根植于某一地区的小型银行。

compensating balance 补偿性余额 发放贷款的银行要求借款企业在该银行的支票账户上保有的最低资金额度。

conflicts of interest 利益冲突 道德风险问题的一种表现形式，特别是当一个金融机构提供多种服务的时候，这些服务之间潜在的竞争性利益可以导致隐匿信息或者传播误导性信息等行为。

consol 永续债券 一种没有到期日、不偿还本金、定期支付固定金额票面利息的永久性债券。

consumer durable expenditure 耐用消费品支出 消费者在汽车和家用电器等耐用消费品方面的

支出。

consumption 消费 消费者购买非耐用商品和服务（包括与房产所有权和耐用消费品有关的服务）的支出。

consumption expenditure 消费支出 对消费品和服务的总需求。

conventional monetary policy tools 传统货币政策工具 美联储用来控制货币供给和利率的经典货币政策工具：公开市场操作、再贴现和准备金要求。

cost-push inflation 成本推动型通货膨胀 由于工人要求增加工资而导致的通货膨胀。

cost-push shocks 成本推动型冲击 工人要求增加的工资高于生产利得而引起的价格冲击，从而推动成本和通货膨胀率的上升。

costly state verification 高成本核实行为 财务成本高昂而且耗费时间的公司监管行为。

coupon bond 息票债券 一种在到期之前每年向持有人支付固定利息、到期时再向持有人支付固定金额本金的信用工具。

coupon rate 息票利率 每年支付的息票利息占息票债券面值的百分比。

credit boom 信贷激增 金融机构急剧扩大信贷规模的放贷高潮。

credit default swap（CDS）信用违约互换 一种可交易的金融衍生产品。如果出现公司破产或者信用评级降低等信用事件，信用违约互换合约的持有人有权从其出售者那里获得一定金额的赔付。

credit derivatives 信用衍生产品 对于具有信用风险的已发行证券提供支付的金融衍生产品。

credit easing 信贷宽松 改变美联储资产负债表的组成来改进信贷市场特定部分的功能。

credit options 信用期权 这种期权合约的买方在支付期权费后，有权获得与某种基础风险证券的价格或者某种利率相关的收益。

credit rationing 信贷配给 即使借款人愿意按照规定利率甚至更高的利率支付利息，贷款人仍然不愿发放贷款，或者由于贷款规模的限制导致贷款数额小于贷款申请额度的情况。

credit risk 信用风险 由于借款人可能违约所造成的风险。

credit spread 信用利差 房贷和商业贷款利率与完全无风险收益率（如美国国库券利率）的差额。

credit swap 信用互换 不同贷款的风险支付之间的互换交易。

credit view 信用观点 通过信贷市场中的信息不对称现象发挥作用的货币政策传导机制。

credit-linked note 信用关联票据 债券和信用期权结合构成的信用衍生产品。

credit-rating agencies 信用评级机构 根据违约率对公司债券和市政债券的质量进行评级的投资咨询机构。

currency 通货 纸币（例如美元现钞）和硬币。

currency board 货币局 一种本币的发行以外汇（如美元）作为百分之百发行准备的货币制度。在这种制度下，货币发行当局，无论是中央银行还是政府，确定本币和作为发行准备的外币之间的固定汇率，并且保证在公众需要的时候随时按照这一汇率将本币兑换为这种外币。

currency swap 货币互换 以不同货币计价的支付现金流的交换。

current account 经常账户 反映经常性产品和服务的国际交易的账户。

current account balance 经常账户余额 贸易余额加净投资收入再加上转移额。

current yield 当期收益率 到期收益率的近似值，等于息票年利息除以息票债券的价格。

data lag 数据滞后 政策制定者获得经济状况数据所需的时间。

dealer 交易商 通过按照既定价格买卖证券而将证券的买卖双方联系起来的人。

debt deflation 债务紧缩 物价水平开始持续下降，使企业的债务负担加重，从而导致企业净值下降的情况。

deductible 免赔额 在保险赔付时从投保人的损失中扣除的一个固定的金额。

default 违约 债务工具的发行方无力支付利息或者债务工具到期时无力偿还本金的情况。

default-free bonds 无违约风险债券 不存在违约风险的债券，例如美国政府债券。

defensive open market operation 防御型公开市场操作 为抵消其他影响基础货币的因素（如在美联储的财政存款的变化或浮款的变化）的

变动对货币供应量的影响而进行的公开市场操作。

defined-benefit plan 待遇确定型计划 一种预先确定受益水平的养老金计划。

defined-contribution plan 缴费确定型计划 一种受益水平取决于向计划的缴费额及其收益的养老金计划。

deleveraging 去杠杆化 金融机构由于自有资本不足而削减贷款的情况。

demand curve 需求曲线 在其他经济变量不变的情况下描述需求数量与价格之间关系的曲线。

demand for money 货币需求 人们想持有的货币数量。

demand shocks 需求冲击 可以使总需求曲线移动的冲击，包括货币供给的变化、政府支出和税收的变化、净出口的变化以及消费者和企业支出的变化。

demand-pull inflation 需求拉动型通货膨胀 由政策制定者实施使总需求曲线移动的政策所引发的通货膨胀。

deposit outflows 存款外流 由储户提取存款或要求支付引发的商业银行存款的流失。

deposit rate ceiling 存款利率上限 向储户支付的最高利率的限制。

depreciation 贬值 货币价值的下降。

devaluation 法定贬值 将货币的固定汇率重新设定在一个较低的水平上。

discount bond 贴现发行债券 一种购买价格低于面值而且到期时按照面值偿还的信用市场工具，这种债券不支付任何利息，又被称为零息债券。

discount loans 贴现贷款 商业银行向联邦储备体系的借款，也被称为预支款。

discount rate 贴现率 美联储向商业银行提供贴现贷款时收取的利率。

discount window 贴现窗口 美联储向商业银行提供贴现贷款的机制。

disintermediation 金融脱媒 流入银行体系的资金减少，导致间接融资规模下降。

diversification 多样化 投资于一组资产（资产组合），由于各项资产的回报率不是同步变动的，从而可以使总体投资风险小于单项资产的投资风险。

dividend 股利 依据持有股票的数量给予股东的

定期支付。

divine coincidence "神圣的巧合" 由奥利维尔·布兰查德提出的术语，指一个旨在稳定通货膨胀率的政策同时也是稳定经济活动的最佳政策。

dollarization 美元化 将一种硬通货如美元作为本国货币流通的情况。

dominated assets 主导型资产 像现金和支票一样比其他资产回报低的安全性资产。

dual banking system 双重银行体系 由联邦政府监管的银行和由各州监管的银行并存的美国的银行体系。

dual mandate 双重使命 中央银行希望实现的两个同等重要的最终目标：物价稳定和就业最大化。

duration analysis 久期分析 度量银行资产和负债的市场价值对利率变动的敏感性的方法。

dynamic open market operations 主动型公开市场操作 旨在改变准备金和基础货币数量的公开市场操作。

e-cash 电子现金 在互联网上购买商品和劳务所使用的电子货币。

e-finance 电子金融 一种新兴的通过电子设施提供金融服务的方式。

easing of monetary policy 宽松货币政策 联邦基准利率的下调。

economies of scale 规模经济 单位交易成本随着交易规模的扩大而下降的情形。

economies of scope 范围经济 运用同一种资源提供多种不同商品和劳务的能力。

Edge Act corporation《埃奇法案》公司 主要从事国际银行业务的美国商业银行的特殊分支机构。

effective exchange rate index 有效汇率指数 一种反映一揽子代表性外币价值的指数。

effectiveness lag 作用时滞 政策实际产生经济效果所需的时间。

efficient market hypothesis 有效市场假说 理性预期理论在金融市场中的应用。

electronic money（e-money）电子货币（e币） 仅以电子形式存在的货币，可以代替现金使用。

emerging market economies 新兴市场经济体 近

年来已经向世界其他地区的商品、劳务及资本流动开放市场，处于市场发展早期阶段的经济体。

equation of exchange 交易方程式　$MV=PY$，该方程式说明了名义收入与货币数量之间的关系。

equities 股权　对公司净收入和资产份额的要求权。

equity capital 股权资本　参见净值。

equity multiplier（EM）股本乘数　每一美元股权资本对应的资产数额。

Eurobonds 欧洲债券　以发行市场所在国以外其他国家的货币标价的债券。

Eurocurrencies 欧洲货币　欧洲债券的变形，指存放在每国以外银行中的外币。

Eurodollars 欧洲美元　存放在美国以外其他国家银行中的美元，或者存放在美国银行国外分支机构中的美元。

European option 欧式期权　只能在合约到期日执行的期权。

excess demand 超额需求　需求量大于供给量的情形。

excess reserve 超额准备金　超过法定存款准备金要求的准备金。

excess supply 超额供给　供给量大于需求量的情形。

exchange rate 汇率　以一种货币表示的另外一种货币的价格。

exchange-rate peg 汇率盯住　将本国货币的价值与另一种货币的价值之间的关系固定下来，所以汇率是固定的。

exchange-rate targeting 汇率目标制　参见汇率盯住。

exchanges 交易所　证券交易双方（或他们的代理人或经纪人）在一个集中的场所进行交易的二级市场。

exercise price（strike price）执行价格　期权的买方有权买卖标的金融工具的价格。

expectation theory 预期理论　该理论认为长期债券的利率等于在其期限内人们预期的短期利率的平均数。

expected return 预期收益　对某项资产下一期回报率的预期。

face value 面值　在到期日支付给息票债券持有人的指定数额。

fair-value accounting 公允价值会计方法　资产负债表中的资产按照市场价值计值的会计方法。

federal funds rate 联邦基金利率　隔夜拆放在美联储的存款的利率。

Federal Open Market Committee（FOMC）联邦公开市场委员会　制定公开市场操作决策的委员会，它由联邦储备理事会七名成员、纽约联邦储备银行行长以及其他四位联邦储备银行行长（轮流担任）组成。

Federal Reserve Banks 联邦储备银行　联邦储备体系的 12 家区域性银行。

Federal Reserve System(the Fed) 联邦储备体系（美联储）　美国负责制定和执行货币政策的中央银行。

fiat money 不兑现纸币　被政府指定为法定偿付手段，但不能兑换为铸币或贵金属的纸币。

financial crisis 金融危机　以大量金融和非金融企业破产以及资产价格暴跌为主要特征的金融市场动荡。

financial derivatives 金融衍生产品　损益与之前发行的证券挂钩的金融工具，通常用于规避风险。

financial engineering 金融工程　研发能够满足客户需求并确保利润的新金融产品和服务的过程。

financial friction 金融摩擦　信息不对称阻碍资本的有效配置。

financial futures contract 金融期货合约　标的商品为特定类型金融工具的期货合约。

financial futures option(futures option) 金融期货期权　以期货合约作为标的金融工具的期权，也被称为期货期权。

financial innovation 金融创新　经济中新型金融产品的引入。

financial intermediaries 金融中介机构　从储户手中借入资金并将其贷放给其他人的金融机构（例如银行、保险公司、共同基金、养老基金和财务公司）。

financial intermediation 金融中介化　通过金融中介机构连接贷款人（即储户）和借款人（即资金需求者）的间接融资过程。

financial liberalization 金融自由化　取消对金融市场的管制。

financial markets **金融市场** 将资金盈余方的资金转移给资金短缺方的市场。

financial panic **金融恐慌** 经济中出现的大量金融中介机构破产和金融市场崩溃的现象。

financial supervision（prudential supervision）**财务监管**（审慎监管） 对金融机构经营者和经营方式的监管。

fire sales **大甩卖** 强制快速的资产出售以筹集所需资金。

fiscal policy **财政政策** 包括政府支出和税收决策的政策。

Fisher effect **费雪效应** 利率水平随着预期通货膨胀的发生而提高的现象，它是以经济学家欧文·费雪的名字命名的。

fixed exchange rate regime **固定汇率制度** 中央银行通过买卖本币从而将汇率稳定在一个固定水平上的汇率制度。

fixed-payment loan **固定支付贷款** 一种信用市场工具，它向借款人提供一定数量的资金，并要求借款人在一定年限内定期（通常按月）偿还固定金额的资金。

float **浮款** 美联储的在途现金项目减去待付现金项目的余额。

floating exchange rate regime **浮动汇率制度** 允许一种货币相对于另一种货币的价值自由波动的汇率制度。

foreign bond **外国债券** 在国外发行并以市场所在国货币标价的债券。

foreign exchange intervention **外汇市场干预** 中央银行通过买卖货币来影响外汇汇率的国际金融交易。

foreign exchange market **外汇市场** 决定汇率的市场。

foreign exchange rate **外汇汇率** 参见汇率。

forward contract **远期合约** 交易双方达成在未来某一时刻进行金融交易的协议。

forward exchange rate **远期汇率** 远期交易中使用的汇率。

forward guidance **前瞻指引** 中央银行关于未来利率政策道路的承诺。

forward transaction **远期交易** 在未来约定时间进行的以不同货币标价的银行存款之间的兑换交易。

free-rider problem **搭便车问题** 当没有支付费用的人利用他人付费得到的信息获利时出现的问题。

fully funded **完全积累型** 养老计划的一种，计划的缴费及各年收益的总和足以支付到期应当支付的养老金。

fundamental economic values **基本经济价值** 基于未来现金流实际预期的资本价值。

futures contract **期货合约** 卖方承诺在未来约定时间按照约定价格向买方提供一定数量的标准化商品合约。

futures option **期货期权** 参见金融期货合约。

gap analysis **缺口分析** 度量银行利润对利率变动敏感性的方法，用利率敏感性资产减去利率敏感性负债来计算缺口。

general equilibrium **一般均衡** 发生在整个市场同时达到均衡时，此时总产出的需求数量等于总产出的供给数量。

generalized dividend model **推广的股利估值模型** 股票的价值仅取决于未来股利的现值。

goal independence **目标独立性** 中央银行设定货币政策目标的能力。

gold standard **金本位制度** 货币可以直接兑换为黄金的固定汇率制度。

Gordon growth model **戈登增长模型** 假设股利增长率不变来计算股票价值的简化模型。

government budget constraint **政府预算紧缩** 政府预算赤字必须等于基础货币变化量与公众持有的政府债券的变化量之和的要求。

government purchases **政府支出** 各级政府（联邦、州和当地）用于购买商品和劳务的支出。

government-sponsored enterprises（GSE）**政府资助企业** 和政府存在密切联系的联邦政府资助的机构，其运行方式和私人公司是一样的。

gross domestic product（GDP）**国内生产总值** 一个经济体在一年内生产的所有最终产品和劳务的价值总和。

haircuts **估值折扣** 超出贷款总额的抵押品数量。

hedge **对冲** 保护自己免于承受风险。

hedge fund **对冲基金** 一种运用"市场中性战略"的特殊类型的共同基金。

hierarchical mandate **层级使命** 中央银行将物价稳定目标放在首位，但是只要这一目标实现，中央银行将寻求实现其他目标。

high-powered money 高能货币　即基础货币。

hyperinflation 恶性通货膨胀　月通货膨胀率超过50%的极端严重的通货膨胀。

implementation lag 执行时滞　政策制定者在决定使用新政策后，所需改变政策的时间。

impossible trinity 三元悖论　政策困境的另一种说法，即一个国家无法同时达到以下三个目标的情况：自由资本流动、固定汇率和独立的货币政策。

incentive-compatible 激励相容　使合约双方利益协调一致的激励措施。

income 收入　收益流量。

inflation 通货膨胀　一般物价水平持续上涨的状态。

inflation gap 通货膨胀缺口　实际通货膨胀和通货膨胀目标的差距。

inflation hedges 通货膨胀对冲　通过购买一些收益率受通货膨胀影响较小的资产减小通货膨胀风险。

inflation targeting 通货膨胀目标制　一种公布中期通货膨胀率目标的货币政策策略。

initial public offering（IPO）首次公开发行　新发行的股票份额。

instrument independence 工具独立性　中央银行使用货币政策工具的能力。

interest parity condition 利息平价条件　国内利率等于外国利率加上外国货币的预期升值率。

interest rate 利率　借款的成本或为借入资金支付的价格（通常以年率表示）。

interest rate forward contract 远期利率合约　和债务工具相联系的远期合约。

interest-rate risk 利率风险　由于利率波动导致的收益减少的可能性。

interest-rate swap 利率互换　允许交易双方交换（互换）各自拥有的不同利息流的金融合约。

intermediate target 中介目标　美联储试图影响的、会直接作用于就业和物价水平的一组经济变量中的一个，例如货币供应量或利率。

intermediate-term 中期　就债务工具而言，中期是指债务期限在 1 ～ 10 年。

international banking facilities（IBF）国际银行设施　可以接受外国居民的定期存款，但不受法定存款准备金要求和利率上限限制的美国银行机构。

International Monetary Fund（IMF）国际货币基金组织　依据《布雷顿森林协定》建立的国际金融组织，其目标是通过向出现国际收支问题的国家提供贷款的方式促进国际贸易的发展。

international reserves 国际储备　中央银行持有的以外币计价的资产。

inverted yield curve 反转的收益率曲线　向下倾斜的收益曲线。

investment banks 投资银行　在一级市场上协助发行证券的企业。

Keynesian 凯恩斯主义者　约翰·梅纳德·凯恩斯的追随者，他们认为物价水平与总产出的波动不仅受货币政策的影响，还受政府支出和财政政策的影响，而且他们不认为经济具有自发稳定的功能。

law of one price 一价定律　该定律认为，如果两个国家生产一种同质的商品，那么无论该商品是哪个国家生产的，其在世界市场上的价格应该是相同的。

legislative lag 立法时滞　通过某种可以落实具体政策法律所需的时间。

lender of last resort 最后贷款人　为防止金融危机的发生，在其他人都不愿意向金融机构提供资金的时候，向其提供准备金的机构。

leverage cycle 杠杆周期　这是一个反馈回路，其中信贷发行的繁荣导致更高的资本价格和金融机构缓冲成本，支持更多的借贷和提高价格等；随后的破裂期间，资本价格下降，进而导致借贷水平和资本价格下降等。

leverage ratio 杠杆比率　银行的资本与资产之比。

leveraged buyout（LBO）杠杆收购　通过提高财务杠杆（增加负债）获得资金购买公开交易的企业的全部股份，从而完成的收购。

liabilities 负债　借款或债务。

liability management 负债管理　为增加利润，努力获取低成本的资金。

liquid 流动　很容易转化为现金。

liquidity 流动性　一种资产转化为现金的相对难易程度和速度。

liquidity management **流动性管理** 商业银行做出的保有充足的流动性资产以满足储户提取存款要求的决策。

liquidity preference framework **流动性偏好理论模型** 由约翰·梅纳德·凯恩斯创立的模型，基于货币供给和货币需求预测均衡利率水平。

liquidity preference theory **流动性偏好理论** 约翰·梅纳德·凯恩斯的货币需求理论。

liquidity premium theory **流动性溢价理论** 认为长期债券的利率等于在其期限内人们预期的短期利率的平均数加上正的期限（流动性）溢价的理论。

liquidity service **流动性服务** 金融中介机构向客户提供的便于客户完成交易的服务。

liquidity trap **流动性陷阱** 货币需求对利率不敏感的一种情况，此时传统货币政策对总支出没有直接影响是因为货币供给的改变对利率没影响。

load funds **付佣基金** 由收取一定佣金的销售人员销售，佣金在购买时支付，并立即从基金份额的赎回价值中扣除的开放式基金。

loan commitment **贷款承诺** 银行向一家企业做出的（在未来一个给定的时期内）提供一定数额贷款的承诺，贷款利率和某一种市场利率挂钩。

loan sale **贷款销售** 根据合约（也被称为二级贷款参与权）将特定贷款的全部或部分现金流出售，从而将该贷款从银行的资产负债表中剥离出去的业务。

long-term refinancing operations **长期再融资业务** 欧洲中央银行公开市场操作的一种类型，类似于美联储直接买入或卖出有价证券。

M1 货币的一种统计指标，包括通货、旅行支票和支票存款。

M2 货币的一种统计指标，在 M1 的基础上加上货币市场存款账户、货币市场共同基金份额、小额定期存款、储蓄存款、隔夜回购协议和隔夜欧洲美元。

macro hedge **宏观对冲** 针对一家金融机构整个资产组合利率风险的避险策略。

macro-prudential regulation **宏观审慎监管** 影响信贷市场总量变化的监管政策。

macro-prudential-supervision **宏观审慎监管** 关注整个金融体系的安全与稳定的监管。

main refinancing operations **主要再融资业务** 欧洲中央银行主要的货币政策工具，每周进行一次，期限为两周的反向交易（按照回购协议买入或卖出合格资产或提供以合格资产为抵押品的贷款）。

managed float regime **有管理的浮动汇率制度** 一种汇率制度，在这种汇率制度下政府试图通过买卖货币来影响本国货币的汇率（也被称为肮脏浮动）。

management advisory services **管理咨询服务** 一家会计师事务所向其客户提供的，会产生潜在利益冲突问题的审计服务和非审计顾问服务。

management of expectations **期望管理** 由迈克尔·伍德福德提出的一个术语，指为了使长期利率下降，美联储保持联邦基准利率为 0 的承诺。

margin requirement **保证金要求** 在经纪公司的账户（保证金账户）上必须保有的货币数额。

marginal lending facility **边际贷款便利** 欧洲中央银行常备的一种融资便利，商业银行可以向本国中央银行借入隔夜贷款（提供合格的担保品），借款利率高于目标融资利率 100 个基点。

marginal lending rate **边际贷款利率** 欧洲中央银行规定的边际贷款便利的利率。

mark-to-market accounting **逐日盯市会计法** 一种会计方法，资产负债表中的资产按照最新市场变现价值计价。

market equilibrium **市场均衡** 人们愿意购买的数量（需求）等于人们愿意出售的数量（供给）的情形。

market fundamentals **市场基本面** 直接影响证券未来收入流的因素。

matched sale-purchase transaction **再买回交易** 美联储卖出持有的证券，证券的购买者同意在不久后的一个特定时间将证券再卖回给美联储的交易；有些时候也被称为反向回购交易。

maturity **期限** 债务工具距离到期日的时间。

medium of exchange **交易媒介** 用以购买商品和劳务的任何东西。

micro hedge **微观对冲** 针对某种特定资产的避险策略。

microprudential supervision **微观审慎监管** 关注个体金融机构的安全与稳定的监管。

monetary aggregate **货币总量** 联邦储备体系使用的货币供给的统计指标（M1 和 M2）。

monetary base **基础货币** 美联储的货币性负债（流通中现金与准备金）和财政部的货币性负债（流通中的政府货币，主要是铸币）的总和。

monetary policy **货币政策** 对货币供给和利率的管理。

monetary theory **货币理论** 研究货币数量变动与经济活动之间关系的理论。

monetary(currency) union **货币联盟** 一些国家决定采用统一的货币，因此各国间的汇率保持固定。

monetizing the debt **债务货币化** 一种为政府支出提供融资的方法，政府为解决政府支出的资金需求而向社会公众发行的债券，为高能货币所替代，又被称为印钞票。

money（money supply）**货币** 在购买商品和劳务或清偿债务时被普遍接受的任何物品。

money center banks **货币中心银行** 位于主要金融中心（纽约、芝加哥、旧金山）的大银行。

money market **货币市场** 交易短期债务工具（一般是指原始期限小于一年的债务工具）的金融市场。

money multiplier **货币乘数** 反映给定的基础货币变动与货币供给变动之间关系的比率。

money supply **货币供给** 货币数量。

monoline insurance companies **单线保险公司** 单一从事信用保险业务的专业化保险公司。

moral hazard **道德风险** 交易的一方从事对另一方不利的行为的风险。

mortgage-backed securities **抵押贷款支持证券** 打包并量化高风险基础抵押资产的违约风险的证券。

mortgages **抵押品** 借给想要购买房屋、土地和其他实物资产的家庭或公司的贷款；资产和土地本身就充当该贷款的抵押品。

multiple deposit creation **多倍存款创造** 当美联储向银行体系投放 1 美元额外的准备金时，存款的增加数倍于 1 美元的过程。

national banks **国民银行** 在联邦政府注册的银行。

natural rate of output **产出的自然率水平** 自然失业率下的总产出水平，即不存在工资和价格变动趋势时的产出水平。

natural rate of unemployment **自然失业率** 与充分就业相对应的失业率水平，此时劳动力供给等于劳动力需求。

net exports **净出口** 外国对本国商品和服务的净支出，等于出口减进口。

net worth **净值** 公司资产（它所拥有的以及别人欠它的）与负债（它欠别人的）之间的差额，也被称为股权资本。

no-load fund **非付佣基金** 直接向公众销售，不收取销售佣金的共同基金。

nominal anchor **名义锚** 货币政策制定者用来锁定物价水平的名义变量，例如通货膨胀率、汇率或者货币供给。

nominal interest rate **名义利率** 没有考虑通货膨胀因素的利率。

nonaccelerating inflation rate of unemployment **非加速通货膨胀失业率** 参见 NAIRU。

nonactivists **非相机抉择政策的支持者** 持有工资和价格变动灵活且自我修复机制快速生效观点的经济学家，他们认为不需要通过改变政策来达到充分就业。

nonborrowed monetary base **非借入基础货币** 即基础货币减去贴现贷款（借入准备金）。

nonconventional monetary policy tools **非传统货币政策工具** 中央银行采用的非利率工具刺激经济：流动性供给、资产购买和对未来货币政策行为的承诺。

notional principal **名义本金** 互换合约中用以计算利息的金额。

off-balance-sheet activities **表外业务活动** 包括金融工具交易以及从收费和贷款出售中获取收入的银行业务，这些业务会影响银行利润但不体现在银行的资产负债表上。

official reserve transactions balance **官方储备交易金额** 经常账户余额加上资本账户各项目的余额。

open interest **未平仓合约** 没有平仓的合约数量。

open market operations **公开市场操作** 美联储在公开市场上进行的债券买卖。

open market purchase **公开市场购买** 美联储买入

债券。

open market sale 公开市场出售 美联储出售债券。

operating instrument 操作工具 对中央银行的货币政策工具非常敏感而且能够反映货币政策立场的变量（也被称为政策工具）。

opportunity cost 机会成本 由于没有持有其他替代性资产损失的利息（预期回报）。

optimal forecast 最优预测 运用所有可得信息对未来所做的最好的估计。

option 期权 赋予买家在未来既定的时间内以既定价格买入或卖出某种标的金融资产的选择权（权利）的合约。

originate-to-distribute model 发起–分销模式 由一个独立的个体，如抵押贷款经纪人发起设立抵押，并将其作为一项证券的基础资产出售给投资者的商业模式。

output gap 产出缺口 总产出与潜在产出的差值。

over-the-counter（OTC）market 场外市场 分处各地的拥有证券存货的交易商随时同与它们联系并愿意接受它们报价的人"在柜台上"买卖证券的二级市场。

overnight cash rate 隔夜现金利率 欧元区非常短期的银行间贷款的利率。

par value 面值 参见面值（face value）。

payment technology 支付技术 包括信用卡和电子支付的支付方法。

payment system 支付体系 经济社会中进行交易的方法。

perpetuity 永续年金 参见永续债券。

Phillips curve theory 菲利普斯曲线 认为与生产能力和其他因素相关的经济状态会影响通货膨胀率变动的理论。

planned investment spending 计划投资支出 企业购置新的实物资产（如机器、电子计算机、办公楼等）的支出加上新住宅的计划支出。

policy instrument 政策工具 对中央银行的货币政策工具非常敏感而且能够反映货币政策立场的变量（也被称为操作工具）。

policy trilemma 政策困境 认为一个国家无法同时达到以下三个目标的观点：资本的自由流动、汇率的稳定性和货币政策的独立性。

political business cycle 政治经济周期 每次选举前，由于扩张性的政策所导致的经济周期。

portfolio 资产组合 一组资产的组合。

potential output 潜在产出 在自然失业率状况下达到的产出水平（也叫作自然产出率）。

preferred habitat theory 期限优先理论 该理论与流动性溢价理论密切相关，认为长期债券的利率等于债券到期前预期短期利率的平均值加上正的期限溢价。

premium 期权费 为购买期权合约所支付的金额。

present discounted value 现期贴现值 参见现值。

present value 现值 利率为 i 时未来收到的现金流在今天的价值，又被称为现期贴现值。

price stability 物价稳定 低且稳定的通货膨胀水平。

primary dealers 初级市场经销商 代表私人公司或商业银行，同美联储公开市场交易室进行交易的政府债券交易商。

primary market 一级市场 向最初的购买人出售新发行证券的金融市场。

principal-agent problem 委托–代理问题 由于动机不同，实际控制企业的经理（代理人）从自身利益而非所有者（委托人）的利益出发行事，所产生的道德风险问题。

printing money 印钞 参见债务货币化。

private equity fund 私募股权投资基金 对未在公开市场交易的公司进行长期投资的基金。

prudential supervision 审慎监管 参见金融监管。

put option 看跌期权 赋予期权买方按照约定价格卖出某种证券的权利的合约。

quantitative easing 量化宽松 美国联邦储备委员会资产负债表的扩张。

quantity theory of money 货币数量论 认为名义收入仅由货币数量的变化所决定的理论。

quotas 配额 对外国商品进口数量的限制。

random walk 随机游走 一个无法预测未来价值的变量的运动，因为给定变量今天的价值，其未来价值上升和下降的概率相等。

rate of capital gain 资本利得率 证券价格与最初购买价格相比的变动比例。

rate of return 回报率 参见回报。

rational expectation 理性预期 与利用所有可得信息做出的最优预测相一致的预测。

real business cycle theory 真实经济周期理论 这

种理论认为偏好和技术水平的实际冲击是短期内经济周期性波动的驱动力量。

real exchange rate 实际汇率 本国商品与外国商品交换的比率，即本国商品的价格与以本币表示的外国商品的价格之间的比率。

real interest rate 实际利率 根据价格水平（通货膨胀）的预期变动而进行调整的利率，能够更精确地反映真实借款成本。

real money balance 实际货币余额 按不变价格计算的货币数量。

real terms 不变价格 反映某人可以实际购买的商品和服务数量的价格。

recession 衰退 总产出水平不断下降的阶段。

recognition lag 认识时滞 货币当局认识到信息传达未来经济变化的信号并承认需要调整货币政策的时间间隔。

regulatory arbitrage 监管套利 银行持有具有相同的以风险为基础的资本金要求但相对风险更高的账面资产的过程，例如在向信用评级较低的公司发放贷款的同时，却剔除风险较低的资产，如向信用评级非常高的客户贷款。

reinsurance 再保险 将保险风险以及保费的一部分分配给另一家保险公司的情况。

repurchase agreement（repo）回购协议 美联储购买证券，而卖出方承诺在短期内（通常在一周之内）买回这些证券的协议。

reputational rents 声誉租金 企业由于被市场各方信任而取得的利润。

required reserve ratio 法定准备金率 美联储要求商业银行保有的准备金占存款总额的百分比。

required reserve 法定准备金 美联储规定银行必须将吸收的每一美元存款的一部分留作备用金，银行为满足此规定而持有的准备金。

reserve currency 储备货币 其他国家持有的作为国际储备的货币，例如美元。

reserve requirements 法定准备金制度 要求存款机构将存款的一部分存放在美联储账户上的强制性规定。

reserve 准备金 银行在美联储账户上的存款加上银行实际持有的库存现金。

residual claimant 剩余索取权 在其他所有对公司资产的要求权都得到满足后，股东获得剩余资产的权利。

restrictive covenants 限制性条款 限制、规定借款

人可以从事活动的条款。

return 回报 向证券持有人支付的利息加上证券价格的变动，并用证券购买价格的百分比表示，更准确的说法是回报率。

return on asset（ROA）资产回报率 每一美元资产的税后净利润。

return on equity（ROE）股权回报率 每一美元股权资本的税后净利润。

revaluation 法定升值 将货币的固定价值重新确定在一个较高的水平上。

reverse transaction 反向交易 欧洲中央银行在回购协议下买入或卖出符合条件的资产，或以该类资产作为担保进行信贷业务，反向交易一般在两周之内完成。

risk 风险 资产回报率的不确定程度。

risk premium 风险溢价 存在违约风险的债券与不存在违约风险的债券之间的息差。

risk sharing 风险分担 设计并出售适合投资者风险偏好的资产，并将出售资产所得资金用于购买风险程度较高的资产的过程。

risk structure of interest rate 利率的风险结构 到期期限相同的债券的利率之间的关系。

seasoned issue 新增发行 之前发行的现在在市场上交易的证券再次发行新额度。

secondary market 二级市场 买卖先前发行的（所以是二手的）证券的金融市场。

secondary reserves 二级准备金 银行持有的短期美国政府证券和政府机构证券。

secured debt 担保债务 由抵押品提供担保的债务。

securitization 证券化 将不具有流动性的金融资产转换为可上市交易的资本市场工具的过程。

security 证券 由借款人向贷款人出售的、对借款人未来收入拥有索取权的证明，也被称为金融工具。

segmented markets theory 市场分割理论 一种利率期限结构理论，该理论将不同到期期限的债券市场看作完全独立和相互分割的，所以特定期限债券的利率仅由这种期限债券的供需决定。

seignorage 铸币税 政府通过发行货币所获取的收入。

self-correcting mechanism 自我调节机制 不论最

初的产出水平处于何处，经济体都可以使产出逐渐恢复到自然率水平的特征。

shadow banking system 影子银行体系 在该体系下，银行贷款被经由证券市场的贷款取代。

short position 持有空头 某一标的金融工具的合约义务。

short sale 做空 从交易商处借入证券，然后在市场上卖出，期望在证券价格下跌时买回（抛空补仓）以获取收益的行为。

short-term 短期 就债务工具而言，指期限为一年或一年以下的情况。

simple deposit multiplier 简单存款乘数 在储户和银行的行为都不发挥作用的简单模型中，银行体系准备金的增加导致存款增加的倍数。

simple loan 普通贷款 借款人必须在到期日将所借资金连本带息归还给贷款人的信用市场工具。

smart card 智能卡 带有一个计算机芯片，能够在需要时将所有者银行账户中的货币以数字现金的形式存入其中的储值卡。

sovereign wealth fund 主权财富基金 投资于国外资产的国家所有的投资基金。

specialist 证券交易经纪人 在证券交易所中负责维持其所负责的证券的有序交易的交易商经纪人。

speculative attack 投机性冲击 投机者大规模卖空一种货币的情形。

spinning 钓鱼行为 投资银行将一些热门的但被低估的首次公开发行的股票提供给其他公司的高级管理人员，以换取未来这些公司的投资银行业务。

spot exchange rate 即期汇率 即期交易所采用的汇率。

spot transaction 即期交易 外汇交易中最主要的形式，是指以不同货币计价的银行存款间即期完成交割的交易。

stagflation 滞涨 一种通货膨胀率上升和总产出下降同时存在的情况。

standing lending facility 经常性贷款便利 允许健康的银行向中央银行借取所需资金的贷款便利。

state banks 州银行 在各州注册的银行。

state-owned banks 国有银行 由政府所有的银行。

sterilized foreign exchange intervention 冲销性外汇市场干预 伴随有对冲性公开市场操作的外汇市场干预，因而不会引起基础货币的变动。

stock 股票 对公司的收益和资产拥有索取权的证券。

stock option 股票期权 以股票为标的资产的期权。

stockholders 股东 持有一家公司股票的人。

store of value 价值储藏 一段时间内对购买力的储藏。

stress tests 压力测试 金融机构用来计算当虚构可怕的场景发生时的潜在损失和所需资本的测试。

structured credit products 结构化信贷产品 源自基础资产的现金流，具有特定的风险特征以吸引不同投资偏好的投资者的证券。

superregional banks 跨区域银行 规模类似货币中心银行，但总部不在任何一个货币中心城市（纽约、芝加哥和旧金山）的银行持股公司。

supply curve 供给曲线 描述其他经济变量不变的情况下供给数量与价格之间关系的曲线。

supply shocks 供给冲击 导致总供给曲线发生移动的技术或原材料供给的任何变动。

swap 互换 交易双方相互交换彼此的一系列支付的金融合约。

sweep account 流动账户 在这种安排之下，每个工作日结束时，企业支票账户余额中一定金额以上的部分都会被"清扫"出该账户，并投资于可以给企业带来息票利息的隔夜回购协议。

systemically important financial institutions（SIFI）金融机构是系统性重要的 由金融稳定理事会指定为系统重要性的公司，还将受到美联储的额外监督和监管。

T-account T型账户 以英文字母T形式表示的简化的资产负债表，仅仅列举了资产负债表上的项目自某一初始状态开始所发生的变化。

target financing rate 目标融资利率 欧洲中央银行为隔夜现金利率设定的目标，即欧元区银行间短期贷款的利率。

tariffs 关税 对进口货物征收的税。

Taylor principle 泰勒原理 货币当局应当提高名义利率，提高幅度超过通货膨胀率增长的政策原理。

Taylor rule 泰勒规则 经济学家约翰·泰勒提出的解释如何设定联邦基金利率指标的货币政策规则。

term structure of interest rate 利率的期限结构 到

期期限不同的债券的利率之间的联系。

theory of efficient capital market **有效资本市场理论**　参见有效市场假说。

theory of portfolio choice **资产组合选择理论**　一个概括人们会在他们的投资组合中持有多少资产的理论，资产数量由财富、预期收益、风险和流动性决定。

theory of purchasing power parity（PPP）**购买力平价理论**　认为任何两种货币间的汇率会随两国物价水平的变动而调整的理论。

thrift institutions（thrift）**储蓄机构**　储蓄和贷款协会、互助储蓄银行及信用社。

tightening of monetary policy **紧缩的货币政策**　联邦基准利率的上升。

time-inconsistency problem **时间不一致问题**　货币政策制定者在实施相机抉择的货币政策时，为追求短期利益实施扩张性政策而导致负面的长期结果的问题。

too-big-to-fail problem **大而不倒问题**　监管者不愿使大型金融机构倒闭的问题，因为这样做可能引发一场金融危机。

trade balance **贸易余额**　商品出口和进口之间的差额。

transaction cost **交易成本**　交易金融资产、商品和劳务所耗费的时间与金钱。

transmission mechanism of monetary policy **货币政策传导机制**　货币供给影响经济活动的各种渠道。

Troubled Asset Relief Plan（TARP）**不良资产救助计划**　2008 年布什政府颁布的经济恢复法案中的一条规定，授权财政部用 7 000 亿美元从问题金融机构处购买次级抵押贷款资产或者向其注入资金。

underfunded **筹资不足**　养老金计划的缴费及其收益不足以支付到期的固定养老金的情况。

underwrite **承销**　按事先确定的价格向企业购买证券，然后在市场上发售的行为。

underwriter **承销商**　向发行证券的公司保证证券的发行价格，然后向公众发售证券的投资银行。

unemployment rate **失业率**　未就业的劳动力的比率。

unexploited profit opportunity **未利用的盈利机会**

投资者可以获取超额收益的情况。

unit of account **记账单位**　经济中用以衡量价值的任何东西。

unsecured debt **无担保债务**　没有抵押品作为担保的债务。

unsterilized foreign exchange intervention **非冲销性外汇干预**　中央银行买卖本国货币以对基础货币施加影响的外汇干预。

value at risk(VaR) **风险价值方法**　在证券交易中的一小段时间（比如 2 周），有 1% 的概率发生损失的规模。

vault cash **库存现金**　银行以实物形式持有的、隔夜存放在金库中的现金。

velocity of money **货币流通速度**　货币周转的比率；1 美元在一年间用来购买经济中最终产品和劳务的平均次数。

venture capital firm **风险投资公司**　集中合伙人的资源，用来帮助企业家创建新企业的金融中介机构。

venture capital fund **风险投资基金**　一个投资于新业务的私募股权基金，通常投资于高科技产业。

virtual bank **虚拟银行**　没有固定的工作场所，只存在于网络空间的银行。

wealth **财富**　个人拥有的所有资源，包括所有的资产。

World Bank **世界银行**　国际复兴和开发银行，是一个向发展中国家提供长期贷款，以支持发展中国家建设有利于其发展的水利、公路和其他实物资本的国际组织。

World Trade Organization（WTO）**世界贸易组织**　总部位于瑞士日内瓦，监督国家间贸易规则（关税和配额）实施的组织。

yield curve **收益率曲线**　将期限不同的某类债券的利率连接起来的曲线。

yield to maturity **到期收益率**　使信用市场工具所有未来回报的现值与其今天的价值相等的利率。

zero-coupon bond **零息债券**　参见贴现债券。

zero-lower-bound problem **零利率下限问题**　指当短期利率触到零值时，中央银行无法进一步下调短期利率的情况。

推 荐 阅 读

	中文书名	原作者	中文书号	定价
1	货币金融学(美国商学院版，原书第5版)	弗雷德里克 S. 米什金 哥伦比亚大学	978-7-111-65608-1	119.00
2	货币金融学(英文版·美国商学院版，原书第5版)	弗雷德里克 S. 米什金 哥伦比亚大学	978-7-111-69244-7	119.00
3	《货币金融学》学习指导及习题集	弗雷德里克 S. 米什金 哥伦比亚大学	978-7-111-44311-7	45.00
4	投资学（原书第10版）	滋维·博迪 波士顿大学	978-7-111-56823-0	129.00
5	投资学（英文版·原书第10版）	滋维·博迪 波士顿大学	978-7-111-58160-4	149.00
6	投资学（原书第10版）习题集	滋维·博迪 波士顿大学	978-7-111-60620-8	69.00
7	投资学（原书第9版·精要版）	滋维·博迪 波士顿大学	978-7-111-48772-2	55.00
8	投资学（原书第9版·精要版·英文版）	滋维·博迪 波士顿大学	978-7-111-48760-9	75.00
9	公司金融(原书第12版·基础篇)	理查德 A. 布雷利 伦敦商学院	978-7-111-57059-2	79.00
10	公司金融(原书第12版·基础篇·英文版)	理查德 A. 布雷利 伦敦商学院	978-7-111-58124-6	79.00
11	公司金融(原书第12版·进阶篇)	理查德 A. 布雷利 伦敦商学院	978-7-111-57058-5	79.00
12	公司金融(原书第12版·进阶篇·英文版)	理查德 A. 布雷利 伦敦商学院	978-7-111-58053-9	79.00
13	《公司金融（原书第12版）》学习指导及习题解析	理查德 A. 布雷利 伦敦商学院	978-7-111-62558-2	79.00
14	国际金融（原书第5版）	迈克尔 H.莫菲特 雷鸟国际管理商学院	978-7-111-66424-6	89.00
15	国际金融（英文版·原书第5版）	迈克尔 H.莫菲特 雷鸟国际管理商学院	978-7-111-67041-4	89.00
16	期权、期货及其他衍生产品（原书第11版）	约翰·赫尔 多伦多大学	978-7-111-71644-0	199.00
17	期权、期货及其他衍生产品（英文版·原书第10版）	约翰·赫尔 多伦多大学	978-7-111-70875-9	169.00
18	金融市场与金融机构（原书第9版）	弗雷德里克 S. 米什金 哥伦比亚大学	978-7-111-66713-1	119.00

推荐阅读

	中文书名	原作者	中文书号	定价
1	金融市场与机构(原书第6版)	安东尼·桑德斯 纽约大学	978-7-111-57420-0	119.00
2	金融市场与机构(原书第6版·英文版)	安东尼·桑德斯 纽约大学	978-7-111-59409-3	119.00
3	商业银行管理（第9版）	彼得 S.罗斯 得克萨斯A＆M大学	978-7-111-43750-5	85.00
4	商业银行管理(第9版·中国版)	彼得 S.罗斯 得克萨斯A＆M大学 戴国强 上海财经大学	978-7-111-54085-4	69.00
5	投资银行、对冲基金和私募股权投资（原书第3版）	戴维·斯托厄尔 西北大学凯洛格商学院	978-7-111-62106-5	129.00
6	收购、兼并和重组：过程、工具、案例与解决方案（原书第7版）	唐纳德·德帕姆菲利斯 洛杉矶洛约拉马利蒙特大学	978-7-111-50771-0	99.00
7	风险管理与金融机构（原书第5版）	约翰·赫尔 多伦多大学	978-7-111-67127-5	99.00
8	现代投资组合理论与投资分析（原书第9版）	埃德温 J. 埃尔顿 纽约大学	978-7-111-56612-0	129.00
9	债券市场：分析与策略（原书第8版）	弗兰克·法博齐 耶鲁大学	978-7-111-55502-5	129.00
10	固定收益证券（第3版）	布鲁斯·塔克曼 纽约大学	978-7-111-44457-2	79.00
11	固定收益证券	彼得罗·韦罗内西 芝加哥大学	978-7-111-62508-7	159.00
12	财务报表分析与证券估值（第5版·英文版）	斯蒂芬H.佩因曼 哥伦比亚大学	978-7-111-52486-1	99.00
13	财务报表分析与证券估值（第5版）	斯蒂芬 H. 佩因曼 哥伦比亚大学	978-7-111-55288-8	129.00
14	金融计量：金融市场统计分析（第4版）	于尔根·弗兰克 凯撒斯劳滕工业大学	978-7-111-54938-3	75.00
15	金融计量经济学基础：工具，概念和资产管理应用	弗兰克·J.法博齐 耶鲁大学	978-7-111-63458-4	79.00
16	行为金融：心理、决策和市场	露西 F. 阿科特 肯尼索州立大学	978-7-111-39995-7	59.00
17	行为公司金融（第2版）	赫什·舍夫林 加州圣塔克拉大学	978-7-111-62011-2	79.00
18	行为公司金融（第2版·英文版）	赫什·舍夫林 加州圣塔克拉大学	978-7-111-62572-8	79.00
19	财务分析：以Excel为分析工具（原书第8版）	蒂莫西 R.梅斯 丹佛大都会州立学院	978-7-111-67254-8	79.00
20	金融经济学	弗兰克 J.法博齐 耶鲁大学	978-7-111-50557-0	99.00